本書獲
二〇一九年貴州省出版傳媒事業發展專項資金資助
貴州出版集團有限公司出版專項資金資助

本成果系 2018 年度國家社科基金重大項目“貴州遵義市新蒲播州楊氏土司基地考古發掘與研究”（項目批準號 :18ZDA219）的階段性成果

播州楊氏土司文獻集成

卷三

貴州省文物考古研究所 編
周必素 白彬 主編

貴州出版集團
貴州民族出版社

圖書在版編目(CIP)數據

播州楊氏土司文獻集成. 卷三 / 周必素, 白彬主編
. - 貴陽 : 貴州民族出版社, 2023.1

ISBN 978-7-5412-2734-9

Ⅰ. ①播… Ⅱ. ①周… ②白… Ⅲ. ①土司制度-文獻-彙編-遵義 Ⅳ. ①D691.4

中國版本圖書館 CIP 數據核字(2022)第 192335 號

播州楊氏土司文獻集成　卷三

貴州省文物考古研究所　編

周必素　白彬　主編

出版發行:貴州民族出版社
地　　址:貴陽市觀山湖區會展東路貴州出版集團大樓
郵　　編:550081
印　　刷:浙江海虹彩色印務有限公司
開　　本:787mm×1092mm　1/16
版　　次:2023 年 1 月第 1 版
印　　次:2023 年 1 月第 1 次印刷
印　　張:28
書　　號:ISBN 978-7-5412-2734-9
字　　數:580 千字
定　　價:210 圓

凡　例

一、本套書采用繁體字横排。原書没有標點，點校本根據通行的標點符號用法，并結合古籍整理標點的通例，對全書進行統一規範標點。所輯録的文字，除書名、地名中的特殊异體字外，其他异體字均改爲正體字，通假字則不改。

二、本套書輯録經、史、子、集四部文獻中所有與播州楊氏土司有關的文字，傳統考古學中的金石材料、考古出土及博物館（文物管理所）收藏的銘刻材料不收，擬另書整理出版。

三、爲避免重複，前人已校勘整理之《平播全書》《征播奏捷傳》，本套書不再輯録。

四、本套書的編排，首爲正史，編年體、紀事本末體文獻，次爲别史、雜史、雜記、禮記文獻，再次是地區文獻、總志、省志、府州廳志、縣志、鄉鎮志，人物傳記、綜合類和文集殿后。難以歸入上述各類者，歸入其他。

五、方志文獻（省志、府州廳志、縣志、鄉鎮志）數量最多，鑒於本書的主題是播州楊氏土司，故將貴州排列在前，餘則按距離播州的遠近爲序排列。府州廳志、縣志，以現在所屬行政區劃爲單元排列。同一單元内的方志，則按成書的早晚先後排列。

六、同一地區的方志，不同時代、不同作者多次編修，有時書名完全相同，爲加以區别，在書前標明成書年代，并加括号以示區别。

七、所輯録文字，原書的夹注，則以有别于正文的其他字體加以區别。文末注明出處（書名、卷次、子目），以便查考。同一事件或文字，若同時見於數書，均忠實完整地加以輯録。

八、爲了便于讀者閲讀，所輯録的條目内容，根據原書内容上下文，在開頭或者中間用（　）寫出具體的時間等。如："（熙寧六年）五月癸卯朔，播州楊貴遷遣子光震來貢，以光震爲三班奉職。”

九、原文字迹若有模糊不清者，以□代之；原文字有誤者，在其後用〈 〉標出改正後的字；原文中有漏字者，用[ ]補出所漏之字。漫漶字數不詳者，以“缺”字代之。

十、古籍經多次傳抄翻刻，不同程度存在刻版錯漏、後人羼入、有意篡改等問題，故本書儘量選擇經过校勘整理的版本；若無校勘整理本，則儘量采用成書年代較早、後人改動較少、最能反映原書面貌的古籍善本作爲依據。

十一、所輯録的史料文獻爲封建統治階級文人站在統治政權的立場上所纂寫，内容上普遍存在對少數民族群體的蔑稱，對少數民族群體在歷史事件、文化習俗等方面的表述和記録存在不當之處。但作爲史籍，其記録下當時的一些歷史和文化事項，具有一定的史料價值。請讀者在閲讀時，應當以辯證唯物史觀進行正確的認識。

目　録

省志（二）

四　川

（正德）四川志*

播州宣慰使司屬，共茶三萬二千八十二斤一十二兩六錢。

——（正德）《四川志》卷八《財賦》，載《四川大學圖書館藏珍稀四川地方志叢刊續編》，第 1 册，第 451 頁

本司《禹貢》"梁州之徼"。秦爲夜郎且蘭地。漢通西南夷置牂牁郡，屬益州。魏、晉、宋、齊及隋因之。唐太宗析牂牁置郎州，領恭水、高山、貢山、柯盈、邪施、釋燕六州縣，尋廢朗州，立播州，治遵義縣，又以播爲都督府。天寶改播州郡。乾元初，復爲播州，隸黔中郡。乾符陷於南詔，命楊端復之。王建、孟知祥繼有其地。宋大觀，楊文貴以其地内附，建遵義軍於白錦堡，領播川、瑯川、帶水三县。宣和中，州廢，爲播川縣，隸南平軍。淳熙，遷治穆家川，即今地。端平，廢軍，州仍舊。景定，改爲播州沿邊安撫司，屬夔路，隸四川制置司。元至化升爲播州宣撫司，割黄平等一十長官司屬焉，隸湖廣行省。明玉珍增餘慶州，割南平、綦江長官司爲綦江縣。

大明洪武四年歸附，改爲播州宣慰司。六年，升爲宣慰使司，領安撫司二、長官司六，隸四川布政司，屬川東道。其所屬沿革，播州長官司与本司同，外曰餘慶、曰白泥、曰容山、曰真州、曰重安、曰草堂、曰黄平。真州，（宋）爲綏陽、德陽二縣地，屬珍州，（元）改"珍"爲"真"。黄平，（宋）爲府，立上、下三曲二長官司，隸叙州。餘慶、白泥，（元）俱爲州。容山、草塘，（元）爲長官司。

大明洪武八年，重安置長官司，降黄平府爲宣撫司。十七年，改餘慶、白泥、真州爲長

---

* （明）熊相纂修：（正德）《四川志》，載馬繼剛主編：《四川大學圖書館藏珍稀四川地方志叢刊續編》，四川大學出版社，2014 年。

官司，草塘爲安撫司，容山仍舊，通隸播州宣慰司。

——(正德)《四川志》卷二十三《播州宣慰使司》，載《四川大學圖書館藏珍稀四川地方志叢刊續編》，第3册，1375～1377頁

本司治，宋淳熙遷今地，元至正，厄兵燹，洪武初宣慰使楊鑑建。

播州長官司，元土官楊漢英創，洪武初長官王慈重修。

——(正德)《四川志》卷二十三《播州宣慰使司》，載《四川大學圖書館藏珍稀四川地方志叢刊續編》，第3册，第1383頁

(唐)楊端，太原人。乾符，南詔陷播州，端应募，領兵復播州。授安撫使，諭以威法，縻以恩信，蠻人懷服，子孫世襲。宋開禧贈太師。

——(正德)《四川志》卷二十三《播州宣慰使司》，載《四川大學圖書館藏珍稀四川地方志叢刊續編》，第3册，第1384頁

(宋)楊粲，端十三代孫，襲安撫使。開禧，蜀帥吴曦乱，粲輸金錢、戰馬以助官用，邊患乃息。卒，贈左衛大將軍、忠州防禦使，追封威毅侯。

楊玠〈价〉，粲子，未生時，將校有夢神自靖州來，號"蜀威將軍"者，暨玠〈价〉生，貌如之。襲職，以邊功授閤門宣贊舍人。卒，追贈威靈英烈侯。

楊邦憲，襲父職。端平間，蠻人掠境，領兵拒之，擒酋長，進武節大夫。宋亡，元世宗詔諭之，招内附，授播州沿邊安撫使。卒，贈平章政事，追封播國公，謚"惠政"。

(元)楊漢英，邦憲子。幼孤，母田氏携上京見世祖，遂命襲父職。後再入覲，年十二，世祖异其明敏，復因宰臣奏安邊事，益嘉之。大德，討平宋隆濟、蛇節之叛，加勛上護國將軍。後征黄平蠻，卒于軍，贈平章政事、柱國，追封播国公，謚"忠宣"。

楊嘉真，漢英子。至正初，授播州等處管軍万户、侍衛親軍都指揮使、上護軍，討平楊留總之叛，進湖廣行中書省左丞。

大明楊鑑，嘉真從子。洪武初，率其屬张坤、趙簡來朝，授宣慰使。後纍隨大軍討平叛賊。卒，贈懷安將軍。

——(正德)《四川志》卷二十三《播州宣慰使司》，載《四川大學圖書館藏珍稀四川地方志叢刊續編》，第3册，1384～1386頁

陳氏，土人楊道妻。元至元十四年，夫死守節。政和元年，楊漢英上其事，封淑德安人，表其門爲貞節。

——(正德)《四川志》卷二十三《播州宣慰使司》,載《四川大學圖書館藏珍稀四川地方志叢刊續編》,第3册,第1388頁

威遠樓,在治前,洪武末宣慰楊鑑重建。

至善堂,在治内,大曆中楊嘉真重建。

——(正德)《四川志》卷二十三《播州宣慰使司》,載《四川大學圖書館藏珍稀四川地方志叢刊續編》,第3册,第1389頁

白錦堡,在治東二十里。宋端平中於此置播州。

銅佛洞,在治福光寺内。按《楊氏宣德廟碑》,其先有名選者獵于荒蓁中,見一岩人物,從獵者疑爲怪。選遣人往視,則風雷暴至,不可邇。選自往,風雷如初。有僧曰:"古像靈异,必齋戒,誠敬。"如言,獲睹其像,乃徙此觀音院,今徙本寺。

家訓碑,宋忠烈公楊燦以訓刻石示子孫,曰"如能順從,則世享福禄"。

——(正德)《四川志》卷二十三《播州宣慰使司》,載《四川大學圖書館藏珍稀四川地方志叢刊續編》,第3册,1390~1391頁

忠烈廟,祀宋楊燦。度宗時,賜廟額曰"忠烈"。

忠顯廟,祀宋楊玠〈价〉。度宗時,賜額曰"忠顯"。二廟俱在治西。

——(正德)《四川志》卷二十三《播州宣慰使司》,載《四川大學圖書館藏珍稀四川地方志叢刊續編》,第3册,第1392頁

（嘉靖）四川總志*

播州宣慰使司

東西廣一千二百二十里，南北袤一千四十里。東至貴州偏橋衛界四百八十里，西至合江縣界一千五十里，南至貴州養龍坑長官司界九十里，北至綦江縣界三百五十里，至省城二千九百八十里，至南京六千七百里，至京師九千七百里。

建置沿革

《禹貢》"梁州之境"。《天文》"井鬼分野"。秦爲夜郎、且蘭二縣地，屬牂牁郡。晉隋因之。唐貞觀初，分牂牁郡北界，置郎州，領恭水、高山、貢山、柯盈、邪施、釋燕六縣，州及縣尋省。未幾，復置。後改郎州爲播州，治遵義縣。天寶中改播州郡。乾元初復爲播州，隸黔中郡。乾符中陷於南詔，命楊端復之。王建、孟知祥繼有其地。宋大觀中，楊文貴以其地内附，建遵義軍於白綿堡，領播川、瑯川、帶水三縣。宣和中，州廢爲播川縣，隸南平軍。淳熙，遷至穆家川，即今地。端平，廢軍、州，仍舊改爲播川沿邊安撫司，屬夔路，隸四川制置司。元至化升爲播州宣撫司，割黄平等一十長官司屬焉，隸湖廣行省。明玉珍增餘慶州，割南平、綦江長官司爲綦江縣。

本朝洪武四年改爲播州宣慰司。六年升爲宣慰使司，領長官司六、安撫司二。

播州長官司，附郭。元爲播州軍民都鎮撫司，隸播州宣撫司。本朝洪武九年，改爲長官司。

餘慶長官司，宣慰使司南一百六十里。元末爲餘慶州，隸播州宣撫司。本朝洪武十七年，改爲長官司。

白泥長官司，宣慰司東南三百里。元爲白泥等處長官司，隸播州宣撫司；至正末改爲白泥州。本朝洪武十七年，復改爲長官司。

容山長官司，宣慰司東三百二十里。元爲容山長官司，隸播州宣撫司。本朝因之。

---

* （明）劉大謨等修，楊慎、楊名、王元正等纂：（嘉靖）《四川總志》，載北京圖書館古籍出版編輯組：《北京圖書館古籍珍本叢刊》，書目文獻出版社，1996年。

真州長官司，宣慰司東北二百里。宋爲綏陽、德陽二縣，地屬珍州。元爲珍州、思寧等處長官司，隸播州宣撫司；至正末改珍州曰真州。本朝洪武十七年，改爲真州長官司。

重安長官司，宣慰司東南四百里。宋爲廣平府地，元因之。本朝洪武八年置長官司。

草塘安撫司，宣慰司東一百二十里。元爲舊州草塘等處長官司，隸播州宣撫司。本朝洪武十七年，改爲草塘安撫司。

黄平長官司，宣慰司東南三百里。宋爲廣平府，立上下三曲二長官司，隸敘州。元改隸播州宣撫司。本朝洪武八年改府爲安撫司，以二長官并入焉。

——（嘉靖）《四川總志》卷十四，載《北京圖書館古籍珍本叢刊》，第 42 册，274～275 頁

公署

播州長官司，元土官楊漢英建，洪武初長官王慈重修。

學校

宣慰司學，司治北。本朝洪武二十三年建播州長官司學，永樂四年升爲宣慰使司學。

——（嘉靖）《四川總志》卷十四，載《北京圖書館古籍珍本叢刊》，第 42 册，第 276 頁

名宦

（唐）楊端，太原人。乾符中南詔陷播州，端應募，領兵復播州。授安撫使，諭以威德，縻以恩信，蠻人懷服，子孫世襲。宋開禧中贈太師。

——（嘉靖）《四川總志》卷十四，載《北京圖書館古籍珍本叢刊》，第 42 册，第 277 頁

人物

（宋）楊璨，端孫，襲安撫使。開禧間蜀帥吴曦亂，璨輸金錢、戰馬以助邊。卒，贈大將軍、防禦使，追封威毅侯，廟祀之。

楊玠〈价〉，璨子，未生時，將校有夢神自靖州來，號"蜀威將軍"者，玠〈价〉生，貌如之。襲職，以邊功授閤門宣贊舍人。卒，追贈威靈烈侯，廟祀之。

楊邦憲，玠〈价〉子，襲父職。端平間，蠻人掠境，憲領兵却之，擒酋長，進武節大夫。卒，贈平章政事，追封播國公，謚"惠政"。

（元）楊漢英，邦憲子。幼孤，母田氏携至京見世祖，得襲職。再入覲，復奏安邊事，世祖嘉之。大德中，討平宋隆濟之叛，加護國將軍。征黄平蠻，卒于軍，贈柱國，謚"忠宣"。

楊嘉真，漢英子，襲職。討平楊留聰之叛，進中書左丞。

本朝

楊鑑，嘉真從子。洪武初率其屬張坤、趙簡來朝。纍隨大軍討平叛賊。卒，贈懷安將軍。

——（嘉靖）《四川總志》卷十四，載《北京圖書館古籍珍本叢刊》，第 42 册，第 278 頁

（萬曆九年）四川總志[*]

何喬新，廣昌人，進士。成化末，以刑部侍郎宣慰播州兼巡撫。有《傳》。

——（萬曆九年）《四川總志》卷三《省志》

何喬新，廣昌人，進士。成化末，以刑部侍郎撫蜀。時播州宣慰楊輝寵其妾子友，欲奪嫡，子愛起兵交攻，勢甚猖獗。新上其狀，遷友於保寧，播遂定，邊鄙肅然。尋升南京刑部尚書。

——（萬曆九年）《四川總志》卷四《省志》

播州宣慰使司

東西廣一千二百二十里，南北袤一千四十里。東至貴州偏橋衛界四百八十里，西至合江縣界一千五十里，南至貴州養龍亢長官司界九十里，北至綦江縣界三百五十里，至省城二千九百八十里，至南京六千七百里，至京師九千七百里。

建置沿革

《禹貢》"梁州之域"，古蠻夷境。周及秦爲夜郎、且蘭二縣地，屬牂牁郡。晉、隋因之。唐貞觀初，分牂牁郡，北界置郎州，領恭水、高山、貢山、柯盈、邪施、釋燕六縣，州及縣尋省。未幾，復置。後改郎州爲播州，治遵義縣。天寶中改播州郡。乾元初復爲播州，隸黔中郡。乾符中陷於南詔，命楊端復之。王建、孟知祥繼有其地。宋大觀中，楊文貴以其地内附，建遵義軍於白綿堡，領播川、瑯川、帶水三縣。宣和中，州廢，爲播川縣，隸南平軍。淳熙，遷至穆家川，即今地。端平，廢軍、州，仍舊改爲播川沿邊安撫司，屬夔路，隸四川制置司。元至化，升爲播州宣撫司，割黄平等一十長官司屬焉，隸湖廣行省。明玉珍增餘慶州，割南平、綦江長官司爲綦江縣。

本朝洪武四年，改爲播州宣慰司。六年，升爲宣慰使司，領長官司六、安撫司二。

---

* （明）虞懷中等修，郭棐等纂：（萬曆九年）《四川總志》，明萬曆九年刻本。

播州長官司，附郭。元爲播州軍民鎮撫司，隸宣撫司。本朝洪武九年，改爲長官司。

餘慶長官司，宣慰使司南一百六十里。元末爲餘慶州，隸播州宣慰司。本朝洪武十七年，改爲長官司。

白泥長官司，宣慰司東南三百里。元爲白泥長官司，隸播州宣慰司。本朝洪武中，改長官司。

容山長官司，宣慰司東三百二十里。元爲容山長官司，隸播州宣撫司。本朝因之。

真州長官司，宣慰司東北二百里。宋爲綏陽、德陽二縣地，屬珍州。元爲珍州、思寧等處長官司，隸播州宣撫司。至正末，改珍州曰真州。本朝洪武十七年，改爲真州長官司。

重安長官司，宣慰司東四百里。宋爲廣平府地，元因之。本朝洪武八年，置長官司。

草塘安撫司，宣慰司東。元爲舊州草塘等處長官司。本朝洪武十七年，改爲草塘安撫司。

黄平安撫司，宣慰司東三百里。宋爲廣平府，隸叙州。元改隸播州宣撫司。本朝洪武八年，改爲安撫司，以二長官并入焉。

形勝

西連僰道，南極牂牁。舊《志》。土地曠遠，跨接溪洞，承播珍夷，皆牂牁故地。俱《圖經》。重山複嶺，陡澗深林。《元史·陳天祥傳》。

公署

宣慰司治，宋淳熙建，元至正厄于兵燹，洪武初宣慰使楊鑑建。

播州長官司，元土官楊漢英建，洪武初長官王慈重修。

白泥長官司，元土官楊拳建，洪武初土官楊秀昌修。

餘慶長官司，洪武初土官毛加麟建。

真州長官司，元建，洪武中土官鄭瑚重建。

容山長官司，元建，洪武中土官張與望重建。

草塘安撫司，元建，洪武中安撫司思義重修。

黄平安撫司，洪武中土官羅鏞建。

重安長官司，永樂中土官張佛保建。

興隆衛，重安司治東三十里，洪武間建。

黄平守禦千户所，黄平治南，洪武初建，俱隸貴州都司。

學校

宣慰司學，司治北。本朝洪武三十三年，建播州長官司學。永樂四年，升爲宣慰使司學。

宫室

至善堂，宣慰司治内。宋大曆中楊嘉真建。

祠廟

忠烈廟，宣慰司治南，祀宋武翼大夫楊燦。度宗時，賜額曰"忠烈"。

忠顯廟，宣慰司治西，祀宋武功大夫楊玠〈价〉。度宗時，賜額"忠顯"。

古迹

白錦堡，去播州三百里。昔楊光榮子孫承襲守此。宋端平中，於此置播州。

銅佛像，宣慰司福光寺内。按，《楊氏宣德廟碑》：其先有名選者，獵于荒莽〈蓁〉中，見一岩人物，從獵者疑爲怪。選遣人往視，則風雷暴至，不可邇。選自往，風雷如初。有僧進曰："古像靈异，必齊戒誠敬乃可。"如其言而往，獲其像，乃徙置於觀音院。今徙於本寺。

家訓碑，宋忠烈公楊璨以石訓刻石示子孫，曰："如能順從，則世享福壽。"

名宦

（唐）楊端，太原人。乾符中南詔陷播州。端應募，領兵復播州。授安撫使，諭以威德，縻以恩信，蠻人懷服，子孫世襲。宋開禧中贈太師。

人物

（宋）楊璨，端孫，襲安撫使。開禧間，蜀帥吴曦亂。璨輸金錢、戰馬以助邊。卒，贈太〈大〉將軍、防禦使，追封威毅侯，廟祀之。

楊玠〈价〉，璨子。未生時，將校有夢神，號"蜀威將軍"者，玠〈价〉生，貌如之。以邊功授閤門宣贊舍人。卒，追贈威靈烈侯，廟祀之。

楊邦憲，玠〈价〉子，襲父職。端平間，蠻人掠境，憲領兵拒之，擒酋長，進武節大夫。卒，贈平章政事，追封播國公，謚"惠政"。

（元）楊漢英，邦憲子，幼孤，襲職。後奏安邊事，世祖嘉之。大德中，討平宋隆濟，加護國將軍。征黄平蠻，卒于軍，謚"忠宣"。

楊嘉真，漢英子，襲職。討平楊留聰之叛，進中書左丞。

（本朝）楊鏗，嘉真從子。洪武初，率其屬張坤、趙簡來朝。纍隨大軍討平叛賊。卒，贈懷安將軍。

列女

（元）陳氏，宣慰司人楊道妻。至元十四年，夫卒，守節。政和元年，楊漢英上其事，封淑德安人，表其門。

——（萬曆九年）《四川總志》卷十七《郡縣志》

（明洪武）三十年，令成都、重慶、保寧三府及播州宣慰司各置茶倉。

——（萬曆九年）《四川總志》卷十九《經略志》

（萬曆四十七年）四川總志*

萬曆三十二年，端王助餉平播、賑荒。

——（萬曆四十七年）《四川總志》卷二《省志二》，載《原國立北平圖書館甲庫善本叢書》，第356册，第40頁

何喬新，廣昌人，進士。成化末以刑部侍郎撫蜀。時宣慰楊輝寵其妾子友，欲奪嫡，子愛起兵交攻，勢甚猖獗。新上其狀，遷友於保寧，播遂定，邊鄙肅然。尋升南京刑部尚書。

——（萬曆四十七年）《四川總志》卷四《省志四》，載《原國立北平圖書館甲庫善本叢書》，第356册，第90頁

房家寵、張良賢，俱固原人，爲四川守備。萬曆二十五年，楊應龍數犯綦江，房、張禦守。時大兵未集，應龍遣沐照攻其無備，城陷，房、張死之。事聞，立廟祀之，贈官有差。

李化龍，長垣人，進士。萬曆二十七年，以兵部右侍郎兼都御史巡撫，總督川、湖、貴兵，征楊應龍，誓師用將，咸出運籌。時蜀興大兵，更有徵榷之苦，化龍鎮静不擾，而境賴以安。應龍平，開宕疆宇，分置郡縣，以功遷尚書，加宫保。

——（萬曆四十七年）《四川總志》卷四《省志四》，載《原國立北平圖書館甲庫善本叢書》，第356册，第97頁

傅光宅，聊城人，進士。萬曆中以御史左遷，歷工部郎，出知重慶府。時播賊方猖獗，李制臺莅郡，戎馬軍餉皆督理有方。播平，吊忠義，瘞遺骨，招流亡，撫瘡痍，修學宫，一一捐俸率作，出於誠懇。適遵義守缺，當事者藉之，遂星馳去，安撫夷漢，大有方略，尋擢遵

* （明）吴之皞、杜應芳纂修：（萬曆四十七年）《四川總志》，載中國國家圖書館編：《原國立北平圖書館甲庫善本叢書》，國家圖書館出版社，2013年。

義兵巡道副使，復遷提學副使。

高折枝，固始人，進士。萬曆中任重慶府推官。才跅弛，有遠略，懲奸除猾，不避權貴。播賊楊應龍將反，憤然以剿除爲己任。綦江破時，公適在省，日夜馳千里至郡，捍衛城池，兵變不移，譚笑定之。已復監軍，攻南川路，諸軍未入，先斬關擊賊，隨欲題以兵憲彈壓遵義，會以忌中，遂拂衣去。

葉聯芳，吴縣人，舉人。萬曆中初知長壽，慈和愷悌，視民如傷，厚庠士，置學田，革排保，躬采木。播酋破綦江，聲言東下，芳以老母幼子維繫民心，民得不徙，時有青天之譽，竹枝之謡。

閔宗聖，鶴慶人。萬曆中知榮昌縣，矢心愛下，鋭意鋤强。楊酋之亂，督餉播州，以勞瘁卒於官，時人哀之。

——（萬曆四十七年）《四川總志》卷九《郡縣志五》，載《原國立北平圖書館甲庫善本叢書》，第 356 册，第 247 頁

建置沿革

……乾符中，陷於南詔，命楊端復之。王建、孟知祥繼有其地。宋大觀中，楊文貴以其地内附，置遵義軍於白綿堡，領播川、琊川、帶水三縣。宣和中，州廢爲播川縣，隸南平軍。淳熙中，遷至穆家川，即今地。開禧間，復珍州遵義軍。端平間，廢軍州，仍改爲播川，置沿邊安撫司，屬夔路，隸四川制置司。元至元間，改爲鼎山縣，隸播州，尋改爲沿邊安撫司，黄平等十一長官司屬焉，隸湖廣行省。明玉珍增餘慶州，割南平、綦江長官司爲綦江縣。

本朝洪武四年，改爲播州宣慰司。六年，升爲宣慰使司，領播州、餘慶、白泥、容山、真州、重安長官司六，草塘、黄平安撫司二。萬曆二十八年，宣慰楊應龍不軌干誅，改土爲流，以容山、黄平、白泥、甕水、重安、餘慶、草塘等地爲平越府，屬貴州；以播州宣慰司、真州等地置遵義軍民府，領州一縣四。

——（萬曆四十七年）《四川總志》卷十五《郡縣志十一》，載《原國立北平圖書館甲庫善本叢書》，第 356 册，第 486 頁

學校

府學，洪武間建，爲播州長官司學。永樂初，升宣慰使司學。俱在城外，久廢。萬曆間平播，改府置流，興學校，其遵、桐、綏、仁四處因未建學，俱附府學。

——（萬曆四十七年）《四川總志》卷十五《郡縣志十一》，載《原國立北平圖書館甲庫善本叢書》，第 356 册，第 489 頁

（唐）楊端，太原人。乾符初，南詔陷播州。端應募復之，能諭以威德，縻以恩信，夷

人懷服。五代以來，世襲其職。宋開禧間贈太師。

（本朝）房嘉寵、張良賢，萬曆中俱以參將守綦江，禦播，血戰數十，竟以衆寡不敵，城陷，皆死之。

李化龍，北直隸人。以兵部侍郎總督川湖貴，撫蜀，主征播事。機權方略俱出心裁，且開誠布公，得人效力。性尤不嗜殺，時上賜以劍，未嘗輕用作威。值外艱，墨衰平賊，播人至今祀之。

王象乾，山東人。以總督撫蜀，善後播事，凡播中分設郡縣、更置牧守、則壤田賦皆悉心力爲之，尋以外艱去。

——（萬曆四十七年）《四川總志》卷十五《郡縣志十一》，載《原國立北平圖書館甲庫善本叢書》，第356册，第491頁

張悌，河南人。夙以邊才著名。時攻賊囤，將下，值督府報外艱，人情漸弛，悌獨冒暑單騎走監諸營，激勵將士，竟以平賊。

張棟，以參政監軍入播，洞曉兵機，激發將士。破囤之日，督戰陣前，終日不食，竟以勞瘁卒。

高折枝，固始人。以推官監紀入播。身先行陣，策勵士馬。自播發難以迄蕩平，終始不渝，後叙功，折枝居多焉。

劉綎，江西南昌人。播酋倡亂，綎以都督率綦江路兵進攻，時楊應龍忌綎威名，欲首挫其鋒，以嚇諸路。九盤子之戰，悉其精鋭付賊子朝棟，使盡力以與綎角，綎一戰大殲其軍，賊軍爲之奪氣。後連破數關，遂抵囤下。論征播之役，諸將皆有功，而綎之功最先，亦最奇，即後日讒口呶呶，竟無能掩其先登之捷者。

孫敏政，湖廣人。以同知承檄，入播善後，監督丈量，身親阡陌；經理賦役，悉心計籌。務至于不報荔枝、茶園，恐貽地方累，尤爲百世利賴云。

……

楊邦彦、楊邦杰，俱咸淳進士。

——（萬曆四十七年）《四川總志》卷十五《郡縣志十一》，載《原國立北平圖書館甲庫善本叢書》，第356册，第492頁

（宋）楊燦，端十三代孫。開禧初，蜀帥吴曦叛。燦輸金幣、戰馬助戰，以息邊患。卒，贈左衛大將軍、威毅侯。

楊价，燦子。未生時，將校有夢神龍號"蜀威將軍"者來，价生，貌如之。長以邊功授閤門舍人。卒，贈英烈侯。

楊邦憲，价子。端平間，蠻人掠境，憲領兵拒之，擒酋長，屢贈平章事。

(元)楊漢英,邦憲子。幼孤,襲父職。後奏安邊事,世祖嘉之。屢進護國將軍。以征黄平蠻,卒于軍,謚"忠宣"。

楊嘉貞,漢英子。討平楊留聰之叛,進中書左丞。

(本朝)楊鑑,嘉貞從子。洪武初,率其屬張坤、趙簡來朝,屢隨大軍討平叛賊。卒,贈懷安將軍。

列女

(元)陳氏,郡人楊道妻。至元間,夫卒,守節。政和元年,楊漢英上其事,詔其門,封淑德安人。

——(萬曆四十七年)《四川總志》卷十五《郡縣志十一》,載《原國立北平圖書館甲庫善本叢書》,第356册,第493頁

萬曆戊午錢法議

欽差提督軍務巡撫四川等處地方都察院右副都御史饒憲牌:"照得蜀川素稱沃野天府,富甲天下,慨自征播大損之後,又繼之以兵荒頻見,采榷不休,遂致財盡民窮,公私交困,帑藏在處空虛,動輒捉襟見肘。本院自撫蜀以來,目擊其艱,深爲嬰念,旁求博采生財之道以裕。"

——(萬曆四十七年)《四川總志》卷二十一《經略志一》,載《原國立北平圖書館甲庫善本叢書》,第357册,第638頁

木政

本院裁酌外,查得萬曆二十四年奉文采木,彼時本司庫貯尚有二百五十餘萬金,與征播之需相兼支發,而分派州縣自行采買者,又所費不資。

——(萬曆四十七年)《四川總志》卷二十一《經略志一》,載《原國立北平圖書館甲庫善本叢書》,第357册,第646頁

除原額外,加派銀伍分,照征播事例,不許優免,仍聽該道查考。

——(萬曆四十七年)《四川總志》卷二十一《經略志一》,載《原國立北平圖書館甲庫善本叢書》,第357册,第647頁

國初,吐蕃、播州、酉陽、石砫、永寧、平茶、石耶、邑梅諸部,咸以土人領之,盖以夷治夷,不欲煩中國意也。

——(萬曆四十七年)《四川總志》卷二十一《經略志四》,載《原國立北平圖書館甲庫善本叢書》,第357册,第735頁

上西顧邊氓,詔大司馬曰:"比者松潘諸番爲梗,無有寧息,一應勦撫事宜,令巡撫相機處置,毋貪功,毋養亂。"公承命,益惕惕箴儆,乃下虎符,徵播州、酉陽、平茶、馬湖諸土兵……(丙戌正月既望)乃檄游擊周于德將播州兵七千人營鑼鍋嶺……(五月壬寅)將軍分兵三路之垣遮後,文達左拒,參將劉光用右拒,宣慰楊應龍以所部精兵從中擊之。

——(萬曆四十七年)《四川總志》卷二十一《經略志五》,載《原國立北平圖書館甲庫善本叢書》,第 357 册,737 ~739 頁

乃假九乍集賊萬餘,團四山分枝接戰,矢石如雨下。我兵冒險攻之,播州兵先登,各路兵鋭箭齊擊,賊大敗。……明年正月己丑,假糾衆緜大南門、大木瓜兩路突襲馬營,播州帥楊應龍率衆大呼衝之,奪其械仗,賊始退。

——(萬曆四十七年)《四川總志》卷二十一《經略志五》,載《原國立北平圖書館甲庫善本叢書》,第 357 册,第 745 頁

總督四川部院李化龍平播疏略

看得楊酋匪茹,與國爲仇,萬姓荼毒,三省震驚,孰不以爲非可以歲月克者。乃自出師以來,甫三月有奇,而元凶授首,黨與悉擒。千年虎狼盤踞之窟,一旦掃蕩無遺,上足以伸中國之威,下足以洩生靈之憤。其他狡黠土司、獷悍惡苗無不落魄亡魂。西南半壁天下可永無虞矣。

朝庭〈廷〉威福,本部院方略所致,斷非文武將吏敢貪天功爲己力者。惟是各官兵暴露行間,劳苦萬狀,不可不查叙也。等因。各造册呈詳到臣。案照:先該江西真人府下舍餘張時照等,并播州里民何思等,各奏稱"土酋楊應龍殺死岳母、嫡妻等,命閹割民人爲太監,奪占幼婦爲繡女,殺死長官,抄没親叔,又於白石口拒敵官兵"等事節。該兵部覆奉特旨"遣總督侍郎邢玠勘處,事完具題"。本部覆奉欽依,移咨前來欽遵外。萬曆貳拾陸年間,節該前巡撫四川右僉都御史譚希恩題爲"夷目投田搆釁"等事,前巡按四川監察御史王明題爲"土酋萬騎殺毒内地"等事,兵科給事中侯慶遠題爲"狡酋恣横弄兵"等事,兵科都給事中張輔之題爲"目前防播勦倭第一急務"等事,前巡按四川監察御史趙標題爲"播事勘處無期,狂酋殺虜日甚"等事。貳拾柒年間,該巡撫貴州右僉都御史江東之題爲"狂酋肆行劫虜"等事,又該巡撫湖廣右僉都御史支可大題爲"叛酋集兵猖亂"等事節。該兵部覆奉聖旨:"楊應龍違斷稱兵,合當防勦。這所議都准行。著各省同心,相機行事。欽此!"又該兵科都給事中張輔之題爲"島倭廓清,土夷紛搆,乞敕部議,相度道里遠近,分設督撫重臣,以消隱憂,以維大事"。該吏部覆,奉聖旨:"土酋肆擾,四川巡撫准改總督,著便推素有威望、堪任的來看。欽此!"又該吏部爲"欽奉聖旨事"。奉聖旨:"李化龍著以原官起總督川、湖、貴,兼理糧餉,巡撫四川等處地方,寫敕與他,欽此!"除將節次

奉到旨意,轉行三省,文武一體遵依外。

先是,臣奉命入川,賊知罪在不赦,已統兵深入,有擒王剿叛之説,遂破綦江,且逼重慶,地方汹汹,皆謂有長驅之志。於時,目前兵力略無可恃,臣乃以計緩之:一面調兵,一面移文詰責,若未嘗絶之者。賊果信之,即具文求撫,且不西向。臣因得以徵調漢、土諸兵,急爲之備。其時,賊氣張甚,川人畏之如虎。臣發成都,兵甫出門,欲投錦江,不復肯東。又聞綦江城守兵見賊來,譟而走,多投水者,止餘二將與其家丁,遂及於難。臣念漢兵心膽已碎,土兵狐兔有情,自非招客兵不可,因請調陜、浙諸省之兵。又念外兵之費甚侈,往來途次[害]且生擾,是不可多,因於每省鎮止調一二千,多者三千,共數省,實僅僅二萬,其餘仍三省及滇、粵土兵也。然西南人見外兵來,莫測多少,以爲天下之兵皆至矣。自是漢兵之氣壯,而土兵之心亦折,無不樂爲我用者。時賊雖知調兵,然以爲虚聲嚇之如往日,非實事也。臣亦止在成都積糧治器,若無事然,不復東,賊亦不疑。北兵且集,臣移駐重慶,賊始知必剿,頗肆衝突,然我兵漸益,未易得志也。臣又念兵以一路進,既道狹不能容,一有前却,不可復振,因分爲八路。又念路分而兵少,賊厚其陣以衝之,敗矣。因令每路皆三萬以上,每一路皆可以當其全師。又念關外賊黨多,不可勝誅,會兵部頒賞格至,首重招降,臣亦推廣之,但投戈者,皆赦不誅。臣又念兵無賞,士不往。會兵部賞格,首言"得賊者,即以其家資與之",臣亦推廣之,克關破囤各懸賞,賞各以千萬計。既川兵入關,臣又恐其人自爲心,若九節度之師然,因復委按察使張悌入總監之。殺牲莅盟,務必得賊。臣又恐賊事急詐降,得以遷延至暑雨漸深。我兵不能久,因令但急攻之,有稱降者,斬使焚書,無爲所紿。時湖貴之兵亦至囤下,臣欲入營親監之,會聞先臣之訃,臣恐營中遂懈惰不可用,因不待成服,跣而草檄,亦以例應候代,照常督兵。有慢令者,尚方具在,令代中軍余德榮等再往監之。臣又念賊囤後易攻,囤前難攻。時諸將壁囤下者各有分地,因令以勁兵一枝壁其前,其餘并力於後。臣又恐諸軍士争趨賊財物,或至亂行,至有他虞,因移文再四申禁。臣又聞營中流言"水西目把,尚不絶賊",恐漏軍情,因移文令其退劄。水西土官懼,撤其兵,退而引嫌曰:"吾不欲爲亡播之續也。"時久雨,兵士日在泥淖中。至六月之初四而天忽晴,初五日遂破其二城,初六日,遂登其囤,賊以滅亡。總計八路,生擒賊首、賊從一千一百二十四名,斬級二萬二千六百八十七顆,俘獲賊屬五千五百三十九名口,招降播民一十二萬六千二百一十一名口,全活被虜男婦一千六十四名口,奪獲馬、牛七百六十七匹,獲器械四千四百四十四件。

是役也,自賊破綦江至剿滅,可一年。自追兵至滅賊,百十有四日。當八路對壘時,土、漢兵既參差不齊,諸將領亦彼此觀望。播人劫於賊之積威,人自爲戰,未易即克。我各路又糧運艱難,時有脱巾之呼。臣日夜催督,走使馳檄至數百千,即兩省撫臣、各路鎮道亦靡不忘寢忘食,或至頭鬚爲白。總之,諸文武知廟堂之意,必欲滅賊,故鼓之即應,勞之不怨,誅罰之亦無敢囁嚅者。倘更一月而賊不滅,暑雨久,瘴疫深,我兵自潰,無問賊矣。該臣會同巡撫貴州兼督理湖北、川東等處地方軍務都察院右副都御史郭子章，巡撫湖廣等處地方兼提督軍務都察院右僉都御史支可大，巡撫偏沅等處地方提督軍務兼理糧餉都察院右僉都御史江鐸議照：國家方制萬里，日所出入之邦，悉爲郡縣，獨西南諸省不廢土司，蓋亦曰“因俗而治，與之相安”云爾。二百年來，此輩犬羊之性，不堪馴擾，亦時有之，然未有若播酋楊應龍之公然叛逆者，則何也？蓋其地險，其兵强，其財力足以使鬼通神，其聲勢足以呼群嘯黨。加以年來方宇多事，東西用兵，九伐之旌未遑南指，彼遂時時狂逞，亦遂時時得志。井蛙之見，謂縣官真無奈我何。諸群不逞，如楊珠、楊明、何漢良、孫時泰輩，瞷其雄心，或時有以公孫躍馬、尉陀自王之説進者。賊亦念騎虎勢不得下，將曰：“等死，無且舉大名乎？”於是乎恣其狂圖，淫怒以逞，而破城殺將，鴟起西南之勢成矣。夫天下非小弱也，九州四海兵非脆，糧非乏也。向賊逆形未著，上不忍遽覯之兵，曰“吾且舞干”“吾且解網”“姑俟其悔過，而與之相安於無事”，乃不謂凶人之性不移也。始天怒赫然，斷在必剿。夫斷而敢行，鬼神避之，况此么麼者乎？蓋自進剿之旨下，尚方之劍頒，然後海内熊虎之師如雲而集，陳紅之粟蔽江而上，智士陳謀，勇夫效力。火燎毛，山壓卵，賊即欲不灰飛烟滅，亦曷可得已。

臣等嘗即諸路之功而評叙之：在四川，則楠木、三峒，賊黨以爲三窟，謂天險不可升者也；婁山關，賊前門，我所必由，賊所必争者也；海龍囤，賊以爲天造地設，人迹所必不能到，兵力所必不能加者也。三戰而三克之，賊力竭矣，不亡何待？夫賊黨自戰其地，猶易與也，惟賊父子親在行間，則諸賊人人致死，難與争鋒。該路到處，與賊父子對壘，最快者，九盤子之戰，賊悉其精鋭以付朝棟，令之從綦江進，從南川回，此其目中尚復有官兵乎？劉綎一戰而走之，自是播人爲之破膽。尤快者，諸軍壁海龍囤下，連月不拔，綎至，一日而克其二城，賊遂滅亡。至今群口囂囂，然竟無敢没其先登之烈者。法兵〈兵法〉：“無選鋒曰北”，綎於諸路，其選鋒乎！則綦江路之功也。

臣嘗言，破賊，關外宜招降，謂多不可勝誅也；關内宜疾戰，謂師不可老也。安、羅、陶洪三寨，生口以數萬計，勝兵以數千計，令貪功者以大兵初入，必且多殺以報捷。勝之則傷仁，不勝則損威矣。而該路坐受其降，兵不血刃。自是一戰而斬郭通緒，再戰而入崖門關，三戰而屢捷於水牛塘。賊計無復之，遂父子相哭而上囤矣。當其入水牛塘時，川兵雖入關，去囤尚遠，湖、貴兵在關外，絶不相聞。吴廣以孤軍去囤數十里而結營，犯兵法之所忌，而卒以得志，自非其令嚴而戰力，當不及此。後雖以講降誤事，然有激而奮，竟以成功，逆賊父子盡獲其首，終不失爲全捷，則永合路之功也。

南川路最險、最遠，去囤可六七百里，賊以爲官軍必不能從此進。當馬孔英之未至也，高折枝以一書生，請自將土、漢兵以往，此固已雄偉不常矣。乃師期一月之前，先搗官壩營以寒賊膽，而撤回龍泉之兵，且以解思、石之危，其事甚奇，其功甚大。比進兵，從真州入，真人則簞食壺漿以迎，播人則弃甲曳兵而走，居然有三代時之氣象。時諸將方欲候各路消息，方入關，折枝毅然曰："若是，則誰爲當先入者？"策馬而前，衆隨其後，竟以三月初八日奪桑木關而據之。臣用是以催各路，尚有以四月入者，以五月入者。令諸將皆折枝，諸路皆南川，滅賊當更速。抵關，而馬孔英至，則文武相得，如樂之和。自是，日日約各路攻圍，有應，有不應，甚或以相誹詈，而折枝不顧也。分攻令下，諸將争走後門，該路獨壁前門。夫後門我易攻賊，前門賊易衝我。彼亦曰："誰爲宜當賊衝者"，蓋亦"先入關"之意乎？破囤之役，後門以二路更攻，前門以一路搏戰，日夜揮戈，人百其勇，坐使賊自盡，而逆黨無一逸者。總之，倡諸路之先，作三軍之氣，令黔師不得以賊强我弱借口，而竟以奏功。臣於該路文武蓋心折焉，則南川路之功也。

在湖廣，則偏橋一路。江外爲四牌，江内爲七牌，皆五司遺種，九股惡苗，盤據糾結乎其間。四牌不掃，即武騎千群，未易窺三渡也。陳璘獨以一旅之師，先掃四牌，開我進兵之路。用是烏江内外賊黨寒心。長坎、瑪瑙、青蛇三囤，自昔以爲險絶，官兵所從未易得志者。臣亦慮其難下，令降之。璘以爲除惡務本，竟一鼓而升其巔，殺戮數千，臭聞十里。時龍泉哨、施南兵亦已先克板角關。至今白泥、湄潭之間，四牌、七牌之苗遂無遺種，微璘之力不及此。該路漢兵少，土兵多，糧運少遲，便成譟呼。璘令嚴而法肅，卒能使之用命而不爲害。迨至克關逼囤，議設木栅、製鐵牌，以防賊逸，其機智有足多者。卒以入虎穴，得虎子，閹人、綉女纍纍在俘，良快人意，則偏橋路之功也。

貴州各路與川、湖不同，其地近，其兵少，其餉乏，其夷情反覆而靡常，其民心摇惑而不定。兹之用兵，又非以一淬厲、一鼓舞之爲兢兢者。烏江失律，已見法矣。然能借是以激勵水西，俾之絶狐兔之情，踐虎狼之窟。母氏囤一戰，大足褫逆酋之魄而奪之氣，此則失之武人，得之文吏，蓋運籌者之苦心乎！李應祥以孤危之兵，當艤𦨴之時，能自審於緩急進止之間，以守爲戰，以招撫爲進攻，卒之轉弱爲强，揚旌直指，斬首數百，招降數萬。因之破諸囤，斬三渡，抵白田，何其壯也。竟以連合川兵，同心戮力，破重城、俘群醜，振積弱之邦、舒華夏之氣，始如處女，繼如脱兔，兹其審於機而神於用，豈易得哉！則平越、烏江、沙溪諸路之功也。

夫我國家，從來用兵未有大得志於西南夷者也。國初，傅友德統二十四將軍，止言防守，未聞戡定；正統間，麓川之役，用兵五十萬，轉餉半天下，升叙萬人，三返而罪人竟逸；嘉靖初，思田之役，以剿始，以撫終，至今爲諸夷借口。兹其大致可睹已。諸帥故庸衆人，臣等三五書生耳，其智略才力不逮古人遠甚，乃兵纔逾二十萬，進兵纔逾百日，總計防守征剿三省之費纔逾二百萬，而倖以成功，則何也？臣以爲此非諸文武之功也，而皇上之功也。

皇上斷在必剿，故閣臣得以關其忠而畢力持國是，部臣得以宣其猷而悉心調兵食，科臣得以伸其説而矢口效封駁，臣等奉而行之，用使文武同心，將士效死，爰有成績。抑非獨於此也。皇上有便宜行事，不從中制之旨，故臣得以陽開陰閉，顛倒逆酋，使之坐以待斃而不自知。皇上有同心協濟、不分彼此之旨，故臣得以調各邊、各省之兵糧，協濟三省之不足，即諸省亦悉力應付，卒以濟事。皇上有先斬後奏、先發後聞之旨，故臣得以約束諸文武大吏，即行間大小將士，人人常如兵在其頸，强者不敢跋扈，而怯者亦不敢逗遛。皇上有酌量調募、另給糧餉之旨，故臣得以廣招兵，十圍五攻無不如意，一舉撲滅之爲快。皇上有盡付總督、任從處置之旨，故臣得以悉心調度，盡法督責，令無不行，禁無不止，人人噤口翹足以應之，而無扞格壅閼。皇上有審度機宜、以全取勝之旨，故臣不直以繩諸文武，且時用以繩酌彼己，審時勢，劳心焦思，計圖萬全，幸不至爲賊所乘，而得薄收尺寸之效。蓋臣每誦詔旨，即十行之札，萬里之外，往往瞭於指掌而析於毫毛，輒沾沾自得以爲賊平矣，已戰勝於堂上矣。夫淮蔡之平，直須一斷，何况其廟謨詳審，一若此哉！

——（萬曆四十七年）《四川總志》卷二十一《經略志六》，載《原國立北平圖書館甲庫善本叢書》，第 357 册，751 ~ 757 頁

總督四川部院李化龍播地善後疏略

題爲播地蕩平，經制宜定，敬陳善後切要事宜，伏乞聖明采擇，以永奠遐方事。

臣祇奉皇上威靈，拮據播事，戎馬之役，偶爾告竣。一切奏凱獻俘及議叙文武效劳人員，俱已次第具題，塵瀆天聽矣。顧播，夷地也，其人，夷人也。身椎跣而手刀劍，蓋已八百年於兹矣。

皇上既拓疆土而混一之，則必取鱗介而冠裳之，籍人民土地而版圖之。然而綜理弗周則制度缺，官屬不備則任使艱，法令弛則孽孽易萌，恩澤壅則人心弗固。善後之策，安可不亟爲之講乎？先是，臣於平播之初，即照便宜行事，委重慶府推官高折枝攝兵備道事，委保寧府同知張鰲攝知府事，各入播經理。去後，隨准兵部咨《爲欽奉聖諭事》：該本部題條爲拾事，内開一計善後，謂“宜亟行督撫衙門，備查播州一地：某處與某處連區，某地與某地接軫，作何分隸；某處應設某府某州縣，作何安置；某地應置何將，作何統轄，及一切善後合行事宜，悉心計處；所有孑遺，作何安插，空闊處所，作何招徠，務令獷悍不毛之地，盡入範圍撫馭之中，被我衣冠，服我聲教，奠安絶徼，以紓西顧”等因，題奉聖旨：“元凶既殲，凡脇從牽累的都免窮治，流移的招他復業，毋許豪强乘機兼并，還與優加賑恤，以安新定地方。兵馬久戍劳苦，酌量應撤的次第撤還。永靖諸苗横恣逋誅，就著撤回兵馬剿處，不必待奏，可即便宜行事。軍中一應有功人員，俱從公叙來，其餘皆依擬。該督撫悉心行。欽此。”

欽遵備咨到臣，隨該臣備行三省撫鎮司道會議，去後各據回覆到臣，大段主於改土設流，而就中經制委曲，亦有不能盡一者。於時臣已積憂抱病，不能擘劃，但聽各委官以便宜處置，聽候新督臣到日，裁處題請而已。乃今浸尋綿延，倏逾數月，新督臣杳無視事之期，而各官之奉委者，未經銓註，終不專一。乃同知張鰲已物故矣！推官高折枝已病去

矣！臣恐播州從此遂壞，將來更費經營，今不得不勉强籌度，以其體國經野、張官置吏之大概，具疏以請。其餘政體瑣細有煩料理，事勢綿長稍需漸次者，統候新督臣到日再議。該臣會同巡撫貴州兼理湖北、川東等處地方軍務都察院右副都御史郭子章，巡撫湖廣等處地方兼提督軍務、都察院右僉都御史支可大，巡撫偏沅等處地方提督軍務兼理糧餉、都察院右僉都御史江鐸，巡按四川監察御史崔景荣，巡按貴州監察御史宋興祖，巡按湖廣監察御史王立賢，議照播地改土設流，分置郡縣，於以昭圣朝一統之輿圖，而新海内萬年之耳目，甚盛舉也。查該州地隣三省，然楚止偏橋，路通一線，蜀與黔蓋無所不接壤。夫蜀無籍於播黔，瘠壤也，若乘此時而割播地以附黔，則於蜀無損，於黔有裨。且臣等别疏，又請以楚之肆衛并割附之。從此黔省幅員，得與十二省比長挈大，甚爲長便。但盡屬之黔，則地方千里，諸凡締造，勞費尚多，亦黔所不能堪。因議設爲二府，分隸黔、蜀，庶建邦啓土，各自經營，成聚成都，指顧可就。皇上廓清之績，既已被於三藩，而帲幪之仁，又復再造於黔土矣。除寛脇從、撤兵馬、招流移、厚賑恤、抑兼并、靖横恣等項，凡明旨所叮嚀，而兵部所條議者，俱已陸續舉行。及見之後開款目外，謹集衆思，例爲十二事，進呈御覽。伏乞敕下部院覆議上請，蚤賜施行，地方幸甚，臣等幸甚。

緣係播地蕩平，經制宜定，敬陳善後切要事宜，伏乞聖明采擇，以永奠遐方事理，未敢擅便。爲此具本，開坐專差承差黄可美齎捧，謹題請旨。計開：

一復郡縣。播州南極牂牁，西連僰道，東西廣一千二百二十二里，南北袤一千肆十里。漢唐故爲郡縣，在川貴之間，亦一都會也。至唐乾符間陷於南詔，楊端取而據之，今逆酋既平，相應改土復流，以變夷俗。及照播州白田壩，沃壤數百里，即播州遵義縣故地，當復府治，設縣附焉。桐梓當綦南之衝，走川貴道也，舊爲夜郎縣故地，當復一縣；望草南接婺、思，北達真、涪，爲綏陽縣故地，當復一縣；仁懷，濱播枕永，襟合帶瀘，爲懷陽縣故地，當復一縣；真州即古珍州，川原平衍，商販周游，應復一州。以上俱隸川省統轄。黄平爲川貴要區，舊設撫苗通判一員，列銜重慶，駐鎮彼中，其與播勢相控馭，并爲重地，應設一府。湄潭、龍泉地里廣邈，各應建設一縣。甕水、重安合設一縣。餘慶、白泥，合設一縣。并草堂、容山二司，應割隸各縣。以上地方去黔甚邇，相應改隸貴州統轄。總計增府二、州一、縣八。蓋亂流初殄，地闊人稀，姑建數城以爲繫屬，以後地闢民聚，無防增設。其二府治與附郭縣，分正、佐首領，各應照例全設。外州縣正、佐首領，俱應量減。以上擬定郡邑并府治、倉庫，準今酌古，應新其名，統祈欽定。至於府州縣及府之首領、司獄、倉庫各印記，并乞頒降，以便行使。其各府州縣合用僧綱道紀、陰陽、醫學等官，候修建工完，另議請設。至於新設各官廪糧等項，暫於征播支剩軍餉銀内支給，俟播地田賦起科接支，議行停止，伏候聖裁。

一設屯衛。近日所稱有費而無益者，莫如衛所官軍，然亦有不可盡廢者。播州地方千里，山川險惡，夷漢雜居，又逼鄰二大土司，時有啓疆之志，必須設官軍，建屯衛，以明居重馭輕之勢，而消睥睨跋扈之心。若夫時操練，汰冗弱，令爲有用而不爲無用，則在當事者之力行何如，固不可因噎而廢食也。因設一衛於白田壩，與府同城，指揮使一員、同知貳員、僉事二員、鎮撫一員、經歷一員、知事一員。所屬前、後、中、左、右伍所，每所正千户一員、副千户一員、百户四員。所軍各一千，共五千。衛所官於從征有功者酌量升授，不足者於鄰近願入者調取移實之。其邊隅逼鄰土司地方，各設屯田，每軍照祖制二十四畝，再加六畝爲冬衣布花之費，共三十畝，即自種自食，不必納糧於官，又復領出，紛紛滋弊。各開屯處，除養屯兵之外，餘田仍照民地起科，上納本、折於各州縣，爲衛官俸廪及不時軍興之用。每年冬十月、十一月、春正、二月農隙，各屯官時加操練。又以十月十五日、二月十五日，齊赴兵備道大操三日，驗其武藝，較其强弱而明賞罰焉。老弱者汰之，一屯老弱多者，并革其官。軍人之田，即另募壯丁補伍，庶軍得實用，异時即募兵散盡，此伍千軍與主兵三千，自有八千可用之兵矣。該衛名伏乞欽定，其衛印與經歷司印亦乞先行頒降行使。各所伍印，俟官軍定日，另行題請。至於貴州，衛所已多，且黄平原有一所，不必增設，以滋冗濫。伏候聖裁。

一設兵備。播地三面環夷，干戈甫戢，當此經綸草昧之始，設立有司，可以招撫流亡；或未能長駕遠馭而圖久安。布置將領，可以備禦倉卒；或易於生事徼功而開邊釁。欲以内修戎備，外攝夷心，整肅群僚，讋服衆志。爲地方長久之計，則兵道不可不設矣。合無添設分巡兼兵備官一員，註銜四川按察司，請給敕書關防，於播州白田壩新建府城駐劄，專一整飭新復郡縣并重慶衛忠、黔二所，永寧、酉陽、石砫、平邑等土司兵務，兼理有司錢糧、獄訟。其重慶府巴縣、綦江、南川、涪州、武隆、彭水切隣地方悉聽管轄，以便行事。黄平新設一府四縣，雖割屬貴州，但人心初附，田土毗連，與貴州水西宣慰司并聽兼制。至於該道俸薪等項，查照敘、馬、瀘兵備道事規，暫於重慶府屬州縣編派，俟播地田賦定後，改編於新設州縣。凡該地方一切招集兵民、修築城堡、布置邊防、儲積糧餉、疏通驛遞、禁伏豪强諸事，聽其隨時督理，俟二三年間，田均食足、兵治民安、政教修舉、遠近懷柔，即破格大用，以酬其勞。庶重地無虞，安攘有賴。伏候聖裁。

一設將領。照得播淪於夷，閲八百餘年，風俗獷悍，法令扞格，所從來矣。今地方雖經蕩平，而逋孽潛藏，漢夷錯雜，招苗樹黨，越界侵田，時所必有，未可便謂晏然無事之秋也。儻非得一大將提重兵鎮壓之，欲其俯首帖心，惟吾有司之約束，其將能乎？今議播州留兵一萬，黄平留兵三千，粗足防守，然必得一大將鎮之，始可無事。查得先年克平九絲，議留總兵一員鎮守其地。今建武視播稍緩，即一參游足領之。合無將軍門標下添設練兵游擊一員改駐建武防守，原設總兵移鎮播地，應留各兵，挑揀家丁三千，買馬三百，内總兵標下家丁二千七百，馬二百七十，以坐营千把總領之。兵道員下家丁三百、馬三十，以中軍領之。有事俱聽總兵提調，名爲正兵。此外兵七千，酌量分布於白田壩、真州、桐梓等縣，播川等驛防守；内以一游擊領三千，以二守備各領二千，各用千把總分領之，有事征戰，無事即爲築城鑿池、建郡縣、修郵驛之用，糧銀照依舊例支發。徐俟建置竣工之日，除家丁三千、馬三百外，餘軍以次議撤，有願附籍當軍及民當差者，聽從其便。千把總俱於附近衛所官内選用。其黄平留兵三千，仍設一參將領之，總聽防播總兵官節制。斯將兵之錯置得人，而邊境之奸萌自息矣。伏候聖裁。

一急選調。郡縣既復，應設正佐、官員分理庶務。緣地方初定，需人爲急，若非掄擇自近，亦何濟於目前？臣等再四諮詢，如龍安府同知劉安仁，爽朗特達之才，果毅真誠之品，器宜盤錯，力裕劻勷，勘任新設播州知府。重慶府同知王升、烏蒙府通判劉之瀾，雅抱練達之才，均有循良之政，俱勘新府佐貳。劍州知府陳應楨，才稱老練，事有調停。南溪縣知縣寇克順、彭山縣知縣何珩，并有才華，夙聞牧愛。原任資陽縣知縣詹淑，初以木務論調，繼留征播管餉，實心幹濟，頗效勤劳。宜賓縣縣丞曹一科，才思開爽，衆號曰能。以上各官，俱堪各州縣正官；但草昧經营，人不樂就，應從優陟，用示激勸，且劉安仁十年州郡，久著廉能，王升、劉之瀾轉餉有功，陳應楨資俸已久：應以劉安仁即爲播州新府知府，王升加運同銜管同知事，劉之瀾加同知銜管通判事，陳應楨加同知銜管真州知州事，知縣寇克順改附郭，何珩改桐梓，詹淑改望草縣丞，曹一科升仁懷各知縣。臣又查得附近地方佐領等官頗有幹才，堪以集事者，如經歷楊體寬等數員，俱應爲新地佐領之用。重慶府經歷楊體寬應改新府經歷，本府知事何遲應升新附郭縣縣丞，長壽縣縣丞劉學可應改桐梓新縣縣丞，定遠縣主簿李愛宗應改仁懷新縣，壁山縣典史蕭時寬應升望草新縣各主簿，忠州吏目吴從周應改真州吏目，原任播州長官司吏目、今升資縣典史徐里應改新附郭縣，松坎驛驛丞張二南應升新桐梓縣，湄潭驛驛丞朱化龍應升新望草縣，合陽水驛驛丞徐懋功應升新仁懷縣各典史。臣已經行令各官，一面權宜任事，凡相度地形、建立衙門、修築城池、清理疆界、丈量田土、召民受廛、按籍編户一切撫摩禁戢事宜，但有利於生民、裨於新鎮者，俱聽公同在事文武悉心料理，務臻實效去後。仍請著爲令：如三年之後，政績有成，别無他過，即照格超升，以酬其劳。黄平新府并屬縣正、佐，除貴州撫按題有應補人員外，未足者，及播州新府推官、新衛經歷知事、附郭新縣主簿等官，應即銓補。其兵備員缺，臣查得兵巡下川東道僉事徐仲佳，大器如萬斛之舟，朗識如九秋之鑑，飭邊防則恩威并懋，理播事則劳怨不辭。況前委南川一路糧運，時當戎馬倥偬之際，本官處夫處餉，轉運極其調停，本支折支，會計更多儲積。不動聲色，大事克濟，卓然爲四路首稱，允爲遺大投艱之選。及查歷來新定夷方兵備官員，皆於地方厓事人員内，查其賢能卓异者不次升補。今徐仲佳資俸雖淺，劳績獨懋，應將本官加升四川按察司副使職銜，管理分巡及整飭播州等處兵備，庶便彈壓。至於總兵，付託尤重，臣等查得鎮守貴州總兵官李應祥，兼才允武允文，臨事有謀有勇，劳謙不伐，廉節獨高，所當改爲鎮守四川總兵，駐劄播州，以綏夷方。又查得軍門標下守備江萬化，横草雄心，穿楊絶技，赳赳千人可廢，桓桓一旅争先，堪升游擊職銜，赴播領兵。建越提調劉勝，久著戰功，能嚴軍令，宜授領兵守備。尚少一員，容臣徑行查委。通乞敕下吏、兵二部再加酌議，將各官查照擬定員缺，就近推補。黄平參將，亦聽貴州就近議補，行令速赴任事。各官敕書符驗，并請填給。其以上文武各官遺下員缺，通應另行推補。各府、州、縣、衛、所、儒學與首領、司獄、倉庫等衙門應用吏役，聽布政司註撥。伏候聖裁。

一丈田糧。環播幅員千里，田地無慮數千萬畝，及考其舊時額糧，止歲以五千八百石輸貴州。蓋夷方賦税，原自輕減。至應龍出，而後巧取民財，定爲新法，名曰"等賨"，每田一畝徵銀數錢。初猶斂其財以招苗，後并奪其地以養苗，而賦法蕩然盡矣。今既改流，自當純用漢法以定田賦，合責成新道府親率州縣官，插定疆界，沿丘履畝，逐一丈量，分爲等則，造册呈報，以定賦法。第額糧輕重，蜀無定規。查克平九絲，丈量田地，分别上、中、下三等，每畝上田四升、中田三升、下田二升，今宜仿之，以清播田。第播地山水間雜，不止三等，尚有上上下下者，宜逐項分析，最上者，一畝可當上田幾畝，最下者，幾畝可當下田一畝，則待臨時斟定，難以預計。丈完總計田地若干、糧若干，徵本色若干、折色若干，候二年之外起科。除足一年夏秋二税、銀力二差、一切雜費外，餘解布政司充邊餉支用。其承丈各官，果能執法不撓，精核不爽，事完從重優陟，若乘機作弊，委用不效者，兵備道不時參呈，以憑究處。庶賦税一清，公私胥賴。伏候聖裁。

一限田制。播土舊民，自逆酋芟夷之後，大兵征討之，餘僅存者十之一二耳，遺弃田地，多無主人。惟册籍不存，疆界莫考，復業之民往往冒認影占，原少而報多，原瘠而報肥，甚至一人占田一二千畝，尚有异省流徒，假播籍而希冒占者。夫王者之師，吊民伐罪，罪人既得，孑遺之民，自當存恤。顧無知小民，何厭之有？若任其冒占而不爲限制，不惟告擾紛紛，徒滋多事，恐將來田地闊而人民少，不能成府縣之規。且自應龍在事以來，予奪任意，生殺自由，强凌弱，衆暴寡，凡業厚而田豐者，皆席應龍之寵而魚肉細民所得也。此輩初用事，後得罪，有逃避他方至今方出者，有身爲奏民起釁釀禍者，有其身已殲、其家已滅，而一二遠族尚思承産者。誰爲厲階，致此紛擾？卒令天朝以二十萬之師，費百萬之餉，殺人數萬，方得翦定此土宇，而猶令此輩竊據以自封，即應龍地下，亦不服矣。今應將播之舊民號"楊保子"者，查果真的，無論原業肥瘠，俱人給田三十畝，上、中、下攙配均給。若一處皆上田、皆下田者，臨時酌給，大率純下田不得多過一百畝，純上田不得少過二十畝。其原非播民，必不能爲楊保語，亦自易辨，無問其曾否寄住，皆不得妄認。斯詐冒不行，争兢可息。至遺下無主民田，應另行招人承種納糧當差。應龍官莊并楊兆龍、田一鵬、何漢良等諸擒斬過有名頭人莊田，盡數没官，聽三省之民願占籍播州者承種。其領地之人，查照時值，量行上納，以充目下建立城池、衙門、驛傳諸費。亦定爲限制：平人不得過五十畝，指揮、千百户不得過百畝，俱於丈量時定糧、定價，令不得那移。州縣官收過絶産價值，給付印契，登入循環，聽兵備道稽查轉報撫按查考。經該官吏如有乾没，從重治罪。庶定經制之中，又得夫裕財用之意。伏候聖裁。

一設學校。播故有學，宋元世俊茂朋興，如冉從周、猶道明、白鎮之流，俱登進士，蜚聲上國。自逆龍禁錮文字，寇仇儒生，以蒸報爲禮義，視菹醢爲名教，每自稱爲秦始皇。盖坑儒焚書，以愚黔首，亦略相似，身爲鮑魚，有由然矣。今干戈既戢，文教宜先。第新遭大兵，不惟士人廢沮，抑亦物力未羸，若紛紛建設，徒以恣虚費之竇，開奔冒之門，於弘文雅化無當也。今照府治綱紀，諸邑實爲風化之首，白田、黄平舊有學宫，補葺亦易，特師儒久虚耳，當於二府原學各補教授一員，益之訓導二員，以聯生儒。至博士弟子員，無論附郭、外縣，但入學使之選者：蜀新四縣隸白田學，黔新四縣隸黄平學。待各縣人文漸盛，物力稍紓，嗣各立學未晚。真州既改爲流，其地方殷富，人物遒華，亦須建一學宫，設一學正，以示維新之化。學校既立，振鐸有地，明以人倫，風以禮讓，彼其才能崛起者，足以備國家徵辟之選，而移風易俗無難。不然而身被章縫，手執簡編，亦足以潛消邪心，興起善念，月劘歲漸，不自知其化於禮讓之内矣。用夏變夷，莫要於此。伏候聖裁。

一復驛站。播州各驛，自逆酋閉關負固，驛官不敢赴任，過客不敢經行，站户逃徙，舘舍丘墟，十數年矣。兹者地方底定，道路大通，驛站之設，勢不容已。查得播州舊轄松坎、桐梓、播州、永安、湘川、烏江、昌田、沙溪、仁水、湄潭、鰲溪、岑黄、白泥一十三驛，俱當川貴孔道，所有各該驛舘，應合分令領兵千百總同見在驛丞，率領防兵就彼采辦木石、燒造灰瓦，趁時興工。合用匠役，亦於兵夫内查有慣造者徑撥，不足者於附近州縣取用。工食、銀米，計算於該邊支剩軍餉内動支。仍責成新設府佐一員往來稽督，不許虚冒錢糧，曠廢時日，事完册報。又查各驛夫馬支應及官吏俸薪舊額，土司供辦。今既改土設流，似應與腹裏驛站一體僉派，但流民授田方始，難便買馬行差，目前一切站銀，暫應官爲出辦，俟里甲稍定即行編派。至於夫馬額數，應照衝僻爲準：湘川驛附郭爲四路最衝，應設馬四十匹、夫八十名；松坎、桐梓、播川、永安四驛，地衝路險，應各設馬三十匹、夫五十名；烏江、仁水、湄潭、岑黄、鰲溪、白泥各驛俱次衝，應設馬各二十匹、夫各三十名；昌田、沙溪止通水西，次僻，應設馬各十匹、夫各二十名。各驛官見在者，行令赴驛任事，缺官者照缺銓補。其各驛印記，舊爲應龍收去，近已迷失，應另頒給。各驛吏因屬土司，舊未撥發，今應行川貴兩省布政司照缺查撥。伏候聖裁。

一建城垣。夫郡縣既設，必有城垣，所以明保障，防不虞也。播州之一府、一州、四縣與黄平一府、四縣并宜城，城并宜石，石少者以磚代。其兵備道、總兵府并府衛州縣衙門、公署、倉廒、庫獄、城隍廟、演武場與二府一州儒學、文廟、殿廡、齋舍等項，俱當以次修舉。而各官一抵地方，棲身爲急，衙舍之建，尤宜首圖。一切應用木石、磚瓦、灰釘各若干，工匠、兵夫各若干，應支帑廪錢穀各若干，分委督工員役各若干，城垣高廣丈尺若干，城樓、城門、敵臺、垛口若干，衙門、倉庫、廟學、房舍、殿宇若干，俱聽該兵備道督同各府州縣正官，選委勤明佐貳、首領、雜職等官，帶匠估勘，務要周悉呈詳撫按衙門，於堪動銀内行支。應買備者買備，應召集者召集，克期興工，多方稽督。大約城垣以二十九年二月内起工，限年終落成,餘各以次修舉。就中員役有怠惰者,錢糧有冒破者,工力有草率者,俱聽該道參詳拿究。事竣之日,造册報撫按衙門奏繳。庶險要可資,防禦有賴。伏候聖裁。

一順夷情。播州皆夷也,大兵之後,爲賊用力者,刈夷藴崇,已無遺種。今見在者,曰各司土官,曰七姓奏民,曰投降夷目,皆宜安插得所。顧就中情事不同,亦宜分别,如八司,曰播州、真州、白泥、餘慶、草塘、黄平、重安、容山,内安撫二、長官六。又一司甕水,原無印信,亦稱長官。又有宣慰同知羅氏,此皆世有官號,與播并建者。播州長官王積仁以附播被擒獻俘,此當與楊氏俱滅,不待言矣。真州附播多年,綦江之破,助兵三百,著在耳目。同知羅氏與江外五司,首起釁端,挑怨速禍,且具奏改流,致激應龍之怒,殃及墳墓,流禍隣封,致有今日之事,海内震動,流血千里,則諸司者罪之魁也。故説者謂真州宜正其附播之罪,而江外諸司,宜以起釁絶之,不爲無因。第王道如天,罰宜從輕,賞宜從重。真州當進兵之初率先歸附,正、副長官各以千人從軍,江外諸司各招兵聚義,充黔、楚鄉導,此輩即不足爲重輕,顧一念誠款,自應量酬。合將真州正長官即爲該州土同知,副長官即爲該州土判官;江外諸司,安撫與正長官即爲該縣土縣丞,副長官即爲土主簿;同知羅氏爲新府土知事。此則略其大罪,録其微功,且令魋結氊毳之流,居然儕於衣冠文物之列,諸夷亦何幸焉。此外尚有投降夷目,原非長官,本無冠帶,但賞格曾坐名,開諭輒爾先事歸誠,亦宜少示眷酧,以明恩信。如上赤水里頭目袁年,父遭酷禍,投降最早,宜授以所鎮撫職銜;下赤水里頭目袁鍫,仁懷里頭目王繼先,安、羅二村頭目羅國明、羅國顯、安鑾,以上五名,在王繼先臨時觀望,在袁鍫等兵進方投,即待以不死,亦爲正法,但其返邪歸正,自宜量酬,應各授以冠帶總旗。諸人田産止將本身者照册撥給,應納税糧通附州縣官處上納。其餘里人,俱令附籍納糧當差,不許仍以家人爲名恣行霸占,違者治其前罪。至於七姓奏民,始助楊氏之惡,繼傾楊氏之族,尤爲禍首,天下恨之。但逆賊造反,罪大惡極,自難以餘波及人,除在軍前作惡,著有顯迹,見行監問者照律正罪外,餘俱無論,概與維新。如仍蹈故習,豪横害民,該道徑行拿問發落。以後各地方人民亦不得指稱以前事體,將處分明過播目、播民告害,致起事端。官司亦不得受理,違者并罪。伏候聖裁。

一正疆域。播地東北接連三省,縣衛各有疆界,無容溷淆;西南左接水西,右逼永寧,雖犬牙相攙,未能齊一,然畫野分疆,亦自有相沿界至。惟是夷姓犬羊,互爲雄長,强則侵凌,弱則减削,甚至有一地而甲乙互臨,一人而齊楚兼事,如儒溪、沙溪、水烟、天旺,皆播州五十四里之數,見有黄册可考。緝麻山、李博埡、仁懷、石寳、甕平等處亦皆播州世業,衹緣先年楊氏中衰時,曾爲永寧、水西侵占,後應龍當事,治兵相攻,恢復故業。各邊目又已任其糧馬,南下支持。此在土司可也,今既改土設流,自宜各復其故,尚可混行争占乎?乃水西止求清查永寧,輒行瀆擾,且動以瓜分爲言,不知賞格所謂瓜分者,謂不動朝庭〈廷〉兵馬、錢糧,土司能建義自取之也。今兵糧之費騷及海内,土司一旅之師,不啻背上之毛、腹下之毳,猶且多支本折,優議叙録,此亦何負於彼,乃復垂涎土地?則此一番大劳大費，止爲土司營家事乎？土官明於大義，必能引分自裁，第其邊隅目把，往往罔上行私，翼廣己業，及今若不查明，將來未免多事。應行播州該道會同隣近道分，清查一切相隣地方，如原係播州者歸之播州，原係永寧、水西者歸之奢安二氏，刻石立碑，永爲遵守。其隣邊目把如不安分義，妄肆侵爭，重行究治。干礙土官，一并參處。蓋朝庭〈廷〉伐暴救民，原不爲利其土地，但無涯之欲漸不可長，巨楊氏之禍，止以下驕恣而上姑息，遂釀成滔天之患，今復苟且遷就，誨爭養亂，非地方之利，亦非土司之福也。伏候聖裁。

——(萬曆四十七年)《四川總志》卷二十一《經略志六》，載《原國立北平圖書館甲庫善本叢書》，第357册，758～770頁

(元)曩加台，蒙古人。……天曆二年正月，明宗即位，遣人招諭曩加台，拒命，乞師于鎮西武靖王，王以兵守關隘，台攻，播州宣慰使楊延里不花開關納之。台遂禁棧道，據金州，分兵逼襄陽。朝命湖廣省臣脱歡等帥兵進討，又發河南、山東、江西兵會討，播州楊延里不花來降。文宗爲皇太子，遣使赦曩加台罪。四月，曩加台歸順，蜀地悉定。

(明)楊應龍，播州宣慰使，其先太原人。唐乾符中，始祖楊端以應募平寇功授世職，旋取播州於南詔，遂并有其地，歷五季。宋元以來，世敦忠順，如璨、如价、如文、如邦憲，皆□表者。詳見宋潛溪所著《楊氏家傳》中。明洪武元年，詔宣慰楊鏗率番兵二萬，爲征虜將軍傅友德先鋒，遂破僞夏。高皇帝嘉其内附，俾守土如故。二百年來卵翼所加，未聞有逆節者，不意至應龍之身，而弁髦國憲，甘爲戎首。始爲其妻張氏家人所訟，既而奏民何漢卿等群起而仇之。猶賴皇仁浩蕩，下憲司勘處。而賊志狂憤，積有歲年，蓋至劫縣帑，掠良民，揭擒王之幟，肆殺將之凶，脅道府而索其子之尸櫬，致使當事者重饋而後遣之，且鐫銀牌其上，而目之曰"忠臣孝子柩"，稔惡至此，迄無一可生之路矣。先是，應龍被勘，事在萬曆二十年間，其初，一獄吏能耳，或留或縱，或議削奪，或議重贖，紛紜簸弄，酋且生心。至二十二年，巡撫王繼光奮然欲剿，而大兵方集，遂有白石口之敗。二十三年，侍郎刑玠銜命勘議，受撫而還。二十七年春，應龍陷綦江，守備張良賢、參將房嘉寵死之。是歲，侍郎李化龍奉命總督川、湖、貴州軍務，調集各省漢、土官兵三十餘萬，以賜劍從事。於是總兵官劉綎、陳璘、吴廣、李應祥、馬孔英等與參游而下，悉聽節制。文武將吏隨宜更調，分兵八路進討，蜀則綦江、南川、合江、永寧凡四路。二十八年二月十二日，大舉爲期。未幾，南川路兵破虎跳關。夏四月，諸路總兵各破關隘。六月，攻破海龍囤。應龍見勢窮促，焚室自縊，乃獲其妻田氏、子楊朝棟等六十九名口，獻俘京師，播地以平。二十九年，詔郡縣其地，建設牧守，在蜀者爲府一，曰遵義；爲州一，曰真安；爲縣四，曰遵義、桐梓、綏陽、仁懷；爲衛一，曰威遠。楊氏據播三十代，凡八百年有奇云。

——(萬曆四十七年)《四川總志》卷二十七《事紀類(補續)》，載《原國立北平圖書館甲庫善本叢書》，第357册，800～801頁

吴洪，播州人，逆酋楊應龍用事長官。初，酋勢敗，洪逃避貴州。平定後，復業，因與其黨盧文政、劉堯等各見改流之後，法度嚴密，不得如往昔自由，遂起异心，借以新民占産、恢復故土爲名，糾合沙溪苗夷，欲於遵義府赶殺官民，報復前忿。議將應龍親弟從龍之子楊三老立爲宣慰，遍書僞檄，傳播四方。略云："播州宣慰司驃騎將軍楊爲軍務事，照得七姓叛逆，聳動上司，加兵殺害，流落至此。兹欲恢復故土，仰夷漢頭目人等，各將舊管兵士、器械整點齊備，准以沙溪舉事。"又刻信票，上寫"驃騎將軍楊署司事總理"，吴、盧分發各處招兵。洪與文政僞稱"總統"，譚里保僞稱"中軍"，盧里受、楊邦俊、劉堯、羅志、張漢臣、王金義等僞稱"千總"，將以十一月初九日爲變，會遵義生員彭廷詔、舊民彭廷受等先期出首。兵備，副使傅光宅、知府蔡鳳梧會同總兵李應祥，督率官兵，次第擒斬之。時萬曆三十年事也。

——（萬曆四十七年）《四川總志》卷二十七《事紀類（補續）》，載《原國立北平圖書館甲庫善本叢書》，第 357 册，第 809 頁

（康熙）四川總志[*]

遵義軍民府

（唐）乾符中陷於南詔，命楊端復之。王建、孟知祥據有其地。宋大觀中，楊文貴以其地内附，置遵義軍於白綿堡，領播川、琊川、帶水三縣。

——（康熙）《四川總志》卷四《建革》

萬曆二十八年，宣慰楊應龍叛，總督李化龍調土、漢，并陝、浙兵平之，始改土設流。以容山、黄平、白泥、甕水、重安、餘慶、草塘等地爲平越府，隸貴州；以播州宣慰司、真州等地置遵義軍民府，領州一、縣四。

——（康熙）《四川總志》卷四《建革》

李化龍，長垣人，進士。萬曆二十七年，總督川、湖、貴州兵征楊應龍。時蜀興大兵，更有征檄之苦。化龍鎮静不擾，運籌帷幄，制勝疆場。賊平，分置郡縣，民賴以安。以功遷尚書少保。至今蜀人稱頌，比于“韋李”云。

——（康熙）《四川總志》卷十三《名宦上》

王象乾，字霽宇，山東新城人，户部左侍郎贈尚書之垣長子，隆慶辛未進士。萬曆辛丑，以兵部左侍郎巡撫四川，總督川、湖、貴州軍務，代李公化龍經理播州善後事。時楊應龍初平，議改土設流，創置遵義郡縣。公至，則繕城郭、立學校、簡兵將、足儲峙、正經界、撫流移、寬徭賦、給牛種、編保甲，五城并建，至今爲蜀大府，公之力也。播人吴洪，詭楊氏後，聚衆沙溪，僞號驃騎將軍，結連水西爲亂。公設方略討平之。銅仁水硍苗賊吴老喬、侯興，平越賊阿浪、阿皆等作亂，遮滇黔道，公不煩募兵請餉，折衝樽俎，未半載悉平之。

---

* （清）蔡毓榮等修，錢受祺等纂：（康熙）《四川總志》，四川大學圖書館藏康熙十二年刻本膠卷。

水西，烏江北，延袤千二百里，膏沃之地，精兵勁弩所出，播舊疆也。楊氏滅，水西安疆臣跋扈，安稱嘉靖中楊相，割地據爲己有，又以重賄入京師，通要略，外而黔蜀直指，内而本兵，皆欲予水西。公屹然力持不可，劾千總劉勝移營賣地之罪，據《一統志》，自渭河及沙溪南北侵占八百餘里，自靖邊關及烏鴉尾東西侵占六百餘里，應歸播。疏前後八上，大要謂祖制必不可紊，國威必不可襄，彝心必不可啓，藩籬必不可撤，兵餉必不可缺。且歷晝唐宋以來，以烏江、渭河爲界，險而易守。宋楊邦憲之敗羅汝，元楊嘉貞之禦囊台，景泰間楊輝之防彝倮，皆在烏江。自安萬銓占奪渭河五八播地，履空蹈虛，無復結草之固。今創造伊始，設險固圉，正維其時，一旦有事，彼在跬步，我越千里，兵逾重險，寇掠平原，勞佚之勢相萬，雖鞭之長不及馬腹。竊恐普奴之禍，不獨在鎮雄也。又曰：自楊鏗歸附以來，播非楊氏之播，皆高皇帝奄有之輿圖也。臣伏讀《大明一統志》，山川疆界，無一不詳，尺地王土，何遠何近，幺麽小醜，何敢悖祖制而干不赦之誅？又曰：朝廷分疆釐土，彝司各有限制，强者不得兼并，弱者不得侵削。安氏自奪沙溪、渭河之後，當事者不問而垂涎栗木、蔡氏垻之心萌矣。自奪栗木、蔡氏垻之後，問而不竟，終遂其私，而垂涎虎場、烏鴉尾之心又萌矣。始之不慎，干戈相尋，弱肉强食，將何所底？他日謂諸彝凌奪之禍，自臣啓之，臣不敢受也。甲辰，以平播功賜飛魚服，升都察院右都御史兼兵部左侍郎，各□□。徒公□至，公連章請奔喪，當□謂必地界定□□可歸。公曰："吾腕可斷，地界不可易也。"卒得旨，以烏江千二百里之地歸播州。瀕行，疏安氏陸梁，後必叛狀。至天啓中，安邦彦、奢崇明發難，果如公言。服闋，起總督薊遼，進少師、兵部尚書。卒，贈太師。

——(康熙)《四川總志》卷十三《名宦上》

房嘉寵、張良賢，俱固原人，爲四川守備。萬曆二十五年，楊應龍數犯綦江，房張禦守。時大兵未集，應龍遣沐照攻其無備。城陷，房、張死之。事聞，立廟祀之，贈官有差。

——(康熙)《四川總志》卷十三《名宦上》

王士琦，臨海人，進士，萬曆中歷知重慶府。性豁達，有大略，果於任事。播賊楊應龍自白石之役，負固已久。時制院奉命勘剿，士琦受檄，單騎直驅賊境，諭之使出，應龍果至松坎聽勘，引罪而去。隨擢川東兵巡副使，威信方略賊不敢欺。

傅光宅，鄒城人，進士。萬曆中，以御史左遷，歷工部，即出知重慶府。時播賊方猖獗，李總督莅郡，戎馬、軍餉皆督理有方。播平，吊忠義、瘞遺骨、輯流亡、撫瘡痍、修學宫，一一捐俸率作，出於誠懇。適遵義守缺營事者，藉之，遂星馳去。安撫夷漢，大有方略，尋擢遵義兵巡道副使，復遷提學副使。

高折枝，固始人，進士，萬曆中任重慶府推官。才迹卓有遠略，懲奸除猾，不避權貴。播賊楊應龍將反，憤然以剿除爲己任。綦江破，時公適在省，日夜馳千里至郡，捍衛城池，兵復變不移，談笑定之。已，復監軍攻南川路。諸軍未入，先斬關擊賊，隨與諸將抵囤下，遂克大憝。播平，彝漢畏服，制院李欲題以兵憲彈壓遵義，會以忌中，遂拂衣去。

張文燿，湖廣人。精神鋒穎，敏膚若神。初任銅巴，賢能最著。尋以大參兵備川東，督撫駐渝，調遣轉輸多賴之。賊平，晉本省憲長，總督丈量，綜理田賦，公私之額，盈縮之制，皆其更定。善後之功居多，復遷左右轄去。

——（康熙）《四川總志》卷十三《名宦上》

（唐）楊端，太原人。乾符初南詔陷播州，端應募復之。能諭以威德，縻以恩信，彝人懷服。五代以來，世襲職。宋開禧贈太師。

（明）房嘉寵、張良賢，萬曆中俱以參將守綦江，禦播血戰，竟以衆寡不敵，陷，皆死之。

李化龍，北直隸人。以兵部侍郎總督川湖貴撫蜀。主征播事，機權方略俱出心裁，輕不嗜殺。賜劍，未嘗輕用作威。值外艱，墨衰平賊，播人至今祀之。

——（康熙）《四川總志》卷十三《名宦下》

王象乾，山東人。以總督撫蜀，善後播事，凡播中分設郡縣，更置牧守，則壤田賦，皆盡心爲之。

張文燿，湖廣人。初任銅巴，賢能最著，尋以參議督運糧餉。賊平，晉本省憲长，□□丈量田賦。凡公私之額，盈縮之制，皆其更定，善後之功居多焉。

張悌，河南人，夙以邊才著名。時攻賊匝，悌獨冒暑，單騎走監諸營，激勵將士，竟以平賊。

張棟，以參政監軍入播。洞曉兵機，激發將士，攻囤之日督戰陣前，終日不食，以勞瘠卒。

高折枝，固始人。以推官監紀入播，身先行陣，策勵士馬，自播發難以迄蕩平，終始不渝。

劉綎，江西南昌人。播酋倡亂，綎以都督率綦江路兵進攻。時楊應龍忌綎威名，欲首挫其鋒，以嚇諸路。九盤子之戰，悉其精鋭付賊子朝棟，使盡力以與綎角，綎一戰大殲其軍，賊軍爲之奪氣，後連破數關，遂抵囤下。征播之役，綎之功最先，亦最奇。

孫敏政，湖廣人。以同知承檄入播善後，監督丈量，身親阡陌，經理賦役，悉心計籌，播人以賴。

詹淑，湖廣麻城人。由舉人知綏陽。播亂既平，設縣治。淑勤于庶務，剪芟□□，撫字招徠，綏邑之興，實自淑始。民間至今猶稱爲“詹家公”云。

——（康熙）《四川總志》卷十三《名宦下》

（宋）楊燦，端十三代孫。開禧初吴曦叛，燦輸金帛、戰馬助戰，以息邊患。卒，贈左衛大將軍、威毅侯。

楊价，燦子。方未生時，將校有夢神，號"蜀［威］將軍者"來，价生，貌如之。長，以邊功受閤門舍人。卒，贈英烈侯。

——（康熙）《四川總志》卷十五《人物下》

楊邦憲，价子。端平間，蠻人掠境，憲領兵拒之，擒酋長。纍贈平章事。

（元）楊漢英，邦憲子，襲父職。奏安邊事，世祖嘉之。屢進護國將軍以征黄平蠻，卒於軍，謚"忠宣"。

楊嘉貞，漢英子。討罕楊晉聰之叛，進中書左丞。

（明）楊鑑，嘉貞子。率其屬張坤、趙簡洪武初來朝，屢隨大軍討評叛賊。卒，贈懷安將軍。

韓志聰，播人，洪武間征普定有功，授長官，世爵。

——（康熙）《四川總志》卷十五《人物下》

遵義府

（元）陳氏，郡人楊道妻。至元間夫卒，守寡。政和元年，楊漢英上其事，詔表其門，封淑德安人。

——（康熙）《四川總志》卷十七《列女》

遵義縣附郭

海朝寺，在海龍囤。明平播後，兵備傅光宅建。

——（康熙）《四川總志》卷二十四《寺觀》

（明）楊應龍，播州宣慰使，其先太原人。唐乾符中，始祖楊端以應募平寇功授世職，旋取播州於南詔，遂并有其地，歷五季。宋元以來，世敦忠順，如燦、如价、如文、如邦憲，凡八百年。詳見宋潛溪所著《楊氏家傳》中。

明洪武元年，詔宣慰楊鑑率蕃兵二萬，爲征西將軍傅友德先鋒，遂破僞夏。明洪武帝嘉其内附，俾守土如故。二百年延至應龍，弁髦國憲，甘爲戎首。始爲其妻張氏家人所訟，既而奏民何漢卿等乃群起而仇之。時奏上，下憲司勘處。怙惡不悛，劫縣，虜掠良民，揭擒王之翰，肆殺將之凶，迫脅道府，索其子之尸，櫬勒重慶而後遣，且鐫銀碑其上，而目之曰"忠臣孝子柩"，稔惡已極。先是，應龍被勘在萬曆二十年間，其初，一獄吏能耳，而或留或縱，或議削奪，或議重贖，紛紜簸弄，酋且生心。至二十二年，巡撫王繼光奮然欲剿，大兵方集，遂有白石口之敗。二十三年，侍郎刑玠銜命勘議，受撫而還。二十七年春，應龍陷綦江，守備張良賢、參將房嘉寵死之。是歲，侍郎李化龍奉命總督四川、貴州軍務，調集各省漢、土官兵三十餘萬，以賜劍從事。於是總兵官劉綎、陳璘、吴廣、李應祥、馬孔英等與參游而下，悉聽節制。文武將吏隨宜更調，分兵八路進討，蜀則綦江、南川、合江、永寧等四路。二十八年二月十二日，大舉，南川路兵攻破虎跳關。夏四月，諸路總兵各破關隘。六月，攻破三渡關。應龍見勢窮促，焚室自縊，乃獲其妻田氏、朝棟等六十九名口，獻俘京師，播地遂平。二十九年，詔郡縣其地，升授牧守，在蜀者爲府一，曰遵義；爲州一，曰真安；爲縣四，曰遵義、桐梓、綏陽、仁懷；爲衛一，曰鎮遠。其黄平一府，湄潭、龍泉、甕安、餘慶四縣，草塘、容山二司屬貴州。

——(康熙)康熙《四川總志》卷二十六《僭據》

平播疏　李化龍

看得楊酋匪茹，與國爲仇，萬姓荼毒，三省震驚，孰不以爲不可以歲月克者。乃自出師以來，甫三月有奇，而元凶授首，黨與悉擒。千年狼虎盤據之窟，一旦掃蕩無遺，上足以伸中國之威，下足以洩生靈之憤。其他狡黠土司、獷悍惡苗，無不落魄亡魂。西南半壁天下，可永無虞矣。朝廷威福，本部院方略所致，斷非文武將吏，敢貪天功爲己力者，惟是各官兵暴露行間，勞苦萬狀，不可不查叙也。

先是，臣奉命入川，賊知罪在不赦，已統兵深入，有擒王剿叛之説，遂破綦江，且逼重慶，地方洶洶，皆謂有長驅之志。於時，目前兵力略無可恃，臣乃以計緩之：一面調兵，一面移文詰責，若未嘗絶之者。賊果信之，即具文求撫，且不西向。臣因得以徵調漢、土諸兵，急爲之備。其時賊氣張甚，川人畏之如虎。臣發成都兵，甫出門，欲投錦江，不復肯東。及聞綦江城守兵見賊來，競譟而走，多投水者，止餘二將與其家丁，遂及於難。臣念漢兵心膽已碎，土兵狐兔有情，自非招客兵不可，因請調陝、浙諸省之兵。又念外兵之費甚侈，往來途次，且生擾害，是不可[多]，[因]於每省鎮止調一二千，多者三千，共數省，實僅僅二萬，其餘乃三省及滇、粤土兵也。然西南人見外兵來，莫測多少，以爲天下之兵皆至矣。自是漢兵之氣壯，而土兵之心亦折，無不樂爲我用者。時賊雖知調兵，然以爲虚聲嚇之如往日，非實事也。臣亦止在成都積糧治器，若無事者然，不復東，賊亦不疑。北兵俱集，臣移駐重慶，賊始知必剿，頗肆衝突，然我兵漸益，未易得志也。臣又念兵以一路進，既道狹不能容，一有前却，不可復振，因分爲八路。又念路分而兵少，賊厚其陣以衝之，敗矣。因命每路皆三萬以上，每一路皆可以當其全師。又念關外賊黨多，不可勝誅，會兵部頒賞格至，首重招降，臣亦推廣之，但投戈者，皆赦不誅。臣又念兵無賞，士不往。會兵部賞格首言“得賊者，即以其家資與之”，臣益推廣之，克關破囤各懸賞，賞各以千、萬計。既川兵入關，臣又恐其人自爲心，若九節度之師然，因復委按察使張悌入總監之。

殺牲莅盟，務必得賊臣。又恐賊事急詐降，得以遷延至暑雨漸深。我兵不能久困，令但急攻之，有稱降者，斬使焚書，無爲所紿。時湖貴之兵亦至囤下，臣欲入營親監之，會聞先臣之訃，臣恐營中遂懈惰不可用，因不待成服，跣而草檄，亦以例應候代，照常督兵。有慢令者，尚方具在，令代中軍余德榮等再往監之。臣又念賊囤後易攻，囤前難攻。時諸將壁囤下者各有分地，因令以勁兵一枝壁其前，其餘并力於後。臣又恐諸軍士争趨賊財物，或至亂行，至有他虞，因移文再四申禁。臣又聞營中流言"水西目把，尚不絶賊"，恐漏軍情，因移文令其退劄。水西土官懼，撤其兵，退而引嫌曰："吾不欲爲亡播之續也。"時久雨，兵士日馳泥淖中，至六月之初四而天忽晴，初五日遂破其二城，初六日遂登其囤，賊以滅亡。總計八路，生擒賊首、賊從一千一百二十四名，斬級二萬二千六百八十七顆，俘獲賊屬五千五百三十九名口，招降播民一十二萬六千二百一十一名口，全活被擄男、婦一千六十四名，奪獲馬牛七百六十七匹，奪器械四千四百四十四件。

是役也，自賊破綦江至剿滅，可一年。自進兵至滅賊，百十有四日。當八路對壘時，土、漢兵既參差不齊，諸將領亦彼此觀望。播人劫於賊之積威，人自爲戰，未易即克。我各路又糧運艱難，時有脱甲之呼，臣日夜督催，走使馳檄至數百千，即兩省撫臣、各路鎮道亦靡不忘寢忘食，或至頭鬚爲白。總之，諸文武知廟堂之意，必欲滅賊，故鼓之即應，勞之不怨，誅罰之亦無敢囁嚅者。倘更一月而賊不滅，暑雨久，瘴疫深，我兵自潰，無問賊矣。該臣會同巡撫貴州郭子章、巡撫湖廣支可大、巡撫偏沅江鐸議照：國家方制萬里，日所出入之邦悉爲郡縣，獨西南諸省不廢土司，蓋亦曰"因俗而治，與之相安"云耳。二百年來，此輩犬羊之性，不堪馴擾，亦時有之，然未有如播酋楊應龍之公然叛逆者，則何也？蓋其地險，其兵强，其財力足以使鬼通神，其聲勢足以呼群嘯黨。加以年來方宇多事，九伐之旌未遑南指，彼遂時時狂逞，亦遂時時得志。井蛙之見，謂縣官真無奈我何。諸群不逞，如楊珠、楊明、何漢良、孫時泰輩，嚊其雄心，或時有以公孫躍馬、尉佗自王之説進者。賊亦自念騎虎勢不得下，將曰："等死，無且舉大名乎"。於是恣其狂圖，淫怒以逞，而破城殺將，鵲起西南之勢成矣。夫天下非小弱也，九州四海兵非脆，糧非乏也。向賊逆未著，皇上不忍遽觀之兵，曰："吾且舞干""吾且解網""始俟其悔過而與之相安無事"，乃不謂凶人之性不移也。始天怒赫然，斷在必剿。夫斷而敢行，鬼神避之，况此么麽者乎？蓋自進剿之旨下，上方之劍頒，然後海內熊虎之師如雲而集，陳紅之粟沿江而上，智士陳謀，勇夫效力。火燎毛，山壓卵，賊即欲不灰飛烟滅，亦曷可得已！

臣等嘗即諸路之功而評叙之：在四川，則楠木、三峒，賊黨以爲三窟，謂天險不可升者也；婁山關，賊前門，我所必由，賊所必争者也；海龍囤，賊以爲天造地設，人迹所必不能到，兵力所不能加者也。三戰而克之，賊力竭矣，不亡何待？夫賊黨自戰其地，猶易與也，惟賊父子親在行間，諸賊人人致死，難與争鋒。該路到處，與賊父子對壘，最快者，九盤子之戰，賊悉其精鋭以付朝棟，令之從綦江進，從南川回，此其目中尚復有官兵乎？劉綎一戰而走之，自是播人爲之破膽。尤快者，諸軍壁海龍屯下，連月不拔，綎至，一日而克其二城，賊遂滅亡。至今群口嚣嚣，然竟無敢没其先登之烈者。兵法云："無選鋒曰北"，綎於諸路，其選鋒乎！則綦江路之功也。

臣嘗言，破賊，關外宜招降，謂多不可勝誅也；關内宜疾戰，謂師不可老也。安、羅、陶洪三寨，生口以數萬計，勝兵以數千計，令貪功者以大兵初入，必且多殺以報捷。勝之，則傷仁；不勝，則損威矣。而該路坐受其降，兵不血刃。自是，一戰而斬郭通緒，再戰而入崖門關，三戰而屢捷於水牛塘。賊計無復之，遂父子相哭而上囤矣。當其入水牛塘時，川兵入關，去囤尚遠，湖貴兵在關外，絶不相聞。吴廣以孤軍去囤數十里而結營，犯兵法之所忌；而卒以得志，自非其令嚴而戰，力當不及此。後雖以講降誤事，然有激而奮，竟以成功，逆賊父子盡獲其首，終不失爲全捷，則永合路之功也。

南川路最險、最遠，去囤可六七百里，賊以爲官兵必不能從此進。當馬孔英之未至也，高折枝以一書生，請自將漢、土兵以往，此固已雄偉不常矣。乃師期一月之前，先搗官壩營以寒賊膽，而撤回龍泉之兵，且以解思、石之危，其事甚奇，其功甚大。此進兵、從真州入，真人則簞食壺漿以迎，播人則弃甲曳兵而走，居然有三代之氣象。時諸將方欲候各路消息，方入關，折枝毅然曰："若是，則誰爲當先入者？"策馬而前，衆隨其後，竟以三月初八日奪桑木關而據之。臣用是以催各路，尚有以四月入者。令諸將皆折枝，諸路皆南川，滅賊當更速。抵關，而馬孔英至，則文武相得，如樂之和。自是，日日約各路攻圍，有應，有不應，甚或以相誹詈，而折枝不顧也。分攻令下，諸將争走後門，該路獨壁前門。夫後門我易攻賊，前門賊易衝我。彼亦曰"誰爲宜當賊衝者"，蓋亦"先入關"之意乎。破囤之役，後門以二路更攻，前門以一路搏戰，日夜揮戈，人百其勇，坐使賊自盡而逆黨無一逸者。總之，倡諸路之先，作三軍之氣，令黔師不得以賊强我弱借口，而竟以奏功。臣於該路文武，蓋心折焉。則南川路之功也。

在湖廣，則偏橋一路，江外爲四牌，江内爲七牌，皆五司遺種、九股惡苗，盤據糾結乎其間。四牌不掃，即武騎千群，未易窺三渡也。陳璘獨以一旅之師，先掃四牌，開我進兵之路。用是，烏江内賊黨寒心。長坎、瑪瑙、青蛇三囤，自昔以爲險絶，官兵所從未易得志者。臣亦慮其難下，令降之。璘以爲除惡務盡，竟以一鼓而升其巔，殺戮數千，臭聞十里。時龍泉哨、施南兵亦已先克板角關。至今白泥、湄潭之間，四牌、七牌之苗，遂無遺種，非璘之力不及此。該路漢兵少，土兵多，糧運少遲，便成噪呼。璘令嚴而法肅，卒能使之用命而不爲害。迨至克關逼囤，議設木栅、製鐵牌以防賊逸，其機智有足多者。卒以入虎穴，得虎子，閹人綉女，纍纍在俘，良快人意。則偏橋路之功也。

貴州各路，與川湖不同，其地近，其兵少，其餉乏，其彝情反覆而靡常，其民心摇惑而不定。兹之用兵，又非以一淬厲一鼓舞之爲競者，烏江失律，已見法矣。然能借是以激厲水西，俾之絶狐兔之情，踐虎狼之窟，母氏囤一戰，大足褫逆酋之魄而奪之氣。此則失之武人，得之文吏，蓋運籌者之若心乎！李應祥以孤危之兵，當䠊䯿之時，能自審於緩急進止之間，以守爲戰，以招撫爲進攻，卒之轉弱爲强，揚旌直指，斬首數百，招降數萬。因破諸囤，斬三渡，抵白田，何其壯也！竟以連合川兵，同心戮力，破重城，俘群醜，振積弱之邦、舒華夏之氣。始如處女，繼如脱兔，兹其審於機而神於用，豈易得哉！則平越、烏江、沙溪諸路之功也。

夫我國家，從來用兵未有大得志於西南彝者。國初，傅友德統二十四將軍，止言防守，未聞戡定；正統間，麓川之役，用兵五十萬，轉餉半天下，升叙萬人，三返而罪人竟逸；嘉靖初，思田之役，以剿始，以撫終，至今爲諸彝借口。兹其大致可睹已。諸帥故中庸人，臣等三五書生耳，其智略才力不及古人遠甚，乃兵纔逾二十萬，進兵纔逾百日，費纔二百萬，而倖以成功。此非臣等之力，皆由我皇上神武獨斷，委任不疑，用使文武同心，將士效死，爰有成績。臣每誦詔旨，即十行之札，萬里之外，往往瞭於指掌，而析於毫毛，輒沾沾自得，以爲賊平矣，已戰勝於堂上矣！夫淮、蔡之平，直須一斷，何况今廟謨詳一若此哉！

——（康熙）《四川總志》卷三十六《藝文》

敬陳善後事宜疏

查該州地鄰三省，然楚止偏橋，路通一線，蜀與黔蓋無所不接壤。夫蜀無籍於播，黔，瘠壤也，若乘此時而割播地以附黔，則於蜀無損，於黔有裨。且臣等别疏，又請以楚之肆衛并割附之。從此黔省幅員得與十二省比長挈大，甚爲長便。但盡蜀之黔，則地方千里，諸凡締造，勞費尚多，亦黔所不能堪。因議設爲二府，分隸黔、蜀，庶建邦啓土，各自經營，成聚成都，指顧可就。皇上廓清之績，既已盡被於三藩，而帡幪之仁，又復再造於黔土矣。除寬脅從、撤兵馬、招流移、厚賑恤、抑兼并、靖横恣等項，凡明旨所叮嚀，而兵部所條議者，俱已陸續舉行。尚有後開款目，謹集衆思，列爲十二事呈覽：

一復郡縣。播州南極牂牁，西連僰道，東西廣一千二百二十里，南北袤一千四十里，漢唐故爲郡縣，在川、貴之間，亦一都會也。至唐乾符間陷於南詔，楊端取而據之。今逆酋既平，相應改土復流，以變彝俗。及照播州白田壩，沃壤數百里，即播州遵義縣故地，當復府治，設縣附焉；桐梓當綦南之衝，走川貴道也，舊爲夜郎縣故地，當復一縣；望草南接婺、思，北達真、涪，爲綏陽縣故地，當復一縣；仁懷，濱播枕永，襟合帶瀘，爲懷陽縣故地，當復一縣；真州，即古珍州，川原平衍，商販周游，應復一州。以上俱隸川省統轄。黄平爲川貴要區，舊設撫苗通判一員，列銜重慶，駐鎮彼中，其與播勢相控馭，并爲重地，應設一府；湄潭、龍泉，地理廣邈，各應建設一縣；甕水、重安，合設一縣；餘慶、白泥，合設一縣；并草塘、容山二司，應割隸各縣。以上地方，去黔甚邇，相應改隸貴州統轄。總計增府二、州一、縣八。蓋亂流初殄，地闊人稀，姑建數城以爲繫屬，以後地闢民聚，無妨增設。其二府治與附郭縣，分正、佐首領，各應照例全設。外州縣正、佐首領，俱應量減。

一設屯衛。播州地方千里，山川險惡，彝漢雜居，又逼鄰二大土司，時有啓疆之志，必須設官軍，建屯衛，以明居重馭輕之勢。因設一衛於白田壩，與府同城。指揮使一員、同知二員、僉事二員、鎮撫一員、經歷一員、知事一員。所屬前、後、中、左、右五所，每所正千户一員、副千户一員、百户四員，所軍各一千，共五千。衛所官於徙征有功者酌量升授，不足者於鄰近願入者調取移實之。其邊隅逼鄰土司地方，各設屯田，每軍照祖制二十四畝，再加六畝爲冬衣、布花之費，共三十畝，即自種自食，不必納粮於官，又復領出，紛紛滋弊。各開屯處，除養屯兵之外，餘田仍照民地起科，上納本、折於各州縣，爲衛官俸廩及不時軍興之用。每年孟冬、仲冬、孟春、仲春農隙，各屯官時加操練。又以十月、二月望日，齊赴兵備道大操三日，驗其武藝，較其强弱，而明賞罰焉。老弱者汰之，一屯老弱多者，并革其官。軍田即另募壯丁補伍，庶軍得實用，异時即募兵散盡，此伍千軍與主兵三千，自有八千可用之兵矣。

一設兵備。播地三面環彝，干戈甫戢，當此經綸草昧之始，設立有司，可以招撫流亡；或未能長駕遠馭而圖久安。布置將領，可以備禦倉卒；或易於生事徼功而開邊釁。欲以内修戎備，外攝彝心，整肅群僚，讋服衆志。爲地方長久之計，必設分巡兼兵備官一員，於播州白田壩新建府城駐劄，專一整飭新復郡縣并重慶衛、忠黔二所，永寧、酉陽、石砫、平邑等土司兵務，兼理有司錢糧、獄訟。其重慶府、巴縣、綦江、南川、涪州、武隆、彭水切鄰地方，悉聽管轄，以便行事。黄平新設一府四縣，雖割屬貴州，但人心初附，田地毗連，與貴州水西宣慰司并聽兼制。

一設將領。播淪於彝，閲八百餘年，風俗獷猂，法令扞格已久。今地雖蕩平，而逋孽潛藏，漢彝錯雜，招苗樹黨，越界侵田，時所必有。今議播州留兵一萬，黄平留兵二千，粗足防守，然必得一大將鎮之，始可無事。查得先年克平九絲，議留總兵一員鎮守其地。今建武視播稍緩，即一參游足領之。合無將軍門標下添設練兵游擊一員改駐建武防守，原設總兵移鎮播地，應留各兵，挑揀家丁三千、買馬三百，内標下標兵家丁二千七百、馬二百七十，以坐營千把總領之，兵道員下家丁三百、馬三十，以中軍領之。有事俱聽總兵提調，名爲正兵。此外兵七千，酌量分布於白田壩、真州、桐梓等縣，播川等驛防守；内以一游擊領三千，以二守備各領二千，各用千把總分領之，有事征戰，無事即爲築城鑿池、建郡縣、修郵驛之用，糧銀照依舊例支發。徐俟建置竣工日，除家丁三千、馬三百外，餘軍以次議撤，有願附籍當軍及民當差者，聽千把總俱於附近衛所官内選用。其黄平留兵三千，仍設一參將領之，總聽防播總兵節制。

一丈田糧。環播幅員千里，田地無慮數千萬畝，舊時額糧止歲以五千八百石輸貴州。盖蠻方賦税原輕，至應龍巧立新法，名曰“等賨”，每田一畝徵銀數錢。初猶斂其財以招苗，後并奪其地以養苗，而賦法蕩然盡矣。今既改流，自當責成道府，親率州縣官，插定疆界，沿丘履畝，逐一丈量，分爲等則，造册呈報，以定賦法。第額糧輕重，蜀無定規。查克平九絲，丈量田地，分别上、中、下三等，每畝上田四升、中田三升、下田二升。播地山水間雜，不止三等，尚有上上下下者，宜逐項分析，最上者，一畝可當上田幾畝，最下者，幾畝可當下田一畝，則待臨時斟定，難以預計。丈完總計田地若干、糧若干，徵本色若干、折色若干，候二年之外起科。除足一年夏秋二税、銀力二差、一切雜費外，餘解布政司，充邊餉支用。

一限田制。播土舊民自逆酋唱亂，大兵征討之餘，僅存十之一二，遺弃田地多無主人。册籍不存，疆界莫考，復業之民，往往冒認影占，原少報多，原瘠報肥，甚至一人占田一二千畝，尚有异省流徒假播籍而希冒占者。今應將播之舊民號"楊保子"者，查果真的，無論原業肥瘠，俱人給田三十畝，上、中、下搀配均給。若一處皆上田、皆下田者，臨時酌給。大率純下田不得多過一百畝，純上田不得少過二十畝。其原非播民，凡不能爲楊保語者，無問曾否寄住，皆不得妄認。遺下無主民田，另行招人承種，納糧當差。應龍官莊并楊兆龍、田一鵬、何漢良等諸擒斬過有名頭人莊田，盡數没官，聽三省之民願占籍播州者承種。其領地之人，查照時值，量行上納，以充日下建立城池、衙門、驛傳諸費。亦定爲限制：平人不得過五十畝，指揮、千百户不得過百畝，俱於丈量時定糧、定價，令不得那移。州縣官收過絶産價值，給付印契，登入循環，聽兵備道稽查，轉報撫按查考。官吏乾没，從重治罪。

一設學校。播故有學，宋元之世，俊茂朋興，如冉從周、猶道明、白鎮之流俱登進士，蜚聲上國。自逆龍禁錮文字，寇仇儒生，坑儒燔書，禍同秦始。今干戈既戢，文教宜先。白田、黄平舊有學宫，補葺亦易，特當於二府原學各補教授一員、訓導二員，至博士、弟子員，無論附郭外縣，但入學使之選者：蜀新四縣隸白田學，黔新四縣隸黄平學。待各縣人文漸盛，物力稍紓，嗣各立學未晚。真州既改爲流，其地方殷富，人物遒華，亦須建一學宫，設一學正，以示維新之化。

一復驛站。播州各驛，自逆酋閉關負固，驛官不敢赴任，過客不敢經行，站户逃徙，館舍丘墟，十數年矣。兹者地方底定，道路大通，驛站之設，勢不容已。查播州舊轄松坎、桐梓、播州、永安、湘川、烏江、昌田、沙溪、仁水、湄潭、鰲溪、岑黄、白泥一十三驛，俱當川貴孔道，所有各該驛館應趁時興工，合用匠役亦於兵夫内查有慣造者徑撥，不足者於附近州縣取用，工、食、銀、米計算於該邊支剩軍餉内動支。仍責成新設府佐一員，往來稽督不許虚冒銀糧，曠廢時日，事完册報。又查各驛夫馬支應及官吏俸薪舊額，土司供辦。今既改土設流，似應與腹裹驛站一體僉派，但流民授田方始，難便買馬行差，目前一切站銀，暫應官爲出辦，俟里甲稍定，即行編派。至於夫馬額數，應照衝僻爲準：湘川驛附郭爲四路最衝，應設馬四十匹、夫八十名；松坎、桐梓、播川、永安四驛，地衝路險，應各設馬三十匹、夫五十名；烏江、仁水、湄潭、岑黄、鰲溪、白泥各驛，俱次衝，應設馬各二十匹、夫各三十名；昌田、沙溪止通水西，次僻，應設馬各十匹、夫各二十名。各驛官見在者，行令赴驛任事，驛吏因屬土司，舊未撥發，今應行川貴兩省布政司，照缺查撥。

一建城垣。播州一府、一州、四縣與黄平一府、四縣，并宜改築石城，石少者以磚代之。其兵備道、總兵府并府衛州縣衙門、公署、倉廒、庫獄、城隍廟、演武場與二府一州儒學、文廟、殿廡、齋舍等項，俱當以次修舉。而各官一抵地方，棲身爲急，衙舍之建，尤宜首圖。各府、州、縣正官，選委勤民佐貳，於堪動銀内行支。克期興工，多方稽督。大約城垣以二十九年二月内起工，限年終落成，餘各以次備舉。就中員役有怠惰冒破、工力草率者，俱聽該道詳參拿究。事竣之日，造册報撫按衙門奏繳。庶險要可資，防禦有賴。

一順彝情。播州皆彝也，大兵之後，爲賊用力者，芟彝藴祟，已無遺種。今見在者，曰各司土官，曰七姓奏民，曰投降彝目，皆宜安插得所。顧就中情事不同，亦宜分别，如八司，曰播州、真州、白泥、餘慶、草堂、黄平、重安、容山，内安撫二、長官六。又一司甕水，原無印信，亦稱長官。又有宣慰同知羅氏，此皆世有官號，與播并建者。播州長官王積仁以附播被擒獻俘，已與楊氏俱滅。真州附播多年，綦江之破，助兵三百，著在耳目。同知羅氏與江外五司具疏改流，挑怨速禍，致有今日之事，海内震動，流血千里，則諸司者，罪之魁也。故説者謂真州宜正其附播之罪，江外諸司宜以起釁絶之。第王道如天，罰宜從輕，賞宜從重。真州當進兵之初，率先歸附，正、副長官各以千人從軍，江外諸司各招兵聚義，充黔、楚鄉導。合將真州正長官即爲該州土同知，副長官即爲土判官；江外諸司，安撫與正長官即爲該縣土縣丞，副長官即爲土主簿；同知羅氏爲新府土知事。此外尚有投降彝目，原非長官，本無冠帶，但賞格曾坐名開諭，輒爾先事歸誠，亦宜少示眷酬，以明□信。如上赤水里頭目袁年，父遭酷禍，投降最早，宜授以所鎮撫職銜；下赤水里頭目袁鍪，仁懷里頭目王繼先，安、羅二村頭目羅國名、羅國顯、安鑾，以上五名，念其返誠歸正，量授冠帶、總旗。諸人田産，止將本身者照册撥給，應納税糧通附州縣官處上納。其餘里人，俱令附籍納糧當差，不許仍以家人爲名，恣行霸占，違者治其前罪。至於七姓奏民，始助楊氏之惡，繼傾楊氏之族，尤爲禍首。今蒙王仁寬宥外，如仍蹈故習，豪横害民，該道徑行拿問發落。地方人民指稱前事告害者，亦如之。

一正疆域。播地東北接連三省，縣衛各有疆界，無容溷淆；西南左營水西，右逼永寧，雖犬牙相攙，未能齊一，然畫野分疆，亦自有相沿界至。惟是彝性互爲雄長，强則侵凌，弱則減削，甚至有一地而甲乙互臨，一人而齊楚兼事，如儒溪、沙溪、水烟、天旺，皆播州五十四里之數，見有黄册可考。緝麻山、李博埡、仁懷、石實、甕平等處亦皆播州世業，祗緣先年楊氏中衰時，曾爲永寧、水西侵占，後應龍當事，治兵相攻，恢復故業。各邊目又已任其糧馬，兩下支持，此在土司可略。今既改土設流，自宜各復其故。乃水西止求清查，永寧輒行瀆擾，且動以瓜分爲言，罔上行私，垂涎占業，應行該道會同鄰近道分。及早清查，一切相鄰地方，原係播者，歸播；原係永寧、水西者，歸奢、安。刻石立碑，永爲遵守。其鄰邊目兵如不安分義，妄肆侵争，重行究治。干礙土官，一并參處。

——（康熙）《四川總志》卷三十六《藝文》

（雍正）四川通志*

今點定而類增之，若平播、創設、征南、善後，皆宜綴入。

——（雍正）《四川通志》卷首《四川舊志序》

四川布政司

（南宋）咸平四年，分置益、梓、利、夔四路，總曰四川路。……夔州路，領紹慶、咸淳、重慶三府，施、萬、開、達、涪、珍、思、播八州。

元置四川等處行中書省……而播州則屬於湖廣沿邊宣慰司。

綦江縣，古綦市地。……元置南平、綦江長官司，屬播州安撫司。

——（雍正）《四川通志》卷二《建置沿革》

漳臘堡，在松潘衛西北四十里，即播州城故址也。洪武十一年建，宣德二年爲羌番所據，景泰六年復收其地。舊《志》：漳臘延袤二百餘里，襟帶山河，雜居夷番，其最要者有上下羊洞等隘口。自漳臘北去，遼廓幽遠，一望無際矣，今爲漳臘營。

——（雍正）《四川通志》卷四下《關隘》

綦江縣儒學，在縣西。明萬曆毀於播酋，兵憲張文耀重修，明末毀。

——（雍正）《四川通志》卷五中《學校》

（明）何喬新，字廷秀，廣昌人，進士。成化末，以刑部侍郎撫蜀。時播州宣慰楊輝寵其妾子友，欲奪嫡，嫡子愛起兵交攻，勢甚猖獗。喬新上其狀，遷友於保寧，播遂定，邊鄙肅然。尋升南京刑部尚書。

王象乾，字霽宇，山東新城人。隆慶辛未進士。萬曆辛丑，以兵部左侍郎巡撫四川，

---

* （清）黄廷桂等修，張晋生等纂：（雍正）《四川通志》，清文淵閣《四庫全書》本。

總督川、湖、貴州軍務，代李化龍經理播州善後事宜。時楊應龍初平，議改土設流，創立郡縣，繕城立學，撫流移，寬徭賦，屢疏上聞，區畫詳明。又畫圖爲式，得旨如議，後以憂歸。

（明）王士琦，臨海人，進士，萬曆中知重慶府。性豁達，有大略，果於任事。播賊楊應龍自白石之役，負固已久。時制院奉命戡剿，士琦受檄，單騎直驅賊境，諭之使出，應龍果至松坎聽勘，引罪而去。隨擢川東兵巡副使，威信有方略，賊不敢犯。

傅光宅，聊城人，進士。萬曆中，以御史左遷，歷工部郎，出知重慶府。時播賊方猖獗，總制李化龍莅郡，光宅督理戎馬軍餉，皆有方略。播平，吊忠義、瘞遺骨、輯流亡、撫瘡痍、修學宫，一一捐俸率作，出於誠懇。適遵義守缺，當事者委任之，遂星馳去，安撫夷漢，大著功績。尋擢遵義兵巡道副使，復遷提學副使。

高折枝，固始人，進士。萬曆中，任重慶府推官，卓有遠略，懲奸除猾，不避權貴。播賊楊應龍將反，憤然以剿除爲己任。綦江破時，折枝在成都，日夜馳千里至郡，捍衛城池。兵復變不移時，談笑定之。已復，監軍攻南川路。諸軍未入，先斬關擊賊，隨與諸將抵囤下，遂克大憝。播平，夷漢畏服，總制李化龍欲題以兵憲彈壓遵義，會以忌中，遂拂衣去。

葉聯芳，吴縣舉人。萬曆中，知長壽，慈和愷悌，視民如子，厚庠士、置學田、革排保、躬采大木。播酋破綦江，聲言東下，聯芳諭其民曰："吾亦有老母幼子在此，爾毋恐也。"以此維繫民心，得免遷徙，民咸德之。

閔宗聖，鶴慶人。萬曆中，知榮昌縣，矢心愛民，誅鋤强梗。楊酋之亂，督餉播州，以勞瘁卒於官，時人哀之。

——（雍正）《四川通志》卷六《名宦》

（明）楊應登，雲南人，知内江縣。征播之役，運餉獨先，又擒其僞都司，以絶亂萌，當路尤旌异之。

——（雍正）《四川通志》卷七上《名宦》

（明）鄭彦文，彭縣人。元貴州宣慰使，洪武間投誠。安撫播、貴、水西、畢節有功，擢户部侍郎，守貴州。

——（雍正）《四川通志》卷八《人物》

（明）牟氏，綦江人，陶鳴鎬妻。播賊破城，殺其夫，氏伏尸救之，亦被害。

羅氏，綦江人，張啓中妻，生二子，夫故孀居。值播賊至，被執不屈，過高灘河，挽子同溺死。

四節婦，失其姓，皆綦江人。萬曆間，播寇肆掠，男婦多避飛龍洞中，有四婦被執，馳鞭從行，四婦義不受辱，拽裾投崖死。

羅氏，綦江人，諸生劉熠勛妻。播酋破城，夫婦被擄，羅自縊死。

——（雍正）《四川通志》卷十一上《列女》

（明）張奏凱，綦江人。天啓四年，征播有功，授川北副總兵。復拒闖賊，升天柱總兵。會獻賊攻成都，奏凱守東門，城陷死難。

詹天階、白璽、王三元、封尚聘、鄢應期，俱綦江諸生。值播賊變，被執不屈，一時同受害。

——（雍正）《四川通志》卷十二《忠義》

萬曆間，播人吴洪假楊應龍後，聚衆沙溪，連結水西爲叛。時王象乾爲四川巡撫，設方略討平之。

——（雍正）《四川通志》卷十二《武功》

明洪武五年，置四川茶鹽都轉司。令四川産茶地方，每十分，官取一分。三十年，令成都、重慶、保寧三府及播州宣慰司各置茶倉，歲徵川中課茶貯倉，召商中買與西番易馬。敕户部差行人一員，於陝西、河州、臨洮、四川、碉門等處，嚴諭把隘，頭目不許私茶出境。……成化七年，罷，差行人四川巡茶，并罷播州茶倉，令分巡道往來禁約之。

——（雍正）《四川通志》卷十五上《茶法》

萬曆戊午年，巡撫饒景暉疏稱："看得蜀中自征播之後，兵荒頻見，公私交困，臣旁求理財之道，可以佐今日之急者，無如錢法。"

——（雍正）《四川通志》卷十五下《钱法》

附萬歷三十五年大木議

……萬曆二十四年，奉文采木，彼時本司庫貯尚有二百五十餘萬金，與征播之需相兼支發而分派州縣。自行采買者，又所費不資，僅完二運。……人丁一丁，除原額外加派銀五分，照征播事例，不許優免。……（二十九年）至於雲南，先年用兵，借過川省銀共四十萬兩，除上次采木取還，并征播議解貴州助餉外，尚欠一十九萬六千餘兩。

國朝四川木政奏疏條議

題報遵義屬地方楠木疏略　　　　巡撫四川都察院右副都御史張德地

康熙六年八月十四日，准遵義道移，據遵義府呈，據真安州申稱：遵郡原係播夷舊地，改土設流，山瘠土薄，從未産有長大楠木，即間有産者，并不堪大工之用。且真安不通水路，由綏陽、桐梓、綦江、重慶入江，其陸路之險，奇峰深壑，斜坂側徑，空行之人，攀躋維艱，若拽運重木，動經多人，則寸步難移。倘遇直路，每日尚可那移一二里，一遇轉折曲斜，不能掉轉。查平播在明萬曆年間，彼時地方蕃庶，人民稠密，從未運出一木。若不預陳，終難結局。除一面細查木植、夫匠數目，道里遠近，造册申報。又據桐梓縣申稱，縣屬蘆溪里，地名陳頭岩、後水箐，産有楠木，大小共二十二株。除將長短、圍圓、路程、人夫、錢糧、鹽菜等項，備造清册申齎。但桐梓不通水路，必須運至綦江，始能上筏入江。萬山如懸一線鳥道，自平播改設以來，從未運出一木，况值此人力艱微之日，似有萬難者。今奉憲駁，理合具結申報。

——（雍正）《四川通志》卷十六上《木政》

重慶

……又所屬黔江、武隆、彭水、忠涪、建始、奉節、巫山、雲陽等州縣界，與湖廣施州衛所轄散毛、施南、唐崖中路等夷司，犬牙交錯，加之播酉、石砫等司，土漢相雜，争鬥劫害，無歲無之。

——（雍正）《四川通志》卷十八上《邊防》

建昌

至遵義，先年播州之役，已改設郡縣，盡爲編户。至於善後，又加派兵餉一十三萬。經十年，而始減，故力完而守易也。

——（雍正）《四川通志》卷十八下《邊防》

洪武五年，播州宣慰使楊鏗来朝，始置宣慰司，令仍舊職。龍州土官薛文勝、天全六番土官高英，以次歸順。以文勝爲龍州知州，英爲天全六番招討司。是時，邛州六番招討使芍德，本元世官，明玉珍據川，德從明氏，至是亦來朝貢馬，乃稍降其職，爲黎州長官。曲靖宣慰使禄哲，亦元世官，至是妻實卜與弟阿哥亦来貢，授實卜烏撒女知府，阿哥霑益知州。其餘乍降乍叛。茂州土官楊者七，已授知州，而以叛伏法。於是，稍稍經理，定播州宣慰司賦税，改永寧長官，而以土酋爲長官。置威州千户所，松潘等處安撫，以龍州知州薛文勝爲安撫使。又置阿昔洞等十三族長官及副長官，會筠連州勝大寨蠻酋編張等叛，命將袁洪討平之。而巴縣蠻王立保，自稱應天大將軍，燒佛圖關，犯通遠、南紀二門；播州江度蠻王安、茂州土酋董貼里、龍州土官趙宗壽，先後爲亂。皆移兵剿除之。而立重慶衛，并復威州千户所及茂州衛指揮使司，互相鎮守。時四川都司遣兵修灌縣橋梁至天陶關，汶川土酋孟道貴疑爲襲己，集部落阻陶關道，皆擊剿無遺。其地茶蠻洞僚，眉縣賊彭普貴、宋儂，茶洞賊田大蟲皆隨滅。惟建昌衛指揮使裕嚕特穆爾，并柏興州賈哈喇穆蘇等，相繼稱亂。已，遣藍玉爲總兵，擒裕嚕特穆爾父子獻俘，而哈喇未伏。會沔縣吏高福興、土民田九成、僧李普治謀叛。有何如順者，號“天王”，大敗官軍，焚略陽縣治，殺知縣吕昌，執教諭吕銑去；復焚徽州治，殺學正顔叔彬。詔遣都督徐凱、指揮黄中討哈喇，長興侯耿炳文、武定侯郭英討九成等。皆以次剿平，無遺孽。於是改播州安撫司爲播州宣慰使，領安撫司二，曰黄平，曰草塘。領長官司五，曰播州，曰餘慶，曰白泥，曰容山，曰真州。……宣德初……，時播州草塘安撫所屬穀撒等四十一寨蠻長作亂，攻牛場、乾溪等堡，敕撫之不從，遂剿平之。因改龍州宣撫司，隸布政司。

播州，漢牂牁郡也。唐改郎州，既又改播州。楊氏世有其地。

元世祖授楊邦憲爲宣慰使，賜其子漢英名賽因巴哈，封播國公。

明初，楊鏗内附，使仍爲宣慰，改隸四川，領黄平、草塘二安撫，真、播、白泥、餘慶、重安、容山六長官司；統七姓，爲田、張、袁、盧、譚、羅、吴，而田、張最大，世爲目把。

永樂初，楊昇奏所轄當科、篤雍等十一寨蠻人梗化不服，上命昇討之。

宣德初楊欽，正統中楊炯、楊綱，皆世修職事，獨綱子輝桀黠，多豪舉。

天順初，私閹土民黄保等爲火者，嘗嬖妾田氏，以其所生子美居長，屢欲奪嫡。安撫宋韜、長官毛釗執不可，曰：“楊氏家法，立嗣以嫡不以長，獨奈何紊之?”輝不得已，乃立嫡。因名庶曰友，名嫡曰愛，言相友愛也。然而，嬖庶之心終不忘。倖客張淵説輝曰：“主官欲貴孟主，而唧唧與仲主爲仇。毋論勢有所未便，即使奪仲以與孟，不過剽吾左以益吾右耳。且重貽口實，以滋後議。何不别爲孟主地? 雙貴而朋立，是使孟創業，而仲傳世也。”輝曰：“爲之奈何?”淵曰：“夭霸諸苗，主官部境也。山箐險遠，憨而易虐，誣之曰賊，因請兵討之，然後歸功孟主，而請立安撫，以治其地，誰曰不然?”輝大喜，乃立召容山長官韓瑄、重安長官張通，告以生苗反狀，使上變。瑄争之，謂“苗實不反”。輝怒，杖瑄。通惶恐，叩頭曰：“反反!”請從輝署名上變。上命都御史張瓚同輝進剿，殺諸苗千人。輝乃賂瓚，疏友功，且曰“友謀勇冠軍，手刃七馘”。時友甫十三歲。乃請設安撫于安寧，授友安撫使，而以張淵爲長官。然友實未嘗之官也。既而爛土諸苗賫果等，忿夭霸以無辜受戮，時時攻安寧。瓚又疏請于凱里寨築城衛之，費糧數千萬。

成化十九年，輝死，愛修怨于淵，淵屢謀殺愛，不克。二十二年，丹章諸苗寇安寧，四川參政謝士元、副使翟廷惠、都指揮楊綱，以兵往。過播州，詣愛家，置酒高會。翼日視學，適州民賽社，士元等坐學宫臨觀。愛復携酒至。訓導楊禮艴然曰：“視學而觀社，提兵而樂酒，略等威而款下屬，竊爲名公耻之。”士元等大慚而起。時淵伺愛隙，謂：愛實通苗，越境爲亂，故款官軍逗遛，修私怨。爲文報貴州守臣，而致書舉人路義，使之通賂。值安撫宋韜獲其書，以視友，友乃易其書，遣使投義，義信之，遂詣貴撫陳楊愛反狀。貴撫不聽，且曰：“播非我轄也。”義爲書復友，而愛執之。愛遂據義書報川撫，將聲罪發難，友大懼。淵嗾友上變，言：愛結苗夷反叛，造火器、旗纛、金瓜、鉞斧；調總旗等，號親軍；閹割士民；立金龍門於宅前；而開尚甕等鐵冶，令僞閹官煉熟鐵爲軍刀；置織造院，收民人趙其一百餘户充織匠，造龍鳳蟒袍；立商税局於白田壩；起調軍兵三千餘衆，假水西送衺演習武藝；設教坊司，以僞閹官掌其事，虜良家麗兆期女勝正福等一百餘名，充女樂，教習雜劇。每遇節旦，愛衣龍衣，自稱國主天主，而稱其妻地主，且置後宫，奪趙高僧幼女玉正爲宫妃。用巫師魘魅庶母貫氏，禁父妾馬正、蔣正等宫中，奸使有身；嘗强淫宫婢宋正，不從，裸之，縛於杌，牽群狗導之淫，凌辱狼藉，而後殺之。科派各里人民，分上、中、下三户，得金銀若干萬兩、養老莊田子粒若干萬石、珊瑚樹若干株、珍珠簾若干紸、玉圭若干笏、馬若干匹、牛若干頭。嘗夢騎龍登天門，上帝謂之曰："此南方帝子也。"既醒，龍成五色，因作詩有"霹靂一聲震天下，南方須起赤鱗龍"之句。廷議大駭，立命刑部侍郎何喬新、錦衣衛指揮劉綱，會川撫及巡按鞫之，俱不實。淵坐妖言律，路義削籍，友論死，贖免，發保寧城中羈管。未幾，友黨纂友歸，與愛仇殺不已，且糾衆攻播州，焚愛居第及公私廨宇略盡。廷臣方請討，會大征鄖藍，兵不暇及。未幾，友卒，廷議爲逋友雖死，子弘尚存，仍調兵剿，以彰國法。而川撫勘奏，謂弘父友構亂，法固難宥，但友搆亂時，弘尚幼穉，似當開自新之路，與以更始。況友所焚殺，已經照土例折價，及還所侵奪於官。宜授弘冠帶土舍。而其既愛死，子斌豪甚。……舊制，土官有功，衹賜予衣帶及旌賞部下人員，無升職加銜者。斌以平普安蠻功，於正德初加四川按察司銜，賜蟒衣、玉帶。弘忌之，仍起仇殺。及弘卒，重安土舍馮綸等，又以怨弘，誘諸苗攻安寧。貴撫鄒文盛命斌討平之，而請復安寧安撫，令弘子弟得襲舊職，廷議不許。

嘉靖六年，弘弟張復以爲請。時張盜邊，劫得白泥司印信，復與斌子相重相仇殺，較前更烈。守臣乞改凱里屬貴州，以張爲土知州，以解釋之，事久不決。初，廷議謂楊、張習父兄之惡，幸免於辜，輒敢肆然執印以要君，且其所争田莊，及椎埋殺人等罪，尚未得决正，宜收置於理，令其悔過還印，償所奪寨苗諸地。而驟議復職，未便。其後用兵部尚書胡世寧議，謂張黨已成，若不因而撫之，恐流禍無已。乃復張凱里安撫，屬治貴州；而相則襲播州宣慰如故。然其仇殺相尋，終不能盡革舊習也。

……先是，楊斌子相襲播宣慰職，以祖父嫡庶仇殺，沿禍數世。相不之鑒，仍寵庶子煦，欲奪嫡烈；而其妻張氏甚悍，與子烈盗兵逐相，相走水西死，烈乃乞水西還父尸。播故有水烟、天旺地與水西近，水西宣慰安萬銓屢挾奏不可得。至是，要之，必歸地而後予尸。烈陽許之。及得尸，悔約，仇殺相攻剽垂十年。總督、侍郎馮岳討平之。岳乃奏：三省接壤，民苗之衝，若四川餘慶之走馬坪、播州之三度關、貴州石阡之龍泉司，各立哨堡。於重慶、偏橋等衛，委指揮三人，督兵防守。仍移銅仁參將于石阡，移思、石守備于龍泉，控扼播州，令犬牙相制，而後設重慶府通判一人，使之駐龍泉，以收糧税，則控馭較便。上然其言。

楊柳者，疊溪羌也。番牌，財主兒子……于是上書請輸餉，并調土官楊應龍、冉維屏、楊光祖統播州、酉陽、平茶、天全諸兵，及叙、馬、獼、狪兵合二萬餘，而國師喇嘛亦聚阿牛、去骨諸寨，兵屯裝塘、鐵罏溝待我軍。于是，郭成、周于德、邊之垣等大戰却敵，歷破裝塘、没舌、龍溪、惡閙、窑溝、蜈蚣諸寨,斬首四百六十餘級,生獲酋長。……

——(雍正)《四川通志》卷二十《土司》

(元成宗大德)九年,以行播州軍民使楊漢英爲紹慶、南平等處沿邊宣慰司,管軍萬户,佩虎符。

——(雍正)《四川通志》卷二十二上《兵制》

綦江縣

興文山,在縣南六十里,舊名寨子山。播酋楊應龍屯兵於上。蕩平後,楊宸改曰興文。

——(雍正)《四川通志》卷二十三《山川志》

端王,名宣圻,康王子。嘉靖四十年嗣。天資敦厚,敬神恤民。每遇旱暘,步禱輒雨。捐料價以營宗學,發帑粟以賑飢民,征蠻征播俱捐俸助餉。萬曆二十二年敕賜"忠賢懋著坊",以示旌异,所製有《端園集》。萬曆四十年十一月薨,謚曰"端"。

——(雍正)《四川通志》卷二十九下《帝王》

(元)囊嘉岱,蒙古人。泰定間爲四川行省平章。至治元年,據蜀反,自稱鎮西王。天曆元年攻陷播州,尋據荆州,逼襄陽。文宗爲皇太子,遣使赦囊嘉岱罪,囊嘉岱歸命,蜀地平。後以囊嘉岱常指斥乘輿,弃市,籍其家。

(明)楊應龍,播州土司,自唐時祖居於播,凡二十九世矣。應龍生而嗜殺,隆慶中襲職。從征諸番有功。萬曆中賜飛魚服。應龍漸驕蹇,寵妾,屠妻家;在州專殺,肆行劫掠。妻叔張時照等告變,朝議行川貴兩省會勘。至二十三年,羈其子可棟於重慶,迫以贖銀,會可棟死,應龍乃反。二十八年,節制川湖貴總督李化龍調總兵劉綎、馬孔英、吴廣等與黔撫、楚撫八路進兵。綎身先士卒,進克土城,應龍自焚。吴廣獲其子朝棟,及其弟兆龍、妾田氏等。八路共斬賊二萬餘級,獻俘闕下。詔剉應龍尸,殺朝棟等;分其地爲二府,屬黔曰平越,屬川曰遵義。今并隸貴州。

吕由鍾,征播時,嘗充把目。萬曆三十一年,聞成都等處有天鼓地震之异,又值白蓮教煽亂,鍾乘機聚衆四千餘人,僞署守備,欲犯會城。内江令楊應登以計擒之,解散其黨,由鍾服上刑。

吴洪,播州人。楊應龍黨,後逃避貴州。見改土設流法嚴,不得自逞,乃與盧文政、劉堯等推應龍侄楊三老爲主,以僞檄招兵,兼署官職。遵義生員彭廷詔等告變。兵備傅光宅、知府蔡鳳梧、總兵李應祥共討平之。

——(雍正)《四川通志》卷二十九下《僭竊》

送李都御史平播後奉命治水詩　黄辉

何許山河有不臣，夜郎霪霧豫州津。爲憐白虎收幡地，便是黄龍負艦身。人代擬同堯丙子，精靈行付禹庚辰。凱歌應奏巴人曲，荷鍤何由列水濱。

——(雍正)《四川通志》卷三十九《藝文》

西南三征記

蜀之北與秦鄰，東與楚鄰，稍東而南而西與夷鄰。夷最巨者，冉駹、白馬之種，或土著，或移徙，蟠居雪嶺、洮河間，皆氐類也。比松茂而耕牧。國初，設松潘衛鎮之。蜀人曰松潘夷，夜郎、邛都、楪榆之種，魋結繡脚，隨畜遷徙無常處，地方可數千里。南距滇，西距吐蕃。國初，設建昌越嶲五衛鎮之，而屬行都司。蜀人曰：建越夷，其種族繁夥，聯絡於邛之西、犍之北，界於烏蒙，抵於馬湖，爲膩乃、黄螂、雷波、牛吔等部，而膩乃爲大，屬邛部。自馬湖設郡，以其地邇，蜀人曰馬夷。此三夷者，秦漢以來各自雄長。

建元間，唐蒙、司馬相如始建議通道，戍轉相餉，耗費亡功，尋罷之，獨置南夷、夜郎兩縣一都尉。稍令犍爲自葆，就不能臣使也。其後竭天下力，挾平南越之威，僅乃通之，置越嶲、沈犁、汶山、武都四郡。

唐宋以來，西夷多没於吐蕃，南夷後割於蒙詔。元初始復漢土，而乍臣乍叛，邊屢失亡。至隆萬間，三夷鼎沸，塵城揃堡。今上命少司馬宣城徐公案西南邊事。公至不二載，三駕而蕩平之。子章典在筆劄，乃以監軍。謝君詔行，陳紀事，作《西南三征記》：

夷松潘，古氐羌地。自洪武十一年，御史大夫丁玉討平之，設松潘衛。衛故有二路，東路由江油抵龍州，西路由灌口威茂抵疊溪縣岩羊嶲腸道，莫通五尺。山間盤錯，羌環居箐，列寨四十有八。當事者羈縻之。每歲元日，餌以金繒，歲不下數十萬鏹。羌飽日驕，狂逞叵測。

萬曆初，魯賓兔建立五王城，距松潘千餘里。羌有白利者，述賓兔近番地，躪作兒革。作兒革慴伏而傳賓兔語，叩寨以告。於是邊吏慮賓兔氛惡，而羌中國師喇嘛者黠且健，連於賓兔，恫喝中國，勾引部落，雜沓松城内以外千計，勢益張。諸族牛腦、羊腦、灣仲、占柯等咸附焉。鋸木刻，合大小姓，詛石歃盟，時時團結黄沙壩，唆伏磵壑中，虜掠行旅，轉餉及踐更卒，膏血塗草野，至邀搴總帥車旗，殺千夫長、百夫長二人。

乙酉夏，楊柳番與太平堡解牛傭市，肉食而斃，詭云堡人酖之，嘯聚諸番。六月攻普安堡，驚埽水崖，掠石門，擁入金瓶堡，要增歲幣，格殺百户陳克勤。中丞雒公聞於朝，則以兵屬今都督李將軍應祥。將軍提三千人趣茂州，與副使劉禹謨、黄焯計攻克楊柳、廟子、蛇蚤諸寨。十月徐公至蜀，三馳檄往諭之，不聽，築墻浚溝，以絶東南聲援，見戰卒不盈數千，相顧笑曰："南人磨子兵，奈我何？"磨子謂子旋轉數不益也。十一月丁巳，擁衆五千突犯平夷堡，官軍與戰，却掠我人去，刳其腸繞二牛角上，急驅牛犇，腸寸寸斷。報至，公上疏得請，乃徵播州、酉陽、平茶、馬湖諸土兵，檄右布政朱孟震主軍興參議王鳳竹監諸軍，副使謝詔核功。罪羌乘大兵未集，丙戌正月既望，擁萬衆圍蒲江關，駕七梢炮環擊城，城幾陷。参將朱文達出與賊殊死戰，殺傷賊數十人，始解去。已，諸路兵繹至公出視師，永康召諸將立帳下，指授方略，曰："河東西吾力未能畢，舉西阻於澗，東連吾堡，駢在剥膚，汝等并力擊東勿失。"又曰："賊敗，必泥首皈命惟是，我衆降賊尚夥，汝等亡殺降，亡轢擄。"衆皆唯唯，乃檄游擊周于德將播州七千人，營鑼鍋嶺，游擊邊之垣將酉陽兵五千人……宣慰楊應龍以所布精兵從中擊之。賊据栅礌，石下如奔馬，諸軍奮死登，縱火焚栅……賊巢絶壁下，我師攀藤策杖不得入。癸酉，馬路兵克白乞、天星囤。先是，成遣上舍文安民諭安興，待以不死。意興中持假九，乍集賊萬餘團四山。分枝接戰，矢石如雨下。我兵冒險攻之，播州兵先登，各路兵銃箭齊擊，賊大敗，遁。除夕甲申，武監軍趣中路兵，乘賊懈，渡馬溪，營於木瓜，與賊持。明年正月己丑，假糾衆，由大南門、大木瓜兩路突襲馬營，播州帥楊應龍率衆大呼衝之，賊退。壬辰，中路兵攻木瓜，斬白禄於陣，禄屢敗。恚憤，至是，糾賊千餘，從大赤口出木瓜，躍馬督戰甚鋭，酉陽兵伏弩矢中之，禄死，獲其黨已别阿卮等，斬獲無算。

——（雍正）《四川通志》卷四十二《藝文》

平播疏　李化龍

看得楊酋匪茹，與國爲仇，萬姓荼毒，三省震驚，孰不以爲不可以歲月克者？乃自出師以來，甫三月有奇，而元凶授首，黨與悉擒。千年虎狼盤踞之窟，一旦掃蕩無遺。上足以伸中國之威，下足以洩生靈之憤，其他狡黠土司，獷悍惡苗，無不落魄亡魂。西南半壁天下可永無虞矣。朝廷威福與指授方略所致，斷非文武將吏敢貪天功爲己力者。惟是各官兵暴露行間，勞苦萬狀，不可不查叙也。

先是，臣奉命入川，賊知罪在不赦，已統兵深入，有擒王剿叛之説，遂破綦江，且逼重慶，地方汹汹，皆謂有長驅之志。於時目前兵力略無可恃，臣乃以計緩之：一面調兵，一面移文詰責，若未嘗絶之者，賊果信之，即具文求撫，且不西向，臣因得以徵調漢土諸兵，急爲之備。其時賊氣張甚，川人畏之如虎，臣發成都兵，甫出門，欲投錦江，不復肯東。及聞綦江城守兵見賊來，競譟而走，多投水者，止餘二將與其家丁，遂及於難。臣念漢兵心膽已碎，土兵狐兔有情，自非招客兵不可，因請調陝浙諸省之兵。又念外兵之費甚侈，往來途次且生擾，是不可，於每省鎮止調一二千，多者三千，共數省，實僅僅二萬，其餘仍三省及滇粤土兵也。然西南人見外兵來，莫測多少，以爲天下之兵皆至矣。自是漢兵之氣壯而土兵之心亦折，無不樂爲我用者。時賊雖知調兵，然以爲虚聲嚇之如往日，非實事也，臣亦止在成都積粮治器，若無事，然不復東，賊亦不疑。北兵且集，臣移駐重慶，賊始知必剿，頗肆衝突，然我兵漸益，未易得志也。臣又念兵以一路進，既道狹不能容，一有前却，不可復振，因分爲八路。又念路分而兵少，賊厚其陣以衝之，敗矣。因令每路皆三萬以上，每一路皆可以當其全師。又念關外賊黨多，不可勝誅，會兵部頒賞格至，首重招降，臣益推廣之，但投戈者，皆赦不誅。臣又念兵無賞，士不往，會兵部賞格，首言“得賊者，即以其家資與之”臣益推廣之，克關破屯各懸賞，賞各以千萬計。既川兵入關，臣又恐其人自爲心，若九節度之師然，因復委按察司張悌入總監之。殺牲莅盟，務必得賊。臣又恐賊事急詐降，得之遷延，至暑雨漸深，我兵不能久，因令但急攻之，有稱降者，斬使焚書，無爲所紿。時湖貴之兵亦至屯下，臣欲入營親監之，會聞先臣之訃，臣恐營中遂懈惰不可用，因不待成服，跣而草檄，示以例應候代，照常督兵。有慢令者，尚方具在，令代中軍余德榮等再往監之。臣又恐賊屯後易攻，屯前難攻，時諸將壁屯下者，各有分地，因令以勁兵一枝壁其前，其餘并力於後。臣又恐諸軍士争趨賊財物，或至亂行，至有他虞，因移文再四申禁。臣又聞營中流言“水西目把尚不絶賊”，恐漏軍情，因移文令其退劄，水西土官懼，撤其兵，退而引嫌曰：“吾不欲爲亡播之續也。”時久雨，兵士日在泥淖中，至六月之初四而天忽晴，初五日，遂破其二城，初六日，遂登其屯，賊已滅亡。總計八路，生擒賊首、賊從一千一百二十四名，斬級二萬二千六百八十七顆，俘獲賊屬五千五百三十九名口，招降播民一十二萬六千二百一十一名口，全活被虜男婦一千六十四名，奪獲馬牛七百六十七匹，獲器械四千四百四十四件。

是役也，自賊破綦江至剿滅，可一年，自進兵至滅賊，百十有四日。當八路對壘時，土漢兵既參差不齊，諸將領亦彼此觀望。播人劫於賊之積威，人自爲戰，未易即克。我各路又糧運艱難，時有脱巾之呼。臣日夜催督，走使馳檄至數百千，即兩省撫臣、各路鎮道亦靡不忘寢忘食，或至頭鬚爲白。總之，諸文武知廟堂之意，必欲滅賊，故鼓之即應，勞之不怨，誅罰之亦無敢囁嚅者，倘更一月而賊不滅，暑雨久，瘴疫深，我兵自潰，無問賊矣，該臣會同巡撫貴州郭子章、巡撫湖廣支可大、巡撫偏沅江鐸議，照國家方制萬里，日所出入之邦悉爲郡縣，獨西南諸省不廢土司，蓋亦曰“因俗而治，與之相安”云爾。二百年來，此輩犬羊之性，不堪馴擾，亦時有之。然未有若播酋楊應龍之公然叛逆者，則何也？蓋其地險，其兵强，其財力足以使鬼通神，其聲勢足以呼群嘯黨，加以年來方宇多事，九伐之旌未遑南指，彼遂時時狂逞，亦遂時時得志，井蛙之見，謂縣官真無奈我何。諸群不逞，如楊珠、楊明、何漢良、孫時泰輩，瞷其雄心，或時有以公孫躍馬、尉佗自王之説進者。賊亦念騎虎勢不得下，將曰：“等死，無且舉大名乎。”於是乎恣其狂圖，淫怒以逞，而破城殺將，鵲起西南之勢成矣！夫天下非小弱也，九州四海兵非脆，糧非乏也，何賊逆形未著？皇上不忍遽觀之兵，曰：“吾且舞干”吾且解網“姑俟其悔過，而與之相安於無事。”乃不謂凶人之性不移也。始天怒赫然，斷在必剿。夫斷而敢行，鬼神避之，況此幺麽者乎？蓋自進剿之旨下，尚方之劍頒，然後海内熊虎之師如雲而集，陳紅之粟蔽江而上，智士陳謀，勇夫效力，火燎毛，山壓卵，賊即欲不灰飛烟滅，亦曷可得已！

臣等嘗即諸路之功而評叙之。在四川則楠木、三峒，賊黨以爲三窟，謂天險不可升者也。婁山關，賊前門，我所必由，賊所必争者也。海龍屯，賊以爲天造地設，人迹所必不能到，兵力所必不能加者也。三戰而三克之，賊力竭矣，不亡何待？夫賊黨自戰，其地猶易與也，惟賊父子親在行間，則諸賊人人致死，難與争鋒。該路到處，與賊父子對壘，最快者，九盤子之戰，賊悉其精鋭以付朝棟，令之從綦江進，從南川回，此其目中尚復有官兵乎？劉綎一戰而走之，自是播人爲之破膽。尤快者，諸軍壁海龍屯下，連月不拔，綎至，一日而克其二城，賊遂滅亡。至今群口囂囂，然竟無敢没其先登之烈者。兵法："無選鋒曰北"，綎於諸路，其選鋒乎！則綦江路之功也。

臣嘗言，破賊，關外宜招降，謂多不可勝誅也，關内宜疾戰，謂師不可老也。安、羅、陶洪三寨，生口以數萬計，勝兵以數千計，令貪功者以大兵初入，必且多殺以報捷。勝之則傷仁，不勝則損威矣！而該路坐受其降，兵不血刃，自是一戰而斬郭通緒，再戰而入崖門關，三戰而屢捷於木牛塘，賊計無復之，遂父子相哭而上屯矣。當其入水牛塘時，川兵入關，去屯尚遠，湖、貴兵在關外，絶不相聞；吴廣以孤軍，去屯數十里而結營，犯兵法之所忌，而卒以得志，自非其令嚴而戰力，當不及此。後雖以講降誤事，然有激而奮，竟以成功，逆賊父子盡獲其首，終不失爲全捷，則永合路之功也。

南川路最險、最遠，去屯可六七百里，賊以爲官軍必不能從此進。當馬孔英之未至也，高折枝以一書生，請自將土、漢兵以往，此固已雄偉不常矣。乃師期一月之前，先搗官壩營，以寒賊膽，而撤回其龍泉之兵，且以解思、石之危，其事甚奇，其功甚大。比進兵，從真州入，真人則簞食壺漿以迎，播人則弃甲曳兵而走，居然有三代氣象。時諸將方欲候各路消息，方入關，折枝夷然曰："若是，則誰爲當先入者？"策馬而前，衆隨其後，竟以三月初八日奪桑木關而據之。臣用是以催各路，尚有以四月入者，令諸將皆折枝，諸路皆南川，滅賊當更速。抵關，而馬孔英至，則文武相得，如樂之和。自是，日日約各路攻圍，有應，有不應，甚或以相誹詈，而折枝不顧也。分攻令下，諸將争走後門，該路獨壁前門。夫後門，我易攻賊；前門，賊易衝我。彼亦曰"誰爲宜當賊衝者"蓋"亦先入關之意乎！"破屯之役，後門以二路更攻，前門以一路搏戰，日夜揮戈，人百其勇，坐使賊自盡，而逆黨無一逸者。總之，倡諸路之先，作三軍之氣，令黔師不得以賊强我弱借口而竟以奏功，臣於該路文武蓋心折焉。則南川路之功也。

在湖廣，則偏橋一路，江外爲四牌，江内爲七牌，皆五司遺種、九股惡苗盤據糾結乎其間，四牌不掃，即武騎千群，未易窺三渡也。陳璘獨以一旅之師，先掃四牌，開我進兵之路，用是烏江内賊黨寒心。長坎、瑪瑙、青蛇三屯自昔以爲險絶，官兵所從未易得志者，臣亦慮其難，下令降之，璘以爲除惡務盡，竟一鼓而升其巔，殺戮數千，臭聞十里。時龍泉哨施南兵，亦已先克板角關，至今白泥、湄潭之間，四牌、七牌之苗遂無遺種。非璘之力不及此，該路漢兵少，土兵多，糧運少遲，便成譟呼，璘令嚴而法肅，卒能使之用命而不爲害。迨至克關逼屯，議設木栅，製鐵牌，以防賊逸，其機智有足多者，卒以入虎穴得虎子，閹人、綉女纍纍在俘，良快人意，則偏橋路之功也。

貴州各路與川湖不同，其地近，其兵少，其餉乏，其夷情反覆而靡常，其民心摇惑而不定，兹之用兵，又非以一淬厲一鼓舞之爲競者。烏江失律，已見法矣。然能借是以激勵水西，俾之絶狐兔之情，踐虎狼之窟。母氏屯一戰，大足褫逆酋之魄而奪之氣，此則失之武人，得之文吏，蓋運籌者之苦心乎！李應祥以孤危之兵，當鯢鼊之時，能自審於緩急進止之間，以守爲戰，以招撫爲進攻，卒之轉弱爲强，揚旌直指，斬首數百，招降數萬，因破諸屯，斬三渡，抵白田，何其壯也！竟以合連川兵，回心戮力，破重城、俘群醜，振積弱之邦、舒華夏之氣。始如處女，繼如脱兔，兹其審於機而神於用，豈易得哉！則平越、烏江、沙溪諸路之功也。

夫我國家，從來用兵未有大得志於西南夷者也。國初，傅友德統二十四將軍，止言防守，未聞戡定；正統間，麓川之役，用兵五十萬，轉餉半天下，升叙萬人，三返而罪人竟逸；嘉靖初，思田之役，以剿始，以撫終，至今爲諸夷借口。兹其大致可睹已。諸帥固中庸人，臣等三五書生耳，其智略才力不及古人遠甚，乃兵纔逾二十萬，進兵纔逾百日，費纔二百萬，而倖以成功，此非臣等之力，皆由我皇上神武獨斷，委任不疑，用使文武同心，將士效死，爰有成績。臣每誦詔旨，即十行之札，萬里之外往往曙於指掌，而析於毫毛輒沾沾自得，以爲賊平矣。已戰勝於堂上矣。夫淮蔡之平，直須一斷，何況今廟謨，詳一若此哉。

敬陳播地善後事宜疏

查該州地鄰三省，然楚止偏橋，路通一線，蜀與黔蓋無所不接壤。夫蜀無籍於播，黔瘠壤也，若乘此時而割播地以附黔，則於蜀無損，於黔有裨，且臣等别疏又請以楚之四衛并割附之。從此黔省幅員，得與十二省比長絜大，甚爲永便。但盡屬之黔，則地方千里，諸凡締造，勞費尚多，亦黔所不能堪，因議設爲二府，分隸黔、蜀，庶建邦啓上〈土〉，各自經營，成聚成都，指顧可就。皇上廓清之績既已盡被於三藩，而帡幪之仁又復再造於黔土矣。除寬脅從、撤兵馬、招流移、厚賑恤、抑兼并、靖横恣等項，凡明旨所叮嚀而兵部所條議者，俱已陸續舉行。尚有後開款目，謹集衆思，列爲十一事呈覽。

一復郡縣。播州南極牂牁，西連僰道。亘西廣一千二百二十里，南北袤一千四十里，漢唐設爲郡縣，在川貴之間，亦一都會也。至唐乾符間陷於南詔，楊端取而據之。今逆酋既平，相應改土復流，以變夷俗。及照播州白田壩，沃壤數百里，即播州遵義縣故地，當復府治，設縣附焉。桐梓當綦南之衝，走川貴道也，舊爲夜郎縣故地，當復一縣；望草，南接婺思，北達真涪，爲綏陽縣故地，當復一縣；仁懷，濱播枕永，襟合帶瀘，爲懷陽縣故地，當復一縣；真州，即古珍州，川原平衍，商販周游，應復一州。以上俱隸川省統轄。黄平爲川貴要區，舊設撫苗通判一員，列銜重慶，駐鎮彼中，其與播勢相控馭，并爲重地，應設一府；

湄潭、龍泉，地理廣邈，各應建設一縣；甕水、重安，合設一縣；餘慶、白泥，合設一縣；并草塘、容山二司，應割隸各縣。以上地方，去黔甚邇，相應改隸貴州。統轄總計，增府二、州一、縣八。蓋亂流初殄，地闊人稀，姑建數城以爲繫屬，以後地闢人聚，無妨增設。其二府治與附郭縣分正佐首領，各應照例全設，外州縣正佐首領，俱應量減。

一設屯衛。播州地方千里，山川險惡，夷漢雜居，又逼鄰二大土司，時有啓疆之志，必須設官軍、建屯衛，以明居重馭輕之勢。因設一衛於白田壩，與府同城，指揮使一員，同知二員，僉事二員，鎮撫一員，經歷一員，知事一員，所屬前、後、中、左、右五所，每所正千户一員，副千户一員，百户四員，所軍各一千，共五千。衛所官於從征有功者酌量升授，不足者於鄰近願入者調取移實之。其邊隅逼鄰土司地方，各設屯田，每軍照祖制二十四畝，再加六畝爲冬衣布花之費，共三十畝，即自種自食，不必納粮於官，又復領出，紛紛滋弊。各開屯處，除養屯兵之外，餘田仍照民地起科，上納本折於各州縣，爲衛官俸廪及不時軍興之用。每年孟冬、仲冬、孟春、仲春農隙，各屯官時加操練，又以十月、二月望日，齊赴兵備道大操三日，驗其武藝，較其强弱而明賞罰焉，老弱者汰之。一屯老弱多者，并革其官。軍田即另募壯丁補伍，庶軍得實用，异時即募兵散盡，此五千軍與主兵三千，自有八千可用之兵矣。

一設兵備。播地三面環夷，干戈甫戢，當此經綸草昧之始設立有司，可以招撫流亡；或未能長駕遠馭而圖久安。布置將領可以備禦倉卒；或易于生事徼功而開邊釁。欲以内修戎備，外攝夷心，整肅群僚，讋服衆志。爲地方長久之計，必設分巡兼兵備官一員，於播州白田壩新建府城駐箚，專一整飭新復郡縣，并重慶衛、忠黔二所，永寧、酉陽、石砫、平邑等土司兵務，兼理有司錢糧、獄訟，其重慶府、巴縣、綦江、南川、涪州、武隆、彭水切鄰地方，悉聽管轄，以便行事。黄平新設一府四縣，雖割屬貴州，但人心初附，田地毘連，與貴州水西宣慰司并聽兼制。

一設將領。播淪於夷，閱八百餘年，風俗獷猂，法令扞格已久，今地雖蕩平，而逋孽潜藏，漢夷錯雜，招苗樹黨，越界侵田，時所必有。今議播州留兵一萬，黄平留兵三千，粗足防守，然必得一大將鎮之始可無事。查得先年克平九絲，議留總兵一員鎮守其地，今建武視播稍緩，即一參游足領之，合無將軍門標下添設練兵游擊一員，改駐建武防守，原設總兵，移鎮播地，應留各兵，挑揀家丁三千、買馬三百，内標下標兵家丁二千七百、馬二百七十，以坐營千把總領之，兵道員下，家丁三百、馬三十，以中軍領之，有事俱聽總兵提調，名爲正兵。此外兵七千酌量分布於白田壩、真州、桐梓等縣，播川等驛防守，内以一游擊領三千，以二守備各領二千，各用千把總分領之，有事征戰，無事即爲築城鑿池、建郡縣修郵驛之用，糧銀照依舊例支發，徐俟建置竣工日，除家丁三千，馬三百外，餘軍以次議撤，有願附籍當軍及民當差者，聽千把總俱於附近衛所官内選用。其黄平留兵三千，仍設一參將領之，總聽防播總兵節制。

一丈田糧。環播幅員千里，田地無慮數千萬畝，舊時額糧止歲以五千八百石輸貴州。蓋蠻方賦税原輕，至應龍巧立新法，名曰"等賨"，每田一畝徵銀數錢，初猶斂其財以招苗，後并奪其地以養苗，而賦法蕩然盡矣。今既改流，自當責成道府，親率州縣官插定疆界，沿丘履畝，逐一丈量，分爲等則，造册呈報，以定賦法。第額糧輕重，蜀無定規。查克平九綵，丈量田地，分别上、中、下三等，每畝上田四升，中田三升，下田二升。播地山水間雜，不止三等，尚有上上、下下者，宜逐項分析，最上者一畝可當上田幾畝，最下者幾畝可當下田一畝，則待臨時斟定，難以預計。丈完總計田地若干、糧若干，徵本色若干、折色若干，候二年之外起科，除足一年夏秋二税，銀、力二差一切雜費外，餘解布政司，充邊餉支用。

一限田制。播土舊民自逆酋倡亂，大兵征討之餘，僅存十之一二，遺弃田地多無主人。册籍不存，疆界莫考，復業之民往往冒認影占，原少報多，原瘠報肥，甚至一人占田一二千畝，尚有异省流徒假播籍而希冒占者。今應將播之舊民號"楊保子"者，查果真的，無論原業肥瘠，俱人給田三十畝，上、中、下攙配均給，若一處皆上田、皆下田者，臨時酌給，大率純下田，不得多過一百畝，純上田不得少過二十畝。其原非播民，凡不能爲楊保語者，無問曾否寄住，皆不得妄認。遺下無主民田，另行招人承種，納糧當差。應龍官莊并楊兆龍、田一鵬、何漢良等諸擒斬過有名頭人莊田盡數没官，聽三省之民願占籍播州者承種，其領地之人，查照時值量行上納，以充日下建立城池、衙門、驛傳諸費。亦定爲限制，平人不得過五十畝，指揮千、百户不得過百畝，俱於丈量時定糧、定價，令不得那移。州縣官收過絶産價值，給付印契，登入循環，聽兵備道稽查，轉報撫按查考。官吏乾没，從重治罪。

一設學校。播故有學，宋元之世，俊茂朋興，如冉從周、猶道明、白鎮之流俱登進士，蜚聲上國，自逆龍禁錮文字，寇仇儒生，坑儒燔書，禍同秦始。今干戈既戢，文教宜先，白田、黄平舊有學宫，補葺亦易，應當於二府原學各補教授一員，訓導二員，至博士弟子員，無論附郭、外縣，但入學使之選者。蜀新四縣隸白田學，黔新四縣隸黄平學，待各縣人文漸盛，物力稍紓，嗣各立學未晚：真州既改爲流，其地方殷富，人物遒華，亦須建一學宫、設一學正，以示維新之化。

一復驛站。播州各驛，自逆酋閉關負固，驛官不敢赴任，過客不敢經行，站户逃徙，館舍丘墟，十數年矣。兹者地方底定，道路大通，驛站之設，勢不容已。查播州舊轄松坎、桐梓、播州、永安、湘川、烏江、昌田、沙溪、仁水、湄潭、鼇溪、岑黄、白泥一十三驛，俱當川貴孔道，所有各該驛館應趁時興工，合用匠役亦於兵夫内查有慣造者徑撥，不足者於附近州縣取用，工、食、銀、米計算於該邊支剩軍餉内動支，仍責成新設府佐一員，往來稽督，不許虚冒銀糧，曠廢時日，事完册報。又查各驛夫馬支應及官吏俸薪舊額，土司供辦，今既改土設流，似應與腹裏驛站一體僉派，但流民授田方始，難便買馬行差，目前一切站銀，暫應官爲出辦，俟里甲稍定，即行編派。至於夫馬額數，應照衝僻爲準：湘川驛附郭爲四路，最衝，應設馬四十匹、夫八十名；松坎、桐梓、播州、永安四驛，地衝路險，應各設馬三十匹、夫五十名；烏江、仁水、湄潭、岑黄、鰲溪、白泥各驛，俱次衝，應設馬各二十匹、夫各三十名；昌田、沙溪止通水西，次僻，應設馬各十匹、夫各二十名。各驛官見在者，行令赴驛任事，驛吏因屬土司，舊未撥發，今應行川貴兩省布政司，照缺查撥。

一建城垣。播州一府一州四縣，與黄平一府四縣，并宜改築石城，石少者以磚代之。其兵備道、總兵府并府衛州縣衙門、公署、倉廒、庫獄、城隍廟、演武場與二府一州儒學、文廟、殿廡、齋舍等項俱當以次修舉，而各官一抵地方，棲身爲急，衙舍之建尤宜首圖。各府州縣正官選委勤明佐貳，於堪動銀内行支。克期興工，多方稽督。大約城垣以二十九年二月内起工，限年終落成，餘各以次備舉。就中員役有怠惰、冒破、工力草率者，俱聽該道詳參拿究。事竣之日，造册報撫按衙門奏繳。庇險要可資，防禦有賴。

一順夷情。播州皆夷也，大兵之後，爲賊用力者，芟夷蘊崇，已無遺種。今見在者，曰各土司官，曰七姓奏民，曰投降夷目，皆宜安插得所，顧就中情事不同，亦宜分别，如八司，曰播州、真州、白泥、餘慶、草堂、黄平、重安、容山，内安撫二、長官六。又一司甕水，原無印信，亦稱長官；又有宣慰同知羅氏，此皆世有官號，與播并建者。播州長官王積仁以附播被擒獻俘，已與楊氏俱滅。真州附播多年，綦江之破，助兵三百，顯在耳目。同知羅氏與江外五司具疏改流，挑怨啓禍，致有今日之事，海内震動，流血千里，則諸司乃罪之魁也。故説者謂，真州宜正其附播之罪，江外諸司宜以通釁絶之。第王道如天，罰宜從輕，賞宜從重，真州當進兵之初，率先歸附，正副長官各領千人從軍，江外諸司，各招兵聚義，充黔楚鄉導，今將真州正長官即爲該州土同知，副長官即爲州判官，江外諸司安撫與正長官即爲該縣土縣官，副長官即爲土主簿，同知羅氏爲新府土知事。以外尚有投降夷目，原非長官，本無冠帶，但賞格外，坐名開諭，輒爾先事歸誠，亦宜少示眷酬，以明惇信。如上赤水里頭目袁年，父遭酷禍，投降最早，即授以所鎮撫職銜。下赤水里頭目袁鏊，仁懷里頭目王繼先，安、羅二村頭目羅國名、羅國顯、安鑾，以上五名，念其返誠歸正，量授冠帶總旗，諸人田産，止將本身者暫時撥給，應納税糧通附州縣官處上納。其餘里人，俱令附籍，納糧當差，不許仍以家人爲名，恣行强占，違者治其前罪。至於七姓奏民，始助楊氏之亂，繼傾楊氏之族，尤爲禍首，今蒙王仁寛宥，外如仍蹈故習，豪横害民，該道徑行拿問發落。地方人等指稱前事告害者，亦如之。

一正疆域。播地東北接連三省縣衛各有疆界，無容溷淆；西南左營水西，右逼永寧，雖犬牙相攙，未能齊一，然畫野分疆，亦自有相沿界至。惟是夷性互爲雄長，强則侵奪，弱則減削，甚至有一地而甲乙互臨，一人而齊楚兼事，如儒溪、沙溪、水烟、天旺，皆播州五十四里之數，見有黄册可考，緝麻山、李博埡、仁懷、石寶、甕水等處亦皆播州世業。祇緣先年楊氏中衰時，曾被永寧、水西侵占，後應龍當事，治兵相攻，恢復故業，各邊目又已任其糧馬，兩下支持。此在土司可略，今既改土設流，自宜各復其故。乃水西止求清查永寧輒行瀆擾，且動以瓜分爲言，罔上行私，垂涎古業，應行該道會同鄰近道分，及早清查一切相鄰地方，原係播者，歸播，原係永寧、水西者，歸奢、安，刻石立碑，永爲遵守。其鄰邊目兵，如不安分，義妄肆侵争，重行究治。干礙王法，一并參處。

——（雍正）《四川通志》卷四十三《藝文》

祭房、張二將文

嗚呼！二將軍之死也，經歲於今矣。古有言："死有重於泰山，有輕於鴻毛"，如二將軍之死，輕耶？重耶？夫逆賊應龍，淫怒自逞，荼毒生靈，原野厭人之肉，川谷流人之血，既有年於今矣。人臣無將，將則必誅。封疆之臣，滅此朝食，豈俟問哉？乃數年來，未有顯言誅之者，何也？懦者以私，婪者以賄，苟就一切之利，而不顧國家久遠之害，晚近庸臣，大抵然耳。蓋顯言誅之，自房將軍始。將軍提一旅，捍孤城，豈足以當播州之全師。顧義氣所激，直欲捽逆賊而平吞之。恩重身輕，威尊命賤，所從來矣。迨逆賊捲土而來，相與從事於顔行，將軍不沮不懾，擁孤軍，抗强敵。又得謀勇俱足如張將軍其人者，左右其間，一戰東溪，再戰凹埡。奮臂一呼，萬夫辟易，斬將搴旗，潰圍陷陣，何其壯也。終以力盡援絶，鼓衰士散，竟至以身殉城。然其英風義烈，猶足吐懦夫之氣，激壯士之肝，亦已奇矣。且自二將軍死，而後賊負不可赦之罪，人堅必誅賊之心，九伐方張，四征伊始，此非賊能死二將軍，乃二將軍能滅賊也。假令守綦江者，非有磊磊落落如二將軍，必且與賊通，必且爲賊諱，養其鱗甲，長其羽翼，突而鵲起，席卷川巴，李特、王建前事不遠，即不然，殺人者可以不死，無君者可以自全，將使人懷問鼎之心，户比齒馬之迹，僭擬成風，綱常掃地，不及十年，人其淪乎？瓦解陸沉，豈足爲喻。蓋二將軍之死，非獨以存蜀，是天下理亂得失之關也。即謂之重於泰山，是耶？非耶？嗟乎！人誰無死，以法死，以賄死，以寒疾不可汗五日死，以飲酒御婦人死，等死耳。要以生無榮名，死無令聞，縱使百十萬劫，只如未生，甚且遺之臭矣，則其死輕也。二將軍死既聞天子，嘉其義烈，贈以極品，賞以延世，千秋廟貌，比於睢陽。嗟嗟！可不謂重耶？龍既入渝城，誓師剿逆。高二將軍之義，乃爲文以祭之。二將軍有靈，當且率綦城之厲鬼以殺賊，始信二將軍果能滅賊，死乃益重也。尚饗！

——（雍正）《四川通志》卷四十四《藝文》

漢夜郎縣，屬牂牁郡。《唐書》：珍川、牂牁郡，本且蘭國，在今播州界。珍州在今施州歌羅寨。夜郎在桐梓驛，西二十里有夜郎城，碑尚在，字已漫滅。

——（雍正）《四川通志》卷四十五《外紀》

（嘉慶）四川通志*

……貴播驛鋪橋道，委播州宣慰司楊[鏗]、重慶千户鎮洪提調軍民以闢之。

——（嘉慶）《四川通志》卷二十一《輿地志》，載《中國省志彙編》之七，第2册，第1058頁

佛圖關，在縣西十里，即李嚴欲鑿通汶、涪二江處，爲重慶要津。上有石佛像，故名。

附明劉綎詩：當年先業樹蠶叢，奕葉何堪振父風。自信承家慚長子，敢云報國紹元戎。兒童舊頌平蠻績，父老新傳剿捷功。武烈謬明錦世澤，孤忠一脉貫長虹。按：兩首詩：東逐西馳歲又深，凱旋駐馬没開襟。三巴兵革龍泉迴，六月烽烟雁字沉。關塞自憔憐白髮，南廊誰爲報丹心。良弓鳥盡應無用，後整魚竿釣海潯。

劉時俊詩：軍駐岩關死上頭，憑樹百里望皆周。群山翠點高低列，雨水清涵上下流。地險我何妨進退，城孤彼自愛羈囚。一時縱目還生喜，釜底游魚可待休。又《讀劉綎將軍佛圖關石刻有感》詩：後事宜從前事求，奢酋未必勝楊酋。朝中命甫三推寄，閫外功旋一陣收。鋁字石間空萬古，鴻名紙上重千秋。遥來舊業堪追否，自笑將軍亦姓劉。

——（嘉慶）《四川通志》卷二十七《輿地志》，載《中國省志彙編》之七，第3册，第1218頁

白錦堡，在縣南八十里。

《宋志》：端平三年，以白綿堡置播州。《輿地紀勝》：南平軍有白錦堡，去播州三百里，係納土官楊光榮子孫世襲守之。按：白綿，白錦，字相似而誤耳。

東鄉壩，在縣西南七十里，去綦江縣八十里。明萬曆中楊應龍據播州，以此爲界。

——（嘉慶）《四川通志》卷二十七《輿地志》，載《中國省志彙編》之七，第3册，第1220頁

* （清）常明等修，楊芳燦、譚光祜等纂（嘉慶）《四川通志》，載《中國省志彙編》之七，華文書局，1967年。

秦夫人廟在城西北。祀明都督秦良玉，節婦馬陳氏捐建。

國朝《王縈緒碑記》：有明末造，賊民群興，四出蹂躪，中原鼎沸，惟夫人以女子身，奮起邊陲，率師征剿，所之披靡，屢立戰功。具載《明史》。其救護川省之功尤多，厥後督師楊嗣昌驅賊入川，川撫邵捷春怯懦，兩違夫人議，賊乃入川，大掠去。又四年，獻賊再謀入寇，川撫陳士奇復不聽夫人守隘之計，蜀地遂全陷。賊殺戮之慘，亘古未有。夫人發兵守隘，賊憚其威名，罔敢窺伺，一境晏然。附近涪、酆、忠、萬居民逃避境內，得免獻忠屠割者，不知幾千萬人也。嗚呼！計自征播至壽終，四十餘年，所建樹豈一身一家之私計，一手一足之征勞哉！

——（嘉慶）《四川通志》卷三十七《輿地志》，載《中國省志彙編》之七，第 3 册，第 1523 頁

明之播州、水西楊、奢肆虐，狼嗥豨突，叛服不恒。其間英君誼辟，元佐幹臣，嚴則金鞭，寬則玉斧，絶則箠楚，通則敦盤，賓服犁庭，措置邊事者，秩秩井井。

——（嘉慶）《四川通志》卷九十《武備志》，載《中國省志彙編》之七，第 6 册，第 2863 頁

萬曆三年，俺答親渡河迎佛，入寇牟泥寨包子寺，與松城相去止二十里，而元壩、潘啞、商巴、石嘴四寨并闌出物，與俺答交易，且以二百騎寇爾爾壩，聲言欲過寇保定、撒喇、洮岷、松茂諸邊。是時，副使來經濟、兵備李丁并請於都御史李尚思，徵天全、六番、播州土兵，得六千人，以萬鏊、郭成、邊之垣軍漳臘、松林、西寧諸處以禦之。

——（嘉慶）《四川通志》卷九十《武備志》，載《中國省志彙編》之七，第 6 册，第 2877 頁

其明年（萬曆二十五年），窑溝大小二姓復寇蒲江關，副將朱文達開關迎敵，多斬獲。於是將軍李應祥、兵備黄焯謀大征諸羌，而辨其向背，計前殺戮我裨將趙世爵等，及商民四百八十餘人。……於是，上書請輸餉，并調土官楊應龍、冉維屏、楊光祖統播州、酉陽、平茶、天全諸兵及敘馬、玀、猓兵合二萬餘，而國師喇嘛亦聚阿牛、丢骨諸寨兵，屯裝塘、鐵罏溝待我軍。於是郭成、周于德、邊之垣等大戰却敵。

——（嘉慶）《四川通志》卷九十《武備志》，載《中國省志彙編》之七，第 6 册，2880 ~ 2881 頁

大觀二年，木攀首領趙泰、播州夷族楊光榮各以地内屬，詔建溱、播二州，後皆廢。《宋史》。

——（嘉慶）《四川通志》卷九十三《武備志》，載《中國省志彙編》之七，第 6 册，第 2944 頁

明太祖洪武五年，巴縣蠻王立保自稱應天大將軍，燒佛圖關，犯通遠、南紀二門；播州

江度蠻王安、茂州土酋董貼裹、龍州土官趙宗壽先後爲亂。皆移兵剿除之，而立重慶衛，并復威州千户所及茂州衛指揮使司，互相鎮守。《明史》。

——（嘉慶）《四川通志》卷九十三《武備志》，載《中國省志彙編》之七，第 6 册，第 2945 頁

（萬曆）二十三年，命四川撫按讞其獄，事未决，會楊應龍反。播州覃與應龍爲姻，而斗斛亦結應龍，兩家觀望，獄遂解。覃氏有智計，性淫，故與應龍通。長子千乘失愛，暱次子千駟，謂應龍可恃，因聘其女爲千駟妻。千駟入播，同應龍反。千乘襲馬氏爵，應調與酉陽冉御龍同征應龍。應龍敗，千駟伏誅，而千乘爲宣撫如故。千乘卒，妻秦良玉以功封夫人，自有傳。《明史》。

——（嘉慶）《四川通志》卷九十三《武備志》，載《中國省志彙編》之七，第 6 册，第 2947 頁

世宗嘉靖二十五年，播州土司楊應龍作亂，犯綦江等處。播州即遵義府，秦爲夜郎、且蘭地，漢屬牂牁，唐貞觀中改播州。乾符初，南詔陷播，太原楊端應募，復其城，爲播人所懷服，歷五代，子孫世有其地。

宋大觀中，楊文貴納土置遵義軍。元世祖授楊邦憲宣慰使，賜其子漢英名賽因不花，封播國公。

洪武四年，平蜀，遣使諭之。五年，播州宣慰使楊鏗、同知羅琛、總管何嬰、蠻夷總管鄭瑚等，相率來歸，貢方物，納元所授金牌、銀印、銅章。詔賜鏗衣幣，仍置播州宣慰使司，羅琛皆仍舊職。領安撫司二：曰草塘、曰黄平；長官司六：曰真州、曰播州、曰餘慶、曰白泥、曰容山、曰重安。以嬰等爲長官。七年，中書省奏：播州土地既入版圖，當收其貢賦，歲納糧二千五百石爲軍儲。帝以其率先來歸，山税隨所入，不必以額。已，復置播州、黄平宣撫司。播州江渡蠻黄安作亂，貴州衛指揮張岱討平之。八年，鏗遣其弟錡來貢，賜衣幣。自是，每三歲一入貢。十四年，遣使齎敕諭鏗："此間爾聽浮言，生疑貳。今大軍南征，多用戰騎，宜率兵二萬、馬三千爲先鋒，庶表爾誠。"十五年，城播州沙溪，以官兵一千人、土兵二千人戍之。改播州宣慰司隸貴州，改黄平衛爲千户所。十七年，鏗子震卒於京，命有司歸其喪。二十年，徵鏗入朝，貢馬十匹。帝諭以守土保身之道，賜鈔五百錠。二十一年，播州宣慰使司并所屬宣撫司官各遣其子來朝，請入太學，帝敕國子監官善訓導之。永樂四年，免播州荒田租，設重安長官司，隸播州。宣慰司以張佛保爲長官，以佛保嘗招輯重安蠻民嚮化故也。七年，宣慰使楊昇招諭草塘、黄平、重安所轄當科、葛雍等十二寨蠻人來歸。

宣德三年，昇賀萬壽節後期，禮部議予半賞。帝以道遠，勿奪其賜。七年，草塘所屬

穀撒等四十一寨蠻作亂，總兵陳懷剿撫之，旋定。正統十四年，宣慰使楊綱老疾，以其子輝代。

景泰三年，輝奏：湖貴所轄臻、部、五坌等苗賊糾合草塘、江渡諸苗黄龍、韋保等，殺掠人民，屢撫復叛，乞調兵征剿，以靖民患。帝命總督王來、總兵梁珤等，會同四川巡撫剿之。七年，調輝兵征銅鼓五開叛苗，賜敕頒賞。

成化十年，以播州賊𪊲果等屢歲爲患，敕責川貴鎮巡官。

正統末，苗蠻聚衆寇邊，土官同知羅宏奏，輝有疾，乞以其子愛代。帝命愛襲職，仍敕愛即率兵從總兵官剿賊。先是，輝奏所屬夭壩干地五十三寨及重安所轄灣溪等寨，屢被苗蠻占據，乞令湖貴會兵征之。命如輝言。部議以愛年幼，請仍起輝暫理軍事。又以輝難獨任，宜敕都御史張瓚親至播州督理，勵輝等振揚威武，以備征調，其機宜悉聽瓚裁處。十二年，瓚督諸軍及輝攻敗灣溪、夭壩干地諸苗，凡破山寨十六，斬首四百九十六級，撫男婦九千八百餘口。事下兵部，以苗就撫者多，宜量爲處分。瓚議設安寧宣撫司，并懷遠、宣化二長官司，建靖南、龍場二堡，命輝董其役。輝調兵民五千餘，立治所，委所屬黄平諸長官，分甓城垣。將竣，輝因奏：各寨苗蠻，近頗知懼，但大軍還後，難保無虞。播州向設操守土兵一千五百人，今撥守懷遠、靖南、夭漂、龍場各二百人，宣化百人，安寧六百人，其家屬宜徙之同居，爲固守計。其工之未畢者，宜命臣子愛董之，而聽臣致仕如故。詔從之。時灣溪既立安寧宣撫，爛土諸蠻惡其逼，遂引𪊲果等攻陷夭漂、靖南城堡，圍安寧。愛新襲，力弗能支，求援於川貴二鎮。兵部奏起輝再統兵剿之，又敕川貴兵爲助。十五年，貴州巡撫陳儼奏：苗賊𪊲果轉横，乞調川湖等官軍五萬五千，克期會貴州，聽儼節制。兵部言：賊作於四川，而貴州守臣自欲節制諸軍，恐有邀功之人主之。且興師五萬，以半年計，須軍儲十三萬五千石。山路險峻，輸運之夫須二十七萬衆。况天將暑，瘴癘可虞。帝然其奏。二十二年，愛兄宣撫楊友訐奏愛，帝命刑部侍郎何喬新往勘。二十三年，喬新奏：輝在日，溺其庶子友，欲令承襲。長官張淵阿順之。安撫宋韜謂："楊氏家法，立嗣以嫡，愛宜立。"輝不得已，立愛，又欲割地以授友，謀於淵，因以夭壩干地乃本州懷遠故地，爲生苗所據，請兵取之。容山長官韓瑄以土民安輯日久，不宜征，淵與輝計執瑄，杖殺之。前巡撫張瓚受輝賂，以其地設江寧宣撫司，冒以友任宣撫。輝立券，以所有金玉、服用、莊田，召諸子均分之。輝没，淵乃與友潛謀刺愛，淵弟深亦與謀，不果。友遂奏愛，言：愛結苗夷反叛，造火器、旗纛、金瓜、鉞斧；調總旗等，號親軍；閹割土民；立金龍門於宅前；而聞尚甕等鐵冶，令僞閹官練熟鐵爲軍刀；置織造院，收民人趙其一百餘户充織匠，造龍鳳蟒袍；立商税局於白田壩；起調軍兵三千餘衆，假水西送喪，演習武藝；設教坊司，以僞閹官掌其事，虜良家麗兆期女勝正福等一百餘名充女樂，教習雜劇。每遇節旦，愛衣襲衣，自稱國王、天主，而稱其妻地主。且置後宫，奪趙高僧幼女玉正爲宫妃。用巫師魘魅庶母貫氏，禁父妾馬正、蔣正等宫中，奸，使有身。嘗强淫宫婢宋正，不從，凌辱狼藉，而後殺之。

科派各里人民，分上、中、下三户，得金銀若干萬兩；養老莊田子粒若干萬石；珊瑚樹若干株；珍珠簾若干綞；玉圭若干笏；馬若干匹；牛若干頭。嘗夢騎龍登天門，上帝謂之曰：此南方帝子也。既醒，龍成五色，等語；居處器用僭擬朝廷，又通唐府，密書往來，私習兵法、天文，謀不軌。事皆誣。帝命斬淵、深，以愛信讒薄兄，友因公擅殺，且謀嫡盜官錢，皆有罪。愛贖復任，友遷保寧羈管，仍敕喬新從宜處治。

宏〈弘〉治元年，增設重安守禦千户所，命播州歲調土兵一千助戍守。七年，以平苗功賜敕勞愛。十四年，調播用兵五千，征貴州賊婦米魯等。

正德二年，升播州宣慰使楊斌爲四川按察使，仍理宣慰事。舊制：土官有功，賜衣帶，或旌賞部衆，無列銜方面者。斌狡横，不受兩司節制，諷安撫羅忠等上其平普安等戰功，重賂劉瑾，得之。逾年，巡按御史俞緇言不宜授，乃裁之，仍原職。初，友既編置保寧，愛益恣厚斂，以賄中貴，徵取友向所居凱里地者獨苛。同知楊才居安寧，乘之，朘剥尤甚，諸苗憤怨。凱里民爲友奏復官，弗得，乃潛入保寧，以友還，糾衆作亂，攻播州，焚愛居第及公私廨宇略盡，遂殺才，多所殘戮。愛屢奏於朝，帝命鎮巡官調兵征之。會友死，遂緩師。已而鎮巡官言：友子宏能悔過自新，且善撫馭，蠻衆願聽其約束。其前爲友所焚殺者，俱已隨土俗折償，且還所侵奪於官。乞授宏冠帶爲土舍，協同播州經歷司撫輯諸蠻。其家衆置保寧者，仍歸之，隸播州管轄。并諭斌與宏協和，不得再造釁端。報可。未幾，播州安撫宋淮奏：貴州凱口爛土苗婚於凱里、草塘諸寨，陰相搆結，誘山苗爲亂。乞賜斌敕，令每年巡視邊境，會湖廣鎮巡官撫處。部議，土官向無領敕出巡者，諭斌宜撫綏土衆，輯睦親族，以副朝廷優待之意。因授致仕宣慰愛爲昭毅將軍，給誥命，賜麒麟服。時斌又爲其父請進階及服色，禮科駁之，以服色等威所繫，不可假。兵部以愛舊有剿賊功，皆許之。斌復爲其子相請入學，并得賜冠帶。十二年，播州安撫羅忠、宋淮等奏：斌有父喪，欲援文臣例守制，但邊防爲重，乞仍令掌印理事。初，楊宏既歸凱里，與重安土舍馮綸等有怨。宏卒，綸等誘苗蠻攻之，更相仇殺，侵軼貴州境。巡撫鄒文盛言狀，且請移文四川，會官撫處，逾歲不報。文盛乃遣參議蔡潮入播州，督致仕楊斌撫平之。因言：宜復安寧宣撫，俾宏子弟襲之。斌未衰，宜仍起任事，以制諸蠻寨，潮有撫蠻勞，宜量擢。兵部議："安寧已革不可復。斌子既代，亦不可起。"土官應襲與否，屬四川，非黔所得專。盛所請雖行而功不可誣。十六年，賜斌蟒衣玉帶。嘉靖元年，賜播州儒學《四書集註》，從宣慰楊相奏也。宏既死，其弟張求襲職不得，時盜邊，劫白泥司印信，復與相搆兵。守臣乞改凱里屬貴州，以張爲土知州，解釋之。兵部議："張習父兄之惡，倖免於辜，敢肆然執印信以要挾，當命川、貴守臣按其前後争産殺人諸罪，置於理。若張悔過輸情，還所獲印，尚可量授一官聽調，殺賊以自效；倘或怙終，必誅，以爲玩法戒。"既，遂許張襲宣撫，而改安寧爲凱里，隸貴州。

初，楊相之祖父皆以嫡庶相争，梯禍數世。至是，相復寵庶子煦，嫡子烈母張悍甚，與烈盗兵逐相，相走客死水西。烈求父尸，宣慰安萬銓因要挾水烟、天旺故地，而後予尸。烈陽許之。及相喪還，烈靳地不予，遂與水西搆難，又殺其長官王黻。時嘉靖二十三年也。烈既代襲，遂與黻黨李保治兵相攻，垂十年，總督馮岳調總兵石邦憲討平之。真州苗盧阿項者亦久稱亂，邦憲以兵七千擊敗之。有言賊求援於播者，邦憲曰："吾方調水西兵，聲揚烈助逆罪，烈暇救人乎。"已，擒阿項父子，斬獲四百餘人。初，嘉靖初議分凱里屬貴州，既又以播地多在貴州境，并改屬思石兵備。及真州盗平，地方安靖，播人以爲非便。川貴守臣异議不決，命總督會勘。總督奏，仍以播歸四川，而貴州思石兵備仍兼制播、酉、平、邑諸土司事。報可。隆慶五年，烈死，子應龍請襲，命予職。

萬曆元年，給應龍宣慰使敕書。八年，賜故宣慰楊烈祭葬，從應龍請也。十四年，應龍獻大木七十，材美，賜飛魚服。又復引其祖斌賜蟒例，部議以斌有軍功，且出特恩，未可爲比。帝命以都指揮使銜授應龍。十八年，貴州巡撫葉夢熊疏論應龍凶惡諸事，巡按陳效歷數應龍二十四大罪。時方防禦松潘，調播州土兵協守，四川巡按李化龍疏請暫免勘問，俾應龍戴罪圖功。由是，川貴撫按疏辨：在蜀者謂應龍無可勘之罪，在黔者謂蜀有私暱應龍之心。於是，給事中張希皋等以事屬重大，兩省利害，豈漫不相關者，乞從公會勘，無執成心。十九年，夢熊主議播州所轄五司改土爲流，悉屬重慶，與化龍意復相左。化龍遂引嫌求斥。蓋應龍本雄猜，阻兵嗜殺，所轄五司七姓悉叛離。嬖妾田，屠妻張氏并及其母。妻叔張時照與所部何恩、宋世臣等上變，告應龍反。夢熊請發兵剿之，蜀中士大夫悉謂蜀三面鄰播，屬裔以什伯數，皆其彈壓，且兵驍勇，數征調有功，翦除未爲長策。以故，蜀撫按并主撫。朝議命勘，應龍願赴蜀，不赴黔。二十年，應龍詣重慶對簿，坐法當斬，請以二萬金贖。御史張鶴鳴方駁問，會倭大入朝鮮，徵天下兵，應龍因奏辨，且願將五千兵征倭自贖，詔釋之。兵已啓行，尋報罷。巡撫王繼光至，嚴提勘結，應龍抗不出，張時照等復詣奏闕下，繼光用兵之議遂決。

二十一年，繼光至重慶，與總兵劉永〈承〉嗣等分兵三道進婁山關，屯白石口。應龍佯約降，而統苗兵據衝擊。承嗣兵敗，殺傷大半。會繼光論罷，即撤兵，委弃輜重略盡。黔師協剿亦無功。時四川新撫譚希忠與貴州鎮撫再議剿，御史薛繼茂主撫，應龍上書自白，遣其黨携金入京行間，執原奏何恩詣綦江縣。二十二年，以兵部侍郎邢玠總督貴州。二十三年，玠至蜀，察永寧、酉陽皆應龍姻媾，而黄平、白泥久爲仇讎，宜翦其枝黨，乃檄應龍，謂當待以不死。會水西宣慰安疆臣請父國亨恤典，兵部尚書石星手札示疆臣，趣應龍就吏得貰，疆臣奉札至播招應龍。時七姓恐應龍出，得除罪，而四方亡命竄匿其間。又幸應龍反，因以爲利，驛傳文移，輒從中阻。玠檄重慶知府王士琦詣綦江，趣應龍安穩聽勘。應龍使弟兆龍至安穩治郵舍儲備，叩頭郊迎，致餼牽如禮，言：應龍縛渠魁，待罪松坎，所不敢至安隱者，恐墮安穩仇民，不測禍也，幸請至松坎受事。士琦因松坎亦曩奏勘地，即單騎往。應龍果面縛道旁，泣請死罪，願執罪人，獻罰金，得自比安國亨。國亨者，曩亦被訐，懼罪不出界，故應龍引之。士琦爲請於玠，許之。應龍乃縛獻黄元等十二人案驗，抵應龍斬，論贖，輸四萬金，助采木；仍革職，以子朝棟代，次子可棟羈府追贖，黄元等斬重慶市，總督以聞。時倭氛未靖，欲緩應龍，事東方，朝廷亦以應龍向有積劳，可其奏。於松坎設同知治馬，以士琦爲川東兵備副使彈治之。

應龍獲寬，益怙終不悛，尋可棟死於重慶，益痛恨，促喪歸，不得，復檄完贖，大言曰："吾子活，銀即至矣。"擁兵驅千餘僧招魂去，分遣土目置關據險。厚撫諸苗，名其健者爲"硬手"，州人稍殷厚者，没入其資以養苗，苗人咸願爲出死力。二十四年，應龍殘餘慶，掠大阡、都壩，焚劫草塘、餘慶二司，及興隆、都匀各衛。又遣其黨圍黄平，戮重安長官家，勢復大熾。二十五年，流劫江津及南川，臨合江，索其仇袁子升，縋城下磔之。時兵備王士琦調征倭，應龍益統苗兵，大掠貴州洪頭、高坪、新村諸屯。已，又侵湖廣四十八屯，阻塞驛站。詗原奏仇民宋世臣、羅承恩等挈家匿偏橋衛，襲執之，大索城中，戮其父母，淫其妻女，備極慘酷。

四川巡撫譚希忠請于合江、綦江各置游擊一員，合江募兵千二百人扼岡門，綦江募兵二千人扼安穩。二十七年，貴州巡撫江東之令都司楊國柱部卒三千剿應龍，奪三百落。賊佯北，誘師殲馬，國柱與經歷潘汝資俱死之。東之罷，以郭子章代，而起李化龍爲兵部侍郎，節制川湖、貴州諸州事，調東征諸將劉綎、麻貴、陳璘、董一元南征。六月，楊應龍乘大兵未集，勒兵犯綦江，分屯趕水、貓兒岡、婁國等，以偏師一犯南川，一犯江津，其子朝棟守沙溪、緝麻山，防永寧宣撫與貴州。十七日，游擊張良賢遇賊舊東溪，頗有斬獲。二十一日，應龍督苗兵圍綦江城數匝，游擊房嘉寵誤爇火磚，反傷城上兵。賊乘勢登城，嘉寵帥師巷戰，蜀兵争譟走水上，嘉寵乃殺其妻，與良賢赴敵死。應龍因劫，令縱囚焚掠，出綦江庫犒師，依倉就食，盡取資財子女去，老弱者殺之，投尸蔽江而下，水爲赤。退屯三溪，以綦江之三溪母渡、南川之東鄉壩立石爲播界，號宣慰官莊，聲言江津、合江皆播故土。總督郭子章日夜徵調漢、土各兵守渝城，分戍南川、合江、瀘州，軍聲漸振，賊遷延不進。初，賊本無意反，徒據險倡狂，既覆楊國柱之師，益結九股生苗及紅黑脚等苗，負隅弄兵。然猶冀如往事曲宥，未敢鼓行深入，止云争界給葬并索奸民。而總督因援師未集，蜀人畏賊如虎，時時移文詰責，示無遽絶意，計以緩賊。賊果具文求撫，不復西向。總督亦佯爲好語縻之。會上聞破綦江，追褫兩省撫臣譚希忠、江東之各爲民，緹騎逮兵備使王貽德，賜劍懸賞，嚴旨進剿。十月，命總督李化龍駐重慶，調度川貴、湖廣各路兵大舉。總兵官劉綎兵亦至，綎素有威名，其家丁良馬皆可決勝，然夙與應龍昵，人皆疑之。於是化龍延入卧内，輸心腹，且以忠言激之，引其父顯平九絲功爲比，綎大慟，願誓死報效。化龍乃騰書於朝，遂委綎專制，而治軍益有次第。

十一月，楊應龍屯官壩，聲言窺蜀，遂焚東坡爛橋，楚黔路梗。黄平、龍泉所在告急，賊復據偏橋，出掠興隆、鎮遠。總督議置勁兵萬餘據要害，通楚黔道。黔帥童元鎮擁兵銅仁不前，革職立功，以李應祥代，命僉都御史江鐸巡撫偏沅，監總陳璘之師。

二十八年春正月，楊應龍勒兵數萬，五道并出，攻龍泉司，守備楊惟忠擁兵二千，以勢不敵，先期托臺謁走思南鸚鵡溪。土官安民志率步卒三百拒守，死之。吏目劉玉鑾偕妻子并死於賊。副總兵陳良玭託守偏橋，不之援。石砫宣撫司馬千乘軍鄧坎，賊乘夜掩襲，千乘軍堅壁，詰旦奮擊，連破金竹、青岡嘴、虎跳關等七寨。酉陽宣撫司冉御龍進攻官壩，斬關直上，復擒斬三百有奇。初，賊既下龍泉，方移兵攻婺州，聞敗，撤兵遁。會徵兵大集，延寧四鎮，河南、山東、天津、滇、浙、粵西兵至者，踵背相屬，各土司亦用命。總督李化龍分兵八路，川兵分四路：總兵劉綎從綦江入，以參將麻鎮等隸，參政張文耀監之；總兵馬孔英從南川入，以參將周國柱、宣撫冉御龍等隸，僉事徐仲佳監之；總兵吴廣從合江入，以游擊徐世威等隸，參議劉一相監之；副將曹希彬受吴廣節制，從永寧入，以參將吴文杰、宣撫奢世續等隸，參議史旌賢監之；而中軍率㯹下游兵策應。黔兵分三路：總兵童元鎮統土知府瀧澄、知州岑紹勛等由烏江；參將朱鶴齡受元鎮節制，統宣慰安疆臣等由沙溪；總兵李應祥，統宣慰彭元瑞等由興隆，參議張存意、按察司楊寅秋監之。湖廣兵偏橋一路分兩翼：總兵陳璘統宣慰彭養正等由白泥，副總兵陳良玭受璘節制，統宣撫單宜等由龍泉，副使胡桂芳、參議魏養蒙監之。以偏橋江外爲四牌，江内爲七牌，五司遺種及九股惡苗盤據故也。其黔撫郭子章駐貴陽，楚撫支可大移沅州。部署既定，大會文武於重慶，登壇誓師。

二月十二日，分道并發。每路兵約三萬人，官兵三之，土司七之。苗見驚曰："今真天兵也。"化龍諭諸將以抵婁山等關爲期，且曰："關外且戰且招降，賊多不可勝誅也；關内疾戰勿受降，師不宜老，賊詐不可信也。"先是，蜀玉壘山忽裂，僉謂昔年平九絲，地數動，殆播平前兆云。十五日，劉綎進兵綦江，連戰，破三峒、綦江，自東溪入播，并峻嶺茂箐。楠木山、羊簡臺、三峒素號奇險，賊首穆炤等盤據，綎力戰克之。三月，楊朝棟統苗兵數萬，分道迎敵，鋒甚鋭，官兵夾擊。綎身自陷陣，苗大驚曰："劉大刀至矣！"棟潰圍走，幾爲綎獲。初，綦江諸苗自分屠城慘戮，罪不赦，又應龍憚綎威名，冀首挫其鋒，屬朝棟悉勁兵間道相角，曰："爾破綦江，馳南川，盡焚積聚，餘無能爲也。"及朝棟僅以身免，賊膽落，益爲守禦計。諸軍分道并捷：南川則酉陽、石砫二司先登，初八日，遂克桑木關。烏江則壩陽、永順兵先登，十一日，遂克烏江關。翌日，復克河渡關。陳璘及副將陳寅擊四牌賊，各披靡，遂奪夭都、三百落諸囤。賊連敗，乃出奇兵突犯烏江，詐稱水西瀧澄會哨，誘永順兵，斷橋，淹死官兵無算。參將楊顯，守備陳雲龍、阮士奇、白明逵，指揮楊續芝等死之。事聞，逮總兵童元鎮下於理。時有飛語水西佐賊者，總督檄詰，水西不自安，會賊殺其頭目澄大眼。二十六日，賊託田氏修好，賄澄。澄戮其使，擊斬僞將楊惟棟等。安疆臣亦執賊二十餘人，以示不背。二十九日，劉綎戰九盤，入婁山關。關爲賊前門，萬峰插天，中通一線。官兵從間道攀藤，魚貫毁栅入。四月朔，屯白石，應龍身率各苗決死戰，陰令楊珠等抄後山奪關，四面合圍，都司王芬中流矢死。劉綎親勒騎衝堅，以游擊周敦吉、守備周以德兩翼夾擊，敗之，追奔至養馬城，與南川、永寧路合。連破龍爪、海雲等險囤，壓海龍囤而壘。

海龍囤，賊所倚天險，飛鳥騰猿不能逾者。時偏沅巡撫都御史江鐸已抵任視師，陳璘帥師急攻，以十三日破青蛇囤，安疆臣亦以十六日奪落濛關，至大水田，焚桃溪莊。賊見勢急，父子相抱哭，上囤死守。每路投降文緩官兵。總督檄各路："賊詭降即斬使焚書，毋爲所紿虞。"綎與應龍舊，檄無通賊，綎亦械其人自明。會吴廣以入崖門關，營水牛塘，與賊力戰三日，却之。賊詭令婦人於囤上拜表痛哭，云田氏且降，復詐爲應龍仰藥死。報廣，廣輕信，按兵不動。已，覘知田氏詐降緩攻，而所云應龍死，乃川兵攻囤，以火炮擊死所謂楊珠也。珠驍勇善戰，既死，賊痛如失左右手。廣覺詐，益厲兵協攻，燒二關，奪三山，絶賊樵汲。八路兵大集海龍囤下。

五月十八日，始築長圍，更番迭攻。自是賊益困，知必死矣。會總督李化龍聞父喪，詔以縗墨視師。化龍跣而草檄，益治軍。念賊囤前陡絶，勢難飛越，令馬孔英率勁兵壁其間，餘并力攻後囤。時天苦雨，將士馳淖中苦戰。

六月四日，天忽開朗。五日，劉綎身先士卒，進克土城。應龍益迫，夜散數千金募死士拒戰，諸苗皆駭散無應者。起，提刀自巡壘，見四面火光燭天，徬徨長歎，泣語妻子曰："吾不能復顧若矣！"詰朝，官兵遂登囤，破大城入。應龍倉皇同愛妾二闔室縊，且自焚。吴廣獲其子朝棟及妾田雌鳳，急覓尸，出焰中，廣中火毒，失聲，幾絶，頃而蘇。計出師至滅賊，百十有四日，八路共斬級二萬餘，生獲朝棟、兆龍等百餘人。播賊平，總督露布以聞，總兵劉綎爲軍功冠。十二月獻俘闕下，剉楊應龍尸，磔楊朝棟、兆龍等於市；分播地爲二，屬蜀者曰遵義，屬黔者曰平越。播州自唐入楊氏，傳二十九世，八百餘年，至應龍而亡。三十一年，播州餘逆吴洪、盧文秀等叛，總兵李應祥等討平之。《明史》《明史紀事本末》。

——（嘉慶）《四川通志》卷九十三《武備志》，載《中國省志彙編》之七，第6册，2948～2957頁

宣德二年，播州草塘安撫所屬穀撒等四十一寨蠻長作亂，攻牛場、乾溪等堡。敕撫之，不從，遂剿平之。

——（嘉慶）《四川通志》卷九十四《武備志》，載《中國省志彙編》之七，第6册，第2975頁

明郭子章西南三征記

……嘉靖初，輪以松衛指揮守北定關，遇害，茹兒令鏤其首，漆爲飲器，至是歸骨，松人詫焉。四月戊辰，破惡闊、窑溝、石柱，餘賊奔雪嶺，復聚茨崖，會諸路追兵至，……五月

壬寅，夜既半，成兵襲破其上、中、下三寨，斬首數十級。餘黨遁，追至白草乃還。甲辰，克牛尾。牛尾最狡，酋合兒結善占卜，竪栅自雄。將軍分兵三路，之垣遮後，文達左拒，參將劉用光右拒，宣慰楊應龍以所部精兵從中擊之。賊據栅，礧石下如奔馬，諸軍奮死登，縱火焚栅，斬合兒結父子，賊潰，我兵追及之，連戰松坪、黑松林、黑水河，賊大敗，半赴河死。

——（嘉慶）《四川通志》卷九十五《武備志》，載《中國省志彙編》之七，第 6 册，3000～3001 頁

（萬曆十五年十二月）癸酉，馬路兵克白岊、天星囤。先是，成遣土舍文安民諭安與，待以不死，意興中持，假九乍集賊萬餘，團四山分枝，接戰，矢石如雨下。我兵冒險攻之，播州兵先登，各路兵繞箭齊擊，賊大敗，遁。除夕甲申，武監軍趣中路兵，乘賊懈，渡馬溪，營於木瓜，與賊持。明年正月己丑，假糾衆由大南門、大木瓜兩路突襲馬營，播州帥楊應龍率衆大呼衝之，賊退。

——（嘉慶）《四川通志》卷九十五《武備志》，載《中國省志彙編》之七，第 6 册，第 3003 頁

平播疏　明李化龍

看得楊酋匪茹，與國爲仇，萬姓荼毒，三省震驚，孰不以爲不可以歲月克者？乃自出師以來，甫三月有奇，而元凶授首，黨羽悉擒。千年狼虎盤據之窟，一旦掃蕩無遺，上足以伸中國之威，下足以洩生靈之憤，其他狡黠土司、獷悍惡苗無不落魄亡魂。西南半壁天下可永無虞矣。朝廷威服與指授方略所致，斷非文武將吏敢貪天功爲己力者，惟是各官兵暴露行間，勞苦萬狀，不可不查叙也。

先是，臣奉命入川，賊知罪在不赦，已統兵深入，有擒王剿叛之説，遂破綦江，且逼重慶，地方洶洶，皆謂有長驅之志。於時目前兵力略無可恃，臣乃以計緩之：一面調兵，一面移文詰責，若未嘗絶之者，賊果信之，即具文求撫，且不西向，臣因得以徵調漢土諸兵，急爲之備。其時，賊氣張甚，川人畏之如虎。臣發成都兵，甫出門，欲投錦江，不復肯東，及聞綦江守城兵見賊來，競譟而走，多投水者，止餘二將與其家丁，遂及於難。臣念漢兵心膽已碎，土兵狐兔有情，自非招客兵不可，因請調陝浙諸省之兵，又念外兵之費甚侈，往來途次且生擾，是止可於每省鎮止調一二千，多者三千，共數省，實僅僅二萬，其餘仍三省及滇、粵土兵也。然西南人見外兵來，莫測多少，以爲天下之兵皆至矣。自是漢兵之氣壯，而土兵之心亦折，無不樂爲我用者。時賊雖知調兵，然以爲虚聲嚇之如往日，非實事也。臣亦止在成都積糧治器，若無事然，不復東，賊亦不疑。北兵且集，臣移駐重慶，賊始知必剿，頗肆衝突，然我兵漸益，未易得志也。臣又念兵以一路進，既道狹不能容，一有前却，不可復振，因分爲八路。又念路分而兵少，賊厚其陣以衝之，敗矣。因令每路皆三萬以

上，每一路皆可以當其全師。又念關外賊黨多不可勝誅，會兵部頒賞格至，首重招降，臣益推廣之，但投戈者皆赦不誅。臣又念兵無賞，士不往，會兵部賞格，首言“得賊者即以其家資與之”，臣益推廣之，克關破囤各懸賞，賞各以千萬計。既川兵入關，臣又恐其人自爲心，若九節度之師然，因復委按察使張悌入總監之。殺牲莅盟，務必得賊。臣又恐賊事急詐降，得以遷延至暑雨漸深，我兵不能久困，但急攻之，有稱降者，斬使焚書，無爲所紿。時湖廣之兵亦至囤下，臣欲入營親監之，會聞先臣之訃，臣恐營中遂懈惰不可用，因不待成服，跣而草檄，示以例應候代，照常督兵。有慢令者，尚方具在，令代中軍余德榮等再往監之。臣又念賊屯後易攻，屯前難攻，時諸將壁屯下者，各有分地，因令以勁兵一枝壁其前，其餘并力於後。臣又恐諸軍士争趨賊財物，或至亂行，至有他虞，因移文再四申禁。臣又聞營中流言：“水西目把尚不絶賊。”恐漏軍情，因移文令其退劄。水西土官懼，撤其兵，退而引嫌曰：“吾不欲爲亡播之續也。”時久雨，軍士日在泥淖中，至六月之初四，而天忽晴，初五日遂破其二城，初六日遂登其屯，賊以滅亡。總計八路，生擒賊首、賊從一千一百二十四名，斬級二萬二千六百八十七顆，俘獲賊屬五千五百三十九名，招降播民一十二萬六千二百一十一名口，全活被擄男婦一千六十四名，奪獲馬牛七百六十七匹，獲器械四千四百四十四件。

是役也，自賊破綦江至剿滅可一年，自進兵至滅賊，百十有四日。當八路對壘時，土漢兵既參差不齊，諸將領亦彼此觀望，播人劫於賊之積威，人自爲戰，未易即克，我各路又糧運艱難，時有脱巾之呼。臣日夜催督，走使馳檄至數百千，即兩省撫臣、各路鎮道亦靡不忘寢忘食，或至頭鬚爲白。總之，諸文武知廟堂之意，必欲滅賊，故鼓之即應，勞之不怨，誅罰之亦無敢囁嚅者。倘更一月而賊不滅，暑雨久，瘴疫深，我兵自潰，無問賊矣。該臣會同巡撫貴州郭子章、巡撫湖廣支可大、巡撫偏沅江議照，國家方制萬里，日所出入之邦，悉爲郡縣，獨西南諸省不廢土司，蓋亦曰“因俗而治，與之相安”云爾。二百年來，此輩犬羊之性，不堪馴擾，亦時有之，然未有若播酋楊應龍之公然叛逆者，則何也？蓋其地險，其兵强，其財力足以使鬼通神，其聲勢足以呼群嘯黨。加以年來方宇多事，九伐之旌未遑南指，彼遂時時狂逞，亦遂時時得志。井蛙之見，謂縣官真無奈我何。諸群不逞，如楊珠、楊明、何漢良、孫時秦輩，瞷其雄心，或時有以公孫躍馬、尉陀自王之説進者。賊亦念騎虎勢不得下，將曰：“等死，無且舉大名乎”。於是恣其狂圖，淫怒以逞，而破城殺將鵲起，西南之勢成矣。夫天下非小弱也，九州四海兵非脆，糧非乏也。向賊逆形未著，皇上不忍遽加之兵，曰：“吾且舞干，吾且解網，姑俟其悔過而與之相安於無事。”乃不謂凶人之性不移也，始天怒赫然，斷在必剿。夫斷而敢行，鬼神避之，况此么麽者乎！蓋自進剿之命下，尚方之劍頒，然後海内熊虎之師如雲而集，陳紅之粟蔽江而上，智士陳謀，勇夫效力。火燎毛，山壓卵，賊即欲不灰飛烟滅亦曷可得已！

臣等嘗即諸路之功而評叙之。在四川，則楠木、三峒，賊黨以爲三窟，謂天險不可升者也。婁山關，賊前門，我所必由，賊所必争者也。海龍屯，賊以爲天造地設，人迹所必不能到，兵力所不能加者也。三戰而克之，賊力竭矣，不亡何待！夫賊黨自戰，其地猶易與也，惟賊父子親在行間，則諸賊人人致死，難與争鋒。該路到處，與賊父子對壘。最快者，九盤子之戰，悉其精鋭，以付朝棟，令之從綦江進，從南川回，此其目中尚復有官兵乎？劉綎一戰而走之，自是播人爲之破膽。尤快者，諸軍壁海龍屯下，連月不拔，綎至，一日而克其二城，賊遂滅亡。至今群口囂囂，然無敢没其先登之烈者。兵法"無選鋒曰北"，綎於諸路，其選鋒乎！則綦江路之功也。

臣嘗言，破賊，關外宜招降，謂多不可勝誅也；關内宜疾戰，謂師不可老也。安、羅、陶洪三寨，生口以數萬計，勝兵以數千計。令貪功者以大兵初入，必且多殺以報捷，勝之則傷仁，不勝則損威矣。而該路坐受其降，兵不血刃，自是一戰而斬郭通緒，再戰而入崖門關，三戰而屢捷於水牛塘，賊計無復之，遂父子相哭而上囤矣。當其入水牛塘時，川兵入關，去屯尚遠，湖、貴兵在關外，絶不相聞，吴廣以孤軍去囤數十里而結營，犯兵法之所忌，而卒以得志，自非其令嚴而戰力，當不及此。後雖以講降誤事，然有激而奮，竟以成功，逆賊父子盡獲其首，終不失爲全捷，則永合路之功也。

南川路最險，最遠，去屯可六七百里，賊以爲官兵必不能從此進。當馬孔英之未至也，高折枝以一書生，請自將土、漢兵以往，比固己雄偉不常矣。乃師期一月之前，先搗官壩營以寒賊膽，而撤回其龍泉之兵，且以解思、石之危，其事甚奇，其功甚大。比進兵，從真州入，真人則簞食壺漿以迎，播人則弃甲曳兵而走，居然有三代氣象。時諸將方欲候各路消息，方入關，折枝毅然曰："若是，則誰爲當先入者？"策馬而前，衆隨其後，竟以三月初八日奪桑木關而據之。臣用是以催各路，尚有四月入者。令諸將皆折枝，諸路皆南川，滅賊當更速。抵關，而馬孔英至，則文武相得，如樂之和。自是，日日約各路攻圍，有應，有不應，甚或以相誹詈，而折枝不顧也。分攻令下，諸將争走後門，該路獨壁前門。夫後門，我易攻賊；前門，賊易衝我。彼亦曰："誰爲宜當賊衝者"，蓋"亦先入關之意乎。"破囤之役，後門以二路更攻，前門以一路搏戰，日夜揮戈，人百其勇，坐使賊自盡，而逆黨無一逸者。總之，倡諸路之先，作三軍之氣，令黔師不得以賊强我弱藉口而竟以奏功，臣於該路文武蓋心折焉。則南川路之功也。

在湖廣，則偏橋一路，江外爲四牌，江内爲七牌，皆五司遺種、九股惡苗盤據糾結乎其間，四牌不掃，既武騎千群，未易窺三渡也。隕璘獨以一旅之師，先掃四牌，開我進兵之路。用是烏江内賊黨寒心。長坎、瑪瑙、青蛇三囤，自昔以爲險絶，官兵所從未易得志者，臣亦慮其難，下令降之。璘以爲除惡務盡，竟以一鼓而升其巔，殺戮數千，臭聞十里。時龍泉哨施南兵，亦已先克板角關，至今白泥、湄潭之間，四牌、七牌之苗遂無遺種，非璘之力不及此。該路漢兵少，土兵多，糧運少，遲便成噪呼，璘令嚴而法肅，卒能使之用命而不爲害。迨至克關逼屯，議設木栅、製鐵牌。以防賊逸，其機智有足多者，卒以入虎穴，得虎子，閹人、綉女纍纍在俘，良快人意，則偏橋路之功也。

貴州各路與川湖不同，其地近，其兵少，其餉乏，其夷性反覆而靡常，其民心摇惑而不定，兹之用兵又非以一淬厲一鼓舞之爲競者。烏江失律已見法矣。然能借是以激厲水西，俾之絶狐兔之情，踐虎狼之窟，母氏囤一戰，大足褫逆酋之魄而奪之氣，此則失之武人，得之文吏，蓋運籌者之苦心乎！李應祥以孤危之兵，當鯱甋之時，能自審於緩急進止之間，以守爲戰，以招撫爲進攻，率之轉弱爲强，揚旌直指，斬首數百，招降數萬，因破諸囤，斬三渡，抵白田，何其壯也！竟以連合川兵同心戮力，破重城，俘群醜，振積弱之邦，舒華夏之氣，始如處女，繼如脱兔，兹其審於機而神於用，豈易得哉！則平越、烏江、沙溪諸路之功也。

夫我國家，從來用兵，未有大得志於西南夷者。國初，傅友德統二十四將軍，止言防守，未聞戡定。正統間，麓川之役，用兵五十萬，轉餉半天下，升叙萬人，三返而罪人竟逸。嘉靖初，思田之役以剿始，以撫終，至今爲諸夷藉口。兹其大致可睹已。諸帥固中庸人，臣等三五書生耳，其智略才力不及古人遠甚，乃兵纔逾二十萬，進兵纔逾百日，費纔二百萬，而倖以成功，此非臣等之力，皆由我皇上神武獨斷，委任不疑，用使文武同心，將士效死，爰有成績。臣每誦詔旨，即十行之札，萬里之外，往往瞭於指掌而晰於毫毛，輒沾沾自得，以爲賊平矣。已戰勝於堂上矣。

——（嘉慶）《四川通志》卷九十五《武備志》，載《中國省志彙編》之七，第6册，3003～3006頁

陳播地善後事宜疏　明李化龍

查該州地隣三省，然楚止偏橋，路通一線，蜀與黔，蓋無所不接壤。夫蜀無藉於播，黔瘠壤也，若乘此時而割播以附黔，則於蜀無損，於黔有裨，且臣等别疏又請以楚之四衛并割附之。從此黔省幅員，得與十二省比長絜大，甚爲永便。但盡屬之黔，則地方千里，諸凡締造，勞費尚多，亦黔所不能堪。因議設爲二府，分隸黔、蜀，庶建邦啓土，各自經營，成聚成都，指顧可就。皇上廓清之績，既已盡被於三藩，而帲幪之仁，又復再造於黔土矣。除寬脅從、撤兵馬、招流移、厚賑恤、抑兼并、清横恣等項，凡明旨所叮嚀而兵部所條議者，俱已陸續舉行。尚有後開款目，謹集衆思，列爲十一事呈覽。

一復郡縣。播州，南極牂牁，西連僰道。東西廣一千二百二十里，南北袤一千四十里。漢唐設爲郡縣，在川貴之間，亦一都會也。至唐乾符間陷於南詔，楊端取而據之。今逆酋既平，相應改土復流，以變夷俗。及照播州白田壩，沃壤數百里，即播州遵義縣故地，當復府治，設縣附焉；桐梓當綦南之衝，走川貴道也，舊爲夜郎縣故地，當復一縣；望草南接婺、思，北達真、涪，爲綏陽縣故地，當復一縣；仁懷，濱播枕永，襟合帶瀘，爲懷陽縣故地，當復一縣；真州即古珍州，川原平衍，商販周游，應復一州。以上俱隸川省統轄。黄平

爲川貴要區，舊設撫苗通判一員，列銜重慶，駐鎮彼中，其與播勢相控馭，并爲重地，應設一府；湄潭、龍泉地里廣邈，各應建設一縣；甕水、重安合設一縣；餘慶、白泥，合設一縣；并草堂、容山二司，應割隸各縣；以上地方去黔甚邇，相應改隸貴州統轄，總計增府二、州一、縣八。蓋亂流初殄，地闊人稀，姑建數城以爲繫屬，以後地闢民聚，無妨增設。其二府治與附郭縣，分正佐首領，各應照例全設，外州、縣正佐首領，俱應量減。

一設屯衛。播州地方千里，山川險惡，夷漢雜居，又逼鄰二大土司，時有啓疆之志，必須設官軍，建屯衛，以明居重馭輕之勢。因設一衛於白田壩，與府同城，指揮使一員，同知二員，僉事二員，鎮撫一員，經歷一員，知事一員，所屬前、後、中、左、右五所，每所正千户一員，副千户一員，百户四員，所軍各一千，共五千。衛所官於從征有功者酌量升授，不足者於鄰近願入者調取移實之。其邊隅逼鄰土司地方，各設屯田，每軍照祖制二十四畝，再加六畝爲冬衣布花之費，共三十畝，即自種自食，不必納糧於官，又復領出，紛紛滋弊。各開屯處，除養屯兵之外，餘田仍照民地起科，上納本折於各州、縣，爲衛官俸廩及不時軍興之用。每年孟冬、仲冬、孟春、仲春農隙，各屯官時加操練。又以十月、二月望日，齊赴兵備道大操三日，驗其武藝，較其强弱而明賞罰焉，老弱者汰之。一屯老弱多者，并革其官。軍田即另募壯丁補伍。庶軍得實用，异時即募兵散盡，此五千軍與主兵三千，自有八千可用之兵矣。

一設兵備。播地三面環夷，干戈甫戢，當此經綸草昧之始，設立有司，可以招撫流亡。或未能長駕遠馭而圖久安。布置將領，可以備禦倉卒。或易於生事，徼功而開邊釁。欲以内修戎備，外懾夷心，整肅群僚，畏服衆志。爲地方長久之計，必設分巡兼兵備官一員，於播州白田壩新建府城駐劄，專一整飭新復郡縣并重慶衛忠、黔二所，永寧、酉陽、石砫、平邑等土司兵務，兼理有司、錢糧、獄訟。其重慶府巴縣、綦江、南川、涪州、武隆、彭水切隣地方，悉聽管轄，以便行事。黄平新設一府四縣，雖割屬貴州，但人心初附，田地毗連，與貴州水西宣慰司，并聽兼制。

一設將領。播淪於夷，閱八百餘年，風俗獷悍，法令扞格已久。今地雖蕩平，而逋孽潛藏，漢夷錯雜，招苗樹黨，越界侵田，時所必有。今議播州留兵一萬，黄平留兵三千，粗足防守，然必得一大將鎮之，始可無事。查得先年克平九絲，議留總兵一員鎮守其地，今建武視播稍緩，即一參游足領之，合無將軍門標下添設練兵游擊一員，改駐建武防守，原設總兵移鎮播地，應留各兵，挑揀家丁三千、買馬三百。内標下標兵、家丁二千七百、馬二百七十，以坐營千把總領之。兵道員下家丁三百，馬三十，以中軍領之。有事俱聽總兵提調，名爲正兵。此外兵七千，酌量分布於白田壩、真州、桐梓等縣，播川等驛防守；内以一游擊領三千，以二守備各領二千，各用千把總分領之，有事征戰，無事即爲築城鑿池，建郡縣，修郵驛之用，糧銀照依舊例支發。徐俟建置竣工日，除家丁三千、馬三百外，餘軍以次議撤，有願附籍當軍及民當差者，聽千把總俱於附近衛所官内選用。其黄平留兵三千，仍設一參將領之，總聽防播總兵節制。

一丈田糧。環播幅員千里，田地無慮數千萬畝。舊時額糧止歲以五千八百石輸貴州。蓋蠻方賦税原輕，至應龍巧立新法，名曰“等賨”，每田一畝徵銀數錢，初猶歛其財以招苗，後并奪其地以養苗，而賦法蕩然盡矣。今既改流，自當責成道府親率州、縣官定疆界，沿邱履畝，逐一丈量，分爲等則，造册呈報，以定賦法。第額糧輕重，蜀無定規。查克平九絲，丈量田地，分別上、中、下三等，每畝上田四升、中田三升、下田二升。播地山水間雜，不止三等，尚有上上、下下者，宜逐項分析，最上者一畝可當上田幾畝，最下者幾畝可當下田一畝，則待臨時酌定，難以預計，丈完總計田地若干、糧若干，徵本色若干、折色若干，候二年之外起科。除足一年夏秋二税、銀力二差、一切雜費外，餘解布政司充邊餉支用。

一限田制。播土舊民自逆酋倡亂，大兵征討之餘，僅存十之一二，遺弃田地多無主人。册籍不存，疆界莫考，復業之民往往冒認影占，原少報多，原瘠報肥，甚至一人占田一二千畝，尚有异省流徒假播籍而希冒占者。今應將播之舊民號“楊保子”者，查果真的，無論原業肥瘠，俱人給田三十畝，上、中、下攙配均給。若一處皆上田、皆下田者，臨時酌給。大率純下田多不得過一百畝，純上田不得少過二十畝。其原非播民，凡不能爲楊保語者，無問曾否寄住，皆不得妄認。遺下無主民田，另行招人承種，納糧當差。應龍官莊，并楊兆龍、田一鵬、何漢良等諸擒斬過有名頭人，莊田盡數没官，聽三省之民願占籍播州者承種，其領地之人，查照時值，量行上納，以充目下建立城池、衙門、驛傳諸費。亦定爲限制，平人不得過五十畝，指揮千、百户不得過百畝，俱於丈量時定糧、定價，令不得那移。州縣官收過絶産價值，給付印契，登入循環，聽兵備道稽查，轉報撫按查考。官吏乾没，從重治罪。

一設學校。播故有學，宋元之世，俊茂朋興，如冉從周、猶道明、白鎮之流，俱登進士，蜚聲上國。自逆龍禁錮文字，寇仇儒生，坑儒燔書，禍同秦始。今干戈既戢，文教宜先。白田、黄平舊有學宫，補葺亦易，應當於二府原學各補教授一員、訓導二員，至博士弟子員，無論附郭外縣，但入學使之選者：蜀新四縣隸白田學，黔新四縣隸黄平學，待各縣人文漸盛、物力稍紓，嗣各立學未晚。真州既改爲流，其地方殷富，人物猶華，亦須建一學宫，設一學正，以示維新之化。

一復驛站。播州各驛，自逆酋閉關負固，驛官不敢赴任，過客不敢經行，站户逃徙，舘舍丘墟，十數年矣。兹者地方底定，道路大通，驛站之設，勢不容已。查播州舊轄松坎、桐梓、播州、永安、湘川、烏江、昌田、砂溪、仁水、湄潭、鰲溪、岑黄、白泥一十三驛，俱當川貴孔道，所有各該驛舘應趨時興工，合用匠役，亦於兵夫内查有慣造者徑撥，不足者於附近州縣取用，工、食、銀、米，計算於該邊支剩軍餉内動支。仍責成新設府佐一員往來稽督，不許虚冒銀糧，曠廢時日，事完册報。又查各驛夫馬支應及官吏俸薪舊額，土司供辦，今既改土設流，似應與腹裏驛站一體僉派。但流民授田方始，難便買馬行差，目前一切站銀，暫令官爲出辦，俟里甲稍定，即行編派。至夫馬額數，應照衝僻爲準：湘川驛附郭爲四路最衝，應設馬四十匹，夫八十名；松坎、桐梓、播州、永安四驛，地衝路險，應各設馬三十匹，夫五十名；烏江、仁水、湄潭、岑黄、鰲溪、白泥各驛，俱次衝，應設馬各二十匹，夫各三十名；昌田、沙溪止通水西，次僻，應設馬各十匹，夫各二十名；各驛官見在者，行令赴驛任事，驛吏因屬土司，舊未撥發，今應行川貴兩省布政司，照缺查撥。

一建城垣。播州一府、一州、四縣與黄平一府、四縣并改築石城，石少者以磚代之。其兵備道、總兵府并府衛、州縣衙門、公署、倉厫、庫獄、城隍廟、演武場與二府一州儒學、文廟、殿廡、齋舍等項，俱當以次修舉。而各官一抵地方，棲身爲急，衙舍之建尤宜首圖。各府州縣正官選委勤明佐貳，於堪動銀内行支。克期興工，多方稽督。大約城垣以二十九年二月内起工，限年終落成，餘各以次修舉。就中員役有怠惰冒破、工力草率者，俱聽該道詳參拿究，事竣之日，造册報撫按衙門奏繳。庶險要可資，防禦有賴。

一順夷情。播州皆夷也，大兵之後，爲賊用力者。芟夷蘊崇，已無遺種。今見在者，曰各土司官，曰七姓奏民，曰投降夷目，皆宜安插得所。顧就中情事不同，亦宜分别，如八司曰播州、真州、白泥、餘慶、草堂、黄平、重安、容山，内安撫二、長官六。又一司甕水，原無印信，亦稱長官。又有宣慰同知羅氏，此皆世有官號，與播并建者。播州長官王積仁，以附播被擒獻俘，與楊氏俱滅。真州附播多年，綦江之破，助兵三百，顯在耳目。同知羅氏與江外五司，具疏改流，挑怨速禍，至有今日之事，海内震動，流血千里，則諸司乃罪之魁也。故説者謂真州宜正其附播之罪，江外諸司宜以起釁絶之。第王道如天，罰宜從輕，賞宜從重。真州當進兵之初，率先歸附，正、副長官各以千人從軍，江外諸司各招兵聚義，充黔楚鄉導。今將真州長官即爲該州土同知，副長官即爲州判官；江外都司安撫與正長官即爲該縣土縣官，副長官即爲土主簿；同知羅氏爲新府土知事。以外尚有投降夷目，原非長官，本無冠帶，但賞格外坐名開諭，輒爾先事歸誠，亦宜少示眷酬，以明惇信。如上赤水里頭目袁年，父遭酷禍，投降最早，即授以所鎮撫職銜；下赤水里頭目袁鏊、仁懷里頭目王繼先、安羅二村頭目羅國明、羅國顯、安鑾，以上五名，念其返誠歸正，量授冠帶、總旗，諸人田産，止將本身者暫時撥給，應納税糧通附州縣官處上納。其餘里人，俱令附籍納糧當差，不許仍以家人爲名恣行霸占，違者治其前罪。至於七姓奏民，始助楊氏之惡，繼傾楊氏之族，尤爲禍首，今蒙王仁寬宥外，如仍蹈故習，豪横害民，該道徑行拿問發落。地方人民指稱前事告害者亦如之。

一正疆域。播地東北接連三省，縣衛各有疆界，無容溷淆；西南左縈水西，右逼永寧，雖犬牙相攙，未能齊一，然畫野分疆，亦自有相沿界至。惟是夷性互爲雄長，强則侵奪，弱則减削，甚至有一地而甲乙互臨，一人而齊楚兼事，如儒溪、沙溪、水烟、天旺皆播州五十四里之數，見有黄册可考。緝麻山、李博埡、仁懷、石寶、甕水等處，亦皆播州世業。祇緣先年楊氏中衰時，曾被永寧、水西侵占，後應龍當事，治兵相攻，恢復故業。各邊目又已任其糧馬，兩下支持。此在土司可略，今既改土設流，自宜各復其故。乃水西止求清查，永寧輒行瀆擾，且動以瓜分爲言，罔上行私，垂涎占業，應行該道會同隣近道〈府〉及早清查一切相隣地方，原係播者，歸播，原係永寧、水西者，歸奢、安，刻石立碑，永爲遵守，其隣邊目兵如不安分義，妄事侵爭，重行究治，干礙王法，一并參處。

——(嘉慶)《四川通志》卷九十五《武備志》，載《中國省志彙編》之七，第6冊，3006～3009頁

(明)張瓚，《明史》本傳：字宗器，孝感人。成化十年以右副都御史巡撫四川，播州致仕宣慰楊輝言所屬夭垻干、灣溪諸寨及重安長官司，爲生苗竊據，請王師進討。詔瓚諭還侵地，不服則征之。瓚率兵討定，請設安寧宣撫司，即授輝子友爲宣撫以鎮，詔可，賜敕獎勞，以母老乞歸。

——(嘉慶)《四川通志》卷百十《職官志》，載《中國省志彙編》之七，第7冊，第3411頁

王象乾，《舊通志》："萬曆間，播人吴洪假楊應龍後，聚衆沙溪，連結水西爲叛。時王象乾爲四川巡撫，設方略討平之。按：象乾，山東新城人。"

譚希思，《湖南通志》："字子誠，茶陵進士，晉右副都御史巡撫四川。時播州逆節未露，廷議主剿，希思獨主撫，云不忍枯萬骨以邀上賞。"

艾穆，《明史》本傳："字和父，平江人。以鄉舉署阜城教諭，以户部員外郎遷四川僉事，屢遷太僕少卿。萬曆十九年秋，擢右僉都御史，巡撫四川。故崇陽知縣周應中、賓州知州葉春及行義過人，穆舉以自代，不報。既之，官有告播州宣慰使楊應龍叛者，貴州巡撫葉夢熊請征之。蜀人多言應龍强，未易輕舉，穆亦不欲加兵，與夢熊異。朝令兩撫臣會勘，應龍不願赴貴州，乃逮至重慶對簿，論斬，輒贖，放之還。穆病歸，未幾卒。後應龍復叛，言者追咎穆，奪其職。喬璧星，臨城人，官右僉都御史，亦巡撫四川。"

——(嘉慶)《四川通志》卷百十《職官志》，載《中國省志彙編》之七，第7冊，第3415頁

李化龍，《明史》本傳："字于田，長垣人，萬曆二年進士。二十七年，總督湖廣川貴軍務兼巡撫四川，討播州叛臣楊應龍。應龍之先曰楊鏗，明初内附，授宣慰使。應龍性猜狠嗜殺，數從征調，恃功驕蹇。知川兵脆弱，陰有據蜀志，間出剽州縣。嬖小妻田雌鳳，讒殺妻張氏，屠其家。用誅罰立威，所屬五司七姓不堪其害，走貴州告變。巡撫葉夢熊疏請大征，詔不聽，逮繫重慶獄。應龍詭將兵征倭自效，得脱歸，復逮不出。四川巡撫王繼光發兵討，覆於白石。應龍委罪諸苗，朝廷命邢玠總督，值東西用兵，勢未能窮治，因招撫之。

應龍益結生苗，奪五司七姓地，并湖廣四十八屯以界之，歲出侵掠。是年二月，敗官軍於飛練堡，都司楊國柱、指揮李廷棟等皆死。已，復破綦江，殺參將房嘉寵、游擊張良賢，投尸蔽江下。僞軍師孫時泰請直取重慶，搗成都，劫蜀王爲質。而應龍遷延，聲言争地界，冀曲赦如曩時。化龍至成都，徵兵未至，亦謬爲好語縻之。帝聞綦江破，大怒，追褫前四川貴州巡撫譚希思職，而賜化龍劍，假使宜討賊。賊焚東坡爛橋，梗湖貴路，又焚龍泉，走都司楊惟忠。化龍劾諸大帥不用命者，沈尚文逮治，童元鎮、劉綎皆革職，充爲事官。諸軍大集，化龍先檄水西兵三萬守貴州，斷招苗路。乃移重慶，大誓文武。明年二月分八道進兵。川師四路：總兵官劉綎由綦江、馬孔英由南川、吴廣由合江、副將曹希彬受廣節制，由永寧。黔師三路：總兵官童元鎮由烏江；參將朱鶴齡受元鎮節制，統宣慰使安疆臣，由沙溪；總兵官李應祥由興隆。楚師一路分兩翼：總兵官陳璘由偏橋，副總兵陳良玭受璘節制，由龍泉。每路兵三萬，官兵三之，土司七之。貴州巡撫郭子章駐貴陽，湖廣巡撫支可大移沅州，化龍自將中軍策應。帝以楚地遼闊，又擢江鐸爲僉都御史，巡撫偏沅。湖廣設偏沅巡撫，自鐸始也。推官高折枝二萬。屬其子朝棟曰：'爾破綦江，馳南川，盡焚積聚，彼無能爲也。'比抗諸路兵皆大敗，應龍頓足歎曰：'吾不用時泰計，今死矣。'或言水西佐賊，化龍詰之，疆臣斬賊使，二氏交遂絶。烏江兵敗績，逮下元鎮於理，諸將益奮。綎先入婁山關，直抵海龍囤。璘、疆臣兵亦至。賊勢急，上囤死守，遣使詐降，化龍檄諸將斬使焚書。以綎與應龍有舊，諭無通賊，綎械其人以自明。八路兵皆會囤下，築屯圍困之，更番迭攻。六月綎破土、月二城，應龍窘，與二妾俱縊。明晨，官軍入城，七子皆被執。詔磔應龍尸并子朝棟於市。自出師至滅賊，凡百有十四日。播自唐乾符中入，楊氏二十九世，八百餘年，至應龍而絶。以其地置遵義、平越二府，分屬川、貴。化龍初聞父喪，以金革起復，至是乞歸終制。"

——(嘉慶)《四川通志》卷百十《職官志》，載《中國省志彙編》之七，第 7 册，3415 ~ 3416 頁

崔景榮，《明史》本傳："字自强，長垣人。萬曆十一年進士，巡按四川，積臺資。十八年，播州亂，監大帥劉綎、吴廣輩軍，會總督李化龍憂去，景榮爲請蠲蜀一歲租，恤上東五路，罷礦使。化龍疏叙監軍功，晉太僕少卿，擢右僉都御史巡撫寧夏。"

——(嘉慶)《四川通志》卷百十《職官志》，載《中國省志彙編》之七，第 7 册，第 3420 頁

盛世承，《江南通志》："字以烈，桐城人。萬曆丁丑進士，擢四川左布政，會有事於播，播平，又爲善後策，蜀人賴之。"

——(嘉慶)《四川通志》卷百十《職官志》，載《中國省志彙編》之七，第 7 册，第 3422 頁

張後甲，《江南通志》："字丁也，江寧人。萬曆丁丑進士，晉四川按察使。時川東有征播之役，客兵所過驛騷。後甲以檄諭之，人人銜枚而過，民不知有兵。"

——（嘉慶）《四川通志》卷百十《職官志》，載《中國省志彙編》之七，第7册，第3425頁

張文燿，《巴縣志》："字芝陽，湖廣沅陵人。萬曆丁丑進士，初任銅梁，調巴縣。精神敏捷，滌垢恤隱，賢聲懋著。癸未擢御史，尋兵備川東。平播之役制撫軍駐節渝城，調遣轉輪多賴之。播平，晉秩憲長，量田賦，公私之額，盈縮之制，皆其更定，善後之功居多。"

——（嘉慶）《四川通志》卷百十《職官志》，載《中國省志彙編》之七，第7册，第3426頁

李應祥，《明史》本傳："湖廣九溪衛人。以武生從軍積功。萬曆七年，擢松潘副總兵，尋以署都督僉事入爲五軍營副將。十三年，改南京左府僉事。……時萬曆十五年七月也。邛部屬夷膩乃者，地近馬湖，其酋撒假與外兄安興、木瓜夷白祿、雷波賊楊九乍等數侵掠内地，巡撫曾省吾議討之。會有都蠻之役，不果，乃建六堡，益戍兵千二百人，而諸蠻鴟張如故。及建越興師，又藏納叛人元泰，乃令都指揮李獻忠等分剿，賊詐降，誘執獻忠等三將，殺士卒數千人，勢益猖獗。應祥等師旋，元泰益徵播州西陽諸土兵合五萬人，令應祥督文達之垣及周于德。諸將三道入，故總兵郭成亦從征。十一月，于德首敗白祿兵，追至馬蝗山，懸索以登，賊潰。乘勢攻木瓜夷，射殺白祿，追至利濟山，雪深數尺。于德先登，復大敗賊，毁其巢。初，撒假與九乍率萬人據山，播州兵擊走之。至是，文達復破之大田壩，合于德兵追逐，所向皆捷。游擊萬鏊躡擊撒假於鼠囤，獲其妻子。郭成復至三賓山，大戰，生禽撒假。安興據巢守，文達、鏊分道入，獲其母妻。安興擲金於途，以緩追者，遂得脱。已諸軍深入，竟獲之他夷倮，畏威降者二千餘人，悉獻，還土田，□修職貢，兵乃罷，以其地置屏山縣。論功，應祥屢加都督同知，元泰亦至兵部尚書。當是時，蜀中劇寇盡平，應祥威名甚著。御史傅霈按部，詰應祥冒餉。應祥賄以千金，爲所奏罷職。兵部舉應祥僉書南京右府，給事中薛三才持不可。二十八年，大征播州，既平，還鎮銅仁。明年，改鎮四川。播遺賊吴洪等稱應龍有子，聚爲亂。應祥偕副使傅光宅捕之，盡獲。尋卒於官。以平播功贈左都督，世蔭千户。應祥爲將，謀勇兼資，所至奏績，平蜀三大寇功最多。"

——（嘉慶）《四川通志》卷百十《職官志》，載《中國省志彙編》之七，第7册，3428～3430頁

劉綎，《明史》本傳："字省吾，都督顯子。勇敢有父風，用蔭爲指揮使。萬曆初，從顯討九絲蠻，以功遷雲南迤西守備。十年冬，征楊應龍，會四川總兵官萬鏊罷，即以綎代。時分兵八道，川居其四，川東又分爲二，以綦江道最要，令綎當之，衆數萬。初，綎聞征播，

逗留，多設難以要朝廷。言官交劾，議調南京右府僉書。總督李化龍以平播非綎不可，力薦於朝，乃復受事。逾夜郎舊城，攻克賊於滴淚三坡、瓦窑坪、石虎諸隘，直抵婁山關。婁山萬峰插天，百險俱備，綎分奇兵爲左右路，間道趨關後，而自督大軍仰攻，奪其關，追至永安莊，兩路軍亦會。綎老將持重，慮賊衝突，聯諸營，一據婁山關爲老營，一據白石口爲腰營，一據永安莊爲前營，尋會馬孔英、吴廣諸軍，逼海龍囤下，與諸將共平賊。綎功爲多，進左都督，世蔭指揮使。"

馬孔英，《明史》本傳："宣府塞外降丁也，積戰功爲寧夏参將。萬曆二十四年，擢都督僉事。二十七年，會大征播州，詔發陝西四鎮兵，令孔英將以往，道南川，獨險遠。未至，重慶推官高折枝監紀軍事，請獨當一面，乃與參將周國柱先以石硅宣撫馬千乘兵破賊金筑，復督酉陽宣撫冉御龍敗賊於官坝。孔英至，軍平茶邑，梅兵亦集，軍容甚壯。先師期一日入真州，用土官鄭葵、路麟爲鄉道，連破四寨、營十數，逼桑木關，民降者日千計。折枝結三大寨處之，禁殺掠，降者日衆，賊益孤。關爲賊要害，山險箐深，賊憑高拒。乃令千乘、御龍出關左右，國柱搗其中，賊復大敗。進蒙子橋，應龍懼，遣其黨詐降爲内應，折枝盡斬之。劉綎兵至，合兵連克諸關，賊走囤上，竟覆滅。録功，進都督同知，世蔭千户，久之以總兵官鎮貴州。"

——(嘉慶)《四川通志》卷百十一《職官志》，載《中國省志彙編》之七，第7册，第3464頁

傅良諫，《巴縣志》："字忠所，江西臨川進士。萬曆初，知重慶府，廉能有聲，遷副使。平播之役，與有勞焉。"

傅光宅，《巴縣志》："山東聊城進士。萬曆中，以御史左遷，歷工部郎，知重慶府。時播賊猖獗，總制李化龍駐渝城，宅督理戎馬軍糧，有方略。播平，吊忠義、瘞遺骼、輯流亡、撫瘡痍、修學宫，捐俸率作，一本誠懇，遷遵義兵巡道，祀名宦。"

——(嘉慶)《四川通志》卷百十二《職官志》，載《中國省志彙編》之七，第7册，第3490頁

楊思謙，《湖南通志》："字生白，新化人。萬曆進士，知銅梁縣，有平播州功。"

蒲林，《綦江縣志》："陝西咸寧舉人。萬曆十八年知綦江，拯流離、表節孝、置學田、育人才，升安邊同知，攝縣事。播賊掠扶歡壩、羅王村等處，蒲奮身往追，賊遁去。"

周作樂，《綦江縣志》："浙江永嘉人，由賢科出宰萬縣，升重慶府同知。萬曆二十七年六月，播賊楊應龍破綦江。次年正月，攝縣事，上疏，當事用其言，賊遂平。在任七載，興利除害，建文明書院，每月親詣課士，升任遵義府知府。"

葉聯芳，《長壽縣志》："吴縣舉人。萬曆中知長壽縣事，慈和愷悌，視民如子，厚庠

士，置學田。播酋破綦江，聲言東下。聯芳喻其民曰：‘吾有老母幼子在此，爾勿恐。’以此維繫民心，得免遷徙，民咸德之。”

周師旦，《永川縣志》：“湖廣黄州府庭城縣人。萬曆間由辛丑進士任。時值播兵蹂躪後，公私凋敝，民鮮蓋藏。師旦勵精撫綏，自奉節約。縣尉夏一日取酒一瓶入衙，師日見即詰之，使以平買酬神封乃釋。其清嚴類如此。”

——（嘉慶）《四川通志》卷百十二《職官志》，載《中國省志彙編》之七，第7册，第3491頁

王士琦，《明史·王宗沐傳》：“子士琦，進士，歷重慶知府。播州宣慰使楊應龍叛，承總督邢玠檄至松坎撫定之，遂進兵備副使，治其地。尋擢河南右布政使，坐應龍復叛，降湖廣右參政。”

——（嘉慶）《四川通志》卷百十二《職官志》，載《中國省志彙編》之七，第7册，第3492頁

周執羔，《宋史》本傳：“信州弋陽人，以吏部侍郎知夔州，兼夔路安撫使。夔部地接蠻僚，易以生事。或告溱、播夷叛，其豪帥請遣兵致討。執羔謂曰：‘朝廷用爾爲長，今一方繹騷，責將焉往？能盡力則貸爾，一兵不可得也。’豪懼，斬叛者以獻，夷人皆惕息。”

——（嘉慶）《四川通志》卷百十三《職官志》，載《中國省志彙編》之七，第7册，第3519頁

胡汝寧，《綦江縣志》：“漢中人。以章納守備升湖廣都司。便道過渝，知府張議借員，奉委來綦，與房、張協守。甫到日，而播逆已壓境矣。及臨戰對敵，手殺數十人，死於亂軍，骸骨無收。”

——（嘉慶）《四川通志》卷百十七《職官志》，載《中國省志彙編》之七，第7册，第3627頁

龐恭孫，《宋史·龐籍傳》：“單州武成人。孫恭孫，字德孺，以蔭補通判施州。崇寧中，部蠻向文疆叛，詔轉運使王蘧領州事致討，恭孫説降文疆而斬之。蘧上其功，進三秩，知涪州，遂以開邊爲己任。誘珍州駱文貴、承州駱世華納土，費不貲。轉運判官朱師古劾恭孫生事，詔黜師古而以恭孫代，於是溱、播、溪、思、費等州相繼降。每開一城輒褒遷，五年間至徽猷閣待制威州、守乞通保霸二州，進恭孫直學士，知成都府，委以招納。未幾，其酋董舜咨、董彦博來納土，詔遣赴闕，皆拜承宣使，賜第京師，更名保州、祺州、霸州、亨州，使恭孫進築之。言者論其貪縱，究治如章，謫保静軍節度副使。才逾月，起知陳州，復待

制,帥瀘州。又以築思州,進學士。前後在西南二十年,所得州縣多張名簿,實瘠鹵不毛地,籍治轉餉,爲蜀人病,無幾時皆廢。宣和中卒。”

——(嘉慶)《四川通志》卷百二十一《職官志》,載《中國省志彙編》之七,第 7 册,第 3681 頁

詹貞吉,《貴州通志》:“巴縣人,隆慶戊戌進士。萬曆二十年,以右參議分守新鎮道。值播逆楊應龍將叛,人情洶洶,貞吉特携家至平越以鎮人心,衆於是有固志。貞吉澹治簡易,與民休息。時初設府,經制籌畫,心力交殫。莅黔十餘年,比去,行槖蕭然。”

——(嘉慶)《四川通志》卷百四十六《人物志》,載《中國省志彙編》之七,第 8 册,第 4433 頁

卞孔時,《明史・馮應京傳》:“……字汝行,江津人,孝友剛直。萬曆丙子舉人,補武昌同知,興利除害,士庶戴之。己亥,播州酋楊應龍叛,大中丞李化龍總師駐重慶,大將軍劉綎由蜀,大將軍陳璘由楚,以孔時監璘軍從白泥入,賊勢急。水西酋安疆臣與應龍世戚,通賊。孔時知之,計當事,夜易陳璘兵,急攻之,遂破賊,應龍自焚死。”

——(嘉慶)《四川通志》卷百四十六《人物志》,載《中國省志彙編》之七,第 8 册,第 4434 頁

秦良玉,《明史》本傳:“忠州人,嫁石砫宣撫使馬千乘。萬曆二十七年,千乘以三千人從征播州,良玉别統精卒,裹糧自隨,扼賊鄧坎。明年正月二日,賊乘官軍宴夜襲,良玉夫婦首擊敗之,連破七寨,已取桑木關,大敗賊衆,爲南川路戰功第一。賊平,良玉不言功。”

——(嘉慶)《四川通志》卷百五十《人物志》,載《中國省志彙編》之七,第 8 册,第 4619 頁

詹天階、白璽、王三元、封尚聘、鄢應期,《舊通志》:“俱綦江諸生。播賊變,被執不屈,一時同受害。”

蔣懋賞,《綦江縣志》:“百户。練兵守城,與播賊遇望城坡,轉戰至後街及北門,力盡而死。”

——(嘉慶)《四川通志》卷百五十五《人物志》,載《中國省志彙編》之七,第 9 册,第 4697 頁

何維漢,《洪縣志》:“世襲土指揮同知。萬曆間調征播賊,陣斬其酋楊應虎等,旋

戰没。”

——(嘉慶)《四川通志》卷百五十五《人物志》,載《中國省志彙編》之七,第 9 册,第 4706 頁

李伯山,《瀘州志》:“萬曆二十六年,以蔭生從總督李化龍征播賊,纍戰功。崇禎三年,授貴州安順總兵官。七年,援剿闖賊于鄖陽,陣亡。詔贈鎮國將軍,謚武肅。”

——(嘉慶)《四川通志》卷百五十六《人物志》,載《中國省志彙編》之七,第 9 册,第 4723 頁

魯一冲,《綦江縣志》:“住仙源洞修真。楊應龍播逆修醮於海龍磴,以利劍鍔逼,令道士手緊握而不斷者爲有道行,乃不殺。冲聞而往,握之,鋒悉捲,遂延爲法師,尋遁去。後渝州江中有棕纜成妖,時掀波翻浪爲患,一冲以法收貯長安寺中云。”

——(嘉慶)《四川通志》卷百六十七《人物志》,載《中國省志彙編》之七,第 9 册,第 4967 頁

陶鳴鎬妻牟氏,《一統志》:“綦江人。播賊破城,殺其夫,氏伏尸哭之,亦被害。”

羅尚價妻劉氏,《一統志》:“綦江人。播賊亂,尚價已死,賊至,脅之行,氏曰:‘我守節三十餘年,豈肯從汝!’罵不絶口而死。”

張啓中妻羅氏,《舊通志》:“綦江人,夫故孀居。播賊至,被執。過高灘河,挽二子同溺死。”

庠生歐仕達妻王氏,《舊通志》:“綦江人。播賊至,被執。過高灘,懸崖數十丈,王盡力挽賊同墜崖下,氏死,賊亦死。”

四烈婦,《舊通志》:“失其姓,皆綦江人。萬曆間播寇肆掠,男女多避飛龍洞中,有四婦被執,鞭之行。四婦義不受辱,結裾投崖死。”

諸生劉熠勛妻羅氏,《舊通志》:“綦江人。播酋破城,夫婦被擄,羅自縊死。”

——(嘉慶)《四川通志》卷百七十一《列女》,載《中國省志彙編》之七,第 9 册,第 5011 頁

《東征紀行録》一卷

張瓚撰。瓚,字宗器,孝感人。事迹詳《明史》本傳。瓚官四川巡撫時,以播州宣慰司楊輝言所屬夭壩干、灣溪寨及重安長官司爲生苗竊據,率兵討平之。此書所録,乃其自重慶啓行,迄於班師之事,起成化十二年丙申十月,終次年丁酉正月,凡一百三日。皆排

日紀載,間附以所作詩句。

——(嘉慶)《四川通志》卷百八十八《經籍志·史部附録》,載《中國省志彙編》之七,第10册,第5492頁

《平播全書》十五卷

李化龍撰。化龍,字于田,長垣人。事迹具《明史》本傳。萬曆初,楊應龍爲播州宣慰使,恃險作亂。詔起化龍巡撫四川,尋進總督四川、湖廣、貴州軍務,進討平之。以其地置遵義、平越二府。因裒軍中前後文牘編爲是書。前五卷爲進軍時奏疏,六卷爲善後事宜奏疏,七卷爲咨文,八卷至十一卷爲牌票,十二卷至十四卷爲書札,十五卷爲評批、爲祭文。

《平播録》五卷,《明志》:"楊寅秋撰。"

《平播始末》二卷,郭子章撰。

《西南二征記》一卷,《明志》:"郭子章撰。"

——(嘉慶)《四川通志》卷百八十八《經籍志》,載《中國省志彙編》之七,第10册,第5493頁

(民國)重修四川通志稿*

詹貞吉,巴縣人,隆慶戊辰進士。萬曆二十年,以右參議分守新鎮道。值播逆楊應龍将叛,人情洶洶,貞吉特携家至平越,以鎮人心,衆於是有固志。貞吉澹泊簡易,與民休息。時初設府,經制籌畫,心力交殫。莅黔十餘年,比去,行橐蕭然。

——(民國)《重修四川通志稿》之《人物志》,載《民國文獻資料叢編》,第 24 册,第 673 頁

王德元,字子醇,廣安人,萬曆十四年進士。……二十八年起,任工科,極陳四川采木榷税及播州用兵之患。……極陳國計匱乏。近歲,寧夏用兵費百八十餘萬,朝鮮之役七百八十餘萬,播州之役二百餘萬。

——(民國)《重修四川通志稿》之《人物志》,載《民國文獻資料叢編》,第 25 册,241 ~243 頁

張仲啓妻羅氏,舊《通志》:"綦江人,夫故孀居。播賊至,被執。過高灘河,挽二子同溺死。"

——(民國)《重修四川通志稿》之《人物志》,載《民國文獻資料叢編》,第 34 册,第 218 頁

庠生歐仕達妻王氏,舊《通志》:"綦江人。播賊至,被執。過高灘,隱崖數十丈,王盡力挽賊同墜崖下,氏死,賊亦死。"

——(民國)《重修四川通志稿》之《人物志》,載《民國文獻資料叢編》,第 34 册,第 221 頁

---

* 宋育仁總纂修,王嘉陵主持整理:(民國)《重修四川通志稿》,載《民國文獻資料叢編》編撰出版委員會:《民國文獻資料叢編》,國家圖書館出版社,2015 年。

四烈婦，舊《通志》："失其姓，皆綦江人。萬曆間，播寇肆掠，男女多避飛龍洞中，有四婦被執，鞭之行。四婦義不受辱，結裾投崖死。"

——(民國)《重修四川通志稿》之《人物志》，載《民國文獻資料叢編》，第34册，第222頁

諸生劉熠勛妻羅氏，舊《通志》："綦江人。播酋破城，夫婦被擄，羅氏自縊死。"

——(民國)《重修四川通志稿》之《人物志》，載《民國文獻資料叢編》，第34册，第301頁

陶鳴鎬妻牟氏，《一統志》："綦江人。播賊破城，殺其夫，氏伏尸哭之，亦被害。"

——(民國)《重修四川通志稿》之《人物志》，載《民國文獻資料叢編》，第34册，第420頁

羅尚價妻劉氏，《一統志》："綦江人。播賊亂，尚價已死，賊至，脅之行。氏曰：'我守節三十餘年，豈肯從汝！'罵不絶口而死。"

——(民國)《重修四川通志稿》之《人物志》，載《民國文獻資料叢編》，第34册，第421頁

張奏凱，舊《通志》："綦江人。天啓四年，征播有功，授川北副總兵。復拒闖賊，升天柱總兵，會獻賊攻成都，奏凱首東門，城陷死難。《勝朝殉節諸臣録》：乾隆四十一年，賜謚'烈愍'。"

——(民國)《重修四川通志稿》之《人物志》，載《民國文獻資料叢編》，第35册，第293頁

詹天階、白璽、王三元、封尚聘、鄢應期，舊《通志》："俱綦江諸生。播賊變，被執不屈，一時同受害。"

——(民國)《重修四川通志稿》之《人物志》，載《民國文獻資料叢編》，第35册，第525頁

蔣懋賞，《綦江縣志》："百户。練兵守城，與播賊遇望城坡，轉戰至後街及北門，力盡而死。"

——(民國)《重修四川通志稿》之《人物志》，載《民國文獻資料叢編》，第35册，第526頁

何維漢，《珙縣志》："世襲土指揮同知。萬曆間，調征播賊，陣斬其酋楊應虎〈龍〉等，旋戰歿。"

——（民國）《重修四川通志稿》之《人物志》，載《民國文獻資料叢編》，第 35 册，第 531 頁

李伯山，《瀘州志》："萬曆二十六年，以蔭生從總督李化龍征播賊，纍戰功。"

——（民國）《重修四川通志稿》之《人物志》，載《民國文獻資料叢編》，第 35 册，第 538 頁

卞孔時，……（萬曆）己亥，播酋楊應龍叛，大中丞李化龍總師，駐重慶，大將軍劉綎由蜀，大將軍陳璘由楚，以孔時監璘軍從白泥入，賊勢急。水西酋安疆臣與應龍世戚，通賊。孔時知之，計當事，夜易陳璘兵，急攻之，遂破賊，應龍自焚死。

——（民國）《重修四川通志稿》之《人物志》，載《民國文獻資料叢編》，第 38 册，第 441 頁

秦良玉，忠州人。嫁石砫宣撫使馬千乘。萬曆二十七年，千乘以三千人從征播州，良玉别統精卒五百，裹糧自隨，與副將軍周國柱扼賊鄧坎。明年正月二日，賊乘官軍宴夜襲，良玉夫婦首擊敗之，追入賊境，連破金筑等七寨，偕酉陽諸軍直取桑木關，大敗賊衆，爲南川路戰功第一。賊平，良玉不言功。

——（民國）《重修四川通志稿》之《人物志》，載《民國文獻資料叢編》，第 39 册，第 35 頁

秦良玉，《明史》本傳：忠州人，家〈嫁〉石砫宣撫使馬千乘。萬曆二十七年，乘以三千人從征播州，良玉别統精卒，裹糧自隨，扼賊鄧坎。明年正月二日，賊乘官軍宴夜襲，良玉夫婦首擊敗之，連破七寨，已取桑木關，大敗賊衆，爲南川路戰功第一。賊平，良玉不言功。

——（民國）《重修四川通志稿》之《人物志》，載《民國文獻資料叢編》，第 39 册，第 94 頁

黄開第，字次堂，由廩貢生選授東鄉教諭。比就職，從游者踵至。課士以程朱爲宗，經史外必講論《小學》《近思録》各書，間及韜略。時貴州楊逆倡亂，綏定守陳克讓薦於上官，使辦防堵，辭不應。洎陳解任去，因調監府試，忤署守，見忌縣令某。將試士，衆譁然，名無應者。急折柬求調停，兼代衡甲乙。始竣試事，令以是益忌之。官東鄉十二年，大計

原品休致。性好學，自少至老，無旦夕廢讀。歸田之暇，手評《智囊補》《退省録》《洗心輯要》五種，《遺規》《人生必讀書》十余種，以垂於後。

——(民國)《重修四川通志稿》之《人物志》，載《民國文獻資料叢編》，第 45 册，7 ~ 8 頁

飛龍洞四節婦，邑人，失其姓氏。播賊入寇，四婦女逃至飛龍洞被執，義不受辱，結裾投岩死。祀節孝祠。

庠生劉熠勛妻羅氏，播賊破城，夫婦被擄，羅義不受辱，自縊死。祀節孝祠。

遵里陶鳴鎬妻牟氏，邑舉人牟衡女。播賊之變，夫婦同在圍城中。賊破城，戕其夫，氏伏尸格救，遂同遇害，祀節孝祠。

——(民國)《重修四川通志稿》之《人物志》，載《民國文獻資料叢編》，第 45 册，第 396 頁

黄立中，字訒膺，建水人。隆慶庚午舉人，知資縣。適楊應龍奉調遣，引兵過其縣，前驅者直入其庭，立中縛之。龍聞，止不入，訴於軍府右司馬徐元泰。時成都知府耿定力亟稱其賢，徐遂檄應龍速發兵。自是，愈加約束，他邑賴焉。事平，應龍不敢復經其地。

——(民國)《重修四川通志稿》之《人物志》，載《民國文獻資料叢編》，第 58 册，第 80 頁

周作樂，浙江永嘉人。神宗萬曆二十八年，以重慶府同知攝縣事。時播賊楊應龍作亂，川東南大震，作樂上書當事，陳攻守策，當事者納之，賊遂平。

——(民國)《重修四川通志稿》之《四川省方志簡編》，載《民國文獻資料叢編》，第 60 册，第 88 頁

雲　南

(天啓)滇志*

(元世祖中统)十九年,詔亦奚不薛及播、思、叙三州軍征緬。

——(天啓)《滇志》卷一《總部沿革》,載《北京大學圖書館藏稀見方志叢刊》,第315冊,第304頁

(萬曆二十八年)五月,命户部主事魯點、評事蔣之秀典試雲南,命雲南撫鎮協討播酋楊應龍。巡撫陳用賓移鎮曲靖,都督沐叡移鎮霑益。

——(天啓)《滇志》卷一《總部沿革》,載《北京大學圖書館藏稀見方志叢刊》,第315冊,第345頁

忙右帶,契丹人,父保童。世祖時賜金符,襲父職,爲隨路新軍總管,從行省也。速帶見征屬及思播有功,升萬户。

——(天啓)《滇志》卷十《官师志》,載《北京大學圖書館藏稀見方志叢刊》,第317冊,第344頁

郭斗,字應宿,郡人。登嘉靖癸丑進士。初令孝感,伸疑獄,得真殺人者,伏其辜。詔入爲南户科給事中,……從子維屏以萬曆乙卯鄉舉,爲真安知州。征播之役著勩行間,士民有去後思。歷廣西太平守,勘岑氏父子獄,中立不撓。入覲,中途疾作,治之,愈。至京師,復發,不能治,遂卒。今祀真安州名宦。

* (明)劉文征纂修:(天啓)《滇志》,載北京大學圖書館編:《北京大學圖書館藏稀見方志叢刊》,國家圖書館出版社,2013年。

——(天啓)《滇志》卷十四《人物志》,載《北京大學圖書館藏稀見方志叢刊》,第 318 册,313 ~ 314 頁

黄中立,郡人。庚午舉孝廉,家居,斤斤繩檢,竿牘不入公府。每見當路,持論以正,皆重其人。後任資縣尹。適楊應龍以調遣引兵過其縣,前驅者馳騁,直入其庭中,命左右榜笞之。酋聞,止不入,訴於軍府右司馬。宣城徐公元太,以聞成都府楚黄耿公定力,耿公亟稱其賢,徐公遂解,徼應龍遠發兵,其事候核實處分,其酋聽令,自是愈加約束,他邑賴焉。事平,恐經過不便議,令從船歸,取舟至新津濟之。

——(天啓)《滇志》卷十四《人物志》,載《北京大學圖書館藏稀見方志叢刊》,第 318 册,361 ~ 362 頁

張宗載,字一寧,郡人。家居,孝友,尤嚴於辭受。急人之難,肝胆可傾。以進士授江津令。值采山運餉諸大役,咄嗟辨之。楊應龍以兵萬調人,應調數多虚者,受檄核其實,令人潛候江干,默識濟舟之數,得其寔。既成列,即以其數示之,酋驚服。後詔入爲御史。

——(天啓)《滇志》卷十四《人物志》,載《北京大學圖書館藏稀見方志叢刊》,第 318 册,第 409 頁

(萬曆)二十八年征播,徵其兵二千,授之(儂應祖)職。

——(天啓)《滇志》卷三十《羈縻志》,載《北京大學圖書館稀見方志叢刊》,第 321 册,第 56 頁

(康熙)雲南通志*

(大德五年)十一月,上因劉深敗,始悔不用哈喇哈孫、董士選之言。復遣劉國杰及楊賽因不花率川、湖各省兵討宋隆濟及蛇節,别敕梁王提兵應之。

七年三月,劉國杰師出播州,與賊戰,失利。乃命軍各一盾,布釘其上,陣合,弃盾佯走。賊逐之,馬遇盾皆仆。國杰鼓譟趣之,賊大敗。數日,復破於墨特川,斬蛇節,追禽隆濟餘黨,相繼平。劉深論死,會赦,有司議釋深。哈喇哈孫曰:"邀名首釁,喪師辱國,非常罪比遂。"誅深,罷雲南分省。

——(康熙)《雲南通志》卷三《沿革大事考》,載《北京圖書館古籍珍本叢刊》,第42册,第60頁

(萬曆)二十八年,命雲南撫鎮協討播酋楊應龍。陳用賓駐曲靖,黔國公沐叡駐霑益,遣參將謝崇爵等至烏江與賊戰,勝之。賊兵陡至,敗回,橋折,全軍皆没。總督李化龍以賜劍斬崇爵。

——(康熙)《雲南通志》卷三《沿革大事考》,載《北京圖書館古籍珍本叢刊》,第42册,第68頁

* (清)范承勛等修,吴自肃、丁煒纂:(康熙)《雲南通志》,載北京圖書館古籍出版編輯組編:《北京圖書館古籍珍本叢刊》,書目文獻出版社,1996年。

(乾隆)雲南通志*

(大德四年)十二月,遣左丞劉深等征八百媳婦。……(五年)十一月,上因劉深敗,始悔不用哈剌哈遜、董士選之言。乃遣劉國杰、楊賽因巴哈等率湖廣、四川兵分道進討,别敕梁王以雲南兵接應。六年正月,增劉國杰等軍。是月,劉深等以糧盡不能至八百媳婦國而還。宋隆濟、蛇節率衆邀擊,輜重委弃,士卒殺傷殆盡。二月,罷劉深等官。時烏撒、烏蒙、東川、芒部及武定、威楚、普安諸蠻因蛇節之亂,皆以供輸煩勞爲辭,乘釁起兵,攻掠州縣。復詔也速帶而、忙古帶等將兵會劉國杰討之。賊兵勁利,且多健馬,官軍不利。國杰令人持一盾,布釘其上,俟陣合,弃盾佯走。賊來追,馬遇盾皆仆。國杰鼓譟趣之,賊大敗。既而餘寇復合要戰,國杰不應。數日,度其氣衰,一鼓破走之,追戰數千里。播州安撫使楊賽因不花出播境,連與賊遇,破之。前駐蹉泥,賊騎猝至,賽因不花奮擊先進,大軍隨之,賊遂潰,乘勝逐北,殺獲不可勝計。遂降阿苴,下笮龍,望塵送款者相續。十一月,劉國杰裨將宋光率兵大敗蛇節。

(七年)四月劉國杰、楊賽因不花大破賊於墨特川,蛇節降,隆濟遁去,遂誅蛇節,餘黨相繼平。

——(乾隆)《雲南通志》卷十六《師旅考》

郭維屏,昆明人。萬曆乙酉舉人,以從軍平播有功,任播州知州。時方改土設流,一切制度悉屏經始。後晉知府,州人懷德畏威,久而不替。

——(乾隆)《雲南通志》卷二十一《人物二》

* (清)鄂爾泰修,靖道謨纂:(乾隆)《雲南通志》,清乾隆元年刻本。

（民國）新纂雲南通志*

（万历）二十八年，詔雲南撫鎮發漢、土官兵協討播酋楊應龍。《歷年傳》。

——（民國）《新纂雲南通志》卷五《大事記》

郭維屏，昆明人。萬曆乙酉舉人，以從軍平播有功，任播州知州。時方改土設流，一切制度悉維屏經始。後晉知府，州人懷德畏威，久而弗替。《雍正志》。

——（民國）《新纂雲南通志》卷二百二十五《宦績傳》

楊應第，字明庵，劍川人。萬曆七年選貢，仕至都勻府推官。慎於讞獄，三年中結大案三十餘事，悉稱平反。播州土酋作亂，與士民竭力守禦，城得全。巡撫以聞，晉四品秩。以親老乞休。壽躋百歲，無疾而終。參《鶴慶府志》《道光志》。

張宗載，字一寧，鶴慶人。萬曆癸未進士，任江津知縣。植采山運餉諸大役，事集而民不擾。土司楊應龍以兵萬人應調，多虛額冒餉，宗載俟其成列，以實數詰之，應龍驚服。後召入爲御史。數上封事，豪貴斂手。《雍正志》。

——（民國）《新纂雲南通志》卷二百二十九《宦績傳》

* （民國）龍雲，周鐘岳纂修：（民國）《新纂雲南通志》，1949年鉛印本。

滇行紀程摘鈔*

水西四府

水西安氏，素桀驁，爲滇、黔大患。本朝乙巳，命帥率師深入其地，討平之。遂置四府，設流官，水西一帶土地盡入版籍。安氏之桀者皆就殲。邇來苗民漸染華風，亦猶蜀播之楊氏滅而設遵義，今反爲樂土也。

——《滇行紀程摘鈔》，載《黔南叢書》(第九輯)，第 165 頁

* (清)許纘曾著，扈繼增、瞿家儒點校：《滇行紀程摘鈔》，載顧久主編：《黔南叢書》(第九輯)，貴州人民出版社，2010 年。

廣　西

(雍正)廣西通志[*]

(明)湯自强,馬平人。萬曆戊子鄉薦,會試得副榜,令南川。與李化龍、劉綎同平播州。推官高折枝争其功,遂致仕歸里。戊午、己未歲大荒,自强捐資賑濟,復爲告糴於衡永,全活甚多。守道周起元以其事聞,奉旨賜匾,兩舉鄉飲大賓。舊《志》。

——(雍正)《廣西通志》卷八十三《卓行》

土司兵最不宜調,其擾中國爲甚。嘉靖間倭警,調麻陽兵、調瓦氏狼兵,俱貽害東南最慘,而終不得其用。頃救朝鮮,又赦播州宣慰楊應龍之罪,調其兵五千,半途不用,遣歸,以此恨望,再叛。……《萬曆野獲》。

——(雍正)《廣西通志》卷一百二十七《藝文・雜記》

* (清)金鉷修,錢元昌、陸綸纂:(雍正)《廣西通志》,清文淵閣《四庫全書》本。

(光緒)廣西通志輯要*

(明)湯自强,馬平人。萬曆十六年舉人,南川知縣。與李攀〈化〉龍、劉綎等同平播州,推官高折枝争其功,遂致仕歸。歲大荒,自强捐資振濟,復爲告糴於衡永,全活甚多。守道周起元以其事聞,賜額以褒之。

——(光緒)《廣西通志輯要》卷五《柳州府·人物》

* (清)蘇宗經輯,羊復禮等增輯:(光緒)《廣西通志輯要》,清光緒十五年刊本。

湖　南

（嘉靖）湖廣圖經志書[*]

城隍廟、忠路三撫廟。俱在司内二□，或云即播州楊璨父子也。璨封威毅侯，子价死爲神，贈威靈英烈侯。价子文贈光禄大夫，今所在祠之。

——（嘉靖）《湖廣圖經志書》卷二十《施州衛軍民指揮使司·祠廟》

＊（明）薛綱纂修，吴廷舉續修：（嘉靖）《湖南圖經志書》，明嘉靖元年刻本。

（乾隆）湖南通志*

羅緄，《湖廣通志》："嘉定人。萬曆中知長沙府，厲節清苦。歲旱，甘霖隨禱而至。屬用兵平播，緄轉餉無闕，而民免加派。"

——（乾隆）《湖南通志》卷九十九《名宦·長沙府二》

王演疇，《府志》："彭澤進士。萬曆中，知醴陵縣，調海陽。在任二載，崇文造士，約己便民，培學宫葺，傾銷積弊，調停丁餉。首應征播軍需，民不知擾。"

——（乾隆）《湖南通志》卷一百《名宦·長沙府三》

韓子廉，《府志》："涇陽舉人。萬曆二十八年爲永州守。時當征播之役，僉議抽丁輓運，民苦離析，所在騷動。子廉創議各屬酌派募夫銀兩，附近召募，民以安聚。"

——（乾隆）《湖南通志》卷一百二《名宦·永州府》

韓子祁，《府志》："平湖人。萬曆間知道州，諳於吏治。會有征播之役，悉索敝賦，調度有方，民不知供億之苦。"

——（乾隆）《湖南通志》卷一百二《名宦·永州府》

黄文焕，《府志》："號象斗，湘鄉人。萬曆間武舉，從將軍劉綎征播，陣歿。敕有司旌其門。"

——（乾隆）《湖南通志》卷一百九《人物·長沙府三》

譚敬承，《府志》："長沙衛人。豐標勁挺，幼習經書。及長，學劍術，工騎射。以武進士掌衛使印務，升守備，轉山東僉書。修古北口邊城，旋擢鄖陽參將。在任七年，多所整

* （清）陳宏謀修，歐陽正焕纂：（乾隆）《湖南通志》，清乾隆二十二年刻本。

飭。升黄州總兵,征播,平之。"

——(乾隆)《湖南通志》卷一百九《人物·長沙府三》

楊思謙,《一統志》:"字生白,新化人。萬曆進士,知銅梁縣。有平播州功,擢知泉州府,累遷山東副使。"

——(乾隆)《湖南通志》卷一百十五《人物·寶慶府》

張存意,《湖廣通志》:"華容人。萬曆壬辰進士,由户部遷山西僉事。會播亂,廷議推存意監軍。身親行陣,左臂中流矢,元戎劉綎親爲拔之。受事五閲月旋底定,口不言功,蔭贈弗及。貴州建忠勛祠祀之。"

——(乾隆)《湖南通志》卷一百十六《人物·岳州府》

楊續芝,《一統志》:"沅州衛人。父顯,本衛參將。從父剿播州。赴烏江老君關,不避矢石,奮勇破關。播酋拒戰,應援不至,續芝連斬數賊,力竭,身被數十創,没於陣。"

——(乾隆)《湖南通志》卷一百十八《人物·辰州府》

彭元錦,《縣志》:"號衷白,永順土官。萬曆十五年播州叛,檄元錦征剿乾溪、苦茶園等關,進攻海龍等囤,斬賊級,題叙。先因采獻大木助修清寧宫,工部題准加級。奉敕加飛魚服色,升授湖廣都司都指揮使,進階驃騎將軍。"

——(乾隆)《湖南通志》卷一百十八《人物·永順府》

李應祥,《州志》:"九溪人,以武生從軍,積功至廣西思恩參將。……(萬曆)二十八年大征播州,以總督李化龍薦,代貴州總兵官童元鎮任。與劉綎、吴廣等分兵入道,滅楊應龍。改鎮四川,卒於官。贈左都督,世蔭千户。應祥爲將,謀勇兼資,所至奏績,平蜀三大寇,功最多。"

——(乾隆)《湖南通志》卷一百十九《人物·澧州》

（嘉慶）湖南通志*

（神宗萬曆）二十八年十月，以播州用兵，加湖廣田賦。二十九年正月，播州平，蠲湖廣加派田租逋賦。《神宗紀》。

——（嘉慶）《湖南通志》卷三十六《田賦一》

上、下峒司，本柿溪宣撫司。元初，分慈利縣西境爲柿溪州，後爲蠻酋所據。明洪武五年，征南將軍鄧愈平散毛、柿溪、赤溪、安福等三十九崗，置宣撫司。宣德四年，改爲長官司，而分其地爲二：以向仲賢爲上峒長官司，仲貴爲下峒長官司，皆三年一朝。仲賢七傳至秉忠。萬曆三十年，調征播州楊應龍，攻九龍寨、板角關，禽其酋楊朝棟、楊維棟，仍升宣撫司，賜額獎之。秉忠孫國棟，亦於崇禎間，以彝陵剿賊功加宣撫銜。國棟卒，子九鸞襲舊職。仲貴六傳至國用。嘉靖、隆慶間，兩調征倭寇有功。國用孫德隆亦以征播州功賜額。

——（嘉慶）《湖南通志》卷六十一《苗防一》

羅緄，嘉定人。萬曆中知長沙府屬。用兵平播，緄轉餉無闕，而民免加派。歲旱，雨隨禱至。《湖廣通志》。

——（嘉慶）《湖南通志》卷一百一十八《名宦九》

韓子廉，涇陽人。萬曆中知永州府。時有征播之役，僉議抽丁輓運，民苦離析。子廉倡議各屬酌派夫價，附近召募，民甚便之。舊《志》。

——（嘉慶）《湖南通志》卷一百一十八《名宦九》

* （清）翁元圻修，黄本驥纂：（嘉慶）《湖南通志》，清嘉慶二十五年刻本。

王演疇，彭澤人。萬曆中知醴陵縣，調停丁餉，籌備征播軍需，民不知擾。舊《志》。

沈震龍，雲南人。萬曆中知寧鄉縣。值播州軍興，調劑不擾；遇民訟，談笑解之；立里甲徵輸法，六年中無大辟及戍遣者。後以蜀郡丞病免，過縣，童叟争相迎迓，猶有泣下者。舊《志》。

韓子奇，平湖人。萬曆中知道州。諳於吏治。會有征播之役，子奇調度有方，民不知供億之苦。舊《志》。

——（嘉慶）《湖南通志》卷一百一十九《名宦十》

黄文焕，字象斗，湘鄉人。萬曆間武舉。從將軍劉綎征播，陣歿。敕旌其門。舊《志》。

——（嘉慶）《湖南通志》卷一百三十一《人物七》

楊思謙，《題名碑》"楊"作"陽"。字生白，新化人。萬曆乙未進士，知銅梁縣。有平播州功，擢知泉州府，纍遷山東副使。《一統志》。

——（嘉慶）《湖南通志》卷一百三十四《人物十》

張存意，字覺自，華容人。萬曆壬申進士，纍官山西僉事。會播州亂，廷議推存意監軍。身親行陣，左臂中流矢。閱五月底定，口不言功，恩賚亦弗及。貴州建忠勛祠祀之。《湖廣通志》。

——（嘉慶）《湖南通志》卷一百三十五《人物十一》

彭元錦，字衷白，永顺土官。嘗獻大木助修清寧宫，予議叙。萬曆十五年播州叛，奉檄征剿乾溪等關，進攻海龍屯，斬馘甚衆。詔加飛魚服，授湖廣都司都指揮使，進階驃騎將軍。舊《志》。

楊顯，沅州衛人。爲本衛指揮，瓊崖參將。萬曆二十八年，調征播州楊應龍，進破老君關，力戰死之。事聞，贈都督僉事。子應芝、續芝同被難。應芝贈指揮僉事，續芝贈昭勇校尉。《府志》。

——（嘉慶）《湖南通志》卷一百三十七《人物十三》

李應祥，九溪衛人。以武生從軍，積功至廣西思恩參將。……（萬曆）二十八年，大征播州，貴州總兵童元鎮逗留，總督李化龍薦應祥代。時分兵八道，詔應祥由興隆入。應祥襲破三關，直抵海龍囤，合諸道兵共滅楊應龍。播既平，還鎮銅仁。明年，改鎮四川。播遺賊吴洪等惡有司法嚴，稱應龍有子，聚衆爲亂。應祥捕之，盡獲。尋卒於官,以平播功贈左都督,世蔭千户。應祥爲將,謀勇兼資,所至奏績,平蜀三大寇,功最多。《明史·本傳》。

陳乙,安福所人。以九谿衛指揮授灞陽守備。萬曆中,從征楊應龍,戰死。舊《志》。

——(嘉慶)《湖南通志》卷一百三十九《人物十五》

(光緒)湖南通志*

(萬曆)二十八年十月,以播州用兵加湖廣田賦。二十九年正月,播州平,蠲湖廣加派田租逋賦。《神宗紀》。

——(光緒)《湖南通志》卷五十《賦役三》

巡撫偏沅地方,贊理軍務一員。萬曆二十七年以征播暫設,尋罷。

——(光緒)《湖南通志》卷七十八《武備一》

上、下峒司,本柿溪宣撫司。元初,分慈利縣西境爲柿溪州,後爲蠻酋所據。明洪武五年,征南將軍鄧愈平散毛、柿溪、赤溪、安福等三十九峒,置宣撫司。宣德四年改爲長官司,而分其地爲二:以向仲賢爲上峒長官司,仲貴爲下峒長官司,皆三年一朝。仲賢七傳至秉忠。萬曆三十年,調征播州楊應龍,攻九龍寨、板角關,禽其酋楊朝棟、楊維棟,仍升宣慰司,賜額奬之。秉忠孫國棟,亦於崇禎間,以彝陵剿賊功加宣撫銜。國棟卒,子九鸞襲舊職。仲貴六傳至國用。嘉靖、隆慶間兩調征倭寇有功。國用孫德隆亦以征播州功賜額。

——(光緒)《湖南通志》卷八十五《武備八》

羅緄,嘉定人。萬曆中知長沙府屬。用兵平播,緄轉餉無闕,而民免加派。歲旱,雨隨禱至。《湖廣通志》。

韓子廉,涇陽人。萬曆中知永州府。時有征播之役,僉議抽丁輓運,民苦離析。子廉倡議各屬酌派夫價,附近召募,民甚便之。舊《志》。

——(光緒)《湖南通志》卷一百《名宦九》

* (清)李瀚章修,曾國荃纂:(光緒)《湖南通志》,清光緒十一年刻本。

楊師程，雲南人。萬曆中知湘陰縣。時用師於播，征調騷然。師程捐俸充餉，厚值雇役，民不擾而事集。著《治標略》，大指謂“本治未然，標治已然，長吏無拔本塞源之力，姑治其標而已”。舊《志》。

王演疇，彭澤人。萬曆中，知醴陵縣，調停丁餉，籌備征播軍需，民不知擾。舊《志》。

沈震龍，雲南人。萬曆中知寧鄉縣。值播州軍興，調劑不擾；遇民訟，談笑解之；立里甲徵輸法，六年中無大辟及戍遣者。後以蜀郡丞病免，過縣，童叟爭相迎迓，猶有泣下者。舊《志》。

韓子奇，平湖人。萬曆中知道州。諳於吏治。會有征播之役，子奇調度有方，民不知供億之苦。舊《志》按：《府志》“子奇”作“子祁”。

——（光緒）《湖南通志》卷一百一《名宦十》

黄文焕，字象斗，湘鄉人。萬曆間武舉。從將軍劉綎征播，陳歿，敕旌其門。舊《志》。

譚希思，字子誠，號岳南，茶陵人。萬曆甲戌進士，知萬安縣，改永豐，皆有惠政。擢南京御史。抗疏言六事，事關戚畹内臣，而援引祖制，抵觸忌諱，皆人所不敢言者。疏入，上怒，謫外任。尋遷主事，升郎中，歷大理寺、順天府丞，以廉能著，晉僉都御史，巡撫四川。時播州逆節未露，廷議主剿；希思獨主撫，云：“不忍枯萬骨以邀上賞。”懸車後，徜徉山水，與同志以理學相切劘。舊《志》。

——（光緒）《湖南通志》卷一百六十六《人物七》

楊思謙，《題名碑》“楊”作“陽”。字生白，新化人。萬曆乙未進士，知銅梁縣。有平播州功，擢知泉州府，纍遷山東副使。《一統志》。

——（光緒）《湖南通志》卷一百六十九《人物十》

張存意，字覺自，華容人。萬曆壬申進士，纍官山西僉事。會播州亂，廷議推存意監軍。身親行陳，左臂中流矢，閱五月底定。口不言功，恩賚亦弗及。貴州建忠勛祠祀之。《湖廣通志》。

——（光緒）《湖南通志》卷一百七十《人物十一》

彭元錦，字衷白，永順土官。嘗獻大木助修清寧宫，予議叙。萬曆十五年播州叛，奉檄征剿乾溪等關，進攻海龍屯，斬馘甚衆。詔加飛魚服，授湖廣都司都指揮使，進階驃騎將軍。舊《志》。

楊顯，沅州衛人。爲本衛指揮、瓊崖參將。萬曆二十八年，調征播州楊應龍，進破老君關，力戰死之。事聞，贈都督僉事。子應芝、續芝同被難。應芝贈指揮僉事，續芝贈昭勇校尉。《府志》。

——(光緒)《湖南通志》卷一百七十二《人物十三》

李應祥,九溪衛人。以武生從軍,積功至廣西思恩參將。……二十八年,大征播州,貴州總兵童元鎮逗留,總督李化龍薦應祥代。時分兵八道,詔應祥由興隆入。應祥襲破三關,直抵海龍囤,合諸道兵共滅楊應龍。播既平,還鎮銅仁。明年,改鎮四川。播遺賊吴洪等惡有司法嚴,稱應龍有子,聚衆爲亂。應祥捕之,盡獲。尋卒於官,以平播功贈左都督,世蔭千户。應祥爲將,謀勇兼資,所至奏績,平蜀三大寇,功最多。《明史》本傳。

陳乙,安福所人。以九溪衛指揮授灊陽守備。萬曆中,從征楊應龍,戰死。舊《志》。

——(光緒)《湖南通志》卷一百七十四《人物十五》

廣　東

(萬曆)廣東通志*

葉夢熊,字男兆。父春芳,繼娶石氏,生夢熊。少有大志,登嘉靖乙丑進士,知福清。……(萬曆)己丑擢左僉都御史巡撫貴州。每謂播酋楊應龍必變,卒如所料,人咸服其識。

——(萬曆)《廣東通志》卷三十八《郡縣志·人物》

* (明)郭棐纂修:(萬曆)《廣東通志》,明萬曆三十年刻本。

(道光)廣東通志[*]

袁應文,字仲奎,一字聚霞,東莞人。萬曆元年癸酉鄉薦,授福建沙縣知縣。……移廣西,遷雲南副使,備兵臨安。官軍討楊應龍,移備都匀督播餉。

——(道光)《廣東通志》卷二百八十一《列傳十四》

陳策,字純伯,東莞人。舉萬曆十四年武會試,授廣西左衛所鎮撫,擢恩陽守備。以剿珠池盜李茂功遷游擊,攝廣州海防參將。二十六年二月從總兵陳璘擊倭朝鮮,……倭平,復從陳璘督湖廣兵征播,敗賊于白泥,追奔至龍溪山。偵知賊有伏,策用火器擊之,賊大潰。楊應龍已授首,遂移剿皮林苗,斬獲甚衆。

——(道光)《廣東通志》卷二百八十四《列傳十七》

陳璘,字朝爵,廣東翁源人。嘉靖末爲指揮僉事。從討英德賊有功,進廣東守備。……會有征播之役,命璘爲湖廣總兵官,由偏橋進,副將陳良玭由龍泉,受璘節制。二十八年二月,軍次白泥,楊應龍子朝棟率衆二萬渡烏江迎戰。璘前禦之,而分兩翼躡其從,賊少挫,追奔至龍溪山,賊合四牌賊共拒。四牌在江外,與江内七牌皆五司遺種、九股惡苗,素助賊,璘廣招撫。乃進軍龍溪,偵知賊有伏,令游擊陳策用火器擊之。賊據險,矢石雨下。璘先登,斬小校退者以徇。把總吴應龍等陷陣,賊大潰,退四牌、保兒囤。璘二裨將逼之,中伏。璘募死士從應龍等奮擊,賊復潰,奔據囤巔,夜由山後遁,黎明追及于袁家渡,復敗之。四牌之賊遂盡。

三月望,諸軍爲浮橋渡江,知賊將張佑、謝朝俸、石勝俸等營七牌野猪山,璘即夜發,抵苦練坪。前鋒與戰,後軍至,夾擊之,賊敗逃深箐,官軍遂入苦菜關。會童元鎮烏江師敗,璘懼,請退師。總督李化龍不可。璘乃進營楠木橋,次湄潭。賊悉聚青蛇、長坎、瑪瑙、保子四囤,地皆絶險,而青蛇尤甚。璘議同日攻,則兵力弱;止攻一囤,則三囤必相助;

---

* (清)阮元修,陳昌齊纂:(道光)《廣東通志》,清道光二十年刻本。

乃先攻三囤，次及青蛇。良玭師亦來會，令伏囤後，别以一軍守板角關，防賊逸。璘督諸將力攻三日，賊死傷無算，三囤遂下。青蛇四面陡絶，璘圍其三面，購死士從瑪瑙後附葛至山背舉炮，賊惶駭。諸軍進攻，焚其茅屋。賊退入囤内，木石交下，將士冒死上，毀大栅二重，前後擊之，賊大敗，斬首一千九百有奇，七牌之賊亦盡。乃分兵六道，攻克大、小三渡關，乘勝抵海龍囤下。諸將俱攻囤前，獨水西安疆臣攻其後，相持四十餘日。其下受賊重賄，多與通，且潛以火藥遺賊，故賊不備。其後璘知之，與監軍者謀，令疆臣退一舍，璘移其處，置鐵牌百餘，距囤丈許。賊强弩無所施，又爲篾板於栅前，賊每夜出劫，爲釘傷，不敢復出。應龍勢窮，相聚哭。化龍初有命，諸將分日攻。六月六日，璘與吴廣當進兵，璘夜四更銜枚上，賊鼾睡，斬其守關者，樹白幟，鳴炮。賊大驚潰散，應龍自焚。廣軍亦至，賊盡平，遂移師討皮林。

……征播時，璘投賄李化龍家。會劉綎使爲化龍父所麾，璘使走。化龍疏於朝，綎獲罪，璘獨免。後兵部尚書田樂推璘鎮貴州，給事中洪瞻祖遂劾璘營求。帝以璘東西積戰功，卒如樂議。貴東、西二路苗：曰仲家苗，盤踞貴龍、平新間，爲諸苗巨魁；在水硍山介銅仁、思石者曰山苗，紅苗之羽翼也。自平播後，貴州物力大屈，苗益生心，剽掠無虚日。三十三年冬，巡撫郭子章請于朝。明年四月，令璘軍萬人攻水硍，游擊劉岳督宣慰安疆臣兵萬人攻西路，并克之。乃令璘移新添，獨攻東路，復克之。生獲酋十二人，斬首三千餘級，招降者萬三千餘人，部内遂靖。改鎮廣東，卒於官。先，叙平播功，加左都督，世蔭指揮使。既卒，以平苗功贈太子太保，再蔭百户。《明史·本傳》。

吴廣，廣東人，《韶州志》云："翁源人，輔國之子。"以武生從軍，纍著戰功，歷福建南路參將。……萬曆二十五年，以副總兵從劉綎禦倭朝鮮，領水軍與陳璘相犄角，俘斬甚衆。甫班師，大征播州，擢廣總兵官，以一軍出合江。副將曹希彬以一軍出永寧，受廣節制。廣屯二郎壩，大行招徠。賊驍將郭通緒迎戰，將士襲走之。陶洪、安村、羅村三寨土官各出降，他部來歸者數萬，廣擇其壯者從軍。通緒扼穿崖囤，廣督土、漢軍擊破之。劉綎、馬孔英已入播，廣猶頓二郎，總督李化龍趣之。乃議分四哨進攻崖門，别遣永寧女土官奢世續等督夷兵二千，扼桑木埡諸要害，以防餉道。諸將連破數囤，進營母猪塘。楊應龍懼，令通緒盡發關外兵拒敵。廣伏炮手五百于磨槍埡外南岡下，而遣裨將趙應科挑戰。埡夾兩山中，甚隘，通緒横槊衝應科，應科佯北。通緒追出埡，遇伏，急旋馬，中炮墜，方躍上他馬，伏兵攢刺之，殪。餘賊大奔。官軍逐北，賊盡降，遂薄崖門。徑小，止容一騎，賊衆萬餘出關拒戰。希彬懸賞千金，士攀崖競進，追至第四關上，男婦盡哭。賊黨自殺，其魁羅進恩率萬餘人出降。其第一關猶拒不下，廣乘夜疾進，奪其關，關内民争獻牛、酒。劉綎、馬孔英已入關，李應祥、陳璘猶在關外。廣合希彬軍連戰紅碗水、土崖、分水關皆捷，遂進營水牛塘。應龍大懼，知廣軍孤深入，謀欲襲之，乃遣人詐降。廣測其詐，堅壁以待。應龍擁衆三萬，直衝大營，諸將殊死戰。會他將來援，賊乃退。廣遂與諸道軍逼海龍囤。賊詐令婦人乞降，哭囤上，又詐報應龍仰藥死，廣信之。已，知其詐，急燒第二關，奪三山，絶賊樵汲，賊益窘。旋與陳璘從囤後登，應龍急，自焚死。獲其子朝棟，出應龍尸烈焰中。廣中毒矢，失聲，絶而復蘇，遂以本官鎮四川。逾年卒。初，廣之頓二郎也，有言其受賄養寇者，詔謫充爲事官。後論功贈都督同知，世蔭千户。同上。

——(道光)《廣東通志》卷二百八十九《列傳二十二》

葉夢熊，字男兆，號龍潭，歸善人。春芳子。少有大志。嘉靖辛酉鄉薦，四十一年進士，知福清縣。《歸善志》。……萬曆十七年冬，由山東布政使擢右僉都御史，巡撫貴州。《明史》。每謂播酋楊應龍必變，卒如所料，人咸服其識。郭《志》。

——(道光)《廣東通志》卷二百九十一《列傳二十四》

江　西

（康熙）江西通志*

熊宇奇，字正子，新建人，萬曆丙戌進士。筮仕刑曹，以祖憂歸。釋服，補刑部郎。督學湖廣，得士最盛。參蜀藩討播。軍興，奇督理糧餉。烈日乘馬，會水溢，馬斃，徒步草鞁，艱苦萬狀。捷奏，晉爵一秩。竟以督楚學時事詿誤，解組。癸丑，起補浙江副使，舉卓异，歷升湖廣按察使。僞漢遺種時洶洶，有倡義征剿者，奇令興國知州余樞單騎至其地，諭以禍福，撫以恩信，無不歡若更生。晉右布政使，遂掛冠歸。

——（康熙）《江西通志》卷三十《南昌府》

劉顯，字草堂，南昌人。……守蜀十年，身經百戰，不一衄。子綎，襲父職，歷官都督府同知，勇略冠軍。征播征倭，屢樹奇績。贈少保。

——（康熙）《江西通志》卷三十《南昌府》

李伯廉，金溪人，嘉靖甲子舉人。知郴州，歲歉且大旱，枕籍死者無算。伯廉齋居步禱，忽大雨浹日，五鶴從空飛繞，士民懽呼。播酋蠢動，擢馬湖僉事。以勞卒於官。

——（康熙）《江西通志》卷三十四《撫州府》

胡桂芳，號瑞芝，金溪人，萬曆甲戌進士。司李杭州藩司，以舊逋數萬，委芳追理。芳封檄堂厨，密條上請，詔蠲之。歷晉湖廣太參。時中官榷税，商不堪命。憚芳嚴正，璫焰稍戢。會有事于播，奉檄偕督師李公化龍治兵轉餉。將軍劉綎、李寅争首功，不相下，芳爲條析功狀，兩軍懽然，遂以成功。黔撫缺，神廟特旨："老成持重，莫如胡某。"遂以副都

* （清）于成龍修，杜果纂：（康熙）《江西通志》，清康熙二十二年刻本。

御史撫黔。旋以工部侍郎督河道。卒，謚忠端。

——（康熙）《江西通志》卷三十四《撫州府》

（明）何文淵，字巨川，號東園，廣昌人。進士宋文定公坦之後。永樂登進士，拜湖廣道監察御史，巡按山東，有能聲。仁宗即位，命考四川吏治，劾罷工部侍郎楊和等三百餘人。時蜀旱，所臨郡邑輒雨，人謂"御史雨"。烏蒙土官禄昭妻與耆民什伽私誣昭謀逆，詔討之。淵私檄止所調軍，訊直其冤。播州楊宣慰迎謁銀器、文綺，淵却不受。楊退，語人曰："真鐵石御史也。"

——（康熙）《江西通志》卷三十五《建昌府》

何喬新，字廷秀，號椒丘，廣昌人。進士，擢南禮部主事，改刑部主事，遷本部員外，升福建按察副使。……播州宣慰揚愛與庶兄友不睦，奏愛有异謀，朝廷命往訊，審驗虚實，而訊鞫得情，遷友他邦，遠邊以安。

——（康熙）《江西通志》卷三十五《建昌府》

朱臨，安福人。成化進士，歷官刑曹、四川僉事。尚平恕，法行不撓。會歲祲，賑貸有方。播州楊宣慰兄弟争蔭，臨片言决之，謝以金，弗受。歷任七年，謝政歸。劉諭德戩稱其"度越流輩，獨傷于介"云。

——（康熙）《江西通志》卷三十六《吉安府》

郭子章，字青螺，泰和人。隆慶進士，巡撫貴州兼節制蜀楚。方應龍叛，章同總督李化龍舉用劉綎爲提督，楊寅秋爲監軍，出奇制勝，圍海龍囤，克之。播逆餘黨，章悉蕩平。叙功，加太子少保、兵部尚書，蔭子世襲錦衣衛。歿，賜祭葬。

——（康熙）《江西通志》卷三十六《吉安府》

劉朝疆，字念南，永新人。萬曆進士，任廣州推官。值羅定寇亂，獲百餘寇，置之獄。賊潛通獄吏，約爲内應。疆燕坐，忽白鼠過前，知爲兵象，搜獄，得所藏兵器，遂斬諸賊。夜半，寇圍城，將所斬首擲城下。寇知事泄，遁去。擢兵科給事中，連疏劾首輔張居正怙寵擅權及其黨人，直聲震海内。遷雲南副使。值播寇猖獗，拔鄧子龍於夫役中，任以兵事。賊平，以疾乞歸。

——（康熙）《江西通志》卷三十六《吉安府》

劉冠南，號斗墟，廬陵人。萬曆鄉舉，授合州知州，多惠政。歷員外郎，遷貴陽郡守。

時播酋雖殄,流民未復。冠南招撫賑恤,各獲其所,部議加憲副銜,移守平越。生苗不靖,撫按議剿,以趙方伯監軍,征上路諸寨;冠南監下路軍。陳總戎率師將抵苗境,冠南戒且止,先走檄示撫,苗喜順從。冠南往,登寨呼諸酋長,諭以順逆,曉以禍福,罔不讋服。歷苗穴五旬,受撫者四十五寨。

——(康熙)《江西通志》卷三十六《吉安府》

(光緒)江西通志*

熊宇奇,字正子,新建人,萬曆進士。筮仕刑曹,京師有冤獄淹繫三年,宇奇一訊而决。以僉憲督學湖廣,參蜀藩討播。軍興,宇奇督理糧餉。烈日乘馬,會水溢,馬斃,徒步草鞁,艱苦萬狀。捷奏,晉一秩。

劉綎,都督顯子,勇敢有父風,用蔭爲指揮使。……移師征播酋楊應龍,擢四川總兵官。應龍熟綎才,頗懼,益兵守要害。梅木等三峒絶險,綎分兵攻其三面,生禽其魁,乘勢克三關,盡克三峒。逾十餘日,克後水囤,營於冠子山,會諸軍共平賊。録功,進左都督,世蔭指揮使。綎爲將數被黜抑,性驕恣如故,以軍政拾遺罷歸。

——(光緒)《江西通志》卷一百三十八《列傳五》

陳鑒,字貞明,高安人。宣德進士,授行人,擢御史,出按順天。言京師風俗澆漓,其故有五:一、事佛過甚;二、營喪破家;三、服食靡靡;四、優倡爲蠹;五、博塞成風。章下禮部,格不行。改按貴州。麓川思機發遁,孟養屢上書乞宥罪通貢。不許,復大舉遠征雲貴,軍民疲敝,苗乘機煽動,舉朝皆知其不可,懲劉球禍,無敢諫者。鑒抗疏言:"賊酋遠遁,不爲邊患,宜專責雲南守臣相機剿滅,無遠勞禁旅。"王振怒,欲困之,改鑒雲南參議,使赴騰衝招賊。已,復摭鑒爲巡按。時嘗請改四川播州宣慰曰《志》誤"安撫"司隸貴州,爲鑒罪,令兵部劾之,論死繫獄。景帝嗣位,乃得赦。尋授河南參議。致仕歸,卒。《明史》。

——(光緒)《江西通志》卷一百四十一《列傳八》

郭子章,字相奎,泰和人。隆慶進士,初爲建寧府推官,入爲南工部主事,出爲湖州知府,督學四川,歷浙江參政、山西按察使,晉湖廣右布政、福建左布政,予告歸。時播酋楊應龍叛,糾苗擾蜀黔邊地,亡寧日。起子章巡撫貴州,兼制蜀、楚,賜上方劍,嚴旨進剿,益調各路兵,專俟大舉。子章歃血誓師,聲罪致討,人思自效。庚子四月,應龍身帥各苗來

* (清)曾國藩修,劉繹、趙之謙等纂:(光緒)《江西通志》,清光緒七年刻本。

决死戰，子章會同劉綎親勒騎衝堅，分兩翼追奔，破土、月二城。翌日，遂破大城，應龍闔室自焚，生獲酋子朝棟、兆龍等百餘人，露布以聞。前後叙功，有旨議封爵。大臣議非例，始加太子少保、兵部尚書，蔭子世襲錦衣衛。殁，賜祭葬。子章，天才卓越，於書無所不讀，著述幾於汗牛。燕、閩、晉、粵、蜀、浙、吴、楚，所歷皆有草。有《蠙衣集》等書行世。《吉州人文紀略》。

劉朝璽，字念南，永新人。萬曆進士，初任廣州推官，值羅定寇亂，奉檄勦，獲百餘人，置之獄。賊黨潛通獄吏，約爲内應，伺各官赴太平宴時發之。朝璽方燕坐，感白鼠過其前，知爲兵象，搜獄，得所藏兵器，遂斬諸賊。夜半，寇圍城，將所斬首級擲城下，寇知事泄，遁去。奏聞，擢兵科給事中。連疏劾首輔張居正怙寵擅權，及其黨侍郎以下十七人，直聲震海内。遷福建僉事，再升雲南副使。適播變，拔鄧子龍於夫役中，任以統率，竟平賊巢。升貴州大參，以疾乞歸。殁，祀邑鄉賢祠。《吉州人文紀略》。

楊寅秋，字義叔，泰和人。萬曆進士，授東莞令，擢御史。奏免南海兵餉，再疏罷冢宰王國光，舉朝憚其風采。出爲浙江僉事，遷貴州參議。時苗阿奇等劫掠屯堡，寅秋誘阿奇斬之，而撫其餘黨，諸苗悉平，升按察使。再奉詔平播州楊應龍，有《平播録》五卷，以疾告休。卒，追贈太僕寺卿。《府志》。

——(光緒)《江西通志》卷一百四十九《列傳十六》

李伯廉，金谿人，嘉靖舉人，知郴州。歲歉且大旱，枕藉死者無算。伯廉齋居步禱，忽大雨浹日，五鶴從空飛繞，士民歡呼。播酋蠢動，擢馬湖僉事。以勞卒於官。《府志》。

胡桂芳，字瑞芝，金溪人，萬曆進士，司李杭州。藩司以舊逋數萬委桂芳追理，密條上請，詔蠲之。歷湖廣大參。會有事於播，奉檄偕督師李化龍治兵轉餉。將軍劉綎、李寅争首功，不相下，桂芳爲條析功狀，兩軍懽然，遂以成功。黔撫缺，神宗特旨老："成持重莫，如胡某"，遂以副都御史撫黔。旋以工部侍郎督河道。卒，謚忠端。《人物志》。

——(光緒)《江西通志》卷一百五十三《列傳二十》

楊炯妻柳氏，贛兵婦也。萬曆間，楊應龍反播州，炯從征陣亡。有富家兒艷其色，强委禽焉。及娶，柳堅不從，富兒自入牽其手，柳駡曰："我手豈爲人污?"遽引刀斷腕，富兒乃驚去。謝《志》。

——(光緒)《江西通志》卷一百七十六《列女十一》

福　建

(崇禎)閩書*

國賢,字士尊。舉鄉薦,司訓漳平,有聲,入爲國子,擢工部司務。司務故總署簿書會計之成,後輒與同官更掌關市錢庫,稍稍取自潤,國賢獨辭避。擢户部員外郎,轉郎中,筦太倉庫,節嗇獨甚。時有征播之役,軍興徵發,國賢所司,當輸金十萬,往數皆盈,貴州督撫郭子章勾其額,贏他輸六百餘金,大驚:安得郎清若鼎。移咨大司農重褒异之。既卒,堂官令同舍郎核其出入簿文書,纖毫無染手,嗚咽歎服,捐俸厚賻之。

——(崇禎)《閩書》卷八十五《英舊志》,載《原國立北平圖書館甲庫善本叢書》,第378册,第2413頁

(洪)澄源,字子定。授户部主事,歷郎中。出爲桂林知府,廉仁著聞,擢貴州按察副使,備兵畢節。畢節爲宣慰安疆臣所轄部,地廣兵强,冠帶而羈縻之爾。澄源外制以法,内推心置之,疆臣以是畏服。播酋楊應龍爲變,朝廷出師征之,命疆臣出兵助戰,中丞郭子章委澄源監疆臣軍。疆臣與應龍實唇齒交,内懷觀望,數張皇撼。澄源不動,疆臣知不可恐喝,遂進兵,大勝播兵於大水田,斬首萬餘級,復燒之於桃溪衙,應龍敗亡,入海囤。於是,疆臣獻計,請鑿山開後路以進,濘泥險阻,墜馬蹴脇。逾月,至其處,應龍授首,賜金帛。先是,征應龍時,懸賞格,許平賊即以地償安。既賊平,地未及償,而安氏有叛目,輸安情於總督,謂其侵播州沙溪、湄河之地。總督責安議正疆界,安執《會典》《通志》《家譜》爲據,謂沙溪、湄河本水西故地,且謂許地未償,并削故部以益播,忿不受命。諸道絡繹親臨安境,莫解倔僵。總督曰:"非洪君不可"。星夜馳檄曰:"安氏畏服門下一人而

* (明)何喬遠撰:(崇禎)《閩書》,載中國國家圖書館編:《原國立北平圖書館甲庫善本叢書》,國家圖書館出版社,2013年。

已。”澄源單騎往諭，令其地屬黔者歸安，屬播者歸蜀，其屬播地而爲安近地要害者，輸納糧賦，安遂俯首奉命。擢貴州按察使。逾年，轉雲南右布政。尋轉左，而澄源已卒。澄源温質無機，不能陰陽門捷。官雖至方伯，第徘徊邊徼間，至其中誠著於人人，强酋阻夷，莫不歸命矣。

——(崇禎)《閩書》卷八十五《英舊志》，載《原國立北平圖書館甲庫善本叢書》，第378冊，2417～2418頁

林繼喬，領鄉薦，署新安教諭，遷海陽知縣，大著廉名。儕輩見其所爲，笑之曰："是其家有逐錢鬼，不然，何苦如是?"擢均州守。有泰和山中貴人奉祠事，客使絡繹，繼喬節煩費，調供億，治不擾而法平恕，民間爲之語曰："逢某官則死，逢林守則生。"升南京刑部郎，出爲思州知府。播賊煽亂，朝命督諸方面甚急。繼喬亟趨命，至沅州卒。

——(崇禎)《閩書》卷八十七《英舊志》，載《原國立北平圖書館甲庫善本叢書》，第379冊，第2450頁

張治具，字明遇。知廣西永淳縣，徵入爲御史，歷轉四川按察使，致仕。永淳有賈人子，賂當道，請鑿鑛。治具争之不得，爲設重税困之，立見報罷。在四川，播州民苦楊酋殘暴，避入内地。時議驅出之。治具曰："播人，吾人。方離阱而復納之，非情。"爲設法安戢。葉向高銘其墓，稱二事爲蚤見。

——(崇禎)《閩書》卷八十七《英舊志》，載《原國立北平圖書館甲庫善本叢書》，第379冊，第2451頁

蔡用明，字晦仲。性篤孝，母蚤卒。事父甚謹，兄弟五人推衣食無間。乞恩大田教諭。丁父艱，服除，得長泰，歛士人豪舉之氣，範諸禮法。升樂至知縣。縣有采木之役，大木所産，皆邊夷僰道，岡壑箐崖，絶人迹，去治所數千里。故事，給官鏹，募民役。先是，多相冒規，免展轉株累。又民苦先出募錢，事竣，竟不得官給，往往破家。用明下車，見耆老，人給小方，令疏注鄉之巨户。各以所臆疾書，毋得交語。既上，爲參稽糧册，閲其丁賦之上下。比證甲牌，覆其廛居之多寡，然後榜示占役者姓名於縣門。丁弱賦强，則賦其金募人，不任者許自訴，而蠲其實者而抶其誣服與妄求免者。乃更爲立補助之條，定番休之規，信給領之令，往役者官護其家，禁奸民毋乘出造獄擾之。木分三運，以十之六爲及格，用明最後乃滿十采木。已，邑中旱疫相繼，用明籍其勤撫，紓歲之虐。遷淮府審理，未行。又有征播之役，大發民夫饋餉，用明猶精心爲之部署，行伍相補助，戒以緩急相扞，如其初至調度采木。時督木使者過縣，民言令治狀，涕泣祈留，軛不得發。子復一。

——(崇禎)《閩書》卷九十一《英舊志》,載《原國立北平圖書館甲庫善本叢書》,第379冊,第2543頁

劉璋,字廷信。授户部主事。器度温雅,濟以廉勤恭慎,大爲部堂諸卿佐稱許,遷本部郎中。歷山東布政司左、右參政。歲方歉,與同官三人分道賑恤。其二人者相繼染疫死,璋殫盡心力,經理其間。歷浙江左、右布政使。浙雖大藩,而諸郡倉儲甚少。璋通融一省歲計,損多益寡,支吾目前之外,尚欠米二十二萬石。邊海軍士,月粮停支,皆欲弃伍,赴省陳告。璋聞,亟遣諭之曰:"錢米具有,支給在旦夕。敢有擅離部伍者,罪。"時巡撫都御史王恕積貯餘粮,價銀計數萬兩。璋徑取二萬五千兩,散與軍士,然後詣恕請罪。恕知無他,不之責也。成化二十年,升都察院副都御史,總督漕運兼巡撫鳳陽。二十一年,改提治鄖陽。未幾,復改巡撫四川。播州宣慰楊輝鍾愛其庶長子友,爲請於朝,特置安寧宣撫司,而以友爲宣撫,築城堡居之。其後,友又謀奪嫡,因誣奏其弟襲宣慰,曰愛者有不軌謀,而愛亦訐友以不法事。朝廷遣大臣勘核,得狀,有旨革罷友宣撫,并家屬發保寧府安置。璋謂安寧道路險遠,城堡堅固,友少弟敏,及其所親附夭家、仲家土兵素好驍勇,友親屬又有爲主謀者,萬一負固不服,連結黨與,行且爲變,乃閟朝旨不發。先遣友親信者二人詣安寧,慰諭友家屬曰:"巡撫謂宣撫遠出,弟敏年少,特遣吾二人者,護宣撫印信,以防外侮"。又遣能干工官數人,各領土兵,分截安寧出入道,榜示夭、仲二家,諭以逆順禍福。揭通衢懸重賞,購爲友主謀者。區畫既定,乃出旨宣示。遣官詣安寧,收其家屬印信而發遣之。尋,復奉敕省刑。有僧如方者,被誣人命,法司以坐其徒月滿。璋訊知其冤,密詢而并出之,一時得平反免死者四十餘人。遷工部侍郎、南京禮部尚書。在部清慎,以嚴待屬。七年,召爲工部尚書。議政決疑,公平直諒。朝廷有所營建,得璋委曲匡救,省免甚多。弘治九年,以老乞休,疏三上,乃允。特加太子少保,給驛舟還,仍命有司歲給俸米人夫,優寵備至。璋莅官四十餘年,喜怒恩威,皆因其人,未嘗毫髮私。家居,屏絶户外,觀書自樂,有所吟咏,本性情,關風化,當世賢士大夫推重焉。年八十三卒,賜祭葬。

——(崇禎)《閩書》卷一百一《英舊志》,載《原國立北平圖書館甲庫善本叢書》,第379冊,2744~2745頁

馬馴,字德良,舉進士,授户部主事。小心勤慎,循守繩墨。纍遷郎中,奉敕總督宣府糧芻。悉心區畫,省遠輸費三之一。在部歷十六年,公勤慎密,楊尚書甚愛之,薦升四川參政。時蜀寇作,方憂廩乏。馴至,核已徵未用糧,得百萬斛以供軍。賜文綺嘉勞,尋升本司右布政使。播州用兵,出庫錢糴米供餉,民免遠輸。寇平,敕書褒獎,升本司布政使。松潘蠻叛,復議用兵。馴謂宜以德懷撫,力諍,不從。後兵興無功,糜費過當,人益服馴遠

識。擢都察院右副都御史巡撫湖廣等處。會關中飢民流食荆襄，設策賑恤，全活甚衆。湖湘尋亦灾傷，爲奏減歲入民賦。貴州守臣請征苗蠻，徵兵餉于湖南，上疏力止之。在湖湘七年，務持大體，不事小察。未幾，謝歸。建數椽山麓，書古人勸世文，揭之壁間，以誨子姓。年七十六卒，賜祭葬。

——（崇禎）《閩書》卷一百四《英舊志》，載《原國立北平圖書館甲庫善本叢書》，第379册，第2795頁

烣章，字繼照，烶章從昆弟也。父應釆，令瓊山，有惠政，終南寧同知。烣章爲永平同知，有撫定南兵功，擢刑部員外郎，出爲湖廣僉事。播州土酋作亂，飭兵轉餉，以成功蒙賞。子堯俞。

——（崇禎）《閩書》卷一百九《英舊志》，載《原國立北平圖書館甲庫善本叢書》，第379册，第2903頁

陳勖，字世勉，知餘姚縣。廉慈敏斷，吏畏民懷。守南比部郎，擢四川憲副。風紀肅然，諸番内附。擢廣東参政，再起粤西，恊剿楊應龍有功。亡何，皮林陸梁，奉命監軍，渡淮深入，生擒苗首，蕩平獻俘，撫降萬計，竟以瘁卒。論功，贈太僕卿，賜諭祭。勖政績，所至有聲，未究其用。至服官清節，居鄉懿行，尤人難及。

——（崇禎）《閩書》卷一百二十三《英舊志》，載《原國立北平圖書館甲庫善本叢書》，第380册，第3184頁

（乾隆）福建通志*

陳夢麟，初授汀州司訓，轉沅陵主簿。播酋楊應龍叛，運糧至貴州鎮遠軍前。叙功，升知縣，以内艱歸。奔喪哀毁，卒於困溪舟次。

——（乾隆）《福建通志》卷三十九《選舉七》

張治具，字明遇，晉江人。隆慶辛未進士，知永淳縣。有賈人子賂當事，請鑿礦冶，治具力争之，遂報罷。擢湖廣道御史，扈從謁陵。還，駐蹕老君宫，治具倉卒，具疏請罷逸游，以光盛典，深見嘉納，升四川按察使。播州民苦楊酋殘暴，避入内地。時議驅出之，治具曰："播人，吾人，方離阱而復擠之，非情也。"遂設法安輯。後病卒，葉向高爲銘其墓。

——（乾隆）《福建通志》卷四十五《人物三》

馬馴，字德良，長汀人。正統乙丑進士，授户部主事。遷郎中，奉敕總督宣府芻糧。悉心區畫，省遠輸費三之一，升四川參政。會蜀寇作亂，馴核已徵未用糧，得百萬斛以供軍士。賜文綺嘉勞，尋升本省右布政使。乙未，播州用兵剿寇，馴出庫錢糴米供餉。寇平，敕書褒异，升本省左布政使。松藩蠻叛，邊將復議用兵，馴謂宜以德懷撫，力争不從。後兵興無功，縻費不可勝計，人服其遠識。擢都察院右副都御史巡撫湖廣。值關中飢民流食荆襄間，設策賑恤，全活甚衆。湖湘尋亦灾傷，馴奏减歲入民賦。在湖湘七年，務持大體，不事小察。未幾，謝歸。年七十六卒，賜祭葬。

陳劻，字世勉，寧德人。萬曆甲戌進士，授餘姚知縣。餘姚繁邑，簿書如山，劻頃刻立剖。諸當道有曲法相屬者，不少徇。遷廣東參政。將吏獲海上愚民，輒誣以大盜，株連數百人，劻面鞫其僞，盡釋之。調廣西副使，治兵左江。是時，川貴會征播酋楊應龍，劻簡兵數千人往援，大破之。川貴總督疏其事。會皮林蠻反，遂晉劻監軍參政協剿。劻乃率衆三萬人，生擒苗首，撫降萬計。以冒暑深入，積勞而卒。賜祭，贈太僕寺卿。

——（乾隆）《福建通志》卷四十八《人物六》

---

* （清）郝玉麟、盧焯等修，謝道承、劉敬與纂：（乾隆）《福建通志》，清文淵閣《四庫全書》本。

請急除逆宦劉瑾以御大亂疏　林俊

自古奸邪弑逆之賊，如趙高，如石顯，如季輔國、程元振、魚朝恩、陳弘志，如宗愛，如蘇佐，如王守澄、田令孜、楊復泰，如劉季述，如韓全誨，凡可以危人主而破敗人國者，劉瑾皆備之。瑾，古今惡魁也。……今四川虁保、藍伍等盗賊之起，因劉瑾之革撫民；播州、寧安、天苗等蠻賊之起，因劉瑾之庇楊友及剥削匱竭而致。臣則親審之。又聞雲南、貴州土夷縱横，盗賊充斥，亦因劉瑾多方誅求，剥削匱竭而致。而前日官軍亂遼東，今日官軍亂寧夏，賊殺守臣，僭立安化，明以共誅劉瑾爲辭。是劉瑾即未自反，逼天下人已盡反矣。

——（乾隆）《福建通志》卷六十九《藝文二》

江　蘇

（乾隆）江南通志*

侯先春，字元甫，無錫人，萬曆庚辰進士。官給事中，條列轉漕救荒十五策。播州獻俘，疏請年十六以下者皆免死。

——（乾隆）《江南通志》卷一百四十二《人物志》

盛世承，字以烈，桐城人，萬曆丁丑進士。以部郎出備兵大同。時邊事旁午，世承馭以鎮静，威信著聞，轉陝西右布政。蘭州機户疲於貢絨，世承力蘇之，擢四川左布政。會有事於播，播平，又爲善後策。蜀人賴之。

徐堯莘，潛山人，萬曆丙戌進士。歷荆州守，中官陳奉開礦沙市，掘塚瀦室，道路以目。堯莘約其騶從，不得逞。劉大將軍綎征播，調兵數省，途出自荆，民争避之。堯莘爲經紀，民獲安堵。

吴用先，字體中，桐城人，萬曆壬辰進士。由臨川令纍官都御史，巡撫四川。時播州亂，大將劉綎以議餉不進。用先躬率師先之，督綎合戰，勠力剿撫。數月蕩平，尋謝病。

——（乾隆）《江南通志》卷一百四十六《人物志》

支可大，字有功，崑山人，萬曆甲戌進士。歷湖廣巡撫。嘗降九服、白泥諸寨，又連破黄岑、高岩、乾溪、竇兒囤，闢開京觀，遂長驅入播。七戰唐堡，破板角關。又三戰煉坪，克苦菜關，一時功績特偉，尋致歸。

——（乾隆）《江南通志》卷一百五十一《人物志》

---

* （清）尹繼善修，黄之雋纂：（乾隆）《江南通志》，清文淵閣《四庫全書》本。

吴景，字伯陽，南陵人，弘治進士。歷官四川按察僉事。守江津時，播州賊逼川南，御史遁去。景禦賊，手殺數人。城陷，大呼曰："寧殺我，毋殺百姓！"被執不屈，死之。

——（乾隆）《江南通志》卷一百五十五《人物志》

劉廷傳，字惟中，潁州人，九光從子，爲諸生。狀貌魁梧，任俠好義。萬曆末，楊應龍反播州，調兵及潁，潁兵不願行，將殺護行尉爲亂。廷傳乃携酒脯，邀於郭外，相與雜坐飲啖，以微言動之，且爲保任其家室，衆感悟。

——（乾隆）《江南通志》卷一百五十六《人物志》

沈志仁，字景範，太倉人。父尚友，爲松潘總兵。播酋亂，坐逗留，逮獄論斬。志仁跣足隨行，號泣長安街，遇冠蓋輒叩頭訴。

——（乾隆）《江南通志》卷一百五十九《人物志》

浙　江

(雍正)浙江通志*

王寅,舊《浙江通志》:山陰人。徙居錢塘,通韜略,膂力絶人。中天啓丁卯武舉,以父大經征播功襲紹所千户。

——(雍正)《浙江通志》卷一百六十三《人物二》

沈子來,《歸安縣志》:"字汝修,萬曆庚辰進士,令句容。值丈量,有司競以加額增賦爲考最,子來獨辨其高下增減之。調廣平,捕土豪,致之死,合邑稱快,升刑部主事。歷員外郎中,出知梧州府,改寶慶。時征播之軍所過剽掠,子來預以糗糧陳境上,牒總戎,令約束將士,民乃晏然。升湖廣副使,調貴州都匀。苗帥展打倡亂,諸郡驛騷,子來廉知土同知蒙詔雄勇可用,推誠待之,授以方略,三出破賊巢,前後斬首四百級,擒展打誅之,積寇得平。卒於官,不能治喪,吏民斂錢爲行裝,子文衡却之。"

——(雍正)《浙江通志》卷一百六十八《人物三》

江鐸,《獻征録》:"字士振,仁和人。萬曆進士,授刑部主事,出守福州。歷升山西參政,晉按察使。會播酋楊應龍反於蜀,朝議擢鐸僉都御史,巡撫偏沅。時總督李化龍分八道進兵,川師四路、黔師三路。鐸統楚師次黄沙囤一路分兩翼:由白泥、由龍泉夾攻板角關,破之。再進破瑪瑙、長坎、保子等囤,奪�木關,進屯青蛇囤,遂入三渡關,乘勝直抵海龍囤。海龍於諸險中爲最,賊負嵎。時暑雨甚,叢箐中多重嵐毒霧,師深入而餉不繼,鐸改長運爲接運,每三十里設營,置運卒數千,前運未行,後運已束載而待,士乃宿飽,破土月二城。應龍自縊。論功,蔭一子,世錦衣指揮。"

---

* (清)李衛修,沈翼機纂:(雍正)《浙江通志》,清文淵閣《四庫全書》本。

洪瞻祖,《杭州府志》:“字貽孫,鐘曾孫也。萬曆進士,由庶吉士爲兵科給事中。烏江當貴播之界,南岸則烏江關。循江而下,北屬播,南屬貴,水西稍侵界土。總督王象乾責水西退出所侵地,欲以爲功。瞻祖謂:安氏二百年來,與流官無异,其兵則勇冠諸苗,其人則驩而戀主,其地則滇南門户。督臣何故争之?且沙溪撮土,所争幾何?全播之間得不償失,智者不爲也。神宗以兵科議是。會延綏總兵麻承恩、陳璘納賂,兵部尚書有所改授。瞻祖疏劾本兵通贓私污。廷議,首輔沈一貫不能庇,乃得罪去。中察典補嘉定丞,擢南行人副,歷升右都御史,巡撫南贛。時閩廣黠賊匿深箐中,官軍多失利。瞻祖檄諸郡兵分路合剿。身歷蠻瘴中,越贛渡汀,冒矢石,執桴鼓,斬賊渠了婆等一千餘人,毁員子山等三十餘巢,奪還男婦、牛馬、器械無算。四省合奏其功,而瞻祖已乞骸歸。家居四十餘年卒。”

——(雍正)《浙江通志》卷一百七十一《人物四》

金澤,《獻征録》:“字德潤,江寧籍,鄞人。成化進士,授刑部主事,歷升四川參政。播州宣慰厚饋金幣,却之。”

——(雍正)《浙江通志》卷一百七十二《人物四》

李匡,《兩浙名賢録》:“字存翼,黄岩人。宣德進士,授太常博士,改御史,升四川按察副使。時播州苗賊作亂,委匡帶領官軍撫痡,克敵一十五次。景泰元年,以軍功升左僉都御史,巡撫四川。播州未平,叙州夷蠻又亂,焚劫九縣,全蜀騷擾。復領敕剿捕,而四川軍伍數少,匡乃召民間壯丁凡九千餘,教練操習,雜處部伍。匡號令嚴明,措置有方,屢戰屢捷,羿蠻始息。而播州餘冦尚未盡滅,貴州總督王來咨請會兵攻草塘。期而進兵至,則來咨違期,匡被圍,乃堅守營寨,偃旗鼓,息刁斗五日,一戰而捷,蓋由示弱而勝。天順六年,兵部尚書馬昂奏保,敕巡撫宣府。匡親歷邊陲,增塞堡,斥堠崇密,雞犬相聞。八年乞歸。卒於家。”

王士琦,《周頌・王士琦傳》:“字圭叔,宗沐子。萬曆進士,授南工部主事,歷兵部郎中。按治驕兵,不畏强禦,論者以邊才許之。會播州宣慰楊應龍反,以邢玠總督四川,特補士琦重慶知府。至,即授檄前往綦江,趣應龍出安穩聽勘。應龍觀望不前,士琦徑至安穩。應龍令弟兆龍以兵迎,且請進赴松坎,人咸謂無輕蹈,不測。士琦曰:‘彼以我爲怯也。’即單騎赴之。見應龍,責以大義,開陳利害。應龍率苗目膝行,抱士琦足泣,因諭令至安穩。應龍如命,面縛蒲伏,獻首亂十二人案驗,抵應龍斬。輸銀四萬兩,助采木,奏上,報可。”

——(雍正)《浙江通志》卷一百七十三《人物四》

徐大鵬,《龍游縣志》:“字翔雲,少負膂力,麻貴劉綎將兵征倭,荷戟從之渡海,屢戰悉捷。播酋楊應龍反,綎往征討,以大鵬爲前驅,直入婁山,平其地。後從熊文燦征鄭芝龍,芝龍降,以功纍授總兵。崇禎己巳上書,下兵部尚書張鳳翼誤國,首輔温體仁黨庇之。罪繫獄,將斬,會鳳翼得罪,遂末減,戍榆林,赦歸,年九十四,終於家。”

——(雍正)《浙江通志》卷一百七十四《人物四》

安　徽

（光緒）重修安徽通志*

盛世承，字以烈，桐城人。萬曆丁丑進士，以部郎出爲按察司副使，備兵大同。時邊事旁午，世承馭以鎮静，威信所至，西人慴服。轉陝西右布政，蘭州機户疲於貢絨，世承力蘇之。調四川左布政，會有事於播。播平，又爲善後策，蜀人賴之。病免，再起，以原官備兵陝西，按部墾河灘荒地千餘頃，爲秦中世世利。後爲光禄卿，以璫禍削職。崇禎初，起原官，卒年八十八。《江南通志》。

徐堯莘，字賓岳，潛山人。萬曆丙戌進士，由户部主事出知永州，鞭朴不施，郡中大化。歷荆州知府。中官陳奉開礦沙市，掘冢豬室，道路以目，莘約其騶從，不得逞。大帥劉綎征播，調兵數省，途出於荆，民争避之，莘爲經紀信宿地，民獲安堵。神宗嘉其勞，賜以銀卮。歷廣東按察使、廣西布政使司。《一統志》。

吴用先，字體中，桐城人。萬曆壬辰進士，知臨川縣，均賦便民，民懷其德。擢户部主事，歷官浙江左右布政，晉都御史撫蜀。時播酋亂，大將劉綎以議餉未進，用先躬帥師先之，督綎等合戰，戮力剿撫，數月蕩平，尋謝病。上憫其勞，特賜考績予告。家居八年，起少司空，改樞貳，總督薊州，建防禦十策，殫力籌畫。會璫禍起，致政歸。《江南通志》《安慶府志》。

——（光緒）《重修安徽通志》卷一百七十九《人物志》

汪可進，字惟正，休寧人。萬曆己丑進士，知石首縣，河决，賑饑，全活萬計。榷使煽虐，引法折之。播賊叛，先事爲備，邑賴以安。未幾，河復决，可進已升南户部主事，爲留塞决河，乃去。江南舊《通志》。

——（光緒）《重修安徽通志》卷一百八十五《人物志》

---

* （清）吴坤修修，何紹基纂：（光緒）《重修安徽通志》，清光緒四年刻本。

趙健，字行吾，涇縣人。萬曆丁丑進士，由刑部主事出知辰州府，教民紡績，政清刑措，頌聲大作。歷貴州布政，苗播竊發，撫御有方，群醜賓服，民建祠祀之。尋入爲通政使，不附政府，乞歸。天啓元年，起南太僕卿，以忤魏璫歸。講學水西，學者宗之。《湖廣通志》《江南通志》。

王廷相，字中鉉，涇縣人。官沔陽州判，時播逆作亂，督府以廷相爲監紀，汰大帥掠殺平民冒功之罪，全活無算。遷簡州州同，值歲祲，賑濟有方，尋擢崇國左長史。《寧國府志》。

盧泮，號龍崖，無爲人。萬曆庚辰進士。爲延平推官，多所平反。知廣平府，捐俸築閘濬渠，升四川副使，平播有功，以觸忤權貴歸。《盧州府志》。

——（光緒）《重修安徽通志》卷一百八十九《人物志》

劉廷傳，字惟中，潁州諸生，布政使九光之從子也。萬曆末楊應龍反播州，調兵及潁，潁兵不願行，將殺護行尉爲亂。廷傳携酒脯至郭外，與之雜坐，勉以立功，且爲保任其家室，兵得不亂。崇禎八年，流寇至城北，有高樓瞯城中，廷傳請於州，欲先據之，而所統皆市人，不可用，賊遂據樓以攻，城陷。廷傳亟還家，拜祖廟，促家人入井，而危坐待賊，遂遇害。《明史·尹夢鼇傳》《潁州府志》。

——（光緒）《重修安徽通志》卷二百十四《人物志》

王芬，字子英，國祥子也。父死時僅七齡，撫戟長泣，有遠志。長入成均，喜談兵，周知天下扼塞。以薦落文階，署都指揮僉事，從征播州楊應龍，獨破三關隘，深入，被流矢，歿於陣。蔭一子廬州衛前所千户。《六安州志》。

——（光緒）《重修安徽通志》卷二百十七《人物志》

李遇文，字克顯，其先河間人。世襲宣州衛指揮，遂籍宣城，歷劉河游擊。時小琉球三十六人風潮飄至，把總陳嘉謨欲指爲倭賊斬首報功，遇不可，召通事訊實遣歸。升杭嘉湖參將。萬曆二十二年，以湖廣副將從陳璘征播逆楊應龍，由間道出，不意擒之，露布以聞。上喜，賜金幣。會皮林苗叛，從璘擒其酋銀貢，追擒其魁王佗於廣西，以功轉左軍府都督，鎮貴州，卒。《明史·陳璘傳》，濮陽春所撰《李公行略》。

蕭芬，涇縣人。萬曆間以掾吏仕蘄州吏目，賊蔡得充聚衆肆掠，芬以計擒之。黄梅賊梅堂擁衆稱王，芬守宿松禦之，亦以計擒。移太寧簿。播寇楊應龍叛，督師邢玠知芬材，徵至軍前，芬單騎入營，諭以利害，應龍聽命，題巴陵縣丞。未幾，楊酋復叛，芬轉運軍前，如期克辦。賊平，升南川令，未仕，告歸。《寧國府志》。

——（光緒）《重修安徽通志》卷二百三十《人物志》

（民國）安徽通志稿*

劉廷傳，字惟中，潁州人也。少孤，鞠於諸父雲南布政使九光所，長爲潁州衛諸生。當明神宗末，廷傳知天下將亂，慨然以功名自許。所遇州縣豪杰，皆傾身與之交，得其歡心，諸慕氣節者争趨之。廷傳爲人沉勇有智略，作詩歌不屬草，多雄偉感激之語。尤喜談兵事，與從弟廷石俱任俠著聞河南北。廷石者，九光子也。楊應龍反播州，調諸道兵西剿，潁州道者不願行，將殺護行吏爲亂。廷傳廉得其謀，欲以計諭止之，獨携豚酒要於郭門外十里許。其魁數人久習廷傳，望見廷傳來，争下騎拜道左曰："公何在此？"廷傳笑曰："將與諸君別，聊用爲歡會。"於是離坐，出橐中大觚注酒，拔刀割肉，相飲啗。廷傳徐起言曰："國家多事，此壯士立功之秋也。諸君勉之，幸勿首鼠兩端，令四方笑吾潁無人者。"默不應，良久乃曰："當如公言"。廷傳知其意動，遂曰："諸君亦念妻孥乎？某在，無憂凍餒也。"因手觚自滿引曰："保爲諸君任之。"衆且感且服，皆匍匐泣下曰："某等知公意矣！敢有异志？"是日，微廷傳，幾至生變。……《鈍翁文鈔》《明史·尹夢鰲傳》。

——（民國）《安徽通志稿》之《列傳稿》

《撫蜀疏》三卷，明吴用先撰。

用先，字體中，一字本如，號餘庵，桐城人。萬曆二十年進士，由江西臨川令，官至薊遼總督。此乃其巡撫四川時之奏疏也。時播酋爲亂，用先與劉綎等合戰討平之，改五衛爲郡州縣，兵俱隸之有司，由是武弁侵虐居民及交番通苗諸弊悉除。詳情皆見此卷。

——（民國）《安徽通志稿》之《藝文考稿》史部六《詔令奏議類》

---

* 安徽通志館輯：（民國）《安徽通志稿》，1934 年鉛印本。

河　南

（康熙）河南通志*

魏養蒙，洛陽人，萬曆丙戌進士。刑部員外郎、湖廣參議，監軍征逆叛楊應龍。軍中有譁起露刃者，將劫其帥。養蒙喻以威信曰："爾輩劫爾帥，則禍延纍世，受吾杖則免。"衆悚然退服。時楊應龍屯海龍囤，高千仞，養蒙密使健兒猱升，搗其穴，楊逆自經。尋監軍征五靖苗，擒渠帥吴國佐。纍官兵部侍郎。卒，贈尚書，予祭葬。

——（康熙）《河南通志》卷二十七《人物三》，載《上海圖書館藏稀見方志叢刊》，第164册，第129頁

* （清）徐化成增修：（康熙）《河南通志》，載上海圖書館編：《上海圖書館藏稀見方志叢刊》，國家圖書館出版社，2011年。

山　東

（康熙）山東通志*

李化龍，長垣人。進士，督學山左，人倫之鑒，前後無兩。後爲總督兵部尚書，討平播寇，詳在《國史》。

——（康熙）《山東通志》卷三十一《名宦》

王象乾，字霽宇，新城人。隆慶辛未進士，令聞喜。城逼涑水，泛漲，歲爲民害，乾築創石堤一百六十餘丈。出守保定，會旱蝗，用馬價萬金散諸邑爲糴本，且曰："輸金輸穀，惟民便"。次春獲利數千金，用辦民間牛種。歷任兵部左侍郎，總督川、湖、貴州，代李化龍經理播州善後。時播人吴洪自詭楊氏，聚衆沙溪，結連水西爲亂，乾討平之。銅仁苗吴老喬、侯典，平越苗阿浪阿等作亂，遮滇、黔道，未半載悉平之。水西安疆臣跋扈，欲侵地，乾力持不可，疏八上，自渭河至沙溪，南北八百里；自靖邊關至烏鴉尾，東西六百里。竟歸播州。以善後功升右都御史。後朝廷以前復地歸諸苗，乾疏後必叛。未幾，安邦彦、奢崇明反，果如乾言。歷薊、遼、宣大總督，兵部尚書，入掌中樞，出鎮岩疆。功詳《國史》。

劉一相，長山人。萬曆丁丑科進士，知高平，擢給事中。屢上疏劾張居正，改僉事，再謫稷山知縣，轉南兵部主事，立雇役，中貴貪弁欲更之，相持不可。佐邢玠勘播事，躬入其巢，諭獻首惡。後播反，相監軍深入，戰功爲多，晉陝西副使。

——（康熙）《山東通志》卷三十九《人物》

邢玠，字搢伯，號昆田，益都人。隆慶辛未進士，知密雲，擢御史，歷任巡撫，晉南兵部

* （清）趙祥星修，錢江纂：（康熙）《山東通志》，清康熙四十一年刻本。

侍郎。勘楊應龍，播州割五司，獻作惡首從七十餘人。設兵將於松坎、湄潭、龍泉，扼其項背。倭犯朝鮮，上命玠往視師，有稷山、青山之捷。倭遁，玠登壇授計，陳璘等破石曼子擒平秀政，前後斬首五千級，鑄銅柱標功，釜山捷奏，晉兵部尚書。卒，贈太保。

——(康熙)《山東通志》卷四十一《人物》

(雍正)山東通志*

王象乾,字霽宇,新城人。隆慶辛未進士,初令聞喜,繼守保定,纍官至兵部左侍郎。總督川、湖、貴州,代李化龍經理播州,討平砂溪、銅仁諸苗寇,升右都御史,薊、遼、宣大總督,兵部尚書。弟象坤,仕山西布政使;象恒,兵部侍郎;象蒙,監察御史;象晉,浙江布政使;象春,郎中。極一時衣冠之盛,而亦俱有才名。

劉一相,長山人。萬曆丁丑進士,知高平,擢給事中。屢上疏劾張居正,改僉事,再謫稷山知縣。轉南兵部主事,立雇役,法中貴貪弁欲更之,一相持不可。佐邢玠勘播事,躬入其巢,諭獻首惡。後播反,一相監軍深入,戰功爲多,晉陝西副使。

——(雍正)《山東通志》卷二十八之三《人物三》

* (清)岳濬修,杜詔纂:(雍正)《山東通志》,清文淵閣《四庫全書》本。

(民國)山東通志*

李化龍,字于田,北直長垣人。萬曆二年進士,除嵩縣知縣,纍遷右通政使,以副使督學山東。人倫之鑑,前後無兩試,曰五日一案,貧士無羈旅之苦。凡所評隲,曲肖其人,經試拔者,皆得第去。召爲工部侍郎,總督河道,與淮陽巡撫李三才,奉開泇河,由直河入泇口,達夏鎮。後以平播州功,擢兵部尚書,加少保。卒,謚"襄毅"。《濟南志》。

——(民國)《山東通志》卷七十《職官志第四》

王象乾,字霽宇,新城人。隆慶五年進士,初令聞喜,繼守保定,纍官兵部左侍郎,總督川、湖、貴州。代李化龍經理播州,討平砂溪、銅仁諸苗寇。進右都御史,薊遼宣大總督,兵部尚書。卒,賜祭葬,贈太子太師。

劉一相,長山人。萬曆五年進士,知高平縣,擢給事中。疏劾張居正,謫稷山知縣,轉南兵部主事,立雇役法,中貴貪弁欲更之,持不可。佐邢玠勘播事,躬入其巢,諭獻首惡。後播反,一相監軍深入,戰功爲多,晉陝西副使。

——(民國)《山東通志》卷一百六十《人物志第十一》

* (清)楊士驤修,孫葆田纂:(民國)《山東通志》,山東通志刊印局,1915—1918 年。

府、州（廳）志（一）

貴　州

（康熙）思州府志*

（宋）開慶元年秋七月丁亥，知播州楊文、知思州田應庚各遷官一級。

（元）至元十二年冬十二月己亥，四川行樞密昝順請降詔貸播州安撫楊邦憲、思州安撫田景賢，并許世封。從之。……十五年冬十二庚辰，思、播安撫使田景賢、楊邦憲請歸宋舊借鎮遠、黄平二城，仍撤戍卒。不允。田景賢等請降詔禁戍卒，毋擾思、播民。從之。……十七年春三月甲辰，思播侵鎮遠、黄平界。命李德輝等往視之。……二十一年夏閏五月己卯，思播二州隸順元路宣撫司。……三十年夏四月癸亥，括思、播等處亡宋涅手軍。冬十二月己未，督思、播二州及鎮遠、黄平發宋舊軍從征安南。以上《通志》。

——（康熙）《思州府志》卷七《事紀》，載《中國地方志集成·貴州府縣志輯》，第15册，542～543頁

* （清）蔣深纂修：（康熙）《思州府志》，載《中國地方志集成》編委會編：《中國地方志集成·貴州府縣志輯》，巴蜀書社，2006年。

（乾隆）普安州志*

《宋史》：寶祐四年，羅氏鬼國遣報元兵將大入邊。詔思、播結約羅鬼爲援。

——（乾隆）《普安州志》卷十四《師旅》，載《中國地方志集成·貴州府縣志輯》，第15册，第143頁

論曰："《明史》載：馬平主簿孔性善言：'溪峒蠻僚，雖常梗化，亂實有因。陳景文爲令，傜、僮皆應差役。厥後撫字乖方，始仍反側。誠使守令得人，示以恩信，諭以禍福，亦當革心。'憲宗嘉納之。史官謂斯言爲治苗之要鑑。愚竊以爲不盡然。歐陽公曰：'有道未必服，無道未必不來。'蓋自因其盛衰，斯言爲當。又謂：'雖嘗置之治外而羈縻，制馭恩威之際不可失也。'斯言乃治苗要術也。夫虞殷之盛，尚費征誅，而馬殷、李雄輩反，不用于戈而自然讋伏，亦以其性之狙獷，不异禽獸，有時雖以德感之，而彼罔覺也。往時，水西爲明太祖所寵异，奢香入朝，加之優禮。不久，其子孫輒叛。播州楊氏，天子賜以飛魚服，優詔頻加焉。不久，其子孫亦叛。蓋'地大者恒反'，賈誼之言是也。固不繫乎德不德也。昔者，阿保機率師援石敬瑭，阿保機與石敬瑭别，欷歔流涕，貽以良馬三萬匹，解所衣貂裘衣之，約爲父子。石敬瑭死，其子輒叛，亦何嘗不以德哉？普安州土司，前朝最强，其叛者數矣。今皆改土歸流，惟龍姓近有功。"

——（乾隆）《普安州志》卷十四《師旅》，載《中國地方志集成·貴州府縣志輯》，第15册，第148頁

* （清）王粤麟修，曹維祺纂：（乾隆）《普安州志》，載《中國地方志集成》編委會編：《中國地方志集成·貴州府縣志輯》，巴蜀書社，2006年。

(乾隆)黔西州志*

水西安氏叛服本末

……(萬曆)十三年,播州宣慰楊應龍以獻大木,得賜飛魚服加恩。亨亦以大木進,乞還給服色,誥封如播州例。既而,木竟不至,乃諉罪於木商。帝怒,命奪所賚。亨乃請補貢,以明不欺,帝乃如所請。於是亨子疆臣襲,時萬曆二十六年也。

播州楊應龍已反,疆臣亦以戕殺安定事爲有司所案。科臣有言其逆節漸萌者,詔不問,許殺賊圖功。疆臣奏稱:“播警方殷,臣心未白。”帝復詔報之。巡撫郭子章許疆臣以應龍平後還播所侵水西、烏江地六百里以酬功,於是疆臣兵從沙溪入。有蜚語水西佐賊者,總督李化龍檄詰,疆臣遂執賊二十餘人,以示不背,率所部奪落蒙關,至大水田,焚桃溪莊。應龍伏誅。

先是,應龍祖以内難走水西,客死。宣慰萬銓挾奏,索水烟、天旺地,聽還葬,其地遂爲水西所據。及播州平,總督分其地爲遵義、平越二府,分隸蜀、黔,以渭河中心爲界,而命疆臣歸播侵地。代化龍者爲王象乾,主畫地。而子章以爲“侵地始於萬銓,而非疆臣。安氏迫取於楊相喪亂之時,非擅取於應龍蕩平之日,且已許其裂土,今反奪其故地,臣無面目以謝疆臣,願乞臣去。”象乾疏言:“疆臣征播,殲應龍子惟棟不實,首功可知。至佯敗弃陣,送藥往來,欺君助虐,迹已昭然。令還侵地,不咎既往,已屬國家寬大。若因其挾而予之,彼不爲恩,我且示弱。疆臣既無功,不與之地,正所以成撫臣之信。宜留撫、罷臣,以爲重臣無能與蕞爾苗噂沓者之戒。”於是清疆之議,纍年不决。兵部責令兩地巡按勘報,而南北言官交章詆象乾貪功起釁。科臣吕邦耀復劾子章納賄縱奸,子章求去益力。象乾遂執疆臣所遣入京行賄之人與金,以聞於朝。然議者多右疆臣,尚書蕭大亨遂主巡按李時華疏,謂:“征播之役,水西不惟假道,且又助兵。矧失之土司,得之土司,播固輸

* (清)馮光宿纂修:(乾隆)《黔西州志》,載《中國地方志集成》編委會編:《中國地方志集成·貴州府縣志輯》,巴蜀書社,2006年。

糧，水亦納賦，不宜以土地之故傷字小之仁，地宜歸疆臣。”

——（乾隆）《黔西州志》卷五《土司》，載《中國地方志集成·貴州府縣志輯》，第50冊，第44頁

（乾隆）鎮遠府志*

古郡分屬考

《蜀志》：“漢夜郎縣屬牂牁郡。”《唐書》：“珍州蓋牂牁，本且蘭國，在今播州界，即遵義府之境也。”

——（乾隆）《鎮遠府志》卷一《疆域志》，載《中國地方志集成·貴州府縣志輯》，第16册，第35頁

唐宋黔中郡乃今重慶府之彭水諸縣，豈能及貴州哉！惟唐設黔中采訪使，凡在今貴州境内之思、播、珍、費諸州皆隸焉，以是稱貴州，爲黔中可也；若即以唐宋之黔中爲貴州，不可也。

——（乾隆）《鎮遠府志》卷一《疆域志》，載《中國地方志集成·貴州府縣志輯》，第16册，第36頁

諸州建置考

唐置溆、播二州，溆州即今湖南溆浦縣，播州即貴州平越府、四川遵義府。辰、寶諸州縣皆溆也，鎮遠以上皆播也。宋分溆、播爲十六州，居溆即溆浦縣、辰、徽即湖南武岡州城步縣、懿即湖南沅州黔陽縣、誠即湖南靖州會同縣、綏寧縣之地、古即里古州與黔屬黎平各土司永從縣等處、思即黔鎮遠、思南等處。播乃由朝命建置，其餘諸小州皆長官自設也。宋乾德元年分置諸州，初置辰州屬秦氏，辰谿、麻陽等屬其地也；置徽州屬楊氏，武岡、城步楚縣名等屬其地也；置溆州，屬舒氏，溆浦、新化、俱楚縣名新寧楚地名，其地也；誠州屬楊氏，靖州、綏、會即今楚屬綏寧縣、會同縣，其地也；懿州屬田氏，沅州、黔陽等屬其地也；思州屬田氏，思南、鎮遠等屬其地也；播

* （清）蔡宗建修，龔傳紳等纂：（乾隆）《鎮遠府志》，載《中國地方志集成》編委會編：《中國地方志集成·貴州府縣志輯》，巴蜀書社，2006年。

州屬楊氏，自遵義至偏橋四百里、養龍坑地名一百里，其地也……曰徽、曰誠，則楊氏居之，若思州田氏、播州楊氏各據一方，自爲專制。漢置南蠻校尉治南郡；唐屬黔中大都督；開元末置五溪諸州經略使；天寶中增設守捉使，元因之；明興，改設府州衛縣，漸次削其籍焉。

諸州姓氏考

徽、誠、播皆楊氏，通寶隸徽，通蕴隸誠，是其同姓也。播州盛、烈則异姓，懿、思皆田姓，不同宗，壤地相間，時稱懿州爲小田，思州爲大田，故鎮遠等處爲大田溪洞。

——（乾隆）《鎮遠府志》卷四《建制·沿革志》，載《中國地方志集成·貴州府縣志輯》，第16册，52～53頁

（元世祖至元）二十一年，改思、播二州隸順元路。二十九年，改思、播二州隸湖廣省。《通志》。二十八年，中書省臣言："蠻洞歲進馬五十匹、雨氊五十被、刀五十握、丹砂、雄雌黄等物，率二歲一上。"詔從其所爲。

——（乾隆）《鎮遠府志》卷四《建制·沿革志》，載《中國地方志集成·貴州府縣志輯》，第16册，第54頁

萬曆庚子，狼星入於東井，占者以爲滅播之象，既而果應。此非占在參、井之一證耶！

——（乾隆）《鎮遠府志》卷六《分野志》，載《中國地方志集成·貴州府縣志輯》，第16册，第73頁

九股苗與施秉之黑苗同類，地廣而族夥……前明播州之亂，爲楊應龍羽翼。雖調兵十數萬誅滅楊應龍，而九股未剿，伏莽劫掠，時出爲害。由地曠而險，猝難制伏。

佯僙，即楊荒，播之遺民也，有楊、龍、張、石、歐等姓，其種最夥。都匀、石阡、施秉、龍泉、黄平、餘慶、黎平及龍里皆有之。荆壁不塗，門户不扃，出入以泥封之。其服飾婚喪與漢人同。男子計口而耕，婦女度身而織，暇則挾戈操笴，以漁獵爲事，婚喪以犬相遺，近則衣冠、文物日漸盛矣。

土人所在多有，在施秉者，多思、播流裔。

——（乾隆）《鎮遠府志》卷九《風俗志》，載《中國地方志集成·貴州府縣志輯》，第16册，87～88頁

郭子章，字相奎，號青螺，泰和人。隆慶辛未進士。萬曆二十七年，巡撫貴州。歷十年，悉知民隱，凡所設施永垂利澤。尤善獎拔士類，經其品題，率成名宿。著《黔記》六十卷，經齊卓然。先是，播州酋楊應龍作亂，王師屢征不克。天子附髀，群臣交薦。子章匹

馬入黔，增兵餉、扼要害、立賞格，士氣百倍。興師才百餘日，擒應龍，誅之。播州平，始經理播州爲平越等郡縣。未幾，復有皮林之役，功與播等。黔人戴恩，建生祠七所，更有建懷德祠，以子章與諸葛忠武、關壯繆鼎足者。三十五年，陳情《終養疏》，九上，始得請。晉兵部尚書。又捐奉置各郡縣學田若干，以賑寒士。

——（乾隆）《鎮遠府志》卷二十三《名宦傳》，載《中國地方志集成·貴州府縣志輯》，第16册，第223頁

(乾隆)平遠州志[*]

新辟水西紀略　谢琯

水西之地,山川險隘……萬曆二十八年,總督李化龍、巡撫郭子章討播,檄水西兵大戰於大水田,破之。楊應龍授首,安疆臣增官進秩。

——(乾隆)《平遠州志》卷十六《藝文》,載《中國地方志集成·貴州府縣志輯》,第49冊,第705頁

＊(清)李雲龍修,劉再向等纂:(乾隆)《平遠州志》,載《中國地方志集成》編委會編:《中國地方志集成·貴州府縣志輯》,巴蜀書社,2006年。

（嘉慶）正安州志*

（唐）宣宗太宗（大中）十三年，南詔僭號，寇陷播州。

僖宗乾符三年，太原楊端應募取播州，諭以禍福，賊退。授武略將軍，遂居播州。即楊應龍之祖。

（宋）徽宗大觀中，楊文貴納土，置遵義軍。宣和六年，廢播州爲播川縣，隸南平軍。按：《南川縣志》：南平軍，今綦江縣。

元世祖至元十五年，播州土知州楊邦獻内附，仍爲播州。即授楊邦獻宣慰使，賜其子漢英名賽因不花，封播國公。今遵義府治即楊漢英第。

（明）萬曆二十五年秋，播州宣慰使楊應龍叛。二十八年夏六月，川湖總督李化龍帥師討平之，分其地，以容山、黄平、白泥、甕水、重安、餘慶等地爲平越軍民府，屬貴州；以播州等地改名遵義軍民府，領真安一州；遵義、綏陽、桐梓、仁懷四縣，屬四川。

萬曆二十八年，平播後，改土歸流。知州郭維屏始建城於思寧里一甲爲州治。

——（嘉慶）《正安州志》卷之一《建置》，載《中國地方志集成·貴州府縣志輯》，第40册，第11頁

唐

楊端，太原人。乾符初南詔陷播州，端應募復之。諭以威德，縻以恩信，夷人懷服。五代以來世襲宣撫使。宋開禧中贈太師。

明

李化龍，直隸長垣人。進士，經緯雄才，久歷邊鎮。總督川、湖、貴州，主征播事。其馭將機權，取酋方略，出人意表，雖羽檄交馳，而尺牘文告皆珠璣錯落，開誠布公，得人死力，賜劍未嘗輕用。賊平，功遷尚書少保，播人祠祀之。

劉綎，南昌人。播酋倡亂，綎以都督率兵進攻。時楊應龍忌綎威名，欲挫其鋒，悉簡

* （清）趙宜霈修，游玉堂纂：（嘉慶）《正安州志》，載《中國地方志集成》編委會編：《中國地方志集成·貴州府縣志輯》，巴蜀書社，2006年。

精鋭付子朝棟，以與綎戰。綎大破之，賊爲奪氣。後破數關，遂抵囤下。征播之役，厥功爲第一。

張悌，河南人。進士，倜儻有才，慷慨自許，夙以邊才著名，以四川參政分守東川。時討楊應龍，值總督李化龍丁外艱，兵心稍懈。悌獨冒暑單騎走監諸軍，激厲將士。賊平，遷大同巡撫。

馬孔英，宣府塞外降丁也，積功至總兵官。征播之役，孔英所將邊卒及諸士兵皆獷悍，破桑木、九杵、黑水諸關，獨先八道至海龍囤下。諸將以囤後易攻，孔英獨壁其前。録功，進都督同知，世蔭千户。

高折枝，固始人。進士。以重慶推官監紀討播，身先行陣，鼓勵士卒。自播發難以迄蕩平，厥功最茂。

郭維屏，雲南人。萬曆中舉人，以從軍平播有功，任真安州牧。時改土設流，一切制度皆其所經始。州人懷德畏威，歷久不替。

詹淑，麻城人。萬曆間舉人，平播後以郡丞來州建學，撫字招倈，定賦編甲，大綱畢舉。

——(嘉慶)《正安州志》卷之三《名宦》，載《中國地方志集成·貴州府縣志輯》，第40册，62~63頁

聿自殷高宗克伐鬼方，秦昭王略黔置郡，漢武擊且蘭而定地，孔明資濟火以開疆，下逮唐宋元間，遣將命師剿撫之事，載諸史册。有明自洪武以後，播、珍各地叛服不常。嘉靖二十八年，剿滅土酋，盡分其地，民衆歸化輸誠，皆督師李化龍與總兵劉綎之勛，至今嘖嘖人口也。

——(嘉慶)《正安州志》卷之三《師旅》，載《中國地方志集成·貴州府縣志輯》，第40册，第66頁

平播州楊應龍事迹

明萬曆二十八年六月，總督李化龍率師討播州宣慰司楊應龍，平之。

播州自洪武初楊鏗内附，世授宣慰司，地方千里，西北塹山，東南俯江，稱西南奥區。傳至應龍，性猜狠，嗜殺，數從征調，恃功驕蹇，知川兵脆弱，陰有據蜀志，間出剽州縣。嬖小妻田雌鳳，譖殺妻張氏，屠其家。用誅罰立威，所屬五司七姓不堪其虐。十八年，走貴州告變。巡撫葉夢熊疏請大征，詔不聽。

二十年，逮繫重慶獄。應龍詭將征倭兵自效，得脱歸。復逮，不出。

二十一年，四川巡撫王繼光請於朝，討之。繼光至自重慶，與總兵劉承嗣等分兵三道進婁山關，屯白石口。應龍佯約降，而統苗兵據關衝擊，承嗣軍敗，殺傷大半。會繼光論

罷，即撤兵，委弃輜重略盡。黔師會剿亦無功。

二十三年，邢玠總督貴州，檄重慶知府王士琦諭應龍至松坎聽勘。論斬，得贖，輸四萬金助采木，以次子可棟羈府質追。未幾，可棟死於重慶，促喪歸不得，復檄完贖。應龍大恨，擁兵驅千餘僧招魂去，分遣土目置關據險，厚撫諸苗，名其健者爲“硬手”，州人稍殷者，没入其資以養苗，苗遂願爲出死力。

二十四年，應龍掠大干諸壩，焚劫草塘、餘慶二司，遍及興隆、都勻各衛。又圍黄平，殺重安江長官，勢大熾。

二十五年，流劫江津及南川，臨合江，索其仇袁子升，縋城下，磔之。時兵備王士琦調征倭，應龍益統苗兵大掠貴州洪頭、高坪、新村諸屯。詗原奏仇民宋世臣、羅承恩等携匿偏橋衛，襲破之。大索城中，戮其父母子女，備極慘毒。

二十七年春，巡撫江東之、都司楊國柱領兵三千剿應龍。應龍遣子朝棟、弟兆龍、何良漢等迎敵於飛練堡。我師奪三百落，賊佯敗誘我師，伏發，國柱及指揮李廷棟等死之。東之罷，以郭子章代，而起李化龍節制川、湖、貴州諸軍事，調東征諸將劉綎、陳璘等南征。

六月，應龍乘大師未集，勒兵犯綦江。時城中新募兵不滿三千，而應龍以兵八萬奄至，參將房嘉寵、游擊張良貴戰死，綦江陷。應龍盡殺城中人，投尸蔽江，江水爲赤。退屯三溪，以綦江之三溪、五〈母〉渡，南川之東鄉壩，立石爲播界，號宣慰官庄。聲言合江、江津皆播故土。初，賊本無意竟反，徒以安忍猖狂，既覆我師飛練，則騎虎勢不得下，於是益結九股生苗及黑脚苗等爲助。十一月，應龍屯兵官壩，聲言窺蜀，已而焚東坡、爛橋，楚、黔路梗。

本年正月，應龍五道并出，破龍泉司。守備楊惟忠擁兵二千，以勢不敵，避去。土官安民志率步卒五百拒守，死之。二月癸未，播賊襲執宣尉宋承恩去。承恩，應龍婿也。時總督李化龍已移駐重慶，征兵大集，遂以十二日丙戌誓師，分八路，路約三萬人，官兵三之，土司七之。川師四路：總兵劉綎從綦江入，以參將麻鎮等隸，參政張文耀監之；總兵馬孔英從南川入，以參將周國柱、宣撫冉馭龍等隸，僉事徐仲佳監之；總兵吴廣從合江入，以參將徐世威等隸，參議劉一相監之；副將曹希彬受廣節制，從永寧入，以參將吴文杰、永寧女土官奢世續等隸，參議史旌賢監之。黔師分三路：總兵童元鎮統鎮雄土知府隴澄、泗城土知府岑紹勛等由烏江；參將朱鶴齡受元鎮節制，統宣慰安疆臣等由沙溪；總兵李應祥統宣慰彭元璠等由興隆，參議張存意、按察司楊寅秋監之。湖廣一路，出偏橋，分兩翼：總兵陳璘統宣慰彭養正等由白泥；副總兵陳良玭受璘節制，統宣撫覃宜等由龍泉，副使胡桂芳、參議魏養蒙監之。巡撫郭子章駐貴陽，湖廣巡撫支可大移沅州，總督李化龍自將中軍策應，諭諸將以抵婁山等關爲期，且曰：“關外，且戰且招降，多不可勝誅也；關内，疾戰勿受降，師不可久老，賊詐不可信也。”綦江道最要，綎當之。應龍熟綎才，頗懼，益兵守要害。十五日，諸將克丁山、銅鼓山、崖村，遂直搗楠木、山羊、簡臺三峒。峒絶險，賊將穆照等衆數萬連營，諸將憚之。綎分兵攻其三面，大戰於李漢壩，生擒其魁，餘賊奔入峒。乘勢直搗峒前，焚之，賊多死。盡克三峒，擒穆照及賊魁吴尚華。是日，綎督戰，左持金，右挺劍，大呼曰："用命者賞，不用命者齒劍。"鬥死者四十人，遂大捷。

三月，應龍乃遣子朝棟、惟棟及其黨楊珠統鋭卒數萬，由松坎、漁渡、羅古池三道并進。綎伏萬人羅古，待松坎賊；以萬人伏營外，待漁渡賊；而别以一軍策應。賊果至，伏盡起。綎率部下轉戰，斬首數百，追奔五十里。朝棟潰圍走，幾爲我師獲。應龍憚綎威名，意首挫其鋒，屬朝棟悉勁兵，間道相角，曰："爾破綦江、馳南川，盡焚積聚，餘無能爲也。"及朝棟敗，益膽落，聚守石虎關。綎亦掘塹守。

初，綎聞征播命，逗遛，多設難要朝廷。言官交劾綎，議調南京右府僉書。綎至是聞之，即辭任。李化龍以平播非綎不可，固留之，力薦於朝，綎乃復受事。遂進克石虎關，拔賊滴淚、三坡、瓦窑坪諸隘，直抵婁山關。婁山萬峰插天，叢箐中一徑纔數尺。賊設木關十三座，排栅置深坑，百險俱備。綎分奇兵爲左右路，間道趨關後，而自督大軍仰攻，奪其關，追至永安莊，兩路軍亦會。時三月二十九日也。

綎老將持重，慮賊衝突，聯諸營：一據婁山關爲老營，一據白石口爲腰營，一據永安莊爲前營。都指揮王芬者，勇而寡謀，每戰輒請爲前鋒，連勝，有輕敵心，獨營松門埡之衝，距大營數里。賊有烏江之勝，謀再奪婁山。適穆照遣人洩芬孤軍狀。四月朔，賊乃襲殺芬，守備陳天綱、天全招討楊愈亦死，失亡士卒二千人。綎聞，急往救，部將周以德、周敦吉夾攻，賊始大奔，追至養馬城而還。是日，應龍幾被獲，乃不敢窺婁山。綎懲前失，劄進關堅壁，且請濟師。逾十餘日，克後水囤，營於冠子山。尋會馬孔英，壁海龍囤不〈下〉。孔英道南川獨險遠，去應龍海龍囤六七百里。未至重慶時，推官高折枝監紀軍事，請獨當一面。乃與參將周國柱，先以石柱宣撫馬千乘兵破賊金筑，復督酉陽宣撫冉馭龍敗賊於官壩。時賊既破龍泉，方移師攻婺川，聞敗乃遁。及孔英至軍，平茶、邑梅兵亦集，軍容甚壯。先師期一日入真州，用土官鄭葵、路〈駱〉麟爲鄉導，别遣邊兵千扼明月關。諸軍鼓行前進，破四寨，攻赤崖，抵清水坪、封寧關，悉破賊營十數，逼桑木關，關内民降者日千計。折枝結三大寨處之，禁殺掠，降者日衆，賊益孤。關爲賊要害，山險箐深，賊憑高據守。

三月初八日，乃令千乘、馭龍出關左右，國柱搗其中。賊用標槍藥矢，鋭甚，官軍殊死戰，奪其關，逐北至風坎關，賊復大敗。連破九杵、黑水諸關，苦竹、羊崖、銅鼓諸寨。國柱攻金子壩，無一人，疑有伏，焚空寨十九，嚴兵以待，賊果突出，擊敗之。孔英乃留王之翰兵守白玉臺，衛餉道，平茶、邑梅兵守桑木關，而親提大軍進營金子壩。應龍聞桑木關破，大懼，遣弟世龍及楊珠以鋭卒劫之翰營，之翰走，殺餉兵無算。平茶兵來援，賊始退。孔英還擊，世龍復不勝。步卒發火箭，裨將劉勝復奮擊，賊乃奔。官軍進朗山口，由朗山進蒙子橋，深箐蓊翳，賊處處設伏，悉剿平之。應龍遣其黨詐降，謀爲内應，折枝盡斬之，伏以待。賊果夜劫營，伏發，賊驚潰，追奔至高坪。已，奪賊養馬城，直抵海龍第二關下，賊守兵益多。孔英軍已深入，而諸道未有至者。酉陽、延綏兵皆退，賊躡殺害官兵六十人。居數日，劉綎兵至，乃合兵，連克龍爪、海雲諸囤，壓海龍囤而壘。

初，總督李化龍刻師期，諸將莫利先入。孔英所將邊卒及諸士兵皆獷悍，監紀折枝勇而有謀，故師獨先，八道至囤前。吴廣出合江，屯二郎壩，大行招徠，賊驍將郭通緒者迎戰，將士襲走之。陶洪、安村、羅村三寨土官各出降，他部來歸者數萬，廣擇其壯者從軍。通緒扼穿崖囤，廣督土、漢軍擊破之。劉綎、馬孔英已入播，廣猶頓二郎，總督李化龍趣之，乃議分四哨進攻崖門，别遣奢世續等督夷兵二千，扼桑木埡諸要害以防餉道。諸將連破數囤，進營母猪塘。應龍令通緒盡發關外兵拒敵，廣伏炮手五百於磨槍埡外南岡下，而遣裨將趙應科挑戰。埡兩山相夾，中甚隘。通緒横槊衝應科，科佯北，通緒追出埡，遇伏，急旋馬，中炮墜，方躍上他馬，伏兵攢刺之，殪。餘賊大奔，官軍逐北，賊盡降，遂薄崖門。徑小，止容一騎，賊衆萬餘出關拒戰。曹希彬懸賞千金，士攀崖競進，追至第四關。關上男女盡哭，於是賊黨自殺，其魁羅進恩率萬餘人出降。其第一關猶拒不下，廣乘夜疾進，奪其關，關内民争獻牛酒。時李應祥、陳璘猶在關外，廣合希彬軍連戰一碗水、土崖、分水關，皆捷。遂進營水牛塘。

應龍知廣軍孤深入，謀欲襲之，乃遣人詐降。廣測其詐，堅壁以待。應龍擁衆三萬直衝大營，諸將殊死戰，會他將來援，師乃退。廣遂進壁海龍囤。童元鎮督永順、泗城、鎮雄諸土軍由烏江。初，元鎮先駐銅仁，憚應龍，久不進，屢趣乃行。時劉綎、吴廣諸軍已進，群賊議分兵守，其參謀孫時泰曰："分兵則力薄，乘官軍未集，先破其弱者，餘自退矣。"應龍善之。聞元鎮將抵烏江，應龍曰："此易與耳，縱之渡江，密以計取。"監軍楊寅秋言："烏江去播不遠，宜俟諸道深入，協力齊驅。"元鎮不從。於是永順兵先奪烏江。賊遣千餘人沿江叫罵以誘之。諸軍既濟，復奪老軍關，前哨參將謝崇爵乘勢督泗城及水西兵，再拔河渡關。

三月望，賊以步騎數千先衝水西軍，軍中驅象出戰，賊多傷。俄駕象者斃，象反走；擲火器者又誤擊己營，陣亂，泗城兵先走，崇爵亦走；争浮橋，橋斷，殺、溺死者數千人。河渡既敗，烏江軍相去六十里，猶未知。明日，參將楊顯發永順兵三百出哨，道遇賊數萬，咸爲水西裝。永順兵不疑，與盟誓。賊掩殺三百人，亦襲其裝，直趨烏江。烏江軍信爲水西、永順兵，不設備，遂爲賊所破，争先渡江。賊先斷浮橋，數千人皆溺死，顯及二子與焉。元鎮所部三萬人不存什一，將校止崇爵等三人，水爲不流。貴陽聞警，居民盡避入城，遠近震動。化龍用上方劍斬崇爵，益征兵，檄鎮雄土官隴澄邀賊歸路。隴澄者，即安堯臣，水西安疆臣弟也。軍不與元鎮合，獨全，當事頗疑其通賊。寅秋以鎮雄去播止二日，令搗巢立效，澄許之。河渡未敗時，澄已遣步將劉岳、王嘉猷攻拔苦竹關及半壩嶺。既敗，二將移新站。賊伏兵大水田，别以五千人來襲，敗還。嘉猷乃揚聲搗大水田，而潛以一軍拔大夫關，直抵馬坎，斷賊歸路，與疆臣合，賊遂遁。會都指揮徐成將兵至，合岑紹勛兵，再克河渡關。賊將張守欽、袁五受據長箐萬丈林，永順兵擊破之，生擒守欽；攻清潭洞，復擒五受。會朝議責元鎮敗狀，逮下獄，令李應祥并將其軍。應祥由興隆入，受事於二月下旬。副將陳寅等已連克數囤，拒賊四牌高囤下，别遣兵從間道直搗龍水囤。他將蔡兆吉又自乾坪抵箐岡，過四牌。賊首謝朝俸營，其地四面峭壁深箐，賊從高鼓譟，官軍殊死戰，俘朝俸妻子，乘勢抵河畔；會烏江敗書聞，斂兵不進者旬日。應祥已受任，趣諸將急渡，寅等乃敢〈取〉他道渡河，而潛爲浮橋以濟師。諸軍既渡，賊失險，乞降者相繼，應祥悉受之。賊所恃黄灘一關壁立，衆死守。會賊徒石勝俸等率千餘人降，告曰："去黄灘三十里有三關，入播門户也，先襲破之，則黄灘孤難守。"應祥然其計，令偕陳寅率精卒四千，夜抵關下。勝俸以數十騎誘開前門，盡殲其戍卒。黄灘賊懼，益增兵固守。督諸將渡河，攻關前；勝俸由墳林暗渡，襲關後。賊乃大敗，應祥遂直抵海龍囤。陳璘由偏橋進，軍次白泥。應龍子朝棟率賊二萬渡烏江迎戰，璘前禦之，而分兩翼躡其後，賊少挫。追奔至龍溪山，賊合四牌賊共拒璘。四牌在江外，與江内七牌皆五司遺種、九股惡苗，素助賊。璘廣招撫，乃進軍龍溪。諜報有伏，令游擊陳策以火炮擊之，賊據險，矢石雨下。璘先登，斬小校退者以徇。把總吴應龍等陷陣，賊大潰，退拒四牌保兒囤。璘遣二裨將逼之，中伏，璘募死士從應龍等奮擊，賊復潰，奔據囤巔，夜由後遁，黎明追及於袁家渡，賊復敗，悉渡江遁，四牌之賊遂盡。

三月望，諸軍爲浮橋渡江，知賊將張佑、謝朝俸等營七牌野猪山，璘即夜發，抵苦練坪，前鋒與戰，後軍至，夾擊之，賊敗逃深箐，官軍遂入苦菜關。會童元鎮烏江師敗，璘大懼，請退師，李化龍不可。璘乃進營楠木橋，次湄潭。賊悉聚青蛇、長坎、瑪瑙、保子四囤，地皆險絶，而青蛇尤甚。璘議："同日攻則兵力弱，止攻一囤則三囤相助。"乃先攻三囤，次及青蛇。良玭師亦來會，令伏囤後，别以一軍守板角關，防賊逸。璘督諸將力攻三日，賊死傷無算，三囤遂下。青蛇四面陡絶，璘圍其三面，購死士從瑪瑙附葛至山背舉炮，賊惶駭。諸軍進攻，焚其茅屋。賊退入囤内，木石交下。將士冒死上，毁大栅二重，前後擊之，賊大敗。七牌之賊亦盡。時四月十三日也。乃分兵大〈六〉道，攻克大小三渡關，乘勝抵海龍囤。海龍囤者，賊所倚天險，飛鳥騰猿不能逾者。及諸路兵俱集囤下，賊見勢急，父子相抱哭，上囤死守。每路投降文，緩我師。化龍檄："賊詭降，即斬使焚書，無爲所紿虞。"綎與應龍舊，檄無通賊，綎械其人自明。賊詭令婦人於囤上拜表痛哭，云："田氏且降。"詐爲應龍仰藥死，報吴廣。廣輕信，按兵不動。已，覘知田氏詐降緩攻，而所云應龍死，乃川兵攻囤，以火炮擊死所謂楊珠也。珠驍勇善戰，既死，賊痛如失左右手。廣覺詐，益列兵協攻，燒二關，奪三山，絶賊樵汲。

五月十八日，始築長圍，化龍令諸將分日迭攻。安疆臣攻囤後，受賊重賄，多與通，且潛以火藥貽賊，故賊不備其後。陳璘知之，與監軍者謀，令疆臣退一舍。璘移其處，置鐵牌百餘，距囤丈許，賊强弩無所施。又爲笓板於栅前，賊每夜出劫，爲釘傷，不敢復出。會化龍聞父喪，詔以墨縗視事。化龍跣而草檄，益治軍。時天苦雨，將士馳淖中苦戰。六月四日，天忽開朗。五日，劉綎身先士卒，進克土、月二城。應龍益迫，夜散數千金募死士拒戰，諸苗皆駭散無應者。起，提刀自巡壘，見四面火光燭天，徬徨長嘆泣，與妻子曰："吾不能復顧若矣！"六日，陳璘與吴廣當進兵，璘夜鼓銜枚上，賊鼾睡，斬其守關者，樹白幟、鳴炮，賊大驚潰散。廣兵亦至。應龍倉皇同愛妾二，闔室縊，且自焚。廣獲其子朝棟及妾田雌鳳，急覓尸出焰中。廣中火毒失聲，幾絶，頃而蘇。自出師至滅賊，百十有四日。總督李化龍露布以聞。

——（嘉慶）《正安州志》卷之三《師旅》，載《中國地方志集成·貴州府縣志輯》，第40冊，67～74頁

（明）冉晟，伯剛子。萬曆二十七年，大兵平播，川督李化龍疏請設流，改真州正長官司。冉晟爲本州土同知替襲。

按：《冉氏族譜》"明萬曆二十七年，楊應龍肆逆，督帥李化龍八路進兵，冉晟率先歸附，與副長官等各率千人從軍"云云。今考《平播事迹》，總兵馬孔英從南川入，以參將周國柱、宣撫冉馭龍等隸，僉事徐中佳監之。又"大兵未至重慶時，推官高折枝監紀軍事，督西陽宣撫冉馭龍敗賊於官壩。及孔英至，珍州用土官鄭葵、路麟爲鄉導，逼桑木關，關内民降者日千計"云云。《紀》中祗書冉馭龍，不載冉晟名姓。又考李化龍《善後疏》中祗稱"合將真州長官即爲該州土同知，副長官即爲土判官"，亦未疏明冉晟改授。《省志》之"廢土司"條下又無遵義府，所屬名目書以俟考。

……

鄭葵，萬曆十四年襲職。從征馬湖叛寇有功，功後因脇附楊應龍查勘，改設流官，納土獻印，降爲土州同替襲。

——（嘉慶）《正安州志》卷之四《土司》，載《中國地方志集成·貴州府縣志輯》，第40冊，85～86頁

平播疏　李化龍

楊酋匪茹，與國爲仇，萬姓荼毒，三省震驚，熟〈孰〉不以爲不可以歲月克者？乃自出師以來，甫三月有奇，而元凶授首，黨與悉擒。千年狼虎盤據之窟，一旦掃蕩無遺，上足以伸中國之威，下足以洩生靈之憤，其他狡黠土司、獷悍惡苗，無不落魄亡魂。西南半壁天下可永無虞矣。皇上德威遠被，指授方略所致，斷非文武將吏，敢貪天功以希遇者。惟是各官兵暴露行間，勞苦萬狀，不可不查叙也。

先是，臣奉命入川，賊知罪在不赦，已統兵深入，有擒王剿叛之説。遂破綦江，且逼重

慶，地方洶洶，皆謂有長驅之志。於時，目前兵力略無可恃，臣乃以計緩之：一面調兵，一面移文詰責，若未嘗絶之者。賊果信之，即具文求撫，且不西向。臣因得以徵調漢、土諸兵，急爲之備。其時，賊氣張甚，川人畏之如虎。臣發成都兵，甫出門，欲投錦江，不復肯東。及聞綦江失守，兵見賊來，競譟而走，多投水者，止餘二將與其家丁，遂及於難。臣念漢兵心膽已碎，土兵狐兔有情，自非招客兵不可，因請調陝、浙諸省之兵。又念外兵之費甚侈，往來途次，且生擾害，不可過多，乃於每省鎮止調一二千，多者三千，共數省，實僅僅兩萬，其餘乃三省及滇、粤土兵也。然西南人見外兵來，莫測多少，以爲天下之兵皆至矣。白〈自〉是漢兵之氣壯，而土兵之心亦折，無不樂爲我用者。時賊雖知調兵，然以爲虚聲嚇之如往日，非實事也。臣亦止在成都積糧治器，若無事者，然不復東，賊亦不疑。北兵俱集，臣移駐重慶，賊始知必剿，頗肆衝突。然我兵漸益，未易得志也。臣又念，兵以一路進，既道狹不能容，一有前却，不可復振，因分爲八路。又念路分而兵少，賊厚其陣以衝之，敗矣。因命每路皆三萬以上，每一路皆可以當其全師。又念關外賊黨多，不可勝誅，會兵部頒賞格至，首重招降，臣亦推廣之，但投戈者，皆赦不誅。臣又念，無賞，士不勇往。會兵部賞格，首言“得賊者，即以其家資與之”，臣亦推廣之，克關破囤，各懸賞，賞各以千萬計。既川兵入關，臣又恐其人自爲心，若九節度之師然，因復委按察使張悌入總監之。殺牲莅盟，務必得賊。臣又恐賊事急詐降，得以遷延至暑雨漸深，我兵不能久困，令但急攻之，有稱降者，斬使焚書，無爲所紿。時湖廣貴之兵亦至囤下，臣欲入營親監之，會聞先臣之計〈訃〉，臣恐營中遂懈惰不可用，因不待成服，跣而草檄，亦以例應候代，照常督兵。有慢令者，尚方具在，令代中軍余德榮等再往監之。臣又念賊囤後易攻，囤前難攻。時諸將壁囤下者各有分地，因令以勁兵一枝壁其前，其餘并力於後。臣又恐諸軍士爭趨賊物，或至亂行，至有他虞，因移文再四申禁。臣又聞營中流言“［水］西目把，尚不絶賊”，恐漏軍情，因移文令其退劄。水西土官懼，撤其兵，退而引嫌曰：“吾不欲爲亡播之續也。”時久雨，軍士日馳泥淖中。至六月之初四，而天忽晴。初五日，遂破其二城。初六日，遂登其囤，賊以滅亡。總計八路兵，生擒賊首、賊從一千一百二十四名，斬級二萬二千六百八十七顆，俘獲賊屬五千五百三十九名口，招降播民一十二萬六百一十一名口，全活被擄男婦一千六十四名口，奪獲馬、牛七百六十七匹，奪器械四千四百四十四件。

是役也，自賊破綦江，至剿滅，可一年。自進兵至滅賊，百十有四日。當八路對壘時，土、漢兵既參差不齊，諸將領亦彼此觀望。播人劫於賊之積威，人自爲戰，未易即克。我各路又糧運艱難，時有脱甲之呼。臣日久〈夜〉督催，走使馳檄至數百千，即兩省撫臣、各路鎮道，亦靡不忘寢忘食，或至頭鬚爲白。總之，諸文武知廟堂之意，必欲滅賊，故鼓之即應，勞之不怨，誅罰之亦無敢囁嚅者。倘更一月而賊不滅，暑雨久，瘴疫深，我將自潰，無問賊矣。該臣會同巡撫貴州郭子章、巡撫湖廣支可大、巡撫偏沅江鐸，議得國家方制萬里，日所出入之邦，悉爲郡縣，獨西南諸省不廢土司，盖亦曰“因俗而治，與之相安”云耳。

二百年來，此輩犬羊之性，不堪馴擾，亦時有之，然未有如播酋楊應龍之公然叛逆者，則何也？蓋其地險，其兵强，其財力足以使鬼通神，其聲勢足以呼群嘯黨。加以年來方宇多事，九伐之旌未遑南指，彼遂時時狂逞，亦遂時時得志。井蛙之見，謂縣官真無奈我何。諸群不逞，如楊珠、楊明、何漢良、孫時泰輩，瞷其雄心，或時有以公孫躍馬、尉佗自王之説進者。賊亦自念騎虎勢不得下，將曰："等死耳，無且舉大名乎"。於是恣其狂圖，淫怒以逞，而破城殺將，鵲起西南之勢成矣。夫天下非小弱也，九州四海兵非脆，糧非乏也。向賊逆未著，皇上不忍遽觀之兵，曰："吾且舞干""吾且解網""姑俟其悔過，而與之相安無事"，乃不謂凶人之性不移也。始天怒赫然，斷在必剿，夫斷而敢行，鬼神避之，况此么麿者乎？盖自進剿之旨下，上方之劍頒，然後海内熊虎之師如雲而集，陳紅之粟沿江而上，智士陳謀，勇夫效力。火燎毛，山壓卵，賊即欲不灰飛烟滅，亦曷可得已！

臣等嘗即諸路之功而評叙之：在四川則楠木、三硐，賊黨以爲三窟，謂天險不可升者也；婁山關，賊前門，我所必由，賊所必争者也；海龍囤，賊以爲天造地設，人迹所必不能到，兵力所不能加者也。三戰而克之，賊力竭矣，不亡何待？夫賊黨自戰其地，猶易與也，惟賊父子親在行間，諸賊人人致死，難與争鋒。該路到處，與賊父子對壘，最快者，九盤子之戰，賊悉其精鋭以付朝棟，令之從綦江進，從南川回，此其目中尚復有官兵乎？劉綎一戰而走之，自是播人爲破膽。尤快者，諸軍壁海龍屯下，連月不拔，綎至，一日而克其二城，賊遂滅亡。至今群口囂囂，然竟無敢没其先登之烈者。兵法云："無選鋒曰北"，綎於諸路，其選鋒乎！則綦江路之之功也。

臣嘗言，破賊，關外宜招降，謂多不可勝誅也；關内宜疾戰，謂師不可老也。安村、羅村、陶洪三寨，生口以數萬計，勝兵以數千計，令貪功者以大兵初入，必且多殺以報捷。勝之，則傷仁；不勝，則損威矣。而該路坐受其降，兵不血刃。自是一戰而斬郭通緒，再戰而入崖門關，三戰而屢捷於水牛塘。賊計無復之，遂父子相哭而上囤矣。當其入水牛塘時，川兵入關，去囤尚遠；湖、貴兵在關外，絶不相聞。吴廣以孤軍去囤數十里而結營，犯兵法之所忌，而卒以得志，自非其令嚴而戰力當不及此。後雖有講降誤事，然有激而奮，竟以成功，逆賊父子盡獲其首，終不失爲全捷，則永合路之功也。

南川路最險、最遠，去囤可六七百里，賊以爲官兵必不能從此進。當馬孔英之未至也，高折枝以一書生，請自將漢、土兵以往，此固已雄偉不常矣。乃師期一月之前，先搗官壩營，以寒賊膽，而撤回龍泉之兵，且以解思、石之危。其事甚奇，其功甚大。此進兵從真州入，真人則簞食壺漿以迎，播人則弃甲曳兵而走，居然有三代之氣象。時諸將欲候各路消息，方入關，折枝毅然曰："若是，則誰爲當先入者？"策馬而前，衆隨其後，竟以三月初八日奪桑木關而據之。臣用是以催各路，尚有四月入者。令諸將皆折枝，諸路皆南川，滅賊當更速。抵關，而馬孔英至，則文武相得，如樂之和。自是，日日約各路攻圍，有應，有不應，甚或以相誹詈，而折枝不顧也。分攻令下，諸將争走後門，該路獨壁前門。夫後門，我易攻賊;前門,賊易衝我。亦曰:“誰爲宜當賊衝者”,蓋“亦先入關之意乎?”破屯之役,後門以二路更攻,前門以一路搏戰,日夜揮戈,人百其勇,坐使賊自盡,而逆黨無一逸者。總之,倡諸路之先,作三軍之氣,令黔師不得以賊强我弱借口,而竟以奏功。臣於該路文武蓋心折焉。則南川路之功也。

在湖廣,則偏橋一路。江外爲四牌,江内爲七牌,皆五司遺種、九股惡苗,盤據糾結乎其間。四牌不掃,即武騎千群,未易窺二渡也。陳璘獨以一旅之師,先掃四牌,開我進兵之路。用是,烏江内賊黨寒心。長坎、瑪瑙、青蛇三屯,自昔以爲險絶,官兵所從未易得志者。臣亦慮其難下,令降之。璘以爲除惡務盡,竟以一鼓而升其巔,殺戮數千,臭聞十里。時龍泉哨、施南兵亦已先克板角關。至今湄潭、白泥之間,四牌、七牌之苗遂無遺種,非璘之力不及此。該路漢兵少,土兵多,糧運少遲便成嘄呼。璘令嚴而法肅,卒能使之用命而不爲害。迨至克關逼囤,議設木栅、製鐵牌,以防賊逸,其機智有足多者。卒以入虎穴,得虎子,閹人、繡女纍纍在俘,則偏橋路之功也。

貴州各路與川、湖不同,其地近,其兵少,其餉乏,其夷情反覆而靡常,其民心揺惑而不定。兹之用兵,又非以一淬厲、一鼓舞之爲競者。烏江失律,已見法矣。然能借是以激厲水西,俾之絶狐兔之情,踐虎狼之窟。母氏囤一戰,大足褫逆酋之魄,而奪之氣。此則失之武人,得之文吏,蓋運籌者之若心乎!李應祥以孤危之兵,當촬脆之時,能自審於緩急進止之間,以守爲戰,以招撫爲進攻,卒之轉弱爲强,揚旌直指,斬首數百,招降數萬。因破諸囤,斬三渡,抵白田,何其壯也!竟以連合川兵,同心戮力,破重城、俘群醜,振積弱之邦、舒華夏之氣,始如處女,繼如脱兔,兹其審於機而神於用,豈易得哉!則平越、烏江、沙溪諸路之功也。

夫我國家,從來用兵未有大得志於西南夷者。國初,傅友德統二十四將軍,止言防守,未聞戡定;正統間,麓川之役用兵五十萬,轉餉半天下,升叙萬人,三返而罪人竟逸;嘉靖初,思田之役,以剿始,以撫終,至今爲諸夷借口。兹其大致可睹已。諸帥固庸衆人,臣等三五書生耳,其謀略才力不及古人遠甚,乃兵纔逾二十萬,進兵纔逾百日,費纔二百萬,而幸成功。此非臣等之力,皆由我皇上神武獨斷,委任不疑,用使文武同心,將士效死,爰有成績。臣每誦詔旨,即十行之札,萬里之外,往往瞭於指掌,而析於毫毛,輒沾沾自得,以爲賊平矣。已戰勝於堂上矣。夫淮、蔡之平,直須一斷,何况聖廟謨,洋洋若此哉!

——(嘉慶)《正安州志》卷之四《奏疏》,載《中國地方志集成·貴州府縣志輯》,第40册,86~90頁

播地善後事宜疏　李化龍

查該州地隣三省,然楚偏橋,路通一線,蜀與黔盖無所不接壤。夫蜀無藉於播,黔,瘠壤也,若乘此時而割播地以附黔,則於蜀無損,於黔有裨。且臣等别疏,又請以楚之四衛

并割附之。從此黔省幅員，得與十二省比長絜大，甚爲長便。但盡屬之黔，則地方千里，諸凡締造，勞費尚多，亦黔所不能堪。因議設爲二府，分隸黔、蜀，庶建邦啓土，各自經營，成聚成都，指顧可就。皇上廓清之績，既已盡被於三藩，而帡幪之仁，又復再造於黔土矣。除寬脅從、撤兵馬、招流移、厚賑恤、抑兼并、清横恣等項，凡明指所可〈叮〉嚀，而兵部所條議者，俱已陸續舉行。尚有後開款目，謹集衆思，列爲十二事呈覽。

一復郡縣。播州南極牂牁，西連僰道。漢唐改爲郡縣，在川貴之間，一都會也。至唐乾符間陷於南詔，楊端取而據之。今逆酋既蕩平，應改土復流，以變夷俗。及照播州白田壩，沃壤數百里，即播州遵義縣故地，當復府治，設縣附焉。桐梓當綦南之衝，走川貴道也，舊爲夜郎縣故地，當復一縣；望草南接婺、思，北達真、涪，爲綏陽縣故地，當復一縣；仁懷，濱播枕永，襟合帶瀘，爲懷陽縣故地，當復一縣；真州即古珍州，川原平衍，商販周游，應復一州。以上俱隸川省統轄。黄平爲川貴要區，舊設撫苗通判一員，列銜重慶，駐鎮彼中，其與播勢相控馭，并爲重地，應設一府；湄潭、龍泉地里廣邈，各應建設一縣；甕水、重安合設一縣；餘慶、白泥合設一縣；并草堂、容山二司，應割隸各縣。以上地方去黔甚邇，相應改隸貴州統轄。總計增府二、州一、縣八。蓋亂流初殄，地闊人稀，姑建數城以爲繫屬，以後地闢民聚，無妨增設。其二府治與附郭縣，分正、佐首領，各應照例全設，外州縣正、佐首領，俱應量減。

一設屯衛。播州地方千里，山川險惡，夷漢雜居，又逼鄰二大土司，時有啓疆之患，必須設官軍，建屯衛，以明居重馭輕之勢。田〈因〉設一衛於白田壩，與府同城，指揮使一員、僉事二員、鎮撫一員、經歷一員、知事一員，所屬前、後、中、左、右五所，每所正千户一員、副千户一員、百户四員，所軍各一千，共五千。衛所官於從征有功者酌量升授，不足者於鄰近願入者調取移實之。其邊隅逼鄰土司地方，各設屯田，每軍照租制二十四畝，再加六畝爲冬衣、布花之費，〈共〉三十畝，自種自食，不必納糧於官，又復領出，紛紛滋弊。各開屯處，除養屯軍之外，餘田仍照民地起科，上納本折各州縣，爲衛官俸廩及不時軍興之用。每年孟冬、仲冬、孟春、仲春農隙，各屯官時加操練。又以十月、二月望日，齊赴兵備道大操三日，驗其武藝，較其强弱，而明賞罰焉。老弱者汰之，一屯老弱多者，并草〈革〉其官。軍田即另募壯丁補伍，庶軍得實用，异時即募兵散盡，此五千軍與主兵三千，自有八千可用之兵矣。

一設兵備。播地三面環夷，干戈甫戢，當此經綸草昧之始，設立有司，可以招撫流亡；或未能長駕遠馭而圖久安。布置將領，可以備禦倉卒；或易於生事徼功而開邊釁。欲以内修戎備，外懾夷心，整肅群僚，畏服衆志。爲地方長久之計，必設分巡兼兵備官一員，於播州白田壩新建府城駐劄，專一整飭新復郡并重慶衛忠、黔二所，永寧、酉陽、石砫、平邑等土司兵務，兼理有司錢糧、獄訟。其重慶府巴縣、綦江、南川、涪州、武隆、彭水切隣地方，悉聽管轄，以便行事。黄平新設一府四縣，雖割属貴州，但人心初附，田土界連，與貴

州、水西宣慰司并聽兼制。

一設將領。播淪於夷，閲八百餘年，風俗獷悍，法令扞格已久。今地雖蕩平，而逋孽潛藏，漢夷錯雜，招苗樹黨，越界侵田，時所必有。今議播州留兵一萬，黄平留兵三千，粗足防守，然必得一大將鎮之，始可無事。查得先年克平九絲，議留總兵一員鎮守其地。今建武視播稍緩，即一參游足領之。合無將軍門標下添設練兵游擊一員，改駐建武防守，原設總兵移鎮播地，應留各兵，挑揀家丁三千、買馬三百，内標下標兵家丁二千七百、馬二百七十，以坐營千把總領之，兵道員下家丁三百、馬三十，以中軍領之。有事俱聽總兵提調，名爲正兵。此外，兵七千，酌量分布於白田壩、真安、桐梓等縣，播川等邑防守；内以一游擊領三千，以二守備各領二千，各用千把總分領之，有事征戰，無事即爲築城鑿池、建郡縣、修郵驛之用，糧銀照依舊例支發。徐俟建置竣工日，除家丁三千、馬三百外，餘軍以次議撤，有願附籍當軍及民當差者，聽千把總俱於附近衛所官内選用。其黄平留兵三千，仍設一參將領之，總聽防播總兵節制。

一丈田糧。環播幅員千里，田地無慮數千萬畝。舊時，額糧止歲以五千八百石輸貴州。蓋蠻方賦税原輕，至應龍巧立新法，名曰"等賨"，每田一畝徵銀數錢。初，猶斂其財以招苗，後并奪其地以養苗，而賦法蕩然盡矣。今既改流，自當責成道府，親率州、縣官定疆界，沿丘履畝，逐一丈量，分爲等則，造册呈報，以定賦法。額糧輕重，蜀無定規。查克平九絲，丈量田地，分别上、中、下三等，每畝上田四升、中田三升、下田二升。播地山水間雜，不止三等，尚有上中下下者，宜逐項分析，最上者，一畝可當上田幾畝，最下者，幾畝可當下田一畝，則待臨時酌定，難以預計。丈完總計田地若干、糧若干，徵本色若干、折色若干，俟二年之外起科。除足一年夏秋二税、銀力二差、一切雜費外，餘解布政司，充邊餉支用。

一限田制。播土舊民自逆酋倡亂，大兵征討之餘，僅存十之一二，遺弃田地，多無主人。册籍不存，疆界莫考，復業之民，往往冒認影占，原少報多，原瘠報肥，甚至一人占田一二千畝，尚有异省流徒假播籍而希冒占者。今應將播之舊民號"楊保子"者，查果真的，無論原業肥瘠，俱人給田三十畝，上、中、下攙配均給。若一處皆上田、皆下田者，臨時酌給。大率純下田多不得過一百畝，純上田不得少過二十畝。其原非播民，凡不能爲楊保語者，無問曾否寄住，皆不得妄認。遺下無主民田，另行招人承種，納糧當差。應龍官庄并楊兆龍、田一鵬、何漢良等諸擒斬過有名頭人庄田，盡數没官，聽三省之民願占籍播州者承種。其領田之人，查照時值，量行上納，以充目下建立城池、衙門、驛傳諸費。亦定爲限制：平人不得過五十畝，指揮千、百户不得過百畝，俱於丈量時定糧、定價，令不得那移。州縣官收過絶産價值，給付印契，登入循環，聽兵備道稽查。轉報撫按查考。官吏乾没，從重治罪。

一設學校。播故有學，宋元之世，俊茂朋興，如冉從周、猶道明、白鎮之流，俱登進士，蜚聲上國。自逆龍禁錮文字，寇仇儒生，坑儒燔書，禍同秦始。今干戈既戢，文教宜先。白田、黄平舊有學宫，補葺亦易，特當於二府原學各補教授一員、訓導二員，至博士弟子員，無論附郭、外縣，但入學使之選者：蜀新四縣隸白田學，黔新四縣隸黄平學。待各縣人文漸盛，物力稍紓，嗣各立學未晚。真安既改爲流，其地方殷富，人物頗華，亦須建一學宫，設一學正，以示維新之化。

一復驛站。播州各驛，自逆酋閉關負固，驛官不敢赴任，過客不敢經行，站户逃徙，舘舍丘墟，十數年矣。兹者地方底定，道路大通，驛站之設，勢不容已。查播州舊轄松坎、桐梓、播州、永安、湘川、烏江、白田、砂溪、仁水、湄潭、鰲溪、岑黄、白泥一十三驛，俱當川貴孔道，所有各該驛舘，應趁時興工，合用匠役亦於兵夫内查有慣造者徑撥，不足者於附近州縣取用，工、食、銀、米計算於該邊支剩軍餉内動支。仍責成新設府佐一員，往來稽督，不許虛冒錢糧，曠廢時日，事完册報。又查各驛夫馬支應及官吏俸薪舊額，土司供辦。今既改土設流，似應與腹裏驛站一體僉派。但流民授田方始，難便買馬行差，目前一切站銀暫令官爲出辦，俟里甲稍定，即行編派。至夫馬額數，應照衝僻爲準：湘川驛附郭爲四路最衝，應設馬四十匹、夫八十名；松坎、桐梓、播州、永安四驛，地衝路險，應各設馬三十匹、夫五十名；烏江、仁水、湄潭、岑黄、鰲溪、白泥各驛，俱次衝，應設馬各二十匹、夫各三十名；白田、沙溪止通水西，次僻，應設馬各十匹、夫各二十名。各驛官見在者，行令赴驛任事，驛吏因屬土司，舊未撥發，今應行川貴兩省布政司，照缺查撥。

一建城垣。播州一府、一州、四縣，與黄平一府、四縣并改築石城，石少者以磚代之。其兵備道、總兵府并府衛、州縣衙門、公署、倉厫、庫獄、城隍廟、演武場，與二府一州儒學、文廟、殿廡、齋舍等項，俱當以次修舉。而各官一抵地方，棲身爲急，衙舍之建，尤宜首圖。各府、州、縣正官選委勤敏佐貳，於堪動銀内行支。克期興工，多方稽督。大約城垣以歲辛丑二月内起工，限年終落成，餘各以次修舉。就中員役有怠惰、冒破、工力草率者，俱聽該道参詳拿究。事竣之日，造册報撫按衙門奏繳。庶險要可資，防禦有賴。

一順夷情。播州皆夷也，大兵之後，爲賊用力者，芟夷蘊祟，已無遺種。今見在者，曰各土司官，曰七姓奏氏，曰投降夷目，皆宜安插得所。顧就中情事不同，亦宜分别，如八司，曰播州、真州、白泥、餘慶、草堂、黄平、重安、容山，内安撫二、長官六。又一司甕水，原無印信，亦稱長官。又有宣慰司同知羅氏，此皆世有官號，與播并建者。播州長官王積仁以附播被擒獻俘，與楊氏俱滅。真州附播多年，綦江之破，助兵三百，著在耳目。同知羅氏與江外五司具疏改流，挑怨速禍，至有今日之事，海内震動，流血千里，則諸司者，罪之魁也。故説者謂真州宜正其附播之罪，江外諸司宜以起釁絶之。第王道如天，罰宜從輕，賞宜從重。真州當進兵之初，率先歸附，正、副長官各以千人從軍，江外諸司各招兵聚義，充黔、楚鄉導。合將真州長官即爲該州土同知，副長官即爲土判官；江外諸司安撫與正長官即爲該縣土縣丞，副長官即爲土主簿；同知羅氏爲新府土知事。此外尚有投降夷目，原非長官，本無冠帶，但賞格曾坐名開諭，輒爾先事歸誠，亦宜少示眷疇，以明恩信。如上赤水里頭目袁年，父遭酷禍，投降最早，宜授以所鎮撫職銜；下赤水里頭目袁鍪，仁懷里頭目王繼先，安、羅二村頭目羅國明、羅國顯、安鑾，以上五名，念其返邪歸正，量授冠帶、總旗。諸人田産，止將本身者照册撥給，應納税糧通附州縣官處上納。其餘里人，俱令附籍納糧當差，不許仍以家人爲名，恣行霸占，違者治其前罪。至於七姓奏氏，始助楊氏之惡，繼傾楊氏之族，尤爲禍首。今蒙王仁寬宥外，如仍蹈故習，豪横害民，該道徑行拿問發落。地方人民指稱前事告害者，亦如之。

一正疆域。播地東北接連三省，縣衛各有疆界，無容溷淆；西南左接水西，右逼永寧，雖犬牙相攙，未能齊一，然畫野分疆，亦自有相沿界址。惟是夷性互爲雄長，强則侵凌，弱則減削，甚至有一地而甲乙互臨，一人而齊楚兼事，如儒溪、沙溪、水烟、天旺，皆播州五十四里之數，見有黄册可考。緝麻山、李博埡、仁懷、石寶、甕平等處亦皆播州世業，祇緣先年楊氏中衰時，曾爲永寧、水西兼并，後應龍當事，治兵相攻，恢復故業。各邊目又已任其糧馬，兩下支持，此在土司可也。今既改土設流，自宜各復其故。乃水西止求清查，永寧輒行瀆擾，且動以瓜分爲言，罔上行私，垂涎占業，應行該道會同隣近道府。及早清查一切相隣地方，原係播者，歸播；原係永寧、水西者，歸奢、安。刻石立碑，永爲遵守。其隣邊目把如不安分義，妄肆争侵，重行究治。干礙土官，一并參處。

此疏從《四川志》中采入，叙播中善後事最爲詳悉。但前書十二条後止列十一條，且文勢尚未收束，疑有脱簡，别無書可查，姑仍之。

——(嘉慶)《正安州志》卷之四《奏疏》，載《中國地方志集成·貴州府縣志輯》，第40册，第91頁

播州感興 国朝李先立

楊家世業已蒿萊，雌鳳妖驪穩禍胎。躍馬真成蛙坐井，鞭山未信海如杯。從來負固無完局，豈待殘燒辨劫灰。指顧重關天險失，夜郎自大古今哀。

——(嘉慶)《正安州志》卷之四《詩文》，載《中國地方志集成·貴州府縣志輯》，第40册，第112頁

（嘉慶）黄平州志*

（寶相）寺本李唐舊刹，去舊城二里許。鼓臺、銅釘之秀半毓于斯，翠竹蒼松與岡阜平疇，蔽虧掩映，洞天福地，不啻過之。明神廟時毁于播賊。郭青螺撫軍，既平播賊，復勘黎苗，始建州設城。故橋曰"平播"，以紀成功；洞曰"靖黎"，用昭綏定。適與釋子三空談禪有契，遂復此寺，而爲之記。

——（嘉慶）《黄平州志》卷首《圖》，載《中國地方志集成·貴州府縣志輯》，第20冊，第34頁

萬曆庚子，狼星入於東井，占者以爲滅播之象。已而果應，非占在參井之一證耶？

——（嘉慶）《黄平州志》卷一《方輿志》，載《中國地方志集成·貴州府縣志輯》，第20冊，第43頁

唐播州境

貞觀元年，以牂牁縣置朗州，并析置恭水、高山、貢山、邪施、柯盈、釋燕六縣。十一年，州廢，縣亦廢。十三年，復置州，更名曰播；亦復置縣，改恭水曰羅蒙，高山曰舍月，貢山曰湖江，柯盈曰帶水，邪施曰羅爲，釋燕曰胡刀。十六年，更羅蒙曰遵義，以廢牢州之芙蓉、琊川來屬。顯慶五年，省舍月、湖江、羅爲。開元二十六年，省胡刀、琊川入芙蓉。元和二年，置黔中采訪使。

按：胡刀、琊川二廢縣，今在施秉縣江外，俗名偏刀水。播州地自遵義一縣外，多在平越，則黄平應在此六縣中，備録以俟參考。唐末没於南詔，太原人楊端以兵復其地，世爲州刺史。興隆或爲蠻夷竊據，故宋爲狼洞地歟？

——（嘉慶）《黄平州志》卷一《方輿志》，載《中國地方志集成·貴州府縣志輯》，第20冊，第45頁

---

* （清）李臺修、王孚鏞纂：（嘉慶）《黄平州志》，載《中國地方志集成》編委會編：《中國地方志集成·貴州府縣志輯》，巴蜀書社，2006年。

元黄平府

元憲宗討平溪洞，置貴州等處長官司，貴州之名於是始。置黄平元帥府，并置重安長官司，隸播州，黄平、重安之名亦自此始。

按：元至元十四年，播州安撫使楊邦憲言："本族世守此土，將五百年。昨奉旨，許令仍舊，乞降璽書。"從之。仍授安撫使，領黄平府，隸順元宣慰使。二十八年，改播州爲軍民宣撫司，直隸四川行省；尋置平越長官司，隸管番民總管。後俱改隸湖廣行省。

——（嘉慶）《黄平州志》卷一《方輿志》，載《中國地方志集成·貴州府縣志輯》，第20册，45～46頁

明黄平州興隆衛

洪武初，改黄平府、重安司俱爲安撫司，置黄平所，仍隸播州。傅潁公征狼洞苗，設興隆衛，隸貴州都司。萬曆二十八年，平播州，設平越軍民府，改安撫司爲黄平州，與黄平所、興隆衛俱隸府，領長官司二、吏目一、土州同一、土州判二。

按：土司同羅袍即安撫司。平播後改土州同、土州判，一名楊位，一名楊開運，俱因附叛賊藍二伏誅。袍以失守停襲。

——（嘉慶）《黄平州志》卷一《方輿志》，載《中國地方志集成·貴州府縣志輯》，第20册，第46頁

七里谷在城東五里，俗名七里冲。兩山壁立，中通一路。楊應龍叛時，屯兵二十七營於此，以窺黄平。

——（嘉慶）《黄平州志》卷一《方輿志》，載《中國地方志集成·貴州府縣志輯》，第20册，第48頁

平龍橋，以明郭子章平楊應龍名。乾隆丁未重修，於大石中得條石如龍者四，大小不一，鱗甲宛然，然不見其首。好事者取一石，約長尺許，嵌於橋側。未久，龍爲人攫去，鱗甲之痕尚存。

平播橋在舊城東，明郭撫軍子章建。

——（嘉慶）《黄平州志》卷一《方輿志》，載《中國地方志集成·貴州府縣志輯》，第20册，第61頁

李化龍，直隸長垣人。萬曆二年進士，經緯雄才，久歷邊鎮。總督川、湖、貴州，主征

播事。其馭將機權、取酋方略,出人意表,雖羽檄交馳,而尺牘文告皆珠璣錯落。開誠布公,得人死力,賜劍未嘗輕用。賊平,功遷尚書少保,播人祠祀之。

郭子章,字相奎,號青螺,泰和人。隆慶辛未進士。萬曆二十七年,巡撫貴州。歷十年,習知民隱,凡所設施,永垂利澤。尤善獎拔士類,經其品題,率成名宿。著《黔記》六十卷,經濟卓然。先是,播州酋楊應龍作亂,王師屢征不克。天子拊髀,廷臣交薦。子章匹馬入黔,增兵餉,扼要害,立賞格,士氣百倍,興師纔百餘日,擒楊應龍,誅之。播州平,始經理播州爲平越等郡縣。未幾,復有皮林之役,功與播等。黔人戴恩,建生祠七所,更有建懷德祠,以子章與諸葛忠武、關神武鼎足者。三十七年,陳情《終養疏》九上,始得請。晉兵部尚書。

——(嘉慶)《黄平州志》卷三《官師志》,載《中國地方志集成·貴州府縣志輯》,第20册,第98頁

唐貞觀十三年,置播州。咸通十二年,南詔陷播州。

宋宣和元年,以田祐恭加貴州防禦使,貴州之名始此。置播州宣撫司。

紹定三年冬十一月,播州安撫使楊邦憲請歸宋舊借鎮遠、黄平二城,仍撤戍卒。不允。十七年春三月,思、播侵鎮遠、黄平界,命李德輝往視之。二十六年十一月,改播州爲播南路。三十年冬,督思、播二州及鎮遠、黄平發宋舊軍從征安南。

至治三年春二月,罷播州黄平府長官所,徙其民隸黄平。

明洪武八年,改黄平府、重安長官司俱爲安撫司,置黄平所。十四年,傅友德爲征南將軍,由辰沅趨貴州。十五年,改黄平所隸貴州。二十二年夏五月,狼洞黄平蠻叛,友德討平之,置興隆衛。

正統三年,省鎮遠州,并於府。十四年,草塘苗寇圍興隆衛城,力戰却之,陷黄平所。總督侯琎、總兵方瑛討平之。

——(嘉慶)《黄平州志》卷三《官師志》,載《中國地方志集成·貴州府縣志輯》,第20册,107~108頁

萬曆二十七年,播州楊應龍叛。二月,内江外黑苗叛,上塘苗頭石有聰等夥衆圍城。黄平所印官李朝陽捐資千金,密遣家丁暗往白泥司僱殺手數百人,將黑苗殺退,城遂無恙。未幾,楊酋子朝棟領賊圍城,索要土司家口。時守城都司舒文俊、守備周天爵爲黄平生靈計,萬不得已,乃發五司家口出城。朝棟即撤兵去,於黄平真秋毫無犯也。後巡按應公朝卿劾文俊、天爵擅發五司家口,於二官世職一名降級。李《志》。八月,設興隆參將。十一月壬戌,播賊寇東坡。二十八年六月丁丑,滅播州,楊應龍死。二十九年三月己亥,

詔分播地，以播州爲遵義府，隸四川；革五司，以其地爲平越府。三十一年，設黄平州學，湄潭、甕安、餘慶三縣附之。

——（嘉慶）《黄平州志》卷三《官師志》，載《中國地方志集成·貴州府縣志輯》，第20册，第108頁

韓福嗣，江南定遠縣人。明初選充百户，洪武時隨傅潁公南征，留守興隆衛右所百户。福嗣卒，子忠襲。忠卒，子春襲。春卒，子瑜襲。景泰四年，調征雲南，有功，升千户。五年調征天柱、五開等處，陣亡。子文應襲千户職，因年幼未經題奏，仍襲百户職。文卒，子鐸襲。鐸卒，子勛襲。勛卒，子邦輔襲千户職。隆慶三年，調征銅仁，有功，升指揮使僉事。邦輔卒，子國璽襲。萬曆二十八年，調征烏江等處。國璽卒，子興桐襲。興桐卒，子萬欽襲。康熙時裁。

王榮三，浙江紹興府上虞縣人。以總旗調征雲南，克取普安、曲靖、烏撒，有功。又克大理，至鶴慶陣亡，入忠烈祠。子佐襲，論功，授興隆衛中所，世襲百户。佐卒，子琳襲。琳卒，子鑑襲。正統初，調雲南陸涼衛左所百户。景泰七年，調征湖廣、五開、天柱等處。天順八年，攻克蠟洞等處，有功，復回原任。鑑卒，子驥襲。驥卒，子勝襲。勝卒，子世臣襲。世臣卒，子國寧不願襲職，以恩貢官知縣。子民皞襲。萬曆二十八年，調征楊應龍，蕩平有功。二十九年，調征皮林有功，升授後所千户。

——（嘉慶）《黄平州志》卷三《官師志》，載《中國地方志集成·貴州府縣志輯》，第20册，第115頁

岩門長官司何清，四川重慶人。明成化四年，調征九股天干、天壩等處，有功。六年，授凱里安撫司左副長官，世襲。清卒，子良襲。良卒，子世臣襲。世臣卒，子鰩襲，原屬播州宣慰，神宗時平播酋楊應龍後改屬黄平。鰩卒，子秉政襲。秉政卒，子仕洪襲。

——（嘉慶）《黄平州志》卷三《官師志》，載《中國地方志集成·貴州府縣志輯》，第20册，第121頁

李鳳臺傳　朱袠

李鳳臺，名朝陽，西南名將也。先世祖貴，永樂八年調黄平千户，泗水人。考《族譜》，則盱眙武靖後。始祖德乃增枝，子代父行，祀由阜禮。適靖難，遂籍任城，籍改瀋陽，遷樂源，非得已也。公生六歲，孤。十歲，母他適，惟外父許是依。長通武舉子業，騎射稱絶技，詩史間及焉。性篤孝友，鄉黨周恂恂如。二十歲，襲武略將軍職，有治聲。長八尺，豐頤廣顙，出稠人一頭地，諸上官愛之，爲饒將材，神將軀也。萬曆二十七年，播酋叛，公統草塘軍圍鐵柱、攻海龍，皆任先鋒。播酋授首，王公守囤日，時二十八年六月六日也。撫

軍郭公子章、巡按宋公興祖合疏題曰:“黄平被播賊圍攻數次,千户李朝陽固守無虞,抵敵見效,酋長避其雄風,黄庶資其保障,亦何壯也。”本年,川貴總督李公化龍題《平播功》曰:“黔將李朝陽等居嘗則鳴劍抵掌,誓投湯蹈火以不辭,見賊則躍馬揮戈,若掣電奔雷而直搗。自非有萬死一生之義旅,何以收一月三捷之奇功。”疏上,乃有世襲揮使命。郭公得邸報,贈以聯:“自是千年鶴,從今萬户侯。”

——(嘉慶)《黄平州志》卷十《藝文志》,載《中國地方志集成·貴州府縣志輯》,第20 册,第 339 頁

(嘉慶)黔西州志*

萬曆庚子,奎星入於東井,占者以爲滅播之象,既而果應。

——(嘉慶)《黔西州志》卷一《天文》,載《北京大學圖書館藏稀見方志叢刊》,第313冊,第29頁

水西安氏叛服本末

……(萬曆)十三年,播州宣慰使楊應龍以獻大木,得賜飛魚服,加恩。亨亦以大木進,乞還給服色,誥封如播州例。既而,木竟不至,乃諉罪於木商。帝怒,命奪所賚。亨乃請補貢,以明不欺,帝乃如所請。於是亨子疆臣襲。時萬曆二十六年也。

播州楊應龍已反,疆臣亦以戕殺安定事,爲有司所案。科臣有言其逆節漸萌者,詔不問,許殺賊圖功。疆臣奏稱:"播警方殷,臣心未白。"帝復優詔報之。巡撫郭子章許疆臣以應龍平後還播所侵水西、烏江地六百里以酬功,於是疆臣兵從沙溪入。有蜚語水西佐賊者,總督李化龍檄詰,疆臣遂執賊二十餘人,以示不背,率所部奪落蒙關,至大水田,焚桃溪莊。應龍伏誅。

先是,應龍祖以内難走水西,客死。宣慰萬銓挾奏,索水烟、天旺地,聽還葬,其地遂爲水西所據。及播州平,總督分其地爲遵義、平越二府,分隸蜀、黔,以渭河中心爲界,而命疆臣歸播侵地。代化龍者爲王象乾,主畫地。而子章以爲"侵地始於萬銓,而非疆臣。安氏迫取於楊相喪亂之時,非擅取於應龍蕩平之日,且已許其裂土,今反奪其故地,臣無面目以謝疆臣,願乞臣去。"象乾疏言:"疆臣征播,殲應龍子惟棟不實,首功可知。至佯敗弃陣,送藥往來,欺君助虐,迹已昭然。令還侵地,不咎已往,已屬國家寬大。若因其挾而予之,彼不爲恩,我且示弱。疆臣既無功,不與之地,正所以成撫臣之信。宜留撫、罷臣,以爲重臣無能與蕞爾苗噂沓者之戒。"於是清疆之議,纍年不决。兵部責令兩地巡按

---

* (清)劉永安修,徐文璧纂:(嘉慶)《黔西州志》,載北京大學圖書館編:《北京大學圖書館藏稀見方志叢刊》,國家圖書館出版社,2013年。

勘報,而南北言官交章訓象乾貪功起釁。科臣吕邦耀復劾子章納賄縱奸,子章求去益力。象乾遂執疆臣所遣入京行賄之人與金,以聞於朝。然議者反右疆臣,尚書蕭大亨遂主巡按李時華疏,謂:"征播之役,水西不惟假道,且又助兵。矧失之土司,得之土司,播固輸糧,水亦納賦,不宜以土地之故傷字小之仁,地宜歸疆臣。"

——(嘉慶)《黔西州志》卷六《秩官志》,載《北京大學圖書館藏稀見方志叢刊》,第313 册,326~329 頁

寶祐四年五月,羅氏鬼國遣報思、播,言元兵屯大理國,取道西南,將大入邊。詔思、播結約羅鬼爲援。

——(嘉慶)《黔西州志》卷七《武備志》,載《北京大學圖書館藏稀見方志叢刊》,第313 册,第 346 頁

(寶祐十七年)十二月己卯,羅氏鬼國土寇爲患,思、播道路不通,發兵千人與洞蠻開道。

——(嘉慶)《黔西州志》卷七《武備志》,載《北京大學圖書館藏稀見方志叢刊》,第313 册,第 347 頁

又與貴榮書　王守仁

……使君與宋氏同守土,而使君爲之長,地方變亂,皆守土者之罪,使君能獨委之宋氏乎?夫連地千里,孰與中土之一大郡?擁衆四十八萬,孰與中土之一都師?深坑絶坉,安氏有之,然如安氏者,環四面而居百數也。今播州有楊愛,凱里有楊保,靖州有彭世麟等諸人。斯言苟聞於朝,朝廷下片紙於楊愛諸人,使各自爲戰,共分安氏之所有,蓋朝令而夕無安氏矣。

——(嘉慶)《黔西州志》卷八《藝文志》,載《北京大學圖書館藏稀見方志叢刊》,第313 册,398~400 頁

(道光)遵義府志*

宣宗大中十三年,南詔陷播州。懿宗咸通元年,安南都護李鄠越境收取播州。據《通鑒》。尋仍爲南詔所陷。據《通志》。僖宗乾符初,太原人楊端應募,據孫《志》。率其鄉人令狐、成、趙、猶、婁、梁、韋、謝八族復之,據《心齋隨筆》。因據其地。自後播州爲楊氏世有。

按:《史·傳》:宣、懿之朝,屢陷屢復者,惟播州。其溱州,絶無考見。

……

後晉高祖時,牂柯張萬濬率其夷、播等七州皆附於楚王馬希範。據《五代史·楚世家》。

按:如《楚世家》言,夷、播等州自石晉後屬楚矣。……

又按:《宋史·蠻夷傳》……"叙州三路蠻"下,云南廣蠻在叙州、慶符以西爲州十有四。大觀三年,夷酋羅永順、楊光榮、李世恭等各以地内屬,詔建滋、純、祥三州。

——(道光)《遵義府志》卷二《建置》,載《中國地方志集成·貴州府縣志輯》,第32册,69~70頁

(大觀二年)播州夷族楊光榮以地内屬,詔建播州,《宋史·諸蠻傳》。領播川、琅川、帶水三縣,隸夔州路。《宋史·志》。時播川縣治在白綿堡,附州郭。蕃帥楊文貴獻地,東西百二十里,南北六百一十二里,以其地置遵義軍《宋朝事實》。及遵義縣。《宋史·志》。

按:《宋朝事實》"遵義軍"下,云:"唐貞觀十六年,羅蒙更名遵義,後自播州徙州治。唐衰,播州爲楊氏兩族所分據,一居播州,一居遵義,以江水爲界。其後居播州者曰光榮,得唐所給州銅牌;居遵義者曰文貴,得州銅印。大觀二年,兩族各獻地,皆自以爲播州。議者以光榮爲族帥,重違其意,乃以播州立州,遵義立軍。"今按《宋史·本紀》及《地理志》,言以文貴納土置遵義軍及縣,并與事實相合,惟《志》於"播州"下言,南平夷人楊文貴獻地,建播州,與《諸蠻傳》言光榮内屬、建播者矛盾,蓋係史筆之誤。居播州者自是光

---

* (清)平翰等修,鄭珍、莫友芝纂:(道光)《遵義府志》,載《中國地方志集成》編委會編:《中國地方志集成·貴州府縣志輯》,巴蜀書社,2006年。

榮,文貴焉得獻其地乎？又按:如《事實》説,唐之晚代,播州已徙州治,不與遵義縣同郭矣,其州徙於何地,爲光榮所居,書傳略無考見。以意揆之,《宋史·諸蠻傳》云:南廣蠻在叙州慶符縣以西,爲州十有四。大觀二年,有夷酋羅永順、楊光榮、李世榮等各以地内屬,詔建滋、純、祥三州。滋、純乃今仁懷縣地,光榮内屬,同叙在此十四蠻州内,則其所居播州必倚近仁懷地方可知。又宋濂《楊氏家傳》稱"光榮藉播州二縣地往獻於朝"。自唐元和後,播州止領三縣。此時文貴既居遵義,外止二縣。光榮所獻,必此二縣地也。《事實》言遵義、播州以江水爲界。時播州地不越烏江,必以東西分界,此江蓋指洪江。然則此時洪江以東爲軍地,洪江以西爲州地矣。其州所領播川、琅川、帶水三縣,當亦隨指而置,不與唐同。《方輿紀要》謂仁懷縣大觀中爲琅川縣地。此一縣雖不能盡仁懷全境,要此時仁懷必有播州地矣。

按:孫《志》:"大觀三年楊文貴納土,以其地置遵義軍於白綿堡,領播川、琅川、帶水三縣。"陳《志》亦沿之。與史大舛。蓋遵義軍止領遵義一縣,其播川三縣乃播州所領以楊光榮地置者。置軍亦不在白綿堡,時亦非三年,不知舊《志》何以謬誤如此。

蔌平帥任漢崇獻地,東西三百五十九里,南北六百六十五里,改爲承州,原注本唐夷州地。領綏陽、都上、洋川、寧夷等縣。《宋朝事實》。

按:《宋史·本紀》:大觀二年,止稱涪夷任應舉内附,不作漢崇。其獻地置州,《地理志》在三年。漢崇、應舉,當如駱氏之世華、文貴,楊氏之文貴、光榮。夷族同時獻地,史家隨舉一人。三年,或二年之誤。

三年,廢播州爲城,隸南平軍。《宋史·志》。并廢播川、瑯川、帶水三縣。時城蓋置在桐梓縣地。

按:《宋·志》止言播州廢爲城,不及三縣。然當時廢州無不兼廢縣者。觀下言端平三年復播川,二縣仍廢,則此時州縣皆廢,明矣。

又按:播州廢爲城,其城名,《宋·志》不詳。以純州縣首九支、溱州縣首溱溪等州廢後即從首縣名城名寨,播州或名播川城,亦或即名播州城也。其城以此後建置推之,定不在播川縣治之白綿堡,當在桐梓矣。

——(道光)《遵義府志》卷二《建置》,載《中國地方志集成·貴州府縣志輯》,第32册,72~73頁

宣和六年,以播州城爲播川縣,仍隸南平軍。據孫《志》。

按:孫《志》:"宣和六年,廢播州爲播川縣,隸南平軍。"《明統志》止言"宣和中"。據《宋史》明云"三年廢播州",此年又何有播州可廢？細思孫《志》此事决非空撰,必是廢爲城,一事;以城爲縣,又一事;孫《志》不關會《宋史》,遂據所見誤合爲一。《宋史》於播州廢置,多有不詳,賴孫《志》添出此條,以之參證《宋史》,此播川一縣,乃端委分明。諸

地理家東牽西就無從致詰之説，皆可得而正矣。

孝宗淳熙三年，楊軫以舊堡隘陋，遷堡北二十里之穆家川，即今府治地。據《楊氏家傳》及孫《志》。

按：《潛溪集》《楊氏家傳》謂"穆家川即湘江"。孫《志》云遷者即今地，其説確矣。惟云遷播川縣於穆家川，此"縣"驟難别白。蓋播川之名始於唐，《太平御覽》引《十道志》，貞觀十七年置播川鎮，後以鎮爲珍州，此一播川也。大觀元年建播州，其所領之播川縣即州治，此又一播川也。宣和六年，改廢播州城爲播川縣，此又一播川也。三播川非一地，唐置鎮所在，不得而知。其大觀所建爲州治者，在白綿堡，《潛溪》所稱舊堡，即是此地。宣和所改之播川，在桐梓地，後改爲鼎山者是也。大觀元年後，州縣并在舊堡。至宣和六年改縣後，縣治已移在他處。孫《志》辭不别白，猶稱遷播川縣。其實此時縣并未遷，楊軫止是遷居耳。考"白綿堡"，惟《宋史》作"綿"，《輿地紀勝》及《潛溪集》并作"白錦"，兩字形相近，作"錦"似得其真。《紀勝》云："南平軍在白錦堡，去播州三百里，係納土官楊光榮子孫世襲守之。"《四川通志》因謂"白錦堡在綦江縣南八十里"。以余考《楊氏家傳》，其叙楊端入播時云："詣瀘州合江，逕入白錦，軍高遥山，據險立寨，爲久駐計。"其叙楊昭弟先、蟻擁兵相攻事云："先據白錦東遵義軍，號下州。蟻據白錦南，近邑，號揚州，稱南衙將軍，舉兵攻先，外結閩兵爲助。昭大發兵，設二伏於高遥山，要其歸，擊之。閩大潰，赴水死者數千，蟻亡入閩。"所稱瀘州及遵義軍，并是據後以明前，當時無此州、軍也。所稱閩或稱羅閩，皆即今水西。遵義軍，宋置於唐之遵義縣，即今綏陽縣。高遥山在今府城西三十里。以楊端入白錦、軍高遥，及楊先據遵義軍在白錦東、穆家川，在堡北二十里互相證合，定白錦堡在今府治南二十里，則今綏陽，正在堡東。楊蟻所據近邑在堡南，與水西緊相接近，故便於結水西攻先。又可知閩兵赴死之水即是今落閩河。然則白錦堡斷在府南二十里。宋景濂據《楊氏家譜》作傳，故能獨得其真。堡去南平軍正三百里，王象之或采聽未審，致顛倒成説；抑或傳寫之誤，未足據也。意楊端平播後，定居即在白錦，其地與閩爲鄰，故端孫部射、曾孫三公世與閩仇殺，事詳《家傳》。其白錦之爲堡，《家傳》謂楊光榮籍地獻朝，詔即其地建白錦堡。如此説，是堡，獻地時建。而《宋史》光榮獻地，詔建播州，非建堡也。《家傳》止言建堡，《史》《志》止言建州，互有不備説，詳《古迹》。

理宗端平三年，復以白綿堡爲播川縣。琅川、帶水二縣仍廢。據《宋史·志》。時播川縣仍隸南平軍，惟治所非宣和所置之地。

按：宋《書》明成化本作"端平三年，復以白綿堡爲播州，三縣仍廢"。"播州"，播川之誤；"三縣"，二縣之誤。若此年已復播州，下文嘉熙三年何以又云復設播州乎？此二字偶誤，則以後沿革俱齟齬矣。

嘉熙三年，復設播州，充安撫使。《宋史·志》。即播川縣爲州治。按：播州自此至明萬曆中始廢。楊氏權職之大,從是始矣。

寶祐六年,復以宣和中所置播川縣地爲鼎山縣,隸南平軍。據《桐梓志》。

按:桐梓縣賈《志》:"廢鼎山縣在城南十里,元置,後廢。城門尚存,其石榜鐫'寶祐戊午'四字。"考寶祐,宋理宗年號,戊午爲寶祐六年,則鼎山是年置也。"元置"蓋宋置之誤。此鼎山一縣,向來無得其源者。《元史·世祖紀》:"十五年十二月,從楊邦憲請,以鼎山仍隸播州。"以前并無改名鼎山之文。孫《志》獨云:"世祖十五年春,改爲鼎山縣。冬,從楊邦憲請,以鼎山仍隸播州。"憑空撰出"改爲鼎山"一語,鶻突無端,所改者果是何舊縣乎?今據賈《志》補此一條後,邦憲之請隸播州,因明白矣。

度宗咸淳末,以珍州并所隸樂源、綏陽兩縣來屬播州。自此播州領播川、樂源、綏陽三縣,隸夔州路。遵義寨時在樂源縣中。今遵義、綏陽、正安時爲播州地,桐梓地屬南平軍,仁懷地屬瀘州。據《宋史·志》。

按:《宋史·地理志》"播州"下云:"咸淳末,以珍州來隸,縣一:樂源。"是播州止有一樂源縣。而其"珍州"下云:"宣和三年,承州廢,以綏陽縣來隸,縣二:綏陽、樂源。"綏陽於隸珍州後,未言省廢,則珍州并入播州時,必兩縣并領於播州,可知史文蓋有缺也,今補之。

宋、元之際,播川三縣遞有省廢。

按:《元史》:"至元十六年,改鼎山爲播川。"知至元以前,播川縣必經廢去;樂源、綏陽可推也。蓋楊氏至宋末浸大,朝廷所置之縣在其境内者,大都即遣其酋豪長之。縣置亦徒有虛名,縣廢亦依然酋長、土舍、把目隨其所便,一切處置,并不關白,國家故無從而知也。《元史》所列諸"等處",當即始於宋、元之間。既分立等處諸名,則舊時所謂縣者,雖未經朝廷詔廢,自無需此名色。如元所改之播川縣,其何時而廢,史傳亦無明文,非亦在革代之際去之乎?

元世祖至元十五年,從楊邦憲請,以鼎山縣仍隸播州。

按:鼎山本播州地,自宣和三年播州廢爲城,城復改爲播川縣。播川縣又改爲鼎山縣,自此以前并隸南平軍,非復播州所有。至是始還播州之舊,故曰仍隸播州。

十六年,改鼎山爲播川縣。

二十一年,立遵義總管府,隸順元路宣撫司。

二十六年,改播州爲播南路。并《元史·本紀》。

二十八年,楊漢英乞改爲軍民宣撫司,直隸四川行省。以播州等處管軍萬户楊漢英爲紹慶、珍州、南平等處沿邊宣慰使,行播州軍民宣撫使,播州等處管軍萬户,仍虎符。時黄平府及平溪、上塘、羅駱家等處,水車等處,石粉、羅家、永安等處,六洞、柔遠等處,錫樂平等處,南平、綦江等處,珍州、思寧等處,水烟等處,溱溪、涪洞等處,洞天觀等處,葛娘洞等處,寨坝埡、黎焦溪等處,小孤、單張、倒柞等處,舊州、草堂等處,烏江等處,恭溪、杏洞、

水囤等處，平伐、月石等處，下垻、賽章、横坡、平地寨、寨勞、寨勇、上塘寨、坦嘮奔、平莫、林種、密秀、沿河、祐溪等處諸長官并屬焉。

二十九年，改播州隸湖廣等處行中書省。以上并《元史·志》。時播州改爲播州沿邊安撫司，黄平等十一長官屬之。孫《志》。

按：《元史·地理志》："播州宣撫司，屬府一，等處十九，不稱等處十二。"其分置年月，自黄平府外，皆不可考。孫《志》云："至元間改爲安撫，屬十一長官，隸湖廣行省。"則諸等處長官在此一二年間多所省并矣。至明初，歸附又止有二安撫六長官，則此十一長官是後又有省并。史無明文，不能致詳也。

成宗大德元年，朝洞蠻内附，立長官司二，命楊漢英領之。

仁宗皇慶二年，以乖西府隸播州宣撫司。

英宗至治三年，罷播州黄平府長官所一，徙其民隸黄平。以上并《元史·本紀》。

順帝至正二十三年，明玉珍改白泥等處長官司爲白泥州，《明統志》。改珍州爲真州，於播州地增置餘慶州，割南平、綦江長官司爲綦江縣。孫《志》。自此至明洪武四年，播州地并爲明氏所有。

按：《明統志》：白泥長官司改爲白泥州、珍州長官司改爲真州，并言至正末，不係何年。以孫《志》改珍州之年推之，知其改白泥，蓋同時也。

明太祖洪武五年，播州宣慰使楊鏗、同知羅琛、總管何嬰、蠻夷總管鄭瑚等相率歸附，仍置播州宣慰使司及宣慰使司同知。據《明史·土司傳》。改附郭播州軍民都鎮撫司爲播州長官司。《明史·地理志》。其黄平府舊州、草塘等處長官司，容山長官司，真州、餘慶州、白泥州并隸播州如故。

按：《明統志》作"洪武四年"。據《史》云："四年，太祖平蜀，遣使諭之。"則諸土官因太祖遣諭，明年乃來歸也。《統志》云："洪武四年，改爲播州宣慰司，又升宣慰使司。"可見，改宣慰司是四年遣諭時所授之職，及五年鏗率衆來歸，始以舊職升授之。《統志》據初改，故從四年；《史·傳》據來歸後所置，故從五年。非有誤也。又，《明史·志》："播州總管，洪武五年正月改爲播州長官司。"統志所稱"播州軍民都鎮撫司"，即是播州總管。其改長官司，謂在洪武九年。按：太祖改諸長官，置兩安撫，俱是十七年事。此改總管爲長官，定當從《志》"五年"。"九"或"五"字之誤。

七年，置黄平宣撫司，隸播州。《明史·土司傳》。

八年，於黄平府地置重安長官司，《明統志》。隸播州。

按：《明·土司傳》設重安長官在永樂四年，似未確。

十五年，改播州宣慰司，隸貴州。《明史·土司傳》。

十七年，改真州、思寧等處長官司爲真州長官司，白泥州復爲白泥長官司，《明統志》。餘慶州爲餘慶長官司，《通志》。改舊州、草塘等處安撫司爲草塘安撫司。《明統志》。

按:《明統志》"遵義府"下無餘慶長官司。《明史·土司傳》叙播州宣慰司領六長官,有餘慶。

憲宗成化十二年,設安寧宣撫司,并懷遠、宣化二長官司,建靖南、龍場二堡,《明史·土司傳》。并隸播州。

世宗嘉靖元年,改安寧宣撫司爲凱里宣撫司,隸貴州。以播地并改屬貴州思石兵備道。《明史·土一〈司〉傳》。

穆宗隆慶二年,播州照舊專屬四川管轄,仍聽貴州節制調遣。《明典》。

按:《明史·土司傳》:"真州盜平,仍以播歸隸四川,而貴州思、石兵備仍舊制播酋、平邑諸土司事。"《蠻司合志》:"楊烈與水西仇殺垂十年,馮岳討平之。岳乃奏移思、石兵備於龍泉,控扼播州。"其播以五年仍隸四川,史無明文,惟《會典》能補其缺。

二十八年,以播州宣慰司楊應龍叛,命李化龍率師討滅之。

二十九年四月,分播地爲二:屬黔者爲平越軍民府,屬蜀者爲遵義軍民府。改真州長官司置真安州,改播州長官司置遵義縣,縣與府同徙治故司城西北之白田垻,即宣慰司治爲府治。以播州司所屬舊夜郎縣地置桐梓縣、湄潭縣。以真州司所屬舊綏陽縣地置綏陽縣、龍泉縣。以播州司所屬仁懷里及别領長官地置仁懷縣。遵義軍民府凡領真安一州,遵義、桐梓、綏陽、仁懷四縣。真安州復領綏陽、仁懷二縣,隸四川布政使司。以上據《明史》本紀、傳、志及孫《志》。設威遠衛與府同城,屬前後中三所。據孫《志》。

按:《明史·地理志》"仁懷以舊懷陽縣地置",蓋本李化龍《播地善後疏》所稱"仁懷爲懷陽縣故地"立文。考明以前史志,實無有縣名懷陽者,不知化龍何本。按化龍《疏》第一條稱"仁懷爲懷陽故地,當復一縣"。第十一條"稱緝麻山、李博埡、仁懷、石寶、甕平等處,皆播州世業。楊氏中衰,爲永寧、水西侵占,後應龍恢復故業。"是仁懷在平播以前,其名舊矣。今據孫《志》序仁懷沿革云:"洪武四年同播州納款,嘉、隆間領以長官,同隸播州仁懷里。其長官不知何名。"可見今仁懷境内,别有一長官領其地。其中之仁懷里,則爲播州五十四里之一。而以長官隸此里,當時制度不得而詳。平播後,以長官所領及仁懷里地爲一縣,蓋即里名爲縣名矣。孫《志》可推闡而得,故從之。

——(道光)《遵義府志》卷二《建置》,載《中國地方志集成·貴州府縣志輯》,第32册,74~78頁

遵義府

治在布政司東北二百五十里。東至丁家壩塘,交平越州湄潭縣界一百五十里;西至老虎岔,交四川叙永廳界五百八十里;南至烏江隘,交貴陽府修文縣界一百里;北至界牌,交四川綦江縣界三百六十五里;東南至合口隘,交貴陽府開州界一百二十里;西南至古樓

隘，交大定府黔西州界一百五十里；東北至笋子蓋，交四川彭水縣界五百六十里；西北至大灣塘，交仁懷廳界六百四十里。廣七百三十里，袤四百六十五里。至京師七千九百一十里。《檔册》。

按：孫《志》："府東西廣一千五百三十里，南北袤四百四十里。東至貴州偏橋衛界四百八十里，西至合江縣界一千五十里，南至貴州養龍坑長官司界九十里，北至綦江縣界三百五十里。至省城一千九百八十里。至南京六千七百里。至京師九千四百里。"《明統志·武備志》"四百"作"七百"。《明統志·武備志》、陳《志》同。據言界至與今無异，惟計里間多少不同。至言"東至偏橋衛界"，此實改流前之播州，領白泥、容山各長官司時疆域所到，孫《志》因舊界書之，諸志并沿其誤，實非遵義東境在康熙以前特多也。若舊《志》西界，則合今廳地計之也。

……

附：李晋《桐梓疆界説》

康熙甲申秋，兒子詩自渝歲試歸，問曰："往經綦邑太公舖，見路旁巨石，刻'溱州界至此'五字。由綦邑過母渡，見有'桐梓界至此'石碣。問其居民，乃綦民綦地也。問里許，問之，則桐民桐地也。行數武，又爲綦民綦地。如是者至扶歡壩皆然，此何故？"予曰："爾欲聞綦、桐錯壤之故耶？按唐建夜郎縣，在今桐梓驛，屬播州。乾符初，陷於南詔。楊端恢復之，自長者五十餘年。宋乾德平蜀，俾楊氏世長其地，而改播州爲遵義軍，建溱州於元田壩。未久，改設扶歡縣，在今扶歡壩中。逮明封楊氏爲播州宣慰司，統數長官司，而各州縣之名咸泯。萬曆中，改土設流，仍溱州、扶歡所轄之地，欲設縣於三元壩，不果，乃創城於魁岩站之右，緣桐梓驛廢，縣而名桐梓，今邑是也。"揣前人意，建縣於桐梓驛與三元壩者，宅中之勢也。置州於元田壩者，就田牧也。設縣於扶歡壩者，壯形勢、固邊圉，如珍州城隔江即武隆、彭水地，仁懷城隔江即合州地也。創今邑者，惑於風水之説也。蓋桐梓界至，若細腰然。南起婁山關，北至母渡河，約三百餘里。今縣治抵婁山止二十五里，東抵綏陽界三十里，西抵仁懷或七八十里或百餘里不等。北行三元壩足百餘里，而三元壩東抵正安界近三十里，西抵仁懷界不及三十里。"三十"《采册》作"二十"。下至婁、夜二里，東抵正安、南川地，西抵綦江地，則不下二百餘里。四圍俱山脊爲封，溪水作限，悉有摩崖碑記。故由界牌而下至趕水，路東爲桐，西爲綦；由趕水至母渡溪，東爲桐，西爲綦；由母渡東折而觀音橋，而青羊市、藻水漕，以至南川縣，莫不有自然不易之山水勒碣存焉。此非近世爲然，當日楊氏擅制於梁唐擾攘之秋，已規定畫一者也。藉非然者，播州荒服子男，何敢與天朝貢賦之地八百年犬牙相入哉？觀劉綎征播，營趕水數月，必先力戰取扶歡壩，以防抄襲，而後大兵敢進九盤子，是由母渡折流以東至界牌之爲桐地也明甚。地之邇南川者，亦稱是焉。若桐地之失，因明季蜀遭巨劫，半死於病，半殲於兵，室存人亡者數年,是時惟遵無恙。

——(道光)《遵義府志》卷三《疆域》,載《中國地方志集成·貴州府縣志輯》,第32册,80～83頁

不狼山,《漢書·地理志》:"不狼山,鱉水所出。"按:即《明統志》宣慰司北百里之大樓山。……明時楊氏於此設關拒守。《明史》所謂"萬峰插天,中通一綫。劉綎從間道攀藤毁栅入陷焉"者也。又有小樓山與大樓接,山西岩最高處鐫四大字曰□□□□。小樓盡處爲點燈山,相傳劉綎曾營此,點燈以攻對面之水牛城。今城壘尚存。

——(道光)《遵義府志》卷四《山川》,載《中國地方志集成·貴州府縣志輯》,第32册,86～87頁

桃溪山,在治西五十里,有小石洞,楊酋巢此,今毁。孫《志》。

按:當即《通志》所謂"桃溪出處,城北六十里之上莊山",實在城西北。

——(道光)《遵義府志》卷四《山川》,載《中國地方志集成·貴州府縣志輯》,第32册,第95頁

龍岩山,在城北四十里。《通志》。岡巒盤曲,《方輿紀要》。怪石巉岩。《明統志》。

按:龍岩,今無此名。考海龍囤有楊應龍《示諭龍岩囤嚴禁碑》,所言"龍岩",即海龍囤也。其言龍岩,稱"先侯設險",而自署"海龍囤驃騎將軍",則龍岩舊名海龍,應龍改稱耳。

海龍囤,在城北四十里,居萬山之顛。《通志》。四面斗絶,後有仄徑,僅容一綫。楊應龍倚爲天險,於囤前築九關以拒官軍。《方輿紀要》。上有飛升岩,今建寺於上。《通志》。

按:孫、陳二《志》"四十"作"七十"。

定軍山,在城北四十里,孫《志》。龍岩山東。《明統志》。唐咸通中,楊端擊南詔,駐軍於此,因名。《方輿紀要》。

按:孫《志》僅言唐楊端駐軍於此,《通志》沿之,"唐"下增"宣慰司"三字,非。

——(道光)《遵義府志》卷四《山川》,載《中國地方志集成·貴州府縣志輯》,第32册,第97頁

茅衙山,在城北二十五里。頂有橋,曰"天橋",逆酋楊應龍所建。下有茅衙寺,有城址,應龍小妻田雌鳳所修,寺中舊有數碑,父老云羅縣令椎壞。

大神山,在城北六十里,下峻上平。後有平播時舊壘。前有寺,創自明萬曆間。下爲小神山,廟祀黑神。

插旗峰，在城北六十里，永安山旁。孤峰突起，上有大石穿眼，相傳劉綎插旗處。

緝麻山，在沙溪西。楊應龍叛，遣其子朝棟守沙溪緝麻山，防永寧、貴州之師。《方輿紀要》。

——（道光）《遵義府志》卷四《山川》，載《中國地方志集成·貴州府縣志輯》，第32册，98～99頁

插旗山，在扶懽壩。劉綎平播時插旗于此。

——（道光）《遵義府志》卷四《山川》，載《中國地方志集成·貴州府縣志輯》，第32册，第107頁

遵義府

郡治羅山帶水，險峻天城。舊時設官爲守，便爲城郭。自周、秦、漢、晉以迄明初，皆一蒼莽也。自明萬曆庚子平楊應龍，辛丑，議郡縣其地。例，郡縣皆城，以内地之守守之。爾時民尚未集，士休於野，因以兵代役，給工餼，治郡城：西南繞山顛，無濠；東北臨湘江，爲池。前後俱高三丈，廣九百五十丈四尺，垛口一千七百八十二。設門四：東曰宣仁，南曰陽明，西曰懷德，北曰望京，各建樓于上。孫《志》。知府孫敏政增更舖三十間，又别開小東門，後閉。自明迄國朝，增築補葺，不一其人，或緣升遷，或緣時變，皆未竟版築之功。陳《志》。

——（道光）《遵義府志》卷六《城池》，載《中國地方志集成·貴州府縣志輯》，第32册，第143頁

五公祠。前明在桃源洞口建三公祠，祀平播功臣李化龍、王象乾、崔應麒，孫《志》。後廢。康熙五十五年，通判胡期恒重建，祀李化龍、劉綎，名二公祠，并設神位。知府于方柱始自他祠移劉綎像祀此。《通志》。乾隆四十四年，知府張景宗增祀崔應麒、王象乾、郭子章，而移綎原像於旁楹，是爲五公祠。

附張景宗《復建桃源祠記》："播川，唐乾符時爲南詔所陷，楊端應募復之，遂世有其地。傳至有明，楊應龍以叛誅，方建郡邑。其時，長垣李公化龍總制川、湖、貴州，督八路總兵官，百有十四日而應龍滅。首功則推都督劉公綎，而善後其事者，在蜀則總督王公象乾，在黔則巡撫郭公子章，其詳載之史策。……平播之役，師武臣力，省吾洵爲露布冠。……因閲《省志》，則桃源洞舊有銅標，紀平播功。洞口有三公祠，祀平播總督李公化龍、王公象乾、按察崔公應麒，前明所建，久之并廢。"

——（道光）《遵義府志》卷八《壇廟》，載《中國地方志集成·貴州府縣志輯》，第32册，176～177頁

三撫老穆相公祠。唐乾符三年，太原楊端應募赴播州平南詔，賊退，授武略將軍，遂居播地。有善政，後播人立祠以祀，稱爲“三撫老穆相公”，附以嚴、唐、羅、冉爲四官財神，至今遍祀。

——（道光）《遵義府志》卷八《壇廟》，載《中國地方志集成·貴州府縣志輯》，第 32 册，第 182 頁

附劉仁臣《祠堂記》：“昭遠陳君，潼川名士。其先系出射洪，以避仇居播。萬曆庚子征播，余從先大人轉餉。播平，落業，與陳君居比鄰，遂訂交焉。”

——（道光）《遵義府志》卷八《壇廟》，載《中國地方志集成·貴州府縣志輯》，第 32 册，第 186 頁

茅衙寺，在城北十五里茅坪，原名仙岩莊，初爲楊應龍妻田惜玉所居，稱曰茅衙。平播後李氏得之，改建爲寺。《通志》。

——（道光）《遵義府志》卷八《寺觀》，載《中國地方志集成·貴州府縣志輯》，第 32 册，第 193 頁

大成寺，在城北五十里。唐乾符間，南詔陷播州，築城于此，城垣基址尚存。南川有瑪瑙城、羅尾城，一時同建。又云，此城乃南宋寶祐年建。

——（道光）《遵義府志》卷八《寺觀》，載《中國地方志集成·貴州府縣志輯》，第 32 册，第 193 頁

婁山關，在縣北百里。《方輿紀要》。萬峰插天，中通一線。《通志》。關北即桐梓界，爲自郡入四川重慶要隘。征播時，蜀將劉綎由此進。《方輿紀要》：“大樓山上有關，曰太平關，亦曰樓山關，亦曰婁關。萬曆中，討楊應龍，川將至重慶，分道而進，俱刻期抵樓山關。劉綎自綦江進，戰九盤，入婁關。關爲賊前門，官軍從間道攀藤魚貫毁柵而入，進屯白石口。賊遣其黨抄後山奪關，四面合圍，綎奮擊破走之。”

按：《明統志》亦以太平關在大樓山上，《通志》别列太平關，云在城北一百里，非。

三度關，在縣東一百一十里。《通志》《明統志》作“八十里”。下臨剪刀溪，東即湄潭界，爲自郡往平越、思南、石阡要隘。征播時，楚將陳璘由此進。《方輿紀要》：“府東八十里有上度、中度、下度三關。”

黄灘關，在縣東南一百二十里。下臨黄灘江，即湘、洪、樂安、湄潭四水會成之江。爲自郡出袁家渡入餘慶要隘。征播時，貴州將李應祥由此進。《方輿紀要》：“萬曆中，李應祥討楊應龍，自平越進兵，攻四牌、乾溪、旋水、天邦三百落等寨，盡克之。長驅直抵疆界河，屯

袁家渡，得降賊爲鄉導，潛出小溪，直抵黄灘關，乘勝追至西平張王壩及三度關。”

老君關，今名石子㘭，在縣南八十里。兩崖障日，一縫中通，爲自郡往貴州省治要隘。征播時，貴州將童元鎮由此進。《方輿紀要》：“萬曆中，童元鎮率水西兵自烏江進，攻破老君關。應龍揣其必當深入，令部兵詭服水西衣甲，混入營中，内外合發，官軍大衄。進至烏江，斷浮橋，官軍溺死無算。”關蓋在烏江北。

烏江關，在縣南一百里，《通志》作“八十里”。烏江旁，明洪武間建。《通志》。懸壁臨水，盤折而上，口開一罅，十里蟻行，爲往省治要隘。《方輿紀要》：“在府西南。又東，有河渡關。萬曆中，楊應龍敗官軍於烏江，旋趨河渡，貴州震動。既而黔帥童元鎮復克烏江關，又克河渡關是也。”

崖門關，在縣西北一百里。《通志》。爲自郡出仁懷往四川永寧要隘。征播時，蜀將吴廣由此進。《方輿紀要》：“萬曆中，川師討楊應龍，别將吴廣自合江進兵，入崖門關，營水牛塘，進屯江水口是也。”

落濛關，今名樂民城，在縣西四十五里。下臨樂閩水，爲縣西路要隘。征播時，水西安疆臣由此進。《方輿紀要》：“安疆臣討楊應龍，由西路沙溪、馬站、石壁、花毛田而進，奪落濛關，至大水田，焚桃溪莊，逼近播州，賊勢遂窘。”

——（道光）《遵義府志》卷九《關梁》，載《中國地方志集成·貴州府縣志輯》，第32册，205～206頁

普濟橋，又名後川橋，在城北三里，《明統志》作“城東”，誤。亦名高橋。《通志》云：“橋在城東五里，别出後川橋，沿陳《志》之誤。”橋爲宋楊粲建，元楊漢英重修。明宏〈弘〉治元年，里人石永安、楊忠復修。詳崖刻李敬宏〈弘〉治九年撰《記》。嘉靖七年水，圮。三十年，任恩等重修。詳岸刻任恩等《記》。崇禎十四年，鄉人陳啓鳴等復修。

——（道光）《遵義府志》卷十《古迹》，載《中國地方志集成·貴州府縣志輯》，第32册，第210頁

廢播州，《通志》：“在府北三百里白綿堡，昔楊光榮子孫承襲守此。宋端平中置州。”

按：今考定唐之播州舊治，在今綏陽縣治左右。説詳《建置》。其在白綿堡者，乃宋之播州。《宋書·地理志》：“端平三年，以白綿堡置播州是也。”然謂在府北三百里，相沿承誤。

遵義廢縣，《方輿紀要》：“在府東北百里，唐遵義縣地。宋大觀三年，析播州地，别置遵義軍及遵義縣。宣和三年俱廢，置遵義寨，改隸珍州。開禧三年，復升爲軍。嘉定十一年，仍降爲寨。元初廢入播州。”

按：顧氏以遵義在府東北百里，與今所考定合。知以今綏陽爲即唐之遵義，前人必已

有論及者，惜顧氏不明言所本也。

——（道光）《遵義府志》卷十《古迹》，載《中國地方志集成·貴州府縣志輯》，第32册，222～223頁

舊正安州城，《通志》："在今之州東南七十里，地名滴水園，明萬曆間平楊應龍置，城垣尚存。"

白綿堡，《宋史》："端平三年，以白綿堡置播州。"《輿地紀勝》："南平軍在白錦堡，去播川三百里。係納土官楊光榮子孫世襲守之。"《明統志》："白錦堡去播州三百里。"《四川志》："白錦堡在綦江縣南八十里。""白綿""白錦"，字相似而誤。

附**鄭珍《白錦考》**

自王氏説白錦去播三百里，後皆沿之，堡遂在綦江境内矣。今考《潛溪集》《楊氏家傳》云："光榮籍播州二縣地往獻於朝，詔即其地建白錦堡"。此堡名所由始也。後又云："軫病舊堡隘陋，樂堡北二十里穆家川山水之佳，徙治之，是爲湘江"，此即今之府治。云在"堡北二十里"，則堡在今府治南二十里無疑。若堡在綦江境上，去穆家川三百里而遥，楊氏無故舍其世守，遠徙如此，已大非情事。且由綦江往今府治地，越溱、珍二州，楊軫，宋高宗時人，其時溱、珍境内皆有土酋據守，安得任其自由？且楊氏自唐末以來，世守只是播州，若至是始徙穆家川，則前此皆治在南平軍矣，不與史志大舛乎？然則《家傳》得其實矣。又按《家傳》叙端之入播云："端詣瀘州合江，逕入白錦，軍高遥山，據險立寨，結土豪，爲久駐計。"又叙楊實弟先、蟻擁兵事云："先據白錦東遵義軍，號下州；蟻據白錦南近邑，號揚州，稱南衙將軍，舉兵攻先，且外結閩兵爲助。楊貴遷大發兵，設二覆於高遥山，要其歸而擊之，閩大潰，赴水死者數千，蟻亡入閩。"觀《傳》文可知，"白錦"爲楊端前舊名，至光榮獻地建堡，乃得"堡"稱。所稱高遥山，在今府城西三十里山麓，即松邱寺。所稱閩或稱羅閩，即指今水西；所稱赴死之水，即今樂閩河。"樂閩"蓋"羅閩"之訛。當時河西即近閩地，觀《傳》叙三公歸閩事，云"阿永蠻發兵納三公界上，會濟江，夷僚引舟岸北"云云。江，即是此水；岸北，即是界上。則閩、播以樂閩水爲界甚明白。所稱遵義軍，乃宋於唐之遵義縣置者，地爲今之綏陽。此史家據後追稱，時尚未置軍也。統《家傳》前後文繹之，知楊端入播，其路由合江出仁懷，徑至高遥山立寨，以備攻守，白錦必在山之附近。定播之後，遂世居之。想其時唐之州治在今綏陽者，遣子弟分守而已，故宋即堡置播州，而以唐州治置軍。今綏陽，正在府治之東。於治南二十里之白錦，亦在其東。宋文獻據《譜》立《傳》，故能事事實合。可以裁度諸史"堡去播三百里"之説，祇見其誣矣。今府城南四十里有市曰"懶板橙"，西距高遥山十里，市名極無意義，疑其地即古之白錦。自楊軫北徙穆家川，人以其地在南，遂稱爲南白錦，"南""嬾""白""板"雙聲，"錦""橙"疊韵，歷久音訛，遂成今稱。或曰："如此，即與二十里不合。"曰："白錦之地廣

矣，藉此相沿舊稱，知故堡要在其近，豈方數十丈之外，遂不可以白錦之名被之乎？"

——（道光）《遵義府志》卷十《古迹》，載《中國地方志集成·貴州府縣志輯》，第32册，227～228頁

思義寨，《方輿紀要》："在真安州東南九十里。"《志》云："唐初爲思義縣，屬夷州。貞觀初，屬務州，後廢。舊稱珍州五堡：曰麗皋、曰思義，皆因故縣置；曰白崖、曰安定、曰壽山，則擇險置戍處也。萬曆中官軍征播，沓屯駐於此。"

苦竹、羊崖、銅鼓三寨，《明史·馬孔英傳》："連破九杵、黑水諸關，苦竹、羊崖、銅鼓諸寨。"

按：三寨，《史·傳》叙在破桑木關、風坎關之後，知其地皆在綏陽境中。今綏陽治東九十里有苦竹關，苦竹寨當在左右。餘未詳。

楠木、山羊、簡臺、三峒、李漢坝，《明史·劉綎傳》："二十八年正月，直搗楠木、山羊、簡臺三峒。峒絶險，賊將穆照等率衆數萬連營，諸將憚之。綎分兵攻其三面，大戰於李漢坝，生擒其魁，餘賊奔入峒。乘勢克三峒，直搗峒前，焚之，盡克三峒，擒穆照及賊魁吴尚華。"《方輿紀要》："楠木峒在府北二百四十里，其南爲山陽峒及簡臺峒，名曰三峒。由綦江東溪入播，三峒素稱奇險，劉綎直前奮擊，克之，播於是不可守。"

按：李漢坝在仁懷縣北三百餘里。楠木峒在坝側，極廣大，中可容數萬人。峒口崖上有"平虎穴"三字，距地數十丈，未詳何人書。傳昔時入洞者，拾金銀無算。山羊、簡臺當去楠木不遠。

滴淚三坡、瓦窑坪、石虎諸隘，《明史·劉綎傳》："逾夜郎舊城，攻克滴泪三坡、瓦窑坪、石虎諸隘，直抵婁山關。"

按：滴泪三坡，即今之夜郎三坡，瓦窑當在三坡之南。《傳》上文云應龍遣子朝棟、維棟統鋭數萬，由松坎、魚渡、羅古池三道并進。綎伏以待。賊至，伏起，追奔五十里，賊聚守石虎關。石虎即今石壺關，在桐梓縣北三十里。

養馬城、龍爪囤、海雲囤、松門埡，《明史·劉綎傳》："都指揮王芬獨營松門埡之衝，賊襲殺芬。綎率騎往救，賊大奔，追至養馬城而還。"《馬孔英傳》："追奔至高坪，奪賊養馬城。"《方輿紀要》："養馬城在府北五十里，楊氏據播時所築。劉綎入婁山關，屯白石口。賊黨攻圍綎，綎擊敗之。追至養馬城，與南川、永寧諸路之師會，連破龍爪、海雲諸險囤，壓海龍囤而壘。"《通志》："養馬城在遵義縣北三十里，唐末，楊氏建爲牧馬地，可容馬數萬也。"

按：松門埡在府城北六十五里，俗名風門埡。龍爪、海雲兩囤，僅見於顧氏書，地當去海龍囤不遠。養馬城今猶存，周五里，牆高丈餘。養馬城側有養雞城，石城門二。距里許又有養鵝池，皆楊氏所爲。

土、月二城，《明史·李化龍傳》："六月，綎破土、月二城，應龍窘，與二妾俱縊。明晨，官軍入城。"《方輿紀要》："萬曆二十七年，官軍克播州，進圍海龍囤。囤前陡絶，飛越難至，諸將以勁兵壁其間，而并力攻囤後。别將徐成奪據鳳凰觜，賊奔土城，官軍毁城而入，賊進據月城。因縱火焚其土城、月城二樓，四面奮擊，遂克之。"

按：土、月二城并在海龍囤上，逆龍所憑以守者。叙二城之破。《紀要》較《史》文特詳。

海龍囤，《明史·李化龍傳》："海龍於諸險中爲最。"《方輿紀要》："在府北三十里，四面斗絶，後有側徑，僅容一線，楊應龍倚爲天險。"

按：海龍在府城北四十里龍岩山東。一蒂孤懸，群山固結，左右環溪，陰深峻險，舊名龍岩囤。父老言，楊逆據此時，曾堰海龍垻之水使環囤下，自宣慰司至囤，二十里外即乘舟而往，未知然否。其囤，播平後，兵備道傅光宅即其上建海潮寺。

海龍九關，《方輿紀要》："楊應龍於囤前築九關以拒官軍。"

按：海龍囤前後關，今可考者，前六關曰銅柱、鐵柱、飛虎、飛龍、朝天、太平，後三關首曰萬安，餘未詳。此所謂九關也。《明史·馬孔英傳》所稱海龍第二門，《吴廣傳》稱第二關，皆此九關之一。銅柱八關皆在囤上，惟太平距囤前十里，址今無存。飛虎、飛龍、朝天、萬安榜并款"驃騎將軍楊應龍書"，餘榜不存。獨飛龍毁左角，乃劉綎自對山飛炮所摧者。若《孔英傳》海崖、海門，《吴廣傳》第四關、第一關，皆非此數。

後水囤，《明史·劉綎傳》："克後水囤，營於冠子山。"

按：後水囤，今未詳所在。冠子山在府城北九十里，知囤更在冠子山之北。

永安莊，《明史·劉綎傳》："直抵婁山，奪其關，追至永安莊。綎老將持重，慮賊衝突，聯諸營。一據永安莊爲前營。"

按：永安莊在府城北八十五里，楊氏别莊也。今其宅基尚存，石工甚精緻。

桃溪莊，《方輿紀要》："萬曆中，水西安疆臣討楊應龍，由西路沙溪、馬站、石壁、花毛田而進，奪落濛關，至大水田，焚桃溪莊，逼近播州，賊勢遂窘。"

按：桃溪莊在今桃溪上源，所稱上莊、下莊，是楊氏别業也。石壁即今石鼻莊，在府西一百里。落濛關即今樂民城，在府西五十五里。花毛田在府西八十里。大水田在府西三十里，《明史·童元鎮傳》"賊伏兵大水田"，是此皆水西由沙溪入播所經，馬站未詳。

青蛇、長坎、瑪瑙、保子四囤，《明史·陳璘傳》："璘次湄潭，賊悉聚青蛇、長坎、瑪瑙、保子四囤，地皆絶險，而青蛇尤甚。"《李化龍傳》："江鐸統楚師夾攻板角關，破之。再進，破瑪瑙、長坎、保子等囤，奪梏木關，進屯青蛇囤。"

附**鄭珍《四囤記》**

遵義東界大山，望之隱天若長墉。其南爲三度關，北爲板角關。由遵義道湄潭者，出三度；由綏陽者，出板角。二處山稍平展，中距八十里，皆亂峰斗壁。其間長坡坎者，間道也。自坎行,若蝨循衣縫,以達湄潭境。余家至長坡坎,蓋僅二十里。此山西皆樂安里地,地皆陂陀平遠,登高俯視,數十里如微風動波也。其去郡,西限標崖諸山,又西限瑪瑙孔諸山,又西限清乘橋諸山。余自家朝食,行二十里,登標崖;復十里,登瑪瑙孔;復十里,度清乘橋,即登山。越山巔,達郡四十里,皆坦途矣。此東來山數重,獨清乘橋西諸山,用兵時尤險要。山蓋《圖經》所稱水圍者,洪江三面環而過,江兩岸皆懸壁一二百尺,而西岸又群峰如削,山縫中今尚無牛羊徑。舊時,距今橋上里許,岸稍缺處,橋平石今猶有二齒存。東來者,意度橋必仍沿岸下直今橋越山。蓋舍今山巔左右望皆窮也。今橋,康熙初當極險狹處建,據碑乃易舊"清水"名"清乘橋"。余往來必流覽橋上,思當日措手之難,至巔也,必小息。顧巔廣僅二丈,而一畔舊砌,依稀關門然。餘隱露土中,皆似門圮之石。常疑之,又不解橋舊名清水意。今年初夏,攜妻兒種菜子午山,目極百餘里,歷指某某地示之,因擬議清水説,皆不安之甚。子知同旁植紫蘇,曰:"人呼此'祖師葉',焉知清水、清乘非青蛇乎?"余思久之,曰:"是也!"當八路師之平播也,陳璘軍由偏橋進。《傳》曰:"璘次湄潭,賊悉聚青蛇、長坎、瑪瑙、保子四囤,地皆險絶,而青蛇尤甚。璘乃先攻三囤,次及青蛇。督將攻三日,三囤遂下。青蛇四面陡絶,璘圍其三面,購死士從瑪瑙,後附葛至山背舉炮,賊惶駭。諸軍進攻,賊退入囤内,木石交下,將士冒死上,前後擊之,賊大敗。乘勝抵海龍囤下。"由此推之,"蛇"與"水"俗讀同,僅分平、上,清水,即青蛇也,橋以地名。建者吴之茂,武夫非紀碑不得其字,苟從俗改"清乘"以文之乎?山巔似關門者,非楊氏之雄關乎?"保"與"標"聲亦近,今標岩非即保子囤乎?然則長坡坎即長坎囤,瑪瑙孔即瑪瑙囤,其名蓋至今存也。當時璘既入板角,四囤不破,終不能抵海龍;長坎、保子、瑪瑙三囤不破,終不能攻青蛇。青蛇既破,此時李應祥破黄灘三關入,在青蛇之南;馬孔英破朗山關入,在青蛇之北。逆酋心腹四潰,無巨險可恃,宜璘之鼓行至海龍,如走康莊矣。嗟夫!數十年往來習貫之地,一旦啟悟於黄孺之口而始得古名。天下事千百年以上、千百里以外,可以影響論斷即自詡得之乎?故記以告考地理者。

沙溪囤,《方輿紀要》:"在府南九十里,與貴州接界。楊應龍叛,遣其子朝棟守沙溪、緝麻山,防永寧、貴州之師。既而安疆臣由西路入,拔沙溪囤。"

水烟、天旺諸囤,《方輿紀要》:"《志》曰,楊應龍反時增修各囤險隘。府西南有水烟、天旺諸囤;接貴州界者,又有洪頭、高坪、新村諸囤;府北,則有松坎、大阡、都壩諸囤,皆其拒守處。"

按:水烟今名水園,在府西七十里,舊時酋長宋氏之後居之。天旺在府西六十里,今名天旺都。洪頭諸處未詳。

穿崖囤,《明史·吴廣傳》:"郭通緒扼穿崖囤,廣督漢、土軍擊破之。"

按:廣時頓二郎壩,知此囤在遵義、仁懷之間。

桑木埡,《明史·吴廣傳》:"分四哨進攻崖門,別遣永寧女土官奢世續等督夷兵二千，扼桑木埡諸要害，以防餉道。”

按：桑木埡在府城西北二百四十里。

丁山、銅鼓、嚴村，《明史・劉綎傳》：“諸將克丁山、銅鼓、嚴村。”

按：丁山即仁懷之丁山垻。仁懷縣二合樹上流有大銅鼓、小銅鼓二潭，銅鼓當即其間地。嚴村，未詳。

松坎、魚渡、羅古池，《明史・劉綎傳》：“應龍遣子統鋭卒數萬，由松坎、魚渡、羅古池，三道并進。”

按：松坎即桐梓北之松坎。仁懷縣有魚子溪，東北流百餘里爲綦江縣之清溪河，魚渡當在此水。羅古池，未詳。

大夫關、馬坎，《明史・童元鎮傳》：“嘉猷揚聲擣大水田，而潛以一軍拔大夫關，直抵馬坎。”

按：大夫關在府西南四十里，今名太夫垻。馬坎即今馬坎關，在府西二十里。

官垻，《方輿紀要》：“在府東北。楊應龍叛，屯官垻，聲言窺蜀。酉陽宣撫司冉御龍進攻官垻，斬關直上。賊方攻婺川，聞敗，遁還。”《通鑒輯覽》注：“官垻在遵義府城西北。”

按：官垻蓋在綏陽、正安之間，當酉陽入播路。

張王垻，《方輿紀要》：“在府東南百里。黔帥李應祥敗楊應龍之兵，屯張王垻。既而劉綎之兵自白石口入，應祥自張王垻入，吴廣自江水口入，陳璘自上度關入，安疆臣等自大水田入，共破播州。”

按：張王垻在府東南九十里。

二郎垻，《明史・吴廣傳》：“廣屯二郎垻，大行招徠。”

按：二郎垻在仁懷縣二郎里。

金子垻，《明史・馬孔英傳》：“國柱攻金子垻，無一人，疑有伏，焚空寨十九，嚴兵以待。”

按：金子垻在綏陽縣西二十里。

朗山、蒙子橋、高坪，《明史・馬孔英傳》：“官軍進朗山，進蒙子橋，深箐翁翳，賊處處設伏，悉剿平之。珠夜劫營，伏發，賊驚潰，追奔至高坪。”

按：朗山，即綏陽縣西之朗山關。蒙子橋，在府城北二十里。高坪，在府城北三十里。

新站，《明史・童元鎮傳》：“河渡未敗時，澄已别遣部將劉岳、王嘉猷攻破苦竹關及半垻嶺。暨敗，二將移新站。”《殉難録》：“佐聖察遵城形勢孤危，去治二十里即安、藺兩酋巢穴，出没不時。乃相度險隘，至地名新站，前臨渭水，爲入犯必由之路，遂捐資購料，督率隘官，雇募里民，創築新站城，曰：‘寇至可以遏其鋒，深入可以絶其歸。若西酋越此窺府城，當使隻輪不返。’於是招集流亡，訓練部伍，開屯沿邊一帶。時率將領往來巡視，邊備畢舉。”

按:新站在府南六十里,爲至會城所必經。

清潭洞,《明史·童元鎮傳》:“永順兵攻清潭洞,復擒五受。”

按:洞當在遵義縣清潭里境内。

桑木關、風坎關、九杵關、三渡關、老君關、河渡關、苦竹關、黄灘關、板角關、崖門關,《明史·李化龍傳》:“推官高析枝先以南川兵進,據桑木鎮;江鐸統楚師夾攻板角關,破之。”《馬孔英傳》:“逼桑木關,殊死戰,奪其關,逐北至風坎關,連破九杵、黑水諸關。”《陳璘傳》:“分兵六道,攻克大小三渡關。”《李應祥傳》:“賊所恃,止黄灘一關壁立,衆死守。”《童元鎮傳》:“諸軍既濟,復奪老君關,前哨參將謝從爵再拔河渡關,澄遣部將攻拔苦竹關。”《吴廣傳》:“分四哨進攻崖門。”

按:桑木關在綏陽縣東北二十里。風坎關在綏陽縣北二十里,九杵關在綏陽縣東三十里。三渡關在府東一百一十里。老君關在府南九十里。河渡關即今茶山關,在府東南一百里。黄灘關在府東南一百一十里。板角關在綏陽縣南七十里。崖門關在府西北一百里。今府西九十里有黑水關,然不當孔英自正、綏來路,則黑水非此也。又綏陽縣東九十里有苦竹關,與湄潭接近,亦非水西兵所攻拔者。

明月關,《明史·馬孔英傳》:“別遣邊兵千,扼明月關。”

按:孫《志》載,正安有明月山,關或在此。

婁山關、白石口、冠子山,《通鑑輯覽》:“萬曆二十一年,四川巡撫王繼光與總兵劉承嗣,分兵三道進婁山關、白石口。注:婁山關,今名太平關,在遵義府北大婁山上。白石口在婁山關南。”《明史·劉綎傳》:“據婁山關爲老營,據白石口爲腰營,逾十日,克後水囤,營於冠子山。”《通鑑輯覽》注:“白石口在婁山關南。”

按:婁山關在府北百里。白石口、冠子山并在府北八十五里。

赤崖,《明史·馬孔英傳》:“諸軍鼓行前,次赤崖。”

按:孫《志》載“正安有赤崖箐”,即此。

母猪塘,《明史·吴廣傳》:“諸將連破數囤,進營母猪塘。”

按:母猪塘在府北七十里,其水即溱溪,舊時有渡。載孫《志》。

按:平播時攻戰營壘之城,今日視之,皆是古迹。事事能指所在,大可疏證史文。今通考其遺處,所不知者,隨事出之。其餘如《馬孔英傳》之清水坪、封寧關、白玉臺,《吴廣傳》之磨槍埡、紅碗水、土崖、分水關、水牛塘、三山,《李應祥傳》之墳林,《童元鎮傳》之半垻嶺、長箐、萬丈林,《李化龍傳》之梏木關,其地悉在府境内,今亦不能備知所在,并記於此,來者詳焉。

茅衙,在府西北十五里,楊應龍爲小妻田惜玉築城造宅居之。今城址尚存,有寺,名茅衙寺。

火燒州，陳《志》："在府治東六十里。昔楊友、楊愛分争於此。"

——(道光)《遵義府志》卷十《古迹》，載《中國地方志集成·貴州府縣志輯》，第32册，229～236頁

永安公館，四川舊《志》："舊楊應龍莊宅，制甚宏麗。"

磨刀石，在仁懷赤水里磨刀溪中。相傳劉綎平播，兵由此入，親解佩刀磨石上，溪亦以名。

按：赤水里非綎人播之路，或别將經此，有其事，後以綎名最著，加之耳。

白鶴亭，陳《志》："在正安舊城，相傳楊六郎曾寓此。"

三塊石，陳《志》："相傳楊六郎曾憩此石上，有掌迹。"《通志》："在正安州，其'塊'字作'槐'。"

按：俗稱楊六郎者爲，楊業子延昭，《史·傳》并無此人。考《楊氏家傳》，楊昭無子，業孫文廣嘗與昭通譜，因以子貴遷爲之後。此必是楊昭當年憩寓之所，後人因貴遷以後守播係楊業子孫，而楊昭又適與俗傳楊六郎名同，因附會以爲重耳。

——(道光)《遵義府志》卷十《古迹》，載《中國地方志集成·貴州府縣志輯》，第32册，240～241頁

(唐)成展墓，在桐梓城北二十里澗壩村。展蓋同楊端入播八姓之一。

(宋)楊价墓，在桐梓葫蘆垻。

(元)楊漢英墓，在遵義城北。

(明)楊輝墓，在遵義城南南隅里雷水堰上。《心齋隨筆》："輝與其妻田氏、俞氏合墓，田右俞左。據碑，輝字廷彰，係成化十九年葬。"

楊愛妻田氏墓，在遵義城東四十里官墳觜。《心齋隨筆》："縣東冉家林側有地，名官墳嘴，俗稱皇墳，今爲李氏業。其地前臨仁江，四面山形整密，乃宣慰司楊氏祖兆也。中石墓十餘處，皆雕鏤精工，惜無碑碣可考。惟近江竹林邊，有方石墓表一，缺其一角，乃表楊愛妻田氏者。按察司僉事永川進士古其然撰文，資中進士鄧明書丹，儒學訓導滇楊馬奎蒙蓋，儒士周易刊石。文稱田氏名睿英，封淑人，少師忠果公之十三世女孫。父宗善、母高。[田]氏静默寡言，父母謂其必爲名臣妻。長，果歸於宣慰敬夫公。以其姑俞氏早卒，未獲奉事，每歲時薦祀，必涕泣如親承色笑。又和妯娌，睦鄉鄰，毫不自形德色。值成化庚子邊隅擾亂，敬夫行軍在外，氏運籌於内，卒克靖變。又流民人播，氏出金數千兩救濟生全，遠近感戴。卒於宏〈弘〉治三年庚戌，年三十一歲。葬於宏〈弘〉治十二年己未九月十三日。"其略如此。知爲愛妻者，以文中有男名斌也。其墓當即在岸上竹林内。敬夫，楊愛字，惟見此碑。

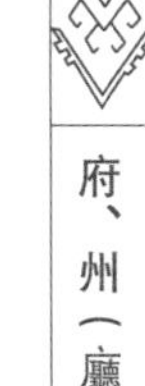

楊烈墓，在遵義城東東隅里七甲官渡河上。《心齋隨筆》："應龍父烈墓碑，立於萬曆二年甲戌閏十二月十五日乙酉。其母墓碑，立於萬曆十二年甲申四月二十三日己巳。"余曾親至官渡河詳審之，一碑側刻"孤子應龍立"，一碑刻"哀子應龍立"，知爲烈夫妻墓不誤也。

張燭墓，在桐梓松坎沙灣。燭官安撫司，征楊酋死難，謚忠烈。

——（道光）《遵義府志》卷十《冢墓》，載《中國地方志集成·貴州府縣志輯》，第32册，242～243頁

（宋）銅佛像。

按：《明統志》："像在宣慰司佛光寺内。"據《楊氏先德廟碑》："其先有名選者，獵於荒莽中，見一岩人物，從獵者疑爲怪，白其事。選遣人往視，則風雷暴至，不可邇。選自往，風雷如初。有僧進曰：'古像靈异，必齋戒誠敬乃可。'如其言而往，獲睹其像，乃徙於觀音院。今徙于本寺。"考明宣慰司治即今府治，像存亡未詳。

——（道光）《遵義府志》卷十一《金石》，載《中國地方志集成·貴州府縣志輯》，第32册，第247頁

虎峰三銅佛像存。

按：像在桐梓縣虎峰之崇德廟中，楊价所鑄。

——（道光）《遵義府志》卷十一《金石》，載《中國地方志集成·貴州府縣志輯》，第32册，250～251頁

前代

遵義入明，楊氏稍稍恣横奢侈，逮凶龍而極其欲，當時民力蓋重困矣。繼群驅以血塗八路，出租賦者，其存幾乎？改土設官，多方徠而輯之，冀就寬則備地徵耳，於錢糧大計無補也。

元

按：《元史·世祖紀》："十八年閏八月，命播州每歲親貢方物。"其後播州安撫使楊漢英進雨氈，播州蠻官洛麽、謝烏窮、宋王保等皆獻方物。至其賦税，《食貨志》無文。而《世祖紀》云："三十年四月，斡羅斯請以八番見户合思、播之民兼管，徙宣慰司治，辰、沅、靖州常賦外，歲輸鈔三千錠，不允。"此鈔疑即取之播州諸處也。又《成宗紀》："大德七年十二月，以轉輸軍餉勞免播州税糧一年。"《泰定紀·即位詔》"減免播州差税一年"，是播州有田賦之證，特未詳其數耳。

——（道光）《遵義府志》卷十三《賦税》，載《中國地方志集成·貴州府縣志輯》，第32册，第276頁

萬曆十四年，播州宣慰使楊應龍獻大木七十，材美。賜飛魚服。《明史·土司傳》。

二十三年，播州宣慰使楊應龍論斬，得贖輸四萬金，助采木。王鴻緒《明史稿》。

——(道光)《遵義府志》卷十八《木政》，載《中國地方志集成·貴州府縣志輯》，第32冊，396~397頁

(神宗萬曆)二十七年正月内，日下復有一小日，空中相盪，數日方止。四月，彗尾見于西方，其芒如帚。又有一星，四圍皆若芒刺。民間謡云："有飯無人吃，有路無人行，老者死大半，幼者死七分。"六月，應龍率苗兵犯順，二十日抵至登鋪。張良賢戰不利，退回，與房嘉寵約，空綦城以免民難，房不然之。次日城陷，殺男女萬計，浮尸滿江，城内外焚毁幾盡。此建設以來非常之慘也。神宗震怒，命總督李化龍督師會剿。《綦江志》。播酋叛，勢甚張。十月，經歷譚恕避兵深岩，忽聞石裂，有文在石上云："聚山岩，人化血，石壁壞，諸蠻絶。"《明詩綜》。

——(道光)《遵義府志》卷二十一《祥异》，載《中國地方志集成·貴州府縣志輯》，第32冊，第430頁

名宦祠，在大成門外左階下，祀周之秦蜀郡守李冰，漢蜀太守文翁，牂柯太守吴霸、陳立，犍爲太守朱博，牂柯功曹謝暹，犍爲功曹朱遵，牂柯太守劉寵、張亮則，符節長姜詩，牂柯太守費詩、向朗、馬忠，符節長王士晉，牂柯太守毛楚，江陽太守何隨、侯馥，唐六州都督羅榮，領播州楊端，宋通判南平軍孫安國，知南川縣張商英，成忠郎楊軾，播州安撫使楊粲、楊价、楊文，珍州總制鄭昌孫，珍州守將江彦清，元播州宣撫司楊邦憲、楊漢英……

——(道光)《遵義府志》卷二十二《學校》，載《中國地方志集成·貴州府縣志輯》，第32冊，第465頁

宋

渝州、懷化軍溱州隸巡遏將，皆州縣調補，其户下率有子弟各丁，遇有寇警，一切責辦。主户巡遏把截將，歲支料鹽襖子，須三年其地方無寇警，乃給。有勞者增之。州縣籍土丁子弟并器械之數，使分地戍守。《宋史·兵志》《通考》云："治平元年，詔懷化軍溱州巡遏把截將，歲支料鹽襖子，須三年其地内無寇警，乃支。三年一比，如有失誤或致僚寇，五次即罷給。有營者增之，仍使分地戍守。"

按：宋播州自楊光震助官軍破乞弟，其後屢效朝廷討禦之命，价以雄威軍都統制捍防著績，文亦守禦勤勞，邦憲復舉兵入衛，是播兵在宋亦健軍也。惜史逸其制，其軍名有所謂"涅手號"者。見《元史》。見後。考《宋史·兵志》，慶曆二年，种世衡奏募番兵五千，涅右手虎口爲"忠勇"字。此其比也。

元

至元二十九年，以楊漢英爲播州等處管軍萬户，佩虎符。詳《職官·官制》。

三十年五月癸亥，□思、播等處亡宋涅手軍。《元史·世祖紀》《兵志》云："三十年五月，命思、播、黄平、鎮遠拘制亡宋避役手號軍人，以增鎮守。"《紀》又於是年十二月載："遣使督思、播二州及鎮遠、黄平發宋舊軍八千人從征安南。"

明

洪武十五年，城播州沙溪，以官兵一千人、土兵二千人戍之。改黄平衛爲千户所。

正統末，楊輝奏播州向設操守土兵一千五百人，今撥守懷遠、靖南、天漂、龍場各二百人，宣化百人，安寧六百人，其家屬宜徙之同居，爲固守。

宏〈弘〉治元年，增設重安守禦千户，命播州歲調土兵一千助戍守。并《明史·土司傳》。

萬曆二十八年，平播改流，置遵義府，屬五州縣，設分巡兼兵備道一員，專一整飭新復郡縣，并重慶衛忠、黔二所，酉陽、永寧、石砫、平邑等土司兵務。其切鄰地方，悉聽管轄。黄平雖歸貴州，并聽兼制。播州留兵一萬，黄平留兵三千。移建武總兵鎮播地。應留各兵，挑揀家丁三千、買馬三百。内標下標兵，家丁二千七百、馬二百七十，以坐營千把總領之。兵道員下，家丁三百、馬三十，以中軍領之。有事俱聽總兵提調，名爲正兵。此外，兵七千，酌量分布於白田壩、真安、桐梓等縣、播川等邑防守。内以一游擊領三千、二守備各領二千，各用千把總分領之。無事即爲築城、鑿池、建郡縣、修郵驛之用。俟建置竣功，除家丁三千、馬三百外，以次議撤。有願附籍當軍及民當差者，聽千把總俱於附近衛所官内選用。其黄平留兵三千，仍設一參將領之，聽防播總兵節制。《播地善後疏》。

——(道光)《遵義府志》卷二十六《兵防》，載《中國地方志集成·貴州府縣志輯》，第32册，第561頁

宋

大觀初，詔播州夷界巡檢楊榮，許歲市馬五十匹於南平軍，其給賜視戎州之數。《宋史·兵志》。

——(道光)《遵義府志》卷二十六《兵防》，載《中國地方志集成·貴州府縣志輯》，第32册，第572頁

播州沿邊安撫使

按：趙昇，《朝野類要》"帥幕安撫"條曰："若沿邊，又有管内安撫，謂只轄本州也。"

楊粲。《明統志》："粲嘉泰初襲播州安撫使"。

楊价。粲子。

楊文。价子。

按：《宋史·高宗紀》有珍州守臣李玠，《兵志》有播州夷界巡檢楊榮，《忠義傳》有珍

州守將江彦清,《通志》誤爲珍州太守,辨見《宦績》,《明統志》有珍州守冉從周,《貴州通志》有珍州總制鄭昌孫,可知大觀以後,凡州軍應有官,朝廷無不增置,當時蓋即以土人署之。正史不具而別見者,附録《土官》。

元

播州安宣撫司

按:《元史・百官志》:"安撫司,秩正三品。每司達魯花赤一員,安撫使一員,同知、副使、僉事各一員,經歷、知事各一員。"《楊賽因不花傳》:"至元二十八年,改安撫司爲宣撫司。"《百官志》:"宣撫司秩正三品。達魯花赤一員,宣撫一員,同知、副使各二員,僉事一員,計議經歷、知事各一員,提控案牘架閣一員。"後載置宣撫地方目有播州。上官屬并無損益不同。今檢《史・傳》,宣撫外人皆無考。

又按:楊氏自漢英乞歸四川,以漢英爲紹慶、珍州、南平等處沿邊宣慰使、行播州軍民宣撫使、播州等處管軍萬户以後,宣慰遂成本銜,至明不易。其行本州宣撫,漢英後唯嘉貞,見《史・傳》。至忠彦見《楊氏家傳》者,則稱播州軍民安撫使,是中間復改宣撫爲安撫。《元史・地理志》"沿邊溪洞宣撫司"後未列屬官,即標"播州軍民安撫司",始列蠻夷官諸等處,明白可證也。

楊邦憲。文子。

何彦清。

按:《元史・李德輝傳》:"至元十七年,羅施鬼國既降復叛,德輝招降之,卒于黄平。播州安撫使何彦清率民立祠。"時楊邦憲已以安撫内附,仍授原職,不應播州有兩安撫,史文似自矛盾。考《楊氏家傳》,邦憲以至元十八年升宣慰使。十九年,閩叛,詔發諸道兵進討,師道播而入。所謂發兵討閩,即《德輝傳》詔雲南、湖廣、四川三道兵討羅鬼事。然則史"十七年"乃"十九年"之誤。彦清之安撫,或因朝廷升邦憲爲宣慰,遂以此職授之歟?

楊漢英。邦憲子。

楊嘉貞。漢英族子。

楊忠彦。嘉貞子。

楊元鼎。忠彦子。

播州沿邊招討使

按:《元史・百官志》:"招討司秩正三品。達魯花赤一員、招討使一員、經歷一員。沿邊溪洞置副使一員,無達魯花赤。"考《順帝紀》,至元十二年,換文資楊城爲沿邊溪洞招討使。餘無考。

播州等處管軍萬户

按:《元史・百官志》:"上萬户府管軍七千之上,達魯花赤一員、萬户一員,俱正三品，虎符；副萬户一員，從三品，虎符。中萬户府管軍五千之上，達魯花赤一員、萬户一員，俱從三品，虎符；副萬户一員，正四品，金牌。下萬户府管軍三千之上，達魯花赤一員、萬户一員，俱從三品，虎符；副萬户一員，從四品，金牌。其官皆世襲，有功則升之。每府設經歷一員，從七品；知事一員，從八品；提控案牘一員；鎮撫司鎮撫二員，蒙古、漢人参用。上萬户府正五品，中萬户府從五品，俱金牌；下萬户府正六品，銀牌。"播州萬户其爲上、中、下未詳。考《元史》自漢英兼此職後，唯《明宗紀》天曆二年正月壬午，播州楊萬户引四川賊兵至烏江峰。其名雖不詳，要其爲楊氏子有功所升無疑。至達魯花赤與諸屬官，皆無考。

千户。

按：《元史・百官志》："上千户所管軍七百之上，達魯花赤一員、千户一員，俱從四品，金牌；副千户一員，正五品，金牌。中千户所管軍五百之上，達魯花赤一員、千户一員，俱正五品，金牌；副千户一員，從五品，金牌。下千户所管軍三百之上，達魯花赤一員、千户一員，俱從五品，金牌；副千户一員，正六品，銀牌。彈壓二員，蒙古、漢人参用。上千户所從八品，中、下二所正九品，從九品内銓注。"播州千户，其上、中、下無明文。考《明統志・遵義府》"名宦"下有李嗣宗，至元末以千户守禦城。餘官無考。

又按：元官制千户下更有百户所、百户，當時播州必設此官，今皆無考。

又按：《明史・土司傳》："楊鏗等相率來歸，有總管何嬰、蠻夷總管鄭瑚，皆以爲長官司。是元播州有總管之證。"又《元史・仁宗紀》有播州南寧長官洛麽作亂，知播州所轄諸等處皆有長官，而《元史・百官志》皆未詳其制，惟《文宗紀》云："置盂、定諸處軍民總管府，秩從三品，軍民府秩從四品，軍民長官司秩從五品。"播州總管、長官，或其比歟？

明

播州宣慰使司宣慰使

按：《元史・百官志》有宣慰使，有宣慰使司元帥府，有宣慰使兼管軍萬户府，各宣慰使三員，秩從二品。同知、副使一二員不等。播州宣慰于三者未明載何屬，其品秩要相等。明初獻地，仍其原官。《明史・百官志・土官》："宣慰使司宣慰使一人，從三品；同知一人，正四品；副使一人，從四品；僉事一人，正五品；經歷司經歷一人，從七品；都事一人，從八品。"

楊鏗。城子。

楊昇。鏗孫。

楊綱。昇子。

楊輝。綱子。

楊愛。輝子。

楊斌。愛子。

楊相。斌子。

楊烈。相子。

楊應龍。烈子。

播州宣慰司經歷

按:《明詩綜》有"萬曆二十七年播酋叛,勢甚張,鄉人譚經歷恕避兵深岩,見石裂文"事,疑譚恕爲播州經歷。《明史·職官志》曰"宣慰等司經歷皆流官",其云"鄉人者,或彝尊同鄉也"。

——(道光)《遵義府志》卷二十七《職官》,載《中國地方志集成·貴州府縣志輯》,第32册,579~582頁

唐

……

羅榮、楊端,二人詳《土官傳》。

宋

……

楊軫,端十二代孫。

楊軾,軫弟。

楊粲,軾子。

楊价,粲子。

楊文,价子,并賢勞著績,詳《土官傳》。

按:《明統志》"人物",川、貴兩《通志》"名宦",漢英後皆列子嘉貞。考楊氏自漢英前,世著賢勞,乃心王室。至嘉貞,《元史》載其以囊加台之叛,舉全播以降。兵賦非弱,元室未衰,腼顔自全,大喪前烈。觀宋濂纂《家傳》,于《統志》所書嘉貞事,一語不及。知明始修《統志》時,特就楊氏所呈載之,後人相沿不察,以致賢否混淆。又明初獻地,楊鑑諸人本無可稱,徒以率先歸附,遂爾濫厠。今并削之,其本末具《土官傳》。

……

楊邦憲,文子。

楊漢英,邦憲子,并著有勛德,詳《土官傳》。

明

……

張瓚,《明史》"本傳":"字宗器,孝感人。正統十三年進士,授工部主事,遷廣東参政,轉浙江左布政使。十年冬,以右副都御史巡撫四川。播州致仕宣慰楊輝言所屬天壩干,灣溪諸寨及重安長官司爲生苗竊據,請王師進討。詔瓚諭還侵地,不服,則征之。瓚率兵討定,請設安寧宣撫司,即授輝子友爲宣撫以鎮。詔可,賜敕奬勞。以母老乞歸,母已卒。會松、茂番寇邊,詔起復視事。先後破滅五十二寨,賊魁撒哈等皆殲,他一百五寨

悉獻馬納款，諸番盡平。瓚功名著西蜀，其後撫蜀者，如謝士元輩，雖有功，不及瓚。惟夭壩干之役，或言楊輝溺愛庶長子友，欲官之，詐言生苗爲亂。瓚信而興師，其功不無矯飾云。"

蔡湖，《明史・鄒文盛傳》："正德十一年，文盛以右副都御史巡撫貴州。四川土舍重安馮綸與凱里楊宏有怨。宏卒，綸糾諸苗相仇殺，侵軼貴州境。遣參議蔡潮詣播州，督宣慰楊斌撫定之。請復設安寧宣撫司，以宏子襲。而録潮功，尚書王瓊以專擅爲潮罪，不叙。"

石邦憲，《明史》本傳："字希尹，貴州清平衛人。嘉靖七年嗣世職，爲指揮使，纍功進署都指揮僉事，充銅仁參將，進總兵官，鎮貴州。播州宣慰楊烈殺長官王黼，黼黨李保等治兵相攻且十年，總督馮岳與邦憲討平之。播州苗盧阿項爲亂，邦憲以兵七千編筏渡江，直抵磨子崖。策賊必夜襲，先設備。賊至，擊敗之。賊求援於播州吴鯤，諸將懼。邦憲曰：'水西宣慰安萬銓，播州所畏也。吾調水西兵攻烏江，聲楊烈縱鯤助逆罪，烈奚暇救人乎？'……卒官，贈左都督。"

……

楊禮，毛奇齡《蠻司合志》："成化二十二年，丹章諸苗寇安寧，四川參政謝士元、副使翟廷蕙、都指揮楊綱以兵往，過播州，詣宣慰愛家，置酒高會。翼日視學，適州民賽社，士元等坐學宫臨觀，愛復携酒至。訓導楊禮艴然曰：'視學而觀社，提兵而樂酒，略等威而款下屬，竊爲明公耻之。'士元等大慚而起。"

……

潘貞，《江南志》："字景徵，天順進士，纍進四川按察使，升布政司。貴州苗亂，徵兵糧于蜀，開府罔知所措。貞請以苗攻苗，發播州之卒應之。"

楊國柱、李廷棟，萬曆二十七年二月，楊應龍敗官軍於飛練堡，二人死之。詳後《李化龍傳》。

房家寵、張良賢，陳《志》：二將於萬曆中以參將同守綦江禦播，血戰數十，竟以衆寡不敵，城陷，皆死之。二將死，討播之旨始决云。

譚希思，《湖南通志》："字子誠，茶陵進士，晉右副都御史，巡撫四川。時播州逆節未露，廷議主剿，希思獨主撫，云：'不忍枯萬骨以邀上賞。'"

艾穆，《明史》本傳："字和父，平江人。以鄉舉署阜城教諭，入爲國子助教。萬曆初，擢刑部主事，進員外郎，屢遷太僕少卿。十九年秋，擢右僉都御史，巡撫四川。有告播州宣慰使楊應龍叛者，貴州巡撫葉夢熊請征之。蜀人多言應龍强，未易輕舉。穆亦不欲加兵，與夢熊异。朝命兩撫臣會勘。應龍不願赴貴州，乃逮至重慶。對簿，論斬。輸贖，放之還。穆病歸，未幾，卒。後應龍復叛，議者追咎穆，奪其職。"

沈瑞臨，舊《浙江通志》："字夢錫，萬曆丁丑進士，升四川按察司僉事，備兵川東。時楊應龍煽動，瑞臨練兵訓武，以計拊循之。終瑞臨任，應龍不敢叛。未幾，以母老終養，杜門斂迹，精研濂、洛之書，以承絶學。學者稱約菴先生。”

王士琦，《明史·王宗沐傳》：“臨海人，子士琦，進士，重慶知府。播州宣慰使楊應龍叛，承總督邢玠檄，至松坎撫定之，遂進兵備副使，治其地。尋擢河南右布政使。坐應龍復叛，降湖廣右參政。”

蒲林，舊《綦江縣志》：“萬曆二十二年甲午，參將郭成、總兵劉承嗣征楊應龍，至白石口，敗績。事聞，命制府勦撫，屢遣官諭以禍福，酋負固不出。再命綦江縣知縣蒲林往。龍素讋服林，見單騎至，倒戈以迎。隨面宣德意，約其降，待以不死，應龍俯首聽命。制府尋委監司同林往松坎就勘，皆款服，竟從寬典。乃議於安穩設安邊同知，即以林升任。應龍旋又擾扶歡埧等處，林奮身往追，即捲甲去。明年，奏民袁子昇爲賊大仇，適繫合江縣獄。賊發兵圍之，指索子昇。當事遣林往，林説合江出子昇：‘弃一奏囚，保全衆億。’讒忌者即騰謗，詔下本省逮勘，以此去任；而賊益無忌矣。”

——（道光）《遵義府志》卷二十九《宦績》，載《中國地方志集成·貴州府縣志輯》，第33冊，第6、8、11～13頁

李化龍，《明史》本傳：“字于田，長垣人，萬曆二年進士。二十七年，總督湖廣、川、貴軍務兼巡撫四川，討播州叛臣楊應龍。應龍之先曰楊鏗，明初内附，授宣慰使。應龍性猜狠，嗜殺，數從征調，恃功驕蹇。知川兵脆弱，陰有據蜀志，間出剽州縣。嬖小妻田雌鳳，讒殺妻張氏，屠其家。用誅罰立威，所屬五司七姓不堪其害，走貴州告變。巡撫葉夢熊疏請大征。詔不聽，逮繫重慶獄。應龍詭將兵征倭自效，得脱歸。復逮，不出。四川巡撫王繼光發兵討，覆於白石。應龍委罪諸苗。朝廷命邢玠總督。值東西用兵，勢未能窮治，因招撫之。應龍益結生苗，奪五司七姓地，并湖、貴四十八屯以畀之，歲出侵掠。是年二月，敗官軍於飛練堡，都司楊國柱、指揮李廷棟等皆死。已，復破綦江，殺參將房嘉寵、游擊張良賢，投尸蔽江下。僞軍師孫時泰請直取重慶，擣成都，劫蜀王爲質，而應龍遷延，聲言争地界，冀曲赦如曩時。化龍至成都，徵兵未至，亦謬爲好語縻之。

帝聞綦江破，大怒，追褫前四川、貴州巡撫譚希思、江東之職，而賜化龍劍，假便宜討賊。賊焚東坡、爛橋，梗湖、貴路，又焚龍泉，走都司楊惟忠。化龍劾諸大帥不用命者，沈尚文逮治，童元鎮、劉綎皆革職充爲事官。諸軍大集，化龍先檄水西兵三萬守貴州，斷招苗路，乃移重慶，大誓文武。明年二月，分八道進兵。川師四路：總兵官劉綎由綦江，總兵官馬孔英由南川，總兵官吴廣由合江，副將曹希彬受廣節制，由永寧；黔師三路：總兵官童元鎮由烏江，參將朱鶴齡受元鎮節制，統宣慰使安疆臣由沙溪，總兵官李應祥由興隆；楚師一路，分兩翼：總兵官陳璘由偏橋，副總兵陳良玭受璘節制，由龍泉。每路兵三萬，官兵三之，土司七之。貴州巡撫郭子章駐貴陽，湖廣巡撫支可大移沅州，化龍自將［中］軍策

應。帝以楚地遼闊，又擢江鐸爲僉都御史，巡撫偏沅。湖廣設偏沅巡撫，自鐸始也。

推官高折枝，先以南川兵進據桑木鎮。綎復自綦江入。應龍以勁兵二萬屬其子朝棟，曰：'爾破綦江，馳南川，盡焚積聚，彼無能爲也。'比抗諸路兵，皆大敗，應龍頓足歎曰：'吾不用時泰計，今死矣！'或言水西佐賊，化龍詰之疆臣，斬賊使，二氏交遂絶。烏江兵敗績，逮下元鎮于理，諸將益奮。綎先入婁山關，直抵海龍囤。璘、疆臣兵亦至。賊勢急，上囤死守，遣使詐降。化龍檄諸將斬使焚書。以綎與應龍有舊，諭無通賊，綎械其人以自明。八路兵皆會囤下，築長圍困之，更番迭攻。六月，綎破土、月二城。應龍窘，與二妾俱縊。明晨，官軍入城，七子皆被執。詔磔應龍尸并子朝棟于市。

自出師至滅賊，凡百有十四日。播自唐乾符中入楊氏，二十九世，八百餘年，至應龍而絶。以其地置遵義、平越二府，分屬川、貴。

化龍初聞父喪，以金革起復，至是乞歸終制，起工部右侍郎，總理河道。再以憂去，未代。叙前平播功，晉兵部尚書，加少保，蔭一子世錦衣指揮使。三十五年，起戎政尚書，一品，秩滿，加柱國、少傅，兼太子太保。卒官，年七十，謚"襄毅"，贈少師，加贈太師。化龍具文武才，播州之役，以劉綎驕蹇，先摧挫之，而薦其才，故綎爲盡力。"

——（道光）《遵義府志》卷二十九《宦績一》，載《中國地方志集成·貴州府縣志輯》，第33册，14～15頁

劉綎，《明史》本傳："字省吾，都督顯子。……（萬曆）二十年，詔授五軍三營參將。會朝鮮用師，綎請率川兵五千赴援，詔以副總兵從征。還，屬播酋楊應龍作亂。擢綎四川總兵官。尋以應龍輸款，而青海寇擾，特設臨洮總兵官，移綎任之。二十四年，火落赤等掠番窺内地，告捷，綎等進秩，予蔭有差。明年，朝鮮再用師，破之，進綎都督同知，世蔭千户。遂移征楊應龍。會四川總兵官萬鏊罷，即以綎代之。時分兵八道，川居其四。川東又分爲二，以綦道最要，令綎當之。應龍熟綎才，頗懼，益兵守要害。二十八年正月，諸將克丁山、銅鼓、嚴村，遂直擣楠木、山羊、簡臺三峒。峒絶險。賊將穆照等率衆數萬連營，諸將憚之。綎分兵攻其三面，大戰于李漢壩，生擒其魁，餘賊奔入峒。乘勢克三關，直擣峒前，焚之，賊多死。盡克三峒，擒穆照及賊魁吴尚華。是日，綎督戰，左持金，右挺劍，大呼曰：'用命者賞，不用命者齒劍！'鬥死者四十人，遂大捷。應龍乃遣子朝棟、維棟及其黨楊珠統鋭卒數萬，由松坎、魚渡、羅古池三道并進。綎伏萬人羅古，待松坎賊；以萬人伏營外，待魚渡賊；而别以一軍策應。賊果至，伏盡起。綎率部下轉戰，斬首數百，追奔五十里。賊聚守石虎關，綎亦掘塹守。初，綎聞征播命，逗留，多設難以要朝廷。言官交劾，議調南京右府僉書。綎至是聞之，即辭任。總督李化龍以平播非綎不可，固留之，力薦於朝。乃復受事。逾夜郎舊城，攻克賊于滴淚、三坡、瓦窑坪、石虎諸隘，直抵婁山關。婁山萬峰插天，叢箐中一徑才數尺。賊設木關十三座，排柵置深坑，百險俱備。綎分奇兵爲左

右路，間道趨關後，而自督大軍仰攻，奪其關，追至永安莊，兩路軍亦會。綎老將持重，慮賊衝突，聯諸營：一據婁山關爲老營，一據白石口爲腰營，一據永安莊爲前營。都指揮王芬者，勇而寡謀，每戰輒請爲前鋒，屢勝，有輕敵心，獨營松門埡之衝，距大營數里。賊方有烏江之勝，謀再奪婁山。適穆照遣使洩芬孤軍狀，賊乃襲殺芬，守備陳大剛、天全招討楊愈亦死，失亡士卒二千人。綎聞，親率騎往救。部將周以德、周敦吉分兩翼夾攻，賊始大奔，追至養馬城而還。是日，應龍幾被獲，乃不敢窺婁山。綎懲前失，劄近關堅壁，且請濟師。逾十日，克後水囤，營于冠子山。尋會馬孔英、吳廣諸軍，逼海龍囤下，與諸將共平賊，綎功爲多。初，李化龍薦綎，言官謂綎嘗納應龍賄。[綎]使使齎玉帶一、黄金百、白金千投化龍家，爲化龍父所叱。投巡按御史崔景榮家，亦如之。化龍、景榮并奏其事。詔革綎任，永不收録，没其物於官。已，録平播功，進左都督，世蔭指揮使。綎於諸將中最驍勇，所用冰鐵刀百二十斤，馬上輪轉如飛，天下稱'劉大刀'。天啓初，贈少保，世蔭指揮僉事，立祠曰'表忠'。"

《殉節諸臣録》："左軍都督府，左軍都督、僉書府事、總兵官劉綎，南昌人。於諸將中最驍勇，歷平九絲蠻、緬甸、羅雄、朝鮮倭、播州、建昌諸寇，大小數百戰，威名甚著。萬曆四十六年，四路出師，由寬佃道進，與大兵戰於阿布達哩岡，兵潰，戰死。有養子招孫突圍出，手格殺數人，力竭死之。乾隆四十一年，賜謚'忠壯'。"

劉綎上《揭子》："及征播州、夜郎等咽喉地共五十四里，除八省兵馬及陳璘、吳廣等五大將，止得一十六里外，職獨得三十八里。攻克四囤、三關，後攻鐵柱關并三十六步，其滚杆、礌石如雨，兵一攖及，即成齎粉，至十餘日不克。不得已，職挺身出班，與諸道計議，歃血同盟，將陳、吳、李三總兵後路借讓一路地方與職進攻。大兵原帶三萬，職止帶五千。不二日間，即破險囤，三將下現有兵十餘萬。所以能克者，有當年章疏、塘報及《征播全書》可考。凡此征討，已經撫、按具題，經今三年，未蒙核紀。夫此舉，若以謂功也，自宜頒賞以示勸；若謂功不足録，亦當明示，以免官兵雲霓之望。乃所掃除者凶憝，所開拓者土地，而不以爲功，後將何以使人用命乎？故今日非職自侈其功，而必云爾者，蓋因向年東征云云。而征播，軍門懸四十萬之賞，而職同官兵所領止得六萬。破楊酋海龍老囤之後，而其餘賞銀，竟化爲烏有矣。

《劉氏武功世録》："綎，本宋侍御史龔杞後，父顯，贅於劉，從其姓。後請復姓，神宗不許，謂復姓則掩乃父功，欽賜姓劉。卒年六十七。其平播時，賜功賞銀四千二百兩，止給二千兩，其餘二千二百兩以遵義、仁懷田土酬折作賞。後次子佐官貴州都司。崇禎中，歸居綎功田之在合江者。"

——(道光)《遵義府志》卷二十九《宦績一》，載《中國地方志集成·貴州府縣志輯》，第33册，15～17頁馬孔英、高折枝,《明史·馬孔英傳》:"宣府塞外降丁也,積戰功爲寧夏參將。萬曆二十四年,擢都督僉事。會大征播州楊應龍,詔發陜西四鎮兵,令孔英將以往。兵分八道,孔英道南川,獨險遠,去應龍海龍囤六七百里,未至。重慶推官高折枝監紀軍事,請獨當一面。乃與參將周國柱先以石砫宣撫馬千乘兵破賊金筑,復督酉陽宣撫冉御龍敗賊于官壩。孔英至軍,平茶、邑梅兵亦集,軍容甚壯。先師期一日入真州。用土官鄭葵、路麟爲鄉道,别遣邊兵千扼明月關。諸軍鼓行前,連破四寨,次赤崖,抵清水坪、封寧關,破賊營十數,逼桑木關。關内民降者日千計,折枝結三大寨處之,禁殺掠。降者日衆,賊益孤。關爲賊要害,山險箐深,賊憑高拒。乃令千乘、御龍出關左右,國柱搗其中。賊用標槍、藥矢,鋭甚。官軍殊死戰,奪其關,逐北至風坎關,賊復大敗。連破九杵、黑水諸關,苦竹、羊崖、銅鼓諸寨。國柱攻金子垻,無一人,疑有伏,焚空寨十九,嚴兵以待。賊果突出,擊敗之。孔英乃留王之翰兵守白玉臺,衛餉道;平茶、邑梅兵守桑木關;而親帥大軍進營金子垻。應龍聞桑木關破,大懼,遣弟世龍及楊珠以鋭卒劫之翰營。之翰走,殺餉卒無算。平茶兵來援,賊始退。孔英還擊,世龍復却。裨將劉勝奮擊,賊乃奔。官軍進朗山,進蒙子橋,深箐蓊翳,賊處處設伏,悉剿平之。應龍益懼,遣其黨詐降,謀爲内應。折枝盡斬之,伏以待。珠果夜劫營,伏發,賊驚潰,追奔至高坪。已,奪賊養馬城,直抵海龍第二門下,賊守兵益多。孔英軍已深入,而諸道未有至者。酉陽、延綏兵皆退,賊躡殺官軍六十人。居數日,劉綎兵至,乃合兵連克海岩、海門諸關。賊走保囤上,竟覆滅。初,總督李化龍克師期,諸將莫利先入。孔英所將邊卒及諸土兵皆獷悍,監紀折枝勇而有謀,故師獨先八道圍海龍。諸將以囤後易攻,争走其後,孔英獨壁關前。録功,進都督同知,世廕千户。久之,以總兵官鎮貴州,平金筑、定番叛苗,生擒首惡阿包、阿牙等。已而欲襲黄柏山苗,苗知之,先發,敗官兵,匿不報。又誘執苗酋石阿四,稱陣禽冒功,爲巡撫胡桂芳所劾,罷歸。卒。

陳《志》:"折枝,固始人。以重慶府推官監紀入播,身先行陣,策勵士馬。自播發難以迄蕩平,終始不渝,叙功第一。"

——(道光)《遵義府志》卷二十九《宦績一》,載《中國地方志集成·貴州府縣志輯》,第33册,第17頁

吴廣,《明史》本傳:"廣東人。以武生從軍,纍著戰功。萬曆二十五年,以副總兵從劉綎禦倭朝鮮,領水軍與陳璘相犄角,俘斬甚衆。甫班師,大征播州,擢廣總兵官,以一軍出合江。副將曹希彬以一軍出永寧,受廣節制。廣屯二郎壩,大行招徠,賊驍將郭通緒迎戰,將士襲走之。陶洪、安村、羅村三寨土官各出降,他部來歸數萬,廣擇其壯者從軍。通緒扼穿岩囤,廣督土、漢軍擊破之。劉綎、馬孔英已入播,廣猶頓二郎,總督李化龍趣之。乃議分四哨進攻岩門,别遣永寧女土官奢世續等,督夷兵二千,扼桑木埡諸要害,以防餉道。諸將連破數囤,進營母猪塘。楊應龍懼,令通緒盡發關外兵拒敵。廣伏炮手五百於

磨搶埡外南岡下，而遣裨將趙應科挑戰。埡夾兩山中，甚隘。通緒橫槊衝應科，應科佯北。通緒追出埡，遇伏，急旋馬，中炮墜，方躍上他馬，伏兵攢刺之，殪。餘賊大奔，官軍逐北，賊盡降，遂薄岩門。徑小，止容一騎，賊衆萬餘出關拒戰。希彬懸賞千金，士攀岩競進，追至第四關。關上男婦盡哭，賊黨自殺，其魁羅進恩率萬餘人出降。其第一關猶拒不下，廣乘夜疾進，奪其關，關内民獻牛、酒。劉綎、馬孔英已入關，李應祥、陳璘猶在關外。廣合希彬軍連戰紅碗、水土岩、分水關，皆捷，遂進營水牛塘。應龍大懼，知廣軍孤深入，謀欲襲之，乃遣人詐降。廣測其詐，堅壁以待。應龍擁衆三萬直衝大營，諸將殊死戰。會他將來援，賊乃退。廣遂與諸道軍逼海龍囤。賊詐令婦人乞降，哭囤上，又詐報應龍仰藥死，廣信之。已，知其詐，急燒第二關，奪三山，絶賊樵汲，賊益窘。旋與陳璘從囤後登，應龍急，自焚死。獲其子朝棟，出應龍尸烈焰中。廣中毒矢，失聲，絶而復蘇，遂以本官鎮四川。逾年卒。初，廣之頓二郎也，有言其受賄養寇者，詔謫充爲事官。後論功，贈都督同知，世蔭千户。”

——（道光）《遵義府志》卷二十九《宦績一》，載《中國地方志集成·貴州府縣志輯》，第33册，第17頁

陳璘，《明史》本傳：“字朝爵，廣東翁源人。萬曆初，屢進署都指揮僉事。二十年，朝鮮用兵，擢充副總兵官，改協守漳、潮。坐賄石星，罷歸。二十五年，起故官，援朝鮮。明年，擢禦倭總兵官，尋令提督水軍，論功爲首，進都督同知，世蔭指揮僉事。會有征播役，命璘爲湖廣總兵官，由偏橋進；副將陳良玭由龍泉，受璘節制。二十八年二月，軍次白泥，楊應龍子朝棟率衆二萬渡烏江迎戰。璘前禦之，而分兩翼躡其後，賊少挫，追奔至龍溪山，賊合四牌賊共拒。四牌在江外，與江内七牌皆五司遺種、九股惡苗，素助賊。璘廣招撫，乃進軍龍溪。偵知賊有伏，令游擊陳策用火器擊之。賊據險，矢石雨下。璘先登，斬小校退者以徇。把總吴應龍等陷陣，賊大潰，退四牌保兒囤。璘二裨將逼之，中伏。璘募死士從，應龍等奮擊，賊復潰，奔據囤巔，夜由山後遁。黎明，追及於袁家渡，復敗之，四牌之賊遂盡。三月望，諸軍爲浮橋渡江，知賊將張佑、謝朝俸、石勝俸等營七牌野猪山，璘即夜發，抵苦練坪。前鋒與戰，後軍至，夾擊之，賊敗逃深箐，官軍遂入苦菜關。會童元鎮烏江師敗，璘懼，請退師，總督李化龍不可。璘乃進營楠木橋，次湄潭。賊悉聚青蛇、長坎、瑪瑙、保子四囤，地皆絶險，而青蛇尤甚。璘議：同日攻則兵力弱；止攻一囤，則三囤必相助。乃先攻三囤，次及青蛇。良玭師亦來會，令伏囤後，别以一軍守板角關，防賊逸。璘督諸將力攻三日，賊死傷無算，三囤遂下。青蛇四面陡絶，璘圍其三面，購死士從瑪瑙後附葛至山背，舉炮，賊惶駭。諸軍進攻，焚其茅屋。賊退入囤内，木石交下，將士冒死上，毁大栅二重，前後擊之，賊大敗，斬首一千九百有奇，七牌之賊亦盡。乃分兵六道，攻克大、小三渡關，乘勝抵海龍囤下。諸將俱攻囤前，獨水西安疆臣攻其後，相持四十餘日，其

下受賊重賄,多與通,且潜以火藥遺賊,故賊不備其後。璘知之,與監軍者謀,令疆臣退一舍。璘移其處,置鐵牌百餘,距囤丈許,賊强弩無所施。又爲簆板於栅前,賊每夜出劫,爲釘傷,不敢復出。應龍勢窮,相聚哭。化龍初有令,諸將分日攻。六月六日,璘與吴廣當進兵。璘夜四更銜枚上,賊鼾睡,斬其守闢者,樹白幟,鳴炮。賊大驚潰散,應龍自焚。廣軍亦至,賊盡平。……征播時,璘投賄李化龍家,會劉綎使爲化龍父所麾,璘使走。化龍疏於朝,綎獲罪,璘獨免。後兵部尚書田樂推璘鎮貴州,給事中洪瞻祖遂劾璘營求。帝以璘東西積戰功,卒如樂議。貴東西二路苗:曰仲家苗,盤踞貴龍、平新間,爲諸苗巨魁;在水硍山介銅仁、思石者曰山苗,紅苗之羽翼也。自平播後,貴州物力大屈,苗益生心,剽掠無虚日。三十三年冬,巡撫郭子章請於朝。明年四月,令璘軍萬人攻水硍,游擊劉岳督宣慰安疆臣兵萬人攻西路,并克之。乃令璘移新添,獨攻東路,復克之。生獲酋十二人,斬首三千餘級,招降者萬三千餘人,部内遂靖。改鎮廣東,卒官。先叙平播功,加左都督,世蔭指揮使。既卒,以平苗功贈太子太保,再蔭百户。"

——(道光)《遵義府志》卷二十九《宦績一》,載《中國地方志集成·貴州府縣志輯》,第33册,18~20頁

李應祥,《明史》本傳:"湖廣九溪衛人。以武生從軍,積功。萬曆十三年,爲四川總兵官,屢加都督同知。二十八年,大征播州。貴州總兵官童元鎮逗遛,總督李化龍劾之,薦應祥代。時分兵八道,貴州分烏江、興隆二道。詔元鎮充爲事官,由烏江入;應祥由興隆入。諸道克二月望進兵。應祥未受事,副將陳寅等已連克數囤,拒賊四牌高囤下,别遣兵從間道直搗龍水囤。他將蔡兆吉又自乾坪抵箐岡,過四牌。賊首謝朝俸營其地,四面峭壁深箐,前二關賊從高鼓譟。官軍殊死戰,俘朝俸妻子,乘勢抵河畔。會烏江敗書聞,斂兵不進者旬日。及應祥受任,益趣諸將急渡,寅等乃取他道渡河,而潜爲浮橋以濟師。諸軍渡,賊失險,乞降者相繼,應祥悉受之。賊所恃止黄灘一關,壁立,衆死守。會賊徒石勝俸等率萬餘人降,告曰:'去黄灘三十里有三關,入播門户也,先襲破之,則黄灘孤,難守。'應祥然其計,令偕陳寅率精卒四千夜抵關下。勝俸以數十騎誘開門,殲其戍卒,黄灘賊懼。寅督諸將渡河攻關前,勝俸由墳林暗渡襲關後,賊乃大敗。應祥直抵海龍囤,合諸道兵共滅楊應龍。播既平,還鎮銅仁。明年,改鎮四川。播遺賊吴洪、盧文秀等惡有司法嚴,而遵義知縣蕭鳴世失衆心,洪等遂稱應龍有子,聚衆爲亂。應祥偕副使傅光宅捕之,盡獲。應祥尋卒於官,以平播功贈左都督,世蔭千户。應祥爲將,謀勇兼資,所至奏績,平蜀三大寇,功最多。"

——(道光)《遵義府志》卷二十九《宦績一》,載《中國地方志集成·貴州府縣志輯》,第33册,20~21頁

童元鎮,《明史》本傳:"桂林右衛人。萬曆中爲指揮,屢遷游擊將軍,歷永寧、潯、梧參將,進副總兵,擢署都督僉事,爲廣西總兵官,移鎮貴州。二十八年,李化龍大征楊應龍,令元鎮督永順、鎮雄、泗城諸士軍由烏江進。元鎮憚應龍,久駐銅仁不進,屢趣乃行。時劉綎、吴廣諸軍已進。群賊議分兵守,其黨孫時泰曰:'兵分則力薄。乘官軍未集,先破其弱者,餘自退矣。'應龍善之。聞元鎮發烏江,應龍喜曰:'此易與耳。'謀縱之渡江,密以計取。監軍按察使楊寅秋言烏江去播不遠,宜俟諸道深入,與俱進。元鎮不從。于是永順兵先奪烏江,賊遣千餘人沿江叫駡以誘之。諸軍既濟,復奪老君關。前哨參將謝從爵乘勢督泗城及水西兵再拔河渡關。三月望,賊以步騎數千先衝水西軍,軍中驅象出戰,賊多傷。俄,駕象者斃,象反走,擲火器者又誤擊己營,陣亂,泗城兵先走,崇爵亦走,争浮橋,橋斷,殺溺死者數千人。河渡既敗,烏江相去六十里,猶未知。明日,參將楊顯發永順兵三百出哨,道遇賊數萬,咸爲水西裝,永順兵不之疑,賊掩殺三百人,亦襲其裝,直趨烏江。烏江軍信爲水西、永順軍,不設備,遂爲賊所破,争先渡江。賊先斷浮橋,士卒多溺死。顯及二子與焉。元鎮所部三萬人,不存什一,將校止崇爵等三人,江水爲不流。貴陽聞警,居民盡避入城,遠近震動。化龍用上方劍斬崇爵,益徵兵,檄鎮雄土官隴澄邀賊歸路。隴澄者,即安堯臣,水西安疆臣弟也。軍不與元鎮合,獨全,當事頗疑其通賊。寅秋以鎮雄去播止二日,令搗巢立效。澄許之。河渡未敗時,澄已遣部將劉岳、王嘉猷攻拔苦竹關及半壩嶺。暨敗,二將移新站。賊伏兵大水田,别以五千人來襲,敗還。嘉猷乃揚聲搗大水田,而潛以一軍拔大夫關,直抵馬坎,斷賊歸路,與疆臣合,賊遂遁。會都指揮徐成將兵至,合泗城土官岑紹勛兵,再克河渡關。賊將張守欽、袁五受據長箐、萬丈林,永順兵擊破之,生禽守欽;攻清潭洞,復擒五受。會朝議責元鎮敗狀,令李應祥并將其軍,遂合水西、鎮雄諸部,直抵海龍囤,竟滅賊。兵初興,元鎮坐逗遛,謫爲事官。及是,逮至京,下吏,罪當死。法司援前岑溪功,謫戍烟瘴。遇赦,廣西巡撫戴燿爲請,部議不許,竟卒於戍所。"

——(道光)《遵義府志》卷二十九《宦績一》,載《中國地方志集成·貴州府縣志輯》,第33册,第21頁

江鐸,《明史·李化龍傳》:"鐸,字士振,仁和人。登第在萬曆二年,授刑部主事,纍官山西按察使。擢撫偏沅,夾攻楊應龍有功,與郭子章皆蔭一子,世錦衣指揮。丁母艱,去。奪情,命留討皮林諸洞蠻,平之。以勞疾歸,卒,贈兵部右侍郎。巡撫偏沅時,總督李化龍分八道進兵,川師四路,黔師三路,鐸統楚師次黄沙囤一路,分兩翼由白泥、由龍泉夾攻板角關,破之。再進,破碼磪、長坎、保子等囤,奪�木關,進屯青蛇囤,遂入三渡關,乘勝直抵海龍囤。海龍於諸險中爲最,賊負嵎。時暑雨甚,叢箐中多重嵐毒霧,師深入而餉不繼。鐸改長運爲接運:每三十里設營,置運卒數千,前運未行,後運已束載而待,士乃宿

餉,破土、月二城,應龍自縊。論功,蔭一子,世錦衣指揮。”

——(道光)《遵義府志》卷二十九《宦績一》,載《中國地方志集成·貴州府縣志輯》,第33册,21～22頁

王鳴鶴,字羽卿,淮陰人。林桐《題羽卿詩後碑》云:淮陰王羽卿,帥狼山師討□之,尋進都督京營。汾陽林桐與之同寅,□於戎政,□六師堂一自傾蓋。□誓心以進則盡忠,無負武夫事業;退則角巾方袍,爲五岳游。且告予:當時與數大將軍進討,圍囤時,鳴鶴獨當山右一路,爲圍師所急之處,攻之急,賊備之益力;周旋山溪,日日熟籌之。至六月五日午夜,起將士萬餘上囤方略,誓師以破賊,而後朝食。遂自横槊先登,漏下五鼓,直透山顛,挺身大呼,將校勇奮齊至,喊殺之聲振撼山谷,賊衆披靡,一時俱盡。乃羽卿遂屏樹以俟。諸大將軍搜元凶尸、擒逆子女妻妾以獻。予壯其功而與之評曰:“大兵日仰面進攻,賊憑險俯爲之備。攻難,守者易也,故弗舉。羽卿密乘人之不及,夜登,出人之不意,挺身大呼,聲若疾雷之不及掩耳。羽卿其得於法而不囿於法者乎!”羽卿曰:“友鳳知言哉。”遂抵掌大笑。居無何,主上嘉羽卿功,命佩征蠻將軍印,出鎮粤西。人臣受知登壇,古今奇遘。予嘗諗盡忠之説,以别羽卿。予尋亦拜命出鎮西川,所駐節正播中。秋初,吊海龍山戰場,觀形勢,問父老,咸能指往迹而名之。若山左右,則曰:王將軍首登路也,適當賊進退死生之地爾。石壁間有羽卿詩,朗吟,東向呼:羽卿!羽卿!往聞開拓勛宏,今幸居守善後。慨碧水蒼山之顛□,喜燕山海龍之炳映。《易》曰:“師貞丈人。”其羽卿哉。議彤盧者,不知其孰誰。因服羽卿不伐名高,重各夭離祈之感。乃寄羽卿曰:“吾弟兄躬承聖天子臨軒授鉞,而屏翰粤蜀,勉旃兩地,在今日五岳之盟,幸毋忘於异時。”友人林桐附題於詩後。

按:碑在海龍囤,詩石已斷蝕不可識,特録林桐《書後》。見當日平播之功,鳴鶴不在綎下,而《明史》不登姓名,亦不見諸家紀載。又可見摧此大敵,正非陳、吴二三大將能專其功,當時勛名泯没者固多也。

——(道光)《遵義府志》卷二十九《宦績一》,載《中國地方志集成·貴州府縣志輯》,第33册,22～23頁

楊寅秋,《通志》:“字義叔,泰和人,宰相士奇元孫,由進士歷遷按察使。萬曆中討播之役,寅秋監黔、蜀兵,與中丞郭子章計:用安氏,以剪其羽翼。乃檄安疆臣率所部兵從沙溪入,戰於大水田,敗之,四方兵始合破其巢。賊平,論功,寅秋爲最。以勞,卒於官。子章爲請恤,立忠勛祠以祀之。”

卞孔時,程原撰《傳》:“孔時,字汝行,晉壼之後,世家江東。……萬曆己亥播州酋楊應龍叛。廷議川、黔、楚分路進師,以大中丞李化龍總之,駐重慶;大將軍劉綎等繇蜀;大

將軍陳璘等繇楚。楚撫江鐸請於朝，以孔時孔時原文皆稱“公”，今改稱名，後同。監璘軍，從白泥入。庚子四月，破青龍囤。三渡關大戰，壁大水田，焚桃溪莊。八路俱集海龍囤，賊勢急。水西酋安疆臣與應龍世姻戚，亦繇落蒙壁海龍囤後，數與賊通，賊因專力備囤前。孔時知之，計當事夜，易陳璘、吴廣兵急攻之，遂破賊，應龍自焚死，俘酋子楊國棟等。”

——(道光)《遵義府志》卷二十九《宦績一》，載《中國地方志集成·貴州府縣志輯》，第33册，第23頁

郭子章，《通志》：“字相奎，號青螺，泰和人。隆慶辛未進士。萬曆二十七年，巡撫貴州，歷十年，習知民隱，凡所設施，永垂利澤。尤善奬拔士類，經其品題，率成名宿。著《黔記》六十卷，經濟卓然。先是，播酋楊應龍作亂，王師屢征不克。天子拊髀，廷臣交薦。子章匹馬入黔，增兵餉、扼要害、立賞格，士氣百倍。興師才百餘日，擒應龍誅之。播州平，始經理播州爲平越等郡縣。未幾，復有皮林之役，功與播等。黔人戴恩，建生祠七所。三十五年，陳情《終養疏》九上，始得請。晉兵部尚書。”

——(道光)《遵義府志》卷二十九《宦績一》，載《中國地方志集成·貴州府縣志輯》，第33册，24~25頁

李楷，毛奇齡《蠻司合志·貴州志》：“始播發難時，皮林苗嘗助逆。播滅，乃結連他寨，講營陣，攻破永從縣，毁城郭、廬舍，殺官吏，劫獄囚去。萬曆二十八年，沅撫江鐸廉指揮李楷智勇，請授楷剿事。會楷征播還，自謂當便道掃除，不煩專兵。其明年，破之，諸洞悉平。”

張文耀，《巴縣志》：“字芝陽，湖廣沅陵人。萬曆丁丑進士。初任銅梁，調巴縣。癸未，擢御史，尋兵備川東。平播之役，制撫軍駐節渝城，調遣轉輸多賴之。播平，晉秩憲長。量田賦，公私之額，盈縮之制，皆其更定。善後之功居多。”

按：《通志》“耀”作“燿”。

張棟，陳《志》：“萬曆中，以參議監軍入播。倜儻慷慨，洞曉兵機，激發將士。破囤之日，督戰陣前，終日不食，竟以勞瘁病。凱旋，出播百里而卒。”《通志》：“直隸人。”

王象乾，陳《志》：“山東新城人。文武家傳，最嫻方略。以總督撫蜀，善後播事。凡播中分設郡縣，更置牧守，則壤田賦，一切選賢任能，使之辦理，駐節渝中以監臨之。至於殫心以期復播故疆，不啻任若家事。尋以外艱去，播人祠祀之。”《四川通志》：“萬曆間，播人吴洪假楊應龍後，聚衆沙溪，連結水西爲叛。時象乾爲四川巡撫，設方略討平之。”《通志》：“字霽宇，嘉靖時參議重光孫，隆慶辛未進士。萬曆辛丑，以總督代李化龍經理善後事，一切皆盡心爲之，進右都御史。父之垣，官户部左侍郎，卒，連章告歸。瀕行，疏水西安氏必叛。天啓中，果有安奢之變。後進少師、兵部尚書。卒，贈太師。”

黄如龍,《通志》:"鎮遠縣人。萬曆間平播州,纍功,官参將。天啓二年,從征水西内莊,戰没。事聞,贈都督僉事,祀忠烈廟。"

徐大鵬,《龍游縣志》:"字翔雲,少負膂力。麻貴、劉綎將兵征倭,荷戟從之渡海,屢戰悉捷。播酋楊應龍反,綎往征討,以大鵬爲前驅,直入婁山,平其地,以功纍授總兵。"

陳大綱,《寧波府志》:"大綱,世襲寧海衛千户。萬曆二十八年,調征川寇楊應龍,至婁山關,與賊奮戰,陣亡。贈都督僉事,蔭一子指揮,世襲。"

按:"大綱",《明史·劉綎傳》作"大剛"。

——(道光)《遵義府志》卷二十九《宦績一》,載《中國地方志集成·貴州府縣志輯》,第33册,第25頁

龔萬禄,《明史·忠義》本傳:"貴州人。目不知書,有膽志,膂力過人。從劉綎征楊應龍,先登海龍囤。署守備,戍建武所。"

李伯山,《瀘州志》:"萬曆二十六年,以蔭生從總督李化龍征播賊,纍戰功。……"

傅良諫,《巴縣志》:"字忠所,江西臨川進士。萬曆初,知重慶府,廉能有聲,遷副使。平播之役,與有勞焉。"

蕭芬,《涇縣志》:"萬曆間,以吏目量移大寧主簿。播寇楊應龍叛,督師邢玠知芬材,徵至軍前。芬單騎如賊營,諭以利害,遂降之。播平,題巴縣丞,未幾楊酋復叛,欲取重慶。芬署巴令,任轉運催遣,卓有程憲。寇滅,升南川令,未任,卒。"

盛世承,《江南通志》:"字以烈,桐城人。萬曆丁丑進士。擢四川左布政使,會有事於播。播平,又爲善後策,蜀人賴之。"

崔景榮,《明史》本傳:"字自强,長垣人。萬曆十一年進士。巡按甘肅、湖廣、河南,最後按四川,積臺資十八年。播州亂,監大帥劉綎、吴廣輩軍。綎馳金帛至景榮家,爲其父壽,景榮上疏劾之。播州平,或請以播北畀安氏,景榮持不可。會總督李化龍憂去,景榮爲請蠲蜀一歲租,恤上東五路,罷礦使。化龍叙監軍功,不及景榮。已,晉太僕少卿。"

王大經,《明史·忠義傳》:"王寅,錢塘人,以父征播功爲千户。"舊《浙江通志》:"王寅,山陰人。以父大經征播功,襲紹所千户。"

——(道光)《遵義府志》卷二十九《宦績一》,載《中國地方志集成·貴州府縣志輯》,第33册,25~26頁

周作樂,《雲南通志》:"萬曆壬午舉人。知巴縣,政事廉平,升知澤州。綜核繁劇有聲,晉户部員外,升工部郎中,會計、營繕有條理。出知遵義府,所至以誠感人,遵人化之。母老乞歸,遂不出仕。"《綦江志》:"字和宇,雲南昆明縣人。初知萬縣,報最,特補郡丞。萬曆二十七年,播賊躪綦,神宗震怒,命八路會剿。艾事孔急,下邑非才幹人不堪任,乃以

周攝縣事。王師臨渝，更畫平酋諸策，當事再三稱善。旋即開拓新疆，添設郡縣，百務蝟集，凡諸善後事宜，罔不貼妥。天子下璽書加勞，賜黄金彩幣以酬勛伐。至萬曆三十四年，升遵義太守，去，邑人爲立生祠。”

孫敏政，陳《志》：“湖廣興國人。以重慶府同知承檄入播，凡善後事，多藉理焉。監督丈量，身親阡陌；經理賦役，悉心計籌。務求妥便，不苟且塞責，尤爲百世利賴。尋升遵義知府。”《通志》：“敏政爲府，絶苞苴、禁饋獻、嚴搆訟、鉏豪猾、拯疾苦、恤灾祲。”

——（道光）《遵義府志》卷三十《宦績二》，載《中國地方志集成·貴州府縣志輯》，第33册，第42頁

郭維屏，《雲南通志》：“昆明人，萬曆乙酉舉人。以從軍平播有功，任真安州知州。時方改土設流，一切制度，悉維屏經始。後晉知府。州人懷德畏威，久而不替。”

——（道光）《遵義府志》卷三十《宦績二》，載《中國地方志集成·貴州府縣志輯》，第33册，第52頁

詹淑，况上進《創建綏陽縣記》按：“播州，《禹貢》梁州之境，《天文》井鬼分野，東西廣一千二百二十里，南北袤一千八十里。秦爲夜郎，唐貞觀初爲播州，隸黔中。宋大觀中，楊文貴以其地内附，建遵義軍。東北五百里爲綏陽縣、正安州。太祖高皇帝迅掃寰區，改爲播州宣慰司，領長官司六、安撫司二。萬曆戊戌，酋應龍作逆，天厭酋惡。天子詔中外六軍討而蕩平焉。割播地分黔、蜀，設府、路、州、縣如幅員。……”

——（道光）《遵義府志》卷三十《宦績二》，載《中國地方志集成·貴州府縣志輯》，第33册，第54頁

唐蒙諭夜郎侯多同，約置吏，使子孫爲令，西南始郡縣焉。而蠻夷王侯君長相承不廢，有丞，比郡縣，即後之土官也。遵義在漢，以夜郎旁小邑爲縣，其時必有如漏卧、鈎町侯、苴蘭君長比者，特史未之及耳。自唐末歸楊氏，統諸姓八百餘年。宋中葉間設州、軍，未聞有流官及播、珍、溱者，其皆土人爲之。可知元之宣撫、招討、萬户，明之宣慰、安撫、長官，亦不出數姓。

——（道光）《遵義府志》卷三十一《土官》，載《中國地方志集成·貴州府縣志輯》，第33册，第60頁

銅佛壩巡檢木攀首領

……元豐四年，有楊光震者，助官軍破乞弟，殺其黨阿訛。大觀二年，木攀首領趙泰、播州夷族楊光榮各以地内屬。詔建溱、播二州，後皆廢。《宋史·諸蠻傳》。

播州安撫、宣撫、宣慰司楊氏

楊端者，其先太原人，仕越之會稽，遂爲其郡望族，後寓家京兆。唐末，南詔叛，陷播州，久弗能平。僖宗乾符三年，下詔募驍勇士，將兵討之。端夢神告曰："爾亟往，此功名機也。"端與舅謝將軍詣長安，上疏請行，上慰而遣之。行次蜀，蠻諜知之，斂退者半。乃詣瀘州、合江，逕入白錦，軍高遥山，據險立寨，結土豪臾、蔣、黄三氏，爲久駐計。蠻出寇，端出奇兵擊之，大敗，尋納款結盟而退。唐祚移于後梁，端感憤發疾，卒，子孫遂家于播。《元史·楊賽因不花傳》："其先太原人。唐季，南詔陷播州，有楊端者，以應募起，竟復播州，遂使領之。五代以來，世襲其職。"《明史·土司傳》："唐乾符初，南詔陷播，太原楊端應募。復其城，爲播人所懷。歷五代，子孫世守其地。"《續宏簡録·楊賽因不花傳》："唐季，南詔陷播州，端應募起復之，遂使領焉。五代以來，世守兹土。"《明統志》云："唐乾符初，南詔陷播州。端本太原人，應募，領兵復播州，能諭以威德，縻以恩信，蠻人懷服。五代以來，子孫世襲其職。"《貴州通志》同，惟改"世襲其職"爲"世襲宣撫使"。按：端領播州，未有宣撫使之名，故《史·傳》但云襲職，或云世有其土。至宋代粲以下諸人，始襲安撫使。元代始改安撫爲宣撫，安得五代便襲此官？《通志》誤。宋贈太師。《明統志》云："宋開禧間贈太師"，《貴州通志》同。太師生牧南，既嗣世，痛父業未成、九溪十洞猶未服，日夜憂憤。其子部射，逆其志，選練將卒伐羅閩。顧祖禹《方輿紀要》："烏江出水西閩地，知潛溪所言羅閩。"《元史》及《類编》，"閩"皆指水西也。時閩附南射，部射深入，閩匿將士絶其後，部射力戰死。子三公抱尸不去，閩執以歸。牧南卒，三公幽于閩半載。會阿永蠻酋長黑定與閩有連，語之曰："殺其父而囚其子，人弗爲也。盍歸諸？"閩不答，黑定怒，夜以一牝馬竊載俱歸，且發兵納三公界上。三公遣衛兵檄召謝巡檢，謝率彝僚逆之，會濟江，僚忽懷异志，引舟岸北，呼謝曰："爲我語若主，當免我科賦，否則吾不以舟濟。"三公怒，嗔目視舟，嘘者三，舟奔而前，三公遂涉，彝僚争持牛釃酒爲謝。三公剪帛縶僚頸，吸水噀之，帛成蛇形。僚伏地哀祈，誓輸賦，不敢反。三公復噀之，帛如初。三公生二子：寶、實。寶當立，自以才不逮，讓實。實，字真卿，聞宋太祖受命，即欲遣使入貢。會小火楊及新添族二部作亂，實同謝巡檢討之，夜薄賊營，盡殲其衆。實傷流矢，病創，卒。實生昭，字子明。既嗣世，二弟先、蟻各擁强兵。先據白錦東遵義軍，號下州；蟻據白錦南近邑，號楊州。昭不能制。未幾，蟻稱南衙將軍，舉兵攻先，且外結閩兵爲助。謝巡檢子都統謂昭子貴遷曰："蟻召仇讎而賊同氣，罪不容于死，盍討之？"遂大發兵，設二伏于高遥山，要其歸而擊之，閩大潰，赴水死者數千，蟻亡入閩。

——（道光）《遵義府志》卷三十一《土官》，載《中國地方志集成·貴州府縣志輯》，第 33 册，62～63 頁

貴遷，太原人，與端爲同族。其父充廣，按《宋史·楊業傳》："文廣爲廣西鈐轄。"此云"充廣"，似誤。宋贈太師中書令業之孫，莫州刺史充本州防禦使延朗之子。嘗持節廣西，與昭通譜。昭無子，充廣輟貴遷爲之後。自是守播者，皆業之子孫也。《元史·楊賽因不花傳》："端五傳至昭，無子，以族子貴遷嗣。"《續宏簡録》同。貴遷，字升叔。慶曆、皇佑間，儂智高亂邕，貴遷

曰："通夜郎，浮牂柯，出不意擊之，漢制南粤之奇策也，吾當報國以自效。"即如瀘，次于南川，得暴疾，將還，其季父先使南川巨族趙隆要殺之。官至武功大夫、德州刺史。《宋史·神宗紀》："熙寧六年五月癸卯朔，播州楊貴遷遣子光震來貢，以光震爲三班奉職。"三子：光震、光榮、光明。光震，字長卿。瀘南夷羅乞弟叛，瀘遣使乞師，光震督兵行。時閩黨宋大郎與乞弟通，遏其歸道。光震與戰，連七日不決，遣帳卒王龍間道走播，趣謝都統濟師。謝至武婆山，見二酋縱騎横槊馳騁，若指麾其衆。謝以勁弩射，其一應弦斃；其一大憤，拔刀衝陣，謝斫傷其首，殺之。即宋兄弟也。二彝懼而退，因不能爲瀘患。按《宋史·渝州蠻傳》："元豐四年，有楊光震者，助官軍破乞弟，殺其黨阿訛。"《瀘州蠻傳》："元豐四年，熟夷楊光震殺阿訛。詔林廣與光震回力討賊。"光震官至從義郎、沿邊都巡檢使。五子：文廣、文真、文錫、文貴、文宣。文廣，字敬德，少孤。仲父光榮潛謀簒立，衆弗與。光榮奔高州，欲藉蠻兵以危宗國。文廣與部將謝石近、謝成忠謀，奉書幣逆光榮以歸，事之如初。光榮復欲陰鴆文廣，文廣詭爲不知，愛敬日篤。黄標儀盜發光震墓，文廣捕斬之。事連其弟理郭，理郭奔高州□蠻，謀作亂，會老鷹寨僚穆族亦叛。文廣命謝都統討彝之，斬理郭，戮穆僚，釋其黨七人。初，西平猺視諸苗尤桀黠難制，文廣偕成忠夜入其柵，擒獲之，尋數其罪貸焉。當文廣之時，楊氏先世所不能縻結者，至是叛討服懷，無復携貳，封疆闢而户口增矣。年僅三十六而没，君子惜之。官至武節大夫。三子：惟聰、惟吉、惟信。惟聰，字晦之，七歲而孤，育于母舅謝石近家。石近以主少衆貳，因奉光榮攝堡事。光榮立日久，益固位。惟聰既長，光榮深忌之，置毒魚中，欲加害。覺之，弗食。光榮復爲送婦高州，紿與俱，將殺于中塗。謀洩，弗果行。光榮恚，籍播州二縣地千七百里往獻于朝，詔即其地建白錦堡，按：當云"建播州"。加光榮禮賓使。《宋史·蠻夷傳》："大觀二年，播州夷族楊光榮以地内屬，詔建播州。"又《地理志》："大觀二年，播州楊文貴獻其地，建遵義軍。"又曰："大觀二年，南平夷人楊文貴等獻其地，建爲州。是光榮獻地時，文貴亦獻地，文憲撰傳遺之也。"《宋朝事實》云遵義軍："大觀二年，蕃帥楊文貴獻地，東西百二十里，南北六百一十二里，以其地置軍。"原注云："唐貞觀元年，析牂牁置遵義縣，屬朗州。十一年，州廢，縣亦省。十三年，復立播州，亦復置縣。十四年，更名羅蒙。十六年，更名遵義，後自播州徙州治。唐衰，播州爲楊氏兩族所分據：一居播州，一居遵義，以江水爲界。其後居播州者曰光榮，得唐所給州銅牌；居遵義者曰文貴，得州銅印。大觀二年，兩族各獻地，皆自以爲播州。議者以光榮爲族帥，難重違其意，乃以播州立州，遵義立軍。"按：光榮獻地置州，文貴獻地置軍，《宋史》既分書之，而"播州"下又云文貴等獻地建州，偶不審也，當以《宋朝事實》所載爲得。至文貴，乃文廣弟，其所獻地，必文廣在日所割授者，有之當未久。李氏以爲唐衰，兩族分據，亦誤也。李氏又稱之"蕃帥"，或廣卒後曾攝堡事，銅印之得，即以此歟？光榮還，惟聰率部佐出迎。光榮預置毒于茗以俟，隸人誤進，光榮啜之，即斃，惟聰始親政。光榮弟光明懟惟聰，暮夜以兵劫之。惟聰出禦，光明敗，奔蜀，訴于部使者李獻，誣惟聰謀不軌。獻入其辭，矯發南平諸寨兵入播。惟聰憤懣不自勝，大集兵拒戰，敗其師。事聞，詔奪獻官，進惟聰修武郎、左班殿直，賜金帶錦袍，慰諭之。光明因亡入闔而死。居無何，惟吉復作亂，殺惟聰二子。衆怒，共誅之。惟聰深懲家難，禱于上下神祇，誓曰："世世子孫，不可以權假人。違此言者，天實殛之！”惟聰復生二子：選、逡。選，字簡夫。始立，值徽、欽二帝播遷，高宗南渡，慷慨負翼戴志，務農練兵，以待征調，士大夫韙之。性嗜讀書，擇名師授子《經》；聞四方士有賢者，厚幣羅致之，歲以十百計。益士房禹卿來市馬，爲夷人所劫，轉鬻者至再，選購出之，遷于客館，給食與衣者數載。屬歲大比，選厚饋，遣徒衛送還益，竟登進士第。逡貳于選，謀入閫作亂，選邑邑喪明而終，官至武經郎。生十有三子，唯軫、軾最良。軫，字德輿。美髯長身，狀貌瓌偉，剛果勇决，人服其能。嘗病舊堡隘陋，樂堡北二十里穆家川山水之佳，徙治之，按：穆家川即今府治。白綿堡，《通志》云“在府北三百里”，蓋承《輿地紀勝》及《明統志》之誤。是爲湘江。軫初無嗣，鞠軾子粲爲後，晚生三子：君、㞐、鼎。以粲賢，遂不易初議。尤愛軾，尋授軾堡政，獨築室萬泉以終。軫畜一虎，馴服左右，常駕以出游，人异之。官至秉義郎。軾，字德載。沉静寬厚，孝友無間言，遇軫諸子不啻若已出。初，先據下州，世治兵相攻，凡七傳至焕。《宋史·寧宗紀》：“嘉定五年九月庚戌，遵義寨夷楊焕來獻馬。”軾之幕官猶泳從容白曰：“骨肉相殘，彝狄之俗也。上、下楊其初由一人而分，干戈日夜相尋，孰若講信修睦，復兄弟之親乎？”軾欣然曰：“吾有志久矣，子爲我往説之。”泳至下州，焕頓顙受命，遂盟而還。軾留意藝文，蜀士來依者愈衆。結廬割田，使安食之。由是，蠻荒子弟，多讀書攻文，土俗爲之大變。軾官至成忠郎，纍至武節郎。

——（道光）《遵義府志》卷三十一《土官》，載《中國地方志集成·貴州府縣志輯》，第 33 册，63～65 頁

粲，按：《貴州通志》《明統志》并作“璨”，《元史》作“粲”，與此同，云“貴遷八傳至粲”。字文卿，小字伯强。幼授《大學》，即掩卷歎曰：“此非一部行程歷乎？必涉歷之至乃可爾！”長，好鼓琴、投壺。粲母弟輝，有寵于父，幾奪其位。粲亦欲以位讓之，因猶泳言得不廢。開禧二年，蜀帥吴曦叛，粲帥師赴援，會曦誅，不果。貢戰馬三百，黄、白金鉅萬，《明統志》：“璨，端十三代孫，嘉泰初襲播州安撫使。開禧初，蜀帥吴曦叛，璨輸金錢、戰馬以助國用，邊患遂息。”且請因曦誅大舉北伐，以雪先耻。上優詔答焉。《宋史·寧宗紀》：“開禧三年十月乙卯，復珍州遵義軍。”嘉定十二年，復輸馬三百于蜀帥。蜀帥以聞，上益嘉之。南平彝穆永忠盗據公家田，粲曰：“穆不道，犯王略，吾爲藩臣，可緩其死耶？”帥衆討平之，斬永忠，歸其田南平。閩酋偉桂，弑父自立。粲聲罪致討，敗其衆于滇池，斬首數千級，闢地七百里，獲羊、牛、鎧仗各千計。焕違盟，抄掠界上，粲遣兵誅之，歸焕所掠地賦于珍州，下楊平，邊患遂熄。粲，性孝友，安儉素，治政寬簡，民便之。復大修先廟，建學養士，作《家訓》十條曰：“盡臣節，隆孝道，守箕裘，保疆土，從儉約，辨賢佞，務平恕，公好惡，去奢華，謹刑罰。”論者多之。楊氏居播，十三傳至粲始大，官終武翼大夫，纍贈右武大夫、吉州刺史、左衛大將軍、忠州防禦使，賜廟“忠烈”，封威毅侯。三子：价、《元史》云：“粲生价。”佐、佑。

——(道光)《遵義府志》卷三十一《土官》,載《中國地方志集成·貴州府縣志輯》,第33册,第65頁

价,字善父,英偉沉毅,自少不群。《明統志》云:"价未生時,將校有夢神自靖州來,號"蜀將軍"者,价生,貌如之。"紹定中襲職。父没,以郡政畀其子文,《元史》云:"价生文。"專志養母。端平中,北兵犯蜀,圍青野原。价曰:"此主憂臣辱時也,其可後乎?"乃移檄蜀閫,請自效。制置使趙彦訥以聞,詔許之。馳馬渡劍,帥家世自贍之兵五千,戍蜀口。圍解,价功居多,詔授雄威軍都統制。未幾,復白錦堡爲播州,文領郡,价統兵如故。蜀警又急,詔价以雄威軍戍夔峽。价分署所部屯瀘、渝間,遣奇兵擊東,遂以捷多遷武功大夫、閤門宣贊舍人。嘉熙初,制置使彭大雅鎮渝,檄价赴援。价督萬兵征江南,通蜀聲勢,北兵不敢犯。孟珙宣撫荆湘,《宋史·孟珙傳》:"嘉熙三年,元兵大舉臨江,珙策必道施、黔以透湖湘。元師入蜀,施、夔震動。四年,珙遣楊鼎、張謙往辰、沅、靖三州,同守倅。曉諭熟蠻,講求思、播、施、黔支徑,以圖來上。"余玠制置西蜀,皆倚价爲重。上屢下詔褒美之。价指天誓曰:"所不盡忠節以報上者,有如皦日!"一日,大飯群僧,价趺坐,誦佛書數語而終。价好學,善屬文。先是,設科取士未及播,价請于朝,而歲貢士三人云。贈開府儀同三司、威武寧武忠正軍節度使,賜廟"忠顯",封威靈英烈侯。《宋史·理宗紀》:"淳祐四年五月丁巳,武功大夫雄威軍都統制楊价,世守南邊,連年調戍,播州捍禦勤瘁,詔价轉右武大夫,文州刺史。"

——(道光)《遵義府志》卷三十一《土官》,載《中國地方志集成·貴州府縣志輯》,第33册,65~66頁

文,字全斌。紹定中,北兵始入劍,文日閲士卒爲備,蜀中避地者多歸之。嘉熙中,北兵窺江,彭大雅復來徵師,价按:當作"文"。命裨將趙暹帥萬兵赴戰石洞峽,擊破之。以功轉武德郎、閤門祗候。《明統志》云:"文,寶祐間授武德郎",誤,當以此云"嘉熙"爲是。《通志》云"授承德郎"誤之誤也。父卒,詔起文視事,進武功大夫、閤門宣贊舍人。文移書余玠曰:"比年北師如蹈無人之境者,由不能禦敵于門户故也。曷移鎮利朗間,經理三關,爲久駐謀,此上計也;今縱未能大舉,擇諸路要險建城壕,以爲根柢,此中計也;下則保江自守,縱敵去來耳。况西番部落,已爲北所誘,勢必撓雪外以圖雲南,由雲南以并吞蠻部,鬫邕、廣,窺沅、靖,則後門斡腹,深可憂也。"玠偉其論,竟徇中計,後果如文言。淳祐八年,西帥俞興西征,發兵五千人與俱,大戰者三,皆捷,遷左衛大將軍。余玠北伐漢中,文命將趙寅會兵渝上,三次戰又捷。十二年,北兵圍漢嘉,文使總管田萬率兵五千,間道赴之,夜濟嘉江,屯萬山、必勝二堡,萬以勁弩射之,敵不能支,遂却,加右武大夫。《宋史·理宗紀》:"寶祐二年七月己酉詔:思、播兩州,連年捍禦,其守臣田應庚、楊文各官一轉。"寶祐三年,北兵由烏蒙渡馬湖入宣化,宣撫使李曾伯按:《宋史·李曾伯傳》但載爲四川宣撫使。來徵師。文遣弟大聲統兵行,大小

九戰，又捷，轉左武大夫。《宋史·理宗紀》："寶祐四年五月甲辰，羅氏鬼國遣報思、播，言元兵屯大理國，取道西南，將大入邊。詔以銀萬兩，使思、播結約羅鬼爲援。"五年，北兵循雲南將入播，文持奏。詔節度使吕文德偕文入閫，諭群酋内屬，大酋勃先領衆降。《宏簡録》："理宗寶祐五年閏四月，田應寅乞屯瀘、叙以援思、播。"《宋史·理宗紀》："寶祐六年正月甲戌，詔樞密院編修官吕逢年詣蜀閫，趣辦關隘屯栅糧，相度黄平、思、播諸處險要緩急事宜，具工役以聞。四月丁酉，詔御前忠勝軍副都統制往播州，共築關隘防禦。七月己亥，吕文德入播州，詔荆湖給緡萬兩。"六年，拜親衛大夫，以解漁城圍、剪烏江寇功，按：二事未詳。加忠州團練使。景定間，劉雄飛、夏貴守蜀，復江安州餉。禮義山戰，懸壺平，而播兵爲多，進中亮大夫、和州防禦使、播州沿邊安撫使，爵播川伯，食邑七百户。詔雄威軍加"御前"二字，以寵异之。歲賜鹽帛給邊用，著爲令。《宋史·理宗紀》："開慶元年七月癸亥，以知播州楊文、知思州田應庚守禦勤勞，詔各官一轉。"《元史·紐璘傳》："戊午之明年春，紐璘討思、播二州，獲其將一人。"按："戊午之明年"，乃開慶元年也。文留心文治，建孔子廟以勵國民，民從其化。卒于咸淳元年，贈金州觀察使。元贈榮禄大夫、同知樞密院事、柱國，追封播國公，謚"崇德"。《明統志》《貴州通志》皆云："文卒，贈光禄大夫、樞密使。"不言元，不言同知院事，皆有脱誤。光禄、榮禄未知孰是。

——(道光)《遵義府志》卷三十一《土官》，載《中國地方志集成·貴州府縣志輯》，第33册，66～67頁

生一子邦憲，《元史》云："文生邦憲。"《貴州通志》云："憲，玠子。由誤文爲价，因誤'玠'也。"字仲武，倜儻有大節，好書史，善騎射。始冠，授成忠郎、雄威軍副都統，通管州事。二年，闆大舉入寇，破立邊諸戍。邦憲出師拒之，闆敗却。尋潛渡烏江，步騎猝至，民大駭。邦憲部署諸將，令曰："必剪此寇，而後朝食！"蠻聞，急引退，甫涉江。邦憲追擊，大敗闆衆于中流，斬首千級，擒其酋羅汝歸，進武節大夫、《明統志》云："憲襲父職，端平間，蠻人掠境，領兵拒之，擒其酋長，進武節大夫。"《貴州通志》同。沿邊安撫使。闆又悉兵寇下邑，邦憲復敗之，獲酋長阿鮓，歷舉其罪狀而釋之。闆自是懼，不復出。拜利州觀察使，《宋史·瀛國公紀》："德祐元年四月癸亥，加知思州田景賢、知播州楊邦憲并復州團練使，趣兵入衛。九月辛未，加田景賢福州觀察使、楊邦憲利州觀察使。"遷金吾衛上將軍、安遠軍承宣使、牙牌節度使。至元十二年，宋亡，元世祖遣使者詔邦憲内附。《元史·世祖紀》："至元十二年十二月己亥，僉書四川行樞密院事昝順言：'播州安撫楊邦憲、思州安撫田景賢未知順逆乞降，詔使之自新，并許世紹封爵。'從之。"邦憲捧詔三日哭，奉表，以播州、珍州、南平軍三州之地降。《元史·世祖紀》："至元十四年三月庚戌，僉事東、西兩川行樞密院事昝順言：比遣同知隆州事趙孟烯賫詔招諭，田、楊二家亦各遣使納款。"《續宏簡録·楊賽因不花傳》："至元十四年，邦憲言：本族自唐至宋，世守此土，將五百年，今願納土内附。世祖即降璽書，授爲紹慶、珍州、南平等處沿邊宣撫使。"《元史·世祖紀》略同。十五年，入朝，詔襲守如故，拜龍虎衛上將軍，侍衛親軍，都指揮使，紹慶、珍州、南平等處沿邊宣撫使，播州管内安撫使。播下邑黄平壤近于荆地，荆之戍卒欲奪而南，邦憲發其奸，請復歸黄平。《元史·世祖紀》："至元十五年十二月庚辰，思

州安撫使田景賢、播州安撫使楊邦憲請歸宋舊借鎮遠、黄平二城,仍徹戍卒。不允。景賢等請降詔禁戍卒毋擾思、播之民。從之。丙申,從播州安撫使楊邦憲請,以鼎山仍隸播州。十六年正月,改播州鼎山縣爲播川縣。二月甲辰,命田、楊二家諸貴官子,俱充質子入侍。六月丁丑朔,詔諭王相府及四川行中書省:四道宣慰司,撫治播川、婺川西南諸蠻夷,官吏軍民各從其俗,無失常業。十七年三月甲辰,思、播州軍侵鎮遠、黄平界,命李德輝等往視之。十二月己卯,羅氏鬼國土寇爲患,思、播道路不通。發兵千人與洞蠻開道。"十八年,升宣慰使。《元史·世祖紀》:"至元十八年閏八月丁巳,命播州每歲親貢方物。"十九年,閩叛,詔發諸道兵進討。師道播而入,邦憲給饋餉,命將卒與之俱,乃夷之。《元史·世祖紀》:"至元十九年二月壬子,詔令亦奚不薛及播、思、叙三州軍征緬國。二十一年三月辛亥,敕思、播管軍民官自今勿遷。四月戊申,敕發思、播田、楊二家軍二千同征緬。閏五月己卯,以思、播二州隸順元路宣撫司。"纍贈推忠效順忠臣、銀青榮禄大夫、平章政事、柱國,追封播國公,謚"惠敏"。《元史·楊賽因不花傳》:"粲、价、文、邦憲,皆仕宋,爲播州安撫使。至元十二年,宋亡,世祖詔諭之,邦憲奉版籍内附,授龍虎衛上將軍,紹慶、珍州、南平等處沿邊宣慰使,播州安撫使。卒年四十三,贈推忠效順功臣、平章政事,追封播國公,謚'惠敏'。"按:《家傳》失載卒年。

——(道光)《遵義府志》卷三十一《土官》,載《中國地方志集成·貴州府縣志輯》,第33册,67~68頁

一子,漢英,字熙載,五齡而孤。二十三年,《元史》本傳作"二十二年"。其母貞順夫人田氏挈之朝京師。世祖摩其頂,熟視良久,諭宰臣曰:"是兒真國器也,宜以父爵錫之。"賜名賽因不花,授金虎符,龍虎衛上將軍,紹慶、珍州、南平等處沿邊宣慰使,播州軍民安撫使,賜金繒、弓矢、鞍勒遣歸。《元史》本傳:"楊賽因不花,初名漢英,賽因不花,賜名也。邦憲子,生五歲而父卒。二十二年,母田氏携至上京,見世祖于大安殿,帝呼至御榻前,熟視其眸子,撫其頂者久之,乃諭宰臣曰:'楊氏母子孤寡,萬里來庭,朕甚憫之。'遂命襲父職,錫金虎符,因賜名賽因不花。及陛辭,詔中書錫宴,賜金幣綵繒,賚其從者有差。"又《世祖紀》:"至元二十三年六月辛酉,封楊邦憲妻田氏爲永安郡夫人,領播州安撫司事。"二十四年,族黨搆亂,殺貞順夫人,漢英衰絰入奏。上詔捕賊至益州,戮以徇。《元史》本傳:"二十五年再入覲,時年十二,帝見其應對明敏。首肯者三。"《世祖紀》:"至元二十六年十一月丙辰,改播州爲播南路。二十七年二月,播州安撫使楊漢英進雨氈千。"二十七年,詔郡縣上計,播之鄰境拒命;漢英即括户口、租税籍進。世祖大悦,加播州等處管軍萬户。二十八年,漢英入朝,奏罷順元宣慰司,升播州安撫司爲宣撫司。授漢英軍民宣撫使。《元史》本傳:"復因宰臣奏安邊事,上益嘉之。是年改安撫司爲宣撫司,授宣撫使。"按:《家傳》載改宣撫在二十八年,《元史》承二十五年,稱"是年",未知孰是。史所謂"安邊事",亦未知所指。會羅甸宣慰使斡羅思誘播下邑、黄平諸寨酋,詐爲新闢境土以獻,漢英奏復之。斡羅思恚不勝,誣言舊有雄威、忠勝二軍,思、播匿弗奏,請籍征交州。漢英抗言:"納土時已隸別籍矣!"御史臺審核上之,詔寢其事。俄拜漢英侍衛親軍都指揮使。《元史·世祖紀》:"至元二十九年正月丙辰,播州洞蠻因籍户懷疑竄匿,降詔招集之,以行播州軍民安撫使楊漢英爲紹慶、珍州、南平等處沿邊宣慰使,行播州軍民宣撫使,播州等處管軍萬户,仍佩虎符。三月命亦奚不薛,與思、播州同隸湖廣省。庚戌,賜賽因不花蠻夷之長五十六

人，金紋綾絹各七十九匹及弓矢鞍轡。三十年五月癸亥，括思、播等處亡宋涅手軍。十二月乙未，遣使督思、播二州及鎮遠、黄平，發宋舊軍八千人從征雲南。"成宗即位，漢英入朝者三。《元史》本傳云："成宗即位，賽因不花兩入見，贈謚二代。"按：《家傳》云"入朝者三"，《史》云"兩"，未知孰是。又《成宗紀》："大德元年十二月壬寅，朝洞蠻内附，立長官司二，命楊漢英領之。閏十二月乙卯，平代等蠻未附，播州宣撫使楊漢英請以己力討之。"

大德三年，詔錫漢英世守其土。漢英奏改南詔驛道，分定雲以東地隸播，西隸新部，减郡縣冗員，去屯丁糧三之一，民大便之。四年，蠻部桑柘亂，湖廣行省議用兵，漢英言："賊勢方盛，宜招諭之。"不聽，兵出久無功，竟以漢英議，始相繼降。五年，右丞劉深討南詔，道出播，漢英輦運軍食無乏。六年，閩婦蛇節、宋隆濟叛，詔合湖廣、四川二省兵征之，命漢英以民兵從。甫出師，卒遇賊，漢英力戰，大軍繼之，降阿苴，拔乍籠。賊復合拒，竟大敗，縛蛇節，斬隆濟、阿女而平之。以功進資德大夫，賜玉帶、金鞍、弧矢。《元史》本傳云："大德五年，宋隆濟及折節等叛，詔湖廣行省平章劉二拔都，指揮使乜先忽都魯率兵偕賽因不花討之。六年秋九月，師出播境，連與賊遇，破之。前駐蹉泥，賊騎猝至，賽因不花奮擊先進，大軍繼之，賊遂潰，乘勝逐北，殺獲不可勝計。遂降阿苴，下笮籠，望塵送款者相繼。七年正月，進屯暮窩，賊衆復合，又與戰于墨特川，大破之。折節懼，乞降，斬之。又擒斬隆濟等，西南夷悉平。八年，賽因不花復入見，進資德大夫。"按：劉二拔都即劉國杰。本傳云"呼劉二霸都"，拔、霸，聲近也。又《劉國杰傳》："大德五年，羅鬼女子蛇節反，烏撒、烏蒙、東川、芒部諸蠻從之，皆叛，陷貴州。詔國杰將諸翼兵，合四川、雲南、思播兵以討之。賊兵勁利，且多健馬，官軍戰失利。國杰令人持一盾，布釘其上，俟陣合，即弃盾僞遁，賊逐之，馬奮不能止，遇盾皆倒，國杰鼓之，賊大敗。既而復合，衆請戰，國杰不應。數日，度其氣衰，一鼓破走之。追戰數千里。七年春，擒斬蛇節、宋隆濟、阿女等，西南夷悉平。"按：《家傳》與《史》，記此互有詳略。《史》"折節"，《家傳》作"蛇節"；《史》"笮籠"。《家傳》作"乍籠"，緣本無正字，隨音呼之，故有异，其實一也。今平越人呼"蛇"音如"設"，可知蛇、折互异之故矣。而《續宏簡録》本傳與《劉國杰傳》又皆作"蛇節"，與《家傳》同。至始叛，討平年月，當以史爲正。《元史·成宗紀》："大德八年十二月丁未，以轉輸軍餉勞，免思、播二州及潭、衡、辰、沅等路税糧一年。"《武宗紀》："至大三年正月，樞密院臣言：'湖廣省乖西帶蠻阿馬等連結萬人入寇，已遣萬户移剌四奴領軍千人，及調思、播土兵并力討捕'。"仁宗立，顧禮益厚，進勛上護軍，贈賜金帛。《元史·仁宗紀》："至大四年十一月辛丑，立乖西府，以士官阿馬知府事，佩金符。皇慶二年二月丁亥，以乖西府隸播州宣撫司。"

延祐四年，黄平南蠻盧犇叛，新部黎魯亦啸劫聚亂，詔漢英宣撫之，二賊降，置戍而還。《元史》本傳云："至大四年加勛上護軍，詔許世襲。播南盧崩蠻内侵，詔賽因不花暨思州宣慰使田茂忠帥兵討之，以疾卒于軍，年四十。"按：漢英卒年四十，以世祖至元二十五年年十二計之，當在仁宗延祐五年，則盧崩事即當在延祐時。《家傳》爲得，惟失書卒年耳。《史》以爲至大四年者，誤也，當在五年；而《家傳》云四年，疑《史》所載再入覲"年十二"爲"年十三"之誤。《續宏簡録》本傳又云："八年，播南盧崩蠻内侵，詔率兵討之，以疾卒于軍。"此"八年"承大德，殊爲失考。惟"卒軍"同《元史》，與《家傳》"降，戍而還"异，未知孰是。《元史·仁宗紀》："延祐五年十月己丑，播州南寧長官洛麽作亂，思州守臣换住哥招諭之，洛麽遣人以方物來覲。六年四月，中書省臣言，雲南土官病故，子孫兄弟襲之，無，則妻承夫職。遠方蠻夷頑獷難制，必任土人，可以集事。今或缺員，宜從本俗，權職以行。"制曰："可。"漢英爲政，急教化，大治泮宫，南北士來歸者衆，皆量材用之。喜讀濂、洛書，爲詩文尚體要，著《明哲要覽》九十卷、《桃溪内外集》六十四卷。賜推誠秉義功臣、銀青榮禄大夫、平章政事、上柱國，追封播國公，謚“忠宣”。《元史》本傳云：“贈推誠秉義功臣、銀青榮禄大夫、平章政事、柱國，追封播國公，謚‘忠宣’。”其妻田氏亦善讀書，人以爲難能。無子，以弟播州招討安撫使如祖之子嘉貞嗣。按：《元史》但云“子，嘉貞嗣”。《明統志》《黄州通志》并云“嘉貞，漢英子”。

嘉貞，至治二年來朝，英宗賜名延禮不花。纍官資德大夫、湖廣行省右丞、沿邊宣慰、宣撫使。《明統志》：“嘉貞，至治初授播州等處管軍萬户、侍衛親軍都指揮使、上護軍。討平楊留總之叛，進湖廣行中書省左丞。《貴州通志》同。”嘉貞卒，《元史·英宗紀》：“至治三年二月癸酉，罷播州黄平府長官所一，徙其民隸黄平。”《泰定帝紀》：“泰定二年七月丙辰，播州蠻黎平愛等集群夷爲寇，湖廣行省請兵討之，不許，詔播州宣撫使楊也里不花招諭之。十月癸巳，播州凱黎苗率諸賽苗僚爲寇。三年正月丙午朔，播州宣慰使楊燕里不花招諭蠻酋黎平愛等來降。六月癸未，播州蠻黎平愛復叛，合謝烏窮爲寇，宣慰使楊燕禮不花招平愛出降。烏窮不附，命湖廣行省討之。十一月辛酉，播州蠻宋王保來降。四年七月甲辰，播州蠻謝烏窮來獻方物。九月甲寅，湖廣土官宋王保來獻方物。十一月辛卯，以降蠻謝烏窮爲蠻夷官。”《文宗紀》：“天曆二年正月丁丑，四川囊加台攻破播州猫兒埡隘，宣慰使楊延里不花開關納之。壬午，播州楊萬户引四川賊兵至烏江峰，官軍敗之。八番元帥脱出亦破烏江北岸賊兵，復奪關口。諸王月魯帖木兒統蒙古、漢人答刺罕諸軍及民丁五萬五千，俱至烏江。二月丙午，湖廣行省調兵鎮播州。癸丑，諸王月魯帖木兒等至播州，招諭土官之從囊加台者，楊延里不花及其弟等皆來降。六月，順元、思、播州諸驛，因兵興，馬多羸瘠，驛户貧乏，令有司市馬補之。至順元年三月甲寅，乖西解蠻三千人入松梨山，燒沿邊官軍營堡。”《順帝紀》：“至正十二年六月，紹慶宣慰使楊延禮不花遥授湖廣左丞，楊伯顔卜花爲紹慶宣慰使，换文資、楊城爲沿邊溪洞招討使兼征行萬户，回賜先所拘收牌面。”按：也里不花、燕里不花、燕禮不花、延里不花皆即延禮不花，元國語取聲近，本無專字也。子資德大夫，播州軍民宣撫、宣慰、都指揮使忠彦嗣。忠彦卒，子資德大夫，紹慶、珍州、南平等處沿邊宣慰使，播州軍民安撫使，侍衛親軍都指揮使元鼎嗣。元鼎卒，無子。田氏以如祖季子、嘉議大夫、湖廣行省參知政事、播州沿邊溪洞招討使城之子鏗嗣。《明統志》《貴州通志》并云“鏗，嘉貞從子”。按：元末，明玉珍據蜀，播州爲其所有。《全蜀藝文志》載《楊璟諭明昇書》曰：“足下疆埸，南不過播州。”是其證也。

——（道光）《遵義府志》卷三十一《土官》，載《中國地方志集成·貴州府縣志輯》，第33册，68～70頁

洪武四年，明太祖平蜀，遣使諭之。五年，播州宣慰使楊鏗、同知羅琛、總管何嬰、蠻夷總管鄭瑚等相率來歸，貢方物，納元所授金牌、銀印、銅章。詔賜鏗衣幣，仍置播州宣慰使司，鏗、琛皆仍舊職，領安撫司二：曰草塘、曰黄平；長官司六：曰真州、曰播州、曰餘慶、曰白泥、曰容山、曰重安，以嬰等爲長官。《明會典》“土官”門：湖廣、廣西、四川、雲南、貴州腹裏土官，遇三年朝覲，差人進貢一次，俱本布政司給文起送，限本年十二月終到京。慶賀限聖節以前，謝恩無常期，貢物不等。凡土官差人到京，鴻臚寺即與引見，并投進封奏本；其方物赴禮部驗進。嘉靖元年議准：聖節止許各宣慰、宣撫、安撫官具方物差人赴京，其餘佐貳官以下及把事頭目、護印舍人，止許朝覲年入貢，每司量起的當通把三二人，齎執方物，多者給與本册咨批，少者給與咨批，各給關文。應付馬匹就彼變賣銀兩貯庫。降

香、黄蠟、茶葉等物，要實重五十五斤爲一杠，每杠賞闊生絹二匹，照杠遞加。其不由本布政司起送，或斤重不足、差人過多、不待朝覲之年擅自起貢，禮部不與進收，責諭遣回，賞賜、應付通行停止。二年議准：前數項及數限一月，俱屬違例，止減半給賞；若違例多端者，不賞。七年，中書省奏："播州土地既入版圖，當收其貢賦，歲納糧二千五百石爲軍儲。"帝以其率先來歸，田税隨所入，不必以額。已，復置播州、黄平宣撫司。播州江渡蠻黄安作亂，貴州衛指揮張岱討平之。八年，鏗遣其弟錡來貢，賜衣幣。自是每三歲一入貢。十四年，遣使齎敕諭鏗："比聞爾聽浮言，生疑貳，今大軍南征，多用戰騎，宜率兵二萬、馬三千爲先鋒，庶表爾誠。"十五年，城播州沙溪，以官兵一千人、土兵二千人戍之。改播州宣慰司隸貴州，改黄平衛爲千户所。十七年，鏗子震卒于京，命有司歸其喪。二十年，徵鏗入朝，貢馬十匹。帝諭以守土保身之道，賜鈔五百錠。二十一年，播州宣慰使司并所屬宣撫司官各遣其子來朝，請入太學。帝敕國子監官善訓導之。

永樂四年，免播州荒田租。設重安長官司，隸播州宣慰司，以張佛保爲長官，以佛保嘗招輯重安蠻民嚮化故也。七年，宣慰使楊昇《明統志》："鏗洪武初率其屬張坤、趙簡來朝，授宣慰使，賜敕奬諭，俾其永堅臣節。後屢隨大軍討平叛寇。卒，贈懷遠將軍。子昇襲職。莅政勤敏，邊境綏寧。永樂初，請開學校薦士典教，州民益崇習詩書禮義。《貴州通志》同。招諭草塘、黄平、重安所轄當科、葛雍等十二寨蠻人來歸。毛奇齡《蠻司合志》："永樂初，楊昇奏所轄當科、葛雍等十一寨蠻人梗化不服，上命昇討之。"

宣德三年，昇賀萬壽節，後期，禮部議予半賞。帝以道遠，勿奪其賜。七年，草塘所屬穀撒等四十一寨蠻作亂，總兵陳懷剿撫之，旋定。

正統十四年，宣慰使楊綱老疾，以其子輝代。景泰三年，輝奏湖、貴所轄臻部、五坌等苗賊，糾合草塘、江渡諸苗黄龍、韋保等殺掠人民，屢撫復叛，乞調兵征剿，以靖民患。帝命總督王來、總兵梁珤等會同四川巡撫剿之。《明史·平越土司傳》："正統末，鎮遠蠻苗金臺僞稱順天王，與播州苗相煽亂，遂圍平越、新添等衛。半年，城中糧盡，官兵逃者九千餘人，貴州東路閉。時王驥征麓川，班師過其地，不之顧。景泰元年，命保定伯梁珤佩平蠻將軍印，督帥進剿，大破之。平八十餘寨，擒賊首王阿同等，平越諸衛圍乃解。"七年，調輝兵征銅鼓、五開叛苗，賜敕頒賞。

成化十年，以播州賊齎果等屢歲爲患，敕責川、貴鎮巡官。正統末，苗蠻聚衆寇邊，土官同知羅宏奏："輝有疾，乞以其子愛代。"帝命愛襲職，仍敕愛即率兵從總兵官剿賊。先是，輝奏所屬夭壩干地五十三寨及重安所轄灣溪等寨屢被苗蠻占據，乞命湖、貴會兵征之。命如輝言。部議以愛年幼，請仍起輝暫理軍事；又以輝難獨任，宜敕都御史張瓚親至播州督理，勵輝等振揚威武，以備征調，其機宜悉聽瓚裁處。十二年，瓚督諸軍及輝攻敗灣溪、夭壩干地諸苗，凡破山寨十六，斬首四百九十六級，撫男婦九千八百餘口。事下，兵部以苗就撫者多，宜量爲處分。瓚議設安寧宣撫司，并懷遠、宣化二長官司，建靖南、龍場二堡，命輝董其役。輝調兵民五千，餘立治所，委所屬黄平諸長官分甓城垣，將竣，輝因奏："各寨苗蠻，近頗知懼，但大軍還後，難保無虞。播州向設操守土兵一千五百人，今撥守懷遠、靖南、天漂、龍場各二百人，宣化百人，安寧六百人，其家屬宣徙之同居，爲固守計。其工之未畢者，宜命臣子愛董之，而聽臣致仕如故。”詔從之。時灣溪既立安寧宣撫，爛土諸蠻惡其逼，遂引齎果攻陷天漂、靖南城堡，圍安寧。愛新襲，力弗能支，求援于川、貴二鎮。兵部奏，起輝再統兵剿之，又敕川、貴兵爲助。《明史·都匀土司傳》：“成化十四年，陳蒙、爛土長官司張鏞奏：天壩干賊首齎果侵掠，請于所侵大陳、大步等寨設一司，隸安寧宣撫。而豐寧長官司楊泰亦奏峰峒陸光翁等聚爛土爲亂。先是，宣慰楊輝平天壩干後，即灣溪立安寧宣撫司，爛土諸苗惡其逼己。至是，果等既攻陷天漂，遂圍豐寧。時輝已致仕，子愛承襲，力弗支，求援于川、貴二鎮。各奏聞，命仍起輝會兵討之。”十五年，貴州巡撫陳儼奏：“苗賊齎果轉橫，乞調川、湖等官軍五萬五千，克期會貴州，聽儼節制。”兵部言：“賊作于四川，而貴州守臣自欲節制諸軍，恐有邀功之人主之。且興師五萬，以半年計，須軍儲十三萬五千石，山路險峻，輸運之夫須二十七萬衆，况天將暑，瘴癘可虞。”帝然其奏。二十二年，愛兄宣撫楊友訐奏愛，帝命刑部侍郎何喬新往勘。二十三年，喬新奏：輝在日，溺其庶子友，欲令承襲，長官張淵阿順之。安撫宋韜謂：“楊氏家法，立嗣以嫡，愛宜立。”輝不得已，立愛。又欲割地以授友，謀于淵，因以天壩干乃本州懷遠故地，爲生苗所據，請兵取之。容山長官韓瑄以土民安輯日久，不宜征。淵與輝計，執瑄杖殺之。前巡撫張瓚受輝賂，以其地設安寧宣撫司，冒以友任宣撫。輝立券，以所有金玉、服用、莊田召諸子均分之。輝没，雷音寺碑《跋退齋楊侯輓詩後》云：“右《哀什》一巨册，總若干首，皆縉紳士大夫作，以哀輓昭勇將軍播州宣慰使司宣慰使楊君輝廷彰者也。有詩焉，有歌焉，有辭焉，有些、有誄焉，體制雖殊，要皆模仿古《薤露》《蒿里》之作，用以發舒其感慨悼惜之情也。嗚呼！君果何爲得此于諸公哉？蓋君實唐贈太師端之二十五葉孫，世守播土，六百餘年。君自弱冠襲父職，累受命征剿諸叛寇，兵所至如破竹，無或敢嬰其鋒，甚至有聞風歸附、兵不血刃而境土以定者，此其于武事也甚勇。諸經子史皆博覽之，興有所到，形之歌詠，得唐人之音響。大書行草書，皆道勁可愛，此其于文學也甚工。早失怙，事母夫人，恪盡禮意，此其共子職也甚孝。處宗族，和而有禮；撫卑幼，慈而有恩；治兵民，威而不猛，此其待人也甚恕。獨居燕處，亦必以禮自防，而不肯少涉嬉慢，此其持己也甚嚴。修學校、延明師，育人才，而致文風日盛于前，此其崇儒術也甚。至輸粟數千石以飽邊戍，而荷朝廷旌德之典；比入覲，詔陪慶成宴于奉天殿，賜一品章服及金幣諸物，此其獲上之優待也甚厚。年財四十又一，即抗章求退，而替其職於其子，此其視功名也甚薄。雖在休致中，邊陲有警，必詔君督兵討平，此其見倚任於朝廷也甚重。若君而人不可謂文武才行之兼資者歟？其享有壽考，爲聖天子保障一方是宜。今顧年甫五十有一，不及下壽而卒，諸公詩以哀悼之，不亦宜乎？客有疑之者曰：《薤露》《蒿里》二詩作于田横之門人故吏，固其所也，今諸公于君，未始解後之接，而長篇短章以哀挽之，如此，不幾于詞華爲虛悼者歟？予曰：‘不然，士固有曠百世以相感者，奚必皆識其面？溯君之爲人，有如前所稱述，在人苟有秉彝好德之心，宜皆知所以敬愛之也。知所敬愛，于其歿不以哀悼之，奚情也哉！今諸公之作，正可以見君之所以爲君；而諸公爲國惜才之心，亦因之可見矣。子是之疑，不已過乎？’客謝而退。予懼後之觀是册者，不究作者之意，亦致如客之疑，故爲題于詩後，謹跋。成化十九年癸卯歲秋九月之吉，賜進士及第，通議大夫、禮部右侍郎兼修玉牒、前翰林院學士豫章謝一夔跋。”《心齋隨筆》云：“楊輝同俞、田二氏合墓，在雷水堰上。”淵乃與友潛謀刺愛，淵弟深亦與謀，不果。友遂奏愛居處器用，僭擬朝廷，又通唐府，密書往來，私習兵法、天文，謀不軌。事皆誣。帝命斬淵、深,以愛信讒簿兄,友因公擅殺,且謀嫡,盜官錢,皆有罪。愛贖,復任;友遷保寧羈管,仍敕喬新從宜處治。《明史》喬新本傳:"景泰五年進士,纍官左都御史,字廷秀,江西廣昌人。安寧宣撫使楊友欲奪嫡弟愛爵,誣愛有异謀。喬新往勘,與巡撫劉璋共白愛誣。友奪官,安置他府,播人遂安。喬新既家居,楊愛遣使厚致贈,且獻良材可爲櫬者,喬新堅却之。"劉璋,附在《賈俊傳》,云:"字廷信,延平人,天順初進士。歷官中外,有聲。"毛奇齡《蠻司合志》記友、愛事較詳,云:宣德中楊欽,正統中楊炯、楊綱皆世修職事,獨綱子輝杰黠多豪舉。天順初,私閹士民黄保等爲火者,嘗嬖妾田氏,以其所生子美居長,屢欲奪嫡。安撫宋韜、長官毛釗執不可,曰:"楊氏家法,立嗣以嫡不以長,獨奈何紊之?"輝不得已,乃立嫡,因名庶曰友,名嫡曰愛,言相友愛也;然而嬖庶之心終不忘。倖客張淵説輝曰:"主官欲貴孟主,而唧唧與仲主爲仇,毋論勢有所未便,即使奪仲以與孟,不過剽吾左以益吾右耳,且重貽口實,以滋後議。何不别爲孟主地,雙貴而朋立,是使孟創業而仲傳世也?"輝曰:"爲之奈何?"淵曰:"夭壩諸苗,主官部境也,山箐險遠,憨而易虐,誣之曰賊,因請兵討之,然後歸功孟主,而請立安撫以治其地,誰曰不然?"輝大喜,乃立召容山辰官韓瑄、重安長官張通,告以生苗反狀,使上變。瑄争之,謂苗實不反。輝怒,杖瑄,通惶恐叩頭曰:"反!反!"請從輝署名上變。上命都御史張瓚同輝進剿,殺諸苗千人。輝乃賂瓚疏友功,且曰:"友謀勇冠軍,手刃七馘(時友甫十三歲)。乃請設安(當作"宣",下同)撫于安寧,授友安撫使,而以張淵爲長官。"然友實未嘗之官也。既而爛土諸苗賁果等忿夭壩以無辜受戮,時時攻安寧。瓚又疏請于凱里寨築城衛之,費糧數十萬。成化十九年,輝死,愛修怨于淵。淵屢謀殺愛,不克。二十二年,丹章諸苗寇安寧,四川參政謝士元、副使翟廷蕙、都指揮楊綱以兵往,過播州,詣愛家,置酒高會。翼日視學,適州民賽社,士元等坐學宫臨觀,愛復携酒至。訓導楊禮艴然曰:"視學而觀社,提兵而樂酒,略等威而款下屬,竊爲明公耻之!"士元等大慚而起。時淵同愛隙,謂愛實通苗,越境爲亂,故款官軍逗遛,修私怨。爲文報貴州守臣,而致書舉人路義,使之通賂。值安撫宋韜獲其書,以示愛。愛乃易其書,遣使投義,義信之。遂詣貴撫陳楊愛反狀。貴撫不聽,且曰:"播非我轄也。"義爲書復友,而愛執之。愛遂據義書報川撫,將聲罪發難,友大懼。淵嗾友二變,言愛結苗夷反叛,造火器、旗纛、金瓜、鉞斧,調總旗等,號親軍;閹割土民;立金龍門于宅前;而開尚甕等鐵冶,令僞閹官鍊熟鐵爲軍刀;置織造院,收民人趙其一百餘户充織匠,造龍鳳蟒袍;立商税局于白田壩;起調軍兵三千餘衆,假水西送喪,演習武藝;設教坊司,以僞閹官掌其事,鹵良家罷兆期女勝真、福真等一百餘名充女樂,教習雜劇;每遇節旦,愛衣龍衣,自稱國王天主,而稱其妻地主;且置後宫,奪趙高僧幼女玉真爲宫妃;用巫師魘魅庶母貫氏;禁父妾馬真、蔣真等宫中,奸使有身,嘗强淫宫婢宋真,不從,裸之,縛于杌,牽群狗導之淫,凌辱狼藉,而後殺之;科派各里人民,分上、中、下三户,得金銀若干萬兩、養老莊田子粒若干萬石、珊瑚樹若干株、珍珠簾若干絓、玉圭若干笏、馬若干匹、牛若干頭;嘗夢騎龍登天門,上帝謂之曰"此南方帝子也",既醒,龍成五色,因作詩,有"霹靂一聲震天下,南方須起赤鱗龍"之句。廷議大駭,立命刑部侍郎何喬新、錦衣衛指揮劉綱,會川撫及巡按鞫之,俱不實。淵坐妖言律,路義削籍;友論死,贖免,發保寧城中羈管。

宏〈弘〉治元年,增設重安守禦千户所,命播州歲調土兵一千助戍守。七年,以平苗功賜敕勞愛。《心齋隨筆》:"遵義冉家林側,有地曰官漬嘴,溪水環繞,四山秀整,乃宣慰楊氏祖塋。其間石墓十餘,皆雕鏤精工。惜碑記荒没,惟近水竹林有方石,係宣慰楊愛妻田氏墓表。撰文者爲按察司僉事古其然,書丹者爲資中鄧明,二人皆進士出身;篆蓋者爲儒學訓導滇陽馬奎,刊石者爲儒士周易。文中稱:田氏,名睿英,少師忠果公十三世女孫。父宗善,母高。静默寡言,父母謂其必爲名臣妻。長,果歸宣慰敬夫公。以姑俞氏早卒,未獲奉事,每歲時薦祀,必涕泣如親承色笑。又和妯娌,睦鄉隣,毫不自形德色。值成化庚子,邊隅擾亂,敬夫行軍在外,田運籌于内,卒克靖變。又流民入播,田出金數千兩賑之,生全者衆,遠近感戴。卒于宏〈弘〉治三年,年三十一,封淑人。葬于宏〈弘〉治十二年九月十三日。知爲愛妻者,文中又有田氏之男名斌。斌,愛子,則敬夫愛字也。十四年,調播州兵五千征貴州賊婦米魯等。

正德二年,升播州宣慰使楊斌爲四川按察使,仍理宣慰事。舊制,土官有功,賜衣帶或旌賞部衆,無列銜方面者。斌狡横,不受兩司節制,諷安撫羅忠等上其平普安等戰功,重賂劉瑾,得之。逾年,巡按御史俞緇言不宜授,乃裁之,仍原職。初,友既編置保寧,愛益恣,厚歛以賄中貴,徵取友向所居凱里地者獨苛。同知楊才居安寧,乘之,朘剥尤甚,諸苗憤怨。凱里民爲友奏復官,弗得。乃潛入保寧,以友還,糾衆作亂,攻播州,焚愛居第及公私榭宇略盡,遂殺才,多所殘戮。愛屢奏于朝,帝命鎮巡官調兵征之,會友死,遂緩師。已而鎮巡官言,友子宏能悔過自新,且善撫馭,蠻衆願聽其約束。其前爲友所焚殺者,俱已隨土俗折償,且還所侵奪于官,乞授宏冠帶,爲土舍,協同播州經歷司撫輯諸蠻。其家衆置保寧者,仍歸之,隸播州管轄。并諭斌與宏協和,不得再造釁端。報可。《蠻司合志》云:"友卒,廷議謂逋友雖死,子宏尚存,當仍調兵食,以彰國法;而川撫勘奏謂宏父友搆亂,法固難宥,但友搆亂時,宏尚幼穉,似當開自新之路,與以更始,況友所焚殺,已經照士例折償及還所侵于官,宜授宏冠帶土舍。"未幾,播州安撫宋淮奏:"貴州凱口爛土苗,婚于凱離、草塘諸寨,陰相搆結,誘山苗爲亂。乞賜斌敕,令每年巡視邊境,會湖廣鎮巡官撫處。"部議:"土官向無領敕出巡者。諭斌宜撫綏土衆,輯睦親族,以副朝廷優待之意。"因授致仕宣慰愛爲昭毅將軍,給誥命,賜麒麟服。時斌又爲其父請進階及服色,禮科駁之,以服色等威所繫,不可假。兵部以愛舊有剿賊功,皆許之。斌復爲其子相請入學,并得賜冠帶。十二年,播州安撫羅忠、宋淮等奏斌有父喪,欲援文臣例守制,但邊防爲重,乞仍令掌印理事。初,楊宏既歸凱里,與重安土舍馮綸等有怨。宏卒,綸等誘苗蠻攻之,更相仇殺,侵軼貴州境。巡撫鄒文盛言狀,且請移文四川,會官撫處,逾歲不報。文盛乃遣參議蔡潮入播州,督致仕楊斌撫平之。因言:"宜復安寧宣撫,俾宏子弟襲之。斌未衰,宜仍起任事,以制諸蠻寨。潮有撫蠻勞,宜量擢。"兵部議:"安寧已革,不可復。斌子既代,亦不可起。土官應襲與否,屬四川,非黔所得專。盛所請難行,而功不可誣。"十六年,賜斌蟒衣、玉帶。嘉靖元年,賜播州儒學《四書集註》,從宣慰楊相奏也。宏既死,其弟張求襲職不得。時盗邊劫白泥司印信,復與相搆兵。守臣乞改凱里屬貴州,以張爲土知州解釋之。兵部議:"張習父兄之惡,幸免于辜,敢肆然執印信以要挾,當命川、貴守臣按其前後争産、殺人諸罪,置于理。若張悔過輸情,還所獲印,尚可量授一官,聽調殺賊以自效;倘或怙終,必誅,以爲玩法戒。"既,遂許張襲宣撫,而改安寧爲凱里,隸貴州。《蠻司合志》云:"愛死,子斌豪甚。舊制,土官有功,衹賜予衣帶及旌賞部下人員,無升職加銜者。斌以平普安蠻功,于正德初加四川按察使銜,賜蟒衣玉帶。宏忌之,仍起仇殺。及宏卒,重安土舍馮綸等,又以怨宏,誘諸苗攻安寧。貴撫鄒文盛反命斌討平之,而請復安寧安撫,令宏子弟得襲舊職,廷議不許。嘉靖六年,宏弟張復以爲請。時張盗邊,劫得白泥司印信,復與斌子相重相仇殺,較前更烈。守臣乞改凱里屬貴州,以張爲土知州以解釋之,事久不决。初,廷議謂楊張習父兄之惡,幸免于辜,輒敢肆然執印以要君,且其所争田莊及椎埋殺人等罪,尚未得决,正宜收置于理,令其悔過、還印、償所奪寨苗諸地，而驟議復職，未便。其後，用兵部尚書胡世寧議，謂張黨已成，若不因而撫之，恐流禍無已。乃復張凱里安撫，屬治貴州，而相則襲播宣慰如故。然其仇殺仍自若也。諺云：'骨肉虀醢，参商播凱。'"《明詩綜》"播州語"：楊友與楊愛兄弟相仇，兩州爲之不寧。土人語云："骨肉虀醢，参商播凱。"初，楊相之祖、父皆以嫡庶相争，梯禍數世。至是，相復寵庶子煦。嫡子烈母張悍甚，與烈盗兵逐相走，客死水西。烈求父尸，宣慰安萬銓因要挾水烟、天旺故地，而後予尸。烈陽許之。及相喪還，烈靳地不予，遂與水西搆難，又殺其長官王黻。時嘉靖二十三年也。烈既代襲，遂與黻黨李保治兵相攻垂十年。總督馮岳調總兵石邦憲討平之。《蠻司合志》云："岳討平之，乃奏：三省接壤，民苗之衝，若四川餘慶之走馬坪、播州之三度關、貴州石阡之龍泉司各立哨堡，于重慶偏橋等衛，委指揮三人督兵防守。仍移銅仁参將于石阡、移思石守備于龍泉，控扼播州，令犬牙相制；而後設重慶府通判一人，使之駐龍泉以收糧稅，則控馭較便也。上然其言。"真州苗蘆阿項者，亦久稱亂，邦憲以兵七千擊敗之。有言賊求援于播者，邦憲曰："吾方調水西兵，聲楊烈助逆罪，烈暇救人乎？"已，禽阿項父子，斬獲四百餘人。初，嘉靖初議分凱里屬貴州，既又以播地多在貴州境，并改屬思、石兵備。及真州盗平，地方安靖，播人以爲非便，川、貴守臣异議不决，命總督會勘。總督奏："仍以播歸四川，而貴州思、石兵備仍兼制播酉、平邑諸土司事。"報可。《明會典》："隆慶二年，題準將程番府改入貴州，省城名貴陽府，其湖廣、沅、靖平溪等州衛，四川酉陽、播州、永寧三土司，照舊專屬川、湖統轄，仍聽貴州節制調遣。"

隆慶五年，烈死，子應龍請襲，命予職。萬曆元年，給應龍宣慰使敕書。八年，賜故宣慰楊烈祭葬，從應龍請也。十四年，應龍獻大木七十，材美，賜飛魚服。又復引其祖斌賜蟒例，部議以斌有軍功，且出特恩，未可爲比。帝命以都指揮使銜授應龍。十八年，貴州巡撫葉夢熊疏論應龍凶惡諸事，舊《綦江縣志》："魯一冲住仙源洞修真，播逆楊應龍修醮于海龍囤，以利劍鍔逼令道士手緊握而不傷者，爲有道行，乃不殺。冲聞而往，握之，鋒盡捲，遂延爲法師，尋遁去。"又海龍囤驃騎將軍示諭《龍岩囤嚴禁碑》："夫龍岩囤者，乃播南形勝之地也。吾先侯思處東陬，不可無備，因而修之以爲保障。《易》云：王公設險以守其國，吾先侯得之矣。今重緝之以爲子孫萬代之基，保國之根本耳。然其地險要，非得其人則不可使守也。予今設用守囤名役，總管、總領、把總、提調、書吏，各理事務，守衛小童、守倉户、打掃户、總旗、小旗、軍士、苗宰并住囤醫生、匠作、住持人等，各有役次時刻，不可擅離，各給年貌號牌稽考，内無出關字樣。倘若解取物件，或告假下囤，赴總管廳乞牒照驗，方許放行。其運送口糧帮户，給有年貌號票，各帶在身，執照進出，毋得阻滯。若官差取發物件人役，各關視驗硃批帖文，毋得延緩。但恐親臨本囤，跟隨一應人役，書房聽點題單，預發龍鳳關查，照點進出。回日，具手本封繳原單。及往來工匠、人夫，但遇進關者，龍鳳關把總查審的實何項人役，給帖照身，各關驗放，到囤赴總管廳繳帖、上名、應役，役滿工完，仍赴總管廳告乞水帖出關，驗實放行，又到龍鳳關將帖回繳。此乃禁地，庶有稽查，以防奸細僭妄詐僞之徒，再無混冒。違者，自干後開條款罪究，决不輕恕。"巡按陳效歷數應龍二十四大罪。

——（道光）《遵義府志》卷三十一《土官》，載《中國地方志集成·貴州府縣志輯》，第33册，70～76頁

時方防禦松潘，調播州土兵協守。四川巡撫李化龍疏請暫免勘問，俾應龍戴罪圖功。

由是川、貴撫按疏辨,在蜀者謂應龍無可勘之罪,在黔者謂蜀有私暱應龍之心。于是給事中張希皋等以事屬重大,兩省利害,豈漫不相關者?乞從公會勘,無執成心。明户科都給事中楊恂奏疏云:"楊應龍負固不服,執政貪其重餌,與之交通。如近日綦江捕獲奸人,得所投本兵及提督、巡捕私書,其餘四緘及黄金五百、白金千、虎豹皮數十,不言所投。臣細詢播人,始囁嚅言曰:'求票擬耳。夫票擬,撫臣事也,而使小醜得以利動哉!'"十九年,夢熊主議,播州所轄五司改土爲流,悉屬重慶,與化龍意復相左,化龍遂引嫌求斥。蓋應龍本雄猜,阻兵嗜殺,所轄五司七姓悉叛離。《蠻司合志》:"播州領二安撫,六長官,統七姓,爲田、張、袁、盧、譚、羅、吴,而田、張最大,世爲目把。"嬖妾田,屠妻張氏并及其母。妻叔張時照與所部何恩、宋世臣等上變,告應龍反。夢熊請發兵剿之。蜀中士大夫悉謂蜀三面鄰播,屬裔以什佰數,皆其彈壓,且兵驍勇,數征調有功,剪除未爲長策,以故蜀撫按并主撫。朝議命勘,應龍願赴蜀,不赴黔。二十年,應龍詣重慶對簿,坐法當斬,請以二萬金贖。御史張鶴鳴方駁問,會倭大入朝鮮,徵天下兵。應龍因奏辨,且願將五千兵征倭自贖。詔釋之。兵已啓行,尋報罷。巡撫王繼光至,嚴提勘結。應龍抗不出。張時照等復詣奏闕下,繼光用兵之議遂決。二十一年,繼光至重慶,與總兵劉承嗣等分兵三道進婁山關,屯白石口。應龍佯約降,而統苗兵據關衝擊。承嗣兵敗,殺傷大半。會繼光論罷,即撤兵,委弃輜重略盡;黔師協剿亦無功。時四川新撫譚希忠與貴州鎮撫再議剿,御史薛繼茂主撫。應龍上書自白,遣其黨携金入京行間,執原奏何恩諸綦江縣。二十二年,以兵部侍郎邢玠總督貴州。二十三年,玠至蜀,察永寧、酉陽皆應龍姻媾,而黄平、白泥久爲仇讎,宜剪其枝黨。乃檄應龍,謂當待以不死。會水西宣慰安疆臣請父國亨恤典,兵部尚書石星手札示疆臣,趣應龍就吏得貰。疆臣奉札至播,招應龍。時七姓恐應龍出,得除罪,而四方亡命竄匿其間,又幸應龍反,因爲利,驛傳文移,輒從中阻。玠檄重慶知府王士琦詣綦江,趣應龍安穩聽勘。應龍使弟兆龍至安穩,治郵舍、儲糒,叩頭郊迎,致餼牽如禮,言:"應龍縛渠魁待罪松坎,所不敢至安穩者,恐墮安穩仇民不測禍也,幸請至松坎受事。"士琦曰:"松坎亦曩奏勘地。"即單騎往。應龍果面縛道旁,泣請死罪,願執罪人,獻罰金,得自比安國亨。國亨者,曩亦被訐,懼罪不出界,故應龍引之。士琦爲請于玠,許之。應龍乃縛獻黄元等十二人案驗,抵應龍斬;論贖,輸四萬金助采木。仍革職,以子朝棟代,次子可棟羈府追贖。黄元等斬重慶市。總督以聞,時倭氛未靖,兵部欲緩應龍事東方。朝廷亦以應龍向有積勞,可其奏。于松坎設同知治焉,以士琦爲川東兵備副使彈治之。應龍獲寬,益怙終不悛。尋可棟死于重慶,益痛恨,促喪歸,不得。舊《川志》:"賊惡不悛,劫帑掠民,揭擒王之幟,肆殺將之凶,脅道府,索其子櫬,勒重饋而後遣。且鐫銀牌,其上曰:'忠臣孝子柩。'"復檄完贖,大言曰:"吾子活,銀即至矣!"擁兵驅千餘僧招魂去。分遣土目,置關據險,厚撫諸苗,名其健者爲"硬手"。州人稍殷厚者,没入其資以養苗,苗人咸願爲出死力。二十四年,應龍殘餘慶,掠大阡、都壩,焚劫草塘、餘慶二司及興隆、都匀各衛。又遣其黨圍黄平,戮重安長官家,勢復大熾。二十五年,流劫江津及南川,臨合江,索其仇袁子升,縋城下磔之。時兵備王士琦調征倭,應龍益統苗兵大掠貴州洪頭、高坪、新村諸屯。已,又侵湖廣四十八屯,阻塞驛站。詗原奏仇民宋世臣、羅承恩等挈家匿偏橋衛,襲破之,大索城中,戮其父母,淫其妻女,備極慘酷。《明史紀事本末》:“應龍襲執宋世臣等于偏橋衛,大索城中,備極慘酷。四川巡撫譚希忠請于合江、綦江各置游擊一員;合江募兵千二百人,扼岡門;綦江募兵二千人,扼安穩。”《明詩綜·粵西諺》云:“兩廣岑黄,思播田楊。”言宣慰氏族之大也。又《播州語》:“萬曆二十七年,播酋叛,勢甚張。十月,鄉人譚經歷恕避兵深岩,忽聞石裂,有文在石上,云:‘聚山岩,人化血;石壁壞,諸蠻絶。’”二十七年,貴州巡撫江東之令都司楊國柱部卒三千剿應龍,奪三百落。賊佯北,誘師殲焉,國柱等盡死。東之罷,以郭子章代,而起李化龍節制川、湖、貴州諸軍事,調東岩諸將劉綎、麻貴、陳璘、董一元南征。時應龍乘大兵未集,勒兵犯綦江。城中新募兵不滿三千,賊兵八萬奄至。游擊張良賢巷戰死,綦江陷。應龍盡殺城中人,投尸蔽江,水爲赤。《明史紀事本末》:“二十七年,貴州巡撫江東之令都司楊國柱部卒三千剿應龍,奪三百落。賊佯敗誘師,殲焉,國柱與經歷潘汝資俱死之。東之罷,以郭子章代,而起李化龍爲兵部侍郎,節制川、湖、貴州諸軍事,調東征諸將劉綎等南征。六月,應龍勒兵犯綦江,分屯赶水、猫兒岡、婁國等,以偏師一犯南川,一犯江津。其子朝棟守沙溪緝麻山,防永寧宣撫與貴州。十七日,游擊張良賢遇賊舊東溪,頗有斬獲。二十一日,應龍督苗兵圍綦江城數匝,游擊房嘉寵誤爇火磚,反傷城上兵。賊乘勢登城,嘉寵帥師巷戰,蜀兵争譟走水上。嘉寵殺其妻,與良賢赴敵死。應龍因劫,令縱囚焚掠,出綦江庫犒師,依倉就食,盡取資財子女去,老弱者殺之,投尸蔽江而下,水爲赤。退屯三溪,以綦江之三溪、母渡,南川之東鄉壩,立石爲播界,號宣慰官莊。聲江津、合江皆播故土。總督郭子章日夜征調漢、土各兵守渝城,分戍南川、合江、瀘州,軍聲漸振,賊遷延不進。”《綦江縣志·張房二將軍死事記》云:“游擊房嘉寵之守綦也,爲萬曆己亥歲。所部士卒搔擾,市民側目。近縣竹木估伐,爲之一空。二月間聞逆黨張讓、婁國來侵綦界,率兵追至華墩,賊已遁去,房乃于楊崗溪斬獲首級十二顆,中有誤殺者。四月中,播人周撫六來綦販鹽,至東溪,被仇家控報駝載硝磺,房即追拿,梟首于市,聞者冤之。六月初九日,商人水三領播民十二前來投順,房以爲細作,亦斬于市。楊應龍緣此藉口,大發苗兵,聲言報仇,遂出巢穴前來,犯順所至,居民殺掠慘毒。邊報日急,房重禁市民搬移,違者縱兵搶奪;仍令城外人盡移城内,謂賊莫敢襲城也。二十日,賊抵至登舖,張游擊挺身前門,約房爲援。房佯應之,乃于鷄公嘴下揚兵作威助聲勢。張被苗兵圍繞數重,振臂一呼,苗皆辟易,衝出重圍,欲再前鬥,顧無援兵,居殿而退。即語房曰:‘今日之策,空城爲上,毋重以綦民罹鋒鏑也。’房不然其計。明日,賊縱兵圍城,二將率兵至望城坡,憑城約戰。房放火箭,藥發,自焚。賊乘勢殺入,衆寡不敵,城遂陷。男女被難殺死萬計、被擄千餘,童稚亦不得免。僞目把總何漢良坐踞縣堂,劫略庫藏,焚毁倉儲,將卒身首支分,士女血肉糜爛,尸浮水東下隔江。元元聞風逃竄,如驚鴻駭鹿,四野凋殘。應龍雖還,尚留三寨蟠踞,遠近劫掠。民間望王師如時雨。中間猶有庇護者,不有魚頭,誰發其逆?民命固不足惜也,如國體何!”此二十四年舊《志》原文,蓋當時李梧菴眼見而手書者。其舉動浮躁,又復庸愚,是生邊釁者房,誤綦民者亦房。喪師辱國,罪無可辭,而當事者稱其死難,請優恤,列名在張將軍之上。乃其時尤有冤抑之守備胡汝寧、百户蔣懋賞。胡汝寧者,漢中人。以守備升湖廣都司,道經渝州,謁知府張與行。張曰:“現綦江有兵警,足下何不替朝廷出力而他往耶?”汝寧激于義,遂輕騎來綦,將與房、張協守,主生員張鉾家。到之日,賊兵已壓境矣,謁房,出,語張生曰:“吾死矣!”生問故,汝寧曰:“主帥自用,計畫不行。苗兵衆且悍,不以計迎戰,而欲延敵入境,以孤城抗之,必無幸矣。”及臨戰對敵,手殺數十人,援兵不至,死于亂軍之中,骸骨無收。無有上其事者,名遂湮没,聞者冤之。百户蔣懋賞練兵守城,與賊大戰,自望城坡轉戰至後街,又至北門,力盡而死,無人收骨,終泯泯無聞焉。當時説者謂房嘉寵率組練三千，以防守綦江，乃敢于自用，不共謀畫，竟至挑釁自危，且以危人，然哉！益結九股生苗及黑脚苗等爲助，屯官壩，聲窺蜀。已，遂焚東坡爛橋，楚、黔路梗。《明史紀事本末》："初，賊本無意反，徒據險猖狂。既覆楊國柱之師，益結九股生苗及紅黑脚等苗，負嵎弄兵，然猶冀如往事曲宥，未敢鼓行深入，止云争界、結葬并索奸民。而總督因援師未集，蜀人畏賊如虎，時時移文詰責，示無遽絶意，計以緩賊，賊果具文求撫，不復西向。總督亦佯爲好語縻之。會上聞破綦江，追褫兩省撫臣譚希忠、江東之各爲民，緹騎逮兵備使王貽德，賜劍懸賞，嚴旨進剿。十月，命總督李化龍駐重慶，調度川、貴、湖廣各路兵大舉。總兵劉綎兵亦至。綎素有威名，其家丁、良馬皆可决勝，然夙與應龍昵，人皆疑之。于是化龍延入卧内，輸心腹，且以忠言激之，引其父顯平九絲功爲比。綎大慟，願誓死報效。化龍乃騰書于朝，遂委綎專制，治軍益有次第。十一月，應龍屯官壩，聲言窺蜀，遂焚東坡爛橋，楚黔路梗；黄平、龍泉所在告急。賊復據偏橋，出掠興隆、鎮遠。總督議置勁兵萬餘據要害，通楚黔路。黔帥童元鎮擁兵銅仁不前，革職立功，以李應祥代。命僉都御史江鐸巡撫偏、沅，監總陳璘之師。"二十八年，應龍五道并出，破龍泉司。時總督李化龍已移駐重慶，徵兵大集。遂以二月十二日誓師，分八路進，每路約三萬人，官兵三之、土司七之，旗鼓甲仗森列，苗大驚。總兵劉綎破其前鋒，楊朝棟僅以身免，賊膽落。遂連克桑木、烏江、[河]渡三關，奪天都、三百落諸囤。《明史紀事本末》："二十八年春正月，楊應龍勒兵數萬，五道并出，攻龍泉司。守備楊惟忠擁兵二千，以勢不敵，先期托臺謁走，思南鸚鵡溪土官安民志率步卒三百拒守，死之。吏目劉玉鑾偕妻子并死于賊，副總兵陳良玭託'守偏橋'，不之援。石砫宣撫司馬千乘軍鄧坎，賊乘夜掩襲，千乘軍堅壁，詰旦奮擊，連破金筑、青岡嵛、虎跳關等七寨。酉陽宣撫司冉御龍進攻官壩，斬關直上，復擒斬三百有奇。初，賊既下龍泉，方移兵攻婺川，聞敗，撤兵遁。會徵兵大集，延寧四鎮、河南、山東、天津、滇、浙、粵西兵至者，踵背相屬，各土司亦用命。總督李化龍分兵八路，川兵分四路：總兵劉綎從綦江入，以參將麻鎮等隸，參政張文耀監之；總兵馬孔英從南川入，以參將周國柱、宣撫冉御龍等隸，僉事徐仲佳監之；總兵吴廣從合江入，以游擊徐世威等隸，參議劉一相監之；副將曹希彬受吴廣節制，從永寧入，以參將吴文杰、宣撫奢世績等隸，參議史旌賢監之。而中軍率標下游兵策應。黔兵分三路：總兵童元鎮統土知府隴澄、知州岑紹勛等，由烏江；參將朱鶴齡受元鎮節制，統宣慰安疆臣，由沙溪；總兵李應祥統宣慰彭元瑞等，由興隆，參議張存意、按察司楊寅秋監之；湖廣兵偏橋一路，分兩翼：總兵陳璘統宣慰彭養正等由白泥，副總兵陳良玭受璘節制；統宣撫單宜等由龍泉，副使胡桂芳、參議魏養蒙監之。以偏橋江外爲四牌，江内爲七牌，五司遺種及九股惡苗盤據故也。其黔撫郭子章駐貴陽，楚撫支可大移沅州。部署既定，大會文武于重慶，登壇誓師。二月十二日，分道并發，每路約三萬人。苗見驚曰：'今真天兵也！'化龍諭諸將，以抵婁山等關爲期。且曰：'關外且戰且受降，賊多，不可勝誅也；關内疾戰勿受降，師不宜老，賊詐不可信也。'先是，蜀玉壘山忽裂，僉謂昔年平九絲，地數動，殆平播前兆云。十五日，劉綎進兵綦江，連戰，破三峒、綦江，自東溪入播，并峻嶺茂箐。楠木山、羊簡臺、三峒素號奇險，賊首穆炤等盤據，綎力戰，克之。三月，楊朝棟統苗兵數萬，分道迎敵，鋒甚鋭，官兵夾擊，綎身自陷陣，苗大驚曰：'劉大刀至矣！'棟潰圍走，幾爲綎獲。初，綦江諸苗自分屠城慘戮罪不赦；又應龍憚綎威名，冀首挫其鋒，屬朝棟悉勁兵間道相角，曰：'爾破綦江，馳南川，盡焚積聚，餘無能爲也。'及朝棟僅以身免，賊胆落，益爲守禦計。諸軍分道并捷，南川則酉陽、石砫二司先登，初八日遂克桑木關；烏江則壩陽、永順兵先登，十一日遂克烏江關，翌日復克河渡關。陳璘及副將陳寅擊四牌賊，各披靡，遂奪天都、三百落諸囤。"《明史・四川土司石砫傳》："石砫，女土司覃氏，與應龍爲姻，有智計，性淫，故與應龍通。長子千乘失愛，暱次子千駟，謂應龍可恃，因聘其女爲千駟妻。千駟入播，同應龍反。千乘襲馬氏爵，應調，與酉陽冉御龍同征應龍。應龍敗，千駟伏誅，而千乘爲宣撫如故。"又《秦良玉傳》："忠州人，家石砫，宣撫使馬千乘妻。萬曆二十七年，千乘以三千人從征播州，良玉別統精卒五百，裹糧自隨，與副將周國柱阨賊鄧坎。明年正月一日，賊乘官軍宴，夜襲，良玉夫婦首擊敗之，連破金筑等七寨，已，偕酉陽諸軍直取桑木關，大敗賊衆，爲南川路戰功第一。賊平，良玉不言功。其後千乘爲部民所訟，瘐死襄陽獄，良玉代領其職。良玉爲人，饒胆智，善騎射，兼通詞翰，儀度嫻雅，而馭下嚴峻，每行軍發令，戎伍肅然。所部號白桿兵，爲遠近所憚。"《心齋隨筆》："楊應龍小妻田雌凰，乃白泥司人氏。其女婿田馴，即雌凰之族。馴母覃氏，既寡，石砫宣撫馬徽取爲妾，去兩月，即生。後雌凰欲以馴改名馬千馴，占徽子馬千乘石砫地方而不遂。馬千乘，即秦良玉之夫也。田馴旋被僞軍師孫時泰誤射死。助應龍悪者，吴尚華，稱征東將軍。"原按：征播之役，馬秦夫妻功極多，如萬曆二十八年正月初二日，賊乘官軍飲宴，夜襲，良玉因所佩寶劍屢鳴，速報信于大營，馬千乘自宴次速歸，夫婦領兵邀截鄧坎，擒吴尚華，乘勝盡破九股生苗，奪金筑七寨，逼桑木關，取之。應數戰功第一。當時若無良玉，則官軍被襲，不知作何究竟，乃李于田《平播疏》中毫不叙及二人之功，謂之何哉？又按：千乘、良玉領兵奪取楊應龍七寨：曰金筑寨、青洲箐寨、虎跳關寨、明月關寨、赤岩關寨、清水坪、封寧關，皆在桑木、婁山諸關外，爲生苗所守者，于一夜中盡取之。又按：千乘先曾殺僞軍師孫時泰，良玉擒田馴之妻楊二公主在賊破綦江之後。正月初二夜，千乘又擒吴尚華。其勸應龍因宴劫營，皆出尚華之計，幸良玉警覺，未中其計耳。又載李化龍《平播全書》二條："一件軍務事，石砫宣撫司申稱：奉調土兵三千，赴重慶城西劄營。乞念本司兵力，不當一面之寄，再請調兵三千，隨分一路前驅搗巢。由詳。"批："據申，不但忠勇過人，亦且機宜諳練，土司中得一馬千乘，足可當勝兵數萬。本部院深所嘉賞，仰將該司健兵再整三千，聽令調發，此繳。""一件繳賞辭糧事，石砫宣撫司申：本司護印正妻秦氏，將兵道賞銀二千兩繳道，并請前後土兵五千三百名支給糧餉外，外報效兵二百六名，不煩概給。由詳。"批："土司兵多有虛名冒餉者，秦氏以一婦人，能捐資給兵，辭賞報效，此其賢加人數等矣。仰巡上東道，先動銀六兩，打造銀牌一面，上書'女中丈夫'四字給之，以示旌异；待有功之日，將其夫妻并荐于朝，另有异恩繳。"賊連敗，乃乘隙突犯烏江，詐稱水西隴澄會哨，誘永順兵，斷橋，淹死將卒無算。《明史紀事本末》："賊連敗，乃出奇兵，突犯烏江，詐稱水西隴澄會哨，誘衣順兵，斷橋，淹死官兵無算。參將楊顯，守備陳雲龍、阮士奇、白明逵，指揮楊續芝等死之。事聞，逮總兵童元鎮下于理。時有飛語水西佐賊者，總督檄詰，水西不自安。會賊殺其頭目澄六眼。二十六日，賊託田氏修好，賄澄，澄戮其使，擊斬僞將楊維棟等。安疆臣亦執賊二十餘人，以示不背。"尋綎破九盤，入婁山關。關爲賊前門，萬峰插天，中通一線。綎從間道攀藤毁栅入，陷焉。四月朔，師屯白石。應龍率諸苗决死戰。綎親勒騎衝中堅，分兩翼夾擊，破之，追奔至養馬城。《明史紀事本末》："二十九日，劉綎戰九盤，入婁山關。關爲賊前門，萬峰插天，中通一線，官兵間道攀藤魚貫毁栅入。四月朔，屯白石，應龍率各苗决死戰。陰令楊珠等抄後山奪關，四面合圍，都司王芬中流矢死。劉綎親勒騎衝堅，以游擊張敦吉、守備周以德，兩翼夾擊，敗之。追奔至養馬城，與南川、永寧路合。"連破龍爪、海雲險囤，壓海龍囤。賊所倚天險，謂飛鳥騰猿不能逾者。時偏沅師已破青蛇囤，安疆臣亦奪落濛關，至大水田，焚桃溪莊。《明史紀事本末》："時偏沅巡撫、都御史江鐸已抵任視師，陳璘帥師急攻，以十三日破青蛇囤。疆臣亦以十六日奪落濛關，至大水田，焚桃溪莊。"《明史·貴陽土司傳》："萬曆二十八年，疆臣襲職。會播州楊應龍反，疆臣以殘殺安定事爲有司所按，科臣有言其逆節漸萌者。詔不問，許殺賊圖功。疆臣奏稱：'播警方殷，臣心未白。'上復優詔報之。巡撫郭子章許疆臣以應龍平後，還播所侵水西、烏江地六百里以酬功，于是疆臣兵從沙溪入。有飛語水西佐賊者，總督李化龍檄詰之，疆臣遂執賊二十餘人，率所部奪落濛關，至大水田，焚桃溪莊，應龍伏誅。初，應龍之祖以内難走水西，客死。宣慰萬銓挾之，索水淹、天旺地，聽，還葬，其地遂爲水西所據。及播州平，分其地爲遵義、平越二府，分隸蜀、黔，以渭河中心爲界。總督王象乾代化龍，命疆臣歸所侵播州地。子章奏言：'侵地始于萬銓而非疆臣，安氏迫取于楊相喪亂之時，非擅取于應龍蕩平之日，且臣曾許其裂土，今反奪其故地，臣無面目以謝疆臣，願罷去。象乾疏言疆臣征播殲應龍子維棟不實，冒功可知。至佯敗弃陣，送藥往來，欺君助逆，迹已昭然。令還侵地，不咎既往，已屬國家寬大。若因其挾而予之，彼不爲恩，我且示弱。疆臣既無功，不與之地，正所以全撫臣之信，宜留撫臣，罷臣，以爲重臣無能與蕞爾苗嘻沓者之戒。于是清疆之議累年不决。兵部責令兩省巡按御史勘報，而南北言官交章詆象乾貪功起釁；科臣吕邦耀復劾子章納賄縱奸，子章求去益力。象乾執疆臣所遣入京行賄之人與金以聞于朝，然議者多右疆臣，尚書蕭大亨遂主巡按李時華疏，謂征播之役，水西不惟假道，且又助兵；矧失之土司，得之土司，播固輸糧，水亦納賦，不宜以土地之故，傷字小之仁，地宜歸疆臣。于是疆臣增官進秩，其母得賜祭，水西尾大之患，亦于是乎不可制矣。"《永寧土司傳》："隴海者，水西安堯臣也，隴氏垂絶，堯臣入贅，遂冒姓隴，稱隴澄。叙平播州功，澄與焉。"賊見勢急，父子相抱哭，上囤死守，每路投文緩師。《明史紀事本末》："賊勢急，投文緩師。總督檄各路：賊詭降即斬使焚書，毋爲所紿。虞綎與應龍舊，檄毋通，綎亦械其人自明。"總兵吴廣入岩門關，營水牛塘，與賊力戰三日，却之。賊詭令婦人于囤上拜表痛哭，云："田氏且降。"復詐爲應龍仰藥死，報廣，廣輕信，按兵。已，覘賊詐，益厲兵攻，燒二關，奪賊樵汲路。《明史紀事本末》："賊詭令婦人于囤上拜表痛哭，云田氏且降，復詐爲應龍仰藥死。報廣，廣輕信，按兵不動。已，覘知田氏詐降緩攻，而所云應龍死，乃川兵攻囤，以火炮擊死所謂楊珠也。珠驍勇善戰，既死，賊痛如失左右手。廣覺詐，益厲兵協攻，燒二關，奪三山，絶賊樵汲。"八路師大集海龍囤，遂築長圍，更番迭攻。賊知必死。會化龍聞父喪，詔以縗絰視師。化龍念賊前囤險，不能越，令馬孔英率勍兵并力攻其後。天苦雨，將士馳泥淖中，苦戰。六月四日，天忽霽，綎先士卒，克土城。應龍益迫，散金募死士拒戰，無應者。起，提刀巡壘，見四面火光燭天，大兵已登囤，破土城入。《明史紀事本末》："應龍提刀自巡壘，見四面火光燭天，徬徨長歎，泣語妻子曰：'吾不復能顧若矣！'詰朝，官兵遂登囤，破大城入。"應龍倉皇同愛妾二闔室縊，且自焚。吴廣獲其子朝棟，急覓應龍尸出焰中。《明史紀事本末》："吴廣獲其子朝棟及妾田雌鳳，急覓尸出焰中。廣中火毒失聲，幾絶，頃而醒。"賊平，計出師至滅賊，百十有四日。八路共斬級二萬餘，生獲朝棟等百餘人。化龍露布以聞，獻俘闕下，剉應龍尸，磔朝棟、兆龍等于市。《貴州通志》："十二月庚辰，督撫李化龍、郭子章、江鐸俘楊朝棟等獻于闕下。丙寅，上御樓受之，群臣稱賀。命磔楊朝棟等于西市，釋宋承恩。"播州自唐入楊氏，傳二十九世，八百餘年，至應龍而亡。三十一年，播州餘逆吴洪、盧文秀等叛，總兵李應祥等討平之。舊《川志》："吴洪，播州人。逆酋楊應龍用事長官。洪見勢敗，遂避貴州，平定後復業，與其黨盧文政、劉堯等見改土設流，法度嚴密，不得自逞，遂起异心。借新民占産爲名，糾合沙溪苗彝，議將應龍親弟從龍之子楊三老立爲宣慰，遍書僞檄，諭彝、漢頭目人等，各將舊管兵士、器械整點齊備，准于沙溪舉事。又刻信票，上寫'宣慰司驃騎將軍楊署司總理'，吴、盧分發各處招兵。洪與文政僞稱總統，譚里保僞稱中軍，盧里受、楊邦俊、劉堯、羅志、張漢臣、王金義等僞稱千總，將以十一月初九日作變。會遵義生員彭廷詔、舊民彭廷受等先期出首，兵備副使傅光宅、知府蔡鳳梧會同總兵李應祥督官兵次第擒斬之。時萬曆三十年。"分播地爲二，屬蜀者曰遵義府，屬黔爲平越府。正文，唐至元取宋濂《潛溪集·楊氏家傳》，明取《明史》本傳，他見可補正者，作注考辨之，按亦附注中。

——(道光)《遵義府志》卷三十一《土官》,載《中國地方志集成·貴州府縣志輯》,第33册,76~81頁

羅氏

……太汪少而孤。閩叛,出依瀘州叔祖仁勇家避住。上命蔡、宋、康、高四經略討之,弗克。乾符間,命總戎楊公端討之,道由瀘、叙,太汪詣營獻策,遂克平之。以功居最,授不次之官,復居于播。《秉信碑記》。按:《羅氏譜》:太汪,官明威將軍。楊端爲太汪叙《族譜》,《叙》載《藝文》。……禄厚節義施惠,俗尚淳然。《秉信碑記》。撫楊氏孤惟聰,有碑銘。……琛在元爲播州宣慰使同知。洪武四年,太祖平蜀,遣使招諭。五年,與宣慰使楊鏗等相率來歸,貢方物,納元所授牌印。詔仍置播州宣慰使司,琛仍同知。《明史》。

——(道光)《遵義府志》卷三十一《土官》,載《中國地方志集成·貴州府縣志輯》,第33册,第82頁

王氏

《明史·土司傳》:"嘉靖二十三年,楊烈與水西搆難,并殺其長官王黻。"《李化龍疏》:"播州長官司王積仁,以附播被擒獻俘,與楊氏俱滅。餘無考。""黻"或作"黼"。

播州長官司何氏

何大本者,掛大將軍印,奉命征蠻,終於播,後襲宣慰司總管。《貴州通志》。……萬曆庚子,何恩憤楊應龍肆虐,弃職,率七姓舊人宋世臣等赴闕上書,請討應龍。命川、黔兩省會勘,黔議剿,川議撫,應龍因以黄白千金行賄,至綦江,恩遮獲,以充軍餉。督帥李化龍以爲中軍提調,又命其弟愍爲劉綎鄉導,斬箐直入,師逼海龍囤。播平,恩兄弟與有功焉。《貴州通志》。

播州千户長官宋氏

唐乾符間,有真定宋宣爲節度使、豐城侯副元帥,征播夷有功,留守其地。洪武四年,其裔道純同宣慰楊鏗納土,後授千户長官,管轄沙溪等里。十七年七月,敕曰:"自古帝王治天下,遠人慕義,則爵賞以榮之;其頑慢不率,則兵刑以殄之。所以勸善懲惡,遐邇咸安也。爾宋道純世守蠻夷,當朕統一之初,克贊宣慰楊鏗,撫我聲教,已有年矣。爾道純應授播州承值千户指揮長官之職。惟誠可以事上,惟善可以宣化,惟仁可以撫衆,惟信可以守土。往慎乃職,以欽朕意。"嘉靖二年,宋建襲。隆慶三年,楊應龍奪宋氏田莊,害宋恩等十七命,宋宗富赴京奏討賊。萬曆間,五司七姓訐奏應龍,宋亦與焉。事載《平播全書》。采《宋氏廟碑》及宋如龍、宋雄才二碑。

——(道光)《遵義府志》卷三十一《土官》,載《中國地方志集成·貴州府縣志輯》,第33册,第84頁

真州長官鄭氏

真州長官司，元爲珍州、思寧等處長官司，隸播州宣撫司。至正末，改“珍”爲“真”。明洪武十七年，改爲真州長官司，在宣慰使司東二百里。《明統志》。……明洪武五年，蠻夷總管鄭瑚與宣慰楊鏗等相率來歸，朝貢方物，納元所授牌印章。敕詔改總管爲長官司，瑚即爲長官司長官。《心齋隨筆》。……（萬曆）二十八年征播，率先歸附，以千人從軍爲鄉導。播平，改流，仍以土官爲州同知，葵授其職。後未詳。國朝裁革。《正安志》。

——（道光）《遵義府志》卷三十一《土官》，載《中國地方志集成·貴州府縣志輯》，第33册，84～85頁

附冉氏

唐時，有冉安昌者，爲招慰使，以婺川當牂柯要路，請置郡以撫之。……萬曆二十八年平播，以長官司地設真安州，改長官爲土州同知。伯剛子晟襲。袁治《土官記》。

按：《冉氏族譜》："明萬曆二十七年，楊應龍肆逆，督師李化龍八路進兵，冉晟率先歸附，與副長官等各率千人從軍。今考平播事迹，總兵馬孔英從南川入，及孔英至珍州，用土官鄭葵、駱麟爲鄉導，不及冉晟。"李化龍《平播善後疏》亦未著何人。《省志》"廢土司"條下又失載遵義所屬。書以俟考。《正安志》。

重安長官司張氏

重安長官司，在宣慰使司東南四百里。宋、元黄平府地。明洪武八年，於此置長官司。《明統志》。永樂四年，以張佛保爲重安江長官，以佛保嘗招輯重安蠻民向化故也。後楊輝溺庶子友，欲令承襲長官，張淵阿順之。《明史》。

按：《貴州通志》云"佛保授重安司土吏目"，誤也。當云保授長官。萬曆間平播，改襲土吏目。淵，《蠻司合志》作"通"。《播州傳》又有重安土舍馬綸。

——（道光）《遵義府志》卷三十一《土官》，載《中國地方志集成·貴州府縣志輯》，第33册，85～86頁

草塘安撫司宋氏

草塘安撫司，在宣慰使司東一百一十里。元爲舊州草塘等處安撫司，隸播州宣撫司。明洪武十七年，改爲草塘安撫司。《明統志》。……萬曆十七年，鸞子世臣，與何承恩、張時炤詣川、湖，告楊應龍罪惡。二十六年冬，應龍同弟兆龍統苗兵大劫偏橋、黄平、重安、草塘、紅頭、飛練、乾溪等處，鸞及何承恩殉節偏橋衛，後贈都司、左參軍，蔭其子；世臣移葬草塘之新土。鳶戰死紅頭堡，鷙戰死乾溪堡，各有墓在其處。後蔭鷙子世榮。鸞衛草塘地方，僅以身免。平播，設甕安縣，改襲草塘司土縣丞。《心齋隨筆》引《宋氏譜》。

——（道光）《遵義府志》卷三十一《土官》，載《中國地方志集成·貴州府縣志輯》，第33册，第87頁

威遠衛指揮諸貳屬

袁鋆，鑾之兄。萬曆間討播，鋆獻地投誠。率家屬從征，戰水牛塘，破海龍囤，與有勞焉。《采册》。

唐乾符二年，有安朝何者，從征南詔有功，世爲懷彝長官，歷宋、元、明，世有今仁懷縣地，後又改爲懷德長官司。萬曆二十八年征播，長官安鑾投誠爲鄉導，地方賴以不擾。播平，改威遠衛長官。當有“千户”二字。

按:《心齋隨筆》載，唐時入播七姓，楊端太子少師、羅榮後軍鎮武總戎、鄭畋之子開龍，皆已見。一曰安增將軍，廣平清河人，疑即此安氏之祖。又令狐滈，太原人，中軍左護衛將軍；成展，交城人，中軍右護衛將軍；楊戣，清河人，前軍副元戎。三人之後，當亦世爲土官，今無考矣。

——(道光)《遵義府志》卷三十一《土官》，載《中國地方志集成·貴州府縣志輯》，第33册，第88頁

言播州人士者，輒曰錮於楊氏，末以難見，非通論也。地方人才，必有所由生，亦必有所由出。遵義自晉後，經六代不見天日；隋末唐初，開山峒、招豪長，始稍稍木刊棘剪矣。柳、劉有興化才，而未果至其地，不旋踵。楊氏遂取之南詔，出五代之亂以入於宋。據宋文獻《楊氏家傳》，南渡以前，上、下州不相能，閩、羅諸蠻僚世世搆殺，亦不暇修文矣。選始嗜讀書，歲致四方賢士以十百計；軾益留意藝文，由是蠻荒子弟多讀書、攻文字，土俗大變。至粲乃建學養士；價乃以取播士請於朝，而每歲貢三人。然則天荒之破，楊氏之功也。漢英以後，恩寵益隆，統制益闊。迄於鏗、昇，日以驕恣。今觀其時所遺銘刻，其文爾雅，率辟舉才，而撰人徒藉存姓氏，非縻餌使然歟？宜其墮先德，致喪其宗祀也。平播改流，爲時無幾，遂入國朝。亂後儒家來填土滿，宦游僑寓，亦即孫子此邦，二百年掇科目、效盛明者，其爲舊著，蓋僅僅一二也。今據可考，分目臚列，備儒士稽古之榮，然所以明體達用，仰副作人之雅化者，又在此不在彼也。

——(道光)《遵義府志》卷三十二《選舉》，載《中國地方志集成·貴州府縣志輯》，第33册，第91頁

遵義縣

王其質。明正統間，有王壽卿者，山西陽曲人，由雲南按察，遷四川右藩，道播州，病殂，子瑛葬之播，遂家焉。楊氏聘瑛爲師，嗣補播州儒學。孫世昌，爲楊氏總把官。世昌子晟繼之。楊氏請於部，給冠帶管事。是生材，材貌俊偉，秀鬚眉，人以王梓潼呼之。襲冠帶、總把官。性温才敏，能决疑獄，時有“問事無過王總把”之謡。楊應龍以江外司屬未盡馴化，以材爲提調湄、甕、五里、八排地方總管，兼制兩司長官。任事八年，上下恬協。

是生其質，其質睹應龍之虐，屢召用不就，遂與七大姓謀訐奏應龍凶逆狀。先挈族避匿龍里，以議覆勘未果，後其質兩赴京申奏，奉旨於重慶與應龍對勘。兄其斌，當會鞫時，指髮裂眦，手捶應龍而歷數其罪狀。兩院壯其氣，俠之。至萬曆戊戌，剿議定。庚子春，楚將陳磷由湄龍路進師。其質以湄甕地舊屬提調，至軍前獻策，璘令率所管目把、土兵爲鄉導，進三渡關，克青蛇寨，戰敗楊珠，同破海龍囤。六月播平，叙功，擬授官，其質辭曰："向者一夫播虐，某等陳籲當寧，九死一生，情非得已。今幸天威掃除，某獲保首領，携妻兒還鄉閭，葺理荒業，死瞑目矣，更敢希榮寵乎？"遂歸休老。適黔、蜀争湄河楊相贖尸地界，總制王象乾召知根播民詢决。其質趨綦江，至東溪，卒。兄其賓工詩，晚年肆志林泉，日與二三耆舊觴詠自適，自號秀峰布衣。卒年七十。其質孫夢麟撰《譜》。

——（道光）《遵義府志》卷三十三《列傳一》，載《中國地方志集成·貴州府縣志輯》，第33册，第124頁

楊正東，遵義人。萬曆時，楊應龍阻兵淫虐，正東糾被害者赴京告變，適應龍贖罪歸，仇殺奏己者，正東弃家潛逃，僅以身免。《通志》。

——（道光）《遵義府志》卷三十三《列傳一》，載《中國地方志集成·貴州府縣志輯》，第33册，第124頁

正安州

藍鳳，由蔭生。從四川巡撫徐元泰、總兵李應祥征松香，有功，補守備。嗣征建昌、邛州，前後克七十六寨，擒巨賊三十九人，俘斬萬七千餘級，升漢中都司，川北營游擊，調珍州營游擊。萬曆二十八年，從李化龍討平楊氏，授遵義協鎮總兵官。卒，謚"襄武"。《家譜》。

——（道光）《遵義府志》卷三十三《列傳一》，載《中國地方志集成·貴州府縣志輯》，第33册，第130頁

袁鎣，以隨征楊應龍功，官游擊。詳《土官傳》。

——（道光）《遵義府志》卷三十三《列傳一》，載《中國地方志集成·貴州府縣志輯》，第33册，第131頁

明

楊長春，遵義人。楊端裔。幼以孝友聞，長立軍功，授副將。明末，退隱山林，四世同居，百口共爨。年逾八十，足迹不履城市。督耕教子，咸有孝友遺風。陳《志》。

——（道光）《遵義府志》卷三十五《列傳三》，載《中國地方志集成·貴州府縣志輯》，第33册，第170頁

李紹霄，博學多通，心好奇計，三廉六逌之術皆練習。劉綎之入播也，聞其學，請爲參謀。二月奏凱，紹霄與有功。後綎征遼東，固請紹霄同行，病卒軍中。綎以紹霄平播時功上聞，敕賜金，令扶櫬歸葬。今墓在南溪口側柏林中。新采。

——（道光）《遵義府志》卷三十五《列傳三》，載《中國地方志集成·貴州府縣志輯》，第33册，第174頁

遵義縣

楊道妻陳氏，郡人。至元間，夫卒守節。致和元年楊漢英上其事，詔表其門，封淑德安人。

——（道光）《遵義府志》卷三十七《列傳五》，載《中國地方志集成·貴州府縣志輯》，第33册，第189頁

桐梓縣

傅天鑒妻黄氏，年二十，夫死，二子方離繈褓，遭楊酋叛，播越艱辛，克免於難。勤苦教子，元泰登歲薦，元弼廩膳生。卒年八十有六。督撫旌其門，郡守孫敏政贈以詩。

——（道光）《遵義府志》卷三十七《列傳五》，載《中國地方志集成·貴州府縣志輯》，第33册，第189頁

魯一冲，住仙源洞修真。楊應龍播逆修醮於海龍囤，以利劍鍔逼令道士手緊握而不斷者爲有道行，乃不殺。冲聞而往，握之，鋒悉卷，遂延爲法師。尋遁去。後渝州江中有棕纜成妖，時掀波翻浪爲患，一冲以法收貯長安寺中。《綦江志》。

——（道光）《遵義府志》卷三十八《列傳六》，載《中國地方志集成·貴州府縣志輯》，第33册，第219頁

播州屬黔中道，大中十三年，爲雲南所陷，此非安南道屬也。李鄠越境收復，欲以爲功，而不知蠻兵乘虚，已陷安南也。《通鑑》注。

（唐）僖宗乾符初年，太原楊端應募取播州，克之，授安撫使。孫、陳《志》。

南詔陷播，李鄠復之，尋仍爲所陷。乾符初，太原人楊端應募，領兵復之，世爲州刺史。《貴州通志》。

按：楊端復播，唐、宋史皆未書，而見元、明兩史。端受安撫使及世州刺史，未詳所據。考《宋史·諸蠻傳》云："唐季之亂，蠻酋分據其地，自署爲刺史。"《明統志》云：播州，唐末没於蠻。疑"州刺史"者得之。

又按：黄震《古今紀要》："僖宗相蕭遘斥播州，道三峽，白帝呵之。"考《遘傳》云："遘

貶播州司馬”,則是時尚有流官也。

五代

按:孫、陳二《志》,川、貴兩《通志》并云:“乾符初,楊端復播州。自後王建、孟知祥相繼據其地。”考《五代史·職方考》載,前、後蜀所有州:珍、播、溱、夷,皆不之及。《前蜀世家》:“唐乾寧三年五月,昭宗詔建罷兵,還成都,黔南節度使王肇以地降於建。四年,遣王宗侃、宗阮等取渝、瀘州,建自將攻東川。昭宗詔建罷兵,不奉詔,乃責授建南州刺史。天復三年八月,唐封建蜀王。七年,時昭宗改元天祐已四年,西川隔絶不知,仍稱天復,建即皇帝位。是年唐亡,子衍嗣。後唐同光三年,降唐。”《後蜀世家》:“梁明宗四年二月,制以知祥檢校太尉,行成都尹,劍南、東西兩川節度,管内觀察處置,統押近界諸蠻,安撫制置等使;又册封知祥蜀王。明年,即皇帝位。”《志》所謂“相繼據其地”,豈即在降黔南、取渝、瀘及統押近界諸蠻中耶?意自唐末來,珍、播、溱、夷悉爲蠻酋所據,朝廷以其邊遠不復問及。前、後蜀以大國稱帝,受其統制,理所必然,特未能復疆理而州縣之,故史不及耳。又考夷播等州,在晉高祖時附楚,《史·世家》有明文,而《職方考》不載,諸志皆失之。引見後。

晉天福五年春二月,楚平群蠻。《通鑑輯覽》。

楚馬殷子希範襲殷官爵,封楚王。天福四年,加天册上將軍,承制如殷故事。溪州刺史彭士然率錦獎諸蠻攻澧州,希範遣劉勍、劉全明等以步卒五千擊之,士然大敗。勍等攻溪州,士然走獎州,遣其子師暠率諸蠻酋降於勍。溪州西接牂牁兩林,南通桂林象郡。希範乃立銅柱爲表,命學士李皋銘之。於是南寧州酋長莫彦殊率其本部十八州,都雲酋長尹懷昌率其昆明等十二部,牂牁張萬濬率其夷、播等七州皆附於希範。《五代史·楚世家》《宏簡録》略同。楚亡於周廣順元年。

——(道光)《遵義府志》卷三十九《年紀一》,載《中國地方志集成·貴州府縣志輯》,第33册,第254頁

(宋)神宗熙寧六年五月癸卯朔,播州楊貴遷遣子光震來貢。以光震爲三班奉職。孫《志》。

元豐四年,南平酋長楊光震助官軍破瀘夷乞弟,殺其黨阿訛。孫《志》。

哲宗紹聖四年三月丁卯,詔瀘南安撫司、南平軍,毋擅誘楊光榮獻納播州疆土。《宋史·紀》。

是歲,播州夷楊光榮等内附。孫《志》。

(大觀二年)是歲,涪夷任應舉,按:此間當脱“播州”字。楊文貴内附。《宋史·紀》。

木攀首領趙泰、播州夷族楊光榮各以地内屬,詔建溱、播二州。同上《渝州蠻傳》。

播州樂源郡。大觀二年,南平夷人楊文貴按:當作“光榮”。等獻其地,建爲州,領播川、琅川、帶水三縣。

……

按：建播州地乃楊光榮所獻。《宋朝事實》言之甚詳，見後。與《史》《渝州蠻傳》合。《志》云"文貴"，未審耳。孫《志》云："三年，楊文貴納土，以其地置遵義軍於白綿堡，領播川、琅川、帶水三縣。"白綿乃置播州地，三縣亦播州所領，非軍地、軍領，《志》誤合之也。《元豐九域志》省廢州、軍，夔州路有播州，播川郡領遵義、帶水、芙蓉三縣。其時并珍、溱、夷皆未復，特舉唐制爲言耳。《續通鑑綱目》云："渝州蠻内附，以其地爲溱州。"渝州蓋其總名，木攀乃其析稱。

——（道光）《遵義府志》卷四十《年紀二》，載《中國地方志集成·貴州府縣志輯》，第33册，256～258頁

遵義軍。大觀二年，播州楊文貴獻其地，建遵義軍及遵義縣。《宋史·志》。

遵義軍。大觀二年，蕃帥楊文貴獻地，東西百二十里，南北六百一十二里，以其地置軍。唐貞觀元按：當作"九"。年，析牂牁置遵義按：當作"恭水"。縣，屬朗按：當作"郎"州。十一年，州廢，縣亦省。十三年，復立播州，亦復置縣。十四年，更名羅蒙。十六年，更名遵義，後自播州徙州治。唐衰，播州爲楊氏兩族所分據，一居播州，一居遵義，以江水爲界。其後，居播州者曰光榮，得唐所給州銅牌；居遵義者曰文貴，得州銅印。大觀二年，兩族各獻地，皆自以爲播州。議者以光榮爲族帥，重違其意，乃以播州立州，遵義立軍。《宋朝事實》。

按：《續通鑑綱目》："大觀三年春二月，南平夷内附，以其地爲遵義軍及播州。言軍、州一時置，與李攸説合，蓋得之。"

六月甲戌，以瀘夷地爲純、滋二州。《宋史·紀》。

南廣蠻，在叙州慶符縣以西。大觀三年，有夷酋羅永順、楊光榮、李世恭等各以地内屬，詔建滋、純、祥三州，後皆廢。《宋史·叙州三路蠻傳》。

大觀三年，建滋州，置承流、仁懷兩縣。宣和三年，廢州爲武都城，以仁懷爲堡，承流縣并入仁懷。《宋史·志·潼川府路》

按：置珍、承、溱、播等州及遵義軍，《史》《志》係年不一，今以《紀》爲主。《通鑑輯覽》云："大觀元年十二月，涪州夷内附，以其地爲珍、承州，知涪州龐恭孫誘之也。既而恭孫奏渝州南平夷内附，置溱、播州及遵義軍。尋又奏瀘州夷納土，置純、滋州。每開一城，恭孫輒得褒遷。恭孫在西南二十年，所得州縣，多張名簿，實瘠鹵不毛地，繕治轉餉，爲蜀人病。未幾，皆廢。珍州，唐置，後没於蠻，宋復建。地在今貴州遵義府桐梓縣。承州，宋置，今遵義府綏陽縣。是遵義軍，今爲府，屬貴州。滋州，宣和中廢爲武都城，在今遵義府仁懷縣。純州，在今瀘州。"

政和三年夏四月庚寅，以復溱、播等州，降德音於梓夔路。

五月壬寅，以築溱、播，進執政官一等。

宣和二年，廢溱州及縣，以溱溪寨爲名，隸南平軍。

三年,播州廢爲城,隸南平軍。廢遵義縣,以遵義寨爲名,隸珍州。廢承州,以綏陽縣隸珍州,縣二:樂源、綏陽。《宋史·志》。

按:孫《志》云:"宣和六年,廢播州爲縣,隸南平軍。"《桐梓志》亦云:"六年,廢播州爲播川縣,隸南平軍。"蓋本《明統志》。而《統志》但云"宣和中",不云"六年"。又《宋·志》於"夔州路"下書北宋所領州、軍,有珍、南平,無承、播、遵義,乃指廢後爲説。

孝宗淳熙三年,遷播川縣於穆家川,即今地。孫《志》。

寧宗開禧三年冬十月乙卯,復珍州、遵義軍。《宋史·紀》。

按:《宋志·播州》注云:"中有遵義寨,開禧三年升軍。"

嘉定五年秋九月庚戌,遵義寨按:當作"軍"夷楊煥來獻馬。《宋史·紀》。

十一年,復遵義軍爲寨。《宋史·志·注》。

按:孫《志》:"理宗端平二年,廢遵義軍爲播川寨,隸珍州,當即嘉定十一年事。"

理宗端平三年,復以白綿堡爲播州,三縣仍廢。《宋史·志》。

嘉熙二年,遵義始有進士。先是,設科取士未及播,楊价請於朝,而歲貢士三人。至是冉從、周中,周坦榜進士。孫《志》。

三年,復設播州,充安撫使。《宋史·志》。

置播州沿邊安撫司,屬夔路,隸四川制置司。孫《志》。

播州始建孔子廟。安撫使楊文,留心文治,建孔子廟以勵國民,民從其化。《潛溪集》。

按:建廟,據《普濟橋碑》及《潛溪集》,無年月,而《潛溪集》言楊价卒嘉熙中,故係於此。其建處即今府城東、府學左之文昌宫。《明統志》云:"宣慰司學,以舊鄉學基建。"孫《志》云:"學廢,現爲梓潼宫。"陳《志》同。《明統志·祠廟》云:"文昌祠,宋建。"蓋宋建爲學,而明復建,至中葉廢,始爲祠。須互勘乃得之。

——(道光)《遵義府志》卷四十《年紀二》,載《中國地方志集成·貴州府縣志輯》,第33册,259~260頁

(淳祐四年)夏五月丁巳,武功大夫、雄威軍都統制楊价,世守南邊,連年調戍播州,捍禦勤瘁,詔价轉右武大夫、文州刺史。《宋史·紀》。

寶祐二年秋七月己酉,詔以播州連年捍禦,其守臣楊文予官一轉,餘推恩。孫《志》。

四年五月甲辰,羅氏鬼國遣報思、播,言元兵屯大理國,取道西南,將大入邊。詔以銀萬兩,使思、播結約羅鬼爲援。《宋史·紀》。

按:《續宏簡録·大理傳》云:"先是,蒙古兵出靈關,羅施鬼國即遣使報思、播,言蒙古有事大理,實欲取道西南,大入中國,當預爲之備。思、播守者聞諸朝。宋廷臣皆言蒙古生長朔方,恃馬騎爲用,隆冬草枯,盛夏虻出,便當返北。若逾番詔,必須多歷時月;滇黔之間,岡嶺欹折,策馬奔馳,料不得逞;縱使安據南詔,方行東向,須得交、廣,以窺吴、

楚,是謂仰攻,地利不便。爲此慮者,非迂則誣。及大理已入蒙古,假道斡腹,遂其始謀,乃出烏蒙,趨瀘江,過馬湖,通道嘉定、重慶,直抵合州,濟蜀江,然後順流東下;一軍歷邕、桂,至潭州;一軍由廣南至衡州。太弟忽必烈自北發,師由汝南入大勝關,渡江圍鄂州。與羅鬼先見之言符合,而宋室遂不可支。馴至滅亡,方下詔責己,勉諸道進兵,亦何益哉!”

五年閏四月己酉,田應寅乞屯瀘溆以援思、播。《宏簡録》。

六年春正月甲戌,詔樞密院編修官吕逢年詣蜀閫,趣辦關隘屯栅糧,相度黄平、思、播諸處險要緩急事宜,具工役以聞。孫《志》。

四月丁酉,詔田應己思州駐劄,御前忠勝軍副都統制往播州,共築關隘防禦。《宋史·紀》。

按:孫《志》云:“六年夏,詔田應庚以思明都統住播州,築關隘,防禦邊圉,與史不合。”

秋七月乙亥,吕文德入播州,詔荆湖給銀萬兩。孫《志》。

(開慶元年)秋七月癸亥,以知播州楊文、知思州田應庚守禦勤勞,詔各官一轉。并《宋史·紀》。

瀛國公德祐元年四月癸亥,加知思州田景賢、知播州楊邦憲并復州團練使,趣兵入衛。

九月辛未,加田景賢福州觀察使、楊邦憲利州觀察使。并《宋史·紀》。

端宗景炎二年春,元軍入重慶府,張珏死之,播、思等州皆降於元。孫《志》。

世祖十二年十二月己亥,僉書四川行樞密院事昝順言:“紹慶府、施州、南平及諸蠻吕告、馬蒙、阿永等有向化之心。”又播州安撫楊邦憲、思州安撫田景賢未知順逆,乞降。詔使之自新,并許世紹封爵,從之。

十四年三月庚戌,僉書東西川行樞密院事昝順言:“比遣同知隆州事趙孟烯賚詔招諭南平軍降,田、楊二家、豕鵝夷民亦各遣使納款。”

冬十月甲申,播州安撫使楊邦憲言:“本族自唐至宋,世守此土,將五百年,昨奉旨許令仍舊,乞降璽書。”從之。

十二月庚辰,思州安撫使田景賢、播州安撫使楊邦憲請歸宋舊借鎮遠、黄平二城,仍撤戍卒,不允。景賢等請降詔禁戍卒,毋擾思播之民,從之。并《元史·紀》。

丙申,從播州安撫楊邦憲請,以鼎山仍隸播州。

十六年春,改播州鼎山縣爲播川縣。并孫《志》。

按:鼎山縣,《宋史》不載,止有播川。孫《志》二條同。《元史·紀》乃云改鼎山爲播川,意宋末已有改置而史遺之也。

二月甲辰,命田、楊二家貴官子充質子入侍。

六月丁丑朔，詔諭四川行中書省四道宣慰司撫治播川、婺川、西南蠻夷官吏，軍民各從其俗，無失常業。

——(道光)《遵義府志》卷四十《年紀二》，載《中國地方志集成·貴州府縣志輯》，第33册，262～263頁

(至元十八年)閏八月丁巳，命播州每歲親貢方物。

十九年二月壬子，詔令亦奚不薛及播、思、叙三州軍征緬國。并孫《志》。

二十一年三月辛亥，敕思、播管軍民官自今勿遷。《元史·紀》。

夏四月戊申，敕發思播田、楊二家軍二千從征緬。孫《志》。

閏五月己卯，以思、播二州隸順元路宣撫司。

二十三年六月辛酉，封楊邦憲妻田氏爲永安郡夫人，領播州安撫司事。《元史·紀》。

二十四年，播州宣撫賽因不花即楊漢英。等赴闕，請留順元宣慰速哥。孫《志》。

二十六年十一月丙辰，改播州爲播南路。《元史·紀》。

按：孫《志》書改播南路於二十四年，誤。

二十七年二月，播州安撫使楊漢英進雨氈千。《續宏簡録》。

二十九年春正月丙辰，播州洞蠻因籍户，懷疑竄匿，降詔招集之，詔在《藝文》。以行州軍民安撫使楊漢英爲紹慶、珍州、南平等處沿邊宣慰使、行播州軍民宣撫使、播州等處管軍萬户，仍佩虎符。孫《志》。

三月己酉，命亦奚不薛與思、播州同隸湖廣省。《元史·紀》。

庚戌，賜速哥、斡羅思、賽因不花、蠻夷之長五十六人金紋綾絹各七十九匹及弓矢鞍轡。《貴州通志》原脱"思"字，今補。

三十年夏四月甲寅，斡羅思請以八番見户合思、播之民兼管，徙宣慰司治；辰、沅、靖州常賦外，歲輸鈔三千錠。不允。同上。

五月，命思、播、黄平等處拘刷亡宋避役手號軍人，以增鎮守。孫《志》。

十二月乙未，遣使督思、播二州及鎮遠、黄平發宋舊軍八千人從征安南。《元史·紀》。

——(道光)《遵義府志》卷四十《年紀二》，載《中國地方志集成·貴州府縣志輯》，第33册，264～265頁

成宗大德元年十二月壬寅，朝洞蠻内附，立長官司二，命楊漢英領之。

閏十二月乙卯，平伐等蠻未附，播州宣撫使楊漢英請以己力討之。并《元史·紀》。

十二月，播州宣撫使楊漢英請以己力討平伐等未附蠻，仍命湖廣省答剌罕便宜收撫。《貴州通志·師旅考》。

按：孫《志》"大德元年，詔播州安撫使楊漢英討黄平等蠻"，"黄平"當是"平伐"之誤，

非兩事也。《貴州通志·土司門》又書漢英請討平伐未附蠻,在元貞二年十一月,亦誤。

是年(大德五年),宋隆濟及折節叛,詔湖廣行省平章劉二拔即劉國杰、都。指揮使也先忽都魯率兵,偕賽因不花見前討之。

六年九月,師出播州境。《元史·傳》。

五年五月,雲南土官宋隆濟叛,水西土官之妻蛇節以其衆應之。十一月,遣劉國杰及也先忽都魯將兵征隆濟。六年十一月,國杰裨將宋光大敗蛇節。七年四月,國杰師出播州境,大敗蛇節於墨特川。庚辰,蛇節降。丁亥,誅蛇節。八年正月,雲南順元同知宣撫事宋阿重生擒其叔隆濟來獻。《貴州通志》。

按:《元史·楊賽因不花傳》言:"六年九月,師出播境。"《通志》云:"七年四月,國杰師出播境。"《通志》蓋以《成宗紀》書蛇節降在七年四月,傅合言之。當以《傳》爲得。

七年十二月戊子,以平宋隆濟功,增諸將秩,賜銀鈔等物有差。其軍士各賜鈔十錠,放歸存恤一年。丁未,以轉輸軍餉勞,免思、播二州税糧一年。《元史·紀》。

武宗至大三年正月,乖西帶蠻入寇,調思、播土兵討捕。《貴州通志》。

三年春正月辛丑,樞密院臣言:"湖廣省乖西帶蠻阿馬等,連結萬人入寇,已遣萬户移刺四奴領兵千人及調思、播土兵并力討捕。臣等議,事勢緩急,地理要害,四奴備知,乞聽其便宜調遣。"《本紀》。

仁宗皇慶二年二月丁亥,以乖西府隸播州宣撫司。《元史·紀》。

延祐四年,黄平南蠻盧犇叛,新部黎魯亦嘯劫聚亂,詔楊漢英宣撫之。二賊降,置戍而還。《潛溪集》。

按:《史·傳》言"盧崩蠻叛,在至大四年",《續宏簡録·傳》又云"大德八年",皆誤。有考證語在《土官門》"播州"注中。

三年二月癸酉,罷播州、黄平府長官所一,徙其民隸黄平。

泰定帝二年秋七月丙辰,播州蠻黎平愛等集群夷爲寇,湖廣行省請兵討之,不許。詔播州宣撫使楊也里不花即楊嘉真。招諭之。

冬十月癸巳,播州凱黎苗率諸寨苗僚爲寇。并《元史·紀》。

按:孫《志》"泰定帝元年,播黎平愛等同凱黎苗夷爲寇,詔宣撫楊燕里不花招撫之",即上二事,而年與史异。也里、燕里、燕禮、延禮、延里,皆一人。

三年春正月丙午朔,播州宣慰使楊燕里不花招諭蠻酋黎平愛元作"慶",《通志》亦然。今據前後文改。等來降。

六月癸未,播州蠻黎平愛復叛,合謝烏窮爲寇,宣撫使楊燕禮不花招平愛出降。烏窮不附,命湖廣行省討之。

——(道光)《遵義府志》卷四十《年紀二》,載《中國地方志集成·貴州府縣志輯》,第33册,265~266頁

文宗天曆二年,四川囊加台攻播州苗兒埡,宣慰使楊延里不花開關迎之。因遣諸王

月魯帖木兒等至播招諭，楊延里二字元作“魯”，今改。不花及其弟皆降。孫《志》。

二年春正月丁丑，四川囊加台攻破播州貓兒埡隘，宣慰使楊延禮不花開關納之。壬午，播州楊萬户引四川賊兵至烏江峰，官軍敗之。八番元帥脱出亦破烏江北岸賊兵，復奪關口。諸王月魯帖木兒統蒙古、漢人、答剌罕諸軍及民丁五萬五千俱至烏江。二月丙午，囊加台分兵逼襄陽，湖廣行省調兵鎮播州及歸州。癸丑，諸王月魯帖木兒等至播州，招諭土官之從囊加台者，楊延里不花及其弟等皆來降。四月，湖廣行省參知政事孛羅奉詔至四川，赦囊加台等，蜀地悉平。諸省兵皆罷。八月，囊加台以指斥乘輿，坐“大不道”弃市。《本紀》《貴州通志》。

順帝至正十二年六月乙丑，紹慶宣慰使楊延禮不花遥授湖廣左丞，楊伯顔卜花爲紹慶宣慰使，换文資、楊城爲沿邊溪洞招討使，兼征行萬户，回賜先所拘收牌面。

——（道光）《遵義府志》卷四十《年紀二》，載《中國地方志集成・貴州府縣志輯》，第33册，第267頁

大明洪武元年，詔播州宣慰使楊鑑按：《明史》《明史稿》，皆作“楊鏗”，《通鑑輯覽》《明一統志》皆作“楊鑑”。率蕃兵二萬，爲征虜將軍傅友德先鋒。

四年，將軍傅友德破僞夏，真州鄭瑚以軍從。并孫《志》。

按：《通鑑綱目・三編》《通鑑輯覽》書以傅友德爲征虜將軍討明昇，并在洪武四年正月，不應元年即詔鑑率兵爲先鋒，孫《志》“元”字誤。考《明史》亦載敕鏗率兵二萬從大軍南征爲先鋒在十四年，或即一事，而《史》年爲確。

尋改播州沿邊安撫司爲宣慰司。孫《志》。

按：《明史》及《明史稿》書仍置播州在五年正月，二志書承四年，因《明統志》。考二史載，平蜀遣使諭播州，亦在四年。

五年正月，播州宣慰使楊鏗、同知羅琛、總管何嬰、蠻夷總管鄭瑚等相率來歸，朝貢方物，納元所授金牌、銀印、銅章。詔敕賜鏗衣幣，仍置播州宣慰使司，鑑、琛皆仍舊職；改總管爲長官司，以嬰等爲長官司長官。王鴻緒《明史稿・播州傳》。

五年，播州宣慰使楊鏗來朝，始置宣慰司，令仍舊職。《蠻司合志》。

六年，升播州宣慰司爲宣慰使司，領草堂、黄平安撫司二，播州、餘慶、白泥、容山、真州、重安長官司六。孫、陳《志》。

按：《明史》及《史稿》於鏗等歸附，即書仍置宣慰使，不言升者，略之也。當以二《志》爲詳。二《志》據《明統志》及《四川舊省志》，其言所領亦如二《史》，總係於前，非謂當時長官、安撫已定置如此也。

置播州諸驛。

七年，中書省奏：播州土地既入版圖，當收其貢賦，自洪武四年始，歲納糧二千五百石

爲軍儲。帝以其率先來歸，田賦隨所入，不必額徵之。

九月，置播州黄平宣撫司。

十二月，播州安渡蠻黄安亂，貴州衛指揮張岱討平之。并《明史稿》。

八年五月，鏗遣其弟錡來朝，賜衣幣。自是每三歲入貢不絶。《明史稿》。是年，於黄平地置重安長官司。《明統志》。

按：《明史稿》："永樂四年，設重安長官司，隸播州宣慰司，以張佛保爲長官。"以佛保曾招輯重安蠻民向化故也。與《明統志》乖异。當是洪武時已置司，至永樂時特以佛保爲長官，《史稿》誤并爲一時耳。

九年，改播州軍民都鎮撫司爲播州長官司。《明統志》。

十三年十一月，遣景川侯曹震往四川永寧開通河道，調撥大小官軍悉聽節制。十四年二月，震到成都，分遣官屬，各任其責。貴播驛鋪橋道，委播州宣慰司楊鏗、重慶千户鎮洪□提調軍民開之。自二月初七日興工，五月十五日工歇；至秋九月初一日興工，次年正月十五日工畢。凡八閲月。曹震《開永寧河記》。

十四年，命使齎敕符諭鏗："比聞爾聽浮言，生疑貳。今大軍南征，多用戰騎，宜率兵二萬、馬三千爲先鋒，庶表爾誠。"《明史稿》。

十五年，改播州宣慰司隸貴州，改黄平衛爲千户所。《明史》。

十七年，改舊州、草塘等處長官司爲草塘安撫司，改真州、思寧等處長官司爲真州長官司，復白泥州爲白泥長官司。《明統志》。鏗子震以疾卒於京。命有司歸柩。《明史稿》。

二十年十月，徵鏗入朝，貢馬十匹。帝諭以守土保身之道，賜鈔五百錠。

二十一年，播州宣慰使司并所屬宣撫司三字當作"安撫長"。官各遣其子來朝，請入太學。帝爲敕國子監官善訓導之。并《明史稿》。

置重慶府、播州宣慰司茶倉。

二十二年，命諸將防西年夷，以延安侯唐勝宗駐播州之黄平。并孫《志》。

三十三年，建播州長官司學。《明統志》。

成祖永樂四年，免播州荒田租。《明統志》。

升播州長官司學爲宣慰使司學。《明統志》。

六年，播州宣慰楊升"升"史作"昇"。貢馬，賜賚有差。孫《志》。

七年，宣慰使楊升招諭草塘、黄平及重安所轄當科、葛雍等二寨蠻人來歸。《明史稿》。

按：《貴州通志》云："是年，楊升請剿尚科諸寨，不許。"

九年，楊升入朝賀萬壽，貢馬。

十年，楊升遣兄亮貢馬，俱賞賚之。并孫《志》。

宣宗宣德三年，升賀萬壽節。後期行在，禮部議予半賞。帝以道遠，勿奪其賜。

英宗正統四年，革播州茶倉。孫《志》。

景帝景泰三年，輝奏："正統十四年，宣慰使楊綱老疾，以其子輝代。湖貴所轄臻剖、五岔等苗賊，糾合草塘、江渡諸苗黄龍、韋保等殺掠人民，屢撫屢叛，乞調剿以靖民患。"帝命總督王來、總兵梁珤等會同四川巡撫剿之。

七年，調輝兵征銅鼓、五開叛苗，賜敕諭頒賞。并《明史稿》。

憲宗成化十年十一月，以播州賊齎果纍歲爲患，命宣慰楊輝子愛襲父職。

播州賊齎果等纍歲爲患，敕責川貴鎮巡官。將入貢，巡撫以播地連諸蠻，輝專守土，難離遠。帝命留輝。十一月，命輝子愛襲父職。舊制：土官襲職，必三司先按實奏請而後許。正統末，苗蠻聚衆寇邊，輝父綱不任職，特命輝越制就襲。至是，土官同知羅宏奏輝有疾，乞以愛代。帝命愛襲職，仍敕愛即率兵從總官剿賊。先是，輝奏所屬夭壩干地五十三寨及重安所轄灣溪等寨，屢被蠻苗占據，乞令湖貴會兵征之。命如輝言。部議以愛年幼，請仍起輝暫理軍事；又以輝難獨任，宜敕都御史張瓚親至播州督理，厲輝等振揚威武，以備征調，其機宜悉聽瓚裁處。《明史稿》。

以宣慰楊輝奏夭元作"大"，今正。壩苗叛，敕都御史張瓚討之。駐軍黄平。

輝初欲奪嫡子愛爵與庶子友，計無所出，因思爲友樹功，遂誣奏苗叛，得旨征之；復誣奏友功，得授安撫使。因種播、凱之隙。孫《志》。

按：《明史》言友授宣撫，而孫《志》言安撫，與《蠻司合志》之"設安撫於安寧，授友安撫使"合，引見《土官》。而《合志》本條又注云"安撫"，《紀録》《彙編》作"宣撫"。今兩存之。

十二年冬十一月，四川巡撫張瓚字宗器，孝感人。討灣溪蠻寨名，地在今平越府黄平州重安廢司境。蠻，破之。《通鑑輯覽》。

先是，播州致仕宣慰楊輝言，所屬夭壩干蠻寨名，地在今遵義府播州廢司境。地及重安長官司所轄灣溪等寨，屢被生苗竊據，請王師進討。詔瓚親至播州諭還侵地，不服，即征之。事在十年。至是，瓚督兵攻敗諸苗，奏設安寧宣撫司，即以輝子友爲之。詔從其請。《通鑑輯覽》。

設安寧宣撫司，懷遠、宣化二長官司，靖南、龍場二堡，撥兵戍守。

瓚督諸軍及輝攻灣溪、夭壩干諸苗，凡破山寨十六，斬首四百餘級，撫男女九千餘口。事下兵部，以苗來撫者多，宜量爲處分。瓚議設安寧宣撫司并懷遠、宣化二長官司，建靖南、龍場二堡，命輝董其役。輝調軍民五千餘衆，立治所，委所屬黄平土司等分甓城垣，將竣，輝以聞，因謂："各寨苗蠻，自區畫來，頗知畏懼；但工竣後，大軍還，難保無虞。播州向設操守土兵共一千五百人，今撥守懷遠、靖南、夭漂、龍場各二百人，宣化百人，安寧六百人；其家屬宜徙之同居，爲固守計。其工之未畢者，宜用臣子愛董之，而聽臣致仕如故。"詔從之。《明史稿》。

二十二年秋九月，遣刑部侍郎何喬新聽訟播州。播州宣慰使楊輝，欲立庶子友爲嗣，長官張淵阿順之，安撫宋韜等諫乃止。輝致仕，嫡子愛嗣。輝與淵謀割地授友，巡撫張瓚受輝賂，爲奏設安寧宣撫司，以友爲之。至是，輝死，友誣愛謀逆。聞於朝，遣喬新往勘，將行，請曰："楊氏主播州五百餘年，蠻夷服從久矣，歷代寬以文法，蓋治之以不治也。今但宜二人面質真僞，無令驚疑。"喬新至，盡得其始末，白愛誣。奪友官安置他府，斬張淵，播州遂安。《通鑑綱目·三編》《通鑑輯覽》同。

——(道光)《遵義府志》卷四十《年紀二》，載《中國地方志集成·貴州府縣志輯》，第33册，268～271頁

(成化)二十二年，詔刑部侍郎何喬新、錦衣指揮劉綱會西川撫按勘播、凱訐奏事。時楊友誣愛妖言不法等事，新等勘得，友初欲奪愛官，因而誣罔，具以聞。慮其仇殺，遷友他郡。二十三元作"二"，今正。年秋，巡撫劉璋奉旨革罷楊友宣撫，移之保寧。初，璋計以安寧道路險遠，城堡堅固，友之親黨幺仲等家俱驍勇，乃閟詔不發，先使友所親信詣安寧，撫慰友家黨與；因遣能幹土官，領兵防其出入。又榜示以散其黨與，購其主謀。部分既定，并收其家屬發遣之。孫《志》。

二十二年，刑部侍郎何喬新，以愛爲其兄宣撫楊友所訐，奉命往勘。因奏："楊氏據播已有五百餘年，蠻民服從久矣，奢僭淫暴之罪，無代無之，歷朝皆寬以文法，治以不治。今友、愛兄弟相訐，命臣等勘問，果係情重，當於本州監候，則獄卒皆其部下，難於防守；使移於重慶，則道路遼遠，蠻衆驚疑，恐生他變。宜撫提二人，面對虛實，聽候上裁，免其監禁爲便。"從之。二十三年，喬新奏輝在日，溺其庶子友，欲令承襲，長官張淵阿順之。安撫宋韜謂"楊氏家法，立嗣以嫡，愛宜立"。輝不得已，以職授愛。又欲割地以授友，謀於淵。因以夭壩干乃本州懷遠故地，爲生苗所據，請兵取之。容山長官韓瑄以土民安輯日久，不宜征。淵與輝計執瑄杖殺之。前巡撫張瓚受輝賂，以其地設安寧宣撫司，以友任宣撫。輝立券，以所有金玉、服用、莊田，召諸子均分之。輝没，淵乃與友潛謀刺愛，淵弟深亦與謀，不果。友遂奏愛居處器用僭擬朝廷；又通唐府，密書往來；私習兵法、天文，謀不軌，事皆誣。帝令斬淵、深。以愛信讒薄兄；友因公擅殺，且謀嫡、盜官錢，皆有罪。愛贖復任，友遷保寧羈管。保寧仍敕喬新從宜處治。《明史稿》。

二十三年，喬新奏云云語同《史稿》："輝没，淵與友同謀刺愛，不果。友遂奏愛，言愛結苗夷反叛，造火器、旗纛、金瓜鉞斧、調總旗等，號'親軍'；閹割土民，立金龍門於宅前；而開尚甕等鐵冶，令僞閹官煉熟鐵爲軍刀；置織造院，收民人趙其一百餘户充織匠，造龍鳳蟒袍；立商税局於白田壩；起調軍兵三千餘衆，假水西送喪，演習武藝；設教坊司，以僞閹官掌其事，虜良家龐兆期女勝真、福真等一百餘名充女樂，教習雜劇；每遇節旦，愛衣龍衣，自稱'國王天主'，而稱其妻'地主'。且置後宫，奪趙高僧幼女玉真爲宫妃；用師巫魘魅庶母貫氏；禁父妾馬真、蔣真等宫中，奸使有身；嘗强淫宫婢宋真，不從，凌辱狼籍而後

殺之。科派各里人民，分上、中、下三户，得金銀若干萬兩、養老莊田子粒若干萬石、珊瑚樹若干株、珍珠簾若干掛、玉圭若干笏、馬若干匹、牛若干頭。嘗夢騎龍登天門，上帝謂之曰：'此南方帝子也。'又通唐府，密書往來。私習兵法、天文，謀不軌，事皆誣。"云云。《明史紀事本末》。

按：今遵義縣東鄉新舟場側之官城，楊友所築城之址。相傳友與愛争地於此，交戰死者萬餘人。今耕者往往於沙中得箭鏃。又綏陽縣朗山關大營堡，傳亦楊愛弟兄争地駐營所。《采册》。

孝宗宏〈弘〉治元年，增設重安守禦千户所，命播州歲調土兵一千助戍守。

七年，以平苗功，愛與有勞，難加秩，賜敕勞之。

十四年，調播州兵五千征貴州賊婦米魯等。

武宗正德二年，升播州宣慰使楊斌爲四川按察使，仍理宣慰事。明年裁之，仍原職。尋敕令每年巡視邊境。進致仕宣慰愛階及服色。

舊制，土官有功，賜衣帶，或旌賞部衆，無列銜方面者。斌狡横，不受兩司節制。諷安撫羅忠等，上其平普安戰功，重賂劉瑾，得之。逾年，巡按俞緇奏斌不宜授，詔裁之，仍原職。初，友既編置保寧，愛益恣，厚斂以賄中貴，徵取友向所居凱離《明史》作"里"地者獨苛。同知楊才居安寧，乘之，朘剥尤甚，諸苗憤怨。凱離民爲友奏復官，弗得，乃潛入保寧，以友還，糾衆作亂，攻播州，焚愛居第及公私廨宇略盡，遂殺才，多所殘戮。愛屢奏於朝，帝乃命鎮巡官調兵征之。會友死，而川兵方調征他盗，遂緩師。至是，鎮巡官言："友構亂罪大，然其身已死，其子宏尚幼，今宏稍長，能悔過自新，且善撫馭，蠻衆願聽其約束。其前爲友所焚殺者，俱已隨土俗折償，且還所侵奪於官。乞授宏冠帶，名爲冠帶土舍，協同播州經歷司撫輯諸蠻。其家置保寧者，仍歸之，隸播州管轄。并諭斌與宏協和，不得再造釁端。"報可。未幾，播州安撫宋淮奏："貴州凱口爛土苗，婚於凱離、草塘諸寨，陰相構結，誘山苗爲亂。乞賜斌敕，令每年巡視邊境，會湖廣鎮巡官撫處。"部議：土官向無領敕出巡者。諭斌宜撫綏士衆，輯睦親族，以副朝廷優待之意。因加授愛昭毅將軍，給誥命，賜麒麟衣一襲。時斌又爲其父請進階及服色，禮科駁之，以服色等威所系，不可假；兵部以愛舊有剿賊功，皆許之。既而斌復爲其子相請入學，并得賜冠帶。并《明史稿》。

五年，詔復革爵土官楊友安撫使，巡撫林俊疏止，不報。

友既革職羈管，至是重賄劉瑾，求復原職。詔許之。俊疏言亂階不可啓，大忤瑾意。孫《志》。

按：孫《志》與當時相去未遠，此條所據必確，足以補諸史之闕。《史稿》謂"至是，鎮巡官言友身已死，子尚幼，今宏稍長"云云，承"二年"之逾年，則是正德三年，友死已久，時、事與《志》皆不契。而《史稿》又云"初，愛厚斂饋中貴"，當即指二年賂得按察事，又書："凱里民爲友奏復官，弗得，乃潛入保寧以友還，又糾衆作亂。愛又屢奏帝，乃得命征之，而值友死。"此必非一二年事。疑《史稿》於"初，友既編置保寧"之上尚有脱文。《志》之"詔復安撫"，當即在凱里民爲奏復官時；《史》之"敕斌巡邊境""進愛階服""賜相冠帶"，又在後數年矣。

——（道光）《遵義府志》卷四十《年紀二》，載《中國地方志集成·貴州府縣志輯》，第33册，271～274頁

（正德十二年）重慶人曹弼，糾播州衆寇川南。

吴景，正德中官四川僉事，守江津。重慶人曹弼，亡命播州，糾衆寇南川，謀與大盗藍廷瑞合。六年正月，逼江津，御史俞緇遁去，屬景及都指揮龐鳳禦之。鳳邀景俱走，不可，率典史張俊迎擊，城陷，不屈，并被殺。《明史·忠義傳》。

十二年，宣慰楊斌父喪，援例守制。

播州安撫羅忠、宋淮奏，宣慰楊斌有父喪，欲援文臣例守制，但邊防爲重，乞仍令掌印理事。《明史稿》。

按：自是斌尋致仕，子相襲。

貴州巡撫鄒文盛，遣参議蔡潮入播州撫苗蠻。

初，凱里此不作"離"，與《明史》合。土舍楊宏與重安土舍馮綸等有怨，宏卒，綸等誘苗蠻攻之。更相仇殺，侵軼貴州境。巡撫鄒文盛言狀，且請移文四川會官撫處。逾歲不報。乃遣参議蔡潮入播州，督致仕楊斌撫平之。因言："宜復安寧宣撫，俾宏子弟襲之；斌未衰，宜仍起任事，以制諸蠻；潮有撫蠻勞，宜量擢。"兵部議："安寧已革，不可復；斌子既代，亦不可起；土官應襲與否，屬四川，非黔所得專。盛所請難行，而功不可誣。"《明史稿》，兼詳《宦績傳》。

按：此條上《史稿》有脱文。

十六年，賜斌蟒衣玉帶。

世宗嘉靖元年，賜播州宣慰司《四書集注》一部。從宣慰楊相奏也。

復安寧宣撫司，改爲凱里宣撫司，隸貴州。以楊張襲宣撫使。

宏既死，其弟張求襲父職不得，時盗邊，刦白泥司印信，復與相搆兵。守臣乞改凱里屬貴州，以張爲土知州解釋之。兵部謂張習父兄之惡，倖免於辜，而敢肆然執印信以要脅，當命川貴守臣按其前後争産殺人諸罪，置於理。若張悔過，輸情還所獲印，尚可量授一官，聽調殺賊以自效；倘或怙終，必誅以爲玩法戒。既遂，許張襲宣撫，而改安寧爲凱里，隸貴州。

二十三年，宣慰楊烈與水西搆難，殺其長官王黻。

先是，楊斌子相襲播宣慰職，以祖父嫡庶仇殺，沿禍數世，至今不已。相不之鑒，仍寵庶子煦，欲奪嫡烈，而其妻張氏甚悍，與子烈盗兵逐相，相走水西死。烈乃乞水西還父尸。

播故有水烟、天旺地與水西近，水西宣慰安萬銓屢挾奏不得，至是要之，必歸地而後予尸，烈陽許之。及得尸，悔約。仇殺相攻剽垂十年。《蠻司合志》。

三十三年，總督馮岳調總兵石邦憲討平王黻黨李保，遂擒真州亂苗盧阿項。

烈殺長官王黻，時嘉靖之二十三年也。烈既代襲，遂與黻黨李保治兵相攻垂十年，總督馮岳調總兵石邦憲討平之。真州苗盧阿項者，亦久稱亂，邦憲以兵七千擊敗之。有言賊求援於播者，邦憲曰："吾方調水西兵，聲楊烈助逆罪，烈暇救人乎？"已，擒阿項父子，斬獲四百餘人。《明史稿》。

總督侍郎馮岳討平之。岳乃奏："三省接壤民苗之衝，若四川餘慶之走馬坪、播州之三度關、貴州石阡之龍泉司，各立哨堡；於重慶偏橋等衛委指揮三人，督兵防守；仍移銅仁參將於石阡，移思、石守備於龍泉，控扼播州，令犬牙相制；而後設重慶府通判一人，使之駐龍泉以收糧税。則控馭較便也。"上然其言。《蠻司合志》。

復以播州隸四川，仍制於貴州思石兵備道。

初，嘉靖初議分凱里屬貴州，既又以播地多在貴州境，并改屬思、石兵備。及真州盜平，地方安靖，播人以爲非便。川、貴守臣岳异議不決，命勘，總督奏，仍以播歸隸四川，而貴州思、石兵備仍舊兼制播、西、平邑諸土司事。報可。

穆宗隆慶五年，烈死，子應龍請襲，命姑予職。

神宗萬曆元年，給播州新襲宣慰使楊應龍敕書。

八年，賜故宣慰楊烈祭葬，從應龍請也。

十四年，應龍獻木，賜飛魚服，授都指揮使銜。應龍獻大木七十，材美，賜飛魚服。又復引其祖斌賜蟒例。部議以斌有軍功，且出特恩，未可爲比。帝命以都指揮使銜授應龍。并《明史稿》。

按：孫《志》載"應龍獻大木，賜大紅飛魚服"，系十三年。

調播州兵征松番。

是年正月，松番諸番作亂，四川巡撫徐元泰决計大征，命游擊周于德將播州兵爲前鋒，六月班師。十五年七月，李應祥平越嶲諸衛，師旋，徐元泰益徵播州、酉陽諸土兵，合五萬人，令應祥督邊之垣，朱文達及周于德三道入討邛部屬夷，以其地置屏山縣。《明史·李應祥傳》。

按：郭子章《西南三征記》云："乙酉夏，楊柳番嘯聚諸番。聞於朝，則以兵屬今都督李將軍應祥。十月，徐公至蜀。十一月，擁衆突犯。公上疏，得請。益徵播州、酉陽、平茶諸土兵。丙戌正月，諸路兵繹至，乃檄游擊周于德將播州七千人營鑼鍋嶺，參將朱文達將平茶兵四千五百有奇營茨溝，而一統於李將軍。"云云。"五月，克牛尾。牛尾、樹栅、自雄將軍分兵三路，宣慰楊應龍以所部精兵從中擊之。"云云。"乃疏功於朝。又疏'建越倒懸急矣，請拯之'。制可。徵諸路兵益之。丁亥四月，方欲下令解甲，復手疏請討邛部

夷。仍徵土、漢兵四萬有奇，以冬十月出師，十二月癸酉克白乞。天星囤賊萬餘團四山，分支接戰，我兵冒險攻之。播州兵先登，各路兵齊擊，賊大敗，遁。明年正月己丑，賊糾衆由大南門、大木瓜兩路突襲馬營，播州帥楊應龍率衆大呼衝之，賊退。"云云。"五月班師"。考乙酉，萬曆十三年，《史》係十四年者，以兵至日爲言也。

十八年，貴州巡撫葉夢龍疏論應龍凶惡諸事、巡按陳效歷數應龍二十四大罪。時方防禦松潘，調宣慰土官兵協守，四川巡按李化龍疏請暫免勘問，俾應龍戴罪圖功。按孫《志》云："十八年，楊應龍毀坐鎮官旗令，復調應龍領兵征疊茂。"由是川貴撫按疏辨，在蜀者謂應龍無可勘之罪；在黔者謂蜀有私暱應龍之心。於是給事中張希皋等以事屬重大，兩省利害，豈漫不相關者，乞從公會勘，無執成心。十九年，貴州夢熊主議播州所轄五司改土爲流，悉屬重慶，與化龍意復相左，化龍遂引嫌求斥。蓋應龍本雄猜，阻兵嗜殺，所轄五司七姓悉叛離。嬖妾田，屠妻張氏并及其母。於是妻叔張時照與所部何恩、宋世臣等上變，告應龍反，夢熊請發兵剿之；而蜀中士大夫率謂蜀三面隣播，屬裔以什百數，皆其彈壓，且兵驍勇，數征調有功，剪除未爲長策，以故蜀撫按并主撫。朝議命勘，應龍願赴蜀，不赴黔。并《明史稿》。

——（道光）《遵義府志》卷四十《年紀二》，載《中國地方志集成·貴州府縣志輯》，第33册，274～277頁

（萬曆）二十年，檄楊應龍至重慶府聽勘，拘留之。俄而，兵部復趣應龍選兵征倭。孫《志》。應龍詣重慶對簿，繫，論法當斬，請以二萬金贖。御史張鶴鳴方駁問。會倭大入朝鮮，徵天下兵，應龍因奏辨，且願將五千兵征倭自贖。詔釋之。兵已啓行，尋報罷。巡撫王繼光至，嚴提勘結，應龍遂抗不出。張時照等復詣奏闕下，繼光用兵之議遂决。《明史稿》。

二十二年，巡撫王繼光遣總兵此下當脱"劉承嗣參將"五字。郭成征楊應龍於白石口，不利。孫《志》。

二十一年，繼光至重慶，與總兵劉承嗣分兵三道進婁山關，屯白石口。應龍佯約降，而統苗兵據關衝擊，承嗣兵敗，殺傷大半。會繼光論罷，即撤兵，委弃輜重略盡。黔師協剿，亦無功。時四川新撫譚希思與貴州鎮撫再議剿，御史薛繼茂主撫。應龍上書自白，遣其黨携金入京，執原奏何恩詣綦江縣。《明史稿》。

二十二年春，四川參將郭成、總兵劉承嗣統兵征楊應龍，敗績於白石口，全軍俱覆，僅以身免。《綦江志》。

按：繼光征應龍事，《史稿》云"二十一年"，孫《志》與《綦志》并云"二十二年"，兩存以俟考。又《綦志》書參將郭成、總兵劉承嗣敗白石口，《兵防》《祥异》皆然，而其《宦績》乃單云總兵郭成，亦如孫《志》，當亦有脱文也。

二十三年，敕總督侍郎邢玠勘播事。孫《志》。

二十二年，以兵部侍郎邢玠總督貴州。二十三年，玠至蜀，察永寧、酉陽皆應龍姻婣，而黄平、白泥久爲仇讎，宜剪其枝黨。乃檄應龍，謂當待以不死。會水西宣慰安疆臣請父國亨恤典，兵部尚書石星手札示疆臣，趣應龍就吏得貰；疆臣亦奉札至播招應龍。當是時，七姓惟恐龍出得除罪，而四方亡命竄匿其間，又幸龍反，因以爲利，驛傳文移，輒從中阻。四月，玠檄重慶知府王士琦詣綦江，趣應龍就安穩聽勘。應龍使弟兆龍至安穩治郵舍、儲糧，叩頭郊迎，致餼牽如禮，言："應龍縛渠魁待罪松坎，所不敢至安穩者，恐墮安穩仇民不測之禍也。幸請至松坎受事。"士琦曰："松坎亦曩奏勘地也。"即單騎往。應龍果面縛道旁，泣請死罪，請治公館，執罪人及罰金獻廷中，得自比安國亨。國亨者，曩亦被訐，懼罪不出界，故應龍引之。士琦爲請於玠，許之。應龍乃縛獻黄元、阿羔、阿苗等案驗，抵應龍斬，以其族得論贖，輸四萬金，助采木。仍革職，以子朝棟代受職，次子可棟羈府追贖；黄元等斬重慶市。總督以聞。時倭氛未靖，本兵二字當依史作"兵部"。欲緩應龍，事東方，朝廷亦以應龍向有積勞，可其奏。於松坎設同知治焉，而以士琦爲川東兵備副使彈治之。應龍獲寬，益怙終不悛。尋可棟死於重慶，益痛恨，促喪歸不得，復檄完贖。大言曰："吾子活，銀即至矣。"擁兵驅千餘僧招魂去。分遣土目，置關據險；厚撫諸苗，名其健者爲"硬手"；州人稍殷厚者，没入其資以養苗，苗人遂願爲出死力。《明史稿》。

設安邊同知於松坎，尋廢。互詳《宦績傳》。

甲午春，參將郭成、總兵劉承嗣白石口敗績，殞於兵刃者數千，成僅以身免。事聞，上命制府剿撫。屢遣官諭以禍福，酋負固不出。制府再命綦江知縣蒲林往，龍素讋服，見林單騎至，倒戈以迎。隨面宣德意，約其降，待以不死。賊俯首聽命。制府尋委監司同林往松坎就勘，皆款服，竟從寬典。議於安穩按：安穩當作松坎。《綦志》又於《祥异》中書此事，亦作安穩，皆與史乖剌。唯其《宦績》中作松坎是。立安邊同知，即以林升任，請旨班師。犬羊性不常，旋又擾扶歡壩、羅王村等處。報日急，林奮身往追，賊即卷甲引去。又明年，秦民袁子昇爲賊大仇，適繫合江縣獄，賊發兵圍之，指索子昇。當事著林往，林説合江縣出子昇，弃一秦囚，保全衆億。讒忌者即騰謗。詔下本省逮勘，卒以此去任。林去而賊益無忌矣。綦江舊《志》。

按：孫《志》云，二十四年，議增安邊坐鎮同知，不果。今以林事考之，所謂不果者，謂旋廢，非謂其未設也。云二十四年者，林升同知，明年去，而此職遂廢，在其年也。

二十四年，應龍殘餘慶，掠大阡、都壩，焚劫草塘、餘慶二司，遍及興隆、都勻各衛。又遣兆龍圍黄平，戮重安長官家，勢復大熾。

二十五年，應龍流劫江津及南川，臨合江，索其仇袁子昇縋城下，磔之。

時兵備王士琦調征倭，應龍益統苗兵大掠貴州洪頭、高坪、新村諸屯。已，又侵湖廣四十八屯，阻塞驛站。詗原奏仇民宋世臣、羅承恩等挈家匿偏橋衛，襲破之。大索城中，戮其父母，淫其子女，備極慘酷。并《明史稿》。

秋七月，播州宣慰使楊應龍叛。《通鑑輯覽》。

二十七年春三月，以李化龍總督川、湖、貴州軍務，討楊應龍。

先是，貴州巡撫江東之令都司楊國柱、指揮李廷棟率部兵三千剿應龍，應龍遣子朝棟、弟兆龍按：《通志》於此下多書"何良漢"一人名。等迎敵於飛練堡。賊佯走天邦囤，誘官軍，盡殲之，國柱等皆死。東之罷，以郭子章代，而命化龍節制川、湖、貴三省軍事，調東征諸將劉綎、麻貴、陳磷、董一元南征。六月，應龍乘大兵未集，遂勒兵犯綦江。城中新募兵不滿三千，賊兵八萬奄至，圍綦江城數層。參將房嘉寵、游擊張良賢率師巷戰，俱死之。應龍因劫縣，令焚掠，出綦江庫犒師，盡殺城中人，投尸蔽江，水爲赤。尋退，屯三溪，益結九股生苗及黑脚苗爲助。原注：應龍以綦江之三溪、母渡，南川之東鄉垻立石爲播界，號"宣慰官莊"，聲言江津、合江皆播故土。時郭子章日夜徵調各漢、土兵分守南川、合江等處，軍聲漸振。應龍僞軍師孫時泰請應龍直取重慶，搗成都，劫蜀王爲質，而應龍遷延不進，止言争界。給葬，以冀曲赦。化龍至成都，以徵兵未至，亦謬爲好語縻之。帝聞綦江破，賜化龍劍，假便宜討賊。十月，化龍移駐重慶。已而，應龍屯官壩，聲言窺蜀。又焚東坡、爛橋，楚、黔路梗，黄平、龍泉所在告急。賊復據偏橋，出掠興隆、鎮遠。化龍議置勁兵萬餘據守要害，通黔楚道；益調諸路兵，以俟大舉。《通鑑輯覽》。

以征播故，暫設巡撫偏沅地方贊理軍務一員，尋罷。《明史·職官志》。

初，賊本無意竟反，徒以安忍倡狂，既覆我師飛練，則騎虎勢不得下，於是益結九股生苗及黑脚苗等爲助。十一月，應龍屯兵官壩，聲言窺蜀，已而焚東坡、爛橋，楚、黔路梗。《貴州通志》。

冬十月，加四川、湖廣田賦，以播州用兵故。《通鑑輯覽》。

二十八年正月，應龍五道并出，破龍泉司。《明史稿》。

應龍破龍泉司，守備楊惟忠擁兵二千，以勢不敵，避去。土官安民志率步卒五百拒守，死之。《貴州通志》。

——(道光)《遵義府志》卷四十《年紀二》，載《中國地方志集成·貴州府縣志輯》，第33册，277～279頁

夏六月，李化龍帥師平播州。

楊應龍勒兵數萬，五道并出，攻破龍泉司。時化龍徵兵大集，大會文武於重慶，登壇誓師，分八路進兵。川師四路：總兵官劉綎由綦江入；總兵官馬孔英由南川入；總兵官吴廣由合江入；副將曹希彬受廣節制，由永寧入。黔師三路：總兵官童元鎮由烏江入；參將朱鶴齡受元鎮節制，統宣慰使安疆臣由沙溪入；總兵官李應祥由興隆入。楚師一路，分兩翼：總兵官陳磷由偏橋入；總兵官陳良玭受磷節制，由龍泉入。每路兵三萬，官兵三之、土司七之。巡撫郭子章駐貴陽，湖廣巡撫支可大移沅州，化龍自將中軍策應。部署既定，劉

綎遂從綦江進兵，破其前鋒，楊朝棟僅以身免，賊皆膽落。連克桑木、烏江、河渡三關，奪天邦諸囤，乘勝入婁山關，屯白石。應龍率諸苗決死戰，綎親勒騎衝中堅，分兩翼夾擊，敗之，追奔至海龍囤。時陳璘已破青蛇囤，安疆臣亦奪落蒙關，吴廣從崖門關入，營水牛塘，與賊力戰三日，却之，遂攻燒二關，奪賊樵汲路。賊見勢急，父子相抱哭，上囤死守，遣使詐降，化龍檄諸將斬使焚書。已而八路兵大集海龍囤下，遂築長圍，更番迭攻，賊大困。會化龍聞父喪，詔以縗墨視師。化龍念賊囤前險不能越，令馬孔英勒兵攻其後。天久雨，將士馳泥淖中苦戰。綎先士卒，克土城。應龍益迫，散金募死士拒戰，諸苗皆駭散，無應者。起，提刀巡壘，見四面火光燭天，大兵已登囤入，應龍倉皇同愛妾二閭室自縊。生擒朝棟、兆龍等百餘人。計出師至滅賊，百十有四日。化龍露布以聞。詔磔應龍尸，戮朝棟、兆龍等於市。以其地置遵義、平越二府，分屬川、貴。《通鑑輯覽》。

二月癸未，播賊襲執宣慰宋承恩去。承恩，應龍婿也。時總督李化龍已移駐重慶，徵兵大集，遂以十二月丙戌誓師，分八路，路約三萬人，官兵三之、土司七之。川師四路：總兵劉綎從綦江入，以參將麻鎮等隸，參政張文耀監之；總兵馬孔英從南川入，以參將周國柱、宣撫冉馭龍等隸，僉事徐仲佳監之；總兵吴廣從合江入，以參將徐世威等隸，參議劉一相監之；副將曹希彬受廣節制，從永寧入，以參將吴文杰、永寧女土官奢世續等隸，參議史旌賢監之。黔師分三路：總兵童元鎮統鎮雄土知府隴澄、泗城土知府岑紹勛等由烏江；參將朱鶴齡受元鎮節制，統宣慰安疆臣等由沙溪；總兵李應祥統宣慰彭元瑫等由興隆，參議張存意、按察司楊寅秋監之。湖廣一路，由偏橋，分兩翼：總兵陳璘統宣慰彭養正等由白泥；副總兵陳良玭受璘節制，統宣撫覃宜等由龍泉，副使胡桂芳、參議魏養蒙監之。巡撫郭子章駐貴陽、湖廣巡撫支可大移沅州、總督李化龍自將中軍策應，諭諸將以抵婁山等關爲期。且曰："關外，且戰且招降，多不可勝誅也；關内，疾戰勿受降，師不可久老，賊詐不可信也。"綦江道最要，綎當之；應龍熟綎才，頗懼，益兵守要害。十五日，諸將克丁山、銅鼓、崖村，遂直搗楠木、山羊、簡臺三峒。峒絶險，賊將穆照等衆數萬連營，諸將憚之。綎分兵攻其三面，大戰於李漢壩，生擒其魁，餘賊奔入峒，乘勢直搗峒前，焚之。賊多死，盡克三峒，擒穆照及賊魁吴尚華。是日，綎督戰，左持金，右挺劍，大呼曰："用命者賞，不用命者齒劍。"鬥死者四十人，遂大捷。

三月，應龍乃遣子朝棟、惟棟及其黨楊珠統鋭卒數萬，由松坎、漁渡、羅古池三道并進。綎伏萬人羅古，待松坎賊；以萬人伏營外，待漁渡賊；而别以一軍策應。賊果至，伏盡起。綎率部下轉戰，斬首數百，追奔五十里。朝棟潰圍走，幾爲我師獲。應龍憚綎威名，意首挫其鋒，屬朝棟悉勁兵，間道相角，曰："爾破綦江，馳南川，盡焚積聚，餘無能爲也。"及朝棟敗，益膽落，聚守石虎關。綎亦掘塹守。初，綎聞征播命，逗遛，多設難要朝廷，言官交劾綎，議調南京右府僉書。綎至是聞之，即辭任。李化龍以平播非綎不可，固留之，力薦於朝，綎乃復受事。遂進克石虎關，拔賊滴淚、三坡、瓦窑坪諸隘，直抵婁山關。婁山萬峰插天，叢箐中一徑纔數尺，賊設木關十三座，排栅置深坑，百險俱備。綎分奇兵爲左右路，間道趨關後，而自督大軍仰攻，奪其關，追至永安莊。兩路軍亦會。時三月二十九日也。綎老將持重，慮賊衝突，聯諸營：一據婁山關爲老營，一據白石口爲腰營，一據永安莊爲前營。都指揮王芬者，勇而寡謀，每戰輒請爲前鋒，連勝，有輕敵心，獨營松門埡之衝，距大營數里。賊方有烏江之勝，謀再奪婁山，適穆照遣人泄芬孤軍狀。

四月朔，賊乃襲殺芬，守備陳大綱、天全招討楊愈亦死，失亡士卒二千人。綎聞，急往救，部將周以德、周敦吉夾攻，賊始大奔，追至養馬城而還。是日，應龍幾被獲，乃不敢窺婁山。綎懲前失，劄近關，堅壁，且請濟師。逾十餘日，克後水囤，營於冠子山，尋會馬孔英，壁海龍囤下。孔英道南川，獨險遠，去海龍囤六七百里。未至重慶時，推官高折枝監紀軍事，請獨當一面，乃與參將周國柱，先以石柱宣撫馬千乘兵破賊金筑，復督酉陽宣撫冉馭龍敗賊於官壩。時賊既破龍泉，方移師攻婺川，聞敗乃遁。及孔英至軍，平茶、邑梅兵亦集，軍容甚壯。先師期一日入真州，用土官鄭葵、駱麟爲嚮導，别遣邊兵千扼明月關，諸軍鼓行前進，破四寨，攻赤崖，抵清水坪、封寧關，悉破賊營十數，逼桑木關。關内民降者日千計，折枝結三大寨處之，禁殺掠，降者日衆，賊益孤。關爲賊要害，山險箐深，賊憑高據守。

三月初八日，乃令千乘、馭龍出關左右，國柱搗其中。賊用標槍藥矢鋭甚。官軍殊死戰，奪其關，逐北至風坎關，賊復大敗，連破九杵、黑水諸關，苦竹、羊崖、銅鼓諸寨。國柱攻金子壩，無一人，疑有伏，焚空寨十九，嚴兵以待，賊果突出，擊敗之。孔英乃留王之翰兵守白玉臺，衛餉道，平茶、邑梅兵守桑木關，而親提大軍進營金子壩。應龍聞桑木關破，大懼，遣弟世龍及楊珠以鋭卒劫之翰營。之翰走，殺餉兵無算。平茶兵來援，賊始退。孔英還擊，世龍復不勝，步卒發火箭，裨將劉勝復奮擊，賊乃奔。官軍進朗山口，由朗山進發蒙子橋，深菁蓊翳，賊處處設伏，悉剿平之。應龍遣其黨詐降，謀爲内應，折枝盡斬之，伏以待。賊果夜劫營，伏發，賊驚潰，追奔至高坪。已，奪賊養馬城，直抵海龍第二關下，賊守兵益多。孔英軍已深入，而諸道未有至者。酉陽、延綏兵皆退，賊躡殺官兵六十人。居數日，劉綎兵至，乃合兵。連克龍爪、海雲諸囤，壓海龍囤而壘。初，總督李化龍刻師期，諸將莫利先入。孔英所將邊卒及諸土兵皆獷悍，監紀折枝勇而有謀，故師獨先八道至囤前。吴廣出合江，屯二郎壩，大行招徠，賊驍將郭通緒者迎戰，將士襲走之。陶洪、安村、羅村三寨土官各出降，他部來歸者數萬，廣擇其壯者從軍。通緒扼穿崖囤，廣督土、漢軍擊破之。劉綎、馬孔英已入播，廣猶頓二郎，總督李化龍趣之，乃議分四哨進攻崖門，别遣奢世續等督夷兵二千，扼桑木埡諸要害以防餉道。諸將連破數囤，進營母猪塘。應龍令通緒盡發關外兵拒敵，廣伏炮手五百於磨槍埡外南岡下，而遣裨將趙應科挑戰。埡兩山相夾，中甚隘。通緒横槊冲應科，科佯北，通緒追出埡，遇伏，急旋馬，中炮墮，方躍上他馬，伏兵攢刺之，殪。餘賊大奔，官軍逐北，賊盡降，遂薄崖門。徑小，止容一騎，賊衆萬餘出關拒戰。曹希彬懸賞千金，士攀崖競進，追至第四關，關上男女盡哭，於是賊黨自殺其魁羅進恩，率萬餘人出降。其第一關猶拒不下，廣乘夜疾進，奪其關，關内民争獻牛酒。時李應祥、陳璘猶在關外，廣合希彬軍連戰一碗水、土崖、分水關，皆捷，遂進營水牛塘。應龍知廣軍孤深入，謀欲襲之，乃遣人詐降。廣測其詐，堅壁以待。應龍擁衆三萬直衝大營，諸將殊死戰，會他將來援，師乃退，廣遂進壁海龍囤。童元鎮督永順、泗城、鎮雄諸土軍由烏江。初，元鎮先駐銅仁，憚應龍，久不進，屢趣乃行。時劉綎、吴廣諸將已進，群賊議分兵守，其參謀孫時泰曰："分兵則力薄，乘官軍未集，先破其弱者，餘自退矣。"應龍善之。聞元鎮將抵烏江，應龍曰："此易與耳，縱之渡江，密以計取。"監軍楊寅秋言："烏江去播不遠，宜俟諸道深入，協力齊驅。"元鎮不從。於是永順兵先奪烏江。賊遣千餘人沿江叫駡以誘之。諸軍既濟，復奪老軍關，前哨參將謝崇爵乘勢督泗城及水西兵，再拔河渡關。三月望，賊以步騎數千先衝水西軍，軍中驅象出戰，賊多傷。俄，駕象者斃，象反走；擲火器者又誤擊己營，陣亂，泗城兵先走，崇爵亦走；争浮橋，橋斷，殺、溺死者數千人。河渡既敗，烏江軍相去六十里，猶未知。明日，參將楊顯發永順兵三百出哨，道遇賊數萬，咸爲水西裝，永順兵不疑，與盟誓。賊掩殺三百人，亦襲其裝，直趨烏江。烏江軍信爲水西、永順兵，不設備，遂爲賊所破，争先渡江。賊先斷浮橋，數千人皆溺死，顯及二子與焉。元鎮所部三萬人不存什一，將校止崇爵等三人，江水爲不流。貴陽聞警，居民盡避入城，遠近震動。化龍用上方劍斬崇爵，益徵兵；檄鎮雄土官隴澄邀賊歸路。隴澄者，即安堯臣，水西安疆臣弟也。軍不與元鎮合，獨全，當事頗疑其通賊。寅秋以鎮雄去播止二日，令搗巢立效。澄許之。

河渡未敗時，澄已遣步將劉岳、王嘉猷攻拔苦竹關及半壩嶺。既敗，二將移新站。賊伏兵大水田，别以五千人來襲，敗還。嘉猷乃揚聲搗大水田，而潜以一軍拔大夫關，直搗馬坎，斷賊歸路，與疆臣合，賊遂遁。會都指揮徐成將兵至，合岑紹勛兵，再克河渡關。賊將張守欽、袁五受據長箐萬丈林，永順兵擊破之，生擒守欽；攻清潭洞，復擒五受。會朝議責元鎮敗狀，逮下獄，令李應祥并將其軍。應祥由興隆入，受事於二月下旬。副將陳寅等已連克數囤，拒賊四牌高囤下，别遣兵從間道直搗龍水囤。他將蔡兆吉又自乾坪抵箐岡，過四牌。賊首謝朝俸營，其地四面峭壁深箐，賊從高鼓噪。官軍殊死戰，俘朝俸妻子，乘勢抵河畔。會烏江敗書聞，斂兵不進者旬日。應祥已受任，趣諸將急渡，寅等乃取他道渡河，而潜爲浮橋以濟師。諸軍既渡，賊失險，乞降者相繼，應祥悉受之。賊所恃黄灘一關壁立，衆死守。會賊徒石勝俸等率萬餘人降，告曰："去黄灘三十里有三關，入播門户也，先襲破之，則黄灘孤難守。"應祥然其計，令偕陳寅率精卒四千，夜抵關下。勝俸以數十騎誘開前門，盡殲其戍卒。黄灘賊懼，益增兵固守。寅督諸將渡河攻關前；勝俸由墳林暗渡，襲關後。賊乃大敗，應祥遂直抵海龍囤。陳璘由偏橋進，軍次白泥。應龍子朝棟率賊二萬渡烏江迎戰，璘前禦之，而分兩翼躡其後，賊少挫。追奔至龍溪山，賊合四牌賊共拒璘。

四牌在江外，與江内七牌皆五司遺種、九股惡苗，素助賊。璘廣招撫，乃進軍龍溪。諜報有伏，令游擊陳策以火器擊之，賊據險，矢石雨下。璘先登，斬小校退者以徇。把總吴應龍等陷陣，賊大潰，退拒四牌保兒囤。璘遣二裨將逼之，中伏，璘募死士從應龍等奮擊，賊復潰，奔據囤巔，夜由後遁，黎明追及於袁家渡，賊復敗，悉渡江遁，四牌之賊遂盡。三月望，諸軍爲浮橋渡江，知賊將張佑、謝朝俸等營七牌野猪山，璘即夜發，抵苦練坪，前鋒與戰，後軍至，夾擊之，賊敗逃深箐，官軍遂入苦菜關。會童元鎮烏江師敗，璘大懼，請退師，李化龍不可。璘乃進營楠木橋，次湄譚。賊悉聚青蛇、長坎、瑪瑙、保子四囤，地皆險絶，而青蛇尤甚。璘議："同日攻則兵力弱，止攻一囤，則三囤相助。"乃先攻三囤，次及青蛇。良玭師亦來會，令伏囤後，别以一軍守板角關，防賊逸。璘督諸將力攻三日，賊死傷無算，三囤遂下。青蛇四面陡絶，璘圍其三面，購死士從瑪瑙附葛至山背舉炮，賊惶駭。諸軍進攻，焚其茅屋。賊退入囤内，木石交下。將士冒死上，毁大栅二重，前後擊之，賊大敗，七牌之賊亦盡。時四月十三日也。乃分兵六道，攻克大小三渡關，乘勝抵海龍囤。海龍囤者，賊所倚天險，飛鳥騰猿不能逾者。及諸路兵俱集囤下，賊見勢急，父子相抱哭，上囤死守。每路投降文，緩我師。化龍檄："賊詭降，即斬使焚書，無爲所紿虞。"綎與應龍舊，檄無通賊，綎械其人自明。賊詭令婦人於囤上拜表痛哭，云："田氏且降。"詐爲應龍仰藥死，報吴廣。廣輕信，按兵不動。已，覘知田氏詐降緩攻，而所云應龍死，乃川兵攻囤，以火炮擊死所謂楊珠也。珠驍勇善戰，既死，賊痛如失左右手。廣覺詐，益列兵協攻，燒二關，奪三山，絶賊樵汲。

五月十八日，始築長圍，化龍令諸將分日迭攻。安疆臣攻囤後，受賊重賄，多與通，且潛以火藥貽賊，故賊不備其後。陳璘知之，與監軍者謀，令疆臣退一舍。璘移其處，置鐵牌百餘，距囤丈許，賊强弩無所施。又爲箍板於栅前，賊每夜出劫，爲釘傷，不敢復出。會化龍聞父喪，詔以墨縗視事。化龍跣而草檄，益治軍。時天苦雨，將士馳淖中，苦戰。六月四日，天忽開朗。五日，劉綎身先士卒，進克土、月二城。應龍益迫，夜散數千金募死士拒戰，諸苗皆駭散無應者。起，提刀自巡壘，見四面火光燭天，傍徨長歎，泣與妻子曰："吾不能復顧若矣！"六日，陳璘與吴廣當進兵，璘夜四鼓銜枚上，賊鼾睡，斬其守關者，樹白幟，鳴炮，賊大驚潰散。廣兵亦至。應龍倉皇同愛妾二闔室縊，且自焚。廣獲其子朝棟及妾田雌鳳，急覓尸出焰中。廣中火毒失聲，幾絶，頃而蘇。自出師至滅賊，百十有四日。總督李化龍露布以聞。十二月庚辰，督撫李化龍、郭子章、江鐸俘楊朝棟等獻於闕下。丙寅，上御樓受之，群臣稱賀，命磔楊朝棟等於西市，釋宋承恩。《貴州通志》。

播賊躪綦後，神宗震怒，命兵部侍郎李化龍龔行天討。化龍視綦境内萬竈無烟，百里盡赤，急需守令，因疏推萬縣知縣周作樂升本府同知，來攝縣事，有"本官吏治最優，擬地最善，但綦江重任，非此人不足當之，事竣，另行優异"之語。周奉命，單車於庚子正月七日馳受事。比至，破城穢骨暴露，猶填巷道，蓬蒿滿目，瓦礫縱横，因張榜招集遺黎，補葺綢繆，稍成人境。倏傳賊目張漢清統苗入境，傷弓之鳥，聞風欲散。周繫印危坐，謂天戈不日西指，反賊子危於累卵，何敢復來。申諭再三，離心始定。乃請兵以備防守，請銀以便應用。議速進兵，以收武功；議寬投降，以昭文德。急發軍令，以安小民。悉從其請。間架既定，復籌五策：曰謹詐降，曰慎防守，曰約會期，曰迅餉運，曰嚴紀律。當事優語褒答，稱爲"經略鴻猷"。是年，即成勘定殊勛，一切善後事宜，妥貼周詳，尤有力焉。《綦江舊志》。

二十九年正月壬子朔，頒《平播詔》於天下。《貴州通志》。四月，詔郡縣播地，建城署，設官立學，則壤田賦，置衛所，定屯田，設兵備，專將領。孫《志》。以播地分設遵義、平越二府，析置二州八縣：遵義、桐梓、綏陽、仁懷四縣，真安一州，屬遵義府，隸四川；餘慶，甕安、湄潭三縣，黄平一州，屬平越府；龍泉一縣，屬石阡府，隸貴州。府州縣應有官皆增之如制。因白田、黄平舊學宫立二府學，增立真安一州學。城池、公署以次修舉。置威遠衛及官屬限其屯田。置分巡兼兵備一員，總兵官一員，駐遵義府。撮《平播善後疏》，詳見各門。

三十一年，播州餘逆吴洪、盧文秀等叛，總兵李應祥等討平之。《明史稿》。

洪，播州逆酋楊應龍用事長官，見應龍勢敗，遂避貴州。平定後復業，與其黨盧文政、劉堯等見改土設流，法度嚴密，不得自逞，借新民占産，糾合沙溪苗夷，議立楊三老爲宣慰，遍書僞檄，諭夷、漢頭目，將以十一月初九舉事。兵備副使傅光宅、知府蔡鳳梧會同總兵李應祥先期擒斬之。四川舊《志》。詳《土官傳》。

按：劉綎《揭子》云："職東西征時，曾帶回兵馬一萬一千有奇，復以征播班師，被論回衛，即留遵義、仁懷、赤水、叙南、建武、馬湖等處善後耕種、防守。如遵義兩值吴洪、楊和尚之變，俱賴若輩保禦無恐。"據此，則吴洪後尚有楊和尚之役，諸志皆失載。

——（道光）《遵義府志》卷四十《年紀二》，載《中國地方志集成・貴州府縣志輯》，第33册，280～286頁

武宗即位大赦詔

……免上都、大都、隆興秋税三年。其餘路分量重輕，優免雲南八番、田楊地□免差發一年。其積年逋欠者，蠲之。逃移復業者，免三年。被灾之處，山場湖泊課程，權且停罷，聽貧民采取。

泰定帝改元詔

朕荷天鴻禧，嗣大歷服，側躬圖治，夙夜祗畏，惟祖訓是遵。乃開歲甲子，景運伊始，思與天下更新。稽諸典禮，逾年改元，可以明年爲泰定元年。免大都興和差税三年，八番、思、播、兩廣洞寨差税一年，江淮創科包銀三年，四川、雲南、甘肅秋糧三分，河南、陝西、遼陽縣鈔三分；除虚增田税，免斡脱逋錢；賑恤雲南、廣海、八番等處戍軍。求直言。

賜高年帛。禁獻山場湖泊之利。并《元史》。

太祖諭宣慰司敕

天生一代之君,必成一代之治,自古以來,莫不皆然。而其間治有隆污,政有得失,亦由人君善用人與不善用人之所致也。朕承大統之後,矧今既爲天子,而肯私以怨惡加於人耶?故用人盡忠於國者,雖仇必賞。朕仰遵成憲,俯察輿情,推至公之心,廣仁厚之化,嘉惠海内,子育元元,欲比隆前規,以臻至治。爾天下土官,遵守朕訓,各盡乃心,毋妄懷疑以速咎戾,則可以共保富貴於無窮。《貴州通志》。

——(道光)《遵義府志》卷四十二《藝文》,載《中國地方志集成·貴州府縣志輯》,第33册,335~336頁

劾縱盜各官議川省善後疏嘉靖四十四年　譚綸

臣謹奏:"據成都府申,查得仁壽縣堂上櫃内原貯白銀被盜劫去等因,臣將該縣知縣周大繡、巡捕主簿李萃責令戴罪拿賊,所據失事官員,通合查參,以懲弗恪……又照:全蜀四塞之地,皆有盜區,而永寧、播州二司尤爲淵藪。蓋二司利群盜之重賂,群盜恃二司爲三窟,出没無常,緝捕難及,非一朝一夕之故。故先年議設分守參將一員於永寧宣撫司駐扎,兼制播州一帶。蓋欲其宣布威信,鈐轄土夷,誠爲有見。乃今反使群盜得憑藉諸司以爲逋逃之主,而莫之誰何,則又將焉用彼分守兼制爲哉?其故蓋起於各官謀身之念太重,任事之志弗專,徒欲上下雷同,遷延歲月,僥幸無事,以保全其富貴,而未知顧名思義,原始要終,爲地方謀,爲朝廷計耳,則亦無惑彼之桀鶩愈甚,轉相效尤,而莫之改也。至於參將周表,則又有難以備責而當爲之處者。蓋制馭土夷之道,在我當守其舊章,在彼宜責以定分,則我既有執詞,而彼亦自心服。查得本路參將,原係分守銅仁,後改爲思、石兼制川、湖、播州等處,向駐貴州石阡府,今復改駐播州,兼制思、石,遂使該司上下同辭,紛然申擾,以爲不便。臣初嘗切責之,比查前此當事諸臣,亦累行議處,至久而未决。蓋土夷每以激變上罔爲言,周表亦以孤危難處爲慮。臣因爲之熟計:宣慰楊氏之有播州已數十世,爲轄八司土夷,自常賦之外,朝廷未嘗令其妄出一錢;而一旦以其素未嘗有之官,隨帶三省之兵,改駐于其治内,供應夫馬,不免偏累,誠於情有弗堪,故其心未帖服。而周表此時且不免委曲遷就,以計定人心爲事,不然,恐生他故,愈益難處,而又何暇問其藏污納垢之事,而畢得行吾志哉?故臣謂難以一概責備而又當爲之處者,此也。伏乞敕下該部,再加查議,將知縣周大繡等行巡按御史提問、僉事吕蔭量行罰治、左參政李尚智免究。仍聽臣嚴督守巡兵備等道府、衛所、州縣等官,將通省大小城池并行修濬,務高深如法,保障有資。合用工料,從宜措處。其原設民壯,盡行查復舊額,分投訓練,務成精兵,以備不虞。及通行永寧等處參將安大朝并敘、瀘、重、夔各兵備道,嚴督播州宣慰楊烈、永寧土舍居效忠等,將竄入該司地方有名强盜盡拿獲,解臣正法,仍禁戢所屬,不許再行窩藏。其參將

周表,仍聽該部轉行臣與貴州巡撫都御史從長計議,改駐適中地方,免使獨累播州一司,致生疑畏;而文武庶官中之有怠緩不職與土司中之有桀驁弗恭者,皆從臣遵照敕諭參拿處治,甚則加之以兵。如此,則守無不固,令無不行,而區區小寇,不足慮矣。"

疏入,帝從之。《明臣奏議》。

——(道光)《遵義府志》卷四十二《藝文》,載《中國地方志集成·貴州府縣志輯》,第33册,337~339頁

平播疏 李化龍

楊酋匪茹,與國爲仇,萬姓荼毒,三省震驚,孰不以爲不可以歲月克者。乃自出師以來,甫三月有奇,而元凶授首,黨羽悉擒。千年狼虎盤踞之窟,一旦掃蕩無遺,上足以伸中國之威,下足以洩生靈之憤。其他狡黠土司、獷悍惡苗,無不落魄亡魂。西南半壁天下,可永無虞矣。皇上德威遠被,指授方略所致,斷非文武將吏敢貪天功为己力者。惟是各官兵暴露行間,勞苦萬狀,不可不查叙也。

先是,臣奉命入川,賊知罪在不赦,已統兵深入,有擒王剿叛之説,遂破綦江,且逼重慶,地方汹汹,皆謂有長驅之志。於時,目前兵力略無可恃,臣乃以計緩之:一面調兵,一面移文詰責,若未嘗絶之者。賊果信之,即具文求撫,且不西向。臣因得以徵調漢、土諸兵,急爲之備。其時,賊氣張甚,川人畏之如虎。臣發成都兵,甫出門,欲投錦江,不復肯東。及聞綦江守城兵見賊來,競譟而走,多投水者,止餘二將與其家丁,遂及於難。臣念漢兵心膽已碎,土兵狐兔有情,自非招客兵不可,因請調陝、浙諸省之兵。又念外兵之費甚侈,往來途次,且生擾害,不可過多。乃於每省鎮止調一二千,多者三千,共數省,實僅僅二萬,其餘仍三省及滇、粵土兵也。然西南人見外兵來,莫測多少,以爲天下之兵皆至矣。自是漢兵之氣壯,而土兵之心亦折,無不樂爲我用者。時賊雖知調兵,然以爲虚聲嚇之如往日,非實事也。臣亦止在成都,積糧治器,若無事者然,不復東。賊亦不疑。北兵俱集,臣移駐重慶,賊始知必剿,頗肆衝突,然我兵漸益,未易得志也。臣又念,兵以一路進,既道狹不能容,一有前却,不可復振,因分爲八路。又念路分而兵少,賊厚其陣以衝之,敗矣。因命每路皆三萬以上,每一路皆可以當其全師。又念關外賊黨多,不可勝誅,會兵部頒賞格至,首重招降,臣亦推廣之,但投戈者,皆赦不誅。臣又念,無賞士不勇往。會兵部賞格,首言:"得賊者,即以其家資與之。"臣亦推廣之,克關破囤,各懸賞,賞各以千、萬計。既川兵入關,臣又恐其人自爲心,若九節度之師然,因復委按察使張悌入總監之。殺牲莅盟,務必得賊。臣又恐賊事急詐降,得以遷延至暑雨漸深。我兵不能久困,令但急攻之,有稱降者,斬使焚書,無爲所紿。時湖廣之兵亦至囤下,臣欲入營親監之,會聞先臣之訃,臣恐營中遂懈惰不可用,因不待成服,跣而草檄,亦以例應候代,照常督兵。有慢令者,尚方具在,令代中軍余德榮等再往監之。臣又念賊囤後易攻,囤前難攻。時諸將

壁囤下者各有分地，因令以勁兵一枝壁其前，其餘并力於後。臣又恐諸軍士争趨賊財物，或至亂行，至有他虞，移文再四申禁。臣又聞營中流言"水西目把，尚不絶賊"，恐漏軍情，因移文令其退劄。水西土官懼，撤其兵，退而引嫌曰："吾不欲爲亡播之續也。"時久雨，軍士日在泥淖中。至六月之初四，而天忽晴。初五日，遂破其二城。初六日，遂登其囤，賊以滅亡。總計八路兵，生擒賊首、賊從一千一百二十四名，斬級二萬二千六百八十七顆，俘獲賊屬五千五百三十九名口，招降播民一十二萬六千二百一十一名口，全活被擄男婦一千六十四名口，奪獲馬牛七百六十七匹，獲器械四千四百四十四件。

是役也，自賊破綦江，至剿滅，可一年。自進兵至滅賊，百十有四日。當八路對壘時，土、漢兵既參差不齊，諸將領亦彼此觀望。播人劫於賊之積威，人自爲戰，未易即克。我各路又運糧艱難，時有脱巾之呼，臣日夜催督，走使持檄至數百千，即兩省撫臣、各路鎮道，亦靡不忘寢忘食，或至頭鬚爲白。總之，諸文武知廟堂之意，必欲滅賊，故鼓之即應，勞之不怨，誅罰之亦無敢囁嚅者。倘更一月而賊不滅，暑雨久，瘴疫深，我將自潰，無問賊矣。該臣會同巡撫貴州郭子章、巡撫湖廣支可大、巡撫偏沅江鐸議照：國家方制萬里，日所出入之邦，悉爲郡縣，獨西南諸省不廢土司，蓋亦曰"因俗而治，與之相安"云耳。二百年來，此輩犬羊之性，不堪馴擾，亦時有之。然未有如播酋楊應龍之公然叛逆者，則何也？蓋其地險，其兵强，其才力足以使鬼通神，其聲勢足以呼群嘯黨。加以年來方宇多事，九伐之旌未遑南指，彼遂時時狂逞，亦遂時時得志。井蛙之見，謂縣官真無奈我何。諸群不逞，如楊珠、楊明、何漢良、孫時泰輩，瞷其雄心，或時有以公孫躍馬、尉佗自王之説進者。賊亦自念騎虎勢不得下，將曰："等死耳！無且舉大名乎？"於是恣其狂圖，淫怒以逞，而破城殺將，鵲起西南之勢成矣。夫天下非小弱也，九州四海兵非脆，糧非乏也。向賊逆未著，皇上不忍遽觀之兵，曰："吾且舞干""吾且解網"姑俟其悔過而與之相安無事，乃不謂凶人之性不移也。始天怒赫然，斷在必剿。夫斷而敢行，鬼神避之，况此么麽者乎？蓋自進剿之旨下，上方之劍頒，然後海内熊虎之師如雲而集，陳紅之粟蔽江而上。智士陳謀，勇夫效力。火燎毛，山壓卵，賊即欲不灰飛烟滅，亦曷可得已！

臣等嘗即諸路之功而評叙之：在四川則楠木、三峒，賊黨以爲三窟，謂天險不可升者也；婁山關，賊前門，我所必由，賊所必争者也；海龍囤，賊以爲天造地設，人迹所不能到，兵力所不能加者也。三戰而克之，賊力竭矣，不亡何待？夫賊黨自戰其地，猶易與也，惟賊父子親在行間，諸賊人人致死，難與争鋒。該路到處，與賊父子對壘，最快者，九盤子之戰，賊悉其精鋭以付朝棟，令之從綦江進，從南川回，此其目中尚復有官兵乎？劉綎一戰而走之，自是播人爲之破膽。尤快者，諸軍壁海龍囤下，連月不拔。綎至，一日而克其二城，賊遂滅亡。至今群口囂囂，然竟無敢没其先登之烈者。兵法："無選鋒曰北。"綎於諸路，其選鋒乎！則綦江路之功也。

臣嘗言，破賊，關外宜招降，謂多不可勝誅也；關内宜疾戰，謂師不可老也。安村、羅村、陶洪三寨生口以數萬計，勝兵以數千計，令貪功者以大兵初入，必且多殺以報捷。勝之，則傷仁；不勝，則損威矣。而該路坐受其降，兵不血刃。自是，一戰而斬郭通緒，再戰而入崖門關，三戰而屢捷於水牛塘。賊計無復之，遂父子相哭而上囤矣。當其入水牛塘時，川兵入關，去囤尚遠，湖貴兵在關外，絶不相聞。吴廣以孤軍去囤數十里而結營，犯兵法之所忌，而卒以得志，自非其令嚴而戰，力當不及此。後雖有講降誤事，然有激而奮，竟以成功，逆賊父子盡獲其首，終不失爲全捷，則永合路之功也。

南川路最險、最遠，去囤可六七百里，賊以爲官兵必不能從此進。當馬孔英之未至也，高折枝以一書生，請自將漢、土兵以往，此固已雄偉不常矣。乃師期一月之前，先搗官壩營，以寒賊膽，而撤回龍泉之兵，且以解思石之危，其事甚奇，其功甚大。比進兵，從真州入，真人則簞食壺漿以迎，播人則弃甲曳兵而走，居然有三代之氣象。時諸將欲候各路消息，方入關，折枝毅然曰："若是，則誰爲當先入者？"策馬而前，衆隨其後，竟以三月初八日奪桑木關而據之。臣用是以催各路，尚有四月入者。令諸將皆折枝，諸路皆南川，滅賊當更速。抵關，而馬孔英至，則文武相得，如樂之和。自是，日日約各路攻圍，有應，有不應，甚或以相誹詈，而折枝不顧也。分攻令下，諸將争走後門，該路獨壁前門。夫後門，我易攻賊；前門，賊易衝我。亦曰："誰爲當賊衝者"，蓋亦"先入關之意乎。"破囤之役，後門以二路更攻，前門以一路搏戰，日夜揮戈，人百其勇，坐使賊自盡，而逆黨無一逸者。總之，倡諸路之先，作三軍之氣，令黔師不得以賊强我弱借口，而竟以奏功。臣於該路文武，蓋心折焉。則南川路之功也。

在湖廣，則偏橋一路，江外爲四牌，江内爲七牌，皆五司遺種、九股惡苗，盤據糾結乎其間。四牌不掃，即武騎千群，未易窺三渡也。陳璘獨以一旅之師，先掃四牌，開我進兵之路。用是，烏江内賊黨寒心。長坎、瑪瑙、青蛇三囤，自昔以爲險絶，官兵所從未易得志者。臣亦慮其難下，令降之。璘以爲除惡務盡，竟以一鼓而升其巔，殺戮數千，臭聞十里。時龍泉哨、施南兵亦已先克板角關。至今湄潭、白泥之間，四牌、七牌之苗，遂無遺種，非璘之力不及此。該路漢兵少，土兵多，糧運少，遲便成嘄呼。璘令嚴而法肅，卒能使之用命而不爲害。迨至克關逼囤，議設木栅、製鐵牌以防賊逸，其機智有足多者。卒以入虎穴，得虎子。閹人、繡女，纍纍在俘。則偏橋路之功也。

貴州各路與川、廣不同，其地近，其兵少，其餉乏，其夷性反覆而靡常，其民心摇惑而不定。玆之用兵，又非以一淬厲、一鼓舞之爲競者，烏江失律，已見法矣。然能借是以激厲水西，俾之絶狐兔之情，踐虎狼之窟，母氏囤一戰，大足褫逆酋之魄而奪之氣。此則失之武人，得之文吏，蓋運籌者之苦心乎！李應祥以孤危之兵，當䑰卼之時，能自審於緩急進止之間，以守爲戰，以招撫爲進攻，卒之轉弱爲强，揚旌直指，斬首數百，招降數萬。因破諸囤，斬三渡，抵白田，何其壯也！竟以連合川兵，同心戮力，破重城，俘群醜，振積弱之邦、舒華夏之氣。始如處女，繼如脱兔，玆其審於機而神於用，豈易得哉！則平越、烏江、

沙溪諸路之功也。

夫我國家,從來用兵未有大得志於西南夷者。國初,傅友德統二十四將軍,止言防守,未聞戡定;正統間,麓川之役用兵五十萬,轉餉半天下,升敘萬人,三返而罪人竟逸;嘉靖初,思田之役,以剿始,以撫終,至今爲諸夷借口。兹其大致可睹已。諸帥固庸衆人,臣等三五書生耳,其智略才力不及古人遠甚,乃兵纔逾二十萬,進兵纔逾百日,費纔二百萬,而幸成功。此非臣等之力,皆由我皇上神武獨斷,委任不疑,用使文武同心,將士效死,爰有成績。臣每誦詔旨,即十行之札,萬里之外,往往瞭於指掌,而析於毫毛,輒沾沾自得,以爲賊平矣,已戰勝於堂上矣! 夫淮、蔡之平,直須一斷,何況聖朝廟謨洋洋若此哉!

——(道光)《遵義府志》卷四十二《藝文》,載《中國地方志集成·貴州府縣志輯》,第33册,339~343頁

播地善後事宜疏 李化龍

查該州,地隣三省,然楚止偏橋,路通一線,蜀與黔蓋無所不接壤。夫蜀無藉於播,黔,瘠壤也,若乘此時而割播地以附黔,則於蜀無損,於黔有裨。且臣等别疏,又請以楚之四衛并割附之。從此黔省幅員得與十二省比長絜大,甚爲長便。但盡屬之黔,則地方千里,諸凡締造,勞費尚多,亦黔所不能堪。因議設爲二府,分隸黔、蜀,庶建邦啓土,各自經營,成聚成都,指顧可就。皇上廓清之績,既已盡被於三藩,而帡幪之仁,又復再造於黔土矣。除寬脅從、撤兵馬、招流移、厚賑恤、抑兼并、清横恣等項,凡明旨所叮嚀,而兵部所條議者,俱已陸續舉行。尚有後開款目,謹集衆思,列爲十二事呈覽:

一復郡縣。播州南極牂牁,西連僰道。漢唐收〈改〉爲郡縣,在川、貴之間,亦一都會也。至唐乾符間陷於南詔,楊端取而據之。今逆酋既平,相應改土復流,以變夷俗。及照播州白田壩,沃壤數百里,即播州遵義縣故地,當復府治,設縣附焉。桐梓當綦南之衝,走川貴道也,舊爲夜郎縣故地,當復一縣;望草南接婺、思,北達真、涪,爲綏陽縣故地,當復一縣;仁懷濱播枕永,襟合帶瀘,爲懷陽縣故地,當復一縣;真州即古珍州,川原平衍,商販周游,應復一州。以上俱隸川省統轄。黄平爲川、貴要區,舊設撫苗通判一員,列銜重慶,駐鎮彼中,其與播勢相控馭,并爲重地,應設一府;湄潭、龍泉地里廣邈,各應建設一縣;甕水、重安合設一縣;餘慶、白泥合設一縣;并草堂、容山二司,應割隸各縣。以上地方去,黔甚邇,相應改隸貴州統轄。總計增府二、州一、縣八。蓋亂流初殄,地闊人稀,姑建數城以爲繫屬,以後地闢民聚,無妨增設。其二府治與附郭縣,分正、佐首領,各應照例全設外。州縣正、佐首領,俱應量減。

一設屯衛。播州地方千里,山川險惡,夷漢雜居,又逼鄰二大土司,時有啓疆之志,必須設官軍,建屯衛,以明居重馭輕之勢。因設一衛於白田壩,與府同城。指揮使一員、同知二員、僉事二員、鎮撫一員、經歷一員、知事一員,所屬前、後、中、左、右五所,每所正千

户一員、副千户一員、百户四員，所軍各一千，共五千。衛所官於從征有功者酌量升授，不足者於鄰近願入者調取移實之。其邊隅逼鄰土司地方，各設屯田，每軍照祖制二十四畝，再加六畝爲冬衣、布花之費，〈共〉三十畝，自種自食，不必納糧於官，又復領出，紛紛滋弊。各開屯處，除養屯軍之外，餘田仍照民地起科，上納本，折於各州縣，爲衛官俸廩及不時軍興之用。每年孟冬、仲冬、孟春、仲春農隙，各屯官時加操練。又以十月、二月望日齊赴兵備道大操三日，驗其武藝，較其强弱，而明賞罰焉。老弱者汰之，一屯老弱多者，并革其官。軍田即另募壯丁補伍，庶軍得實用，异時即募兵散盡，此五千軍與主兵三千，自有八千可用之兵矣。

一設兵備。播地三面環夷，干戈甫戢，當此經綸草昧之始，設立有司，可以招撫流亡；或未能長駕遠馭而圖久安。布置將領，可以備禦倉卒；或易於生事徼功而開邊釁。欲以内修戎備，外懾夷心，整肅群僚，畏服衆志。爲地方長久之計，必設分巡兼兵備官一員，於播州白田壩新建府城駐劄，專一整飭新復郡縣并重慶衛忠、黔二所，永寧、酉陽、石砫、平邑等土司兵務，兼理有司錢糧、獄訟。其重慶府巴縣、綦江、南川、涪州、武隆、彭水切隣地方悉聽管轄，以便行事。黄平新設一府四縣，雖割屬貴州，但人心初附，田地毗連，與貴州水西宣慰司并聽兼制。

一設將領。播淪於夷，閲八百餘年，風俗獷悍，法令扞格已久。今地雖蕩平，而逋孽潛藏，漢夷錯雜，招苗樹黨，越界侵田，時所必有。今議播州留兵一萬，黄平留兵三千，粗足防守，然必得一大將鎮之，始可無事。查得先年克平九絲，議留總兵一員鎮守其地。今建武視播稍緩，即一參游足領之。合無將軍門標下添設練兵游擊一員改駐建武防守，原設總兵移鎮播地，應留各兵，挑揀家丁三千、買馬三百，内標下標兵家丁二千七百、馬二百七十，以坐營千把總領之，兵道員下家丁三百、馬三十，以中軍領之。有事，俱聽總兵提調，名爲正兵。此外兵七千，酌量分布於白田壩、真安、桐梓等縣，播川等邑防守；内以一游擊領三千，以二守備各領二千，各用千把總分領之，有事争〈征〉戰，無事即爲築城鑿池、建郡縣、修郵驛之用，糧銀照依舊例支發。徐俟建置竣工日，除家丁三千、馬三百外，餘軍以次議撤，有願附籍當軍及民當差者，聽千把總俱於附近衛所官内選用。其黄平留兵三千，仍設一參將領之，總聽防播總兵節制。

一丈田糧。環播幅員千里，田地無慮數千萬畝。舊時，額糧止歲以五千八百石輸貴州。蓋蠻方賦税原輕，至應龍巧立新法，名曰“等賨”，每田一畝徵銀數錢。初，猶斂其財以招苗，後并奪其地以養苗，而賦法蕩然盡矣。今既改流，自當責成道府，親率州、縣官定疆界，沿丘履畝，逐一丈量，分爲等則，造册呈報，以定賦法。額糧輕重，蜀無定規。查克平九絲丈量田地，分别上、中、下三等，每畝上田四升、中田三升、下田二升。播地山水間雜，不止三等，尚有上上下下者，宜逐項分析，最上者，一畝可當上田幾畝；最下者，幾畝可當下田一畝，則待臨時酌定，難以預計。丈完總計田地若干、糧若干、徵本色若干、折色若干，俟二年之外起科。除足一年夏秋二税、銀力二差、一切雜費外，餘解布政司，充邊餉支用。

一限田制。播土舊民自逆酋倡亂，大兵征討之，餘僅存十之一二，遺弃田地，多無主人。册籍不存，疆界莫考，復業之民，往往冒認影占，原少報多，原瘠報肥，甚至一人占田一二千畝，尚有异省流徒假播籍而希冒占者。今應將播之舊民號"楊保子"者，查果真的，無論原業肥瘠，俱人給田三十畝，上、中、下攙配均給。若一處皆上田、皆下田者，臨時酌給。大率純下田多不得過一百畝，純上田不得少過二十畝。其原非播民，凡不能爲楊保語者，無問曾否寄住，皆不得妄認。遺下無主民田，另行招人承種，納糧當差。應龍官莊并楊兆龍、田一鵬、何漢良等諸擒斬過有名頭人莊田，盡數没官，聽三省之民願占籍播州者承種。其領田之人，查照時值，量行上納，以充目下建立城池、衙門、驛傳諸費。亦定爲限制：平人不得過五十畝，指揮、千百户不得過百畝，俱於丈量時定糧、定價，令不得那移。州縣官收過絶産價值，給付印契，登入循環，聽兵備道稽查，轉報撫按查考。官吏乾没，從重治罪。

一設學校。播故有學，宋元之世，俊茂朋興，如冉從周、猶道明、白鎮之流，俱登進士，蜚聲上國。自逆龍禁錮文字，寇仇儒生，坑儒燔書，禍同秦始。今干戈既戢，文教宜先。白田、黄平舊有學宫，補葺亦易，應當於二府原學各補教授一員、訓導二員，至博士弟子員，無論附郭外縣，但入學使之選者：蜀新四縣隸白田學，黔新四縣隸黄平學。待各縣人文漸盛，物力稍紓，嗣各立學未晚。真安既改爲流，其地方殷富，人物頗華，亦須建一學宫，設一學正，以示維新之化。

一復驛站。播州各驛，自逆酋閉關負固，驛官不敢赴任，過客不敢經行，站户逃徙，館舍丘墟，十數年矣。兹者地方底定，道路大通，驛站之設，勢不容已。查播州舊轄松坎、桐梓、播州、永安、湘川、烏江、昌〈白〉田、砂溪、仁水、湄潭、鰲溪、岑黄、白泥一十三驛，俱當川貴孔道，所有各該驛館，應趁時興工，合用匠役亦於兵夫内查有慣造者徑撥，不足者於附近州縣取用，工、食、銀、米計算於該邊支剩軍餉内動支。仍責成新設府佐一員，往來稽督不許虚冒錢糧，曠廢時日，事完册報。又查各驛夫馬支應及官吏俸薪舊額，土司供辦。今既改土設流，似應與腹裏驛站一體僉派，但流民授田方始，難便買馬行差，目前一切站銀，暫令官爲出辦，俟里甲稍定，即行編派。至夫馬額數，應照衝僻爲準：湘川驛附郭爲四路最衝，應設馬四十匹、夫八十名；松坎、桐梓、播川、永安四驛，地衝路險，應各設馬三十匹、夫五十名；烏江、仁水、湄潭、岑黄、鰲溪、白泥各驛俱次衝，應設馬各二十匹、夫各三十名。昌田、沙溪止通水西，次僻，應設馬各十匹、夫各二十名。各驛官見在者，行令赴驛任事，驛吏因屬土司，舊未撥發，今應行川貴兩省布政司，照缺查撥。

一建城垣。播州一府、一州、四縣，與黄平一府、四縣并改築石城，石少者，以磚代之。其兵備道、總兵府并府衛州縣衙門、公署、倉厫、庫獄、城隍廟、演武場，與二府一州儒學、文廟、殿廡、齋舍等項，俱當以次修舉。而各官一抵地方，棲身爲急，衙舍之建，尤宜首圖。各府、州、縣正官選委勤敏佐貳，於堪動銀内行支。克期興工，多方稽督。大約城垣以歲辛丑二月内起工，限年終落成，餘各以次備舉。就中員役有怠惰冒破、工力草率者，俱聽該道參詳拿究。事竣之日，造册報撫按衙門奏繳。庶險要可資，防禦有賴。

一順夷情。播州皆夷也，大兵之後，爲賊用力者，芟夷藴崇，已無遺種。今見在者，曰各司土官，曰七姓奏氏，曰投降夷目，皆宜安插得所。顧就中情事不同，亦宜分别。如八司，曰：播州、真州、白泥、餘慶、草塘、黄平、重安、容山，内安撫二、長官六。又一司甕水，原無印信，亦稱長官。又有宣慰司同知羅氏，此皆世有官號，與播并建者。播州長官王積仁以附播被擒獻俘，與楊氏俱滅。真州附播多年，綦江之破，助兵三百，著在耳目。同知羅氏與江外五司具疏改流，挑怨速禍，至有今日之事，海内震動，流血千里，則諸司者，罪之魁也。故説者謂真州宜正其附播之罪，江外諸司宜以起釁絶之。第王道如天，罰宜從輕，賞宜從重。真州當進兵之初，率先歸附，正、副長官各以千人從軍。江外諸司各招兵聚義，充黔、楚鄉導。合將真州長官即爲該州土同知，副長官即爲土判官；江外諸司，安撫與正長官即爲該城土縣丞，副長官即爲土主簿；同知羅氏爲新府土知事。此外尚有投降夷目，原非長官，本無冠帶，但賞格曾坐名開諭，輒爾先事歸誠，亦宜少示眷疇，以明恩信。如上赤水里頭目袁年，父遭酷禍，投降最早，宜授以所鎮撫職銜；下赤水里頭目袁鍪，仁懷里頭目王繼先，安、羅二村頭目羅國明、羅國顯、安鑾，以上五名，念其返誠歸正，量授冠帶、總旗。諸人田産，止將本身者照册撥給，應納税糧，通附州縣官處上納。其餘里人，俱令附籍納糧當差，不許仍以家人爲名，恣行霸占，違者治其前罪。至於七姓奏〈民〉，始助楊氏之惡，繼傾楊氏之族，尤爲禍首。今蒙王仁寬宥外，如仍蹈故習，豪横害民，該道徑行拿問發落。地方人民指稱前事告害者，亦如之。

一正疆域。播地東北接連三省，縣、衛各有疆界，無容溷淆；西南左接水西，右逼永寧，雖犬牙相攙，未能齊一，然畫野分疆，亦自有相沿界址。惟是夷性互爲雄長，强則侵凌，弱則減削，甚至有一地而甲乙互臨，一人而齊楚兼事，如儒溪、沙溪、水烟、天旺，皆播州五十四里之數，見有黄册可考。緝麻山、李博埡、仁懷、石寶、甕平等處亦皆播州世業，衹緣先年楊氏中衰時，曾爲永寧、水西侵占，後應龍當事，治兵相攻，恢復故業。各邊目又已任其糧馬，兩下支持，此在土司可略。今既改土設流，自宜各復其故。乃水西止求清查，永寧輒行瀆擾，且動以瓜分爲言，罔上行私，垂涎占業，應行該道會同隣近道分。及早清查一切相隣地方，原係播者，歸播；原係永寧、水西者，歸奢、安。刻石立碑，永爲遵守。其隣邊目把如不安分義，妄肆争侵，重行究治。干礙土官一并參處。此疏從《四川志》中采入，叙播中善後事最爲詳悉。但前書十二條後止列十一條，且文勢尚未收束，疑有脱簡，别無書可查，姑仍之。

題設府州縣疏略　郭子章

播州之地，東西相距二千餘里，南北相距二百餘里。雖云憝國，亦係樂土。今議改流，東西可設二府，每府各設二三縣。播境原屬四川，與貴州隣，二省界限，原自分明。至論建置大概，臣意：自沙溪以至白泥，當以烏江爲界，設一府於白泥壩；而真州、蔞山、松坎等處可爲三縣；黄平在元已爲府矣，當設一府於黄平或平越；而餘慶、白泥二司可爲一縣；甕水、重安二司可爲一縣。此沙溪至白泥一帶建置之大概也。自白泥渡江至婺川縣，以三渡、板角、苦竹三關爲界，其中漢、苗田土雜錯，惟湄潭可縣、龍泉可縣。龍泉土官安民志陣亡，其子尚幼，其印已失，土地已爲楊賊踐躪，合無將龍泉改建一縣，增置城郭，而以安民志之子世爲土縣丞，以爲死義者之勸；其祖職長官，世爲土主簿。此則思、石一帶建置之大較也。第"播州"之名，其來已久，"潘"之爲字，番之有才者也，以故應龍阻兵，崛强獷戾，竭四方之力，僅乃克之。夫南越破而"聞喜"建，吕嘉得而獲"嘉"名。龍州平，改爲"龍安"；九絲夷，更名"建武"；即播州納土於宋，亦改名"遵義"。計廟堂當有定謨，而播之名似當更易。

——（道光）《遵義府志》卷四十二《藝文》，載《中國地方志集成·貴州府縣志輯》，第33册，343～348頁

平播露布　李化龍

伏以辰象麗天，七緯判井参之紀；方輿略地，八紘嚴夷夏之防。故陰慘陽舒，天綍所以陶庶彙；而文經武緯，哲后所以殿萬邦。道如此乎相成，世賴兹而常治。垂衣而理，爰開弧矢之威；舞干以來，不廢徂征之舉。黄公元女，策贊玉門。赤熛素靈，符昭金匱。洎乎皇風既降，猶然遠略時聞。漢馘吕嘉，聲教訖于嶺表；唐俘蒙儉，威稜憺乎天南。是雖晚近世之作爲，實乃大聖人之家法。匪云得已，允有成功。恭維皇帝陛下，道契書繩，祥擒載玉。憲紫微而立極，雪踐四神；登翠嬀以握圖，星飛五老。昇平三紀，雲火静其横氛；受胙九宗，風雨漂其濊澤。委任心膂，妙選爪牙，兵以不殺爲威，德用無爲而治。朔方叛黨，嬰城旋就誅夷；海外渠魁，越國甘從紲束。宸居端拱，天步泰寧。日浴月蝟之鄉，莫不奉琛而納款；紫舌黄支之侶，咸皆解辮而稱臣。昆明通太液之波，大宛貢天閑之駟。《春秋》之義無外，《詩》《書》所稱何加。

惟此播州，介於川、貴。貞元以往，猶遷客之是居；會昌而還，爲楊端之竊據。本以招討，擅此方州。跨重岡復嶺以疏疆，介絶澗茂箐以設險。丹岩紫澗，常截地而瀠回；翠壁蒼巒，每横天而巀嶭。羊腸鳥道，一夫可以當關；虎嘯猿啼，萬騎總爲却步。加以腥烟冪覆，毒露縱横。上漏下蒸，坐見飛鳶之墮；前溪後窅，常多有蠱之灾。别是封疆，自爲聲教。冠紳承襲，已歷四朝；子姓蒙安，洊及千載。强弱之形互見，離合之勢靡常。飢則依人，飽則颺去，終非馴擾之儔；失則其鹿，德則其人，薄示羈縻之術。然猶奉琛奉幣，職歲之貢獻無虚；不叛不侵，非時之征調惟謹。

迨至逆賊應龍者，夷運將終，淫凶遂熾。天奪其監，既安忍而無親；鬼瞰其家，輒恣行

而播虐。殺人如不舉，害衆若弗勝。狥孽妾之言，妻甘屠剪；同官之黨，人盡誅夷。敵怨五司，魚肉不留乎遺枿；快心七姓，烹醢冤徹於三泉。懸硋碓湯鑊之刑，置火麻鐵刷之獄。是尚恣睢乎部曲，已而輘轢乎縣官。數肆嫚書，屢馳密諜，謂九重爲遠，聲不憚於吠堯；以千里自封，財無難於使鬼。重慶城計脱犴狴，已逭靈誅；白石口謀動干戈，寧辭越志。從此恣其玩弄，因而極彼譸張。宰割一方，睥睨諸省。收藏亡命，逋逃遍四海之奸；糾結生苗，聲勢致兩川之震。盛氣豈忘躍馬，雄心不憚稱孤。犯乃無將，志不在小。

皇上俯憐愚謬，屢沛鴻慈。征誅尚緩於後夫，撫戢屢申乎邊吏。網開三面，聿弘卵育之恩；禽縱九頭，倍肆鴟張之志。虔劉飛練，鬼哭千家；縻爛綦江，尸横百里。捐嬰兒以填岩谷，刳孕婦以決雌雄。萬靈號地稱冤，四境籲天匄命。樵蘇何計，閭閻動鼙鼓之哀；羽檄交馳，城郭盛妖氛之氣。一時惡少，儘欲效尤；幾種夷酋，半懷觀望。業已驛騷乎西南半壁之天下，行且震驚乎東北一帶之人心。亂影已成，逆圖漸逞。全蜀星河摇曳，重瞳宵旰焦勞。佇望廓清，宜資卓犖。

而臣以章縫末品，樸遬短才，偶詔起於田間，遂謬膺乎軍事。控四蜀而兼綜湖、貴，柄在專征；奉三錫而濫秉鉞旄，義當滅賊。臣感兹恩遇，願效馳驅。情同泣劍，甘裹革以從戎；心切枕戈，計除凶而報國。但期平定，敢愛髮膚？顧民力凋瘵而未蘇，又武備廢馳而不振。賊强臣弱，難希擒縱之風；一日數驚，易斷平安之火。於是殫攄朽鈍，獎率權奇。謹會同巡撫貴州兼督理湖北、川東等處地方軍務，都察院右副都御史臣子章，巡撫湖廣等處地方兼提督軍務、都察院右僉都御史臣可大，巡撫偏沅等處地方、提督軍務、兼理糧餉、都察院右僉都御史臣鐸，共懷許國之心，咸篤勤王之誼。謂夫事關三省，必須動協萬全，以固圉安人心，以死綏作士氣。内葺理而外持鎮静，計頗效於謝安；陰不足而陽示有餘，竈頻增於虞詡。徵兵之使四出，環秦庭而乞賦無衣；寄閫之理三推，憶鉅鹿而重厘拊髀。柄分黄鉞，下天上之將軍；案有丹書，合地中之義旅。命五丁於蜀郡，召三户于楚人。集滇廣樓船下瀨之豪，連韓魏奮擊蒼頭之衆。秦稱孔武，羅孟賁、夏育之朋；浙號多才，搜霸越、平吴之士。鷹揚侈譚於齊客，喜建功勛；駿聲偏重於燕台，爲憐康慨。有嚴有翼，共武服而旂旐央央；如漢如江，啓戎行而威靈濯濯。咸來奏技，莫不從軍。又以古制：師以糧從，兵貴馬騰士飽，爰開庾廩，共極舟車。籌策遍於橐囊，轉輸酌乎鐘釜。舳艫銜尾，粟盡海陵之倉；組練生光，山積漁陽之甲。兵同白雪，衆悦蒼雷。

臣乃於正月十五日攝衣登壇，歃血矢誓。宣忠義以作士氣，思齒劍者投袂并興；懸賞罰以一人心，懷淬刃者超距競起。衆憤嘘而梁益之天成霧，軍聲動而岷峨之水波飛。克日長驅，嚴兵待發。臣又於二月十二日五鼓戒衆，八路徂征。在四川以綦江、南川、合江、永寧爲四路，總兵官吴廣、劉綎、馬孔英將之，而監軍以參政張棟、謝詔，督餉紀功以參政張文耀、副使史旌賢、參議熊宇奇、僉事徐仲佳；在貴州以烏江、沙溪、平越爲三路，總兵官李應祥將之，而監軍以按察使楊寅秋、參議張存意，督餉紀功以參政郭廷良、副使洪澄源、尤錫類，參議梅國樓；在湖廣以偏橋爲一路，總兵官陳璘將之，而監軍以按察使胡桂芳、參議魏養蒙，督餉紀功以參議詹啓東，副使王應霖、路雲龍、陳與相。集群策於一時，宣天威於九伐。娖隊飭元戎之令，以律而臧；練士雜夷漢之師，在和而克。風鶴咸知助順，草木都化爲兵。賊勢已危，狂氛未戢。力伸螳臂，尚三覆而設奇；若燎鴻毛，輒一鼓而制勝。諸路并斬關而入，一時多解甲而降。婁山岩門，萬夫不守；湄潭河渡，一葦可航。兵遂環於白田，衆已焚其赤社。曲房别館，一炬堪憐；班馬鋒車，闔門咸竄。於是巢穴漸定，羽翼半摧。獸既窮而搏人，鹿方急而走險，賊乃重招逆黨，共保岩限。百仞臨高，築鉅堙而不及；一偏延敵，攀蘿葛而難躋。自謂天險可乘，兼有積儲足恃。蝟云得計，只自速亡。爰命六師，圍之三匝。蝥弧屢奮於列校，鼉鼓加募乎千金。攻極力殲，莫禦疾雷之勢；計究詐得，頻貽小月之書。臣乃詗其深謀，特申儆備，復令按察使張悌入營督戰，重戒總兵吴廣毋與賊通。衆志彌堅，賊困猶鬬。連旬集雨，共洗蠻蜒之妖；疊雉霾雲，實壯王師之氣。勢將剪滅，事已垂成，而臣適遘閔凶，遥傳音耗。寸心塗炭，乍懷進退之虞；簡命眷留，更切始終之慮。望雲渺渺，向日炎炎。事難適夫兩全，身惟拼乎一死。勉修軍令，益整兵威。旬月迭攻，晝宵不息。小岩結聚，知蠻滅已非遥；异鳥翱翔，信賊平其有兆。卒徒競奮，雉堞平頹。彼力盡於枝梧，此骨騰而距躍。楚歌四起，騅不逝以驚心；越甲重來，犬長號而入夢。徒揮金而召死士，竟掩袂而别妖妻。縱飛走以無門，悲蟣虱之相吊。夭亡已定，矢劍烏江。人力難施，投繯荒谷。快大兵之畢集，遂舉族以就擒。剖腹不減然臍，駢首同看繫頸。涓人彩女，解玉佩而成俘；劍客謀臣，抱兵符而就縶。雷擊星馳，三十萬巢穴倏爾成空；摧枯拉朽，指揮間根株蕭然盡拔。定軍之山頓赭，牂柯之水已丹。飛虎、飛龍，堅城如掃；養雞、養馬，故壘空留。只餘草木之腥，無復萌牙之肄。訊執已成聚落，首功不啻邱陵。築京觀可示來兹，勒銅標談誇已事。紅旗十里，依依六月班師；翠幰千重，蕩蕩三分底定。前歌後舞，鐃吹半禊於巴渝；繡帽錦衣，勝氣全高乎玉壘。戎翟因而奪氣，流汗走僵；將軍從此開顔，告成飲至。櫜弓卧鼓，息壯士之呻吟；解劍賣刀，恣農夫之耕耨。百蠻稽顙，萬姓謳吟。

重念開創之難，更竭圖維之力。因地形以爲疆理，招土著而慰氓黎。削減叢祠，别營茅社。爰分土宇，指西母而開圖；載布冠裳，順東風而受吏。易瘴鄉爲樂國，矜人起鴻雁之歌；黜夷法於漢官，拭目快威儀之睹。化瑟張而勿擾，熙熙乎坐赤子於春臺；太牢享而有餘，栩栩然囿僰人於蝶夢。本因亂而制治，實用夏以變夷。何敢言勞，期不辱命。此蓋神武有赫，厚德用威。遠克鬼方，奉役不淹於三載；同符帝德，成功僅逾於七旬。民未大勞，師無再役。還千秋之疆土，重勒鼎銘；戢四海之窺覦，坐銷金甲。獻俘清廟，靈承玄綷之心；上壽明堂，旅受禄圖之福。《補蜀藝文志》。

——(道光)《遵義府志》卷四十三《藝文》，載《中國地方志集成·貴州府縣志輯》，第33册，362~365頁

羅氏忠愛堂譜序　杨端

蓋聞豪杰之挺生，莫大乎盡忠、盡孝二者而已。故先民有言："求忠臣，必先孝子之門。"又云："事親孝，則忠可移於君。"吾於是而知君家忠與孝之大也。粵稽古載，君之先宗，出於春秋有熊氏。君之先子、先大父，登將相縉紳。本大則枝盛，源深則流長，理固然也。及大曆初，君之先公太保公，值國步之多艱，抱命世之才略，著聲三楚，建績八閩，王室賴之以安，妖氛需之以靖。夜郎濁亂，天子震驚，推轂掌戎，廓清播土，分符割壤，世受侯封。所謂非常之功，必待非常之人而成者，君之太保公是也。及君之世，歷祀百年，傳家四葉，冲年嗣服，遺大投艱。播孽之遺類復猖，牂牁之殘魔復祟。封疆孤注難支，君其見幾明決，思患未然，因而有太王之遷，子胥之去。修車馬、繕甲兵，卧薪嘗膽，復少康之業、報吴越之仇。其始也，我出我車，與子同袍；其終也，執訊獲醜，與子同僚。猗歟幸哉！向之先公創而造者，君得以恢而復也；君之恢而復者，又吾之得以創而造也。先後濟美，伯仲壎篪，其與君之螽斯麟趾，享茅胙之長，帶礪之久者，并日月而弗朽矣。一日登君之堂，閲君之譜，見先公遺言，如睹先公手澤。其德業聞望，凜凜筆端，猶令人心懷念慕，繾綣莫釋，一唱而三歎焉。因忘鄙陋，勒爲俚詞，附之仙譜，聊慶其盛云。乾符三年冬十月望二日，題於羅氏之忠愛堂。《羅氏譜》。

——（道光）《遵義府志》卷四十三《藝文》，載《中國地方志集成·貴州府縣志輯》，第33册，第377頁

勘播紀事序　蹇達

今上聖神文武，威振海隅。南倭北虜，稱臣款塞，亦越蠻夷之長，罔不慴服。乃夜郎酋楊應龍，獨以負罪懼誅，不即輸情候勘，故籌邊者并注意焉。省中楊公以爲言，大較謂事關川、貴兩省，撫臣議未協於一，宜遣才望大臣往勘。下部議，大司馬石公覆議以聞。上特簡南少司馬、益都昆田邢公，以北少司馬兼御史中丞持節莅視之，惟勘惟剿，并載璽書。夫蕞爾小醜，討以節制之師，直摧枯拉朽耳。猶然并議勘處，豈不以酋孽由自作，罪止其身，大兵所向，不無玉石俱焚之慘耶？又豈不以川、貴、滇、粵之間諸酋長互爲唇齒，作我藩籬，使酋無終叛之實，遽行誅滅，即酋有餘辜，諸酋長無後言，而自撤其藩籬，儻亦非上策耶？聖謨洋洋，意念深矣。

公自留都聞命，謂酋重關大菁，業已負嵎；重以土苗敢戰，未易擒剿。川、貴之兵，素稱脆弱，即土兵頗强盛，不無狐兔之悲。必調兵他省，示以必剿，乃足以折其奸。公於是有《謹攄一得議兵餉八事》之疏。事成于同而僨於异，况軍旅大事乎？中丞譚公、林公，直指王公、薛公，體國匡時，義應共濟，公於是有會計兵情之議。西南征討，兼用土兵，而酋比隣交結，宜陰摧其羽翼。公於是有激勵土婦、獎率土官、摘取把目之檄。先是下檄，許酋自縛轅門，待以不死，酋猶遲回瞻顧。蓋酋久羈重慶，備嘗窘辱，邀我偏師，再干衆

怒，自知無所逃罪。土民復爲蜚語恫喝，酋疑懼滋深。公已詳論，首始以周維新等乞憐。因其控訴，是以有再諭、三諭之檄。故雲中史夷，縱横有年，公昔開府其地，計擒史夷，弄之股掌之上，聲震環區，酋所熟聞而心慴者。而方伯李君，憲副易君及郡守王君，深諳夷情，皆廟堂所簡任者。公與譚公咸委信而責成之，以故諸君共殫計畫。

公又檄大將軍蜀前後劉君、貴竹李君，遥制以虎旅，酋竟不敢違。而綦江安穩驛則部覆所允勘地也，酋囚服俯首於兹。惟贊畫張君、劉君，監司李君、易君及郡守王君所督責贖金四萬兩，再獻首惡十二人，以俟天誅。公於是有《播酋兩次投勘，國威大伸》之疏。五司襲替，舊關白于酋長，酋藉手横索，釁所自來，自宜收其事權。又土民妻孥何辜？向爲首所魚肉者，以兹訐奏，結怨轉甚，亦宜曲爲之所。公於是有《善後》之疏。其他疏檄，凡所以制酋之命而伸我之威者，不具論，具在《勘定播夷紀事》中。公重示人，我蜀縉紳大夫之倫，造公而請曰："如天之福，明公勘結播事，以大造我蜀父老子弟，幸甚。第趙營平有云：'兵事當爲後法'，明公獨無意乎？"公始付諸剞劂，不佞達奉以卒業，作而歎曰："以公文武憲邦之才，不剿而勘酋龍。人知爲公之易，不知惟不剿而勘，致酋帖然聽勘之難也。公勘結播事，而無所煩費於川、貴。人知爲公之易，而不盡知公所以爲大功，爲大忠也。"夫自白石口抵殺官兵，酋爲戎首，懼而思逃久矣。又以道路之言，竊窺究竟，主勘，出柙之虎，肯復向檻中耶？藉令公實備兵，則見以爲損餉；無備，則見以爲損威。威太重，酋既懼而不敢出；一切以恩，酋又玩而不肯出。公斟酌操縱其間，使兵備而不費，威用而不猛，恩加而不褻，獨苦心矣！又先屬其事於郡守王君，君毅然單車往諭，酋囚服叩首於道左，君故倨視之，以懲其玩。已，復示以不疑，推心置腹，酋始輸情請罪，若是乎勘之難也。

我蜀瘡痍未起，民懼復罷於轉餉，士卒則惴惴然懼不免於鋒鏑，即一討而擒酋，而暴骨於夜郎復嶺陡澗之間者，豈盡酋餘黨耶？今使之自縛聽勘，獻首惡贖罪金外，且削父子之世官，收五司之世土；又自羈其一子外，餘黨服上刑，而下者逾五十人。内之以大伸國威，外之以聯屬它酋，軍民無膏斧填壑之虞，而川、貴晏如，主上已寬西顧，可不謂大功乎？然剿與勘并較，則凱奏露布，似以爲駭俗矣。公得便宜行事，獨爲勘，不爲剿，其竭思殫赤，所以培元氣而利賴國家者，蓋甚深遠。不佞固曰："公勘之難，功之大，所以爲大忠也。"第不佞於是而益有感於疆事之難焉。自公論未明，流言易起，而疆臣以任事爲諱矣。播事遷延，迄今八載，微獨酋負固，即土民亦幸其負固以甚酋之罪。重以四方亡命，及武弁喜事者，飛語流言，轉駭聽聞。封疆之臣，惡能無顧忌乎哉。賴公與譚公、王公，訏謨大同，而公總師帥之任，獨坐照其情刑〈形〉，以故贊畫監司若郡守，得以一意從事。而廟堂之上，相公協心，與大司馬議合，公始得以便宜行事，置兩省于安枕。然非主上明聖，眷任老成，即公欲長慮却顧爲千百年計，其道無繇也。乃知人主所以經理天下，鞭笞四夷者，惟在知人善任哉！惟在知人善任哉！不佞故備言之，令後之考西南疆事者，得以采覽焉。

——(道光)《遵義府志》卷四十三《藝文》,載《中國地方志集成·貴州府縣志輯》,第33册,377~379頁

平播全書序 王象乾

古者明王慎德,四夷罔不率俾,學者類能言之。考於傳記,雖不力與之争,而柔武之節,亦未少廢。如大禹之序西戎,文王之討昆夷,豈止荒服是營,岠嶮用兵,固有之矣。爲其臣者,載筆綴文,曲盡揄揚,後世誦而傳之,使其文獻無徵,傳聞寡信,則何以稱焉。漢世班固、王充之流,稱述祖德,每歎息於光藻之易渝。雖大小不侔,即其力專,故實能有推本,斯亦其次矣。

本朝威德甚盛,於夷狄尤慎用兵。然桀驁不馴者,未嘗逋誅,記述類多可考。皇上承迓列祖之休命,神武繹宣,凡有兵事,所向成功。如朔方島夷,始非不哆,然卒爲大僇,談者更以爲美。曾不數年,又有平播之役。僕守北邊,每見廷議播事,爲之太息。迨上決策討賊,起少司馬李公於家,督諸路兵,每有奏記,傳報四方,讀者皆驚以爲意深密而知機要,賊不足平也。不數月而成功。逾年,僕來受事,訪公之遺謀餘事。吏言是書,僕取視之。書凡六種,首奏疏,次咨文,次檄,次書札,次批詳,次雜文。軍中之事,略具梗概云。吏曰:"事初起時,蜀故久不知兵,凡徵發租調,文符如雨。下至魚鹽行葦之微,小小事宜,靡不草創行之,膺然爲駭。郡國承風,十不得一。又鮮有佐者,徒操空言以逞遁心。"夫獨割可以持斷,而孤翮不能搏空,使公之謀計遂行,投之靡不如意,於功也尤易矣。是編也,掛一漏十,微者不能著之書,小者又不能詳。然運一方之宜,馭無窮之變,幾微疑難,軼而味之於洶洶之中,昭灼以行,非古之哲人,惡能若是?曩者,漂説聲聞,得之景響。今也,據其籍,求其故,人或能言,事猶可識也。世之人,藉是書以覩公之大業,猶之求影於燈,取潤于河,斯其不遠矣。故表明聖之光靈,存勛伐之遺烈,睹四夷之明效,搴兵事之機權,章成能之有要,彰彰睹已。

初策播事,唯上一意討賊,又一意惟公計是用。公所請,奏議盈前,如石投水。數年以來,君臣相得,未有若此之盛者也。即有苗可格,矧於逆酋,故光靈益遠。公之用兵,意略多奇,違覆無幾,當權立斷,卒莫有難之者,可操券而責也,故勛伐自隆。南羌部落,唇齒是資,蚌鷸以竢,殷鑒在眄,孰不寒心?是銅標古鼎之文,西南所永戒也,故夷心可戢。觀公所爲文,大如奏白,小而書記,泛若不窮,皆能櫜籥,此所謂智勇俱進者也,即兵法數十家可以并行,故機權足辨。國家用兵四夷,成功之速,無播若也。其《説略》已著之於篇,從而繹之,事操首尾,言尋倫脊,倏如蒼素,倏如笙竿。彼紛紜者,孰不齰舌而退焉。是崇此而成,違之而敗,此亦議事之大較已,故能事益顯。僕蚤與公游,雅推其才,愧不足以盡公,姑明其略云耳。吏曰:"藉如公言,倘無是書,豈遂泯泯乎?"僕曰:"否,否,《傳》

有之，所見异辭，所聞异辭，所傳聞异辭，倘信而足徵，莫之能易矣。"吾論公書，貴其見聞而信也。《書》有《胤征》《甘誓》，《雅》有《采薇》《車攻》，其事不過征討戍守之常，使在後世，必且湮没無聞。唯作者親見當時用兵之美，曲極物情，鬱然比於典則，故不徒託之空言，孔子信之。至如輓近，事迹雖蕃，各陳私臆，不以爲一家之言，匿瑕增妍，天下舉而笑之，亦何益之有？故得其實，雖綿遠可以昭盛典；飾其僞，即衍博祇起群疑。衡纊在心，耳目難掩，此鴻藻之所承，而雅志所願識也，其孰能廢之？平播爲本朝僅有之事，是書言無不實，故文無不遠，非以之爲有無而不能不有也。既有，諗吏因使論而籍之。

——（道光）《遵義府志》卷四十三《藝文》，載《中國地方志集成·貴州府縣志輯》，第33册，379～381頁

羅氏族譜序　羅儀廷

蓋自尼山《麟經》作，而天下萬世有國者莫不有史；自考亭《家禮》傳，而天下萬世有家者莫不有譜。是知史也者，國之譜也；譜也者，家之史也。不有所紀，則世遷代變，事遠人湮，倫序混殊，尊卑失序，賢否莫辨，疏戚無徵，而終淪於無統也。遐考先公世録，驗諸碑銘石勒，乃春秋有熊氏之後，山西太原人。始祖世渺，姑難悉述，請得以鼻祖創垂顛末，歷代纘紹根由，推而言之。大唐大曆間，鼻祖諱榮公，登將相之壇，兼文武之略，華夷欽服，中外聲馳。南定閩蠻，北伐邊虜，王朝倚重，四國賴安。乃值夜郎變亂，群夷梗化，蔡經略征之而無功，何司馬討之而敗績。幸我鼻祖，奮盤根錯節之材，開千載難平之地，身膺茅土，世受符封，亦可謂創業之奇遭也。傳至乾符三年，四世祖太汪公，襁褓居官，權柄失握，百年甫平之域，轉而爲腥穢之區，遷國圖存，斬關走出。當是時，太師楊端公，勛名赫濯，威望尊隆。太汪公抗疏力請，乃得提師援剿，前此失之東隅者，後復收之桑榆者也。繇唐歷宋，駕元至明，後先相繼，藩屏王家。王命是共，祖訓是保。豈非鼻祖貽謀之盛，太汪公再造之洪哉。萬曆庚子歲，楊應龍不道，虐民瀆神，干冒王章。宗子其賓，連率五司，會糾七姓，獻土改流，易播爲遵。向之士而同者，今得爲萬户侯耳。嗟嗟！前人創造於前，繼承於後，倘非克孝於家，克忠於國，亦何能歷世數變而不朽哉。廷生也晚，適逢千百之期，幸際三十三世，睹簡編之殘闕，記載之差謬，若非溯本窮源，詳定載籍，雖有肖子賢孫復起，其詳不可得傳也。况前世之流風善政，鑿鑿可鑒；嘉言美訓，歷歷可稽。至若冠婚之禮，喪祭之儀，習姬公之真傳，體朱文之正訓，尤當後世是則是效者。一日行吟澤畔，放步壠邱，咏《蓼莪》之章，歌《繩武》之什，承父兄之命，遵譜牒之傳，因與二三同志者，并志不朽。萬曆戊午歲，秋八月朔。

——（道光）《遵義府志》卷四十三《藝文》，載《中國地方志集成·貴州府縣志輯》，第33册，第384頁

遵郡紀事序　張爲政

蜀險甲天下，而遵義尤甚。其地廣袤千里，塹限川黔；其人物風俗、財賦土産，與蜀中大郡等，亦東南之勝區也。古稱芒部，秦爲夜郎，漢爲牂牁，唐爲播州。自是厥後，歸於楊氏，州軍寨堡，建設不一。迨明萬曆庚子，應龍失節，討平而復郡縣焉。履畝均税，分官而治，立學校、興制度，出湯火以登衽席，去澆漓而崇禮教。民安物阜，漸臻熙皞者近五十年。

——（道光）《遵義府志》卷四十三《藝文》，載《中國地方志集成·貴州府縣志輯》，第33册，391～392頁

討播誓師文　李化龍

蓋聞春秋之義，人臣無將；漢法所誅，大逆不道。逆賊楊應龍者，本以夷種，世厠漢官，被我冠裳，守彼爵土。輒敢忘天朝豢養之恩，恣鬼國凶殘之性。初但殃及骨肉，繼乃禍遍蒸黎。嬰兒孕婦，概被誅夷；殺將屠城，以爲常事。虐焰燔乎五司七姓，淫毒漸於九溪三巴。天地不容，神人共憤。皇上痛兆人之失所，杜列辟之效尤，遂伐暴以安民，乃興師而問罪。化龍等共以職守，咸在戎行，義當戡亂成平，勢須分猷共濟。蓋必三省之内，文武將吏，以及四海之中，漢、土官兵，堅除凶雪耻之圖，奮戮力同心之誼，庶幾共奬王室，乃可必得罪人。兹將鞠義旅以徂征，敢用對明神而作誓。且夫惟忠可以報主，惟公可以服人；惟至死不貳，可以徇國家之急；惟精白無欺，可以樹掀揭之勛。凡在行間，請事斯語。如其無二乃心，克勤王事，神亦陰爲庇相，俾享成功。若督、撫、鎮、道及副、參、游、守、縣、衛、所大小文武等官，有懷奸飾詐，罔上行私，乾没軍資，枉殘民命。妒人則以功爲罪，逃刑則以罪爲功。或假公事以報私仇，或因小嫌而妨大事；或以是爲非，以非爲是，任一已之見，而失三軍之心；或當進不進，當援不援，偷一時之生，而戕萬民之命；或懷忠不盡，退有後言；或臨事避難，轉生枝節；或賞罰功罪之不明；或南北漢土之异視；或持兩端而窺利；或枉三尺以徇情；或造疑似影響之説以傾人；或挾機械變詐之術以利已。有一於斯，即爲負國。負國之人，其名爲賊，明神殛之，死不旋踵，逮及闔門，永絶其嗣。夫神聰明正直，不偏而平，一者也。有人負國而不知，"聰明"謂何？有人負國而不誅；"正直"謂何？有人負國而不知誅之，有不偏，有不平；"一"之謂何？夫神護國佑民，以食其報者也。神不明則士不奮，士不奮則賊不滅，賊不滅則民不安，民不安則凶年殺禮，於神亦有不利焉。敢盡布之明神，惟明神其圖利之！

——（道光）《遵義府志》卷四十四《藝文》，載《中國地方志集成·貴州府縣志輯》，第33册，第403頁

祭張監軍文

嗚呼！鄙諺有之："人死留名，誠得死所，雖死亦生。"惟公誕河山之粹氣，毓燕趙之

精英。負奇每悲歌慷慨,臨事輒憤惋不平。當其守山海,備蘭州,蓋嘗丸泥封關,稱北門之鎖鑰;亦嘗鳴劍抵掌,絶大漠以横行。既逆酋之發難,遂杖策而西征。扣門數語,肝胆立傾。語時事,撫心動色,恨籲九閽之無路;談叛逆,嚼齦立髪,願捐七尺以相從。遂戎服而蹈重關之險,乃匹馬而監却月之營。信明天日,威肅雷霆。望之者,鶴唳風聲而避;歸之者,簞食壺漿以迎。既抵賊壘,獨主齊盟。時投袂而作三軍之氣,時揮戈而蹈九地之攻。義形於色,即衆怒群猜其奚恤;威加於敵,遂灰飛電掃以功成。蓋聞初五之戰,公獨摇旗助喊,與賊相持者終日;初六之入,公則勺水不下,卒至勞形而敝精。蓋功以此立,病以此成者與。嗟夫!公之死,非一端矣,當機可乘而輒失,盟屢叛而無功,甘養虎而遺患,誰築舍而返耕。縮朒者爲賊所愚,至不以一矢相加遺;庸懦者縱恣剽掠,等三尺若一髪之輕。即走卒爲之氣塞,何况受命而監國之兵。又况乎三月之間,山嵐水瘴之與居,困苦飢渴之相仍。公之死,勞耶?憤耶?憂耶?鬱耶?不然,胡爲乎以飄飄凌雲之氣,不數月而失藏山之壑,咽隣笛之聲。嗟乎!公則死矣,赤胆忠心之士,竟與山原之道殣同命;世之庸庸碌碌(者)何限,往往飽富貴而享功名。顧廉頗、相如,其人死矣,千載之下,猶有生氣;曹蜍、李志,奄奄如泉下人,何足爲生。憶當五月望後,義師漸老,余且脂車秣馬,欲馳入柳營,而親取衡命者之首,乃以家訃而不果於行,獨洒泣而草檄,誓一死以激群情。即大衆不無感動,公獨拊膺頓足,矢諸天日,而遂以一日克萬仞之城。然則公之死,半爲國,半爲我也。余亦何心而不掩泣返袂,涕汍瀾而淚縱横。臨風一奠,茹哀數語,蓋半以紀公徇國之績;而半以洩吾不平之鳴。嗚呼!哀哉!

——(道光)《遵義府志》卷四十四《藝文》,載《中國地方志集成·貴州府縣志輯》,第33册,403~404頁

祭房、張二將文　李化龍

嗚呼!二將軍之死也,經歲於今矣。人亦有言:"死有重於泰山,有輕於鴻毛",如二將軍之死,輕耶?重耶?夫逆賊應龍,淫怒以逞,荼毒生靈。原野厭人之肉,川谷流人之血,既有年於今矣。人臣無將,將則必誅。封疆之臣,滅此朝食,豈俟問哉?乃數年來,未有顯言誅之者,何也?懦者以私,婪者以賄,苟就一時之利,而不顧國家久遠之害,晚近庸臣,大抵然耳。蓋顯言誅之,自房將軍始。將軍提一旅,捍孤城,豈足以當播州之全師。顧義氣所激,直欲捽逆賊而平吞之。恩重身輕,威尊命賤,所從來矣。迨逆賊捲土而來,相與從事於顔行,將軍不沮不慴,擁孤軍以抗强敵。又得謀勇俱足如張將軍其人者,左右其間,一戰東溪。再戰四埡。奮臂一呼,萬夫辟易,斬將搴旗,潰圍陷陣,何其壯也。終以力盡援絶,鼓衰士散,竟至以身殉城。然其英風義烈,猶足吐懦夫之氣,激壯士之肝,亦已奇矣。且自二將軍死,後賊負不可赦之罪,人堅必誅賊之心,九伐方張,四征伊始,此非賊能死二將軍,乃二將軍能滅賊也。假令守綦江者,非有磊磊落落如二將軍,必且與賊通,

必且爲賊諱，養其鱗甲，長其羽翼，突而鵲起，席卷川巴，李特、王建，前事不遠。即不然，殺人者可以不死，無君者可以自全。將使人懷問鼎之心，户比齒馬之迹，僭擬成風，綱常掃地。不及十年，人其戎矣，瓦解陸沉，豈足爲喻。蓋二將軍死，非獨以存蜀，是天下理亂得失之關也。即謂之重於泰山，是耶？非耶？嗟乎！人誰無死？以法死，以賄死，以寒病不可汗五日死，以飲酒御婦人死，等死耳。要以生無榮名，死無令聞，縱使百千萬劫，只如未生，甚且遺之臭耳，則其死輕也。二將軍死，既聞天子嘉其義烈，贈以極品，賞以延世，千秋廟貌，比於睢陽。嗟嗟！可不謂重耶？龍既入渝城，誓師剿逆。高二將軍義，乃爲文以祭之。二將軍有靈，當且率綦城之厲鬼以殺賊，始信二將軍果能滅賊，死乃益重也！尚饗。并川、貴《通志》。

——（道光）《遵義府志》卷四十四《藝文》，載《中國地方志集成·貴州府縣志輯》，第33册，404～405頁

楊氏家傳論　宋濂

史官曰：播州本秦夜郎、且蘭西南隅故地，彝僚錯居，時出爲中國患。楊端藉唐之威靈，帥師深入，遂據其土。五傳至昭，允子中絶，而貴遷以同姓來爲之後。又三傳至文廣，威讋德懷，而群蠻稽首聽命，益有光於前人。又三傳至選，留意禮文，尊賢下士，荒服子弟，皆知向學，民風爲之一變。又二傳至粲，封疆始大，建學造士，立《家訓》十條以遺子孫。其子孫亦繩繩善繼，尊尚伊洛之學，言行相顧，一如鄒魯之儒。昔之争鬥奪攘之禍，亦幾乎熄矣。何其盛歟！嗚呼！楊氏以一姓相傳，據有土地人民，侈然如古之邦君。由唐歷五季，更宋涉元，幾六百年，穹官峻爵，珪組照映，亦豈偶然之故哉？蓋蒙詩書之澤，涵濡惟深，頗知忠藎報君之道，或天有以相之歟？楊文公大年所行貴遷之先人誥辭，其中書令業，則曰："向事僞主，當朕親征，爰屬危機，能傾丹款。"其莫州刺史延朗，則曰："奮身軒陛，效命疆陲，均甘苦而得士心，衽金革而從王事。"以此觀之，其功在國家，澤被生民，可謂厚矣。世奕光榮而弗絶者，雖本於天，其亦有以也哉！其亦有以也哉！《潛溪集》。

——（道光）《遵義府志》卷四十四《藝文》，載《中國地方志集成·貴州府縣志輯》，第33册，411～412頁

李化龍、王三善論　田雯

紀平播之功，曰李化龍；死水西之變，曰王三善。其人同，其事合，其心一，而要之用兵各殊，故成敗亦异也。

方化龍之督黔以平播也，與黔、楚撫臣，同心并力，一出於剿。既受命，則移鎮於重慶，而黔撫郭子章駐貴陽、楚撫支可大駐沅州，相犄角也。必俟延寧四鎮，河南、山東、天津、滇、浙、粵西徵調之兵大集，然後啓行，最慎重也。分兵八路，川師四路：總兵劉綎從綦

江入，以參將麻鎮隸，參政張文耀監之；總兵馬孔英從南川入，以參將周國柱、宣撫冉御龍等隸，僉事徐仲佳監之；總兵吴廣從合江入，以游擊徐世威等隸，參議劉一相監之；副將曹希彬受吴廣節制，從永寧入，以參將吴文杰、宣撫奢世續等隸，參議史旌賢監之；而中軍率標下游兵以應之。黔師分三路：總兵童元鎮統土知府瀧澄、知州岑紹勛等由烏江；參將朱鶴齡受元鎮節制，統宣慰安疆臣等由沙溪；總兵李應祥統宣慰彭元瑞等由興隆，參議張存意、按察司楊寅秋監之。湖廣偏橋一路，分兩翼：總兵陳璘統宣慰彭養正等由白泥；副總兵陳良玭受璘節制，統宣撫單宜等由龍泉，副使胡桂芳、參議魏養蒙監之。以偏橋江外爲四牌，江内爲七牌，五司遺種及九股惡苗，盤據故也。而紀律嚴，黨與散矣。部署已定，大會文武於重慶，登壇誓師，諸道并進，以抵婁山關爲期。諭之曰："關外且戰且招，多不勝誅也；關内疾戰，勿受降，師不可久，賊詐，不可信也。"又以劉綎素有威名，薦綎於朝，委以專制。人或疑其夙與應龍昵，則延入卧内，輸心腹，且以危言激之，引其父顯九絲功爲比，致令綎大慟，願誓死報。又以水西爲應龍婚婭也，恐陰佐賊，則走檄以詰之。以故瀧澄僇其修好之使，安疆臣執賊二十餘人，以明不背。志氣既一，非同築舍之謀。駐兵既得其所，治兵又有次第，任用又得其人。先翦其翼，次伐其謀，復伐其交。是以海龍圍合，應龍勢蹙，投降之書立焚，拜表之欺不售，而倉皇自盡，妻子并俘。自出師至滅賊，凡百十有四日而事平也。

若王三善則不然，初奉命撫黔，聞變募兵，率皆烏合之衆，非久練也。平越一戰而敗，即慉縮而不前，視重圍之困，不啻秦人之於越，必待舊撫李檼大聲疾呼，而後勉强以應，中情怯也。乘西賊之敝，一鼓而潰，遂以賊爲易與，而欲解散赴調之兵，驕必敗也。率師輕進，未幾而還，再抵大方，又欲反轡，舉動擾也。雖三路分兵，而卒皆遠調，帥俱不和，主客不敵，形勢弗習也。其所任則恇懦之魯欽、馬炯，所信則詐降之陳其愚，用非人也。懸師虎穴，弭節逾年，中隔渭水之河，聲援已絶；儲糗六廣之岸，轉餉多難，失所據也。督主撫而撫主剿，心膂未齊；前跋胡而後疐尾，進退维谷，事權分也。師老而財匱，事拙而勢屈，况爲陳其愚所賣，烏有不敗者哉！嗟乎！黔地山川，險阻异常；狼子野心，不知漢大。未有提十萬之師而不爲餱糧計，深全軍之入而不爲孤注虞者。《兵法》云："圮地勿戰，圍地勿攻。"又曰："兵貴有謀，以多算勝。"自宜先定其規模，非可漫嘗於一擊也。况水西之地，十倍於播。播猶八面圍，而水西止以一面攻。播無遠近之援，水西則有烏、藺之助。化龍乃以全力制之而勿敢輕，三善則以獨力任之而不爲意。何其謬哉！然而身没戎馬，心同皎日，視死如歸，英烈猶存。王中丞之忠，固史册書之，黔人祀之，歷千百世而不可泯者矣。《通志》。

——(道光)《遵義府志》卷四十四《藝文》，載《中國地方志集成·貴州府縣志輯》，第33册，412~413頁

播南吟七首　劉瑞

荒草猶傳李白城，夜郎憔悴若爲情。半生豪氣隨烟水，千古詩名焕日星。

水交菁裏有猿啼，聽罷令人思欲迷。聞説近來多虎迹，行人莫到日頭西。

百折羊腸一徑危，林深長見日光遲。三坡險處君須記，正是行人滴淚時。

小箐南頭大箐鄰，箐中林木不知春。從來鬼魅多依石，自是豺狼怕近人。

何人唤此老青岡，亂石磨牙險更長。百杵杵來行不到，直教行客爲心忙。

石虎關高似劍門，戈矛森立勢雄吞。行人過此應須恐，虎嘯猿啼白日昏。

又向南溪入箐來，一聲長嘯虎群猜。凌空石筍柴關上，却使行人望眼開。

平播凱旋述懷二首　劉綎

韜略無能繼父風，西川前後領元戎。重慚推轂操兵柄，敢倚平夷數戰功。

奕世君恩延賞久，纍朝官誥賜封隆。何當兩地無寧日，兵火年年一樣紅。

逆豎頻煩西顧憂，簡書重命運前籌。斬關聊施騾驢技，破囤應消汗馬愁。

一念孤忠懸日月，千年公論付春秋。太平自是無征戰，且脱戎衣歸馬牛。

平播凱還書佛圖關石壁

當年先業樹蠶叢，奕葉何堪振父風。自信承家慚長子，敢云報國紹元戎。

兒童舊頌平蠻績，父老新傳剿播功。武烈繆叨緜世澤，孤忠一脉贯長虹。

東逐西馳歲月深，凱旋駐馬漫開襟。三巴兵革龍泉迴，六月烽烟雁字沉。

關寨自維憐白髮，廟廊誰與暴丹心。良弓鳥盡應無用，綏整魚竿釣海潯。四詩并石刻。

夜郎題壁

王師平播此經過，勒石磨崖紀凱歌。萬古千秋留勝迹，一回翹首一摩挲。二詩陳《志》。

上督府李公平播歌　张文燿

欃搶晝見參井滅，豺虎凌人恣吞齧。城頭白骨高於山，城下青江半流血。明王慎德來諸夷，何物妖氛黠未披。雷庭乍赫九五怒，風雨旋軀百萬師。師中丈人古方叔，薄伐壯猷儲滿腹。遼海雄威舊渡鞭，中朝特簡新推轂。推轂西來入不毛，綸巾羽扇白方袍。夜聞刁斗軍聲肅，晝擁牙旗殺氣高。十道貔貅目無虜，赳赳人持巨靈斧。險絶重關破竹開，天驕殘息魚游釜。電掣飈馳信所如，犁庭掃穴奔成墟。旄頭夜落蠻山外，匕首秋懸鏖戰餘。歸來滿路喧笳鼓，士女載歌農父舞。玉壘烟嵐净遠空，銅標勛業酬明主。玉壘銅標億萬年，嶙峋半壁撑南天。請看燕頷封侯相，定向圖麟閣上傳。《續全蜀藝文志》。

平播凱歌獻大中丞李公四首

六月軍聲動海濤，轅門令下鬼神號。錦江浪干净眠鷗穩，上壘雲飛舞鶴高。

三尺龍泉自尚方，斗牛寒色照蠻鄉。千年荒服歸王化，文物初開古夜郎。

海龍囤迴插青天，飛虎關高入紫烟。霹靂一聲重險失，流星忙去捷書傳。

千山萬壑遶渝州，吟嘯時登庾亮樓。尊俎閒看戎馬散，夕陽秋色滿漁舟。

平播古風有引　　端園

予聞日昇暘谷，搖旦鼓翼而飛；風動商飆，蟋蟀吟秋而感。況乎苗民嚮化，干羽贊於虞階；江漢興歌，經營歸之召穆。豈無言以紀其盛哉！蠢兹播賊，世食土毛；甘悖天恩，妄恣跋扈。在聖心雖若天覆地載，而王法寧無推亡固存。是以宸斷孔彰，重臣委毗。簡書下魚鳧之里，鐵鉞授司馬之官。總制三藩，坐籌勝算。已乃遄飛羽檄，交輓糧芻，騎士如雲，材官如雨。八路㭊張天之綱，千峰障飛鳥之塵。前無堅城，我有勝地。維時司馬李公，手持大阿，布昭聖武，嚴號令，必賞罰，激義勇，誅逗留。文武將吏，咸共戮力。未幾而猿猱夜血，狐鼠霜啼，梟獍晝迷，豺狼宵遁。自此犁庭掃穴，覆社傾巢；元惡伏誅，群凶就僇。俘獻靖邦之績，勞書定國之勛。皇心載寧，垂裳臨御；天寵有赫，紀績旂常。豈讓虞周全盛時耶！始予蒿目境土，腐心兵革。念帑藏物力之詘，憫黎元轉運之艱。乃捐湯沐之金，少佐國家之急。祇抒丹悃，匪獵虛稱。幸徼寵靈，大爲奏凱。斯已身享太平世運矣。爰效風人之志，載揚抃舞之懷，庶幾賡歌，以傳盛美云爾。

天王御歷清寰宇，諟譯氊裘知共主。何來井絡見欃槍，十載西南紛鼙鼓。

鴟張猿嘯萬重山，渠孽乘危虎豹關。赤子半攖鋒鏑苦，巴渝喋血漲潺湲。

列校倉皇布江上，江郊鬼哭愁相望。六縣冤銷鴻雁魂，三川脂竭蝸蜒餉。

潢池誰與奠春臺，烽火征塵撼地來。西顧每廑宵旰慮，親分節鉞下天垓。

喜傳制閫推司馬，一劍霜飛夜郎野。何異當年李藥師，居然長城萬間厦。

李君自是星之精，曾爲霖雨蘇蒼生。東海妖鯨方汛掃，西山黠鼠敢驕鳴。

危巢燐蜮方噓熾，諸路熊羆俄集蝟。六花夜秘鬼神機，八陣雄飛天子氣。

忽聞凱歌喧郡國，一雨洗兵凶焰息。岩岩京輔晝飛音，勃勃瘡痍人起色。

君不見，周宣問夜兆庥功，太原之伐何英雄。吾皇燕喜仍六月，後先接武將無同。

又不見，唐君善任征淮蔡，鵝鳴聲中擒巨害。成謀在斷古今然，此日廟謨永開泰。

北門鎖鑰倚元臣，頓令溥天沐好春。遥挹三台齊曳履，忻覘八座善調鈞。

岷山青青沱江緑，文治從今洽西蜀。水遠山長無盡時，萬古乾坤熙玉燭。并補《續全蜀藝文志》。

平播州夷人歌　李鳳

朔風起，胡笳奏，蛇虺敢共蛟龍鬥。夜郎何物逞妖氛，濁霧蠻烟迷白晝。蠹魚宵駭出殘編，慅慅不敢縹緗眠。百里無烟雞犬寂，羽書飛報神堯前。帝維司寇相東魯，飛牘曾蘇農商賈。世揚秋烈豈乏人，枚卜專制統熊虎。尚方劍戟耀龍光，急繕招摇日月章。經文緯武由帷幄，救焚熄焰决吕梁。誓告六師誅負國，剿馘無容稽頃刻。龍韜秘運神莫窺，登壇忽變旌旗色。材官猛將紛承風，席捲長驅轉飛蓬。率土竊疑囚得地，誰知克不待秋冬。共驚此役如破竹，汾陽制黔揆制蜀。出將入相雙美人，山甫吉甫今又復。凱聲雷動徹穹蒼,陽春盎盎繼嚴霜。遍山白骨復生肉,滿目枯枝垂遠楊。山獐野狐已掃穴,累朝負嵎一朝裂。郡縣新闢不毛鄉,車騎猶濺妖魔血。習戰不必昆明池,邊夷安静民扶犁。上公偉績光麟閣,策勛殊錫建龍旂。野人受賜終今載,風月無邊不用買。還我當年舊花村,滄海桑田一任改。憶昔綦城慘罹灾,死人冤墳生人哀。誰知地雷來復處,雪中霜裏又梅開。深山猿鶴雲霞友,宵談共酌醍醐酒。無懷渾沌葛天民,惟解鼎成數用九,心史千秋傳不朽。《綦江縣志》。

——(道光)《遵義府志》卷四十五《藝文》,載《中國地方志集成·貴州府縣志輯》,第 33 册,427 ~ 431 頁

婁山關　罗兆甡

婁山戰血尚横斑,竟少高文照碧山。往事已多難記憶,楊家莫恨失雄關。

——(道光)《遵義府志》卷四十六《藝文》,載《中國地方志集成·貴州府縣志輯》,第 33 册,第 439 頁

播道吟十首　李專

自大君休笑夜郎,雄關止用一夫當。絶憐豎子痴愚甚,不守先人舊版章。婁山關。

蜀道難於上太清,此鄉何處不知名。便騎逐電追風過,一見巑岏也自驚。夜郎箐。

前蹊突兀後嶙峋,漫向腰間解葛巾。果有壺天堪託憩,吾將坐看往來人。石壺關。

莫言回首白雲低,毒霧遮天咫尺迷。下去直如蛇赴壑,歸來愁與狖争梯。三坡。

砯岩轉石下林坰,萬壑雷聲已倦聽。不有高臺名歇馬,教人進退兩難憑。松坎。

康莊大道與谽谺,不徑而行但有蛇。此物近前猶倒退,問君何苦不屈家。蛇倒退。

雨中怪石滑於油,野店干霄未易投。只有行人魂欲斷,如何鬼見也知愁。鬼見愁。

嚴霜犯曉陟層崖,强忍飢腸曳敝鞋。説到吾門堪扣處,今朝不比太常齋。清齊坡。

一盤西向一盤東,九折將無此地同。再益一盤於九上,飛廉那敢復稱雄。九盤子。

石脊難當野水奔,成橋端在鑿山根。行人不葬江魚腹,賴有痴僧斷臂恩。魚梁河有僧斷臂化緣乃成此橋。《白雲集》。

——(道光)《遵義府志》卷四十六《藝文》,載《中國地方志集成·貴州府縣志輯》,第 33 册,第 441 頁

播州感興六首　李先立

楊家世業已蒿萊,雌鳳妖驪稔禍胎。躍馬真成蛙坐井,鞭山未信海如杯。從來負固無完局,豈待殘燒辨劫灰。指顧重關天險失,夜郎自大古今哀。

遥從萬曆指乾符,八代滄桑遞菀枯。河右竇融曾附漢,淮西元濟自坑吴。花莊粉閣

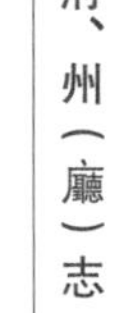

巢新燕,鹿堡魚墩叫夜烏。小小山川輕浪擲,動人憑吊亦踟蹰。

候尉承流歷再周,中間風浪幾沉浮。会門棘老銅駝卧,錦水燐飛鐵馬秋。雞犬獨超秦劫火,提封不入漢邊愁。流移八群良家子,長得兒孫又白頭。流寇殘蜀,獨遵郡獲免,八府流移,多避亂於此,因家焉。

朱服飛魚敕賜年,天家本意在安邊。鄢陵未入吴終擯,繻葛交綏鄭忒專。絶磴海龍平伏莽,元戎汗馬紀凌烟。如何一座桃花塢,空向蒼茫吊謫仙。桃源上舊有銅柱,并祠總督李公化龍,今爲懷白亭。

炎精中斷落吴山,大有人才出草間。冉氏一門鍾國器,天心終古厭時艱。未逢余玠龍方卧,小試江城豹已班。其奈宋轅慳北向,功如韓岳亦投閒。

奥府靈區井絡間,孤懸形勝地圖間。鋽官西上雲隨馬,銅鼓南封月抱關。劍舞秋風難駐足,天留鴻藻欲舒顔。金牛鑿破蠶叢後,楊馬當年盛故山。《筆峰集》。

——(道光)《遵義府志》卷四十六《藝文》,載《中國地方志集成·貴州府縣志輯》,第33册,第443頁

播川廢縣　李晉

使節翩翩次播川,逢人休問漢唐前。楊端西至無通塞,宋室南來有變遷。山畔亭臺封茂草,溪旁瓦礫漲寒烟。廢興何事關飛鳥,偏向頹垣響杜鵑。

——(道光)《遵義府志》卷四十六《藝文》,載《中國地方志集成·貴州府縣志輯》,第33册,第446頁

雷水堰　李鳳翧

是堰名雷水,楊家舊别莊。堤連山左右,阜鎮水中央。

浪激松杉古,風吹菡萏香。當年歌舞地,憑吊幾徬徨。

題婁山關　王以純

雲峰壑樹望重重,曾向當年起戰鋒。七姓尚餘千載恨,三關無復一丸封。

專房不孌田雌鳳,破國何來李化龍。自古禍胎多女謁,誰憐繡閫草茸茸。

——(道光)《遵義府志》卷四十六《藝文》,載《中國地方志集成·貴州府縣志輯》,第33册,455~456頁

海龍囤　周際岐

七姓沉冤久不堪,紛紛羽檄問貪婪。重關夜斷飛龍塞,細柳營連洗馬灘。

風滿弓刀催尺組,天低岩壑擁虛嵐。千年勝地終成孽,到底收場佛一龕。

——(道光)《遵義府志》卷四十六《藝文》,載《中國地方志集成·貴州府縣志輯》,第33册,第461頁

李霖寰大司馬征播，楊應龍敗逃囤上，李公以大炮攻之，楊裸諸婦向炮，炮竟不然，此受厭也。《物理小識》。

——（道光）《遵義府志》卷四十七《雜記》，載《中國地方志集成·貴州府縣志輯》，第 33 册，第 468 頁

一件軍務事。石砫宣撫司申稱奉調土兵三千，赴重慶城西劄營，竊念本司兵力不當一面之寄，再請調二三千，隨分一路前驅搗巢。由詳。批：據申，不但忠勇過人，亦且機宜諳練。土司中得一馬千乘，足可當勝兵數萬，本部院深所嘉賞，仰將該司健兵再整三千，聽候調發。此繳。

一件繳賞辭糧等事。石砫宣撫司申，本司護印正妻秦氏，將兵道賞銀二千兩繳道，并請前後土兵五千三員名支給糧餉外，外報效兵二百六名，不煩概給。由詳。批：土司兵多有虚名冒餉者，秦氏以一婦人，能捐資給兵，辭賞報效，此其賢加人數等矣。仰巡上東道先動銀六兩，打造銀牌一面，上書“女中丈夫”四字，給之，以示旌异。待有功之日，將其夫妻并薦於朝，另有异恩。繳。《平播全書》。

楊應龍小妻田雌鳳，乃白泥司人，其婿田駟即雌鳳之族。駟母單氏既寡，石砫宣撫馬徽娶爲妾。單嫁兩月即生駟，後雌鳳欲以駟改名千駟，占徽子千乘石砫地方，不遂其志。駟旋被僞軍師孫時泰誤射死。千乘，即秦良玉夫也。征播之役，良玉夫妻功極多。萬曆二十八年正月初二日，賊乘官軍宴飲，夜襲之。良玉以所佩劍屢鳴，速報大營。千乘自宴席馳歸，同良玉邀賊鄧坎，禽應龍征東將軍吴尚華，乘勝盡破九股生苗，奪金筑七寨，逼桑木關，取之。應列戰功第一。彼時若無良玉，大軍被襲，失利大矣。李于田《平播疏》中，毫不叙及二人，何歟？

節録明户科給事中某奏事云：“楊應龍負固不服，執政貪其重賄，與之交通。如近日綦江捕獲奸人，得所投本兵及提督、巡捕私書，其餘四緘及黄金五百、白金千、虎豹皮數十，不言所投。臣細詢播人，始囁嚅言曰：‘求票擬耳！’夫票擬，輔臣事也，而使小醜得以利動哉！”

蹇達《平播碑記》序事較他書特詳。中間監督紀功諸人，亦有他書鮮見者。謝詔，江西人；王應麟，龍溪人；程正誼，永東人；史旌賢，江寧人；沈繼文，吴江人；傅良諫，臨川人，并進士。

楊端，太子少師；令狐滈，中軍左護衛將軍；成展，中軍右護衛將軍；羅瑩，後軍鎮武總戎；楊威，前軍副元戎；安增，將軍。并同時入播。《正安草志》：“七大姓：楊端，太原陽曲籍；羅瑩，撫州宜黄籍；令狐滈，太原籍；成展，交城籍；楊威、安增皆廣平清河籍。”一則，鄭姓，原籍鳳陽府岐山縣，乃鄭畋之後，先入播。《州志》言“畋長子開成，蔭邊鎮職；四子開龍，官淮南節度使，後亡於後唐”，以下傳寫脱誤，似是開龍娶朱温女，生子鄭昌生者。

考昌孫於《府志》《省志》，言禦元兵，保境有功，是宋末人。如五代時别有鄭昌生，則《草志》不應於昌生名下序及禦元兵事。大抵平播者，或即開龍，或開龍之子；而昌孫不知爲開龍幾代孫矣。

萬曆二十八年正月初二夜，石砫馬千乘、秦良玉奪取楊應龍七寨，曰金筑寨、青洲嘴寨、虎跳關寨、明月關寨、赤崖關寨、清水坪、封寧關，皆在桑木、婁山諸關外，爲生苗所守，一夕中盡取之。

馬千乘殺僞軍師孫時泰，秦良玉擒田駟妻楊二公主。在賊破綦江之後，正月初二夜，千乘又擒吴尚華。其勸應龍因宴劫營，尚華計也。幸良玉警覺，未墮其狡耳。

——(道光)《遵義府志》卷四十七《雜記》，載《中國地方志集成·貴州府縣志輯》，第33册，471～473頁

《通志》："萬曆十九年，楊應龍屠妻張氏。"

按：應龍疑妻張氏奸淫，出之。已而飲田氏兄所，乘醉封刀取張并其母首，屠其家。乃萬曆十五年事。

——(道光)《遵義府志》卷四十七《雜記》，載《中國地方志集成·貴州府縣志輯》，第33册，第475頁

（道光）平遠州志*

又與貴榮書　王守仁

……使君與宋氏同守土，而使君爲之長。地方變亂皆守土者之罪，使君能獨委之宋氏乎？夫連地千里，孰與中土之一大郡；擁衆四十八萬，孰與中土之一都司。深坑絶坉，安氏有之，然如安氏者環四面而居有百數也。今播州有楊愛，凱里有楊友，酉陽、保靖有彭世麒等諸人。斯言苟聞於朝，朝廷下片紙於楊愛諸人，使各自爲戰，共分安氏之所有，蓋朝令而夕無安氏矣。

——（道光）《平遠州志》卷二十《藝文》，載《中國地方志集成·貴州府縣志輯》，第50册，463～464頁

* （清）徐豐玉、周溶修，諶厚光撰：（道光）《平遠州志》，載《中國地方志集成》編委會編：《中國地方志集成·貴州府縣志輯》，巴蜀書社，2006年。

（道光）廣順州志[*]

平亂説　田雯

紀平播之功，曰李化龍；死水西之變，曰王三善。其人同，其事合，其心一，而要之用兵各殊，故成敗亦异也。

方化龍之督黔以平播也，與黔楚撫臣同心并力，一出於剿。既授命，則移鎮於重慶，而黔撫郭子章住貴陽、楚撫支可大駐沅州，相犄角也。必俟延寧四鎮，河南、山東、天津、滇、浙、粤西徵調兵大集，然後啓行，最慎重也。分兵八路，川師四路：總兵劉綎從綦江入，以參將麻鎮隸，參政張文耀監之；總兵馬孔英從南川入，以參將周國柱、宣撫冉御龍等隸，僉事徐仲佳監之；總兵吴廣從合江入，以游擊徐世威等隸，參議劉一相監之；副將曹希彬受吴廣節制，從永寧入，以參將吴文杰、宣撫奢世等隸，參議史旌賢監之；而中軍率標下游兵策應。黔師分三路：總兵童元鎮統土知府瀧澄、知州岑紹勛等由烏江；參將朱鶴齡受元鎮節制，統宣慰安疆臣等由沙溪；總兵李應祥統宣慰彭元瑞等由興隆，參議張存意、按察司楊寅秋監之。湖廣偏橋一路分兩翼：總兵陳璘統宣慰彭養正等由白泥；副總兵陳良玭受璘節制，統宣撫單宜等由龍泉，副使胡桂芳、參議魏養蒙監之。以偏橋江外爲四牌，江内爲七牌，五司遺種及九股惡苗盤據故也，而紀律嚴，黨與散矣。部屬已定，大會文武於重慶，登壇誓師，諸道并進，以抵婁山關爲期。諭之曰："關外且戰且招，多不勝誅也。關内疾戰勿受降，師不可久，賊詐不可信。"又以劉綎素有威名，薦綎於朝，委以專制，人或疑其夙與應龍昵，則延入卧内，輸心腹，且以危言激之，引其父顯九絲功爲比，致令綎大慟，願誓死報。又以水西爲應龍婚婭也，恐陰佐賊，則走檄以詰之，以故瀧澄僇其修好之使，安疆臣執賊二十餘人，以明不背。志氣既一，非同築舍之謀。駐兵既得，治兵又有次第，任用又得其人，先翦其翼，次伐其交，復伐其交，是以海龍圍合，應龍勢蹙，投降之書立

---

[*] （清）金臺修，但明倫纂：（道光）《廣順州志》，載《中國地方志集成》編委會編：《中國地方志集成·貴州府縣志輯》，巴蜀書社，2006年。

焚，拜表之欺不售，而倉皇自盡，妻子并俘。自出師至滅賊凡百十有四日，而事平也。

若王三善則不然，初則奉命撫黔，聞變募兵率皆烏合之衆，非久練也。平越一戰而敗，既慉縮而不前，視重圍之困不啻秦人之於越，必待舊撫李櫄大聲疾呼，而後勉强以應，中情怯也。乘西賊之敝，一鼓而潰，遂以賊爲易與，而欲解散赴調之兵，驕必敗也。率師輕進，未幾而還，再抵大方，又欲反轡，舉動擾也。雖三路分兵，而卒皆遠調，帥俱不合，主客不敵，形勢弗習也。其所任則恇懦之魯欽、馬炯，所信則詐降之陳其愚，用非人也。懸師虎穴，弭節逾年，中隔渭水之河，聲援已絶，儲糗六廣之岸，轉輓多艱，失所據也。督主撫，而撫主剿，心膂未齊，前跋胡，而後疐尾，進退維谷，事權分也。師老而財匱，事拙而勢屈，况爲陳其愚所賣，烏有不敗者哉！嗟乎！黔地山川，險阻异常，狼子野心，不知漢大。未有提十萬之師而不爲儲糧計，深全軍之入而不爲孤注虞者。《兵法》云："圮地勿戰，圍地勿攻。"又曰："兵貴有謀，以多算勝。"自宜先定其規模，非可漫嘗於一擊也。况水西之地，十倍於播，播猶八面圍，而水西止以一面攻。播無遠近之援，水西則有烏、藺之助，化龍乃全力制之而勿敢輕，三善則以獨力任之而不爲意。何其謬哉！然而身没戎馬，心同皎日，視死如歸，英烈猶存。王中丞之忠，固史册書之，黔人祀之，歷千百世而不可泯者矣。

——(道光)《廣順州志》卷十一《藝文志上》，載《中國地方志集成·貴州府縣志輯》，第 27 册，472～473 頁

（道光）仁懷直隸廳志*

元大德九年，以行播州軍民使楊漢英爲紹慶、南平等處延邊宣慰司管軍萬户，佩虎符。

——（道光）《仁懷直隸廳志》卷之七《兵制志》，載《中國地方志集成·貴州府縣志輯》，第39册，第156頁

按：明萬曆二十八年，平播州，改建武總兵移鎮遵義，仁懷營制其昉於此時乎？然員弁、兵額俱不可考。

——（道光）《仁懷直隸廳志》卷之七《兵制志》，載《中國地方志集成·貴州府縣志輯》，第39册，第163頁

袁起龍，字騰海，奎長子。萬曆二十八年平楊應龍，起龍爲儒溪歸化堡指揮。二十九年川、湖、貴州總督王象乾清理播州疆界，起龍所轄河西地方，張家壩抵藺州青杠寨、小河爲界，至今碑在麻柳灘。

——（道光）《仁懷直隸廳志》卷之十一《人物志》，載《中國地方志集成·貴州府縣志輯》，第39册，第210頁

王繼先，仁懷里人。萬曆二十七年征播州，繼先與赤水里袁鍪、安羅二村。羅國明先事歸誠，總督李化龍給以冠帶。

——（道光）《仁懷直隸廳志》卷之十一《人物志》，載《中國地方志集成·貴州府縣志輯》，第39册，第211頁

---

* （清）陳熙晉纂修：（道光）《仁懷直隸廳志》，載《中國地方志集成》編委會編：《中國地方志集成·貴州府縣志輯》，巴蜀書社，2006年。

天寶九載十月，南詔閣龍鳳反，取夷州三十二。六年，辰、叙二州蠻反，冦播州、費州。

大觀二年，水攀首領趙泰、播州夷族楊光榮各以地内屬，詔建溱、播二州，後廢。

——（道光）《仁懷直隸廳志》卷之十七《邊防志》，載《中國地方志集成·貴州府縣志輯》，第39册，第265頁

大觀三年，有夷酋首羅永順、楊光榮、李世恭等各以地内屬，詔建滋、純、祥三州，後皆廢。石門番部與臨洮土羌接，唐與播等十二州之地，俗椎髻、披氈、佩刀，居必欄栅，不喜耕稼，多畜牧。

——（道光）《仁懷直隸廳志》卷之十七《邊防志》，載《中國地方志集成·貴州府縣志輯》，第39册，第268頁

寶祐四年五月，羅氏鬼國遣報思、播言："元兵屯大理國，取道西南，將大入邊。"詔思、播結約羅鬼爲援。

十七年三月，思、播州軍侵鎮遠、黄平界，命李德輝等往視之。

十九年二月，詔僉亦溪不薛及播、思、叙三州軍征緬國。

二十一年四月，敕發思、播二家軍從征緬。十二月，劉繼昌降。

——（道光）《仁懷直隸廳志》卷之十七《邊防志》，載《中國地方志集成·貴州府縣志輯》，第39册，第270頁

（寶祐）三十年五月，括思、播等處亡宋涅手軍。十二月，遣使督思、播二州及鎮遠、黄平，發宋舊軍八千人從征安南。

元世祖至元十四年三月，田、楊二家豕鵝夷民各遣使納款。

成宗大德元年十二月，播州宣撫司楊漢英請以己力平伐等未附蠻，仍命湖廣省答剌罕便宜收撫。五年五月，雲南土官宋隆濟叛，水西土官之妻蛇節以其衆應之。七年四月，劉國杰出播州境，大破蛇節於墨特川。

至大三年正月，乖西帶蠻阿馬等連結萬人入冦，遣萬户移剌四奴及調思、播土兵討捕。

仁宗延祐五年十月己丑，播州、南寧長官洛麽作亂。思州守臣换住哥招論之。洛麽遣人以方物來覲。二年七月，播州蠻黎平愛等集群夷爲冦，湖廣行省請兵討之，不許。詔宣撫使楊燕里不花招諭之。十月，播州凱黎苗率諸寨苗僚爲冦。三年正月，播州宣慰使楊燕里不花招諭蠻酋黎平愛等來降。六月，播州蠻黎平愛復叛，合謝烏窮爲冦。宣慰使楊燕里不花招平愛出降，烏窮不附，命湖廣行省討之。

文宗天曆二年正月，四川囊加台攻破播州苗兒埡隘，宣慰使楊燕里不花開關納之。

壬午，播州楊萬户引四川賊至烏江岸，官軍敗之。八番元帥脱出亦破烏江北岸，賊兵復奪關口。諸王月魯帖木兒統蒙古、漢人答剌罕諸軍及民丁五萬五千俱至烏江。二月丙午，囊加台分兵逼襄陽，湖廣行省調兵鎮播州及歸州。癸丑，諸王月魯帖木兒等至播州招諭土官之從囊加台者，楊燕里不花及弟等皆來降。

——（道光）《仁懷直隸廳志》卷之十七《邊防志》，載《中國地方志集成・貴州府縣志輯》，第39册，第271頁

明平播疏　李化龍

楊酋匪茹，與國爲仇，萬姓荼毒，三省震驚，孰不以爲不可以歲月克者。乃自出師以來，甫三月有奇，而元凶授首，黨羽悉擒。千年狼虎盤踞之窟，一旦掃蕩無遺，上足以伸中國之威，下足以洩生靈之憤。其他狡黠土司，獷悍惡苗，無不落魄亡魂。西南半壁天下，可永無虞矣。皇上德威遠被，指授方略所致，斷非文武將吏，敢貪天功为己力者。惟是各官兵暴露行間，勞苦萬狀，不可不査敘也。

先是，臣奉命入川，賊知罪在不赦，已統兵深入，有擒王剿叛之説，遂破綦江，且逼重慶，地方汹汹，皆謂有長驅之志。於時，目前兵力略無可恃，臣乃以計緩之：一面調兵，一面移文詰責，若未嘗絶之者。賊果信之，即具文求撫，且不西向。臣因得以徵調漢土諸兵，急爲之備。其時賊氣甚張，川人畏之如虎。臣發成都，兵甫出門，欲投錦江，不復肯東。及聞綦江守城兵見賊來，競譟而走，多投水者，止餘二將與其家丁，遂及於難。臣念漢兵心膽已碎，土兵狐兔有情，自非招客兵不可，因請調陝、浙諸省之兵。又念外兵之費甚侈，往來途次，且生擾害，不可過多。乃於每省鎮止調一二千，多者三千，共數省，實僅僅二萬，其餘乃三省及滇粤土兵也。然西南人見外兵來，莫測多少，即爲天下之兵皆至矣。自是漢兵之氣壯，而土兵之心亦折，無不樂爲我用者。時賊雖知調兵，然以爲虚聲赫之如往日，非實事也。臣亦止在成都積糧治器，若無事然者，不復東，賊亦不疑。北兵且集，臣移駐重慶，賊始知必剿，頗肆衝突，然我兵漸益，未易得志也。臣又念，兵以一路進，既道狹不能容，一有前却，不可復振，因分爲八路。又念路分而兵少，賊厚其陣以衝之，敗矣。因命每路皆三萬以上，每一路皆可以當其全師。又念關外賊黨多，不可勝誅，會兵部頒賞格至，首重招降，臣亦推廣之，但投戈者，皆赦不誅。臣又念兵無賞，士不勇往，會兵部賞格，首言："得賊者，即以其家資與之。"臣亦推廣之，克關破囤，各懸賞，賞各以千萬計。既川兵入關，臣又恐其人自爲心，若九節度之師然，因復委按察使張悌入總監之。殺牲莅盟，務必得賊。臣又恐賊事急詐降，得以遷延至暑雨漸深。我兵不能久困，令但急攻之，有稱降者，斬使焚書，無爲所給。時湖廣之兵亦至囤下，臣欲入營親監之，會聞先臣之訃，臣恐營中遂懈惰，不可用，因不待成服，跣而苴檄，亦以例應候代，照常督兵。有慢令者，尚方具在，令代中軍佘德榮等再往監之。臣又念賊囤後易攻，囤前難攻，時諸將壁囤

下者各有分地，因令以勁兵一枝壁其前，其餘并力於後。臣又恐諸軍士争趨賊財物，或至亂行，至有他虞，移文再四申禁。臣又聞營中流言：水西目把，尚不絶賊，恐漏軍情，因移文令其退劄。水西土官懼，撤其兵，退而引嫌曰："吾不欲爲亡播之續也。"時久雨，軍士日在泥淖中，至六月初四而天忽晴。初五日遂破其二城，初六日遂登其屯，賊以滅亡。總計八路兵，生擒賊首、賊從一千一百二十四名，斬級二萬二千六百八十七顆，俘獲賊屬五千五百三十九名口，招降播民一十二萬六千二百一十一名口，全活被擄男婦一千六十四名口，奪獲馬牛七百六十七匹隻，獲器械四千四百四十四件。

是役也，自賊破綦江至剿滅，可一年。自進兵至滅賊，百十有四日。當八路對壘時，土、漢兵既參差不齊，諸將領亦彼此觀望。播人劫於賊之積威，人自爲戰，未易即克。我各路又運糧艱難，時有脱巾之呼，臣日夜催督，走使持檄至數百千，即兩省撫臣、各路鎮道，靡不忘寢忘食，或至頭鬚爲白。總之，諸文武知廟堂之意，必欲滅賊，故鼓之即應，勞之不怨，誅罰之亦無敢囁嚅者。倘更一月而賊不滅，暑雨久，瘴疫深，我將自潰，無問賊矣。該臣會同巡撫貴州郭子章、巡撫湖廣支可大、巡撫偏沅江鐸議得：國家方制萬里，日所出入之邦，悉爲郡縣，獨西南諸省，不廢土司，蓋亦曰："因俗而治，與之相安云"耳。二百年來，此輩犬羊之性，不堪馴擾，亦時有之，然未有如播酋楊應龍之公然叛逆者，則何也？蓋其地險，其兵强，其才力足以使鬼通神，其聲勢足以呼群嘯黨。加以年來方宇多事，九伐之征未遑南指，彼遂時時狂逞，亦遂時時得志。井蛙之見，謂縣官真無奈我何。諸群不逞，如楊珠、楊明、何漢良、孫時業輩，瞯其雄心，或時有以公孫躍馬、尉佗自王之説進者。賊亦自念騎虎勢不得下，將曰："等死耳！無且舉大名乎？"於是恣其狂圖，淫怒以逞，而破城殺將，鵲起西南之勢成矣。夫天下非小弱也，九州四海兵非脆，糧非乏也。向賊逆形未著，皇上不忍遽觀之兵，曰："吾且舞干""吾且解網""姑俟其悔過而與之相安無事"，乃不謂凶人之性不移也。始天怒赫然，斷在必剿。夫斷而敢行，鬼神避之，况此么麿者乎？蓋自進剿之旨下，上方之劍頒，然後海内熊虎之師，如雲而集；陳紅之粟，蔽江而上。智士陳謀，勇夫效力。火燎毛，山壓卵，賊即欲不灰飛烟滅，亦曷可得已？

臣等嘗即諸路之功而評叙之：在四川則楠木、三峒，賊黨以爲三窟，謂天險不可升者也；婁山關，賊前門，我所必由，賊所必争者也；海龍屯，賊以爲天造地設，人迹所必不能到，兵力所必不能加者也。三戰而三克之，賊力竭矣，不亡何待？夫賊黨自戰其地，猶易與也，惟賊父子親在行間，諸賊人人致死，難與争鋒。該路到處，與賊父子對壘，最快者，九盤子之戰，賊悉其精鋭以付朝棟，令之從綦江進，從南川回，此其目中尚復有官兵乎？劉綎一戰而走之，自是播人爲之破膽。尤快者，諸軍壁海龍囤下，連月不拔；綎至，一日而克其二城，賊遂滅亡。至今群口囂囂，然竟無敢没其先登之烈者。《兵法》："無選鋒曰北。"綎於諸路，其選鋒乎！則綦江路之功也。

臣嘗言，破賊關外宜招降，謂多不可勝誅也；關内宜疾戰，謂師不可老也。安村、羅村、陶洪三寨生口以數萬計，勝兵以數千計，令貪功者以大兵初入，必且多殺以報捷。勝之，則傷人；不勝，則損威矣。而該路坐受其降，兵不血刃。自是，一戰而斬郭通緒，再戰而入崖門關，三戰而屢捷於水牛塘。賊計無復之，遂父子相哭而上屯矣。當其入水牛塘時，川兵入關，去囤尚遠，湖貴兵在關外，絶不相聞。吴廣以孤軍去囤數十里而結營，犯兵法之所忌，而卒以得志，自非令嚴而戰，力詎不及此。後雖有講降誤事，然有激而奮，竟以成功，逆賊父子盡獲其首，終不失爲全捷，則永合路之功也。

南川路最險，最遠，去屯可六七百里，賊以爲官兵必不能從此進。當馬孔英之未至也，高折枝以一書生，請自將漢、土兵以往，此固已雄偉不常矣。乃師期一月之前，先擣官壩營，以寒賊膽，而撤回龍泉之兵，且以解思石之危，其事甚奇，其功甚大。比進兵，從真州入，真人則簞食壺漿以迎，播人則弃甲曳兵而走，居然有三代之氣象。時諸將欲候各路消息方入關，折枝毅然曰："若是，則誰爲當先入者？"策馬而前，衆隨其後，竟以三月初八日奪桑木關而據之。臣用是以催各路，尚有四月入者。令諸將皆折枝，諸路皆南川，滅賊當更速。抵關，而馬孔英至，則文武相得，如樂之和。自是，日日約各路攻圍，有應，有不應，甚或以相誹詈，而折枝不顧也。分攻令下，諸將争走後門，該路獨壁前門。夫後門，我易攻賊；前門，賊易衝我。亦曰："誰爲當賊衝者"，蓋亦"先入關之意乎。"破囤之役，後門以二路更攻，前門以一路搏戰，日夜揮戈，人百其勇，坐使賊自盡，而逆黨無一逸者。總之，倡諸路之先，作三軍之氣，令黔師不得以賊强我弱借口，而竟以奏功。臣於該路文武，蓋心折焉。則南川路之功也。

在湖廣則偏橋一路，江外爲四牌，江内爲七牌，皆五司遺種，九股惡苗，盤據糾結乎其間。四牌不掃，即武騎千群，未易窺三渡也。陳璘獨以一旅之師，先掃四牌，開我進兵之路。用是，烏江内賊黨寒心。長坎、瑪瑙、青蛇三囤自昔以爲險絶，官兵所從未易得志者。臣亦慮其難下，令降之。璘以爲除惡務盡，竟以一鼓而升其巔，殺戮數千，臭聞十里。時龍泉哨、施南兵亦已先克板角關，至今湄潭、白泥之間，四牌、七牌之苗，遂無遺種，非璘之力不及此。該路漢兵少，土兵多，糧運少遲，便成噪呼。璘令嚴而法肅，卒能使之用命而不爲害。迨至克關逼囤，議設木栅，製鐵牌以防賊逸，其機智有足多者。卒以入虎穴，得虎子，閹人、繡女，纍纍在俘。則偏橋路之功也。

貴州各路與川廣不同，其地近，其兵少，其餉乏，其夷情反覆而靡常，其民心摇惑而不定。兹之用兵，又非以一淬厲、一鼓舞之爲競者，烏江失律，已見法矣。然能借是以激厲水西，俾之絶狐兔之情，踐虎狼之窟，母氏囤一戰，大足褫逆酋之魄而奪之氣。此則失之武人，得之文吏，蓋運籌者之苦心乎！李應祥以孤危之兵，當覤甂之時，能自審於緩急進止之間，以守爲戰，以招撫爲進攻，卒之轉弱爲强，揚旌直指，斬首數百，招降數萬，因破諸囤，斬三渡，抵白田，何其壯也！竟以連合川兵，同心戮力，破重城，俘群醜，振積弱之邦、舒華夏之氣，始如處女，繼如脱兔，兹其審於機而神於用，豈易得哉！則平越、烏江、沙溪諸路之功也。

夫我國家，從來用兵未有大得志於西南夷者。國初，傅友德統二十四將軍，止言防守，未聞戡定；正統間，麓川之役，用兵五十萬，轉餉半天下，升叙萬人，三返而罪人竟逸；嘉靖初，思田之役，以剿始，以撫終，至今爲諸夷借口。兹其大致可睹已。諸帥固庸衆人，臣等三五書生耳，其智略才力，不及古人遠甚，乃兵纔逾二十萬，進兵纔逾百日，費纔二百萬，而幸成功，此臣等之力，皆由我皇上神武獨斷，委任不疑，用使文武同心，將士效死，爰有成績。臣每誦詔旨，即十行之札，萬里之外，往往瞭於指掌，而析於毫毛，輒沾沾自得，以爲賊平矣，已戰勝於堂上矣。夫淮蔡之平，直須一斷，何况聖朝廟謨洋洋若此哉！

播地善後事宜疏　李化龍

查核州，地隣三省，然楚止偏橋，路通一線，蜀與黔蓋無所不接壤。夫蜀無藉於播，黔，瘠壤也，若乘此時而割播地以附黔，則於蜀無損，於黔有裨。且臣等别疏又請以楚之四衛，并割附之。從此黔省幅員得與十二省比長絜大，甚爲永便。但盡屬之黔，則地方千里，諸凡締造，勞費尚多，亦黔所不能堪。因議設爲二府，分隸黔、蜀，庶建邦啓土，各自經營，成聚成都，指顧可就。皇上廓清之績，既已盡被於三藩，而絣幪之仁，又復再造於黔土矣。除寬脅從、撤兵馬、招流移、厚賑恤、抑兼并、清横恣等項，凡明旨所丁寧，而兵部所條議者，俱已陸續舉行。尚有後開款目，謹集衆思，列爲十二事呈覽：

一復郡縣。播州南極牂牁，西連僰道，東西廣一千二百二十里、南北袤一千四十里，漢唐設爲郡縣，在川、貴之間，亦都會也。至唐乾符間陷於南詔，楊端取而據之。今逆酋既平，相應改土復流，以變夷俗。及照播州白田壩沃壤數百里，即播州遵義縣故地，當復府治，設縣附焉；桐梓當綦南之衝，走川貴道也，舊爲夜郎縣故地，當復一縣；望草南接婺、思，北達真、涪，爲綏陽縣故地，當復一縣；仁懷濱播枕永，襟合帶瀘，爲懷陽縣故地，當復一縣；真州即古珍州，川原平衍，商販周游，應復一州。以上俱隸川省統轄。黄平爲川貴要區，舊設撫苗通判一員，列銜重廣，駐鎮彼中，其與播勢相控馭，并爲重地，應設一府；湄潭、龍泉，地里廣邈，各應建設一縣；餘慶、白泥合設一縣；甕水、重安合設一縣；并草堂、容山二司，應割隸各縣。以上地方去黔甚邇，相應改隸貴州統轄。總計增府二、州一、縣八，蓋亂流初殄，地闊人稀，姑建數城以爲繫屬，以後地闢民聚，無妨增設。其二府治與附郭縣，分正、佐首領，各應照例全設外，州縣正、佐首領，俱應量减。

一設屯衛。播州地方千里，山川險惡，夷漢雜居，又逼鄰二大土司，時有啓疆之志，必須設官軍，建屯衛，以明居重馭輕之勢。因設一衛於白田壩，與府同城指揮使一員，同知二員，僉事二員，鎮撫一員，經歷一員，知事一員；所屬前、後、中、左、右五所，每所正千户一員，副千户一員，百户四員；所軍各一千，共五十衛所官，於從征有功者酌量升授，不足者於鄰近願入者調取移實之。其邊隅逼鄰土司地方各設屯田，每軍照祖制二十四畝，再加六畝，爲冬衣、布花之費，其〈共〉三十畝，自種自食，不必納糧於官，又復領出，紛紛滋

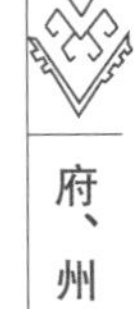

弊。各開屯處除養屯軍之外，餘田仍照民地起科，上納本、折於各州縣，爲衛官俸廪及不時軍興之用。每年孟冬、仲冬、孟春、仲春農隙，各屯官時加操練，又以十月、二月望日齊赴兵備道大操三日，驗其武藝，較其强弱，而明賞罰焉。老弱者汰之，一屯老弱多者，并革其官。軍田即另募壯丁補伍，庶軍得實用，异時即募兵散盡，此五千軍與主兵三千，自有八千可用之兵矣。

一設兵備。播地三面環夷，干戈甫戢，當此經綸草昧之始，設立有司，可以招撫流亡；或未能長駕遠馭而圖久安。布置將領，可以備禦倉卒；或易於生事徼功而開邊釁。欲以内修戎備，外懾夷心，整肅群僚，讋服衆志。爲地方長久之計，必設分巡兼兵備官一員於播州；白田壩新建府城，駐劄專一，整飭新復郡縣并重慶衛，忠、黔二所，永寧、酉陽、石砫、平邑等土司兵務兼理有司錢糧、獄訟；其重慶府巴縣、綦江、南川，涪州武隆、彭水切隣地方悉聽管轄，以便行事；黄平新設一府四縣，雖割屬貴州，但人心初附，田地毗連，與貴州水西宣慰司并聽兼制。

一設將領。播淪於夷，閱八百餘年，風俗獷悍，法令扞格已久。今地雖蕩平，而逋孽潛藏，漢夷錯雜，招苗樹黨，越界侵田，時所必有。今議播州留兵一萬，黄平留兵三千，粗足防守。然必得一大將鎮之，始可無事。查得先年克平九絲，議留總兵一員鎮守其地，今建武視播稍緩，即一參游足領之，合無將軍門標下，添設練兵游擊一員改駐建武防守，原設總兵移鎮播地，應留各兵，挑揀家丁三千、買馬三百，内標下標兵家丁二千七百、馬二百七十，以坐營千總把總領之，兵道員下家丁三百、馬三十，以中軍領之。有事，俱聽總兵提調，名爲正兵。此外兵七千，酌量分布於白田壩、真安、桐梓等縣，播州等邑防守内，以一游擊領三千，以二守備各領二千，各用千把總分領之，有事征戰，無事即爲築城鑿池、建郡縣、修郵驛之用，糧銀照依舊例支發。徐俟建置竣工日，除家丁三千，馬三百外，餘軍以次議撤。有願附籍當軍及民當差者，聽千把總俱於附近衛所官内選用。其黄平留兵三千，仍設一參將領之，總聽防播總兵節制。

一丈田糧。環播幅員千里，田地無慮數千萬畝。舊時，額糧止歲以五千八百石輸貴州。蓋蠻方賦税原輕，至應龍巧立新法，名曰“等賨”，每田一畝徵銀數錢。初，猶斂其財以招苗，後并奪其地以養苗，而賦法蕩然盡矣。今既改流，自當責成道府，親率州縣官定疆界，沿丘履畝，逐一丈量，分爲等則，造册呈報，以定賦法。額糧輕重，蜀無定規，查克平九絲，丈量田地分别上、中、下三等，每畝上田四升，中田三升，下田二升。播地山水間雜，不止三等，尚有上上下下者，宜逐項分析，最上者，一畝可當上田幾畝；最下者，幾畝可當下田一畝，則待臨時酌定，難以預計。丈完總計田地若干、糧若干、徵本色若干、折色若干，俟二年之外起科。除足一年夏秋二税銀、力二差、一切雜費外，餘解布政司，充邊餉支用。

一限田制。播土舊民自逆酋倡亂，大兵征討之餘，僅存十之一二，遺弃田地，多無主人。册籍不存，疆界莫考，復業之民，往往冒認影占，原少報多，原瘠報肥，甚至一人占田一二千畝，尚有异省流徒假播籍而希冒占者。今應將播之舊民號“楊保子”者，查果真的，無論原業肥瘠，俱人給田三十畝，上、中、下攙配均給。若一處皆上田、皆下田者，臨時酌給。大率純下田多不得過一百畝，純上田不得少過二十畝。其原非播民，凡不能爲楊保語者，無問曾否寄住，皆不得妄認。遺下無主民田，另行招人承種，納糧當差。應龍官莊并楊兆龍、田一鵬、何漢良等諸擒斬過有名頭人莊田，盡數没官，聽三省之民願占籍播州者承種，其領田之人，查照時值，量行上納，以充目下建立城池、衙門、驛傳諸費。亦定爲限制：平人不得過五十畝，指揮、千百户不得過百畝，俱於丈量時定糧定價，令不得挪移。州縣官收過絶産價值，給付印契，登入循環，聽兵備道稽查，轉報撫按查考。官吏乾没，從重治罪。

一設學校。播故有學，宋元之世，俊茂朋興，如冉從周、猶道明、白鎮之流，俱登進士，蜚聲上國。自逆龍禁錮文字，寇仇儒生，坑儒燔書，禍同秦始。今干戈既戢，文教宜先，白田、黄平舊有學宫，補葺亦易。特當於二府原學各補教授一員，訓導二員，至博士弟子員，無論附郭外縣，但入學使之選者：蜀新四縣，隸白田學；黔新四縣，隸黄平學。待各縣人文漸盛，物力稍紓，嗣各立學未晚。真州既改爲流，其地方殷富，人物遒華，亦須建一學宫，設一學正，以示維新之化。

一復驛站。播州各驛，自逆酋閉關負固，驛官不敢赴任，過客不敢經行，站户逃徙，館舍丘墟，十數年矣。兹者地方底定，道路大通，驛站之設，勢不容已。查播州舊轄松坎、桐梓、播州、永安、湘川、烏江、昌田、砂溪、仁水、湄潭、鰲溪、岑黄、白泥一十三驛，俱當川貴孔道，所有各該驛館，應趁時興工，合用匠役，亦於兵夫内查有慣造者徑撥，不足者於附近州縣取用，工、食、銀、米，計算於該邊支剩軍餉内動支。仍責成新設府佐一員，往來稽督，不許虚冒錢糧，曠廢時日，事完册報。又查各驛夫馬支應及官吏俸薪舊額，土司供辦。今既改土設流，似應與腹裏驛站一體僉派，但流民授田方始，難便買馬行差，目前一切站銀，暫令官爲出辦，俟里甲稍定，即行編派。至夫馬額數，應照衝僻爲準：湘川驛附郭爲四路最衝，應設馬四十匹，夫八十名；松坎、桐梓、播州、永安四驛，地衝路險，應各設馬三十匹，夫五十名；烏江、仁水、湄潭、岑黄、鰲溪、白泥各驛俱次衝，應設馬各二十匹，夫各三十名。昌田、沙溪止通水西，次僻，應設馬各十匹，夫各二十名。各驛官見在者，行令赴驛任事，驛吏因屬土司，舊未撥發，今應行川貴兩省布政司，照缺查撥。

一建城垣。播州一府一州四縣與黄平一府四縣并宜改築石城，石少者，以磚代之。其兵備道總兵府并府衛、州縣衙門、公署、倉厫、庫獄、城隍廟、演武場與二府一州儒學文廟、殿廡、齋舍等項，俱當以次修舉。而各官一抵地方，棲身爲急，衙舍之建瓦，宜首圖。各府、州、縣、正官選委勤敏佐貳，於堪動銀内行支。克期興工，多方稽督，大約城垣以歲辛丑二月内起工，限年終落成，餘各以次修舉，就中員役有怠惰冒破、工力草率者，俱聽該道參詳拿究。事竣之日,造册報撫按衙門奏繳。庶險要可資,防禦有賴。

一順夷情。播州皆夷也,大兵之後,爲賊用力者,芟夷藴崇,已無遺種。今見在者,曰各司土官,曰七姓奏民,曰投降夷目,皆宜安插得所,顧就中情事不同,亦宜分别。如八司曰播州、真州、白泥、餘慶、草堂、黄平、重安、容山内,安撫二,長官六,又一司甕水,原無印信,亦稱長官。又有宣慰司同知羅氏,此皆世有官號,與播并建者。播州長官王積仁以附播被擒獻俘,與楊氏俱滅;真州附播多年,綦江之破,助兵三百,著在耳目;同知羅氏與江外五司具疏改流,挑怨啓禍,至有今日之事,海内震動,流血千里,則諸司乃罪之魁也。故説者謂真州宜正其附播之罪,江外諸司宜以起釁絶之。第王道如天,罰宜從輕,賞宜從重。真州當進兵之初,率先歸附,正副長官各以千人從軍,江外諸司各招兵聚義,充黔楚鄉導。合將真州長官即爲該州土同知,副長官即爲土判官;江外諸司,安撫與正長官即爲該城土縣丞,副長官即爲土主簿;同知羅氏爲新府土知事。此外尚有投降夷目,原非長官,本無冠帶,但賞格曾坐名開輸,輒爾先事歸誠,亦宜少示眷酬,以明恩信。如上赤水里頭目袁年,父遭酷禍,投降最早,宜授以所鎮撫職銜;下赤水里頭目袁鍪,仁懷里頭目王繼先,安羅二村頭目羅國明、羅國顯、安鑾,以上五名,念其返邪歸正,量授冠帶、總旗。諸人田産,止將本身者照册撥給,應納税糧通附州縣官處上納,其餘里人,俱令附籍納糧當差,不許仍以家人爲名,恣行霸占,違者治其前罪。至於七姓奏民,始助楊氏之惡,繼傾楊氏之族,尤爲禍首。今蒙王仁寬宥外,如仍蹈故習,豪横害民,該道徑行拿問發落。地方人等指稱前事告害者,亦如之。

一正疆域。播地東北接連三省,縣衛各有疆界,無容溷淆;西南左接水西,右逼永寧,雖犬牙相攙,未能齊一,然畫野分疆,亦自有相沿界址。惟是夷性互爲雄長,强則侵凌,弱則減削,甚至有一地而甲乙互臨,一人而齊楚兼事,如儒溪、沙溪、水烟、天旺,皆播州五十四里之數,見有黄册可考。緝麻山、奪博埡、仁懷、石寶、甕平等處亦皆播州世業,祇緣先年楊氏中衰時,曾爲永寧、水西侵占,後應龍當事,治兵相攻,恢復故業。各邊目又已任其糧馬,兩下支持,此在土司可也。今既改土設流,自宜各復其故。乃水西止求清查,永寧輒行瀆擾,且動以瓜分爲言,罔上行私,垂涎占業,應行該道會同隣近道分。及早清查一切相隣地方,原係播者,歸播;原係永寧、水西者,歸奢安。刻石立碑,永爲遵守。其隣邊目把如不安分義,妄肆爭侵,重行究治。干礙土官,一并參處。

題設府州縣疏略　郭子章

播州之地,東西相距二千餘里,南北相距二百餘里,雖云憝國,亦係樂土。今議改流,東西可設二府,每府各設二三縣。播境原屬四川,與貴州隣,二省界限,原自分明。至論建置大概,臣意:自沙溪以至白泥當以烏江爲界,設一府於白泥壩;而真州、蔞山、松坎等處可爲三縣;黄平在元已爲府矣,當設一府於黄平或平越;而餘慶、白泥二司可爲一縣;甕水、重安二司可爲一縣。此沙溪至白泥一帶建置之大概也。自白泥渡江至婺川縣以三渡、板角、苦竹三關爲界，其中漢苗田土雜錯，惟湄潭可縣，龍泉可縣。龍泉土官安民志陣亡，其子尚幼，其印已失，土地已爲楊賊踐躪，合無將龍泉改建一縣，增置城郭，而以安民志之子世爲土縣丞，以爲死義者之勸；其祖職長官，世爲土主簿。此則思、石一帶建置之大較也。第播州之名，其來已久，"播"之爲字，番之有才者也，以故應龍阻兵，崛强獷戾，竭四方之力，僅乃克之。夫南越破而"聞喜"建，吕嘉得而獲"嘉"名；龍州平，改爲"龍安"；九絲夷，更名"建武"；即播州納土於宋，亦改名"遵義"。計廟堂當有定謨，而播之名似當更易。

——(道光)《仁懷直隸廳志》卷之十八《藝文志》，載《中國地方志集成·貴州府縣志輯》，第39册，286～296頁

佛圖關紀事二首　劉綎

當年先業樹矗叢，奕葉何堪振父風。自信承家慚長子，敢云報國紹元戎。

兒童舊頌平蠻績，父老新傳剿播功。武烈謬叨綿世澤，孤忠一脉冠長虹。

東逐西馳歲又深，凱旋駐馬漫開襟。三巴兵革龍泉迫，六月烽烟雁字沉。

關塞自惟憐白髮，廟廊誰爲暴丹心。良弓鳥盡應無用，緩整魚竿釣海潯。

凱旋駐師渝城述懷二首　劉綎

韜略無能繼父風，四川前後領元戎。重慚推轂握兵柄，敢倚平夷數戰功。

奕世君恩延賞久，纍朝官誥錫封隆。何當兩地無寧日，兵火年年一樣紅。

逆豎頻煩西顧憂，簡書重命運前籌。斬關聊施嬴驢技，破囤應消汗馬愁。

一念孤忠懸日月，千年公論付春秋。太平自是無征戰，且脱戎衣歸馬牛。

寄馮人天黔按　王應熊

矢清鑾部在登車，半壁功高大樹餘。馬粟寒生驄使廐，犢刀秋净竹王墟。紆籌特定先庚策，退食惟披大酉書。却寄草堂情不淺，拒霜花發雁來初。

——(道光)《仁懷直隸廳志》卷之二十《藝文志》，載《中國地方志集成·貴州府縣志輯》，第39册，第378頁

(道光)貴陽府志*

(元世祖至元)二十一年閏五月己卯,改思、播二州隸順元宣慰司,罷西南番安撫司,立總管府。

——(道光)《貴陽府志》卷一《大事紀上》,載《中國地方志集成·貴州府縣志輯》,第12册,第34頁

(明太祖洪武)二十四年,景川侯曹震、播州宣慰使楊鏗除治貴州播驛路。

——(道光)《貴陽府志》卷一《大事紀上》,載《中國地方志集成·貴州府縣志輯》,第12册,第37頁

(萬曆二十七年)三月癸未,命副都御史郭子章巡撫貴州。十月,貴州宣慰使安疆臣有罪,貸之,令討播州以自效。右僉都御史總督川、湖、貴州軍務李化龍調貴州宣慰使安疆臣兵三萬守貴陽。

二十八年正月丙寅,詔各直省助貴州餉。二月癸未,播州賊襲執貴州宣慰同知宋承恩。貴州宣慰使安疆臣率兵從童元鎮、朱鶴齡征播州。丙戌,元鎮自貴陽進兵。三月壬子,童元鎮兵克烏江關;甲寅,克河渡關;戊午,敗績於烏江。參將楊顯,守備陳雲龍、阮士奇、白明達,指揮楊續之等皆死之。童元鎮别部兵破播州賊於新站田。壬申,賊遁還,復克河渡關。四月丙戌,童元鎮别部兵克桃溪,焚楊氏家廟,遂入播州。五月丁未,逮童元鎮,令李應祥并將其軍,遂會四川、湖廣兵圍海龍囤。六月丁丑,貴州兵及四川、湖廣兵滅播州,楊應龍自經死,俘其妻子及其黨。

——(道光)《貴陽府志》卷一《大事紀上》,載《中國地方志集成·貴州府縣志輯》,第12册,42~43頁

---

* (清)周作楫修,蕭琯等纂:(道光)《貴陽府志》,載《中國地方志集成》編委會編:《中國地方志集成·貴州府縣志輯》,巴蜀書社,2006年。

神宗萬曆二十二年,以播事起,命邢玠總督川貴,駐四川。

——(道光)《貴陽府志》卷六《職官表一》,載《中國地方志集成·貴州府縣志輯》,第12册,第106頁

……忠勛祠在貴陽府城東,萬曆三十年建,祀楊寅秋,而以討播陣亡將士附焉。郭子章有記。

——(道光)《貴陽府志》卷四十一《祠祀略》,載《中國地方志集成·貴州府縣志輯》,第12册,第593頁

《本紀》云:至元十九年二月壬子,詔僉亦奚不薛及播、思、敘三州軍征緬甸。

——(道光)《貴陽府志》卷四十八《武備略上》,載《中國地方志集成·貴州府縣志輯》,第13册,第67頁

速哥,蒙古人。父忽魯忽兒國王木華藜麾下卒也。後更隸塔海帖哥軍,令佩銀符,賜名動哥。居憲宗時卒。速哥以壯男居軍中,纍有戰功。……二十四年,遷河東陝西等路萬户府達魯花赤,播州宣撫賽因不花等詣闕請留,許之。

——(道光)《貴陽府志》卷五十四《漢元政績録一》,載《中國地方志集成·貴州府縣志輯》,第13册,第148頁

斡羅思康里氏,曾祖哈失伯要。元初款附爲莊聖太后牧官。祖海都從憲宗征釣魚山,没於陣。父明理帖木兒,世祖時爲必闍赤,後爲大府少監。斡羅思,至元十九年爲内府必闍赤。二十一年拜監察御史,遷雲南行省理問,領雲南王府事,後以忤桑哥被譖,籍其家。……(二十九年三月)庚戌,賜斡羅思速哥、賽因不花等五十六人金紋綾絹各七十九匹,及弓矢鞍轡。

——(道光)《貴陽府志》卷五十四《漢元政績録一》,載《中國地方志集成·貴州府縣志輯》,第13册,148~159頁

劉國杰,字國寶,本女真人也,姓烏古倫,後入中州改姓劉氏。國杰貌魁雄,善騎射,膽力過人,少從軍漣海,以材武爲隊長。……大德五年,羅鬼女子蛇節反,烏撒、烏蒙、東川、芒部諸蠻從之皆叛,陷貴州。詔國杰將諸翼兵合四川、雲南、思播兵以討之。……先忽都魯、宋光及播州楊賽因不花、也速帶兒本末已見上。楊賽因不花《元史》有傳,餘皆無傳。……楊賽因不花,初名漢英,字熙載,賽因不花,賜名也。其先太原人,唐季南詔陷播州,有楊端者以應募起,漸有部曲,竟復播州,遂使領之。五代迄宋,端子孫襲其職,凡

十六傳至邦憲，爲宋播州安撫使。至元十三年内附，授龍虎衛上將軍，紹慶、珍州、南平等處沿邊宣慰使，播州安撫使。卒，賜號推忠效順功臣，贈平章政事，追封播國公，謚惠敏。漢英，邦憲子也。二十二年襲職，賜金虎符，因賜名。二十五年改播州爲宣撫司，授賽因不花宣撫使，升侍衛親軍都指揮使。大德五年，宋隆濟及折節反，即蛇節。詔湖廣行省平章劉二拔都、即劉國杰。指揮使也先忽都魯率兵偕賽因不花討之。六年秋九月，師出播境，與賊遇，破之。前駐蹉泥，賊騎猝至，賽因不花奮擊先進，大軍繼之，賊遂潰，乘勝逐北，殺獲不可勝記，遂降阿苴，下笮籠，而望壟送款者相繼矣。七年正月進屯暮窩，賊衆復合，又與戰於墨特川，大破之。折節懼，乞降，斬之。又擒斬隆濟等，西南夷悉平。八年，賽因不花入見，進資德大夫。至大四年，加上護軍，詔許世襲。播南盧崩蠻内侵，詔賽因不花暨思州宣慰使田茂忠討之，以疾卒於軍，年四十。賜號推誠秉義功臣，贈銀青榮禄大夫、平章政事、柱國，追封播國公，謚忠宣。

——（道光）《貴陽府志》卷五十四《漢元政績録一》，載《中國地方志集成·貴州府縣志輯》，第 13 册，151～152 頁

郭子章，字相奎，泰和人，隆慶五年進士。萬曆二十七年以右副都御史巡撫貴州。

播州宣慰楊應龍反，巡撫江東之以劾罷。帝難其人，廷臣交薦子章，帝由是用焉。子章於三月癸未受命，五月己巳至沅州，六月始至貴陽。巡按御史亦新用宋興祖，興祖於三月乙未已至貴陽。子章初至，核所部兵，不滿五千，帑藏亦虚。謂興祖曰："無米求炊，巧婦不能，奈何？"興祖曰："非請兵餉不可。"乃連疏以聞，情詞懇切，當事爲之感動，如所請。再請，又益之。前後畀餉銀百四萬兩，漕糧三十萬石。子章乃精簡文武僚吏，以重兵守貴陽，别募兵守偏橋等十二處。以兵八萬屬總兵官李應祥，令都指揮王納、張秉忠守貴陽；副總兵陳寅、陳良玭，參將朱鶴齡，都指揮徐成皆令出征，聽總督調遣。右參議加按察使楊寅秋、參議張存意有才智，熟於戎行，皆令監軍。其餘如布政使應存卓，參政郭廷良、王邦俊，參議梅國樓、張文奇，按察使易登瀛，副使尤錫類、洪澄源、路雲龍、陳與相、袁應文，僉事加參議梁銓，貴陽知府劉冠南，同知徐庭綬，通判夏爋皆分任，使事事有備。故事，貴州雖行省，而仰給於川湖，以湖廣地遼闊而四川爲沃壤也。

播事起，朝議三省合征，貴故弱於二省，與播尤密。邇新有飛練堡之敗，人心未振，東之又曾以事劾安疆臣，安氏與楊氏爲昏姻相脣齒，且有内顧之憂，故貴事獨難於二省。子章與興祖二人綢繆備至，又用寅秋計，内撫安氏，密解其罪，而後播州失羽翼，貴陽得以無恐。明年，始得與總督李化龍、湖廣巡撫支可大誓師進兵。既而貴州兵有烏江之敗，貴陽戒嚴。寅秋卒率安氏兵深入，播州以平。事具《大政記·土司載記》。貴、龍、平、新之間有東西二路，苗名曰仲家，最桀黠，爲諸小部苗之渠長。又有水銀山者，介於銅仁、思、石，亦有仲家苗，名曰山苗，爲紅苗之羽翼。自平播以後，貴州物力大屈，諸仲生心，剽掠無虚

日。子章奏討之,帝命相機進兵。子章乃令陳璘、劉岳等剿平之。語具《大政記》中。三十七年,子章請終養,許之。莅貴州幾十年,所設施動中民隱,尤喜獎拔士類,經其品題者,卒爲佳士。屢更用兵,調度悉合機宜。及《陳情疏》凡九上,始得請。既去,貴州人爲建生祠七所。水西安氏建懷德祠,祀諸葛武侯、關壯繆侯,而子章與焉。終子章之世,水西不敢動,蓋有大畏其志也。著《黔記》六十卷,貴州掌故賴之以存。祀貴州名宦祠。子章去,胡桂芳代。

——(道光)《貴陽府志》卷五十八《明政績録四》,載《中國地方志集成·貴州府縣志輯》,第 13 册,第 182 頁

應存卓,字立甫,仙居人,以進士起家授官。萬曆十二年,纍遷貴州左參議,分守思仁道,就遷按察使,進左布政使。播州之亂,助郭子章守城措餉有勞績,子章甚倚之。

登瀛,肅寧人,以進士纍官按察使,佐郭子章守貴陽,平播州有勞績,登瀛後楊寅秋繼之。

楊寅秋,字義叔,泰和人,大學士士奇元孫也。以進士起家,授官。萬曆中,纍遷貴州右參議,就遷副使。平答干苗,進參政。頃之,加按察使。先是,宣慰安疆臣爲江東之所劾,頗懷疑懼。寅秋見播事方急,恐貴播合,則貴陽愈危,言於巡撫郭子章,密聞於朝廷。朝廷得劾章,令之殺賊圖功自贖。寅秋又與陳璘計,令疆臣退舍,而璘移其處以攻之,播賊卒平。事互具《大政紀·土司載記》中。寅秋旋即真,以勞卒於官,叙平播功,贈太僕寺卿,蔭一子入監。子章又爲立忠勛祠於貴州以祀之。

宋興祖,中江人,以進士授官。萬曆二十七年爲巡按貴州御史。楊應龍之亂,佐巡撫郭子章,請兵增餉,守貴征播,大著勞績。二十八年按畢,當還,子章以播州未平,貴州事方殷,非興祖弗勝,奏留之。播賊甫平,興祖即佐子章修鐘鼓樓,爲孫應鰲請謚建祠,設印江縣學。

張文耀,字子遠,沅陵人,以進士釋褐。萬曆十六年纍官貴州左參議,分守思仁道。播事平,總理清丈,量田分賦,悉有條理。凡公私之額、盈縮之制,皆其更定,後遂爲永制,吏民守之。其時,監司復有左參議張存意,岳州人,以進士釋褐,播州之亂爲右監軍,監李應祥軍,有功;副使陳與相,海寧人,亦以進士釋褐,佐郭子章守貴平播,著勞績。事平,復有惠政於民,祀貴州名宦祠。

——(道光)《貴陽府志》卷五十八《明政績録五》,載《中國地方志集成·貴州府縣志輯》,第 13 册,184 ~ 186 頁

劉冠南,字文光,廬陵人,以舉人釋褐。萬曆二十八年纍官貴陽知府。時播州叛亂,貴陽戒嚴,前知府張文奇新升左參議,與冠南及貴陽同知徐庭綬共佐巡撫郭子章籌兵措

餉，著有勞績。及播州平，又偕庭綬重修鐘鼓樓。

——(道光)《貴陽府志》卷六十《明政績録六》，載《中國地方志集成·貴州府縣志輯》，第 13 册，第 199 頁

江盈科，字進之，桃源人。萬曆二十年進士。除長洲知縣，擢吏部主事，調大理寺寺正。二十九年恤刑雲貴，多所平反。播州之平也，資四川、湖廣、貴州三省兵力。貴州疆土狹小，物力不逮，二省遠甚，又密邇於播，事且殷繁，而能出師當一面，協力平播，守臣調度之功實多。時議歸功於四川，盈科身歷其地，知其情形，作《黔師平播銘》以明之。貴州由是德盈科。盈科官終四川提學僉事。

——(道光)《貴陽府志》卷六十《明政績録六》，載《中國地方志集成·貴州府縣志輯》，第 13 册，第 205 頁

清江爲黑苗所居，以上下九股爲門户，八寨爲藩籬，與施秉舊縣接壤。明萬曆時結播州楊應龍爲亂，大肆焚掠。

——(道光)《貴陽府志》卷六十六《政績録五》，載《中國地方志集成·貴州府縣志輯》，第 13 册，第 276 頁

李時華，字芳麓，貴陽人。父梅，府學生，别有傳。華性峭直，好論時事，不屑屑以文章見。萬曆十年舉於鄉，纍官監察御史。……萬曆二十八年十二月己巳，詔謚應鰲爲文恭，士論因此益重時華。頃之，出按四川。時播州初平，貴州宣慰使安疆臣與有功。疆臣詭言於子章，云往時播州侵水西、烏江地六百里，子章許還之以酬功。朝議知其詐，不從。而總督王象乾又索水烟、天旺二地於安氏，安氏不肯。象乾與子章互奏，歲餘不决。兵部令川、貴兩省巡按勘報。時華疏云："征播之役，水西不惟假道，且又助兵。矧失之土司，得之士司，播固輸糧，水西亦納税，不宜以土地之故傷字小之仁，地宜歸疆臣。"尚書蕭大亨主其議，遂以地與疆臣。事互具子章《録》中。

——(道光)《貴陽府志》卷七十三《明耆舊傳上》，載《中國地方志集成·貴州府縣志輯》，第 13 册，360～361 頁

(道光)銅仁府志*

開平越新疆疏 郭子章

題爲播地蕩平,經制宜定,敬陳善後切要各事宜,伏乞聖明采擇,以永奠遐方事。

萬曆三十一年,據貴州布政司經理分守新鎮道等呈前事。該臣看得:播未平之先,急在征討;播既平之後,急在經理。征討者,矢在弦上,不可不發;經理者,鹿在圍中,不可不緩。仰誦明旨,一則曰:"牽累的都免窮治,流移的招他復業,還與優加賑恤,以安新定地方。"一則曰:"招撫流移復業,毋令豪强冒奪。"大哉皇言,明見萬里,恩加八番,所以安集鴻雁于澤,休息鴛鴦於梁者,靡不周且詳矣。臣等奉行綸音,宣導德意,與經理諸臣,上自道府,下至丞尉,亦至于再至于四矣。顧經理之節目甚瑣甚冗,而其體統在官與民。土官曰先人歷代遺土;新官曰朝廷業已改流,枘鑿不相入而互相持。舊民曰此吾世業,而偶失之也,何知新民;新民曰汝罪人,幸而脱刃者也,何得復戀。熊虎各相噬而勢相戕。甚至新官與新民依倚,土官與舊民連結,各恃衆怙力,將人人棋峙,以觀成敗。此體統之難正也。築城垣於豺虎之穴,而獷悍不可使;度田土於荆棘之中,而尋丈不可復。建學校以化夷,而口舌紛紜;徵糧芻以給公,而支吾推諉;開道路以通商,而戎賊莽伏;物力絀,而無以應多役;糧餉殫,而無以張兵威。捉襟則肘見,調宫則商亂,甚至謂改土徒勞,不如還舊。此節目之難也。臣與督臣、按臣會議,諭諸經理司道府官:凡教在初,而禮爲始,暫給土官冠帶、劄付、引於繩之内;次定與縣令迎送接見儀節,委以職事,稽其勤惰,毋令逸於繩之外,而官志始定。查舊田有憑者,還舊主;查逆田入官者,給新民。俱不令入價,而責其納租。土著子弟稍通者,令之入學,青其衿,毋左其袵。新民子弟即平通者,止令寄學,不許觀場,二十年後始令赴試,而民志始定。體統既正,漸議築城垣。首砌龍泉,次砌甕安;又次砌平越、水城、黄平州城,銅仁縣城;又次修銅仁、平越府城、新添龍里衛城;又次築平越行府、銅仁營堡。而城垣舉矣。即不敢謂金湯足恃,而三板安堵,千里聯絡,實空虚之地,

* (清)敬文等修,徐如澍纂:(道光)《銅仁府志》,載《中國地方志集成》編委會編:《中國地方志集成·貴州府縣志輯》,巴蜀書社,2006年。

爲扞蔽之資，脱有不虞，民亦可倚而守也。乃漸議度土田，起糧馬。丈出田地一十九萬四千有奇，歲徵銀一萬五千六百有奇，本色米四百有奇。雖比之遵義，不及十之一，而在黔中，稍稍成聚。即一郡、一州、四縣官員之俸薪，道路之夫馬，皂快之工食，踐更之戍餉，僅僅取給焉。又漸議建學校，則改平越衛學爲府學，以黄平州學附於平越府，而土著新附之子弟，肄業有地。變椎結爲絃歌，柔靡莫而詩書，或者其藉此乎？又漸議開道路，則團聚哨兵、建立舖户、修飭候館，滇楚賓旅，亦稍出途。迴視豺狼當道，荆棘塞路之時，則有間矣。

蓋自播平至今，已歷四年，各官經理亦逾一載。城市鮮犬吠之驚，叢祠罷狐鳴之盗，是皆皇上威遠，暢惠廣被，故令夜郎、牂牁驚鳥獲安，平江、湄水窮魚復樂，豈臣等區區智力所能辦？第二、三營造拮据之臣，其勞亦有不可泯者。謹將各府、州、縣築完城垣公署，丈完田地糧則，并户口册籍，上呈御覽。

——（道光）《銅仁府志》卷八《藝文・疏》，載《中國地方志集成・貴州府縣志輯》，第 45 册，394 ~ 395 頁

（道光）思南府續志[*]

萬曆二十二年，知縣張任教以播州兵變，增修堅高，周圍五百四十丈，爲門四，東曰東平，南曰南安，西曰西成，北曰北靖。各有樓、女墻一千五百二十，引溪流三入城，以水閘瀦之。

——（道光）《思南府續志》卷二《營建門》，載《中國地方志集成・貴州府縣志輯》，第 46 册，第 57 頁

賀紹南翁安老先生榮秩序　明**蕭重望**邑人

上御宇二十有三年，内順外威，承平日久。播逆匪茹，蜀黔騷動，兩省撫按重臣飛章於朝，歲無虚月。天子赫然震怒，簡命司馬，羽書旁午，有事於西南也。去年，臺使者行部黔中，號思銅守帥而庭督之曰："若其以材官雲騎投石穿楊之士來應者，什才二三。"號都縣守長而庭督之曰："若其以糗糒芻秣蓐食待戰之需來應者，益寥寥矣。"安侯慨然曰："老臣世受國恩，身事三朝，髮且種種，馬革之願，何日忘之。王師討逆，安得執殳先驅，滅此而朝食。所可憂者，則餉爲最。罄累世所積及某三十年之禄，入於餱糧之助，庸無當於萬之一乎？"乃白之府公，府公爲趙中菴先生，適以歲事，入都覲禮竣，言於大司馬石東泉公，且曰："思南比歲大祲，與播事會，兵荒之郡也。如安請師行，足以給饋餉，即不爾，郡之甿黎枵腹俟哺者，駢而踵相接也，以斯振恤之，不可乎？"司馬公稔趙公忠信，有長慮，不欺也，遂報可。朝廷嘉侯之忠，加明威將軍。

——（道光）《思南府續志》卷十《藝文門》，載《中國地方志集成・貴州府縣志輯》，第 46 册，第 343 頁

思南府志略序　知府馮詠

……前明之黔，大都倉皇定亂，以沐將軍之武勇不能盡平苗蠻。其後，播州之變、水

---

* （清）夏修恕、周作楫修，蕭琯、何廷熙纂：（道光）《思南府續志》，載《中國地方志集成》編委會編：《中國地方志集成・貴州府縣志輯》，巴蜀書社，2006 年。

西之變、鎮筸之變。載於《通志》者，平亂之事居多。

——(道光)《思南府續志》卷十《藝文門》，載《中國地方志集成·貴州府縣志輯》，第46册，第357頁

同錢兵憲以勘播事適婺曉發鸚鵡溪 知府陸從平華亭

無端更渡夜郎東，黔楚烟飛蜀道通。曉日曈曨垂柳碧，春風吹拂野桃紅。虚疑涉險天應近，謾笑浮槎水未窮。光景依然疆界别，并州四望幾峰同。

——(道光)《思南府續志》卷十二《藝文門》，載《中國地方志集成·貴州府縣志輯》，第46册，第397頁

……婺川則以明嘉靖二年，知縣熊價築土城。萬曆甲午，播州兵變，知縣張士教增高之，匪惟建置也，亦藉以征軍旅焉。

——(道光)《思南府續志》卷十二《藝文門》，載《中國地方志集成·貴州府縣志輯》，第46册，第428頁

（道光）松桃廳志*

安設石峴衛説　滕仕清

……國初蕩平播賊楊應龍之海龍囤，不殊一旦，創以天戈，究不能負隅自固。計功行賞，楚兵曰："多固我皇上撻伐震疊之威，亦由逆苗積時閲歲，稔惡不悛，有以致之也。"事平，築石峴城，設守備一員鎮之，隨防者把總一、外委一，其叛産則籍没之，以作屯田。而更設衛千總一員，添築八堡，轄屯兵四百以食其租而衛其地。迄今三十餘年，居民安堵焉。

——（道光）《松桃廳志》卷之二十八《藝文門》，載《中國地方志集成・貴州府縣志輯》，第46册，第671頁

* （清）徐鋐修，蕭琯纂：（道光）《松桃廳志》，載《中國地方志集成》編委會編：《中國地方志集成・貴州府縣志輯》，巴蜀書社，2006年。

(道光)大定府志[*]

(至元)三十年四月甲寅,斡羅思請以八番見户合於思、播,徙宣慰司治辰、沅、靖諸州。常賦外,歲輸鈔三千錠,不允。

——(道光)《大定府志》卷之二十五《惠人志四》,載《中國地方志集成・貴州府縣志輯》,第48册,385~386頁

大德五年,羅鬼女子蛇節反,烏撒烏蒙、東川芒部諸蠻從之皆叛,陷貴州。詔國杰將諸翼兵合四川、雲南、思、播兵以討之。

——(道光)《大定府志》卷之二十五《惠人志四》,載《中國地方志集成・貴州府縣志輯》,第48册,第387頁

蛇節之役,同國杰著功者,有雲南省臣牀兀兒不蘭奚,四川省臣八剌阿塔赤,陝西省臣也速帶兒、汪惟勤。從國杰者,則有也先忽都魯、宋光及播州楊賽因不花。也速带兒本末已見上,楊賽因不花《元史》有傳,餘皆無傳。

——(道光)《大定府志》卷之二十五《惠人志四》,載《中國地方志集成・貴州府縣志輯》,第48册,第387頁

楊賽因不花,初名漢英,字熙載。賽因不花,賜名也。其先太原人。唐季,南詔陷播州,有楊端者,以應募起,漸有部曲,竟復播州,遂使領之。五代迄宋,端子孫世襲其職,凡十六傳至邦憲,爲宋播州安撫使。至元十三年,内附,授龍虎衛上將軍,紹、慶、珍州、南平等處沿邊宣慰使,播州安撫使。卒,賜號推忠效順功臣,贈平章政事,追封播國公,謚惠敏。漢英,邦憲子也。二十二年襲職,賜金虎符,賜名。二十五年,改播州爲宣撫司,授賽

---

* (清)黄宅中修,鄒漢勳纂:(道光)《大定府志》,載《中國地方志集成》編委會編:《中國地方志集成・貴州府縣志輯》,巴蜀書社,2006年。

因不花宣撫使,升侍衛親軍都指揮使。

——(道光)《大定府志》卷之二十五《惠人志四》,載《中國地方志集成·貴州府縣志輯》,第48册,387~388頁

大德五年,宋隆濟及折節反,即蛇節。詔湖廣行省平章劉二拔都、即劉國杰。指揮使也先忽都魯率兵偕賽因不花討之。六年秋九月,師出播境,與破之前駐蹉泥。賊騎猝至,賽因不花奮擊先進,大軍繼之,賊遂潰。乘勝逐北,殺獲不可勝計。遂降阿苴,下笮籠,而望塵送款者相繼矣。七年正月,進屯募窩,賊衆復合,又與戰于墨特川,大破之。折節懼,乞降,斬之。又擒斬隆濟等,西南夷悉平。八年,賽因不花入見,進資德夫夫。至大四年,加上護軍,詔許世襲播南。盧崩蠻内侵,詔賽因不花暨思州宣慰使田茂忠討之。以疾卒於軍,年四十。賜號推誠秉義功臣,贈銀青榮禄大夫、平章政事、柱國,追封播國公,謚忠宣。出《元史·本纪》,刘国杰、汪世显、杨赛因不花《傳》。

——(道光)《大定府志》卷之二十五《惠人志四》,載《中國地方志集成·貴州府縣志輯》,第48册,第388頁

移剌四奴,契丹人,蓋移剌捏兒之族也。武宗至大初,爲順元萬户。三年,乖西帶蠻阿馬反,連結萬人寇邊。正月辛丑,遣四奴領軍千人調思、播土兵并力捕討。樞密院臣言於朝,謂事勢緩急,地里要害,四奴備知,乞一聽其調遣。帝從之。四年,阿馬降。十一月辛丑,立乖西府,以阿馬爲知府,佩金符。乖西之開設,蓋四奴功也。出《元史·本紀》《貴州通志·名宦篇》。

——(道光)《大定府志》卷之二十五《惠人志四》,載《中國地方志集成·貴州府縣志輯》,第48册,第388頁

郭子章,字相奎,泰和人。隆慶五年進士。萬曆二十七年以右副都御史巡撫貴州。

播州宣慰楊應龍反,貴州巡撫江東之以劾罷。帝難其人,廷臣交薦子章,帝由是用焉。子章於三月受命,五月至沅州,六月始至貴陽。巡按御史亦新用宋興祖,於三月已至貴陽。子章初至,核所部,兵不滿五千,帑藏亦虚,謂興祖曰:"無米求炊,巧婦不能,奈何?"興祖曰:"非請兵餉不可。"乃連疏以聞,情詞懇切,當事爲之感動,如所請。再請,又益之。前後畀餉銀百四萬兩,漕糧三十萬石。子章乃精簡文武僚吏,以重兵守貴陽。别募兵守偏橋等十二處,以兵八萬屬總兵官李應祥,令都指揮王納忠、張秉忠守貴陽,副總兵陳寅、陳良玭,參將朱鶴齡,都指揮徐成皆令出征,聽總督調遣。右參政加按察使楊寅秋、參議張存意有才智,熟於戎行,皆令監軍。其餘如布政使應存卓,參政郭廷良、王邦俊,參議梅國樓、張文奇,按察使易登瀛,副使尤錫類、洪澄源、路雲龍、陳與相、袁應文,僉

事加参議梁銓，貴陽知府劉冠南，同知徐庭綬，通判夏爋皆分任，使事事有備。故事，貴州雖列行省，恒仰給于川湖，以湖廣地遼闊，而四川爲沃壤也。

播事起，朝議三省合征，貴故弱于二省，與播尤密邇，又新有飛練堡之敗，人心未振，前撫江東之又曾以事劾安疆臣，安氏與楊氏爲昏姻，相唇齒，且有内顧之憂，故貴事獨難于二省。子章與興祖二人綢繆備至，又用寅秋計，内撫安氏，密解其罪，而後播州失羽翼，貴陽得以無恐。明年，始得與總督李化龍、湖廣巡撫支可大誓師進兵。既而，貴州兵有烏江之敗，貴陽戒嚴。寅秋卒率安氏兵深入，播州以平。二十九年，皮林苗叛。子章至鎮遠，會湖廣、廣西之兵討平之。子章還貴陽。其年三月，子章與總督李化龍請分播地，以播州爲遵義府，隸四川；革五司，以其地爲平越軍民府，隸貴州；設黄平州，湄潭、甕安、餘慶三縣，隸平越府；龍泉縣隸石阡府。帝從之。

安疆臣之從征播州也，詭言往時播州侵水西烏江地六百里，子章許還之，以酬功。事平，朝議不許。既置二府，以渭河中心爲界，總督王象乾又索水湮、天旺于安氏。初，楊應龍之祖以内難走水西，客死，安萬銓挾之索地，播州以二地予之，萬銓始歸其喪。至是，象乾新代化龍，主清疆之議，故索之。子章奏言："侵地始于萬銓，非疆臣。安氏迫取于楊相喪亂之時，非擅取于應龍蕩平之日。且臣曾許其領土，今反奪地，臣無面目以謝疆臣，願罷去。"象乾疏言："疆臣征播，殲應龍子惟棟，不實。則其餘可知。且佯敗弃陳，送藥于賊，與之往來。欺君助逆，迹已昭然。今還故地，不咎既往，已屬國家寬大。若因其挾而予之，彼不爲恩，我示之弱。疆臣無功，不與之地，正所以全撫臣之信，宜留撫臣而罷臣，以爲重臣無能，而令小苗噂沓者之戒。"議纍年不决。兵部令兩省巡按御史勘報，而南、北言官交章抵象乾貪功起釁，科臣吕邦耀復劾子章納賄縱苗。子章求去益力。象乾執疆臣所遣入京行賄之人與金，以聞於朝。議者多右子章。兵部尚書蕭大亨主四川巡按李時華疏，謂"征播之役，水西不惟假道，且又助兵。矧失之土司，得之土司。播固輸糧，水西亦納税，不宜以土地之故傷字小之仁，地宜歸疆臣。"於是疆臣進秩，其母得賜祭。叙平播功，子章加右都御史兼兵部右侍郎，仍巡撫貴州，蔭一子錦衣衛指揮僉事。文武將吏升賚有差。已而，南京户、工二部缺尚書，禮部缺侍郎，廷推子章與焉。禮科右給事中汪若霖言子章不足任而寢。工科右給事中王元翰又兩疏劾子章，言："子章曲庇安疆臣，堅意割地，貽西南大憂。且嘗著《婦寺論》，言人主當隔絶廷臣，專與宦官、宫妾處，乃相安無患。子章罪當斬。"播州之亂，子章實藉水西力以安貴陽。時華貴陽人，深知其利害，故本兵用其議。《婦寺論》乃詭激之詞，元翰據以入彈章，亦難服有識之心。子章雖以此捐當世名，而貴州人頌之不衰。云貴龍、平新之間有東、西二路苗，名曰仲家，最桀黠，爲諸小部苗之渠長。又有水銀山者，介於銅仁、思、石，亦有仲家苗，名曰山苗，爲紅苗之羽翼。自平播以後，貴州物力大屈，諸仲生心，剽掠無虚日。子章奏討之。帝命相機進兵。子章乃令陳璘、劉岳等剿平之。三十七年，子章請終養，許之。子章莅貴州幾十年，所設施動中民隱,尤喜獎拔士類,經其品題者,卒爲佳士。屢更用兵,調度悉合機宜。及《陳情疏》凡九上,始得請。既去,貴州人爲建生祠七所。水西安氏建懷德祠,祀諸葛武侯、關壯繆侯,而子章與焉。終子章之世,水西不敢動,蓋有大長其志也。著《黔記》六十卷,貴州掌故賴之以存。祀貴州名宦。出《明史》李化龍、汪若霖、王元翰、四川土司、貴州土司傳,《貴州通志》"大事記""名宦篇""師旅篇""土司篇",鄒德溥《郭子章祠記》。

——(道光)《大定府志》卷之二十六《惠人志五》,載《中國地方志集成·貴州府縣志輯》,第48册,393~395頁

楊寅秋,字義叔,泰和人,大學士士奇元孫也。以進士起家,授官。萬曆中,纍遷貴州右參議,就遷副使。平答干苗,進參政。頃之,加按察使。播州之亂,寅秋爲左監軍,監童元鎮軍由烏江入播境,諸路兵未涉播地。寅秋謂元鎮曰:"烏江去播不遠,宜俟諸軍深入,與之進。"元鎮不從,故有烏江之敗。先是,宣慰安疆臣爲江東之所劾,頗懷疑懼。寅秋見播事方急,恐貴、播合則貴陽愈危,言于巡撫郭子章。子章密聞于朝,朝廷得劾章,令之殺賊,圖功自贖。疆臣自奏:"播警方殷,臣心未白,諸臣督責,進退皆罪,恐難立功。"帝復優詔答之,蓋用寅秋謀也。烏江之敗,疆臣弟鎮雄土官堯臣以不與元鎮合營,得全師,當事疑其通賊。寅秋以鎮雄去播止二日程,令益兵擣巢立效,堯臣從之。水西鎮雄兵卒入播,有大水田桃溪之捷,寅秋策使之力也。及圍海龍囤,諸將皆壁囤前,疆臣獨攻其後。疆臣所部受賊賄,潛以火藥遺賊。寅秋又與陳璘計,令疆臣退舍,而璘移其處以攻之,播賊卒平。寅秋旋即真,以勞卒于官。叙平播功,贈太僕寺卿,蔭一子入監。子章又爲立忠勛祠于貴州以祀之。出《明史》《貴州通志》。

——(道光)《大定府志》卷之二十六《惠人志五》,載《中國地方志集成·貴州府縣志輯》,第48册,395~396頁

安氏之據大方也,東倚播,北倚藺,西通烏撒四部,相與倚角,而畢節當其交。及播、藺既平,安氏惟恃烏撒爲援。

——(道光)《大定府志》卷之二十六《惠人志五》,載《中國地方志集成·貴州府縣志輯》,第48册,第403頁

西南之境皆荒服也。楊氏反播,奢氏反藺,安氏反水西,定番小州耳。爲長官司者十有七,數百年來,未有反者,非他苗好叛而定番性忠順也。

——(道光)《大定府志》卷之二十六《惠人志五》,載《中國地方志集成·貴州府縣志輯》,第48册,第405頁

理宗寶祐四年五月甲辰，詔賜羅氏鬼國銀萬兩，令結思、播二州備元兵。《宋史·本紀》。

——(道光)《大定府志》卷之四十五《舊事志一》，載《中國地方志集成·貴州府縣志輯》，第48册，第652頁

(元世祖至元十七年)十二月己卯，羅氏鬼國土寇爲患，思、播道路不通，發兵千人開洞蠻道。《元史》。

——(道光)《大定府志》卷之四十五《舊事志一》，載《中國地方志集成·貴州府縣志輯》，第48册，第652頁

(嘉靖)三十四年七月，鎮守貴州總兵官石邦憲調攝貴州宣慰使安萬銓土兵，討播州叛蠻盧阿項，平之。播州苗盧阿項爲亂，邦憲以兵七千編筏渡江，直抵磨子崖，策賊必夜來襲，先設備。賊至，擊破之。賊求援於播州吴鯤，諸將懼。邦憲曰："水西宣慰安萬銓，播州所畏也。吾調水西兵攻烏江，聲楊烈縱鯤助逆罪，烈奚暇救人乎？"七月，水西兵至，邦憲率之進逼其巢，乘風縱火，斬關而登，賊大奔潰，斬獲四百七十餘人。參《明史》《明史概》《貴州通志》。

——(道光)《大定府志》卷之四十五《舊事志一》，載《中國地方志集成·貴州府縣志輯》，第48册，第658頁

(萬曆二十七年)十月，貴州宣慰使安疆臣有罪貸之，令討播州以自效。詳《安氏本末》，參《明史》《貴州通志》。

右都御史，總督川、湖、貴州軍務李化龍調貴州宣慰司兵三萬守貴陽。時播賊方熾，湖貴道梗，化龍先檄水西兵三萬助守貴陽，斷諸苗路。而己自成都移重慶，俄而巡撫郭子章亦至貴陽措辦軍餉，增兵扼要害，貴陽人心始定。參《明史》《貴州通志》。

二十八年二月，貴州宣慰使安疆臣率兵從參將朱鶴齡征播州，從沙溪進。三月，會爲事官童元鎮兵，克河渡關，已而敗績。詳《安氏本末》，參《明史》《貴州通志》。

己未，安疆臣率兵至楊亡水，克大紅、落蒙水等七關。壬申，安疆臣敗播州兵於大水田。四月丙戌，又敗播州兵於桃溪，遂入播州。安氏、楊氏屢世婚媾。嘉靖時，播州宣慰楊相欲立其寵子，爲播人所逐，走依安氏，後以病死。播人迎喪不予，責供億銀，要以地贖，乃予，播人難之。或爲之謀曰："以鹽浸紙，曬乾爲券，三年必碎爛，然後與争地，彼無憑，必且還我。"如其言。喪歸後數年，與争地，契已無存，安氏計窮，然終不肯歸地於播。後告督撫勘明，亦終不予。楊氏自以兵取之，不克，益構隙，相仇殺。久之，朝廷决計討楊應龍。黔撫郭子章念事急，安、楊必合，合則不可破，勢必以先離安氏爲上策。疆臣弟堯臣出繼鎮雄，爲其土官。子章移蜀，檄堯臣、疆臣合兵同進，召至貴陽與盟，厚待之。疆臣詭言楊氏侵安氏地六百里，子章亦許歸之，安氏始盡力。應龍遣使厚饋堯臣，堯臣立斬使者，以饋儀歸於官，子章獎賞之甚厚。總督李化龍亦給大紅緞旗，書"忠清"二字褒之。始有大水田、桃溪之捷，遂挫賊鋒。事詳《安氏本末》《明史概》。

五月，安疆臣從貴州總兵官李應祥，會四川、湖廣兵圍海龍囤。六月丁丑，克之。播州平。詳《安氏本末》，參《明史》《貴州通志》。

二十九年，加貴州宣慰使安疆臣左參政，階懷遠將軍，封定遠侯。賞平播之功也。互詳《安氏本末》，參《明史》《貴州通志》《安氏譜》。

三十年十二月，貴州宣慰使安疆臣討故播州司賊吴洪，斬之，俘其黨以獻。詳《安氏本末》、康熙《貴州通志》。

——（道光）《大定府志》卷之四十五《舊事志一》，載《中國地方志集成·貴州府縣志輯》，第48册，第660頁

《宋史》：“理宗寶祐四年，羅氏鬼國遣使報思播言：‘大元兵屯大理國，取道西南，將入邊。’詔賜銀萬兩，使思、播結羅鬼爲援。”羅氏鬼國始見於正史。

——（道光）《大定府志》卷之四十七《舊事志三》，載《中國地方志集成·貴州府縣志輯》，第48册，第683頁

（元世祖至元）十九年二月壬子，詔僉亦奚不薛及播、思、叙三州軍征緬甸。

——（道光）《大定府志》卷之四十七《舊事志三》，載《中國地方志集成·貴州府縣志輯》，第48册，第684頁

（大德五年）十一月丁未，遣湖廣行省平章劉國杰及指揮也先忽都魯將兵萬人，四川省臣八剌及阿塔赤將兵五千人，偕思州田氏、播州楊賽因不花等會雲南兵討宋隆濟、奢節。

——（道光）《大定府志》卷之四十七《舊事志三》，載《中國地方志集成·貴州府縣志輯》，第48册，第685頁

（萬曆）十三年，播州宣慰楊應龍以獻大木得賜飛魚服。國亨亦請以大木進，乞還冠帶誥，封如播州例。帝許之。既而，木不至，巡撫蕭彦劾之。國亨懼，諉罪木商。帝怒，奪所賚。國亨請補貢，以明不欺，并訐彦於朝。帝如所請，反欲罪彦。大學士申時行等言國亨反噬，輕朝廷，不可遂其欲。帝乃不罪彦，而改爲雲南巡撫。

——（道光）《大定府志》卷之四十八《舊事志四》，載《中國地方志集成·貴州府縣志輯》，第48册，第692頁

（萬曆）二十七年，播州宣慰使楊應龍反。疆臣適以殺所部安定事爲巡撫江東之所劾。科臣言疆臣逆節漸萌，請重治之。東之罷，郭子章繼之。以播事方急，用監軍楊寅秋

言，密陳於上，請貸疆臣，以斷播援。上是其言，不允科臣之請，令疆臣殺賊，圖功自贖。疆臣乃自奏："播警方殷，臣心未白，諸臣督責，進退皆罪，恐難立功。"帝復優詔答之，仍用子章計也。已而總督李化龍檄水西兵三萬，助守貴陽。二十八年，總督李化龍、巡撫郭子章、湖廣巡撫支可大分兵爲八道，進討播州。令總兵官童元鎮爲一道，由烏江進；參將朱鶴齡受元鎮節制，統疆臣由沙溪進。應龍及其群下議分兵守險，孫時泰曰："分兵則力薄，乘官兵未集，先破其弱者，餘自退矣。"應龍善之。元鎮至烏江，應龍曰："此即弱者，姑縱之渡江，密以計取之。"寅秋謂元鎮曰："烏江去播不遠，宜俟諸軍深入，方與俱進。"元鎮不從。時元鎮所部永順土兵，先奪烏江關。賊遣千餘人沿江叫罵以誘之，諸軍盡渡，進奪老君關。而水西兵自沙溪進者，亦至前哨。參將謝崇爵乘勢督泗城及水西兵再拔河渡關。三月望，賊以步騎數千先衝水西軍。軍中驅象出戰，賊多傷。俄駕象者被兵皆斃，象反走；擲火器者又誤擊己營。陳亂。泗城兵先走，崇爵亦走，争浮橋，橋斷，殺溺死者數千人。河渡之兵既敗，烏江相去六十里，尚未知。明日，參將楊顯發永順兵三百出哨，道遇賊數萬，咸爲水西裝，永順兵不之疑。賊掩擊之，皆殲，顯及其二子死焉。賊又襲永順裝，直趨烏江，烏江軍信爲永順軍，不設備，遂爲賊所破。争先渡，賊已斷浮橋，士卒多溺死。元鎮所部三萬人不存什一，將校止崇爵等三人，烏江水爲之不流。

貴陽聞警，軍民盡避入城，遠近震動。化龍用上方劍斬崇爵，益徵兵。鎮雄土官隴澄者，本姓安，名曰堯臣，疆臣之弟也，率土兵討賊，獨不肯與元鎮軍合。烏江既敗，當事頗疑其通賊，故先知。寅秋以鎮雄去播止二日，令益兵搗賊巢立效，以止群疑，澄從之。河渡未敗時，澄已遣别將劉岳、王嘉猷攻拔苦竹關及半坝嶺。及其敗也，岳、嘉猷移軍新站。是月己未，疆臣收集散亡，益兵進至楊亡水，克大紅及落閩水等七關。賊伏兵於大水田，别以五千人襲新站，敗還。嘉猷揚聲搗大水田，而潛軍拔大夫關，直抵馬坎，斷賊歸路，與疆臣合。壬申，賊遁還。都指揮徐成兵亦至。遂合泗城土官岑紹勛兵進，再克河渡關。四月丙戌，水西、鎮雄兵克桃溪，焚楊氏廨舍及其家廟，遂入播州。五月丁未，朝廷以烏江之敗，逮元鎮，令總兵李應祥并將其軍。應祥合水西、鎮雄諸部兵直抵海龍囤，與諸道兵會，遂圍之。或言水西兵佐賊，化龍詰之。疆臣斬執賊使二十餘人，於是楊、安二氏遂絶。諸軍既合圍，咸以囤後易攻，争走其後，總兵馬孔英獨壁囤前，已而皆前，疆臣獨攻其後，相持十餘日。疆臣所部受賊重賄，多與通，且潛遺火藥於賊，故賊不備其後。總兵陳璘知之，與監軍謀，令疆臣退一舍，璘移其處攻之。化龍又令孔英助璘攻囤。六月六日，遂克之。應龍死，播州平。

二十九年二月己亥，詔分播地，以播州爲遵義，隸四川；革五司，以其地爲平越軍民府，隸貴州。以渭河中心爲界。疆臣之從征也，詭言於子章云："往日播州侵水西烏江地六百里，事平後，請以還之。"子章許焉。及事平，朝議不許。總督王象乾又索水烟、天旺於疆臣。初，應龍之祖以内難走水西，客死。安萬銓因挾之索地，播州以二地予之，萬銓乃歸其喪。於是，二地遂屬水西。至是，象乾主清疆之議，故索之。子章弗悦，因奏曰："侵地始於萬銓，而非疆臣。安氏迫取於楊相喪亂之時，非擅取於應龍蕩平之日。且臣曾許其裂土，今反奪地，臣無面目以謝疆臣，願罷去。"象乾疏言："疆臣征播，殲應龍子惟棟，不實。則其餘首功可知。且佯敗弃陳，送藥於賊，與之往來。欺君助逆，迹已昭然。今還故地，不究既往，已屬國家寬大之恩。若因其挾而予之，彼不以爲德，我且示之弱。疆臣無功，不予之地，正所以全撫臣之信，宜留撫臣而罷臣，以爲重臣無能，而令小苗噂沓者之戒。"議纍年不决。兵部令兩省巡按勘報，而南、北言官交章詆象乾貪功起釁，科臣吕邦耀劾子章納賄縱夷。子章求去益力。象乾執疆臣所遣入京行賄之人與金，以聞於朝，然議者多右子章。尚書蕭大亨遂主巡按李時華議，謂："征播之役，水西不惟假道，且又助兵。矧失之土司，得之土司。播固輸糧，水亦納賦，不宜以土地之故傷字小之仁，地宜歸疆臣。"於是疆臣增秩，加布政司左參議，授懷遠將軍階，封定遠侯，賜飛魚服。其母卒，得賜祭，而水西尾大之患亦自此起矣。明年，播州餘逆吴洪、盧文秀等惡有司法嚴，而遵義知縣籲鳴世失衆心，洪等遂稱楊應龍有子存，因聚衆爲亂。總兵李應祥偕副將傅光宅檄疆臣討之，疆臣擒賊洪、文秀，俘其黨以獻。

——（道光）《大定府志》卷之四十八《舊事志四》，載《中國地方志集成·貴州府縣志輯》，第 48 册，692 ~ 694 頁

宋太祖

賜普貴敕

予以義正邦，華夏、蠻貊罔不率服。惟爾貴州，遠在要荒。先王之制：要服者來貢，荒服者來享。不貢，有征伐之兵、攻討之典。予往年爲扶播南楊氏之弱，勞我王師，罪人斯得，想亦聞之。有司因請進兵爾土，懲問不貢。予曰："遠人不服，則修文德以來之。窮兵黷武，予所不忍。"尋乃班師。近得爾父子狀，知欲向化，乃布兹文告之。爾若挈土來庭，爵土人民，世守如舊，故兹制旨，想宜知悉。

——（道光）《大定府志》卷之五十一《文徵一》，載《中國地方志集成·貴州府縣志輯》，第 49 册，第 22 頁

王守仁　又與貴榮書

……使君與宋氏同守土，而使君爲之長。地方變亂皆守土者之罪，使君能獨委之宋氏乎？夫連地千里，孰與中土之一大郡？擁衆四十八萬，孰與中土之一都司？深坑絶坉，安氏有之，然如安氏環四面而居有百數也。今播州有楊愛，凱里有楊保，靖州有彭世麒等諸人。斯言苟聞於朝，朝廷下片紙於楊愛諸人，使各自爲戰，共分安氏之所有，蓋朝令而夕無安氏矣。

——(道光)《大定府志》卷之五十二《文徵二》,載《中國地方志集成·貴州府縣志輯》,第49册,第39頁

李化龍、王三善論 田雯

紀平播之功,曰李化龍;死水西之變,曰王三善。其人同,其事合,其心一,而要之用兵各殊,故成敗亦异也。

方化龍之督黔以平播也,與黔楚撫臣同心并力,一出於剿。既受命,則移鎮於重慶,而黔撫郭子章駐貴陽、楚撫支可大駐沅州,相犄角也。必俟延寧四鎮、河南、山東、天津、滇、浙、粤西征調之兵大集,然後啓行,最慎重也。分兵八路。川師四路:總兵劉綎從綦江入,以参將麻鎮隸,参政張文耀監之;總兵馬孔英從南川入,以参將周國柱、宣撫冉御龍等隸,僉事徐仲家監之;總兵吴廣從合江入,以游擊徐世威等隸,参將劉一相監之;副將曹希彬受吴廣節制,從永寧入,以参將吴文杰、宣撫奢世續等隸,参議史旌賢監之;而中軍率標下游兵以應之。黔師分三路:總兵童元鎮統土知府隴澄、知州岑紹勛等由烏江;参將朱鶴齡受元鎮節制,統宣慰安疆臣等由沙溪;總兵李應祥統宣慰彭元瑞等由興隆,参議張存意、按察司楊寅秋監之。湖廣偏橋一路分兩翼:總兵陳璘統宣慰彭養正等由白泥;副總兵陳良玭受璘節制,統宣撫單宜等由龍泉,副使胡桂芳、参議魏養蒙監之。以偏橋江外爲四牌,江内爲七牌,五司遺種及九股惡苗盤據故也,而紀律嚴,黨與散矣。部義已定,大會文武於重慶,登壇誓師,諸道并進,以抵婁山關爲期。諭之曰:"關外且戰且招,多不勝誅也;關内疾戰,勿受降,師不可久,賊詐不可信也。"又以劉綎素有威名,薦綎於朝,委以專制。人或疑其夙與應龍昵,則延入卧内,輸心腹,且以危言激之,引其父顯九絲功爲比,致令綎大慟,願誓死報。又以水西爲應龍婚婭也,恐陰佐賊,則走檄以詰之,以故隴澄僇其修好之使,安疆臣執賊二十餘人,以明不背。志氣既一,非同築舍之謀,駐兵既得其所治,兵又有次第,任用又得其人,先剪其翼,次伐其交,是以海龍兵合,應龍勢蹙,投降之書立焚,拜表之欺不售,而倉皇自盡,妻子并俘。自出師至滅賊,凡百四十有四日而事平也。

若王三善則不然。初則奉命撫黔,聞變募兵,皆烏合之衆,非久練也。平越一戰而敗,即愔縮而不前,視重圍之困不啻秦人之於越,必待舊撫李檼大聲疾呼,而後勉强以應,中情怯也。乘西賊之敝,一鼓而潰,遂以賊爲易與,而欲解赴調之兵,驕必敗也。率師輕進,未幾而還,再抵大方,又欲反轡,舉動擾也。雖三路分兵,而卒皆遠調,帥俱不和,主客不敵,形勢弗習也。其所任則恇懦之魯欽、馬炯,所信則詐降之陳其愚,用非人也。懸師虎穴,弭節逾年,中隔渭水之河,聲援已絶,儲糗六廣之岸,轉餉多難,失所據也。督主撫,而撫主剿,心膂未齊,前跋胡而後疐尾,進退維谷,事權分也。師老而財匱,事拙而勢屈,况爲陳其愚所賣,烏有不敗者哉!嗟乎!黔地山川,險阻异常,狼子野心,不知漢大。未

有提十萬之師而不爲餱糧計,深全軍之人而不爲孤注虞者。兵法云:“圮地勿戰,圍地勿攻。”又曰:“兵貴有謀,以多算勝。”自定其規模,非可漫嘗於一擊也。況水西之地,十倍於播,播猶八面圍,水西止以一面攻。播無遠近之援,水西則有烏、藺之助。化龍制之而無敢輕,三善則以獨力任之而不爲意。何其謬哉!然而身没戎馬,心同皎日,視死如歸,英烈猶存。王中丞之忠,史册書之,黔人祀之,歷千百世而不可泯者矣。

——(道光)《大定府志》卷之五十三《文徵三》,載《中國地方志集成·貴州府縣志輯》,第49册,49~50頁

鄒德溥　郭青螺祠記

貴筑介在要服,古夜郎、羅施之地。後漢武侯擒孟獲,濟濟火從之。以從征功表王羅甸,則今安氏遠祖也。安氏立武侯廟於大方,前爲關侯廟,巍然兩峙。水西隔烏江,一衣帶便是播州。播酋楊應龍,梟獍負險,逆顔行。王師屢征不克,聖天子赫然震怒,拊髀思安攘臣。廷推泰和郭公,才猷將略足膺重閫。萬曆二十七年春三月,奉敕開府貴州,兼督理湖川軍務。夏四月,匹馬入黔。黔中物力單弱,一切兵食仰藉楚、蜀協濟。綦江一陷,全貴阽危。公請增兵益餉,以充兵實;計募兵守偏橋等十二處要害,以遏寇衝;調補文武將吏;參劾規避,以嚴紀律;身先臨賊,以倡勇敢。總督長垣李公移駐重慶,請上方劍,與公協心朋力,而軍政肅然矣。明年二月,公誓師。四月進兵,首摧賊鋒。宣慰安疆臣斬關先登,弟堯臣佐之。大水田一戰,獨冠七路。自興師至壁海龍囤,纔百餘日。六月,應龍伏誅,剉尸傳首。妻孥田氏、朝棟等七十二名,檻俘闕下。是役也,貴州斬獲首級四千八百六十,生擒首從一百五十八,俘獲賊屬男女一千一百一十,招降播民二萬九千八百五十,奪獲賊仗不可勝紀。天子賚軍興百四萬金,公僅用其半;漕糧三十萬鍾,用十之一。餘悉還帑藏。恬然奉身而退,温旨款留,以定播地,經理郡縣。新設遵義、平越二府,正安、黄平二州,遵義、桐梓、綏陽、仁懷、湄潭、龍泉、甕安、餘慶八縣;改置安化、貴安二縣。播地方平,皮林復熾,賴公餘威進剿,擒斬俘獲,與播略相當。未幾,議播、水地界,公與新城王司馬公議,令疆臣入苞茅,代播輸將於黔,而沙溪仍舊。又未幾,議鎮雄,公命堯臣挈妻孥還黔,代兄爲宣慰,而鎮雄還隴。人言公慮遠謀深,功高事苦,然哉!先是,公以二品誥命改結京銜,蔭仲子、生員孔廷入監讀書。及叙播功,升右都御史兼兵部右侍郎。

——(道光)《大定府志》卷之五十四《文徵四》,載《中國地方志集成·貴州府縣志輯》,第49册,第68頁

謝琯　新闢水西紀略

萬曆二十八年,總督李化龍、巡撫郭子章討播,檄水西兵大戰於大水田,破之。楊應

龍授首，安疆臣增官進秩。

——（道光）《大定府志》卷之五十五《文徵五》，載《中國地方志集成·貴州府縣志輯》，第49册，89～90頁

黔中雜詩 江盈科

群峰莽互插天遥，旅魄都從一望銷。蠻語兼傳紅仡佬，土風漸入紫薑苗。耕山到處皆憑火，出户無人不佩刀。一自播兵蹂躪後，幾家茅屋人蕭條。

——（道光）《大定府志》卷之五十七《文徵七》，載《中國地方志集成·貴州府縣志輯》，第49册，第115頁

俞汝木。字秋農，新昌人。道光二十七年署黔西知州，詩九首。

只此一飯耳，得飽萬念消。可堪負擔叟，終歲猶腹枵。渭河入延江，盤屈出雲霧。連山作獅猊，攫爪目獰怒。肆彼斌與龍，謂楊斌與應龍。於此焉割據。安氏廿八部，蒙蔡更負固。峨峨大方城，豈不堅若鑄。何以九道驛，僅有奢香墓。奢香墓在大定城北。皇路坦以平，我其行也往。

——（道光）《大定府志》卷之五十八《文徵八》，載《中國地方志集成·貴州府縣志輯》，第49册，第138頁

(道光)永寧州志*

袁尚紀,江油人,選貢,餘慶縣《名宦志》。萬曆間,播平,設餘慶縣。尚紀以永寧州牧攝縣事,捐俸建學,敦教化以正人心,田立上、中、下三則,丁隨田辦。邑人感之。

——(道光)《永寧州志》卷八《秩官志》,載《中國地方志集成·貴州府縣志輯》,第40册,第530頁

* (清)黄培杰纂修:(道光)《永寧州志》,載《中國地方志集成》編委會編:《中國地方志集成·貴州府縣志輯》,巴蜀書社,2006年。

（咸豐）興義府志*

平播行 蔣杰

蜺妖毁王度，恣凶若乳虎。播人亦何艱，蹂躪遺黎脯。逆旗指綦江，血肉膏草土。氛祲蝕東隅，千里聞桴鼓。妖凶竟不悛，天王赫斯怒。穆清軫靈略，慷慨奮神武。樹牙選車徒，文武今吉甫。分道引旌麾，連營羅練組。六師矯猶龍，戈矛集如雨。前旌蔽白日，流飈捷飛羽。鼓行破危關，席捲平田滸。狼奔恃險囤，兀若魚游釜。虎臣翕以奮，批吭搗其隝。賊徒倒其戈，狂羯伏鑽斧。頑梗如轉燭，蕩滅同摧腐。獻捷歸朝廷，揚威耀邊圉。天子畫麒麟，功臣錫圭組。從今横吹聲，增入鐃歌譜。勘嗟螳臂微，安足污强弩。珍重封疆臣，慎勿生跋扈。見《黔風舊聞録》。

按：杰之詩文，多佚不傳，此詩見《黔風録》，特附録存之。

——（咸豐）《興義府志》卷六十四《文學傳》，載《中國地方志集成·貴州府縣志輯》，第29册，第228頁

* （清）張鍈修，鄒漢勛、朱逢甲纂：（咸豐）《興義府志》，載《中國地方志集成》編委會編：《中國地方志集成·貴州府縣志輯》，巴蜀書社，2006年。

(咸豐)安順府志*

《太平寰宇記》曰:“唐播州、夷州、費州、莊州,即秦且蘭、夜郎之西北隅。”又曰:“牂州建安縣有古夜郎城。”據樂氏此言,是秦有且蘭、夜郎二縣,所謂諸此國頗置吏焉者也。《唐書》:“夷州寧夷縣,武德四年析置夜郎縣,貞觀元年省。”今石阡府西葛彰司六十里,有故夜郎城,即其址,亦即樂氏所云“建安有古夜郎城”者,蓋秦舊縣也。《元和郡縣志》:“寧夷縣西北至夷州一百九里;夷州西南至播州二百四十里,東至費州三百里;播州東北至費州四百里;費州西南至播州四百里。”由是言之,夷、播正直古夜郎之西北,而費則直其北微東。三州連壤,舉其多者言之,故仍曰西北也。莊州在今定番北四十里。秦且蘭,殆即唐之清蘭,在今大塘,於莊州爲東南,故樂氏以莊州爲秦且蘭西北隅也。秦夜郎、且蘭二縣,各就其境内地置吏,不正在其國都也。

——(咸豐)《安順府志》卷三《地理志二》,載《中國地方志集成·貴州府縣志輯》,第41册,34~35頁

歸化河,在州屬界,與歸化相連,河流至播西。離城二百里出水,由高坎河會滚龍坡河,入樂運大河。《州志》作“一百里”。

喜相河,在城二百里出水,由播西邑便會樂運大河。

——(咸豐)《安順府志》卷三《地理志二》,載《中國地方志集成·貴州府縣志輯》,第41册,第143頁

歸化西南至播東一百二十里。出西門十五里,火烘;又十里,磨向寨;又三十五里,□紫坉;又三十里,打記;又十五里,兩河口。自磨向分道十五里,那磨;又二十里,龍坪、打邦;又二十里,邑撓;又四十里,播東。

——(咸豐)《安順府志》卷十三《地理志十二》,載《中國地方志集成·貴州府縣志輯》,第41册,第178頁

* (清)常恩修,鄒漢勛、吴寅邦纂:(咸豐)《安順府志》,載《中國地方志集成》編委會編:《中國地方志集成·貴州府縣志輯》,巴蜀書社,2006年。

歸化四面皆山，夏多炎暑，冬鮮冰雪……當此之時，亦多瘠黄，商賈則鮮有至者焉。由火烘至羅賴，氣候皆同。至播東，則氣候稍平。故有“熱火洪，冷播東”之諺，謂其氣候之稍平，實皆炎地也。

——（咸豐）《安順府志》卷十四《地理志》，載《中國地方志集成·貴州府縣志輯》，第41册，187～188頁

晉高祖天福中，溪州刺史彭士然率錦、獎諸蠻攻楚之禮州。楚王馬希範遣將劉勍、劉令明等以步卒五千擊之，士然大敗。勍等攻溪州，士然走獎州，遣其子師暠率諸蠻酋降於勍。於是，南寧州酋長莫彦殊率其本部十八州，都雲酋長尹懷昌率其昆明等十二部，牂牁張萬濬率其夷、播等七州皆降於希範。普里即在昆明十二部之中。都雲者，唐之慜州，字藹整。十二部則八部之外，加以慜邦逸動也。夷、播七州，則夷、播、蠻、清、牂、莊、矧也……

——（咸豐）《安順府志》卷二十二《紀事志》，載《中國地方志集成·貴州府縣志輯》，第41册，第305頁

斡羅思傳

（至元二十九年三月）庚戌，賜斡羅思、速哥、賽因不花等五十六人金紋綾絹各七十九匹及弓矢鞍轡。

三十年四月甲寅，斡羅思請以八番見户合於思、播，徙宣慰司治辰、沅、靖諸州，常賦外，歲輸鈔三千錠，不允。

劉國杰傳 附從征諸將 出《元史》

劉國杰，字國寶，本女真人也，姓烏古倫，後入中州，改姓劉氏。……大德五年，羅鬼女子蛇節反，烏撒、烏蒙、東川、芒部諸蠻從之，皆叛，陷貴州。詔國杰將諸翼兵，合四川、雲南、思播兵以討之。賊兵勁利，且多健馬，官軍戰失利。國杰令人持一盾，布釘其上，俟陣合，即弃盾僞遁。賊果逐之，馬奮不能止，遇盾皆倒。國杰鼓之，賊大敗。既而，復合衆請戰，國杰不應。數日，度其氣衰，一鼓破走之，追戰數十里。七年春，擒斬蛇節、宋隆濟、阿女節，西南夷悉平。詔領其將士入見。張宴，賞賜甚厚。進光禄大夫，償其賞士金一千九百兩、鈔萬五千錠，將士遷官有差，命還益都上塚。

蛇節之役，同國杰著功者有雲南省臣牀兀兒、不蘭奚，四川省臣八剌、阿塔赤，陝西省臣也速帶兒、汪惟勤；從國杰者則有也先忽都魯、宋光及播州楊賽因不花。也速帶兒、楊賽因不花，《元史》有傳，餘皆無傳。

楊賽因不花，初名漢英，字熙載。賽因不花，賜名也。其先太原人。唐季，南詔陷播州，

有楊端者，以應募起，漸有部曲，竟復播州，遂使領之。五代迄宋，端子孫世襲其職，凡十六傳至邦憲，爲宋播州安撫使。至元十三年，内附，授龍虎衛上將軍、紹慶珍州南平等處沿邊宣慰使、播州安撫使。卒，賜號推忠效順功臣，贈平章政事，追封播國公，謚慧敏。

漢英，邦憲子也。二十二年，襲職，賜金虎符，賜名。

二十五年，改播州爲宣撫司，授賽因不花宣撫使，升侍衛親軍都指揮使。

大德五年，宋隆濟及折節反，即蛇節。詔湖廣行省平章劉二拔都、即劉國杰。指揮使也先忽都魯率兵偕賽因不花討之。

六年秋九月，師出播境，與戰破之。前駐蹉泥，賊騎猝至，賽因不花奮擊先進，大軍繼至，賊遂潰，乘勝逐北，殺獲不可勝計。遂降阿苴，下笮籠，而望塵送款者相繼矣。

七年正月，進屯募窩，賊衆復合，又與戰於墨特川，大破之。折節懼，乞降，斬之，又擒斬隆濟等，西南夷悉平。

八年，賽因不花入見，進資德大夫。

至大四年，加上護軍，詔許世襲。播南盧崩蠻内侵，詔賽因不花暨思州宣慰使田茂忠討之。以疾卒於軍，年四十。賜號推誠秉義功臣，贈銀青榮禄大夫、平章政事、柱國，追封播國公，謚忠宣。

——(咸豐)《安順府志》卷二十九《職官志二》，載《中國地方志集成·貴州府縣志輯》，第41册，398～399頁

傅友德傳出《元史》

友德，字惟學。其先宿州人，後徙碭山。……(洪武)九年，太祖將征雲南，命友德巡行川蜀、雅、播之境，修城郭、繕關梁，因兵威降金筑、普定諸山寨。

顧成傳出《明史》

成，字景韶，其先湘潭人。……永樂元年，成請練金筑等土司兵。帝諭止之。九月，上書請嚴備西北諸邊，及早建東宫。帝賜銀幣褒之。

六年三月，召至京，賜金帛遣還。六月，成剿播州叛蠻。思州宣慰使田琛與思南宣慰使田宗鼎搆兵，詔成以兵五萬壓其境，琛等就擒。……成性忠謹，涉獵書史。再鎮貴州，屢平播州、都勾諸叛蠻，威鎮南中。土人立生祠祀焉。

——(咸豐)《安順府志》卷三十《職官志二》，載《中國地方志集成·貴州府縣志輯》，第41册，401～406頁

(咸豐)正安新志*

占驗

按:《明紀》:"萬曆二十八年庚子,狼星入於東井,占者以爲滅播之象。是年,楊應龍伏誅,分其地。"趙《志》。

——(咸豐)《正安新志》卷一《天文志》,載《中國地方志集成·貴州府縣志輯》,第40册,第123頁

(唐)宣宗太中十三年,南詔僭號,寇陷播州。僖宗乾符三年,太原楊端應募,取播州,諭以禍福,賊退,授武略將軍,遂居播州。

(宋)徽宗大觀中,楊文貴納土,置遵義軍。宣和六年,廢播州爲播川縣,隸南平軍。按:《南川縣志》:"南平軍,今綦江縣。"

元世祖至元十五年,播州土知州楊邦獻〈憲〉内附,仍爲播州。即授楊邦獻〈憲〉宣慰使,賜其子漢英名賽因不花,封播國公。今遵義府治即楊漢英第。順帝至元間,改爲播州。

(明)萬曆二十五年秋,播州宣慰使楊應龍叛。二十八年夏六月,川湖總督李化龍帥師討平之,分其地:以容山、黄平、白泥、甕水、重安、餘慶等地爲平越軍民府,屬貴州;以播州等地改名遵義軍民府,領真安一州,遵義、綏陽、桐梓、仁懷四縣屬四川。

萬曆二十八年,平播後改土歸流,知州郭維屏始建城於思寧里一甲,爲州治。

——(咸豐)《正安新志》卷二《修建志》,載《中國地方志集成·貴州府縣志輯》,第40册,139~140頁

唐乾符三年,大〈太〉原楊端應募,赴播州平南詔。賊退,授武略將軍,遂居播地。有善政。後播人立祠以祀,稱爲三撫老穆相公;附以嚴、唐、羅、冉爲四官財神。至今遍祀。

---

* (清)朱百谷等纂修:(咸豐)《正安新志》,載《中國地方志集成》編委會編:《中國地方志集成·貴州府縣志輯》,巴蜀書社,2006年。

——(咸豐)《正安新志》卷二《修建志》,載《中國地方志集成·貴州府縣志輯》,第40册,第152頁

舊正安州在今正安州之東北一百三十里,地名滴水園,明萬曆年間平楊應龍置。城垣尚存。

——(咸豐)《正安新志》卷二《修建志》,載《中國地方志集成·貴州府縣志輯》,第40册,第157頁

書平播州楊應龍事迹

明萬曆二十八年六月,總督李化龍率師討播州宣慰司楊應龍,平之。

播州自洪武初楊鏗内附,世授宣慰司,地方千里,西北塹山,東南俯江,稱西南奥區。傳至應龍,性猜狠,嗜殺,數從征調,恃功驕蹇,知川兵脆弱,陰有據蜀志,間出剽州縣。嬖小妻田雌鳳,讒殺妻張氏,屠其家。用誅罰立威,所屬五司七姓不堪其虐。十八年,走貴州告變。巡撫葉夢熊疏請大征,詔不聽。

二十年,逮繫重慶獄。應龍詭將征倭兵自效,得脱歸。復逮,不出。

二十一年,四川巡撫王繼光請於朝,討之。繼光至,自重慶與總兵劉承嗣等分兵三道進婁山關,屯白石口。應龍佯約降,而統苗兵據關衝擊,承嗣軍敗,殺傷大半。會繼光論罷,即撤兵,委弃輜重略盡。黔師會勦亦無功。

二十三年,邢玠總督貴州,檄重慶知府王士琦諭應龍至松坎聽勘。論斬,得贖,輸四萬金助采木,以次子可棟羈府質追。未幾,可棟死於重慶,促喪歸不得,復檄完贖。應龍大恨,擁兵驅千餘僧招魂去,分遣土目置關據險,厚撫諸苗,名其健者爲"硬手",州人稍殷者,没入其資以養苗,苗遂願爲出死力。

二十四年,應龍掠大干諸壩,焚劫草塘、餘慶二司,遍及興隆、都匀各衛。又圍黄平,殺重安江長官,勢大熾。

二十五年,流劫江津及南川,臨合江,索其仇袁子升,縋城下磔之。時兵備王士琦調征倭,應龍益統苗兵大掠貴州洪頭、高坪、新村諸屯。詗原奏仇民宋世臣、羅承恩等携匿偏橋衛,襲破之。大索城中,戮其父母子女,備極慘毒。

二十七年春,巡撫江東之、都司楊國柱領兵三千勦應龍。應龍遣子朝棟、弟兆龍、何良漢等迎敵於飛練堡。我師奪三百落,賊佯敗誘我師,伏發,國柱及指揮李廷棟等死之。東之罷,以郭子章代,而起李化龍節制川、湖、貴州諸軍事,調東征諸將劉綎、陳璘等南征。

六月,應龍乘大師未集,勒兵犯綦江。時城中新募兵不滿三千,而應龍以兵八萬奄至,參將房嘉寵、游擊張良貴〈賢〉戰死,綦江陷。應龍盡殺城中人,投尸蔽江,江水爲赤。退屯三溪,以綦江之三溪、五〈毋〉渡,南川之東鄉壩,立石爲播界,號宣慰官庄。聲言合江、江津

皆播故土。初，賊本無意竟反，徒以安忍猖狂，既覆我師飛練，則騎虎勢不得下，於是益結九股生苗及黑脚苗等爲助。十一月，應龍屯兵官壩，聲言窺蜀，已而焚東坡、爛橋，楚、黔路梗。

本年正月，應龍五道并出，破龍泉司。守備楊惟忠擁兵二千，以勢不敵，避去。土官安民志率步卒五百拒守，死之。二月癸未，播賊襲執宣尉宋承恩去。承恩，應龍婿也。時總督李化龍已移駐重慶，徵兵大集，遂以十二日丙戌誓師，分八路，路約三萬人，官兵三之，土司七之。川師四路：總兵劉綎從綦江入，以參將麻鎮等隸，參政張文耀監之；總兵馬孔英從南川入，以參將周國柱、宣撫冉駇龍等隸，僉事徐仲佳監之；總兵吴廣從合江入，以參將徐世威等隸，參議劉一相監之；副將曹希彬受廣節制，從永寧入，以參將吴文杰、永寧女土官奢世續等隸，參議史旌賢監之。黔師分三路：總兵童元鎮統鎮雄土知府隴澄、泗城土知府岑紹勛等由烏江；參將朱鶴齡受元鎮節制，統宣慰安疆臣等由沙溪；總兵李應祥統宣慰彭元瑨等由興隆，參議張存意、按察司楊寅秋監之；湖廣一路，出偏橋，分两翼：總兵陳璘統宣慰彭養正等由白泥；副總兵陳良玭受璘節制，統宣撫覃宜等由龍泉，副使胡桂芳、參議魏養蒙監之。巡撫郭子章駐貴陽，湖廣巡撫支可大移沅州，總督李化龍自將中軍策應，諭諸將以抵婁山等關爲期，且曰："關外，且戰且招降，多不可勝誅也；關内，疾戰勿受降，師不可久老，賊詐不可信也。"綦江道最要，綎當之。應龍熟綎才，頗懼，益兵守要害。十五日，諸將克丁山、銅鼓、崖村，遂直搗楠木山、羊簡臺、三峒。峒絶險，賊將穆照等衆數萬連營，諸將憚之。綎分兵攻其三面，大戰於李漢壩，生擒其魁，餘賊奔入峒。乘勢直搗峒前，焚之，賊多死。盡克三峒，擒穆照及賊魁吴尚華。是日，綎督戰，左持金，右挺劍，大呼曰："用命者賞，不用命者齒劍。"鬥死者四十人，遂大捷。

三月，應龍乃遣子朝棟、惟棟及其黨楊珠統鋭卒數萬，由松坎、漁渡、羅古池三道并進。綎伏萬人羅古，待松坎賊；以萬人伏營外，待漁渡賊；而别以一軍策應。賊果至，伏盡起。綎率部下轉戰，斬首數百，追奔五十里。朝棟潰圍走，幾爲我師獲。應龍憚綎威名，意首挫其鋒，屬朝棟悉勁兵，間道相角，曰："爾破綦江、馳南川，盡焚積聚，餘無能爲也。"及朝棟敗，益膽落，聚守石虎關。綎亦掘塹守。

初，綎聞征播命，逗遛，多設難要朝廷。言官交劾綎，議調南京右府僉書。綎至是聞之，即辭任。李化龍以平播非綎不可，固留之，力薦於朝，綎乃復受事。遂進克石虎關，拔賊滴淚、三坡、瓦窑坪諸隘，直抵婁山關。婁山萬峰插天，叢箐中一徑纔數尺。賊設木關十三座，排柵置深坑，百險俱備。綎分奇兵爲左右路，間道趨關後，而自督大軍仰攻，奪其關，追至永安莊，兩路軍亦會。時三月二十九日也。

綎老將持重，慮賊衝突，聯諸營：一據婁山關爲老營，一據白石口爲腰營，一據永安莊爲前營。都指揮王芬者，勇而寡謀，每戰輒請爲前鋒，連勝，有輕敵心，獨營松門埡之衝，距大營數里。賊方有烏江之勝，謀再奪婁山。適穆照遣人洩芬孤軍狀。四月朔，賊乃襲殺芬，守備陳天綱、天全招討楊愈亦死，失亡士卒二千人。綎聞，急往救，部將周以德、周敦吉夾攻，賊始大奔,追至養馬城而還。是日,應龍幾被獲,乃不敢窺婁山。綎懲前失,劄進關堅壁,且請濟師。逾十餘日,克後水囤,營於冠子山。尋會馬孔英,壁海龍囤下。孔英道南川,獨險遠,去應龍海龍囤六七百里。未至重慶時,推官高折枝監紀軍事,請獨當一面。乃與參將周國柱,先以石柱宣撫馬千乘兵破賊金筑,復督酉陽宣撫冉馭龍敗賊於官壩。時賊既破龍泉,方移師攻婺川,聞敗乃遁。及孔英至軍,平茶、邑梅兵亦集,軍容甚壯。先師期一日入真州,用土官鄭葵、路〈駱〉麟爲鄉導,別遣邊兵千扼明月關。諸軍鼓行前進,破四寨,攻赤崖,抵清水坪、封寧關,悉破賊營十數,逼桑木關,關内民降者日千計。折枝結三大寨處之,禁殺掠,降者日衆,賊益孤。關爲賊要害,山險箐深,賊僁高據守。

三月初八日,乃令千乘、馭龍出關左右,國柱搗其中。賊用標槍藥矢,鋭甚。官軍殊死戰,奪其關,逐北至風坎關,賊復大敗。連破九杵、黑水諸關,苦竹、羊崖、銅鼓諸寨。國柱攻金子壩,無一人,疑有伏,焚空寨十九,嚴兵以待,賊果突出,擊敗之。孔英乃留王之翰兵守白玉臺,衛餉道,平茶、邑梅兵守桑木關,而親提大軍進營金子壩。應龍聞桑木關破,大懼,遣弟世龍及楊珠以鋭卒劫之翰營,之翰走,殺餉兵無算。平茶兵來援,賊始退。孔英還擊,世龍復不勝。步卒發火箭,裨將劉勝復奮擊,賊乃奔。官軍進朗山口,由朗山進蒙子橋,深箐蓊翳,賊處處設伏,悉剿平之。應龍遣其黨詐降,謀爲内應,折枝盡斬之,伏以待。賊果夜劫營,伏發,賊驚潰,追奔至高坪。已,奪賊養馬城,直抵海龍第二關下,賊守兵益多。孔英軍已深入,而諸道未有至者。酉陽、延綏兵皆退,賊躡殺害官兵六十人。居數日,劉綎兵至,乃合兵,連克龍爪、海雲諸囤,壓海龍囤而壘。

初,總督李化龍刻師期,諸將莫利先入。孔英所將邊卒及諸土兵皆獷悍,監紀折枝勇而有謀,故師獨先,八道至囤前。吴廣出合江,屯二郎壩,大行招徠,賊驍將郭通緒者迎戰,將士襲走之。陶洪、安村、羅村三寨土官各出降,他部來歸者數萬,廣擇其壯者從軍。通緒扼穿崖囤,廣督土、漢軍擊破之。劉綎、馬孔英已入播,廣猶頓二郎,總督李化龍趣之,乃議分四哨進攻崖門,別遣奢世續等督夷兵二千,扼桑木埡諸要害以防餉道。諸將連破數囤,進營母猪塘。應龍令通緒盡發關外兵拒敵,廣伏炮手五百於磨槍埡外南岡下,而遣裨將趙應科挑戰。埡兩山相夾,中甚隘。通緒橫槊衝應科,科佯北,通緒追出埡,遇伏,急旋馬,中炮墜,方躍上他馬,伏兵攢刺之,殪。餘賊大奔,官軍逐北,賊盡降,遂薄崖門。徑小,止容一騎,賊衆萬餘出關拒戰。曹希彬懸賞千金,士攀崖競進,追至第四關。關上男女盡哭,於是賊黨自殺,其魁羅進恩率萬餘人出降。其第一關猶拒不下,廣乘夜疾進,奪其關,關内民争獻牛酒。時李應祥、陳璘猶在關外,廣合希彬軍連戰一碗水、土崖、分水關,皆捷。遂進營水牛塘。應龍知廣軍孤深入,謀欲襲之,乃遣人詐降。廣測其詐,堅壁以待。

應龍擁衆三萬直衝大營,諸將殊死戰,會他將來援,師乃退。廣遂進壁海龍囤。童元鎮督永順、泗城、鎮雄諸土軍由烏江。初,元鎮先駐銅仁,憚應龍,久不進。屢趣乃行。時劉綎、吴廣諸軍已進,群賊議分兵守,其參謀孫時泰曰:"分兵則力薄,乘官軍未集,先破其弱者，餘自退矣。”應龍善之。聞元鎮將抵烏江，應龍曰：“此易與耳，縱之渡江，密以計取。”監軍楊寅秋言：“烏江去播不遠，宜俟諸道深入，協力齊驅。”元鎮不從。於是永順兵先奪烏江。賊遣千餘人沿江叫駡以誘之。諸軍既濟，復奪老軍關，前哨參將謝崇爵乘勢督泗城及水西兵，再拔河渡關。

三月望，賊以步騎數千先衝水西軍，軍中驅象出戰，賊多傷。俄駕象者斃，象反走；擲火器者又誤擊己營，陣亂，泗城兵先走，崇爵亦走；争浮橋，橋斷，殺、溺死者數千人。河渡既敗，烏江軍相去六十里，猶未知。明日，參將楊顯發永順兵三百出哨，道遇賊數萬，咸爲水西裝。永順兵不疑，與盟誓。賊掩殺三百人，亦襲其裝，直趨烏江。烏江軍信爲水西、永順兵，不設備，遂爲賊所破，争先渡江。賊先斷浮橋，數千人皆溺死，顯及二子與焉。元鎮所部三萬人不存什一，將校止崇爵等三人。江水爲不流。貴陽聞警，居民盡避入城，遠近震動。化龍用上方劍斬崇爵，益征兵，檄鎮雄土官隴澄，邀賊歸路。隴澄者，即安堯臣，水西安疆臣弟也。軍不與元鎮合，獨全，當事頗疑其通賊。寅秋以鎮雄去播止二日，令擣巢立效，澄許之。河渡未敗時，澄已遣步將劉岳、王嘉猷攻拔苦竹關及半壩嶺。既敗，二將移新站。賊伏兵大水田，别以五千人來襲，敗還。嘉猷乃揚聲擣大水田，而潛以一軍拔大夫關，直抵馬坎，斷賊歸路，與疆臣合，賊遂遁。會都指揮徐成將兵至，合岑紹勛兵，再克河渡關。賊將張守欽、袁五受據長箐萬丈林，永順兵擊破之，生擒守欽；攻清潭洞，復擒五受。會朝議責元鎮敗狀，逮下獄，令李應祥并將其軍。應祥由興隆入，受事於二月下旬。副將陳寅等已連克數囤，拒賊四牌高囤下，别遣兵從間道直擣龍水囤。他將蔡兆吉又自乾坪抵箐岡，過四牌。賊首謝朝俸營，其地四面峭壁深箐，賊從高鼓譟，我軍殊死戰，俘朝俸妻子，乘勢抵河畔。會烏江敗書聞，歛兵不進者旬日。應祥已受任，趣諸將急渡，寅等乃敢〈取〉他道渡河，而潛爲浮橋以濟師。諸軍既渡，賊失險，乞降者相繼，應祥悉受之。賊所恃黄灘一關壁立，衆死守。會賊徒石勝俸等率千餘人降，告曰：“去黄灘三十里有三關，入播門户也，先襲破之，則黄灘孤難守。”應祥然其計，令偕陳寅率精卒四千，夜抵關下。勝俸以數十騎誘開前門，盡殲其戍卒。黄灘賊懼，益增兵固守。督諸將渡河，攻關前；勝俸由墳林暗渡，襲關後。賊乃大敗，應祥遂直抵海龍囤。陳璘由偏橋進，軍次白泥。應龍子朝棟率賊二萬渡烏江迎戰，璘前禦之，而分兩翼躡其後，賊少挫。追奔至龍溪山，賊合四牌賊共拒璘。四牌在江外，與江内七牌皆五司遺種、九股惡苗，素助賊。璘廣招撫，乃進軍龍溪。諜報有伏，令游擊陳策以火炮擊之，賊據險，矢石雨下。璘先登，斬小校退者以狥。把總吴應龍等陷陣，賊大潰，退拒四牌保見囤。璘遣二裨將逼之，中伏，璘募死士從應龍等奮擊，賊復潰，奔據囤巔，夜由後遁，黎明追及於袁家渡，賊復敗，悉渡江遁，四牌之賊遂盡。

三月望，諸軍爲浮橋渡江，知賊將張佑、謝朝俸等營七牌野猪山，璘即夜發，抵苦練坪，前鋒與戰，後軍至，夾擊之，賊敗逃深箐，官軍遂入苦菜關。會童元鎮烏江師敗，璘大懼，請退師，李化龍不可。璘乃進營楠木橋，次湄潭。賊悉聚青蛇、長坎、瑪瑙、保子四囤，地皆險絶，而青蛇尤甚。璘議："同日攻則兵力弱，止攻一囤則三囤相助。"乃先攻三囤，次及青蛇。良玭師亦來會，令伏囤後，别以一軍守板角關，防賊逸。璘督諸將力攻三日，賊死傷無算，三囤遂下。青蛇四面陡絶，璘圍其三面，購死士從瑪瑙附葛至山背舉炮，賊惶駭。諸軍進攻，焚其茅屋。賊退入囤内，木石交下。將士冒死上，毁大栅二重，前後擊之，賊大敗。七牌之賊亦盡。時四月十三日也。乃分兵六道，攻克大小三渡關，乘勝抵海龍囤。海龍囤者，賊所倚天險，飛鳥騰猿不能逾者。及諸路兵俱集囤下，賊見勢急，父子相抱哭，上囤死守。每路投降文，緩我師。化龍檄："賊詭降，即斬使焚書，無爲所紿虞。"綎與應龍舊，檄無通賊，綎械其人自明。賊詭令婦人於囤上拜表痛哭，云："田氏且降。"詐爲應龍仰藥死，報吴廣。廣輕信，按兵不動。已，覘知田氏詐降緩攻，而所云應龍死，乃川兵攻囤，以火炮擊死所謂楊珠也。珠驍勇善戰，既死，賊痛如失左右手。廣覺詐，益列兵協攻，燒二關，奪三山，絶賊樵汲。

五月十八日，始築長圍，化龍令諸將分日迭攻。安疆臣攻囤後，受賊重賄，多與通，且潛以火藥貽賊，故賊不備其後。陳璘知之，與監軍者謀，令疆臣退一舍。璘移其處，置鐵牌百餘，距囤丈許，賊强弩無所施。又爲篾板於栅前，賊每夜出劫，爲釘傷，不敢復出。會化龍聞父喪，詔以墨縗視事。化龍跣而草檄，益治軍。時天苦雨，將士馳淖中，苦戰。六月四日，天忽開朗。五日，劉綎身先士卒，進克土、月二城。應龍益迫，夜散數千金募死士拒戰，諸苗皆駭散無應者。起，提刀自巡壘，見四面火光燭天，徬徨長嘆泣，與妻子曰："吾不能復顧若矣！"六日，陳璘與吴廣當進兵，璘夜鼓銜枚上，賊鼾睡，斬其守關者，樹白幟、鳴炮，賊大驚潰散。廣兵亦至。應龍倉皇同愛妾二，闔室縊，且自焚。廣獲其子朝棟及妾田雌鳳，急覓尸出焰中。廣中火毒失聲，幾絶，頃而蘇。自出師至滅賊，百十有四日。總督李化龍露布以聞。

——（咸豐）《正安新志》卷二《政事志》，載《中國地方志集成·貴州府縣志輯》，第 40 册，168～175 頁

平播疏　李化龍

楊酋匪茹，與國爲仇，萬姓荼毒，三省震驚，孰不以爲不可以歲月克者？乃自出師以來，甫三月有奇，而元凶授首，黨羽悉擒。千年狼虎盤據之窟，一旦掃蕩無遺，上足以伸中國之威，下足以洩生靈之憤。其他狡黠土司、獷悍惡苗，無不落魄亡魂。西南半壁天下，可永無虞矣。皇上德威遠被，指授方略所致，斷非文武將吏，敢貪天功以希遇者。惟是，各官兵暴露行間，勞苦萬狀，不可不查叙也。

先是，臣奉命入川，賊知罪在不赦，已統兵深入，有擒王剿叛之説。遂破綦江，且逼重慶，地方洶洶，皆謂有長驅之志。於時，目前兵力略無可恃，臣乃以計緩之：一面調兵，一面移文詰責，若未嘗絶之者。賊果信之，即具文求撫，且不西向。臣因得以徵調漢、土諸兵，急爲之備。其時，賊氛甚張，川人畏之如虎。臣發成都，兵甫出門，欲投錦江，不復肯東。及聞綦江失守，兵見賊來，競譟而走，多投水者，止餘二將與其家丁，遂及於難。臣念漢兵心膽已

碎，土兵狐兔有情，自非招客兵不可，因請調陜、浙諸省之兵。又念外兵之費甚侈，往來途次，且生擾害，不可過多，乃於每省鎮止調一二千，多者三千，共數省，實僅僅二萬，其餘乃三省及滇、粵土兵也。然西南人見外兵來，莫測多少，以爲天下之兵皆至矣。自是漢兵之氣壯，而土兵之心亦折，無不樂爲我用者。時賊雖知調兵，然以爲虚聲嚇之如往日，非實事也。臣亦止在成都積糧治器，若無事者然，不復東，賊亦不疑。北兵俱集，臣移駐重慶，賊始知必剿，頗肆衝突。然我兵漸益，未易得志也。臣又念，兵以一路進，既道狹不能容，一有前却，不可復振，因分爲八路。又念路分而兵少，賊厚其陣以衝之，敗矣。因命每路皆三萬以上，每一路皆可以當其全師。又念關外賊黨多，不可勝誅，會兵部頒賞格至，首重招降，臣亦推廣之，但投戈者，皆赦不誅。臣又念，無賞，士不勇往。會兵部賞格，首言“得賊者，即以其家資與之”，臣亦推廣之，克關破囤，各懸賞，賞各以千萬計。既川兵入關，臣又恐其人自爲心，若九節度之師然，因復委按察使張悌入總監之。殺牲莅盟，務必得賊。臣又恐賊事急詐降，得以遷延至暑雨漸深。我兵不能久困，令但急攻之，有稱降者，斬使焚書，無爲所紿。時湖廣之兵亦至囤下，臣欲入營親監之，會聞先臣之計〈訃〉，臣恐營中遂懈惰不可用，因不待成服，跣而草檄，亦以例應候代，照常督兵。有慢令者，尚方具在，令代中軍余德榮等再往監之。臣又念賊囤後易攻，囤前難攻。時諸將壁囤下者各有分地，因令以勁兵一枝壁其前，其餘并力於後。臣又恐諸軍士争趨賊物，或至亂行，至有他虞，移文再四申禁。臣又聞營中流言“[水]西目把，尚不絶賊”，恐漏軍情，因移文令其退劄。水西土官懼，撤其兵，退而引嫌曰：“吾不欲爲亡播之續也。”時久雨，軍士日馳泥淖中。至六月之初四，而天忽晴。初五日，遂破其二城。初六日，遂登其囤，賊以滅亡。總計八路兵，生擒賊首、賊從一千一百二十四名，斬級二萬二千六百八十七顆，俘獲賊屬五千五百三十九名口，招降播民一十二萬六百一十一名口，全活被擄男婦一千六十四名口，奪獲馬、牛七百六十七匹，奪器械四千四百四十四件。

是役也，自賊破綦江，至剿滅，可一年。自進兵至滅賊，百十有四日。當八路對壘時，土、漢兵既參差不齊，諸將領亦彼此觀望。播人劫於賊之積威，人自爲戰，未易即克。我各路又糧運艱難，時有脱巾之呼。臣日久〈夜〉督催，走使持檄至數百千，即兩省撫臣、各路鎮道亦靡不忘寢忘食，或至頭鬚爲白。總之，諸文武知廟堂之意。必欲滅賊，故鼓之即應，勞之不怨，誅罰之亦無敢囁嚅者。倘更一月而賊不滅，暑雨久，瘴疫深，我將自潰，無問賊矣。該臣會同巡撫貴州郭子章、巡撫湖廣支可大、巡撫偏沅江鐸議得，國家方制萬里，日所出入之邦，悉爲郡縣，獨西南諸省不廢土司，盖亦曰“因俗而治，與之相安”云耳。二百年來，此輩犬羊之性，不堪馴擾，亦時有之。然未有如播酋楊應龍之公然叛逆者，則何也？蓋其地險，其兵强，其財力足以使鬼通神，其聲勢足以呼群嘯黨。加以年來方宇多事，九伐之旌未遑南指，彼遂時時狂逞，亦遂時時得志。井蛙之見，謂縣官真無奈我何。諸群不逞，如楊珠、楊明、何漢良、孫時泰輩，瞷其雄心，或時有以公孫躍馬、尉佗自王之説進者。賊亦自念騎虎勢不得下，將曰："等死耳，無且舉大名乎"，於是恣其狂圖，淫怒以逞，而破城殺將，鵲起西南之勢成矣。夫天下非小弱也，九州四海兵非脆，糧非乏也。向賊逆未著，皇上不忍遽觀之兵，曰："吾且舞干""吾且解網""始俟其悔過，而與之相安無事"，乃不謂凶人之性不移也。始天怒赫然，斷在必剿。夫斷而敢行，鬼神避之，況此[么]麽者乎？蓋自進剿之旨下，上方之劍頒，然後海内熊虎之師如雲而集，陳紅之粟沿江而上，智士陳謀，勇夫效力。火燎毛，山壓卵，賊即欲不灰飛烟滅，亦曷可得已！

臣等嘗即諸路之功而評叙之：在四川則楠木、三硐，賊黨以爲三窟，謂天險不可升者也；婁山關，賊前門，我所必由，賊所必争者也；海龍囤，賊以爲天造地設，人迹所必不能到，兵力所不能加者也。三戰而克之，賊力竭矣，不亡何待？夫賊黨自戰其地，猶易與也，惟賊父子親在行間，諸賊人人致死，難與争鋒。該路到處，與賊父子對壘，最快者，九盤子之戰，賊悉其精鋭以付朝棟，令之從綦江進，從南川回，此其目中尚復有官兵乎？劉綎一戰而走之，自是播人爲破膽。尤快者，諸軍壁海龍屯下，連月不拔。綎至，一日而克其二城，賊遂滅亡。至今群口囂囂，然竟無敢没其先登之烈者。兵法云："無選鋒曰北。"綎於諸路，其選鋒乎！則綦江路之之功也。

臣嘗言，"破賊，關外宜招降，謂多不可勝誅也；關内宜疾戰，謂師不可老也。"安村、羅村、陶洪三寨，生口以數萬記，勝兵以數千計，令貪功者以大兵初入，必且多殺以報捷。勝之，則傷仁；不勝，則損威矣。而該路坐受其降，兵不血刃。自是一戰而斬郭通緒，再戰而入崖門關，三戰而屢捷於水牛塘，賊計無復之，遂父子相哭而上囤矣。當其入水牛塘時，川兵入關，去囤尚遠，湖、貴兵在關外，絶不相聞。吴廣以孤軍去囤數十里而結營，犯兵法之所忌，而卒以得志，自非其令嚴而戰力當不及此。後雖有講降誤事，然有激而奮，竟以成功，逆賊父子盡獲其首，終不失爲全捷，則永合路之功也。

南川路最險、最遠，去囤可六七百里，賊以爲官兵必不能從此進。當馬孔英之未至也，高折枝以一書生，請自將漢、土兵以往，此固已雄偉不常矣。乃師期一月之前，先搗官壩營，以寒賊膽，而撤回龍泉之兵，且以解思、石之危。其事甚奇，其功甚大。比進兵從真州入，真人則簞食壺漿以迎，播人則弃甲曳兵而走，居然有三代之氣象。時諸將欲候各路消息，方入關，折枝毅然曰："若是，則誰爲當先入者？"策馬而前，衆隨其後，竟以三月初八日奪桑木關而據之。臣用是以催各路，尚有四月入者。令諸將皆折枝，諸路皆南川，滅賊當更速。抵關，而馬孔英至，則文武相得，如樂之和。自是，日日約各路攻圍，有應，有不應，甚或以相誹詈，而折枝不顧也。分攻令下，諸將争走後門，該路獨壁前門。夫後門，我易攻賊；前門，賊易衝我。亦曰："誰爲宜當賊衝者"，蓋亦"先入關之意乎？"破囤之役，後門以二路更攻，前門以一路搏戰，日夜揮戈，人百其勇，坐使賊自盡，而逆黨無一逸者。總之，倡諸路之先，作三軍之氣，令黔師不得以賊强我弱借口，而竟以奏功。臣於該路文武蓋心折焉。則南川路之功也。

在湖廣，則偏橋一路。江外爲四牌，江内爲七牌，皆五司遺種、九股惡苗，盤據糾結乎其間。四牌不掃，即武騎千群，未易窺二渡也。陳璘獨以一旅之師，先掃四牌，開我進兵之路。用是，烏江内賊黨寒心。長坎、瑪瑙、青蛇三囤，自昔以爲險絶，官兵所從未易得志者。臣亦慮其難下，令降之。璘以爲除惡務盡，竟以一鼓而升其巔，殺戮數千，臭聞十里。時龍泉哨、施南兵亦已先克板角關。至今湄潭、白泥之間，四牌、七牌之苗遂無遺種，非璘之力不及此。該路漢兵少，土兵多，糧運少，遲便成噪呼。璘令嚴而法肅，卒能使之用命而不爲害。迨至克關逼囤，議設木栅、製鐵牌，以防賊逸，其機智有足多者。卒以入虎穴，得虎子，閹人、綉女，纍纍在俘，則偏橋路之功也。

貴州各路與川、湖不同，其地近，其兵少，其餉乏，其夷性反覆而靡常，其民心揺惑而不定。兹之用兵，又非以一淬厲、一鼓舞之爲競者。烏江失律，已見法矣。然能借是以激厲水西，俾之絶狐兔之情，踐虎狼之窟。母氏囤一戰，大足褫逆酋之魄，而奪之氣。此則失之武人，得之文吏，蓋運籌者之苦心乎！李應祥以孤危之兵，當䠞卼之時，能自審於緩急進止之間，以守爲戰，以招撫爲進攻，卒之轉弱爲强，揚旌直指，斬首數百，招降數萬。因破諸囤，斬三渡，抵白田，何其壯也！竟以連合川兵，同心戮力，破重城、俘群醜，振積弱之邦、舒華夏之氣。始如處女，繼如脱兔，兹其審於機而神於用，豈易得哉！則平越、烏江、沙溪諸路之功也。

夫我國家、從來用兵未有大得志於西南夷者。國初，傅友德統二十四將軍，止言防守，未聞戡定；正統間，麓川之役用兵五十萬，轉餉半天下，升叙萬人，三返而罪人竟逸；嘉靖初，思田之役，以剿始，以撫終，至今爲諸夷借口。兹其大致可睹已。諸帥固庸衆人，臣等三五書生耳，其謀略才力不及古人遠甚，乃兵纔逾二十萬，進兵纔逾百日，費纔二百萬，而幸成功。此非臣等之力，皆由我皇上神武獨斷，委任不疑，用使文武同心，將士效死，爰有成績。臣每誦詔旨，即十行之札，萬里之外，往往瞭於指掌，而析於毫毛，輒沾沾自得，以爲賊平矣。已戰勝於堂上矣。夫淮、蔡之平，直須一斷，何况聖朝廟謨洋洋若此哉！

——（咸豐）《正安新志》卷三《藝文志》，載《中國地方志集成·貴州府縣志輯》，第40册，176～181頁

播地善後事宜疏　李化龍

查該州地隣三省，然楚偏橋，路通一線，蜀與黔蓋無所不接壤。夫蜀無藉於播，黔，瘠壤也，若乘此時而割播地以附黔，則於蜀無損，於黔有裨。且臣等别疏，又請以楚之四衛并割附之。從此黔省幅員，得與十二省比長絜大，甚爲長便。但盡屬之黔，則地方千里，諸凡締造，勞費尚多，亦黔所不能堪。因議設爲二府，分隸黔、蜀，庶建邦啓土，各自經營，成聚成都，指顧可就。皇上廓清之績，既已盡被於三藩，而帡幪之仁，又復再造於黔土矣。除寬脅從、撤兵馬、招流移、厚賑恤、抑兼并、清横恣等項，凡明指所叮嚀，而兵部所條議者，俱已陸

續舉行。尚有後開款目，謹集衆思，列爲十二事呈覽。

一復郡縣。播州南極牂牁，西連僰道。漢唐改爲郡縣，在川貴之間，一都會也。至唐乾符間陷於南詔，楊端取而據之。今逆酋既蕩平，應改土復流，以變夷俗。及照播州白田壩，沃壤數百里，即播州遵義縣故地，當復府治，設縣附焉。桐梓當綦南之衝，走川貴道也，舊爲夜郎縣故地，當復一縣；望草南接婺、思，北達真、涪，爲綏陽縣故地，當復一縣；仁懷濱播枕永，襟合帶瀘，爲懷陽縣故地，當復一縣；真州即古珍州，川原平衍，商販周游，應復一州。以上俱隸川省統轄。黄平爲川貴要區，舊設撫苗通判一員，列銜重慶，駐鎮彼中，其與播勢相控馭，并爲重地，應設一府；湄潭、龍泉地里廣邈，各應建設一縣；甕水、重安合設一縣；餘慶、白泥合設一縣；并草堂、容山二司，應割隸各縣。以上地方去黔甚邇，相應改隸貴州統轄。總計增府二、州一、縣八。蓋亂流初殄，地闊人稀，姑建數城以爲繫属，以後地闢民聚，無妨增設。其二府治與附郭縣，分正、佐首領，各應照例全設。外州縣正、佐首領，俱應量減。

一設屯衛。播州地方千里，山川險惡，夷漢雜居，又逼鄰二大土司，時有啓疆之患，必須設官軍，建屯衛，以明居重馭輕之勢。因設一衛於白田壩，與府同城，指揮使一員、僉事二員、鎮撫一員、經歷一員、知事一員，所屬前、後、中、左、右五所，每所正千户一員、副千户一員、百户四員，所軍各一千，共五千。衛所官於從征有功者酌量升授，不足者於鄰近願入者調取移實之。其邊隅逼鄰土司地方，各設屯田，每軍照租制二十四畝，再加六畝爲冬衣、布花之費，〈共〉三十畝，自種自食，不必納糧於官，又復領出，紛紛滋弊。各開屯處，除養屯軍之外，餘田仍照民地起科，上納、本折各州縣，爲衛官俸廩及不時軍興之用。每年孟冬、仲冬、孟春、仲春農隙，各屯官時加操練。又以十月、二月望日，齊赴兵備道大操二日，驗其武藝，較其强弱，而明賞罰焉。老弱者汰之，一屯老弱多者，并革其官。軍田即另募壯丁補伍，庶軍得實用，异時即募兵散盡，此五千軍與主兵三千，自有八千可用之兵矣。

一設兵備。播地三面環夷，干戈甫戢，當此經綸草昧之始，設立有司，可以招撫流亡；或未能長駕遠馭而圖久安。布置將領，可以備禦倉卒；或易於生事徼功而開邊釁，欲以内修戎備，外懾夷心，整肅群僚，畏服衆志。爲地方長久之計，必設分巡兼兵備官一員，於播州白田壩新建府城駐劄，專一整飭新復郡并重慶衛忠、黔二所，永寧、酉陽、石砫、平邑等土司兵務，兼理有司錢糧、獄訟。其重慶府、巴縣、綦江、南川、涪州、武隆、彭水切隣地方，悉聽管轄，以便行事。黄平新設一府四縣，雖割属貴州，但人心初附，田土界連，與貴州、水西宣慰司并聽兼制。

一設將領。播淪於夷，閲八百餘年，風俗獷悍，法令扞格已久。今地雖蕩平，而逋孽潛藏，漢夷錯雜，招苗樹黨，越界侵田，時所必有。今議播州留兵一萬，黄平留兵三千，粗足防守，然必得一大將鎮之，始可無事。查得先年克平九絲，議留總兵一員鎮守其地。今建武視播稍緩，即一參游足領之。合無將軍門標下添設練兵游擊一員改駐建武防守，原設總兵移鎮播地，應留各兵，挑揀家丁三千、買馬三百，内標下標兵、家丁二千七百，馬二百七十，以坐營千把總領之，兵道員下家丁三百、馬三十，以中軍領之。有事俱聽總兵提調，名爲正兵。此外，兵七千酌量分布於白田壩、真安、桐梓等縣，播川等邑防守；内以一游擊領三千、以二守備各領二千，各用千把總分領之，有事征戰，無事即爲築城鑿池、建郡縣、修郵驛之用，糧銀照依舊例支發。徐俟建置竣工日，除家丁三千、馬三百外，餘軍以次議撤，有願附籍當軍及民當差者，聽千把總俱於附近衛所官内選用。其黄平留兵三千，仍設一參將領之，總聽防播總兵節制。

一丈田糧。環播幅員千里，田地無慮數千萬畝。舊時，額糧止歲以五千八百石輸貴州。蓋蠻方賦税原輕，至應龍巧立新法，名曰"等賨"，每田一畝徵銀數錢。初，猶歛其財以招苗，後并奪其地以養苗，而賦法蕩然盡矣。今既改流，自當責成道府，親率州、縣官定疆界，沿丘履畝，逐一丈量，分爲等則，造册呈報，以定賦法。額糧輕重，蜀無定規。查克平九絲，丈量田地，分别上、中、下三等，每畝上田四升、中田三升、下田二升。播地山水間雜，不止三等，尚有上中下下者，宜逐項分析，最上者，一畝可當上田幾畝，最下者，幾畝可當下田一畝，則待臨時酌定，難以預計。丈完總計田地若干、糧若干，徵本色若干、折色若干。俟二年之外起科，除足一年夏秋二税、銀力二差、一切雜費外，餘解布政司，充邊餉支用。

一限田制、播土舊民，自逆酋倡亂，大兵征討之，餘僅存十之一二，遺弃田地，多無主人。册籍不存，疆界莫考，復業之民，往往冒認影占，原少報多，原瘠報肥，甚至一人占田一二千畝，尚有异省流徒假播籍而希冒占者。今應將播之舊民號"楊保子"者，查果真的，無論原業肥瘠，俱人給田三十畝，上、中、下攙配均給。若一處皆上田、皆下田者，臨時酌給。大率純下田多不得過一百畝，純上田不得少過二十畝。其原非播民，凡不能爲楊保語者，無問曾否寄往，皆不得妄認。遺下無主民田，另行招人承種，納糧當差。應龍官庄并楊兆龍、田一鵬、何漢良等諸擒斬過有名頭人庄田，盡數没官，聽三省之民願占籍播州者承種。其領田之人，查照時值，量行上納，以充目下建立城池、衙門、驛傳諸費。亦定爲限制：平人不得過五十畝，指揮、千百户不得過百畝，俱於丈量時定糧、定價，令不得那移。州、縣官收過絶産價值，給付印契，登入循環，聽兵備道稽查，轉報撫按查考。官吏乾没，從重治罪。

一設學校。播故有學，宋元之世，俊茂朋興，如冉從周、猶道明、白鎮之流，俱登進士，蜚聲上國。自逆龍禁錮文字，寇仇儒生，坑儒燔書，祸同秦始。今干戈既戢，文教宜先。白田、黄平舊有學宫，補葺亦易，特當於二府原學各補教授一員、訓導二員，至博士弟子員，無論附郭外縣，但入學使之選者：蜀新四縣隸白田學，黔新四縣隸黄平學。待各縣人文漸盛，物力稍紓，嗣各立學未晚。真安既改爲流，其地方殷富，人物頗華，亦須建一學宫、設一學正，以示維新之化。

一復驛站。播州各驛，自逆酋閉關負固，驛官不敢赴任，過客不敢經行，站户逃徙，舘舍丘墟，十數年矣。兹者地方底定，道路大通，驛站之設，勢不容已。查播州舊轄松坎、桐梓、播州、永安、湘川、烏江、白田、砂溪、仁水、湄潭、鰲溪、岑黄、白泥一十三驛，俱當川貴孔道，所有各該驛舘，應趁時興工，合用匠役亦於兵夫内查有慣造者徑撥，不足者於附近州縣取用，工、食、銀、米，計算於該邊支剩軍餉内動支。仍責成新設府佐一員，往來稽督，不許虚冒錢糧，曠廢時日，事完册報。又查各驛夫馬支應及官吏俸薪舊額，土司供辦。今既改土設流，似應與腹裏驛站一體僉派。但流民授田方始，難便買馬行差，目前一切站銀暫令官爲出辦，俟里甲稍定，即行編派。至夫馬額數，應照衝僻爲準：湘川驛附郭爲四路最衝，應設馬四十匹、夫八十名；松坎、桐梓、播州、永安四驛，地衝路險，應各設馬三十匹、夫五十名；烏江、仁水、湄潭、岑黄、鰲溪、白泥各驛，俱次衝，應設馬各二十匹、夫各三十名；白田、沙溪、止通、水西次僻，應設馬各十匹、夫各二十名。各驛官見在者，行令赴驛任事，驛吏因屬土司，舊未撥發，今應行川、貴西〈兩〉省布政司照缺查撥。

一建城垣。播州一府、一州、四縣，與黄平一府、四縣，并改築石城，石少者，以磚代之。其兵備道、總兵府并府衛、州縣衙門公署、倉厫、庫獄、城隍廟、演武場，與二府一州儒學、文廟殿廡、齋舍等項，俱當以次修舉。而各官一抵地方，棲身爲急，衙舍之建，尤宜首圖。各府、州、縣正官選委勤敏佐貳，於堪動銀内行支。克期興工，多方稽督。大約城垣以歲辛丑二月内起工，限年終落成。餘各以次修舉，就中員役有怠惰冒破、工力草率者，俱聽該道參詳拿究。事竣之日，造册報撫按衙門奏繳。庶險要可資，防禦有賴。

一順夷情。播州皆夷也，大兵之後，爲賊用力者，芟夷藴崇，已無遺種。今見在者，曰各土司官，曰七姓奏氏，曰投降夷目，皆宜安插得所，顧就中情事不同，亦宜分别，如八司，曰播州、真州、白泥、餘慶、草堂〈塘〉、黄平、重安、容山，内安撫二、長官六。又一司甕水，原無印信，亦稱長官。又有宣慰司同知羅氏，此皆世有官號，與播并建者。播州長官王積仁以附播被擒獻俘，與楊氏俱滅。真州附播多年，綦江之破，助兵三百，著在耳目。同知羅氏與江外五司具疏改流，挑怨速禍，至有今日之事。海内震動，流血千里，則諸司者，罪之魁也。故説者謂真州宜正其附播之罪，江外諸司宜以起釁絶之。第王道如天，罰宜從輕，賞宜從重。真州當進兵之初，率先歸附，正、副長官各以千人從軍，江外諸司各招兵聚義，充黔、楚鄉導。合將真州長官即爲該州土同知，副長官即爲土判官；江外諸司安撫與正長官即爲該縣土縣丞，副長官即爲土主簿；同知羅氏爲新府土知事。此外尚有投降夷目，原非長官，本無冠帶，但賞格曾坐名開諭，輒爾先事歸誠，亦宜少示眷疇，以明恩信。如上赤水里頭目袁年，父遭酷禍，投降最早，宜授以所鎮撫職銜；下赤水里頭目袁鍙，仁懷里頭目王繼先，安、羅二村頭目羅國明、羅國顯、安銮，以上五名，念其返邪歸正，量授冠帶、總旗。諸人田産，止將本身者照册撥給，應納税糧通附州縣官處上納。其餘里人，俱令附籍納糧當差，不許仍以家人爲名，恣行霸占，違者治其前罪。至於七姓奏氏，始助楊氏之惡，繼傾楊氏之族，尤爲禍首。今蒙王仁寬宥外，如仍蹈故習，豪横害民，該道徑行拿問發落。地方人民指稱前事告害者，亦如之。

一正疆域。播地東北接連三省，縣衛各有疆界，無容溷淆；西南左接水西，右逼永寧，雖犬牙相攙,未能齊一,然畫野分疆,亦自有相沿界址。惟是夷性互爲雄長,强則侵凌,弱則減削,甚至一地而甲乙互臨,一人而齊楚兼事。如儒溪、沙溪、水烟、天旺,皆播州五十四里之數,見有黄册可考。緝麻山、李博埡、仁懷、石寶、甕平等處亦皆播州世業,祇緣先年楊氏中衰時,曾爲永寧、水西兼并,後應龍當事,治兵相攻,恢復故業。各邊目又已任其糧馬,兩少支持,此在土司可也。今既改土設流,自宜各復其故。乃水西止求清查,永寧輒行瀆擾,且動以瓜分爲言,罔上行私,垂涎占業,應行該道會同隣近道府。及早清查一切相隣地方,原係播者,歸播;原係永寧、水西者,歸奢、安。刻石立碑,永爲遵守。其隣邊目把如不安分義,妄肆争侵,重行究治,干礙土官一并參處。

此疏從《四川志》中采入,叙播中善後事最爲詳悉。

——(咸豐)《正安新志》卷三《藝文志》,載《中國地方志集成·貴州府縣志輯》,第40册,181~187頁

播州感興 國朝李先立

楊家世業已蒿萊,雌鳳妖驪穩禍胎。躍馬真成蛙坐井,鞭山未信海如杯。從來負固無完局,豈待殘燒辨劫灰。指顧重關天險失,夜郎自大古今哀。

——(咸豐)《正安新志》卷三《藝文志》,載《中國地方志集成·貴州府縣志輯》,第40册,第205頁

正安州設五塘五隘。明萬曆二十八年改土歸流,該官守城兵一百八十五名。

——(咸豐)《正安新志》卷四《人事志》,載《中國地方志集成·貴州府縣志輯》,第40册,第223頁

唐楊端,太原人。乾符初南詔陷播州,端應募復之,諭以威德,縻以恩信,夷人懷服。五代以來,世襲宣撫使,宋開禧中贈太師。

明李化龍,直隸長垣人,進士。經緯雄才,久歷邊鎮。總督川、湖、貴州,主征播事。其馭將機權、取酋方略,出人意表。雖羽檄交馳,而尺牘文告皆珠璣錯落,開誠布公,得人死力,賜劍未嘗輕用。賊平,功遷尚書少保,播人祠祀之。

劉綎,南昌人。播酋倡亂,綎以都督率兵進攻。時楊應龍忌綎威名,欲挫其鋒,悉簡精鋭付子朝棟,以與綎戰。綎大破之,賊爲奪氣。後破數關,遂抵囤下,征播之役,厥功爲第一。

張悌,河南人,進士。倜儻有才,慷慨自許,屢以邊才著名。以四川參政分守東川。時討楊應龍,值總督李化龍丁外艱,兵心稍懈,悌獨冒暑,單騎走監諸軍,激厲將士。賊平,遷大同巡撫。

馬孔英,宣府塞外降丁也,積功至總兵官。征播之役,孔英所將邊卒及諸士兵皆獷悍,破桑木、九杵、黑水諸關,獨先八道至海龍囤下。諸將以囤後易攻,孔英獨壁其前。録功,進都督同知,世蔭千户。

高折枝,固始人,進士。以重慶推官監紀討播。身先行陣,鼓勵士卒,自播發難以迄蕩平,厥功最茂。

郭維屏,雲南人。萬曆中舉人。以從軍平播有功,任真安州牧。時改土設流,一切制度皆其所經始。州人懷德畏威,歷久不替。

詹淑,麻城人。萬曆間舉人。平播後以郡丞來州建學,撫字招倈,定賦編甲,大綱畢舉。

——(咸豐)《正安新志》卷四《人事志》,載《中國地方志集成·貴州府縣志輯》,第40册,225~226頁

(明)冉晟,伯剛子。萬曆二十七年,大兵平播,川督李化龍,疏請設流,改真州正長官司,冉晟爲本州土同知替襲。

按:《冉氏族譜》"明萬曆二十七年,楊應龍肆逆,督帥李化龍八路進兵,冉晟率先歸附,與副長官等各率千人從軍"云云。今考《平播事迹》"總兵馬孔英從南川入,以參將周國柱、宣撫冉馭龍等隷僉事,徐仲佳監之"。又"大兵未至重慶時,推官高折枝監紀軍事,督酉陽宣撫冉馭龍敗賊於官壩。及孔英至珍州,用土官鄭葵、路麟爲嚮導,逼桑木關,關内民降者日千計"云云。《紀》中衹書冉馭龍不載冉晟名姓,又考李化龍《善後疏》中衹稱"合將真州長官",即爲該州土同知;副長官,即爲土判官,亦未疏明冉晟改授。《省志》之"廢土司"條下又無遵義府所屬名目,書以俟考。

鄭葵,萬曆十四年襲職。從征馬湖叛寇有功,後因脅附楊應龍查勘,改設流官,納土獻印,降爲土州同替襲。

——(咸豐)《正安新志》卷四《人事志》,載《中國地方志集成·貴州府縣志輯》,第40册,235~236頁

(同治)石阡府志*

(萬曆)二十七年,皮休蠻叛,播賊寇平越,剌都司等官,復寇東波、烏江及龍泉,參將以下多死之。賜總督李化龍劍,令便宜從事。二十八年,貴撫郭子章會總督李化龍、湖撫支可大誓師討播,楊應龍自縊死,餘黨悉平。以其地設平越、遵義兩府,湄潭、甕安等十縣。平越府轄平越、湄潭、甕安、餘慶四邑,以龍泉一邑屬石阡府,俱隸於黔;遵義府轄遵義、綏陽、桐梓、仁懷、正安,隸於蜀。

——(同治)《石阡府志》卷一《紀論》,載《上海辭書出版社圖書館藏稀見方志續編》,第25册,第32頁

萬曆二十八年,貴撫郭子章討楊應龍後,巡行石阡,捐資增南北月城。

——(同治)《石阡府志》卷一《紀論》,載《上海辭書出版社圖書館藏稀見方志續編》,第25册,第40頁

播賊自楊端應募平南詔,世襲唐職,閱五代、宋、元,至明横恣。居播珍,誠所謂夜郎自大。餘苗類皆野性難馴,一旦削其土地,治以流官,虎視眈眈,伺隙而動,豈顧問哉。前明盛時,於鎮遠、黎平各要害原皆設兵戍之。正統間,以麓川之役撤回戍兵,諸苗遂得深入,陷没城池。

——(同治)《石阡府志》卷一《紀論》,載《上海辭書出版社圖書館藏稀見方志續編》,第25册,第44頁

葛彰司曰苗人,其性多悍詐。男子蓬頭跣足,婦人花衣細摺裙,不著布履。婚姻論財,疾病祀鬼。近年以耕爲業,迥非從前。《省志》:峒人在石阡司者類漢人,苗民司有剪頭。仡佬苗人楊

* (清)方寗壽修:(同治)《石阡府志》,載上海辭書出版社編:《上海辭書出版社圖書館藏稀見方志續編》,上海辞書出版社,2013年。

保，播州之裔。龍泉司曰楊保，其性奸狡，婚姻死葬，近年亦同土著。

——（同治）《石阡府志》卷三《風俗》，載《上海辭書出版社圖書館藏稀見方志續編》，第25册，第113頁

元至元十七年，思、播州軍侵鎮遠、黄平界，命李德輝等視之。石阡错鎮遠界。

三十年，遣使督思、播二州及鎮遠、黄平，發宋舊軍八千人從征安南。

延祐五年，播州南寧長官司洛麽作亂，思州守臣换住哥招諭之。

——（同治）《石阡府志》卷三《師旅考》，載《上海辭書出版社圖書館藏稀見方志續編》，第25册，第194頁

天曆二年，播州楊萬巨引四川賊至烏江岸，官軍征之，八番元帥脱出亦破烏江北岸。賊兵復奪關口。諸王月魯、帖木兒統蒙古、漢人、荅剌罕諸軍及民丁五萬五千俱至烏江，賊俱降。烏江，石阡西界。

——（同治）《石阡府志》卷三《師旅考》，載《上海辭書出版社圖書館藏稀見方志續編》，第25册，第195頁

（正統）十五年，播、凱、黄平、白泥、草塘諸苗劫石阡，土官楊再珍、汪譽、安瓊等力拒之，方竄。

（嘉靖）二十九年，銅仁苗陷思州。先是，播賊李保等糾草塘、邛水、重安、都匀、平浪等司黠酋據湄潭，殺劫一空。總兵石邦憲從石阡間道攻之，乃平。

——（同治）《石阡府志》卷三《師旅考》，載《上海辭書出版社圖書館藏稀見方志續編》，第25册，第196頁

萬曆二十三年，播酋楊應龍率群苗肆掠龍泉司。

——（同治）《石阡府志》卷三《師旅考》，載《上海辭書出版社圖書館藏稀見方志續編》，第25册，第197頁

石阡洊遭播酋、洞苗之亂，受患已深，元氣耗喪，重以僞兵作叛，焚劫擄掠，城野蕩然，則一蹶不可復振矣！

——（同治）《石阡府志》卷三《師旅考》，載《上海辭書出版社圖書館藏稀見方志續編》，第25册，第199頁

安民志，係龍泉司長官。初，龍泉無城，與播州接壤，民志以好言結楊應龍之將朱擎善，

遂不入境。民志請防兵五百築堡牆以自衛。應龍惡之,率朱擎善群賊寇龍泉,民志死之。時萬曆二十七年八月十四日也。二十八年,播州平。二十九年,改龍泉司爲縣,巡撫郭子章請以民志子襲土縣丞。今裁。

——(同治)《石阡府志》卷六《鄉賢》,載《上海辭書出版社圖書館藏稀見方志續編》,第25册,290~291頁

張毛氏,郡人張春之妻。萬曆二十七年,播賊殺春,欲執毛氏去,氏抱夫尸罵賊。賊怒,斷其手,刺之死,死時面猶向其夫。御史應朝卿題旌。

——(同治)《石阡府志》卷六《節烈》,載《上海辭書出版社圖書館藏稀見方志續編》,第25册,第306頁

馬氏女,郡龍泉司馬萬珠之女。年十七,值播賊李保昌亂,馬女被執,欲污,罵賊不從。賊怒,裂其尸。題旌時,以木主入祀王氏女祠,遂稱王氏女之孝烈祠爲雙烈祠。

——(同治)《石阡府志》卷六《節烈》,載《上海辭書出版社圖書館藏稀見方志續編》,第25册,第307頁

(光緒)黔西州續志*

靄翠,仕明,初爲貴州宣慰使,統屬四十八目。卒,妻奢香代理,報獻龍場九驛功,封順德夫人。明太祖高皇帝賜其子姓安,貴榮承襲。忠順有功,加懷遠將軍。數傳至疆臣、堯臣兄弟。疆臣奉調征播有功,賜緋魚服色。卒,堯臣繼襲。復征銅仁、卡口,功加威遠將軍、安遠候。世著忠貞,迭蒙聖眷。

永樂時,奢阿聶妻奢蘇入貢,增置安撫司一,即《明一繞〈統〉志》所謂"升普守衛千户所爲凱里安撫司"者是也。與正德間改播州安寧安撫司爲凱里,棣督匀之清平縣者不同。

——(光緒)《黔西州續志》卷五《州屬土司》,載《中國地方志集成·貴州府縣志輯》,第50册,第334頁

* (清)白建鋆修,諳焕摸、劉德銓纂:(光緒)《黔西州續志》,載《中國地方志集成》編委會編:《中國地方志集成·貴州府縣志輯》,巴蜀書社,2006年。

(光緒)增修仁懷廳志*

僖宗乾符三年,南詔冦陷播,太原人楊端復之,遂世居播。

宋大觀中,楊文貴納土,置遵義軍。元世祖授楊邦憲宣慰使,賜其子漢英播國公。

明初,楊鑑内附,改播州宣慰司宣慰使。屬四司:懷德、安静、歸化、威信。統田、張、袁、盧、譚、羅、吴七姓。領黄平、草塘二安撫司,真、播、白泥、餘慶、重安、容山六長官司。西北塹山爲關,東南附江爲池,廣袤數千里。

隆慶六年,楊應龍襲職,從征喇嘛諸番有功,屢賜金幣。

萬曆十二年,進大木六十本,特賜大紅飛魚服。爰是驕蹇玩法,所居漸飾龍鳳,擅用閹寺。嬖妾田雌鳳,出嫡妻張氏,結關外生苗,肆行劫掠。妻叔張時照所部何承恩、宋世臣等告變,貴州巡撫葉夢熊請討之。朝議行川、貴兩省會勘,擬斬,准贖罪銀四萬兩,仍革職。

二十三年,羈其子於重慶府獄,追銀,後其子死,乃反。

二十八年庚子二月,徵川、湖、貴三省漢、土兵馬大集重慶府,總督李化龍調川兵四路:總兵劉綎從綦江入,總兵馬孔英從南川入,總兵吴廣從合江入,副將曹希彬從永寧入。貴州三路:總兵童元鎮由烏江入,參將宋〈朱〉鶴齡白沙溪入,總兵李應祥由興隆入。湖廣偏橋一路,分兩翼:總兵陳璘由白泥入,副將陳良玭由龍泉入。每路漢土兵三萬。追兵至養馬城,攻海龍囤,壓囤而壘,絶賊樵汲。劉綎身先士卒,攀藤魚貫,進克土城。應龍自焚死,吴廣獲其子朝棟、妾田雌鳳,出應龍尸於烈焰中。八路斬賊二萬餘級,推劉綎功第一。

楊氏自唐乾符三年至明萬曆二十八年十二月平播,世居其地八百餘年,至應龍凡二十九世而滅。分其地爲二:屬貴州者曰平越,一州三縣;屬四川者曰遵義,一府、一州、三縣,仁其一焉。又專設播州兵備道,駐遵義府,置威遠衛,添驛建學。

仁懷,舊曰懷德,曰懷陽,曰晉元,曰芙蓉。萬曆庚子知縣曹一科創修城池,知縣王所用增補,高三尺,周圍四百七十五丈八尺,廣五里三分。設知縣,并設教諭、訓導、典史。正賦

* (清)崇俊修,王椿纂,王培森校補:(光緒)《增修仁懷廳志》,載《中國地方志集成》編委會編:《中國地方志集成·貴州府縣志輯》,巴蜀書社,2006年。

一千五百有奇。茶引二百五十張。駐防守備一員，額兵二百名。明立千户所，管理十屯。

——(光緒)《增修仁懷廳志》首卷一《序稿》，載《中國地方志集成·貴州府縣志輯》，第38册，第50頁

仁懷在《禹貢》梁州之地，分野在參井之間，三代爲鬼方，戰國屬楚。至秦始隸巴郡地，漢爲符縣地，屬犍爲郡。晉分符縣置安樂縣，合江安居壩即其廢址。隋隸瀘州郡，唐屬播州。宋大觀三年，建磁州，領承流、仁懷兩縣。宣和三年，廢磁州爲武都城，以仁懷爲堡，承流并合以巡檢駐其地。今復興場仁懷舊址。元明因之，隸四川。明萬曆二十五年，楊應龍叛，遣黨流劫南川、合江及江津境，仁懷爲蜀黔門户，當賊匪往來必由之地，蹂躪不堪，人民逃散，接連四載，而仁懷堡城廢矣。至二十九年平播後，知縣曹一科始建縣城於留元壩，離舊治三十里，置仁懷縣，轄仁懷、河西、土城、二郎、小溪、丁山、吼灘、赤水、安樂、禮博十里，屬遵義府，仍隸四川。

——(光緒)《增修仁懷廳志》卷一《建置》，載《中國地方志集成·貴州府縣志輯》，第38册，第62頁

懷陽廢縣，明李化龍《播州善後事宜疏》："仁懷濱播枕永，襟合帶瀘。"查懷陽縣當在首里地方，今不可考。

——(光緒)《增修仁懷廳志》卷二《古迹》，載《中國地方志集成·貴州府縣志輯》，第38册，第79頁

萬曆二十九年平播後，知縣曹一科移舊治於留元垻，復設仁懷縣，創修城垣，周圍四百七十五丈，計五里三分；高一丈四尺，垛口一千一百三十三處；水洞三處，炮臺四座，城門四，城樓四。嗣知縣王所用增補。

——(光緒)《增修仁懷廳志》卷二《城垣》，載《中國地方志集成·貴州府縣志輯》，第38册，第83頁

明洪武四年，中書省奏："播州土地既入版圖，當收其貢賦，始歲納糧二千五百石爲軍儲。"帝以其率先來歸，田税隨所入，不必以額徵之。至萬曆二十九年平播後，始行起科，其數無考。

——(光緒)《增修仁懷廳志》卷二《田賦》，載《中國地方志集成·貴州府縣志輯》，第38册，第109頁

李化龍，字于田，直隸長垣人。萬曆二年進士。除嵩縣知縣，歷官遼東巡撫，邊塞讋服。

請開木市於義州，尋以病去。

二十七年，播州宣慰使楊應龍反，神宗命即家拜化龍，總督川、湖、貴州軍務。以是年六月十日，自京兼程赴成都。

十二月，移鎮重慶討應龍。應龍性猜狠，嗜殺。數從徵調，恃功驕蹇，知川兵脆弱，陰有據蜀志，間出掠州縣。嬖小妻田鶯鳳，讒殺妻張氏，屠其家。用誅罰立威，所屬五司七姓不堪其虐，走貴州告變。巡撫葉夢熊請發兵剿之，而四川撫按并主撫。朝議命勘，逮應龍繫重慶獄，免，將兵征倭自效，得脱歸。復逮，不出。四川撫巡王繼先分兵三道進討，覆於白石口；應龍諉罪諸苗。罷繼先，以邪〈邢〉玠爲總督，值東西用兵，勢未能窮治。應龍益横，所居僭飾龍鳳，會部人稱其子朝棟爲後主，益結生苗歲出侵掠。先後劫草塘、餘慶二司及江津、南川、合江；襲破偏橋，殺都司楊國柱、指揮李廷棟於飛練堡；乘師未集，犯綦江，屠綦江，殲參將房嘉寵、游擊張良賢。僞軍師孫時泰請直取重慶，搗成都，劫蜀王爲質，而應龍遷延，聲言争地界，冀曲赦如曩時。化龍亦以計綏之，徵漢、土兵二十餘萬，分蜀、黔、楚兵爲八路，路三萬人，官兵三之、土司七之。

二十八年正月十有五日，化龍率八路官兵大會於重慶較場，奉賜劍登場，爲文誓師。其略曰："逆賊楊應龍，梟獍爲心，蛇蝎成性，藐國法如兒戲，刈民命若草菅。以疑似殺妻而并害其家，以殘害殃民而盡絶其世。同知本係官僚，斬殺俾無遺種；五司原同手足，剿滅盡作荒邱。初但肆惡於一州，繼乃流毒於三省。白石口民户三千，積骸遍野；飛練堡官兵二萬，流血成淵。綦江一路，百里無烟；東坡再焚，三春如赭。最可恨者，對夫以淫其妻，對父而奸其女；尤可駭者，吃乳斷嬰兒之首，燒蛇入孕婦之陰。迹其數載，殺人已盈千萬。擬以五刑議辟，統備三千。大逆無道，天地不容；亂臣賊子，神人共憤。"云云。諸將士聞之，無不感動，願爲盡力。以二月十有二日進兵，川兵四路：總兵劉綎從綦江入，以參將麻鎮等隸，參政張文輝監之；總兵吴廣從合江入，以參將徐世盛等隸，參議劉一相監之；副將曹希彬受廣節制，從永寧入，以參將吴文杰、永寧女土官奢世續隸，副使史旌賢監之；總兵馬孔英從南川入，以參將周國柱、宣撫冉馭龍等隸，僉事徐仲佳監之。黔兵三路：總兵童元鎮統鎮雄土知府隴澄、泗城土知府岑紹勛等由烏江；參將朱鶴齡受元鎮節制，統水西宣慰司安疆臣等由沙溪；總兵李應祥統永順宣慰司彭元璠等由興隆入，按察使楊寅秋、參議張存意監之。楚兵一路由偏橋，分兩翼：總兵陳璘統宣慰彭養正等由白泥；副總兵陳良玭受璘節制，統宣撫覃宣由龍泉，副使胡桂芳、參議鮑養蒙監之。貴州巡撫郭子章駐貴州，湖廣巡撫支可大移沅州。又擢江鐸爲偏沅巡撫，皆受成於化龍，而自將中軍策應。化龍以婁山關爲賊門户，最險要，關外，賊不可勝誅，且戰且招降；關内，宜疾戰，師不可老。海龍囤，賊以爲天險，必據囤以緩須臾之死。然必諸軍積囤下，乃可擒也。婁山、崖門、桑木諸關，賊方擁悍苗以死守，非有先入關者，無以速成功。偏橋、江内外九股苗盤據糾結乎其間，不掃四牌，即未易窺三渡，無由抵賊巢。貴州地近，而兵少餉乏，夷性反覆靡常，且水西與應龍爲婚媾，必操縱在我，始足以褫其魄而奪之氣。因諭綎及廣等檄應祥及璘等奉約束惟謹。綎之征播也,聞命逗留,多設難要朝廷。言官交劾,議調綎南京右府僉書。綎辭任,化龍以平播非綎不可,固留之,力薦於朝,委以專制。人或疑其故與應龍昵,則延入卧内,輸心腹,且以危言激之,引其父顯九絲功爲比。綎大慟,誓死報。

二月十四日,綎攻楠木山、羊簡台、三峒,破之,擒其將穆照。應龍憚綎威名,意首挫其鋒,悉精鋭付其子朝棟,曰:"爾破綦江,馳南川,盡焚積聚,餘無能爲也。"及破九盤隘,播人益膽落。應龍頓足歎曰:"吾不用時泰計,今死矣!"三月二十九日,綎破婁山關,會孔英扼海龍囤而壘。南川道險且遠,去囤可六七百里,當孔英之未至也,重慶推官高折枝請獨當一面。身先。參將周國柱等敗賊於官埧,入真州。時諸將欲候各路消息,方入關,折枝曰:"若是,誰當先入者?"策馬而前,衆隨其後。以三月八日奪桑木關,據之底關。而孔英至,化龍曰:"諸將皆折枝,諸路皆南川,滅賊不更當速。"即檄催各路進兵,廣出合江,屯二郎埧,進攻岩門,殪其將郭通緒。四月四日,破岩門關,合希彬軍力戰於水牛塘,應龍父子相哭上囤。應祥由興隆擣龍水囤,抵箐岡,俘賊首謝朝俸,乘勢抵河畔,而璘進軍龍溪,擊四牌,賊入苦菜關。會烏江師敗,應祥、璘俱斂兵不進。方元鎮之將渡烏江也,群賊議分兵守。時泰曰:"兵分則力薄,乘官軍未集,先破其弱者,餘自退矣。"應龍從之,使播人誘官兵渡烏江。元鎮督永順、泗城、鎮雄諸軍拔河渡關。

三月望,賊先衝水西軍,軍中驅象出戰,象反走,陣亂,參將謝崇爵走。明日,應龍揣元鎮等必當深入,令播人詭爲水西裝,永順兵不疑。賊掩殺三百人,亦襲其裝趨烏江,烏江軍中誤信爲水西、永順兵,内外合發,遂爲賊所敗。元鎮所部三萬人,不存十一,將校止崇爵等三人。貴陽遠近震動,化龍用上方劍斬崇爵。澄軍不與元鎮合,獨全。澄即疆臣弟堯臣也。有言水西佐賊者,化龍檄澄邀賊歸路,且詰疆臣。疆臣執賊二十餘人,以示不背。澄拔苦竹關,敗賊於大水田,與疆臣合。紹勛會指揮徐成,兵敗賊於長箐、萬丈井、清潭峒,擒賊將張守欽、袁五尋。朝議責烏江敗狀,化龍下元鎮於獄,令應祥并其軍。應祥以守爲戰,以招撫爲進,用所得降人破黄灘關,遂抵白田埧。璘略湄潭,攻下長坎、瑪瑙、保子三囤,良玭師亦來會,殺傷無算。

四月十三日,璘破青蛇囤,乃分兵克三渡關,與諸君合。當是時,八路之兵俱集海龍囤下,化龍慮川兵人自爲心,檄按察使張悌來視師,糾合諸將。巡按崔景榮檄諸將急攻綎及廣等,率兵攻鐵鑄關,破之。應龍勢蹙,每路投降文緩我師。化龍檄"賊詭降,即斬使焚書,無爲所紿"。應龍詭令婦人於囤上,拜表痛哭,云:"應龍仰藥死,田氏且降。"報吴廣,廣信之。已,覘知田氏詐降狀,化龍責戰益急。

五月十八日,始築長圍,化龍檄諸將分日迭攻。疆臣攻囤後,多與賊通,潛以火藥貽賊。化龍檄疆臣退一舍,移璘其處,璘置鐵牌、木栅,賊不敢出。會化龍聞父喪,恐諸將解體,跣足草檄,益治軍。時天苦雨,軍士日馳泥淖中。六月四日,天忽霽。五日,諸將以囤前斗絶,

勁兵壁其間，而并力於攻囤後。徐成奪據鳳凰嘴，賊奔土城。綎等毀城而入，賊進據月城。因綎火焚其土城、月城二樓，應龍益迫，散數千金募死士拒戰，無應者。六日夜四鼓，璘銜枚上，斬其守關者，廣兵尋至。應龍與二妾俱自縊。廣等於烈火中收其尸，獲其妾田氏、子朝棟，俘於京師。自出師至滅賊，百十有四日。播州自唐乾符中入楊氏，傳二十九世，八百餘年而滅。化龍議改土設流，爲府二、州一、縣八、衛一，請於朝，易府名爲遵義、平越，分隸黔、蜀，乞歸終制。三十一年，起總理河道，奏開泇河，由直河入泇河口抵夏鎮二百六十里，避黄河吕梁之險。叙平播功，加少保，蔭一子世錦衣指揮使，遷兵部尚書，加柱國、少傅。卒七十，謚"襄毅"，贈少師，加贈太師。

郭子章，字相奎，一字清螺，江西泰和縣人。龍慶五年進士。

萬曆二十七年春，播酋楊應龍不靖，貴州巡撫江東之督兵剿之。應龍拒命，殺都司楊國柱等於飛練堡。詔罷東之，以子章代。

夏四月，子章匹馬入黔，黔所部兵不滿五千，帑金稱是，謀於巡按宋興祖，請增兵益餉，募兵守偏橋等要害十二處以遏冦衝，與川、湖、貴州總督李化龍同心并力討應龍。明年，分烏江、沙溪、平越爲三路，遣所部八萬餘人，屬總兵童元鎮、李應祥，參將朱鶴齡統水西、鎮雄、泗城、永順諸土軍，以按察使司楊寅秋、參議張存意監其軍；以參政郭廷良、副使洪澄源、尤錫類，參議梅國樓督餉兼紀功，激勵將士，軍政肅然。黔去播不二百里，水西與播世依唇齒。時宣慰安疆臣獷不法，科臣有言其逆節漸萌者，詔不問，許討賊圖功。疆臣奏稱播警方殷，臣心未白。朝廷復優詔報之，未有以發難也。無何，元鎮師抵烏江，爲應龍所敗，而疆臣弟瀧澄軍不與元鎮合，獨全，於是軍中皆言水西佐賊。子章責以大義，怵以利害，授機宜於寅秋，令搗巢立效，大水田一戰，斷賊歸路，播酋爲之奪氣。應祥并三路兵破海龍囤，出師纔百餘日而播州平。

初，子章許疆臣以滅播後，還播所侵水西、烏江六百里以酬功。而水烟、天旺者，本播州地也。應龍祖以内難走水西，客死，疆臣祖萬銓挾之，索是地，聽還葬，其地遂爲水西所據。至是，化龍分播州爲遵義、平越二府，分隸蜀、黔，以渭河中心爲界而命疆臣歸播侵地。代化龍者爲王象乾，主畫地，而子章以爲，"侵地始於萬銓而非疆臣，安氏迫取楊喪亂之時，非擅取於應龍盪平之日，且已許其裂土，今反奪其故地，臣無面目以謝疆臣，願乞臣去。"象乾疏言："疆臣征播，殲應龍子惟棟，不實。冒功可知。至佯敗弃陣，送藥往來。欺君助虐，迹已昭然。今還侵地，不咎既往，已屬國家寬大，若因其挾而予之，彼不爲恩，我且示弱。疆臣既無功，不與之地，正所以示撫臣之信。宜留撫，罷臣，以爲重臣無能以蕞爾苗噂沓者之戒。"於是清疆之議，纍年不決。言官抵象乾貪功起釁，科臣復劾子章納晦〈賄〉縱奸，子章求去益力。象乾遂執疆臣所遣入京行賄之人與金，以聞。

時四川巡按李時華，貴陽人也。諗其事，遂上疏曰："征播之役，水西不惟假道，且又助兵。矧失之土司，播固輸糧，水亦納賦，不宜以土地之故傷字小之仁，地宜歸疆臣。"兵部尚書蕭大亨主之，竟從子章議。未幾，議鎮雄，子章令隴澄復姓名安堯臣，挈妻子還黔，代兄爲宣慰，而鎮雄還隴。論者稱子章"慮遠謀深，功高事苦"，於所以處水西者見之矣。平播後剿永從皮林苗，獲吴國佐、石纂太等，斬首五百餘級，討東西二路苗及水銀山苗，盡平之。撫黔垂十年，正直仁恕，經濟卓然。著《黔記》六十卷。陳情終養，九上，始得請。晉秩兵部尚書，世襲錦衣衛指揮同知。

——(光緒)《增修仁懷廳志》卷四《政績》，載《中國地方志集成·貴州府縣志輯》，第38冊，150～153頁

吴廣，廣東人。以武生從軍，纍著戰功，歷官四川總督。萬曆二十八年，討楊應龍。川師四路：綦江路屬劉綎；南川路屬馬孔英；廣出合江，以參將徐世威等隸，參議劉一相監之；副將曹希彬受廣節制，出永寧，以參將吴文杰、永寧女土官奢世續等隸，參議史旌賢監之。參政謝詔護、永合軍事參議熊寧奇督餉。永合與黔帥童元鎮、李應祥，楚帥陳璘刻期進師。廣以二月自重慶督兵從合江，屯二郎垻，大行招徠。賊驍將郭通緒迎戰，襲走之。陶洪、安村、羅村三寨土官各出降，他部來歸者數萬，廣擇其壯者從軍。通緒扼穿岩屯，廣督土、漢軍擊破之。

綎、孔英已入播，廣猶頓二郎垻，化龍趣之。乃議分四哨進攻崖門，别遣奢世續等督夷兵二千，扼桑木埡諸要害以防餉道。連破數囤，進營母猪塘。應龍使通緒進發關外兵拒戰，廣伏炮手五百於磨槍埡外南崗下，而遣裨將趙應科挑戰。埡兩山相夾，中甚隘。通緒横槊衝應科，應科佯退，通緒追出埡，遇伏，急旋馬，中炮墜，方躍上它馬，伏兵攢槊刺之，殪。賊潰奔，廣追之，賊盡降，遂薄岩門。徑小止容一騎，賊萬餘人出關迎戰。希彬懸賞千金，攀岩競進，追至第四關，關上男女盡哭，於是賊黨自殺，其魁羅進恩率衆降。其第一關猶拒不下，廣乘夜疾進，奪其關，關内民争獻牛酒。廣合希彬軍連戰一碗水、土崖、分水關，皆捷，進營水牛塘，距海龍囤纔數十里。時蜀兵入關去囤尚遠，黔、楚兵在關外絶不相聞。應龍知廣孤軍深入，謀欲襲之，乃遣人詐降。廣測其詐，堅壁待。應龍擁衆直衝廣營，廣殊死戰，會綎、孔英軍，賊始遁。廣遂據主圓山，山倚海龍囤，高囤數十仞，應龍所恃爲左右望者，部苗衆萬餘列栅堅守。廣督希彬等奪以勁兵，綦南二路各發兵三千助之，據此山之上俯視囤中，樵汲斷絶。蜀兵四路并攻，連破養馬、養雞諸城，海門、龍鳳諸關。應龍不敢復格鬥，灑淚率妻子夜上囤，以鐵鑄關爲守。廣合諸將攻鐵鑄關，破之。賊見勢急，詭令婦人於囤上拜表痛哭，云："田氏且降。"詐爲應龍仰藥死，報廣。廣遽信之，緩攻。已，覘知田氏詐降，而所云應龍死，乃蜀兵攻囤以火炮擊死之楊珠也。化龍檄責廣充爲事官，以懲其報酋死之誤。廣畏罪，攻益急。六月六日，璘夜四鼓銜枚從囤後登，廣兵至，應龍縊且自焚，廣獲其子朝棟及妾田雌鳳，急覓尸出焰中。廣中火毒失聲，幾絶，頃而蘇。平播功綎爲最，廣次之。鎮四川，逾年卒。初，廣之頓二郎垻也，有言其受賄養寇者。詔切責之。後論功，贈都督同知，世蔭千户。

王象乾,字子廓,山東新城人,參議重光孫也。隆慶辛未進士。萬曆廿八年,代李化龍爲總督。時經理播州善後事宜,議改土設流,創立郡縣,繕城立學,撫流移,定田賦,屢疏上聞,區畫詳明,并繪圖如式,得旨報可。播餘黨吴洪詭稱楊氏,聚衆沙溪,結水西爲亂,設計討平之。

——(光緒)《增修仁懷廳志》卷四《政績》,載《中國地方志集成·貴州府縣志輯》,第38册,154~155頁

萬曆十四年,播州宣慰使楊應龍獻大木七十,材美,賜飛魚服。《明史·土司傳》。二十三年,播州宣慰使楊應龍論斬,得贖,輸四萬金助采木。王鴻緒《明史稿》。

——(光緒)《增修仁懷廳志》卷四《木政》,載《中國地方志集成·貴州府縣志輯》,第38册,第169頁

(宋)王震孫,太原人。宋端平初,元兵犯蜀,震孫率衆禦蜀隘,解難息民。事聞,授從義郎,總重慶路兵馬鈐轄。見《貴州通志》。又三夢麟《譜》云,同太原嫡系入播者,有一祖震孫,總重慶路兵馬提轄,與余玠犄角,保障川東,當即播州長官司王氏祖也。又嘉靖間,楊烈與水西搆難,并殺其長官王黼。李化龍《疏》:"播州長官司王積仁,以附播被擒,與楊氏俱滅。無考。"

(明)李化龍疏云:"有投降夷目,原非官長,本無冠帶,但賞格曾坐名開諭:轍爾先事歸誠,亦宜少示眷疇,以明恩信。如上赤水里頭目袁年,父遭酷禍,投降最早,宜授以所鎮撫職銜;下赤水里頭目袁鍪,仁懷里頭目王繼先,安、羅二村頭目羅國顯、安鑾。以上五名,念其返誠歸正,量授冠帶、總旗。"

袁鍪,壨之兄。萬曆年間討播,鍪獻地投誠,率屬從征,戰水牛塘,破海龍囤,與有勞焉。《采册》。

唐乾符二年,有安朝何者,從征南詔有功,世爲懷彝長,歷宋元明,世有今仁懷地;後又改爲懷德長官司。萬曆二十八年征播,長官安鑾投誠爲鄉導,地方賴以不擾。播平,改威遠衛長官。當有"千户"二字。

……又按:《心齋隨筆》載,唐時入播七姓,瑒端太子少師、羅榮後軍鎮武總戎、鄭畋之子開龍,皆已見。一曰安增將軍,廣平清河人,疑即此安氏之祖。又令狐滈,太原人,中軍左護衛將軍;成展,交城人,中軍右衛將軍;楊威,清河人,前軍副元戎。三人之後,當亦世爲土官,今無考矣。桐梓縣令狐、成姓最蕃,即其裔。《采册》:唐僖宗乾符三年,南詔陷播,巢賊并起,帝奔蜀都。成展敕封中軍右護衛將軍,總領鎮戎侯,平播,奏凱旋師。其後裔成昌,在元時敕封贊平播參軍,追封奉議大夫,賜箚安居。子成俊襲職,籍管提調重慶、播州等處地方。太傅宰三世,成嗣宗襲職管軍,升授同知都勾軍民府司馬大夫。又授雲騎尉,升奉議大

夫，其墓在澗垻村，子孫世居，其官稱不可曉。

《劉氏武功世録》："劉綎，本宋侍御史龔祀後，父顯贅於劉，從其姓。劉後請復姓，神宗不許，謂復姓則掩乃父功，欽賜姓劉。卒年六十七。其平播時賜功賞四千二百兩，止給二千兩，其餘二千二百兩以遵義、仁懷田土酬折作賞。後次子佐官貴州都司。崇禎中，歸居綎功田之在合江者。"

——(光緒)《增修仁懷廳志》卷五《人物》，載《中國地方志集成·貴州府縣志輯》，第38册，181～182頁

袁起龍，字騰海，奎長子。萬曆二十八年，平楊應龍，起龍爲儒溪歸化保指揮。二十九年，川、湖、貴州總督王象乾清理播州疆界，起龍所轄河西地方張家垻抵藺州青杠寨爲界，至今碑在麻柳灘。

王繼先，仁懷里人。萬曆二十七年，征播州，繼先與赤水里袁鏊，安、羅二村羅國明，先事歸誠。總督李化龍給以冠帶。

——(光緒)《增修仁懷廳志》卷五《人物》，載《中國地方志集成·貴州府縣志輯》，第38册，第183頁

唐乾符三年，南詔叛，陷播州。太原人楊端應募，由瀘州、合江、仁懷入白錦，軍高遥山，據險立岩，出奇兵復州。世有其地。傳至宋大觀，楊文貴納土，置義軍。歷元朝，世祖授楊邦憲宣慰司，賜其子漢英名"賽因不花"，爲播國公。

明洪武五年正月，播州宣慰使楊鏗、同知羅琛、總管阿嬰、蠻夷總管鄭瑚等相率來歸，朝貢方物，納元所授金牌、銀印、銅章。詔敕賜衣幣，仍置播州宣慰使司，領安撫司二，曰草塘、曰黄平；長官司六，曰真州、曰播州、曰餘慶、曰白泥、曰容山、曰重安。鏗、琛皆仍舊職，以嬰等爲長官司長官。七年，中書省奏："播州土地既入版圖，當其收賦貢，自洪武四年始歲納糧二千五百石爲軍儲。"帝以其率先來歸，田税隨所入，不必以額徵之。九月，鏗來朝。八年五月，鏗遣其弟錡來朝，賜衣幣。十四年，命齎敕符諭鏗率兵二萬、馬三千爲先鋒南征。十五年，城播州沙溪，以官兵一千人、土兵三千人戍之。改播州宣慰司隸貴州。十七年，鏗子震疾，卒於京，命有司歸其靈柩。二十年十月，徵鏗入朝，貢馬十匹。賜鈔五百錠。二十一年，播州宣慰使司并所屬宣撫司各官遣旗子來朝，請入太學。

永樂四年，免播州荒田租。七年，宣慰司楊昇招諭草塘、黄平及重安所轄當科、葛雍等十二寨蠻人來歸。宣德三年，昇賀萬壽節，後期行，禮部議予半賞。帝以道遠，勿奪其賜。昇子楊綱襲職，七年仍舊。

正統十四年，宣慰使楊綱老疾，以其子輝代。景泰七年，調輝兵征銅鼓、五開叛苗，賜敕諭頒賞。

成化十年，以播州賊齎果等屢歲爲患。時輝將入貢，巡撫以播地連諸蠻，輝難遠離留之。十一月，命輝子愛襲父職。正統末，苗蠻寇邊，土同知羅宏奏："輝有疾，乞以愛代。"帝命愛襲職，從總兵官剿賊。部議以愛年幼，請仍起輝暫理軍事；又以輝難獨任，宜敕都御史張瓚督理。十二年，張瓚督諸軍及輝攻敗諸苗，設安寧宣撫司，并懷遠、宣化二長官司，建靖南、龍場二堡，命輝董其役。輝將所屬黄平土司等五千人分甓城垣，將竣，輝因各寨苗蠻頗乏畏懼，恐工竣後大軍還，難保無虞，奏設守土兵一千五百人，撥守懷遠、靖南、天漂、龍場各二百人，宣化一百人，安寧六百人，徙家屬同居，爲固守計。命子愛董之，而聽己致仕。詔從之。時爛土諸蠻惡其逼，遂引齎果等攻陷天漂、靖南城堡，圍安寧。愛力弗能支。兵部奏，起輝再統剿之，又敕川、貴兵爲助。十五年，貴州巡撫陳儼奏請征剿，兵部言四川興師五萬，軍儲糧米，山路險峻，輸運維艱。帝然其奏。二十二年，刑部侍郎何喬新以愛爲友弟宣撫所訐奏。命往勘。因奏："楊氏據播已五百餘年，奢僭淫暴之罪，無代無之。今友愛兄弟相訐，命臣勘問，果係情重，當於本州監侯，則獄卒皆其部下，難爲防守；使移於重慶，則道途遥遠，蠻衆驚疑，恐生他變。宜提二人面對虚實，聽候上裁，免其監禁爲便。"從之。二十三年，喬新奏，輝在日，溺庶子友，欲令承襲，長官張淵阿順之。安撫宋韜謂"楊氏家法，立嗣以嫡"，輝不得已，以職授愛。又欲割其地以授友，謀於淵。因以本州懷遠故地爲生苗所據，請兵取之。容山長官韓瑄以土民安輯日久，不宜征。淵與輝計，執瑄，杖殺之。前巡撫張瓚受輝賂，於安寧設宣撫司，以友任宣撫。輝以所有金玉、服用、莊田均分諸子。輝歿，張淵及弟深與友潛謀刺愛，謀不果。友遂奏，不執。帝命斬淵、深，友因公擅殺，且謀嫡、盗官錢，皆大罪。謂愛信讒薄兄，納贖，復任；友遷保寧羈管，仍敕喬新從宜處治。

弘治元年，增設重安守禦，調土兵一千助戍守。七年，以平苗功，愛與友有勞，准敕加秩。十四年，播州宣慰使諷安撫羅忠等上其平苗有功，楊斌又重賂劉瑾，調爲四川按察使，仍理宣慰事。斌狡横，不受兩司節制。逾年，巡按余錙奏斌不宜受。詔裁之，仍原職。由是友既編置保寧，愛姿厚斂，徵取友向所居凱離地者甚苛。同知楊才居安寧，朘剥尤甚，諸苗忿怨。凱離民乃潛入保寧，以友還，糾衆作亂，攻播州，焚愛居第及公私廨宇。愛屢奏於官，言命鎮巡官調兵征之，會友死，而征兵乃罷。至是，鎮巡官言友搆亂罪大，其子洪尚幼，今稍長，能悔過，且善撫蠻衆。其前爲友所焚殺者，俱已賠償，且還所侵奪地，乞授洪爲冠帶土舍，協同播州經歷司撫輯諸蠻，隸播州管轄，并諭斌與洪協和，不得再造釁端。報可。未幾，貴州凱口爛土苗婚於凱離、草塘諸寨，搆結山苗爲患。賜斌敕，令每年巡視邊境。部議土官向無領敕出巡。不准。加斌爲昭毅將軍，給誥命，賜麒麟衣一襲。時又爲其父愛請進階及服色，許之。既而斌又爲其子相請入學，并得冠帶。十二年，凱里土舍楊拱卒與重安土舍馬綸等有怨，誘苗攻之，互相仇殺。貴州巡撫鄒文盛移文四川，會官撫處，逾歲不報。文盛乃督致仕楊斌撫平之，并言："斌未衰，宜仍起任事。"部議："斌子既代，毋庸起，盛所請難行，而功不可誣。"十六年，賜斌蟒衣玉帶。嘉靖元年，賜播州宣慰司儒學《四書集註》一部。楊洪之弟張求襲父職，部議："張習父兄之惡，幸免於辜，若張悔過殺賊，尚可量授一官。"遂許宣撫，傳至楊相，復寵庶子煦。其嫡子烈之母張悍甚，與烈遂相約走，客死水西。烈求父尸，宣慰安萬銓因索要挾水烟、天旺故地，而後予尸。烈陽許之。及相喪還，烈靳地不予，遂與水西構難，并殺其長官王敞，烈遂與敞黨李保治兵相攻約十年。總督馮岳、總兵石邦憲討平之。真州苗盧阿項者，亦久稱亂，邦憲以兵擊攻之，擒阿項父子，斬獲四百餘人。真州盜平，地方安靖。隆慶五年，烈死，子應龍請襲，准姑予職。

萬曆元年，給播州新襲宣慰使楊應龍敕書。八年，應龍請賜故宣慰楊烈祭葬。從之。十四年，應龍獻大木，材美，賜飛魚服。又復引其祖賜蟒，吏部議以斌有軍功，且出特恩，未可爲比。帝命以都指揮使銜授應龍。

十八年，貴州巡撫葉夢熊疏請應龍凶惡諸事，巡按陳效歷數應龍二十四大罪。時方防禦松潘，調宣慰土兵協守。四川巡按李化龍疏請暫免勘問，俾應龍戴罪圖功。由是川、貴巡按疏辨，在蜀者謂應龍無可勘之罪，在黔者謂蜀有私暱應龍之心。十九年，貴州夢熊主議，播所轄五司改土爲流，屬重慶，與化龍意相左。化龍遂引嫌求退。應龍益滋嗜殺，所轄五司七姓悉叛。嬖妾田氏，屠妻張氏并及母，於是妻叔張時照與所部何恩、宋世臣等告應龍反。夢熊請發兵剿之，而蜀中士大夫率謂蜀三面鄰播，所屬以什百數，且兵驍勇，剪除未爲長策。朝議命勘，應龍願赴蜀，不赴黔。

二十年，應龍詣重慶對簿，繫，論法當斬，請以二萬金贖。巡撫王繼光至，嚴提勘詰，應龍遂抗不出。張時照等復詣奏闕下，繼光用兵之議遂决。

二十二年，繼光與總兵劉承嗣兵敗於婁山關。會繼光論罷，時四川新撫譚希忠與貴州鎮撫再議剿，御史薛繼茂主撫。應龍上書自白，遣其黨携金入京行間，執原奏何恩詣綦江縣，而黄平、白泥久爲仇讎，宜剪其枝黨。乃檄應龍，當待以不死。會水西宣慰安疆臣請復國亨恤典，兵部尚書石星手札示疆臣，疆臣亦奉札至播，招應龍。四月，玠檄重慶知府王士琦詣綦江，趣應龍安穩聽勘。應龍弟兆龍至安穩，使治郵舍，儲糧，叩頭郊迎，致餼牢如禮，言："應龍縛渠魁，待罪松坎，所不敢至安穩者，恐墮安穩仇民不測之禍，幸請至松坎受事。"士琦曰："松坎亦曩奏勘地也。"即單騎往。應龍果向縛道旁，江〈泣〉請死罪。至公館，執罪人及罰金獻廷中，得比安國亨，曩亦被訐，懼罪不出界，故應龍引之。士琦爲請於玠，許之。應龍乃縛獻黄元、阿羔、阿苗等十二人按驗，抵應龍，願贖輸四萬金助采木。仍革職，以子朝棟代受職，次子可棟羈府追贖。

時倭未靖，欲緩應龍事，於松坎設同知治焉，而以士琦爲川東兵備副使彈治之。應龍亦怙終不悛，尋可棟死於重慶，益痛恨。促喪歸，不得，復檄完贖。大言曰："吾子活，銀即至矣！"擁兵驅十餘僧招魂。分遣土目，置關據險，厚撫苗民，名其健者爲"硬手"；州人稍殷者，没人其資以養苗，苗人遂願爲出死力。遂連年殘餘慶、草塘二司及江津、南州〈川〉、合江，襲破偏橋，敗都司楊國柱於飛練囤。至二十八年，總督李化龍、巡撫郭子章始合八路兵討平之。播州楊氏自唐乾符，廿九世，據八百餘年，至應龍而亡。三十一年，播州餘逆吴洪、盧文秀等叛，總兵李應祥討平之。

——（光緒）《增修仁懷廳志》卷六《邊防》，載《中國地方志集成·貴州府縣志輯》，第38册，222～225頁

仁懷直隸廳社稷壇記 陳熙晉

宋大觀三年，始置仁懷縣，然治所不可考。明萬曆二十九年，平播州，設縣建城，及今廳治也。

——（光緒）《增修仁懷廳志》卷七《藝文》，載《中國地方志集成·貴州府縣志輯》，第38册，第262頁

之溪櫂歌共五十二首 陳熙晉

討賊何如佐賊真，土兵獷悍最難馴。伊誰平播兼平藺，只有桃花馬上人。王鴻緒《明史稿》：秦良玉嫁石砫宣慰使馬乘。征播州，良玉夫婦爲南川路戰功第一。賊平，良玉不言功。奢崇明反，復重慶，授總兵。

——（光緒）《增修仁懷廳志》卷七《藝文》，載《中國地方志集成·貴州府縣志輯》，第38册，第286頁

（光緒）普安直隸廳志*

平播行　蔣杰

蜿妖毁王度，恣凶若虎乳。播人亦何艱，蹂躪遺黎脯。逆旗指綦江，血肉膏草土。氣祲蝕東隅，千里聞桴鼓。凶妖竟不悛，天王赫斯怒。穆清軫靈略，慷慨奮神武。樹牙選車徒，文武今吉甫。分道引旌麾，連營羅練組。六師矯猶龍，戈矛集如雨。前旗蔽白日，流飆捷飛羽。鼓行破危關，席捲平田滸。狼奔恃險囤，兀若魚游釜。虎臣翕以奮，批吭搗其隖。賊徒倒前戈，狂猘伏鑕斧。頑梗如轉燭，蕩滅同摧腐。獻捷歸朝廷，揚威耀邊圉。天子晝麒麟，功臣錫圭組。從今横吹聲，增入鐃歌譜。堪嗟螳臂微，安足污强弩。珍重封疆臣，慎勿生跋扈。

——（光緒）《普安直隸廳志》卷二十二《藝文》，載《中國地方志集成·貴州府縣志輯》，第 14 册，第 568 頁

* （清）曹昌祺修，覃夢榕、李燕頤纂：（光緒）《普安直隸廳志》，載《中國地方志集成》編委會編：《中國地方志集成·貴州府縣志輯》，巴蜀書社，2006 年。

(光緒)續修正安州志*

占驗

按:《明紀》:"萬曆二十八年庚子,狼星入於東井,占者以爲滅播之象。是年,楊應龍伏誅,分其地。"趙《志》。

——(光緒)《續修正安州志》卷之一《天文志》,載《中國地方志集成·貴州府縣志輯》,第40册,第270頁

(唐)宣宗大中十三年,南詔僭號,寇陷播州。僖宗乾符三年,太原楊端應募取播州,諭以禍福,賊退,授武略將軍,遂居播州。

(宋)徽宗大觀中,楊文貴納土,置遵義軍。宣和六年,改播州爲播川縣,隸南平軍。

按:《南川縣志》:"南平軍,今綦江縣。"

元世祖至元十五年,播州土知州楊邦獻〈憲〉内附,仍爲播州。即授楊邦獻〈憲〉宣慰使,賜其子漢英名賽因不花,封播國公。今遵義府治即楊漢英第。順帝至元間,改爲播州。

(明)萬曆二十五年秋,播州宣慰使楊應龍叛。二十八年夏六月,川湖總督李化龍帥師討平之,分其地,以容山、黄平、白泥、甕水、重安、餘慶等地爲平越軍民府,屬貴州;以播州等地改名遵義軍民府,領安一州,遵義、綏陽、桐梓、仁懷四縣,屬四川。

——(光緒)《續修正安州志》卷之二《地理志上》,載《中國地方志集成·貴州府縣志輯》,第40册,275~276頁

明萬曆二十八年,平播,改土歸流,知州郭維屏始建城垣於思寧里一甲之潏水,圜城周二里九分,門四,然偏處北隅,離府寫達,地勢褊窄,形如坐井。

——(光緒)《續修正安州志》卷之二《地理志上》,載《中國地方志集成·貴州府縣志輯》,第40册,第277頁

---

* (清)彭焯修,楊德明等纂:(光緒)《續修正安州志》,載《中國地方志集成》編委會編:《中國地方志集成·貴州府縣志輯》,巴蜀書社,2006年。

三撫老穆相公祠

唐乾符三年,太原楊端應募赴播州,平南詔。賊退,授武略將軍,遂居播地,有善政。後播人立祠以祀,稱爲三撫老穆相公,附以嚴、唐、駱、冉爲四官財神,至今遍祀。

——(光緒)《續修正安州志》卷之三《地理志下》,載《中國地方志集成·貴州府縣志輯》,第40册,第292頁

(唐)楊端,太原人。乾符初南詔陷播州,端應募復之。諭以威德,縻以恩信,夷人懷服。五代以來世襲宣撫使,宋開禧中贈太師。

(明)李化龍,直隸長垣人。進士。經緯雄才,久歷邊鎮。總督川湖貴州,主征播事,其馭將機權、取酋方略,出人意表,雖羽檄交馳而尺牘文告皆珠璣錯落,開誠布公,得人死力,賜劍未嘗輕用。賊平,功遷尚書少保,播人祠祀之。

劉綎,南昌人。播酋倡亂,綎以都督率兵進攻。時楊應龍忌綎威名,欲挫其鋒,悉簡精鋭付子朝棟,以與綎戰。綎大破之,賊爲奪氣。後破數關,遂抵囤下。征播之役,厥功爲第一。

張悌,河南人。進士。倜儻有才,慷慨自許,夙以邊才著名,以四川參政分守東川。時討楊應龍,值總督李化龍丁外艱,兵心稍懈,悌獨冒暑單騎走監諸軍,激厲將士。賊平,遷大同巡撫。

馬孔英,宣府塞外降丁也,積功至總兵官。征播之役,孔英所將邊卒及諸土兵皆獷悍,破桑木、九杵、黑水諸關,獨先八道,至海龍囤下。諸將以囤後易攻,孔英獨壁其前。録功,進都督同知,世蔭千户。

高折枝,固始人。進士。以重慶推官監紀討播,身先行陣,鼓勵士卒。自播發難以迄蕩平,厥功最茂。

郭維屏,雲南人。萬曆中舉人。以從軍平播有功,任真安州牧。時改土設流,一切制度皆其所經始,州人懷德畏威,歷久不替。

詹淑,麻城人。萬曆間舉人。平播後以郡丞來州建學,撫字招徠,定賦編甲,大綱畢舉。

——(光緒)《續修正安州志》卷之四《職官志》,載《中國地方志集成·貴州府縣志輯》,第40册,第313頁

聿自殷高宗克伐鬼方,秦昭王略黔置郡,漢武擊且蘭而定地,孔明資濟火以開疆,下逮唐宋元間,遣將命師,剿撫之事載諸史册。有明自洪武以後,播、珍各地叛服不常。嘉靖二十八年,剿滅土酋,盡分其地,民衆歸化輸誠,皆督師李化龍與總兵劉綎之功勛,至今嘖嘖人口也。

——(光緒)《續修正安州志》卷四《職官志》,載《中國地方志集成·貴州府縣志輯》,第40册,第318頁

平播州楊應龍事迹

明萬曆二十八年六月,總督李化龍率師討播州宣慰司楊應龍,平之。播州自洪武初楊鏗内附,世授宣慰司,地方千里,西北塹山,東南俯江,稱西南奥區。傳至應龍,性猜狠,嗜殺,數從徵調,恃功驕蹇,知川兵脆弱,陰有據蜀志,間出剽州縣。嬖小妻田雌鳳,讒殺妻張氏,屠其家。用誅罰立威,所屬五司七姓不堪其虐,十八年,走貴州告變。巡撫葉夢熊疏請大征,詔不聽。

二十年,逮繫重慶獄。應龍詭將征倭兵自效,得脱歸,復逮不出。二十一年,四川巡撫王繼光請於朝,討之,繼光至自重慶,與總兵劉承嗣等分兵三道進婁山關,屯白石口。應龍佯約降,而統苗兵據關衝擊。承嗣軍敗,殺傷大半,會繼光論罷,即撤兵,委弃輜重略盡。黔師會剿亦無功。

二十三年,邢玠總督貴州,檄重慶知府王士琦諭應龍至松坎聽勘。論斬,得贖,輸四萬金助采木,以次子可楝羈府質追。未幾,可楝死於重慶,促喪歸不得,復檄完贖。應龍大恨,擁兵驅千餘僧招魂去,分遣土目置關據險,厚撫諸苗,名其健者爲"硬手",州人稍殷者没入其資以養苗,苗遂願爲出死力。

二十四年,應龍掠大干諸壩,焚劫草塘、餘慶二司,遍及興隆、都勾各衛。又圍黄平,殺重安江長官,勢大熾。

二十五年,流劫江津及南川,臨合江,索其仇袁子升,縋城下磔之。時兵備王士琦調征倭,應龍益統苗兵大掠貴州洪頭、高坪、新村諸屯。詗原奏仇民宋世臣、羅承恩等携匿偏橋衛,襲破之。大索城中,戮其父母子女,備極慘毒。

二十七年春,巡撫江東之、都司楊國柱領兵三千剿應龍。應龍遣子朝棟、弟兆龍、何良漢等迎敵於飛練堡。我師奪三百落,賊佯敗誘我師,伏發,國柱及指揮李廷棟等死之。東之罷,以郭子章代,而起李化龍節制川、湖、貴州諸軍事,調東征諸將劉綎、陳璘等南征。

六月,應龍乘大師未集勒兵犯綦江。時城中新募兵不滿三千,而應龍以兵八萬奄至,參將房嘉寵、游擊張良〈賢〉貴戰死,綦江陷。應龍盡殺城中人,投尸蔽江,江水爲赤。退屯三溪,以綦江之三溪、五〈母〉渡,南川之東鄉壩,立石爲播界,號宣慰官庄。聲言合江、江津皆播故土。初,賊本無意竟反,徒以安忍狷狂,既覆我師飛練,則騎虎勢不得下,於是益結九股生苗及黑脚苗等爲助。十一月,應龍屯兵官壩,聲言窺蜀,已而焚東坡、爛橋,楚、黔路梗。

本年正月,應龍五道并出,破龍泉司。守備楊惟忠擁兵二千,以勢不敵,避去。土官安民志率步卒五百拒守,死之。二月癸未,播賊襲執宣尉宋承恩去。承恩,應龍婿也。時總督李化龍已移駐重慶,徵兵大集,遂以十二日丙戌誓師,分八路,路約三萬人,官兵三之,土司

七之。川師四路：總兵劉綎從綦江入，以參將麻鎮等隸，參政張文耀監之；總兵馬孔英從南川入，以參將周國柱、宣撫冉駁龍等隸，僉事徐仲佳監之；總兵吴廣從合江入，以參將徐世威等隸，參議劉一相監之；副將曹希彬受廣節制，從永寧入，以參將吴文杰、永寧女土官奢世續等隸，參議史旌賢監之。黔師分三路：總兵童元鎮統鎮雄土知府隴澄、泗城土知府岑紹勛等由烏江；參將朱鶴齡受元鎮節制，統宣慰安疆臣等由沙溪；總兵李應祥統宣慰彭元瑶等由興隆，參議張存意、按察司楊寅秋監之。湖廣一路，出偏橋，分兩翼：總兵陳璘統宣慰彭養正等由白泥；副總兵陳良玭受璘節制，統宣撫覃宜等由龍泉，副使胡桂芳、參議魏養蒙監之。巡撫郭子章駐貴陽，湖廣巡撫支可大移沅州，總督李化龍自將中軍策應，諭諸將以抵婁山等關爲期，且曰："關外，且戰且招降，多不可勝誅也；關内，疾戰勿受降，師不可久老，賊詐不可信也。"綦江道最要，綎當之，應龍熟綎才，頗懼，益兵守要害。十五日，諸將克丁山、銅鼓山、崖村，遂直搗楠木、山羊、簡臺三峒。峒絶險，賊將穆照等衆數萬連營，諸將憚之。綎分兵攻其三面，大戰於李漢壩，生擒其魁，餘賊奔入峒。乘勢直搗峒前，焚之，賊多死。盡克三峒，擒穆照及賊魁吴尚華。是日，綎督戰，左持金，右挺劍，大呼曰："用命者賞，不用命者齒劍。"鬥死者四十人，遂大捷。

三月，應龍乃遣子朝棟、惟棟及其黨楊珠統鋭卒數萬，由松坎、漁渡、羅古池三道并進。綎伏萬人羅古，待松坎賊；以萬人伏營外，待漁渡賊；而别以一軍策應。賊果至，伏盡起。綎率部下轉戰，斬首數百，追奔五十里。朝棟潰圍走，幾爲我師獲。應龍憚綎威名，意首挫其鋒，屬朝棟悉勁兵，間道相角，曰："爾破綦江、馳南川，盡焚積聚，餘無能爲也。"及朝棟敗，益膽落，聚守石虎關。綎亦掘塹守。

初，綎聞征播命，逗遛，多設難要朝廷。言官交劾綎，議調南京右府僉書。綎至是聞之，即辭任。李化龍以平播非綎不可，固留之，力薦於朝，綎乃復受事。遂進克石虎關，拔賊滴淚、三坡、瓦窑坪諸隘，直抵婁山關。婁山萬峰插天，叢箐中一徑纔數尺。賊設木關十三座，排柵置深坑，百險俱備。綎分奇兵爲左右路，間道趨關後，而自督大軍仰攻，奪其關，追至永安莊，兩路軍亦會。時三月二十九日也。

綎老將持重，慮賊衝突，聯諸營：一據婁山關爲老營，一據白石口爲腰營，一據永安莊爲前營。都指揮王芬者，勇而寡謀，每戰輒請爲前鋒，連勝，有輕敵心，獨營松門埡之衝，距大營數里。賊有烏江之勝，謀再奪婁山。適穆照遣人洩芬孤軍狀。四月朔，賊乃襲殺芬，守備陳天綱、天全招討楊愈亦死，失亡士卒二千人。綎聞，急往救，部將周以德、周敦吉夾攻，賊始大奔，追至養馬城而還。是日，應龍幾被獲，乃不敢窺婁山。綎懲前失，劄進關堅壁，且請濟師。逾十餘日，克後水囤，營於冠子山。尋會馬孔英，壁海龍囤下。孔英道南川，獨險遠，去應龍海龍囤六七百里。未至重慶時，推官高折枝監紀軍事，請獨當一面。乃與參將周國柱，先以石柱宣撫馬千乘兵破賊金筑，復督酉陽宣撫冉駁龍攻賊於官壩。時賊既破龍泉，方移師攻婺川，聞敗乃遁。及孔英至軍，平茶、邑梅兵亦集，軍容甚壯。先師期一日入真州，用

土官鄭葵、路〈駱〉麟爲鄉導，別遣邊兵數千扼明月關。諸軍鼓行前進，破四寨，攻赤崖，抵清水坪、封寧關，悉破賊營十數，逼桑木關，關内民降者日千計。折枝結三大寨處之，禁殺掠，降者日衆，賊益孤。關爲賊要害，山險箐深，賊凴高據守。

三月初八日，乃令千乘、馭龍出關左右，國柱搗其中。賊用標槍藥矢，鋭甚。官軍殊死戰，奪其關，逐北至風坎關，賊復大敗。連破九杵、黑水諸關，苦竹、羊崖、銅鼓諸寨。國柱攻金壩，無一人，疑有伏，焚空寨十九，嚴兵以待，賊果突出，擊敗之。孔英乃留王之翰兵守白玉臺，衛餉道，平茶、邑梅兵守桑木關，而親提大軍進營金子壩。應龍聞桑木關破，大懼，遣弟世龍及楊珠以鋭卒劫之翰營，之翰走，殺餉兵無算。平茶兵來援，賊始退。孔英還擊，世龍復不勝。步卒發火箭，裨將劉勝復奮擊，賊乃奔。官軍進朗山口，由朗山進蒙子橋，深箐蓊翳，賊處處設伏，悉剿平之。應龍遣其黨詐降，謀爲内應，折枝盡斬之，伏以待。賊果夜劫營，伏發，賊驚潰，追奔至高坪。已，奪賊養馬城，直抵海龍第二關下，賊守兵益多。孔英軍已深入，而諸道未有至者。酉陽、延綏兵皆退，賊躡殺官兵六十人。居數日，劉綎兵至，乃合兵，連克龍爪、海雲諸囤，壓海龍囤而壘。

初，總督李化龍刻師期，諸將莫敢先入。孔英所將邊卒及諸士兵皆獷悍，監紀折枝勇而有謀，故師獨先，八道至囤前。吴廣出合江，屯二郎壩，大行招徠，賊驍將郭通緒者迎戰，將士襲走之。陶洪、安村、羅村三寨土官各出降，他部來歸者數萬，廣擇其壯者從軍。通緒扼穿崖囤，廣督土、漢軍擊破之。劉綎、馬孔英已入播，廣猶頓二郎，總督李化龍趣之，乃議分四哨進攻崖門，別遣奢世續等督夷兵二千，扼桑木埡諸要害以防餉道。諸將連破數囤，進營母猪塘。應龍令通緒盡發關外兵拒敵，廣伏炮手五百於磨槍埡外南岡下，而遣裨將趙應科挑戰。埡兩山相夾，中甚隘。通緒横槊衝應科，科佯北，通緒追出埡，遇伏，急旋馬，中炮墜，方躍上他馬，伏兵攢刺之，殪。餘賊大奔，官軍逐北，賊盡降，遂薄崖門。徑小，止容一騎，賊衆萬餘出關拒戰。曹希彬懸賞千金，士攀崖競進，追至第四關。關上男女盡哭，於是賊黨自殺，其魁羅進恩率萬餘人出降。其第一關猶拒不下，廣乘夜疾進，奪其關，關内民争獻牛酒。時李應祥、陳璘猶在關外，廣合希彬軍連戰一盤水、土崖、分水關，皆捷。遂進營水牛塘。應龍知廣軍孤深入，謀欲襲之，乃遣人詐降。廣測其詐，堅壁以待。

應龍擁衆三萬直衝大營，諸將殊死戰，會他將來援，師乃退。廣遂進壁海龍囤。童元鎮督永順、泗城、鎮雄諸土軍由烏江。初，元鎮先駐銅仁，憚應龍，久不進，屢趣乃行。時劉綎、吴廣諸軍已進，群賊議分兵守，其參謀孫時泰曰："分兵則力薄，乘官軍未集先破其弱者，餘自退矣。"應龍善之。聞元鎮將抵烏江，應龍曰："此易與耳。縱之渡江，密以計取。"監軍楊寅秋言："烏江去播不遠，宜俟諸道深入，協力齊驅。"元鎮不從。於是永順兵先奪烏江。賊遣千餘人沿江叫駡以誘之。諸軍既濟，復奪老軍關，前哨參將謝崇爵乘勢督泗城及水西兵，再拔河渡關。

三月望，賊以步騎數千先衝水西軍，軍中驅象出戰，賊多傷。俄駕象者斃，象反走；擲火器者又誤擊己營，陣亂，泗城兵先走，崇爵亦走；争浮橋，橋斷，殺、溺死者數千人。河渡既敗，烏江軍相去六十里，猶未知。明日，參將楊顯發永順兵三百出哨，道遇賊數萬，咸爲水西裝。永順兵不疑，與盟誓。賊掩殺三百人，亦襲其裝，直趨烏江。烏江軍信爲水西、永順兵，不設備，遂爲賊所破，争先渡江。賊先斷浮橋，數千人皆溺死，顯及二子與焉。元鎮所部三萬人不存什一，將校止崇爵等三人。江水爲不流。貴陽聞警，居民盡避入城，遠近震動。化龍用上方劍斬崇爵，益征兵，檄鎮雄土官隴澄邀賊歸路。隴澄者，即安堯臣，水西安疆臣弟也。軍不與元鎮合，獨全，當事頗疑其通賊。寅秋以鎮雄去播止二日，令搗巢立效，澄許之。河渡未敗時，澄已遣步將劉岳、王嘉猷攻拔苦竹關及牛墹嶺。既敗，二將移新站。賊伏兵大水田，别以五千人來襲，敗還。嘉猷乃揚聲搗大水田，而潛以一軍拔大夫關，直抵馬坎，斷賊歸路，與疆臣合，賊遂遁。會都指揮徐成將兵至，合岑紹勛兵，再克河渡關。賊將張守欽、袁五受據長箐萬丈林，永順兵擊破之，生擒守欽；攻清潭洞，復擒五受。會朝議責元鎮敗狀，逮下獄，令李應祥并將其軍。應祥由興隆入，受事於二月下旬。副將陳寅等已連克數囤，拒賊四牌高囤下，别遣兵從間道直搗龍水囤。他將蔡兆吉又自乾坪抵箐岡，過四牌。賊首謝朝俸營，其地四面峭壁深箐，賊從高鼓譟，我軍殊死戰，俘朝俸妻子，乘勢抵河畔。會烏江敗書聞，歛兵不進旬日。應祥已受任，趣諸將急渡，寅等乃取他道渡河，而潛爲浮橋以濟師。諸軍既渡，賊失險，乞降者相繼，應祥悉受之。賊所恃黄灘一關壁立，衆死守。會賊徒石勝俸等率千餘人降，告曰："去黄灘三十里有二關，入播門户也，先襲破之，則黄灘孤難守。"應祥然其計，令偕陳寅率精卒四千，夜抵關下。勝俸以數十騎誘開前門，盡殲其戍卒。黄灘賊懼，益增兵固守。督諸將渡河，攻關前；勝俸由墳林暗渡，襲關後。賊乃大敗，應祥遂直抵海龍囤。陳璘由偏橋進，軍次白泥。應龍子朝棟率賊二萬渡烏江迎戰，璘前禦之，而分兩翼躡其後，賊少挫。追奔至龍溪山，賊合四牌賊共拒璘。四牌在江外，與江内七牌皆五司遺種、九股惡苗，素助賊。璘廣招撫，乃進軍龍溪。諜報有伏，令游擊陳策以火炮擊之，賊據險，石如雨下。璘先登，斬小校退者以徇。把總吴應龍等陷陣，賊大潰，退拒四牌保兒囤。璘遣二裨將逼之，中伏，璘募死士從應龍等奮擊，賊復潰，奔據囤巔，夜由後遁，黎明追及於袁家渡，賊復敗，悉渡江遁，四牌之賊遂盡。

三月望，諸軍爲浮橋渡江，知賊將張佑、謝朝俸等營七牌野猪山，璘既夜發，抵苦練坪，前鋒與戰，後軍至，夾擊之，賊敗逃深箐，官軍遂入苦菜關。會童元鎮烏江師敗，璘大懼，請退師，李化龍不可。璘乃進營楠木橋，次湄潭。賊悉聚青蛇、長坎、瑪瑙、保子四囤，地皆險絶，而青蛇尤甚。璘議："同日攻則兵力弱，止攻一囤則三囤相助。"乃先攻三囤，次及青蛇。良玭師亦來會，令伏囤後，别以一軍守板角關，防賊逸。璘督諸將力攻三日，賊死傷無算，三囤遂下。青蛇四面陡絶，璘圍其三面，購死士從瑪瑙附葛至山背舉炮，賊惶駭。諸軍進攻，焚其茅屋。賊退入囤内，木石交下。將士冒死上，毁大栅二重，前後擊之，賊大敗。七牌之賊亦盡。時四月十三日也。乃分兵六道，攻克大小三渡關，乘勝抵海龍囤。海龍囤者，賊所倚天險，飛鳥騰猿不能逾者。及諸路兵俱集囤下，賊見勢急，父子相抱哭，上囤死守。每路投降文，緩我師。化龍檄："賊詭降，即斬使焚書，無爲所紿虞。"綎與應龍舊，檄無通賊，綎械其人自明。賊詭令婦人於囤上拜表痛哭，云："[田]氏且降。"詐爲應龍仰藥死，報吴廣。廣輕信，按兵不動。已，覘知田氏詐降緩攻，而所云應龍死，乃川兵攻囤，以火炮擊死所謂楊珠也。珠驍勇善戰，既死，賊痛如失左右手。廣覺詐，益列兵協攻，燒二關，奪三山，絶賊樵汲。

五月十八日，始築長圍，化龍令諸將分日迭攻。安疆臣攻囤後，受賊重賄，多與通，且潛以火藥貽賊，故賊不備其後。陳璘知之，與監軍者謀，令疆臣退一舍。璘移其處，置鐵牌百餘，距囤丈許，賊强弩無所施。又爲箛板於栅前，賊每夜出劫，爲釘傷，不敢復出。會化龍聞父喪，詔以墨縗視事。化龍跣而草檄，益治軍。時天苦雨，將士馳淖中，苦戰。六月四日，天忽開朗。五日，劉綎身先士卒，進克土、月二城。應龍益迫，夜散數千金募死士拒戰，諸苗皆駭散無應者。起，提刀自巡壘，見四面火光燭天，徬徨長嘆泣，與妻子曰："吾不能復顧若矣！"六日，陳璘與吴廣當進兵，璘夜鼓銜枚上，賊鼾睡，斬其守關者，樹白幟、鳴炮，賊大驚潰散。廣兵亦至。應龍倉皇同愛妾二，闔室縊，且自焚。廣獲其子朝棟及妾田雌鳳，急覓尸出焰中。廣中火毒失聲，幾絶，頃而蘇。自出師至滅賊，百十有四日。總督李化龍露布以聞。

——（光緒）《續修正安州志》卷四《職官志》，載《中國地方志集成・貴州府縣志輯》，第 40 册，第 318 頁

（明）冉晟，伯剛子。萬曆二十七年，大兵平播，川督李化龍疏請設流，改真州正長官司冉晟爲本州土州同替襲。

按：《冉氏族譜》"明萬曆二十七年，楊應龍肆逆，督帥李化龍八路進兵，冉晟率先歸附，與副長官等各率千人從軍"云云。今考《平播事迹》，總兵馬孔英從南川入，以參將周國柱、宣撫冉馭龍等隸，僉事徐仲佳監之。又"大兵未至重慶時，推官高折枝監紀軍事，督酉陽宣撫冉馭龍敗賊於官壩。及孔英至，珍州用土官鄭葵、路麟爲鄉導，逼桑木關，關内民降者日千計"云云。《紀》中祇書冉馭龍，不載冉晟名姓。又考李化龍《善後疏》中祇稱"合將真州長官即爲該州土同知、副長官即爲土判官"，亦未疏明冉晟改授。《省志》之"廢土司"條下又無遵義府，所屬名目書以俟考。

——（光緒）《續修正安州志》卷八《人物志下》，載《中國地方志集成・貴州府縣志輯》，第 40 册，第 395 頁

鄭葵，萬曆十四年襲職。從征馬湖叛寇有功。後因脅附楊應龍查勘，改設流官，納土獻印，降爲土州同替襲。

——（光緒）《續修正安州志》卷八《人物志下》，載《中國地方志集成・貴州府縣志輯》，第 40 册，第 396 頁

平播疏 李化龍

楊酋匪茹，與國爲仇，萬姓荼毒，三省震驚。孰不以爲難以歲月克者？乃自出師以來，甫三月有奇，而元凶授首，黨羽悉擒。千年狼虎盤據之窟，一旦掃蕩無遺，上足以伸中國之威，下足以洩生靈之憤。其他狡黠土司、獷悍惡苗，無不落魄亡魂。西南半壁天下，可永無虞矣。皆我皇上德威遠被，指授方略所致，斷非文武將吏敢貪天功以希遇者。惟是，各官兵暴露行間，勞苦萬狀，不可不查敘也。

先是，臣奉命入川，賊知罪在不赦，已統兵深入，有擒王剿叛之説。遂破綦江，且逼重慶，地方洶洶，皆謂有長驅之志。於時，目前兵力略無可恃，臣乃以計緩之：一面調兵，一面移文詰責，若未嘗絶之者。賊果信之，即具文求撫，且不西向。臣因得以徵調漢、土諸兵，急爲之備。其時，賊氛張甚，川人畏之如虎。臣發成都，兵甫出門，欲投錦江，不復肯東。及聞綦江失守，兵見賊來，競譟而走，多投水者，止餘二將與其家丁，遂及於難。臣念漢兵心膽已碎，土兵狐兔有情，自非招客兵不可，因請調陜浙諸省之兵。又念外兵之費甚侈，往來途次，且生擾害，不可過多，乃於每省鎮止調一二千，多則三千，共數省，實僅僅二萬，其餘乃三省及滇、粤土兵也。然西南人見外兵來，莫測多少，以爲天下之兵皆至矣。自是漢兵之氣壯，而土兵之心亦折，無不樂爲我用者。時賊雖知調兵，然以爲虚聲嚇之如往日，非實事也。臣亦止在成都積糧治器，若無事者然，不復東，賊亦不疑。北兵俱集，臣移駐重慶，賊始知必剿，頗肆衝突。然我兵漸益，未易得志也。臣又念，兵以一路進，既道狹不能容，一有前却，不可復振，因分爲八路。又念路分而兵少，賊厚其陣以衝之，敗矣。因命每路皆三萬以上，每一路皆可以當其全師。又念關外賊黨多，不可勝誅，會兵部頒賞格至，首重招降，臣亦推廣之，但投戈者，皆赦不誅。臣又念，無賞，士不勇往。會兵部賞格，首言“得賊者即以其家資與之”，臣亦推廣之，克關破囤，各懸賞，賞各以千、萬計。既川兵入關，臣又恐其人自爲心，若九節度之師然，因復委按察使張悌入總監之。殺牲莅盟，務必得賊。臣又恐賊事急詐降，得以遷延至暑雨漸深。我兵不能久困，令但急攻之，有稱降者，斬使焚書，無爲所紿。時湖廣貴之兵亦至囤下，臣欲入營親監之，會聞先臣之訃，臣恐營中遂懈惰不可用，因不待成服，跣而草檄，亦以例應候代，照常督兵。有慢令者，尚方具在，令代中軍余德榮等再往監之。臣又念賊囤後易攻，囤前難攻。時諸將壁囤下者各有分地，因令以勁兵一枝壁其前，其餘并力於後。臣又恐諸軍士争趨賊物，或至亂行，至有他虞，移文再四申禁。臣又聞營中流言“［水］西目把，尚不絶賊”，恐漏軍情，因移文令其退劄。水西土官懼，撤其兵，退而引嫌曰：“吾不欲爲亡播之續也。”時久雨，軍士日馳泥淖中。至六月之初四，而天忽晴。初五，遂破其二城。初六日，遂登其囤，賊以滅亡。總計八路兵，生擒賊首、賊從一千一百二十四名，斬級二萬二千六百八十七顆，俘獲賊属五千五百三十九名口，招降播民一十二萬六百一十一名口，全活被擄男婦一千六十四名口，奪獲馬、牛七百六十七匹，奪器械四千四百四十四件。

是役也，自賊破綦江，至剿滅，可一年。自進兵至滅賊，百十有四日。當八路對壘時，土、漢兵既参差不齊，諸將領亦彼此觀望。播人劫於賊之積威，人自爲戰，未易即克。我各路又糧運艱難，時有脱巾〈甲〉之呼。臣日久〈夜〉督催，走使馳檄，至數百千，即兩省撫臣、各路鎮道，亦靡不忘寢忘食，或至頭鬚爲白。總之，諸文武知廟堂之意，必欲滅賊，故鼓之即應，勞之不怨，誅罰之亦無敢囁嚅者。倘更一月而賊不滅，暑雨久，瘴疫深，我將自潰，無問賊矣。該臣會同貴州巡撫郭子章、湖廣巡撫支可大、巡撫偏沅江鐸議得，國家方萬里，日所出入之邦，悉爲郡縣，獨西南諸省不廢土司，蓋亦曰："因俗而治，與之相安"云耳。二百年來，此輩犬羊之性，不堪馴擾，亦時有之。然亢有如播酋楊應龍之公然叛逆者，則何也？蓋其地險，其兵强，其財力足以使鬼通神，其聲勢足以呼群嘯黨。加以年來方遇多事，九伐之旗未遑南指，彼遂時時狂逞，亦遂時時得志。井蛙之見，謂縣官真無奈我何。諸群不逞，如楊珠、楊明、何漢良、孫時泰輩，瞷其雄心，或晦有以公孫躍馬、尉佗自王之説進者。賊亦自念騎虎勢不得下，將曰："等死耳，無且舉大名乎"，於是恣其狂圖，淫怒以逞，而破城殺將，鵲起西南之勢成矣。夫天下非小弱也，九州四海兵非脆，糧非乏也。向賊逆未著，皇上不忍遽覿之兵，曰："吾且舞干""吾且解網""殆俟其悔過，而與之相安無事"，乃不謂凶人之性不移也。始天怒赫然，斷在必剿。夫斷而敢行，𡿨神避之，况此么㡯者乎？盖自進剿之旨下，上方之劍頒，然後海内熊虎之師如雲而集，陳紅之粟沿江而上，智士陳謀，勇夫效力。火燎毛，山壓卵，賊即欲不灰飛烟滅，亦曷可得已！

臣等嘗即諸路之功而評叙之：在四川則楠木、三硐，賊黨以爲三窟，謂天險不可升者也；婁山關，賊前門，我所必由，賊所必争者也；海龍囤，賊以爲天造地設，人迹所必不能到，兵力所不能加者也。三戰而克之，賊力竭矣，不亡何待？夫賊黨自戰其地，猶易與也，惟賊父子親在行間，諸賊人人致死，難與争鋒。該路到處，與賊父子對壘，最快者，九盤子之戰，賊悉其精鋭以付朝棟，令之從綦江進，從南川回，此其目中尚復有官兵乎？劉綎一戰而走之，自是播人爲破膽。尤快者，諸軍壁海龍囤下，連月不拔。綎至，一日而克其二城，賊遂滅亡。至今群口囂囂，然竟無敢没其先登之烈者。兵法云："無選鋒曰北"。綎於諸路，其選鋒乎！則綦江路之之功也。

臣嘗言，"破賊，關外宜招降，謂多不可勝誅也；關内宜疾戰，謂師不可老也。"安村、羅村、陶洪三寨，生口以數萬計，勝兵以數千計，令貪功者以大兵初入，必且多殺以報捷。勝之，則傷仁；不勝，則損威矣。而該路坐受其降，兵不血刃。自是一戰而斬郭通緒，再戰而入崖門關，三戰而屢捷於水牛塘，賊計無復之，遂父子相哭而上囤矣。當其入水牛塘時，川兵入關，去囤尚遠，湖貴兵在關外，絶不相聞。吴廣以孤軍去囤數十里而結營，犯兵法之所忌，而卒以得志，自非其令嚴而戰，力當不及此。後雖有講降誤事，然有激而奮，竟以成功，逆賊父子盡獲其首，終不失爲全捷。則永合路之功也。

南川路最險、最遠，去囤可六七百里，賊以爲官兵必不能從此進。當馬孔英之未至也，高折枝以一書生，請自將漢、土兵以往，此固已雄偉不常矣。乃師期一月之前先搗官壩營，以寒賊膽，而撤回龍泉之兵，且以解思、石之危。其事甚奇，其功甚大。此進兵從真州入，真人則簞食壺漿以迎，播人則弃甲曳兵而走，居然有三代之氣象。時諸將欲候各路消息，方入關，折枝毅然曰："若是，則誰爲當先入者？"策馬而前，衆隨其後，竟以三月初八日奪桑木關而據之。臣用是以催各路，尚有四月入者。令諸將皆折枝，諸路皆南川，滅賊當更速。抵關，而馬孔英至，則文武相得，如樂之和。自是，日日約各路攻圍，有應，有不應，甚或以相誹詈，而折枝不顧也。分攻令下，諸將争走後門，該路獨壁前門。夫後門，我易攻賊；前門，賊易衝我。亦曰："誰爲宜當賊衝者"，蓋亦"先入關之意乎？"破屯之役，後門以二路更攻，前門以一路搏戰，日夜揮戈，人百其勇，坐使賊自盡而逆黨無一逸者。總之，倡諸路之先，作三軍之氣，令黔師不得以賊强我弱借口，而竟以奏功。臣於該路文武蓋心折焉。則南川路之功也。

在湖廣，則偏橋一路。江外爲四牌，江内爲七牌，皆五司遺種、九股惡苗，盤據糾結乎其間。四牌不掃，即武騎千群，未易窺二渡也。陳璘獨以一旅之師，先掃四牌，開我進兵之路。用是，烏江内賊黨寒心。長坎、瑪瑙、青蛇三屯，自昔以爲險絶，官兵所從未易得志者。臣亦慮其難下，令降之。璘以爲除惡務盡，竟以一鼓而升其巔，殺戮數千，臭聞十里。時龍泉哨、施南兵亦已先克板角關。至今湄潭、白泥之間，四牌、七牌之苗，遂無遺種，非璘之力不及此。該路漢兵少，土兵多，糧運少，遲便成噪呼。璘令嚴而法肅，卒能使之用命而不爲害。迨至克關逼囤，議設木栅、製鐵牌，以防賊逸，其機智有足多者。卒以入虎穴，得虎子，閹人、綉女纍纍在俘。則偏橋路之功也。

貴州各路與川、湖不同，其地近，其兵少，其餉乏，其夷性反覆而靡常，其民心揺惑而不定。玆之用兵，又非以一淬厲、一鼓舞之爲競者。烏江失律，已見法矣。然能借是以激厲水西，俾之絶狐兔之情，踐虎狼之窟。母猪囤一戰，大足褫逆酋之魄，而奪之氣。此則失之武人，得之文吏，蓋運籌者之若心乎！李應祥以孤危之兵，當鴕卼之時，能自審於緩急進止之間，以守爲戰，以招撫爲進攻，卒之轉弱爲强，揚旌直指，斬首數百，招降數萬。因破諸囤，斬三渡，抵白田，何其壯也！竟以連合川兵，同心戮力，破重城，俘群醜，振積弱之邦、舒華夏之氣。始如處女，繼如脱兔，玆其審於機而神於用，豈易得哉！則平越、烏江、沙溪諸路之功也。

夫我國家，從來用兵未有大得志於西南夷者。國初，傅友德統二十四將軍，止言防守，未聞戡定；正統間，麓川之役用兵五十萬，轉餉半天下，升叙萬人，三返而罪人竟逸；嘉靖初，思田之役，以剿始，以撫終，至今爲諸夷借口。玆其大致可睹已。諸帥固庸衆人，臣等三五書生耳，謀略才力不及古人遠甚，乃兵纔逾二十萬，進兵纔逾百日，費纔二百萬，而幸成功。此非臣等之力，皆由我皇上神武獨斷，委任不疑，用使文武同心，將士效死，爰有成績。臣每誦詔旨，即十行之札，萬里之外，往往瞭於指掌，而析於毫毛，輒沾沾自得，以爲賊平矣。已戰勝於堂上矣。夫淮、蔡之平，直須一斷，何况聖廟謨洋洋哉！

——(光緒)《續修正安州志》卷九《藝文志上》，載《中國地方志集成·貴州府縣志輯》，第40册，396～401頁

播地善後事宜疏　李化龍

查該州，地隣三省，然楚偏橋，路通一線，蜀與黔盖無所不接壤。夫蜀無藉於播，黔，瘠壤也，若乘此時而割播地以附黔，則於蜀無損，於黔有裨。且臣等别疏，又請以楚之四衛并割附之。從此黔省幅員，得與十二省比長絜大，甚爲長便。但盡屬之黔，則地方千里，諸凡締造，勞費尚多，亦黔所不能堪。因議設爲二府，分隸黔、蜀，庶建邦啓土，各自經營，成聚成都，指顧可就。皇上廓清之績，既已盡被於三藩。而帡幪之仁，又復再造於黔土矣。除寬脅從、撤兵馬、招流移、厚賑恤、抑兼并、清横恣等項，凡明指所叮嚀，而兵部所條議者，俱已陸續舉行。尚有後開款目，謹集衆思，列爲十二事呈覽。

一復郡縣。播州南極牂牁，西連僰道。漢唐改爲郡縣，在川貴之間，一都會也。至唐乾符間陷於南詔，楊端取而據之。今逆酋既蕩平，應改土復流，以變夷俗。及照播州白田壩，沃壤數百里，即播州遵義縣故地，當復府治，設縣附焉。桐梓當綦南之衝，走川貴道也，舊爲夜郎縣故地，當復一縣；望草南接婺、思，北達真、涪，爲綏陽縣故地，當復一縣；仁懷濱播枕永，襟合帶瀘，爲懷陽縣故地，當復一縣；真州即古珍州，川原平衍，商販周游，應復一州。以上俱隸川省統轄。黄平爲川貴要區，舊設撫苗通判一員，列銜重慶，駐鎮彼中，其與播勢相控馭，并爲重地，應設一府；湄潭、龍泉地里廣邈，各應建設一縣；甕水、重安合設一縣；餘慶、白泥合設一縣；并草堂、容山二司，應割隸各縣。以上地方去黔甚邇，相應改隸貴州統轄。總計增府二、州一、縣八。蓋亂流初殄，地闊人希，姑建數城以爲繫属，以後地闢民聚，無妨增設。其二府治與附郭縣，分正、佐首領，各應照例全設。外州縣正、佐首領俱應量减。

一設屯衛。播州地方千里，山川險惡，夷漢雜居，又逼鄰二大土司，時有啓疆之患，必須設官軍，建屯衛，以明居重馭輕之勢。因設一衛於白田壩，與府同城，指揮使一員、僉事二員、鎮撫一員、經歷一員、知事一員，所屬前、後、中、左、右五所，每所正千户一員、副千户一員、百户四員，所軍各一千，共五千。衛所官於從征有功者酌量升授，不足者於鄰近願入者調取移實之。其邊隅逼鄰土司地方，各設屯田，每軍照祖制二十四畝，再加六畝爲冬衣、布花之費，〈共〉三十畝，自種自食，不必納糧於官，又復領出，紛紛滋弊。各開屯處，除養屯軍之外，餘田仍照民地起科，上納、本折各州縣，爲衛官俸廩及不時軍興之用。每年孟冬、仲冬、孟春、仲春農隙，各屯官時加操練。又以十月、二月望日，齊赴兵備道操三日，驗其武藝，較其强弱，而明賞罰焉。老弱者汰之，一屯老弱多者，并革其官。軍田即另募壯丁補伍，庶軍得實用，异時即募兵散盡，此五千軍與主兵三千，自有八千可用之兵矣。

一設兵備。播地三面環夷，干戈甫戢。當此經綸草昧之始，設立有司，可以招撫流亡；

或未能長駕遠馭而圖久安。布置將領,可以備禦倉卒;或易於生事徼功而開邊釁。欲以内修戎備,外懾夷心,整肅群僚,畏服衆志。爲地方長久之計,必設分巡兼兵備官一員,於播州白田壩新建府城駐劄,專一整飭新復郡并重慶衛忠、黔二所,永寧、酉陽、石砫、平邑等土司兵務,兼理有司錢糧、獄訟。其重慶府、巴縣、綦江、南川、涪州、武隆、彭水切隣地方,悉聽管轄,以便行事。黄平新設一府四縣,雖割属貴州,但人心初附,田土界連,與貴州、水西宣慰司,并聽兼制。

一設將領。播淪於夷,閲八百餘年,風俗獷悍,法令扞格已久。今地雖蕩平而逋孽潛藏,漢夷錯雜,招苗樹黨,越界侵田,時所必有。今議播州留兵一萬,黄平留兵三千,粗足防守,然必得一大將鎮之,始可無事。查得先年克平九絲,議留總兵一員鎮守其地。今建武視播稍緩,即一參游足領之。合無將軍門標下添設練兵游擊一員改駐建武防守,原設總兵移鎮播地,應留各兵,挑揀家丁三千、買馬三百,内標下標兵、家丁二千七百,馬二百七十,以坐營千把總領之,兵道員下家丁三百、馬三十,以中軍領之。有事,俱聽總兵提調,名爲正兵。此外,兵七千,酌量分布於白田壩、真安、桐梓等縣,播川等邑防守;内以一游擊領三千,以二守備各領二千,各用千把總分領之,有事征戰,無事即爲築城鑿池、建郡縣、修郵驛之用,糧銀照依舊例支發。徐俟建置竣工日,除家丁三千、馬三百外,餘軍以次議撤,有願附籍當軍及民當差者,聽千把總俱於附近衛所官内選用。其黄平留兵三千,仍設一參將領之,總聽防播總兵節制。

一丈田糧。環播幅員千里,田地無慮數千萬畝。舊時,額糧止歲以五千八百石輸貴州。盖蠻方賦税原輕,至應龍巧立新法,名曰"等賨",每田一畝征糧數錢。初,猶歛其財以招苗,後并奪其地以養苗,而賦法蕩然盡矣。今既改流,自當責成道府親率州、縣官定疆界,沿丘履畝,逐一丈量,分爲等則,造册呈報,以定賦法。額糧輕重,蜀無定規。查克平九絲,丈量田地,分别上、中、下三等,每畝上田四升、中田三升、下田二升。播地山水間雜,不止三等,尚有上中下下者,宜逐項分析,最上者,一畝可當上田幾畝,最下者,幾畝可當下田一畝,則待臨時酌定,難以預計。丈完總計田地若干、糧若干,徵本色若干、折色若干。俟二年之外起科,除足一年夏、秋二税,銀鳌二差,一切雜費外,餘解布政司,充邊餉支用。

一限田制。播土舊民,自逆酋倡亂,大兵征討之餘,僅存十之一二,遺弃田地,多無主人。册籍不存,疆界莫考,復業之民,往往冒認影占,原少報多,原瘠報肥,甚至一人占田一二千畝,尚有异省流徒假播籍而希冒占者。今應將播之舊民號"楊保子"者,查果真的,無論原業肥瘠,俱人給田三十畝,上、中、下攙配均給。若一處皆上田、皆下田者,臨時酌給。大率純下田多不得過一百畝,純上田少不過二十畝。其原非播民,凡不能爲楊保語者,無問曾否寄住,皆不得妄認。遺下無主民田,另行招人承種,納糧當差。應龍官庄并楊兆龍、田一鵬、何漢良等諸擒斬過有名頭人庄田,盡數没官,聽三省之民願占籍播州者承種。其領田之人查照時值,量行上納,以充目下建立城池、衙門、驛傳諸費。亦定爲限制,平人不得過五十畝，指揮、千百户不得過百畝，俱於丈量時定糧、定價，令不得那移。州、縣官收過絶産價值，給付印契，登入循環，聽兵備道稽查，轉報撫按查考。官吏乾没，從重治罪。

一設學校。播故有學，宋元之世，俊茂朋興，如冉從周、犹道明、白鎮之流，俱登進士，蜚聲上國。自逆龍禁錮文字，寇仇儒生，坑儒燔書，祸同秦始。今干戈既戢，文教宜先。白田、黄平舊有學宫，補葺亦易，特當於二府原學各補教授一員、訓導二員，至博士子弟員，無論附郭外縣，但入學使之選者：蜀新四縣隸白田學，黔新四縣隸黄平學。待各縣人文漸盛，物力稍紓，嗣各立學未晚。真安既改爲流，其地方殷富，人物頗華，亦須建一學宫、設一學正，以示維新之化。

一復驛站。播州各驛，自逆酋閉關負固，驛官不敢赴任，過客不敢經行，站户逃徙，舘舍丘墟，十數年矣。兹者地方底定，道路大通，驛站之設，勢不容已。查播州舊轄松坎、桐梓、播州、永安、湘川、烏江、白田、砂溪、仁水、湄潭、岑黄、白泥一十三驛，俱當川貴孔道，所有各該驛舘，應趁時興工，合用匠役亦於兵夫内查有慣造者徑撥，不足者於附近州縣取用，工、食、銀、米計算於該邊支剩軍餉内動支，仍責成新設府佐一員，往來稽督，不許虚冒錢糧、曠廢時日，事完册報。又查各驛夫馬支應及官吏俸薪，舊額土司供辦，今既改土設流，似應與腹裏驛站一體僉派。但流民授田方始，難便買馬行差，目前一切站銀暫令官爲出辦，俟里甲稍定，即行編派。至夫馬額數，應照衝僻爲準：湘川驛附郭爲四路最衝，應設馬四十匹、夫八十名；松坎、桐梓、播州、永安四驛，地衝路險，應各設馬三十匹、夫五十名；烏江、仁水、湄潭、岑黄、鰲溪、白泥各驛，俱次衝，應設馬各二十匹、夫三十名；白田、砂溪止通水西次僻，應設馬各十匹、夫二十名。各驛官見在者，行令赴驛任事，驛吏因屬土司，舊未撥發，今應行川、貴西〈两〉省布政司照缺查撥。

一建城垣。播州一府、一州、四縣，與黄平一府、四縣并宜改築石城，石少者以磚代之。其兵備道、總兵府并府衛、州縣衙門、公署、倉厫、庫獄、城隍廟、演武場，與二府一州儒學、文廟殿廡、齋舍等項，俱當以次修舉。而各官一抵地方，棲身爲急，衙舍之建，尤宜首圖。各府州縣正官選委勤敏佐貳，於堪動銀内行支。克期興工，多方稽督。大約城垣以歲辛丑二月内起工，限年終落成。餘各以次修舉，就中員役有怠惰冒破、工力草率者，俱聽該道參詳拿究。事竣之日，造册報撫按衙門奏繳。庶險要可資，防禦有賴。

一順夷情。播州皆夷也，大兵之後，爲賊用力者，芟夷藴崇，已無遺種。今見在者，曰各土司官，曰七姓奏民，曰投降夷目，皆宜安插得所。顧就中事情不同，亦宜分别，如八司，曰播州、真州、白泥、餘慶、草堂、黄平、重安、容山，内安撫二、長官六。又一司甕水，原無印信，亦稱長官。又有宣慰司同知羅氏，此皆世有官號，與播并建者。播州長官王積仁以附播被擒獻俘，與楊氏俱滅。真州附播多年，綦江之破，助兵三百，著在耳目。同知羅氏與江外五司具疏改流，挑怨速禍，至有今日之事。海内震動，流血千里，則諸司者，罪之魁也。故説者謂真州宜正其附播之罪，江外諸司宜以起釁絶之。第王道如天，罰宜從輕，賞宜從重。真州當進兵之初，率先歸附，正、副長官各以千人從軍，江外諸司各招兵聚義，充黔楚鄉導。合將真州長官即爲該州土同知，副長官即爲土判官；江外諸司安撫與正長官即爲該縣土縣丞，副長官即爲土主簿；同知羅氏爲新府土知事。此外尚有投降夷目，原非長官，本無冠帶，但賞格曾坐名開諭，輒爾先事歸誠，亦宜少示眷疇，以明恩信。如上赤水里頭目袁年父遭酷禍，投降最早，宜授以所鎮撫職銜；下赤水里頭目袁鍪，仁懷里頭目王繼先，安、羅二村頭目羅國明、羅國顯、安鎣，以上五名，念其返邪歸正，量授冠帶、總旗。諸人田産，止將本身者照册撥給，應納税糧通附州縣官處上納。其餘里人，俱令附籍納糧當差，不許仍以家人爲名，恣行霸占，違者治其前罪。至於七姓奏民始助楊氏之惡，繼傾楊氏之族，尤爲禍首。今蒙王仁寬宥外，如仍蹈故習，豪橫害民，該道徑行拿問發落。地方人民指稱前事告害者，亦如之。

一正疆域。播地東北接連三省，縣衛各有疆界，無容溷淆；西南左接水西，右逼永寧，雖犬牙相攙，未能齊一，然畫野分疆，亦自有相沿界址。惟是夷性互爲雄長，强則侵凌，弱則減削，甚至一地而甲乙互臨，一人而齊楚兼事，如儒溪、沙溪、水烟、天旺，皆播州五十四里之數，見有黄册可考。緝麻山、李博埡、仁懷、石寶、甕平等處亦皆播州世業，祗緣先年楊氏中衰時，曾爲永寧、水西兼并，後應龍當事，治兵相攻，恢復故業。各邊目又已任其糧馬，兩少支持，此在土司可也。今既改土設流，自宜各復其故。乃水西止求清查，永寧輒行濆擾，且動以瓜分爲言，罔上行私，垂涎占業，應行該道會同隣近道府。及早清查一切相隣地方，原係播者歸播，原係永寧、水西者歸奢、安，刻石立碑，永爲遵守。其隣邊目把如不安分義，妄肆争侵，重行究治，干礙土官一并參處。

此疏從《四川志》中采入，叙播中善後事最爲詳悉。舊《志》。

——(光緒)《續修正安州志》卷九《藝文志上》，載《中國地方志集成·貴州府縣志輯》，第40册，401～407頁

播州感興 國朝李先立

楊家世業已蒿萊，雌鳳妖驪稔禍胎。躍馬真成蛙坐井，鞭山未信海如杯。從來負固無完局，豈待殘燒辨劫灰。指顧重關天險失，夜郎自大古今哀。

——(光緒)《續修正安州志》卷十《藝文志下》，載《中國地方志集成·貴州府縣志輯》，第40册，第444頁

(光緒)平越直隸州志*

平越,本明以前楊氏播州地,舊蜀境也。

——(光緒)《平越直隸州志》卷一《天文》,載《中國地方志集成·貴州府縣志輯》,第26冊,第10頁

萬曆庚子,狼星入於東井,占者以爲滅播之象。既而果應。此非占在參井之一證耶?

——(光緒)《平越直隸州志》卷一《天文》,載《中國地方志集成·貴州府縣志輯》,第26冊,11~12頁

州境近處,無崇山復嶺,夏鮮酷暑,冬鮮嚴寒。自平播以來,幾三百年久在光天化日之中。且境内無鉅澤、大川,不但瘴厲不生,亦且卑濕可免。惟地勢高於楚、蜀,不知其幾由旬。故九九以後,寒尚不消,甚至立夏逾鯢,棉衣猶著。

——(光緒)《平越直隸州志》卷一《天文》,載《中國地方志集成·貴州府縣志輯》,第26冊,第16頁

(元)順帝至正二十二年,播州田鼠食未盡,自赴水死。《通志》。

明

太祖洪武十一年八月,播州蝗。

英宗正統九年夏,苗民饑,發粟賑之。

憲宗成化三年,播州大旱。

孝宗弘治元年,播州大旱。八年冬十一月,地震。九年夏五月,大水。以上《通志》。

武宗正德九年,本衛大旱。徐《志》。

---

* (清)瞿鴻錫修,賀緒蕃纂:(光緒)《平越直隸州志》,載《中國地方志集成》編委會編:《中國地方志集成·貴州府縣志輯》,巴蜀書社,2006年。

世宗嘉靖七年，播州大旱。八年，播州大疫。《通志》。十一年秋八月，彗星見東井，芒長丈餘，掃太微垣及角宿，凡一百十有五日乃天。《明史》。十五年，播州地震有聲。二十三年，興隆地震。《通志》。二十五年，衛境大疫。徐《志》。二十六年，播州大旱。《通志》。三十二年三月十二日，高坪寨隕星三，如石。徐《志》。四十四年秋七月，播州大雹雪，傷稼。

穆宗隆慶元年秋七月，黄平大雹傷稼。四年春二月夕，興隆星隕，聲如雷。五月興隆恒雨，饑。

神宗萬曆元年夏五月，興隆大雨雹。六年，播州大疫。七年秋七月，興隆、黄平地震。八年秋八月，黄平慶雲見。十年六月，興隆大有年。以上《通志》。十二年五月，平越大水漂没民田。徐《志》。十七年春，播州大疫，秋有年。二十二年，興隆大饑。二十六年，興隆虎食百餘人。以上《通志》。二十七年正月内，日下復有一日，空中相盪，數日方止。四月，彗尾見於西方，其芒如帚。又有一星，四圍皆若芒刺。民間謡云："有飯無人吃，有路無人行，老者死大半，幼者死七分。"六月，楊應龍率苗兵犯順。二十日，抵至登鋪。張良賢戰不利，退回，與房嘉寵約，空綦城，以免民難。房不然之。次日，城陷，殺男女萬計，浮尸滿江，城内外焚毁殘盡。此迨設以來，非常之慘也。神宗震怒，命總督李化龍督師會剿。《綦江志》。播酋叛勢甚張。十月，經歷譚恕避兵深巖，忽聞石裂，有文在石上，云："聚山巖，人化血。石壁壞，諸蠻絶。"《明詩綜》。

——(光緒)《平越直隸州志》卷一《天文》，載《中國地方志集成·貴州府縣志輯》，第26册，第22頁

平越地，僅播州之半。出侏離而襲冠裳，化蠻荒而暨聲教。自元明以來，由宣撫、安撫、宣慰等司及衛改流而爲府。

——(光緒)《平越直隸州志》卷二《地理》，載《中國地方志集成·貴州府縣志輯》，第26册，第25頁

貞觀九年，以牂柯縣地置郎州。十三年，改爲播州。五代初附楚，後淪於蠻。宋嘉泰元年，土官宋永高克麥新等寨，號爲黎峨裏寨，在今州城東二里。黎峨山上置新添，遏蠻軍，隸貴州經略安撫使。廢治距城東三十里地蓬舖。元至元二十九年，置平月長官司，隸番民總管，尋改隸湖廣行省，又改隸雲南。明洪武八年，改平月長官司爲平越安撫。十四年，置平越守禦各户所，尋改爲衛。十七年，升爲軍民指揮使司，隸四川布政司，尋屬貴州都司。二十一年，改平越安撫司爲揚義長官司，屬平越衛。萬曆二十八年，平播，置平越軍民府於衛城，益以播州地隸貴州布政司。

按：平播後，以播州舊屬之黄平安撫司置黄平州，草塘、瓮水二司置甕安縣，餘慶、白泥二司置餘慶縣，苦竹壩、三裏、七牌置湄潭縣，又於平伐司地置貴定縣，皆屬府。又領衛三，

曰平越、新隆、新添；所一，曰黄平；司四，曰：楊義、新添、丹平、丹行，并播州宣慰司，劄授之高坪二司、四牌地皆屬焉。

——（光緒）《平越直隸州志》卷二《地理》，載《中國地方志集成·貴州府縣志輯》，第26冊，27～28頁

甕安縣，漢故且蘭地。唐、宋隸播州。元置草塘、甕水二長官司，屬播州安撫司。明洪武十七年，改爲草塘安撫司，仍領二長官司。萬曆二十八年，平播，二土司先以地歸誠。巡撫郭子章奏，請以平越衛右所於平堡建城，設甕安縣，屬平越府。二土司改爲土縣丞，仍以猶姓襲甕水、宋姓襲草塘，歸縣屬，分里六，曰附郭、荆竹、牛場、甕水、乾溪、草塘。國朝因之，嘉慶三年改府爲直隸州，縣仍屬焉。

——（光緒）《平越直隸州志》卷二《地理》，載《中國地方志集成·貴州府縣志輯》，第26冊，第28頁

餘慶，漢爲牂柯郡地。唐爲涪州、田多、扶𨚗三縣地。初屬思州，後屬費州，復廢。元置白泥、餘慶二長官司，屬播州。至正末，改二司爲州。明洪武十七年，改州仍爲司。萬曆二十九年，平播州，設餘慶縣，隸平越府；改餘慶司爲土縣丞，白泥司爲土主簿，屬縣。國朝因之。嘉慶三年改平越府爲直隸州，仍屬焉。

——（光緒）《平越直隸州志》卷二《地理》，載《中國地方志集成·貴州府縣志輯》，第26冊，第29頁

湄潭，漢爲牂柯郡地。唐、宋爲播州地。元置容山長官司，隸播州安撫司。明萬曆二十八年，以播州之苦竹壩、三裹、七牌地，置湄潭縣，屬平越府。國朝因之。嘉慶三年改府爲直隸州，仍屬焉。

——（光緒）《平越直隸州志》卷二《地理》，載《中國地方志集成·貴州府縣志輯》，第26冊，第30頁

石鞏仙橋。原注：城西十里，山高數百仞，土山代石，中空如橋。蠟屐登其上，則翠靄丹霞皆出杖，履之下。明撫軍郭青螺平播設縣時，題“播南首景”摩岩大書□。

——（光緒）《平越直隸州志》卷二《地理》，載《中國地方志集成·貴州府縣志輯》，第26冊，第34頁

平越直隸州

《禹貢》：“梁州南徼。”秦爲且蘭地，漢爲牂柯郡地，隋爲牂柯郡之牂柯縣。唐貞觀元

年，當作“九年”，作“元年”誤。以隋牂柯縣監郎作“朗”誤。州，并析置恭水、高山、貢山、邪施、柯盈、釋燕六縣。十一年，州廢，縣亦廢。十三年夏，置州，更名曰播。亦復置縣，改恭水曰羅蒙，高山曰舍月，貢山曰湖江，柯盈曰帶水，邪施曰羅爲，釋燕曰胡刀。十六年，更羅蒙曰遵義，以廢牢州之芙蓉、琊川來屬。顯慶五年，省舍月、湖江、羅爲。開元二十六年，省胡刀、琊川，入芙蓉。元注：胡刀、琊川二廢縣在今鎮遠府施秉縣江外，俗名偏刀水地。今遵義府所轄州縣，多唐時珍州、溱州地。播州地自遵義一縣外，恐多在平越府界内，观胡刀、琊川二廢縣可見，恒苦無載籍可提耳！唐末，没於南詔。太原人楊端，以兵復其地，世爲州刺史。宋嘉泰初，土官宋永高克服麥新等寨，内附，號黎峨裹等寨。大觀二年，置播州樂源郡，宣和三年廢。元至元十四年，播州安撫使楊邦憲言：“本族自唐世守此土，將五百年。昨奉旨，許令仍舊，乞降璽書。”從之，仍授安撫使，領黄平府及白泥等處長官司，隸順元宣慰使。二十八年，改爲軍民宣撫司，直隸四川行省。尋置平月長官司，隸管番民總管，後俱改隸湖廣行省。至正末，改餘慶、白泥二長官司爲州。明洪武五年，播州楊鏗歸附，置播州宣慰司。八年，改黄平府爲安撫司，置黄平守禦所。十四年，置平越衛軍民指揮使司。十七年，改白泥、餘慶二州，仍爲長官司，改隸草長官司爲安撫司。二十三年，置新添衛、興隆衛，俱隸四川布政司，尋改隸貴州都司，按：徐《志》作“都指揮使司”。萬曆二十八年，平播州宣慰司楊應龍。就平越衛設平越軍民府，以黄平安撫司置黄平州，以草塘、甕水二司置甕安縣，以餘慶、白泥二司置餘慶縣，以苦竹壩、三裹、七牌置湄潭縣，皆宣慰司地也。又於平伐司置貴定縣，俱隸府。府領州一、縣四，兼領黄平所、楊義長官司。

——（光緒）《平越直隸州志》卷二《地理》，載《中國地方志集成·貴州府縣志輯》，第26册，第36頁

萬曆戊戌，播州宣慰司楊應龍叛。川、楚、黔合兵進剿。己亥，播平。庚子，就平越衛設平越府，領州一：黄平，縣三：甕安、餘慶、湄潭，衛三：平越、興隆、新添，所一：黄平，長官司四：楊義司、新添、丹平、丹行。舊徐《志》。

傅玉書曰：“按：舊地名之存者，惟遵義一縣。先爲恭水，繼爲羅蒙。其胡刀、琊川即今施秉江外。偏刀水則初置之釋燕，後屬之芙蓉，宜皆施秉地，而古亦屬於遵義，其餘古今异名不可復考，安不離乎播州云。”又云：“明洪武十四年，設平越衛軍民指揮使司，管五所二站七十二。今甕安之附郭及牛場、乾溪三里，皆右所乾平堡。而草塘、荆竹二里，爲草塘司。甕水裹爲甕水司。皆以從討苗蠻，於十七年授甕安爲長官司，改草塘長官爲安撫司，仍隸播州。神宗二十八年，平播，以二司及平越右所乾平堡地設甕安縣。”

——（光緒）《平越直隸州志》卷二《地理》，載《中國地方志集成·貴州府縣志輯》，第26册，第37頁

按：自隋唐以後，今平越州地總不出郎、夷、牂、義、牢智、利、播各州名中。其間廢置，改移如雲，容泡形變，滅無恒如，必以今某縣當唐某州某縣，求其碻手不易，亦匪易言。《通志》以胡刀、琊川二廢縣在今施秉縣江外，而江外地與平越統轄地緊連，因謂播地恐多在平越，理勢固爾，然亦不能實指也。今欲實事求是，舍《通典》《元和志》所載本州及鄰州至到道里，互相證舍，更無依據。然二書，《通典》多齟齬，不及《元和志》。彼此畫一，今列《元和志》所載，至到與播相涉者如左。

《元和郡縣志》"八到"：《遵義志》云："據孫星衍校刊家程大昌本。"

播州東南至牂柯州二百二十里，東北至牂柯北界巴陵聚珍版本無"陵"字。江鎮七十里，東北至費州四百里，東北至黔州八百里。遵義縣、郭下帶水縣東至州七十里。芙蓉縣西南至州六十里。

黔州東南至思州二百八十里，南到夷州五百八十"八十"據聚珍本增。里，西南至播州八百里，西北至涪州三百三十里。

夷州東至費州三百里，東北至涪州四百里，西南至播州二百四十里，北至黔州五百八十里。綏陽縣，郭下、都上縣西北至州五十二里，義泉縣東北至州一百里，洋川縣東至州一百里，字夷縣西北至州一百九里。

思州南至費州水路四百里，西南至夷州四百里，西北水路至黔州二百八十里。

費州東至獎州水陸相兼四百里，正南微西至牂柯充州一百九十里，西南至播州四百里，北至思州水路四百里。

按：平越自元明以後始入版圖，設官長，或爲長官司，或爲守禦千户，或爲衛指揮，或爲府，最後爲直隸州。中間或隸湖廣，或隸四川，或隸貴州，而最後所領之一州、五縣則皆分析播地。當其連城附益則如合從之六，及其戎索幷省則餘鼎峙之三，置等奕棋，治同棼縷，鉤鈲析亂，懼猶未明，更列表以區别，庶一覽而得之。

——（光緒）《平越直隸州志》卷二《地理》，載《中國地方志集成·貴州府縣志輯》，第26册，37～38頁

岑口山，在舊草塘司東南三十餘里。初爲苗蠻窟穴，平播後土縣丞宋世孝鑿山通道，立哨防守，有頭哨、二哨等名。

——（光緒）《平越直隸州志》卷三《地理》，載《中國地方志集成·貴州府縣志輯》，第26册，第45頁

今貴州鎮遠一府，及貴陽府之龍里、貴定兩縣，平越州之甕安、餘慶兩縣，都匀府之麻哈州、清平縣，石阡府之烏江以南境，皆且蘭地也。自《元和志》以播州爲且蘭，後人因以遵義地當之，皆沿吉甫之誤。

按:以遵義當且蘭減誤,而平越亦是播州,亦正是且蘭地。安知吉甫不指平越之播,而必指遵義之播? 然則非吉甫誤,特後人之誤耳。

——(光緒)《平越直隸州志》卷四《地理》,載《中國地方志集成·貴州府縣志輯》,第26册,第54頁

今《水經·烏江志》:"名牂柯江,以江出於牂柯郡也。其源有二:東源出自程番府界,東北流過龍里衛西,翁首河東入之,至貴州城南,南明河西入之,東北流過巴鄉西,歷平越衛西境四十里過新添司,經貴州城東境一百五十里爲清水江,過穀龍爲紫江,由漏潭入於西源之烏江;西源出自安順州西堡司西北五十里,東北流經司治前爲穀隴河、貴州城,過金築西境,至威清衛城西爲滴澄河,繞衛城北,經青山司北,至陆廣驛西爲陆廣河,過清河驛及黄沙渡巡司。南距貴州北境二百里爲烏江南岸,有烏江關,乃貴、播之界河也。繞播州司南至東境七十里湘江入之,經容山司東與東源之江水會烏江。"

——(光緒)《平越直隸州志》卷四《地理》,載《中國地方志集成·貴州府縣志輯》,第26册,60~61頁

四官爺,財神也,俗稱西溪洞中求財打寶四員官將。鄉市問家供此牌,祀之錢、馬、香、燭,酒一瓶,列四杯;肉一方,謂之刀頭,置刀椹上,旁盛鹽椒水。降神奠獻畢,各執杯酬飲,切肉點鹽拑食。李鳳翽曰:"西溪,五溪之一。神,蓋洞人也。"《觉轩杂著》。

按:正安州舊《志》有"三撫老穆相公祠",云:"太原楊端居播有善政,播人立祠祀之,稱爲三撫老穆相公,附以嚴、唐、羅、冉,爲四官財神,至今遍祀。"《遵義志》鄭珍按語。

——(光緒)《平越直隸州志》卷五《地理》,載《中國地方志集成·貴州府縣志輯》,第26册,第78頁

高石頭,在城北十二里,以石形酷肖人而有雅致,土人因呼爲"石秀才"。高可數丈,特然獨立。其石腰有刻文云:"余奉命提兵四萬,出平越征叛播楊應龍,渡江界河,破黄灘關,直抵賊穴。因擒斬五千,招降二萬,不出三月而去凶。奏凱還,經此石,因紀其事而識之。萬曆庚子六月望,奉敕鎮守貴州提督湖、川等處地方總兵官、中軍都督同知、楚人李應禄識。"

——(光緒)《平越直隸州志》卷五《地理》,載《中國地方志集成·貴州府縣志輯》,第26册,第87頁

舊草塘司,傅玉書《桑梓述聞》:"明洪武十四年,以草塘荆竹二里爲草塘司,甕水里爲甕水司。十七年,改草塘長官爲安撫司,仍隸播州。神宗二十八年,平播,以二司及平越右

所乾平堡地設甕安縣,草塘在縣城北三十餘里。舊司北塘長數里,彌望平蕪。”

飛練囤,《通志》“甕安縣”下:“囤在城西三十里,明楊應龍反敗官軍於此。”

——(光緒)《平越直隸州志》卷五《地理》,載《中國地方志集成·貴州府縣志輯》,第26冊,87~88頁

志邊遠府州之沿革難矣,而志平越之沿革尤難。如但分別部居,錯列互見而不求,其何以能原委條貫?則一方之地與事不詳。平越本播州地之半,自秦漢以來,時爲國,時爲州郡、爲邑、爲司與衛,不過僅立名稱,而苗蠻所苴。楊酋世據中國,特示羈縻,未嘗一入版圖也。至明萬曆平播,始定爲一府、四縣、一州,入於聖清,亦仍其舊。

——(光緒)《平越直隸州志》卷六《紀事》,載《中國地方志集成·貴州府縣志輯》,第26冊,第89頁

(太宗貞觀)十三年,復置郎州,改名播州。復置州,亦復置縣。《唐書》。《十道志》曰:“播州、播川郡,秦夜郎縣之西南隅。忠王十四年欲得楚黔中地,以武關之外易之。”今隸黔府,即總謂黔中地。漢武帝平西南夷,置牂柯郡,其地屬焉。貞觀九年於此界置郎州,後者十三年又於其地置當脱“播州而”三字。播川,因名焉。《太平御覽》。

十四年,更恭水曰羅蒙,高山曰舍月,貢山曰湖江,柯盈曰帶水,邪施曰羅爲,釋蔦曰胡刀。《唐書》。帶水因縣北有帶水爲名。《元和志》。

十六年,廢牢州,省綏養、樂安、宜林,以綏陽、義泉、洋川屬夷州,芙蓉、琊川隸播州。《唐志》。

……

中宗景龍元年,以播州爲都督府。黔州都督府,貞觀四年置,總務、施、并、辰、智、牂、充、應、莊九州。聖曆九年,罷都督府。景龍二年,又罷莊州都督府,復以播州爲都督府。《元和志》。元宗先天二年,罷播州都督府,復以黔中爲都督府。同上。

(開元)二十六年,省琊川、胡刀入芙蓉。《唐書》。又於黔中置采訪處置使,又隸五溪諸州入黔中道,仍加置經略使。《元和志》。

《遵義志》按云:“本書云黔州,今爲黔州觀察使理所,夷、珍、溱、播并所管州,則采訪處置經略使自已并管諸州也。”觀察置年未詳。又云:“《明統志》云:‘天寶中,播州改播川郡。乾元初,復爲播州。’”

宣宗大中十三年雲南蠻播州。《唐書·紀》。大中時,李梂爲安南都護府,苛墨自私,以斗鹽易一牛,夷人不堪,結南詔陷安南都護府,然南詔朝貢猶歲至。杜悰自四川入朝,表無多納蠻傔,豊祐怒,即謾言索質子。會宣宗崩,使者告哀。是時,豊祐亦死,坦綽酋龍立,恚朝廷不吊恤,又詔書乃賜故王,以草具進使者而遣,遂僭稱皇帝,建元建極,自號大禮國。懿

宗以其名近元宗，嫌諱，絶朝貢，乃陷播州。《唐書·南蠻傳》。

懿宗咸通元年十月，安南都護李鄠克播州。《唐書·紀》。安南都護李鄠殺蠻酋杜守澄，已而鄠越境收取播州。《通鑑輯覽》。

僖宗乾符初年，太原楊端應募取播州，克之，授安撫使。南詔陷播，李鄠復之，尋仍爲所陷。乾符初，太原人楊端應募領兵復之，世爲州刺史。《貴州通志》。

《遵義志》按云："楊端復播，唐、宋史皆未書，而見元、明兩史。"端授安撫使及世州刺史，未詳。所據考《宋史·諸蠻傳》云："唐季之亂，蠻酋分據其地，自署爲刺史。"《明統志》云："播州，唐末没於蠻疑〈夷〉，州刺史者得之。"又按黄震《古今紀要》："僖宗相肖遘斥播州，道三峽，白帝呵之。"考《遘傳》云："遘貶播州司馬。"則是時尚有流官也。

《遵義志》按云："孫、陳二《志》，川、貴兩《通志》并云：'乾符初，楊端復播州。自後王建、孟知祥相繼據其地。'"考《五代史·職方考》載前後蜀所有州，珍、播、溱、夷皆不之及。《前蜀世家》：唐乾寧三年五月，昭宗詔建罷兵還成都，黔南節度使王肇以地降於建。四年，遣王宗侃、宗阮等取渝、瀘州，建自將攻東川。昭宗詔建罷兵，不奉詔，乃責授建南州刺史。天復三年八月，唐封建蜀王。七年（時昭宗改元天佑已四年，西川隔絶，不知，仍稱天復），建即皇帝位（是年唐亡），子衍嗣。後唐同光三年，降唐。《後蜀世家》：唐明宗四年二月，以知祥行成都尹，劍南，東、西兩川節度，管内觀察處置，統押近界諸蠻安撫制置等使。又封知祥蜀王，明年即皇帝位。遵義黄《志》所謂相繼據其地，豈即在降黔南取渝、瀘及統押近界諸蠻中耶？意！自唐末來，珍、播、溱、夷，悉爲蠻酋所據，朝廷以其邊遠不復問，及前、後蜀以大國陳帝，受其統制，理所必然，特未能復疆理而州縣之，故吏不及耳。又考夷、播等州在晉高祖時附，《楚史世家》有明文，而《職方考》不載，諸志皆失之。引見後。

——（光緒）《平越直隸州志》卷六《紀事》，載《中國地方志集成·貴州府縣志輯》，第26册，97～98頁

（晉高祖天福五年）牂柯張萬濬率其夷、播等七州，皆附於希範。《五代史·楚世家》。

——（光緒）《平越直隸州志》卷六《紀事》，載《中國地方志集成·貴州府縣志輯》，第26册，98～99頁

神宗熙寧六年五月癸卯朔，播州楊貴遷遣子光震來貢，以光震爲三班奉職。遵義孫《志》。

哲宗紹聖四年，詔瀘南安撫司南平軍勿擅誘楊光榮獻納播州疆土。《宋史·紀》。是歲，播州夷楊光榮等内附。孫遵義黄《志》。

徽宗大觀二年，涪夷任應舉、按：此處當脱"播州"字。楊文貴内附。《宋史·紀》。木攀首領趙泰、播州夷族楊光榮，各以地内屬，詔建溱、播二州。同上。

播州樂源郡，大觀二年，南平夷人楊文貴按當作"光榮"。等獻其地建爲州，領播川、琅川、帶水三縣。《宋史·志》。

《遵義志》按："建播州，地乃楊光榮所獻，《宋朝事實》言之甚詳，與史渝州《蠻傳合志》云文貴，未審耳。"

三年春正月，以涪、夷地爲承州。《宏簡録》。承州本羈縻夷州，大觀三年，酋長獻其地建爲承州，領綏陽、都上、義泉、寧夷、洋川五縣。《宋史·志》。

按：《宋朝事實》："播州自唐衰後，地爲楊氏兩族所分據，一居播州，一居遵義，又以江水（當指烏江）爲界。其後居播州者曰光榮，得唐所給州銅牌；居遵義者曰文貴，得州銅印。大觀二年，兩族各獻地，皆自以爲播州。議者以光榮爲族帥，重違其意，乃以播州立州，遵義立軍。

政和三年夏四月庚寅，以復溱、播等州，降德音於梓夔路。五月壬寅，以築溱、播，進執政官一等。

宣和三年，播州廢爲城，隸南平軍。《宋史·志》。

理宗嘉熙三年，復設撫州，充安撫使。同上。置播州沿邊安撫司，屬夔路，隸四川制置司。遵義孫《志》。

播州始建孔子廟。安撫使楊文留心文治，建孔子廟以勵國民，民從其化。《潛溪集》。

淳祐四年，詔以播州人冉琎權知合州，璡弟璞通判州事。遵義徐《志》。

余玠，進龍圖閣，四川安撫制置使，知重慶府兼四川總領夔路轉運使。大更敝政，遴選守宰，築招賢館於府之左，供張一如帥所。下令，當如諸葛，集衆思，廣忠益，欲有謀以告我者，近則徑詣公府，遠則自言於郡，所在以禮遣之，高爵重賞，朝廷不吝，以報有功，豪杰之士，趣期立事，今其時矣。士之至者，玠不厭禮接，咸得其歡心。言有可用，隨其才任之；苟不可用，亦厚遺以謝。時播州冉氏兄琎、弟璞，自言有文武才，隱居蠻中，前後辟召，皆不應。及是聞玠賢，相謂曰："是可與語者。"詣府上謁，玠素聞其名，引入，分庭抗禮，賓館之奉，安之若素有，居數月，無所言。玠爲設宴，酒酣，座客紛然亮言所長，琎兄弟飲食而已。玠以微言挑之，卒默然。玠曰："是觀我所以待之何如耳。"明日，辟别館以處，且使人窺其所爲，兄弟終日不言，惟對踞以堊畫地爲山川、城郭之形，起即漫去。如是，又旬日，請見。屏人語曰："某兄弟辱明公禮遇，思以少裨，非敢同衆人也，爲西蜀計，其在徙合州城乎？"玠不覺躍起，執其手，曰："此玠志也，但未得其所耳。"曰："蜀口形勝之地，莫若釣魚山，請徙諸此，若任得其人，積粟守之，賢於十萬師遠矣，巴蜀不足守也。"玠大喜，曰："玠固疑先生非淺士，今豈敢掠美歸己，當聞於朝，請不次官之。"詔進玠端明殿學士，除琎從事郎，權發遣合州；璞承務郎，權通判州事。徙城之務，悉以委之。命下，一府皆諠，以爲不可。玠怒曰："城成，則蜀賴以安；不成，玠獨坐之。無預諸君。"卒築青居、大獲、釣魚、雲頂、天生，凡十餘城，皆以山爲壘，棋布星分，爲諸郡治所。屯兵聚糧，爲必守計。諸城如臂使指，氣勢聯絡。《宏簡録》。

夏五月丁巳，武功大夫、雄威軍都統制楊玠，世守南邊，連年調戍播州，捍禦勤瘁。詔玠轉右武大夫、文州刺史。《宋史·紀》。

寶祐二年秋七月乙酉，詔以播州連年捍禦，其守臣楊文予官一轉，餘推恩。遵義孫《志》。

四年五月甲辰，羅氏鬼國遣報思、播，言元兵屯大理國，取道西南，將大入邊。詔以銀萬兩，使思、播結約羅國爲援。《宋史·紀》。

《遵義府志》按云："按《續宏簡録·大理傳》云：'先是，蒙古兵出靈關，羅施鬼國即遣使報思、播，言蒙古有事大理，實欲取道西南，大入中國，當預爲之備。思、播守者聞之朝，宋廷臣皆言蒙古生長朔方，恃馬騎爲用，隆冬草枯，盛夏虻出，便當返北。若逾番詔，必須多歷時月，滇黔之間，岡嶺攲折，策馬奔馳，料不得逞。縱使安據南詔，方行東向，須得交廣，以窺吴楚，是謂仰攻，地利不便。爲此慮者，非迂則誣。'及大理已入蒙古，假道斡腹，遂其始謀，乃出烏蒙，趨瀘江，過馬湖，通道嘉，定重慶，直抵合州，濟蜀江，然後順流東下，一軍歷邕、桂至潭州；一軍由廣南至衡州。太弟忽必烈自北發師，由汝南入大勝關，渡江圍鄂州，與羅鬼先見之言符合，而宋室遂不可支，馴至天亡，方下詔責己，勉諸道進兵，亦何益哉？"

——(光緒)《平越直隸州志》卷六《紀事》，載《中國地方志集成·貴州府縣志輯》，第26册，99～101頁

五年閏四月己酉，田應寅乞屯瀘、溆以援思、播。《宏簡録》。

六年春正月甲戌，詔樞密院編修官吕逢年詣蜀閫，趣辦關隘，屯栅糧，相度黄平、思、播諸處險要緩急事宜，具工役以聞。遵義孫《志》。

四月丁酉，詔田應己思州駐劄，御前忠勝軍副都統制，往播州共築關隘防禦。《宋史·紀》。

《遵義志》按：孫《志》云："六年夏，詔田應庚以思明都統，住播州，築關隘，防禦邊圉。"與史不合。

秋七月己亥，吕文德入播州，詔荆、湖給銀錢萬兩。遵義孫《志》。

十一月甲寅，築黄平，賜名鎮遠州。吕逢年進一秩，詔撫慰沿邊將士。《宋史·紀》。

開慶元年春正月癸丑，詔吕文德城黄平，深入蠻地，撫輯有方，與官三轉。

夏四月丁丑，以向士璧爲湖北安撫副使，知峽州兼歸、峽、施、珍、南平軍、紹慶府鎮撫使。六月丙戌，南平來報戰功。

秋七月癸亥，以知播州楊文、知思州田應庚守禦勤勞，詔各轉一官。并《宋史·紀》。

是歲春，元將紐璘犯思、播二州，獲將一人。

按：紐璘事據《元史》本傳云"戊午之明年春"云云，叙在中統前。考中統前己未，當理宗開慶元年。

咸淳末，以珍州屬播州縣一樂源。《宋史·志》。

按：《宋志·夔州路下》書："南渡後領州軍有播無珍，有南平無遵義。"蓋據省廢後爲説。

瀛國公德祐元年四月癸亥，加知思州田景賢、知播州楊邦憲并復州團練使，趣兵入衛。

九月辛未，加田景賢福州觀察使，楊邦憲利州觀察使。并《宋史·紀》。

端宗景炎二年春，元軍入重慶府，張珏死之，播、思等州皆降於元。《遵義志》。

——(光緒)《平越直隸州志》卷六《紀事》，載《中國地方志集成·貴州府縣志輯》，第26册，101～102頁

元

世祖至元十二年十二月己亥，僉書四川行樞密院事昝順言："播州安撫使楊邦憲、思州安撫田景賢，未知順逆，乞降。詔使之自新，并許世紹封爵。"從之。《元史·紀》。

十四年冬十月甲申，播州安撫使楊邦憲言："本族自唐至宋世守此土將五百年，昨奉旨許令仍舊，乞降璽書。"從之。

十五年十二月庚辰，思州安撫使田景賢、播州安撫使楊邦憲請歸宋舊借鎮遠、黄平二城，仍撤戍卒。不允。景賢等請降詔，禁戍卒勿擾思、播之民。從之。并同上。

丙甲，從播州安撫楊邦憲請，以鼎山仍隸播州。《遵義志》。

十六年春正月，改播州鼎山縣爲播川縣。同上。

按：鼎山縣《宋史》不載，止有播川。《遵義孫舊志》二條同《元紀》，乃云："改鼎山爲播川。"意宋末已有改置，而史遺之也。

二月甲辰，命田、楊二家貴官子充質子入侍。

六月丁丑朔，詔諭四川行中書省四道宣慰司撫治播川、務川、西南諸蠻夷官吏軍民各從其俗，無失常業。

十七年三月甲辰，思、播州軍侵鎮遠、黄平界。命李德輝往視之。以上并《元史·紀》。

十二月己卯，羅氏鬼國土寇爲患，思、播道路不通，發兵千人與洞蠻開道。《通志》。

十八年三月己亥，敕黄平隸安西行省，鎮遠隸潭州行省，各遣兵戍守。《元史·紀》。

閏八月丁巳，命播州每歲親貢方物。

十九年二月壬子，詔令亦奚不薛及播、思、叙三州軍征緬國。并《遵義志》。

二十一年三月辛亥，敕思、播管軍民官至今勿遷。《元史·紀》。

夏四月戊申，敕發思、播，田、楊二家軍二千，從征緬。

閏五月己卯，以思、播二州隸順元路宣慰司。《元史·紀》。

二十三年六月辛酉，封楊邦憲妻田氏爲永安郡夫人，領播州安撫使事。《元史·紀》。

二十四年，播州宣撫賽因不花即楊漢英。等赴闕，請留順元宣慰速哥。《遵義志》。

二十六年十一月丙辰，改播州爲播南路。《元史·紀》。

二十七年二月，播州安撫使楊漢英進雨氈千。《續宏簡録》。

二十八年六月辛巳，洞蠻鎮遠立黄平府。《元史·紀》。

二十九年春正月丙辰，播州洞蠻因籍户懷疑竄匿，降詔招集之，以行播州軍民安撫使楊漢英爲紹慶、珍州、南平等處沿邊宣慰使，行播州軍民宣撫使，播州等處管軍萬户，仍佩虎符。《遵義志》。

置平月長官司隸管番民總管，後俱改隸湖廣行省。《貴州通志》。

置平月長官司，隸八番順元宣慰。徐《志》。

三月己酉，命奚不薛與思、播州同隸湖廣省。《元史·紀》。

三十年夏四月甲寅，斡羅思請以八番見户合思、播之民兼管，徙宣慰司治，辰、沅、靖州常賦外歲輸鈔三千錠。不允。同上。

五月，命思、播、黄平等處拘刷亡宋避役手號軍人，以增鎮守。《遵義志》。

十二月乙未，遣使督思、播二州及鎮遠、黄平發宋舊軍八千人從征安南。《元史·紀》。

成宗大德元年十二月壬寅，朝洞蠻内附，立長官司二，命楊漢英領之。

閏十二月乙卯，平伐等蠻未附，播州宣撫使楊漢英請以己力討之。并《元史·紀》。

按：平伐，元明皆隸平越新添衛。至國朝康熙二十六年，省衛入貴定縣，改隸貴陽府平伐，始爲貴陽府貴定縣地。

五年五月，宋隆濟及折節叛，詔湖廣行省平章劉二拔都、即劉國杰。指揮使也先忽都魯率兵偕賽因不花見前注。討之。六年九月，師出播州境。《元史·傳》。

雲南土官宋隆濟叛，水西土官之妻蛇節以其衆應之。十一月，遣劉國杰及也先忽都魯將兵征隆濟。六年十一月，國杰裨將宋光大敗蛇節。七年四月，國杰師出播州境，大破蛇節於墨特川。庚辰，蛇節降。丁亥，誅蛇節。八年正月，雲南順元同知宣撫事宋阿重生擒其叔隆濟來獻。《貴州通志》。

按：《元史·楊賽因不花傳》言："六年九月，師出播境。"《通志》云："七年四月，國杰師出播境。"《通志》蓋以《成宗紀》書蛇節降在七年四月，《傳》合言之。當以《傳》爲得。

七年十二月戊子，以平宋隆濟功增諸將秩，賜銀鈔等物有差。其軍士各賜鈔十錠，放歸存恤一年。丁未，以轉輸軍餉勞，免思、播二州税糧一年。《元史·紀》。

武宗至大三年正月，乖西帶蠻入寇，調思、播土兵討捕。《貴州通志》。

三年春正月辛丑，樞密院臣言：湖廣省乖西帶蠻阿馬等連結萬人入寇，已遣萬户移剌四奴領兵千人，及調思、播土兵并力討捕。臣等議事勢緩急，地理要害，四奴備知，乞聽其便宜調遣。《本紀》。

按：乖西，今開州地，即唐之界首。

仁宗皇慶二年二月丁亥，以乖西府隸播州宣撫司。《元史·紀》。

延祐四年，黄平南蠻盧犇叛，新部黎魯亦嘯劫聚亂。詔楊漢英宣撫之，二賊降，置戍而還。《潜溪集》。

五年冬十月己丑，播州南寧長官洛麼作亂，思州守臣换住哥詔諭之，洛麼以方物遣人來覲。《貴州通志》。

七年十二月丁未，播州蜑蠻的羊籠等來降。

泰定帝二年秋七月丙辰，播州蠻黎平愛等集群夷爲寇，湖廣行省請兵討之。不許。詔播州宣撫使楊燕裏不花即楊嘉貞。招諭之。

冬十月癸巳，播州凱黎苗率諸寨苗僚爲寇。并《元史·紀》。

《遵義志》按曰："孫《志》：'泰定帝元年，播黎平愛等同凱黎苗夷爲寇，詔宣撫楊燕裏不花招撫之。'即上二事而年與史異也。'燕裏''燕禮''延禮''延裏'皆止是一人。

三年春正月丙午朔，播州宣慰使楊燕裏不花招諭蠻酋黎平愛《元》作"慶"，《通志》亦然，今據前後文改。等來降。

六月癸未，播州蠻黎平愛復叛，合謝烏窮爲寇。宣撫使楊燕裏不花招平愛出降，烏窮不附，命湖廣行省討之。

十一月辛酉，播州蠻宋王保來降。

四年秋七月甲辰，播州蠻謝烏窮來獻方物。

十一月辛卯，以降蠻謝烏窮爲蠻夷官。并《元史·紀》及《通志》。

文宗天曆二年，四川囊加臺攻播州苗兒埡，宣慰使楊燕裏不花開關迎之，因遣諸王月魯帖木兒等至播招慰，楊燕裏不花及其弟皆降。《遵義志》。

二年春正月丁丑，四川囊加臺攻破播州苗兒埡隘，宣慰使楊燕裏不花開關納之。壬午，播州楊萬户引四川賊兵至烏江峰，官軍敗之。八番元帥脱出亦破烏江北岸，賊兵復奪關口。諸王月魯帖木兒統蒙古漢人答剌罕諸軍及民丁五萬五千，俱至烏江。二月丙午，囊加臺分兵逼襄陽，湖廣行省調兵鎮播州及歸州。癸丑，諸王月魯帖木兒等至播州招慰土官之從囊加臺者，楊燕裏不花及其弟等皆來降。四月，湖廣行省參知政事孛羅奉詔至四川，赦囊加臺等，蜀地悉平，諸省兵皆罷。《本紀》《四川通志》。

順帝至正十二年六月己丑，紹慶宣慰使楊燕裏不花遥授湖廣左丞，楊伯顔卜花爲紹慶宣慰使，换文資楊城爲沿邊溪洞招討使兼征行萬户，回賜先所拘收牌面。

二十三年，僞夏明玉珍以竇英爲參政，鎮播州。

《遵義志》按：《元史·本紀》："二十二年五月，明玉珍僭稱皇帝，建國號曰大夏，紀元曰天統。初，璟諭明升檄曰：'足下疆域南不過播州。'自是至明洪武四年，播州并屬明氏。"

明玉珍於播州地增置餘慶州。

《遵義志》按：《元史·地理志》載："播州軍民安撫司所屬府一等處十九、不稱等處者十二，其分置年月自黄平府外悉不可考。"

明

太祖洪武元年，詔播州宣慰楊鑑按：《明史稿》皆作“楊鏗”，《通鑑輯覽》《明一統志》皆作“楊鑑”率蠻兵二萬爲征虜將軍，傅友德先鋒。遵義孫《志》。

遵義黄《志》按：《通鑑綱目三編》《通鑑輯覽》書以傅友德爲征虜將軍，討明升。蓋在洪武四年正月，不應元年即詔鑑爲先鋒。孫志“元”字誤。考《明史》亦載：“敕鑑率兵二萬，從大軍南征，爲先鋒。”在十四年。或即一事而史年爲確。

尋改播州沿邊宣撫司爲宣慰司。《遵義志》。

《遵義志》按：“《明史》及《明史稿》書‘仍置播州’在五年正月，二《志》書‘承四年’，因《明統志》考二史載‘平蜀遣使諭播州’亦在四年。”

五年正月，播州宣慰使楊鏗、同知羅琛、總管何嬰、蠻夷總管鄭瑚等相率來歸，朝貢方物，納元所授金牌、銀印、銅章。詔敕賜鏗衣幣，仍置播州宣慰使司。鏗、琛皆仍舊職。改總管爲長官司，以嬰等爲長官司長官。王洪緒《明史稿·播州傳》。

六年，升播州宣慰司爲宣慰使司，領草塘、黄平安撫司二，播州、餘慶、白泥、容山、真州、重安長官司六。遵義舊《志》。

遵義黄《志》按：“《明史》及《史稿》於鑑等歸附即書‘仍置宣慰使’，不言升者，略之也。當以舊遵義黄《志》所領，亦如二《史》總繫於前，非謂當時長官安撫已定置如此也。”

置播州諸驛

七年，中書省奏播州土地既入版圖，當收其貢賦，自洪武四年，詔歲納糧二千五百石爲軍儲。帝以其率先來歸，田賦隨所入，不必額徵之。

九月，置播州黄平宣撫司。

十二月，播州安渡蠻黄安亂，貴州衛指揮張岱討平之。并《明史稿》。

八年，置重安長官司於黄平地。

按：《明史稿》：“永樂四年，以張佛保爲重安長官。”蓋此時置司，而永樂時佛保曾招輯重安蠻，故以爲長官也。

改黄平府爲安撫司，置黄平守禦所。

九年，改播州軍民都鎮撫司爲播州長官司。《明統志》。

十三年十一月，遣景川侯曹震往四川永寧，開通河道。十四年二月，震分令貴播驛鋪橋道，委播州宣慰司楊鏗提調軍民開之。曹震《開河記》。

十四年，命使諭鏗：“比聞爾聽浮言，生疑貳，今大軍南征，多用戰騎，宜率兵二萬、馬三千爲先鋒，庶表爾誠。”《明史稿》。

始置平越衛軍民指揮使司，屬四川布政司，尋改屬貴州都指揮司。徐《志》。

建平越衛城。

指揮李福建爲土城。并同上。

十五年，改播州宣慰司隸貴州，改黄平衛爲千户所。《明史》。

十七年，改舊州草塘等處長官司爲草堂安撫使，復白泥州爲白泥長官司。《明統志》。

按:《通志》:“十七年，改白泥、餘慶二州仍爲長官司。”乃一時事，而《明統志》失載餘慶一州。

鏗子震以疾卒於京師，命有司歸柩。《明史稿》。

二十年十月，徵鏗入朝，貢馬十匹，帝諭以守土保身之道，賜鈔五百錠。

二十一年，播州宣慰使司并所屬宣撫司《遵義志》注:三字當作“安撫長”。官各遣其子來朝，請入太學。帝爲敕國子監官善訓導之。《明史稿》。

二十三年，置新添衛、興隆衛，俱隸四川布政司，尋改隸貴州都司。《通志》。建播州長官司學。《明統志》。

三十四年，改修平越衛城。徐《志》。改葛蠻安撫司入新添衛。

成祖永樂四年，免播州荒田租。《明史稿》。升播州長官司學爲宣慰使司學。《明統志》。

六年，播州宣慰楊升《州史》作“昇”。貢馬。

七年，宣慰使楊升招諭草塘、黄平及重安所轄當科、葛雍等二寨蠻人來歸。《明史稿》。

按:《貴州通志》云:“是年，楊升請剿當科諸寨。不許。”九年，楊升入朝賀萬壽，貢馬。明年，又遣兄亮貢馬。俱賞賚之。《遵義志》。

宣宗宣德元年，新添衛土舍宋志道糾洞蠻肆掠，總兵肖壽討之。《通志》。三年，升賀萬壽節。後期行在，禮部議予半賞，帝以道遠勿奪其賜。

輝奏正統十四年宣慰使楊綱老疾，以其子輝代。湖貴所轄臻、剖、五岔等苗賊，糾合草塘、江渡諸苗黄龍、韋保等殺掠人民，屢撫屢叛，乞調剿，以靖民患。帝命總督王來、總兵梁瑶等會同四川巡撫剿之。

七年，調輝兵征銅鼓、五開叛苗。并《明史稿》。

憲宗成化十年十一月，以播州賊齎果累歲爲民患，命宣慰楊輝子愛襲父職。

舊制，土官襲職，必三司先按實奏請而後許。正統末，苗蠻聚衆寇邊，輝父綱不任職，特命輝越制就襲。至是，土官同知羅宏奏輝有疾，乞以愛代。帝命愛襲職，仍敕愛即率兵從總官剿賊。先是，輝奏所屬夭壩幹地五十三寨及重安所轄灣溪等寨屢被蠻苗占據，乞令湖貴會兵征之。命如輝言。部以愛年幼，請仍起輝暫理軍事，又以輝難獨任，宜敕都御史張瓚親至播州裁處。《明史稿》。以宣慰楊輝奏夭壩苗叛，敕都御史張瓚討之，駐軍黄平。輝初欲奪嫡子愛爵與庶子友，計無所出，因思爲友樹功，遂誣奏苗叛，得旨征之。復誣奏友功，得授安撫使，因種播凱之隙。《遵義志》。

十二年冬十一月，四川巡撫張瓚討灣溪蠻寨地名，在今平越府黄平州、重安廢司境。蠻，破之。《通鑑輯覽》。先是，宣慰楊輝奏請王師討生苗，詔瓚親至播州，諭還侵地，不服即征之。至是，瓚督兵攻敗諸苗，奏設安寧宣撫司，即以輝子友爲之，詔從其請。

按:《明史》言:"友授宣撫。"而遵義孫《志》言"安撫"與《蠻司合志》之"設安撫於安寧,授友安撫使"合,而《合志》本條又注云:"《安撫紀録彙編》作'宣撫'。"今兩存之。

二十二年秋九月,遣刑部侍郎何喬新聽訟播州。播州宣慰使楊輝,欲立庶子友爲嗣,長官張源阿順之,安撫宋韜等諫,乃止。輝致仕,嫡子愛嗣,輝與淵謀割地授友,巡撫張瓚受輝賂,爲奏設安寧宣撫司,以友爲之。至是,輝死,友誣愛謀逆。聞於朝,遣喬新往勘。將行,請曰:"楊氏主播五百餘年,蠻夷服從久矣,歷代寬以文法,蓋治之以不治也。今但宜二人面質真僞,無令驚疑。"喬新至,盡得其始末,白愛誣。奪友官,安置他府,斬張源,播州遂安。《通鑑綱目·三編》《通鑑輯覽》同。

孝宗宏〈弘〉治元年,增設重安守禦千户所,命播州歲調土兵一千助戍守。

十四年,調播州兵五千征貴州賊婦米魯等。

武宗正德二年,升播州宣慰使楊斌爲四川按察使,仍理宣慰事。明年裁之,仍原職。尋敕令每年巡視邊境。進致仕宣慰愛階及服色。

舊制,土官有功,賜衣帶或旌賞部衆,無列銜方面者。斌狡横,不受兩司節制,諷安撫羅忠等上其平普安戰功、重賂劉瑾,得之。逾年,巡按俞緇奏斌不宜授,詔裁之,仍原職。初,友既编置保寧,愛益恣,厚斂以賄中貴,徵取友向所居凱離《明史》作"里"。地者獨苛。同知楊才居安寧,乘之,朘剥尤甚,諸苗憤怨。凱黎民爲友奏復官,弗得。乃潛入保寧,以友還,糾衆攻播州,焚愛居,遂殺才,多所殘戮。愛屢奏於朝,帝乃命鎮巡官調兵征之。會友死,遂緩師。至是,鎮巡官言:"友構亂罪大,然其身已死,其子宏尚幼。宏稍長,能悔過自新,且善撫御,蠻衆願聽其約束。乞授宏冠帶,名爲冠帶土舍,協同播州經歷司撫輯諸蠻。其家置保寧者,仍歸之,隸播州管轄。并諭斌與宏協和,不得再造釁端。"報可。未幾,播州安撫宋淮奏:"貴州凱口爛土苗,婚於凱離、草塘諸寨,陰相搆結爲亂。乞賜斌敕巡邊。"會湖廣鎮巡官撫處,部議不行。加授愛昭毅將軍,賜麒麟衣。時斌又爲其父請進階及服色,皆許之。并《明史稿》。

五年,詔復革爵土官楊友安撫使。友既革職羈管,至是,重賄劉瑾,求復原職。詔許之。巡撫林俊疏言亂階不可啟,大忤瑾意。遵義孫《志》。

遵義黄《志》按云:"孫《志》與當時相去不遠,此條所據必確,足以補諸史之闕。"《史稿》謂"至是,鎮巡官言友身已死,子尚幼,今宏稍長"云云,承"二年"之逾年,則是正德三年,友死已久,時事與遵義黄《志》皆不契。而《史稿》又云:"初,愛厚斂饋中貴。"當即指二年賂得按察事。又書:"凱里民爲友奏復官,弗得。乃潛入保寧以友還,又糾衆作亂,愛又屢奏帝,乃復命征之,而值友死。"此必非一二年事。疑《史稿》於"初,友既编置保寧"之上尚有脱文,遵義黄《志》之"詔復安撫",當即在凱里民爲奏復官時;《史》之"敕斌巡邊","進愛階服",又在數年後矣。

十一年,清平苗阿旁、阿革據香爐山稱王,遍攻興隆、偏橋、平越、新添、龍貴諸鎮,道路皆阻。《貴州通志》。

十二年,湖貴巡撫秦金、鄒文盛合兵討清平香爐山苗,平之。先是,巡撫曹祥進剿,不克,乃奏請總兵李昂及湖撫秦金會剿,擒阿革、阿義、阿黎;而香爐山險,百攻不能下,乃制諸攻。其督宣慰彭九霄、彭明甫等選精鋭,緣岩上縱火,斬阿旁等。乘勝剿黑苗,諸寨悉平定。并同上。

宣慰楊斌父喪,援例守制。《明史稿》。

《遵義志》按:"自是斌尋致仕,子相襲。"

貴州巡撫鄒文盛,遣參議蔡潮入播州撫苗蠻。

初,凱里土舍楊宏與重安土司馮綸等有怨,宏卒,綸等誘苗攻之,更相仇殺。巡撫鄒文盛遣參議蔡潮入播州,督致仕楊斌討平之。并《明史稿》。

世宗嘉靖元年,楊張盜邊劫白泥司印信。

宏既死,其弟張求襲父職,不得。時盜邊劫白泥司印信,復與相構兵。守臣乞改凱里屬貴州,以張爲土知州解釋之。兵部初聲其罪,既遂許張襲宣撫,而改安寧爲凱里,隸貴州。同上。

三十三年,立餘慶哨堡於走馬坪,立播州哨堡於三度關。總督馮岳以播州楊烈與水西搆,相攻垂十年。因奏立此,控馭三省接壤民苗之冲。《蠻司合志》。

復以播州隸四川,仍制於貴州思石兵備道。

初,嘉靖初議分凱里屬貴州,既又以播地多在貴州境,并改屬思、石兵備。及真州盜平,地方安靖,播人以爲非便,川、貴守臣异議不决,命總督會勘。總督奏,仍以播歸隸四川,而貴州、思、石兵備仍舊,兼制播、西、平邑諸土司事。報可。

穆宗隆慶五年,烈死,子應龍請襲,命姑予職。

神宗萬曆元年,給貴州新襲宣慰使楊應龍敕書。

八年,賜故宣慰楊烈祭葬,從應龍請也。

十四年,應龍獻木,賜飛魚服,授都指揮使銜。應龍獻大木七十,材美,賜飛魚服。又復引其祖斌賜蟒例,部議以斌有軍功且出特恩,未可爲比。帝命以都指揮使銜授應龍。以上并《明史稿》。

遵義黄《志》按云:"孫《志》載:'應龍獻大木,賜大紅飛魚服。'系十三年。"

調播州兵征松番。是年正月,松番諸番作亂。四川巡撫徐元泰决計大征,命游擊周于德將播州兵爲前鋒,六月班師。十五年七月,李應祥平越西諸衛,師旋,徐元泰益徵播州、西陽諸土兵,合五萬人,令應祥督邊之垣、朱文達及周于德三道入討邛部屬夷,以其地置屏山縣。《明史·李應祥傳》。

《遵義志》按云:"《郭子章西南三征記》云:'乙酉夏,楊柳番嘯聚諸番。聞於朝,則以兵屬今都督李將軍應祥。十月,徐公至蜀。十一月,擁衆突犯。公上疏,得請,益徵播州、西陽、平茶諸土兵。丙戌,正〈諸〉路兵繹至,乃檄游擊周于德將播州七千人營鑼鍋嶺,參將朱文達將平茶兵四千五百有奇營茨溝，而一統於李將軍'云云。'五月克牛尾，牛尾、樹柵、自雄，將軍分兵三路，宣慰楊應龍以所精兵從中擊之'云云。乃疏功於朝。又疏'建越倒懸急矣，請極〈拯〉之'。制可。徵諸路兵益之。丁亥四月，方欲下令解甲，復手疏請討邛部夷，仍徵土、漢兵四萬有奇，以冬十月出師，十二月癸酉克白穵。天星囤賊萬餘圍四山，分支接戰，我兵冒險攻之。播州兵先登，各路兵齊擊，賊大敗，遁。明年正月己丑，賊糾衆由大南門、大木瓜兩路突襲馬營，播州帥楊應龍率衆大呼沖之，賊退。"云云。五月班師，考乙酉萬曆十三年史，系十四年者，以兵至日爲言也。

十八年，播州屬五司七姓上變，告楊應龍反。

播州自洪武初楊鏗内附，世授宣慰司，地方千里，西北塹山，東南俯江，稱西南奥區。傳至應龍，性猜狠，嗜殺，數從征調，恃功驕蹇，知州兵脆弱，陰有據蜀志，間出剽州縣。嬖小妻田雌鳳，讒殺妻張氏，屠其家。用誅罰立威，所屬五司七姓不堪其虐。十八年，走貴州告變。巡撫葉夢熊疏請大征，詔不聽。《通志》。

貴州巡撫葉夢熊疏論應龍凶惡諸事，巡撫陳效歷數應龍二十四大罪。

時方防禦松潘，調宣慰土官兵協守。四川巡按李化龍疏請暫免勘問，俾應龍戴罪立功。按：遵義孫《志》云："十八年，楊應龍毁，坐鎮官旗，令復調應龍領兵征疊茂。"由是川、貴撫按疏辯，在蜀者謂應龍無可勘之罪，在黔者謂蜀有私暱應龍之心。於是給事中張希皋等以事屬重大，兩省利害，豈漫不相關者？乞從公會勘，無執成心。

十九年，貴撫夢熊主議，播州所轄五司改土爲流，悉屬重慶，與化龍意復相左，化龍遂引嫌求斥。蓋應龍本雄猜，阻兵嗜殺，所轄五司七姓悉叛離；嬖妾田，屠妻張氏并及其母。於是妻叔張時照與所部何恩、宋世臣等上變，告應龍反。夢熊請發兵剿之。而蜀中士大夫率謂蜀三面鄰播，屬裔以什百數，皆其彈壓，且兵驍勇，數征調有功，翦除未爲長策，以故蜀撫按并主撫，朝議命勘，應龍願赴蜀，不赴黔。并《明史稿》。

二十年，檄楊應龍至重慶府聽勘，拘留之。俄而，兵部復趣應龍選兵征倭。遵義孫《志》。

應龍詣重慶對簿，系論法當斬，請以二萬金贖。御史張鶴鳴方駁問。會倭大入朝鮮，徵天下兵，應龍因奏辨，且願將五千兵征倭自贖。詔釋之。兵已啓行，尋報罷。巡撫王繼光至，嚴提勘結，應龍遂抗不出。張時照等復詣奏闕下，繼光用兵之議遂決。《明史稿》。

二十二年，巡撫王繼光遣總兵劉承嗣、參將郭成征楊應龍於白石口，不利。《遵義志》。

二十一年，繼光至重慶，與總兵劉承嗣等分兵三道進婁山關，屯白石口。應龍佯約降，而統苗兵據關衝擊。承嗣兵敗，殺傷大半，會繼光論罷，即撤兵，委弃輜重略盡。黔師協剿，亦無功。時四川新撫譚希思與貴州鎮撫再議剿，御史薛繼茂主撫。應龍上書自白，遣其黨携金入京行間，執原奏何恩詣綦江縣。《明史稿》。

二十三年，敕總督侍郎刑玠勘播州事。《遵義志》。

二十二年，以兵部侍郎刑玠總督貴州。二十三年，玠至蜀，察永寧、酉陽，皆應龍姻媾，而黄平、白泥久爲仇讎，宜翦其枝黨。乃檄應龍，謂“當待以不死”。會水西宣慰安疆臣請父國亨恤典，兵部尚書石星手札示疆臣，趣應龍就吏得貰；疆臣亦奉札至播，招應龍。當是時，七姓惟恐龍出得除罪，而四方亡命竄匿其間，又幸龍反，因以爲利，驛傳文移，輒從中阻。四月，玠檄重慶知府王士琦詣綦江，趣應龍安穩聽勘。應龍使弟兆龍至安穩治郵舍儲糒，叩頭郊迎，致餼牽如禮，言：“應龍縛渠魁，待罪松坎。所不敢至安穩者，恐墮安穩仇民不測之禍也，幸請至松坎受事。”士琦曰：“松坎亦曩奏勘地也。”即單騎往。應龍果面縛道旁，泣請死罪，請治公館，執罪人及獻罰金獻庭中，得自比安國亨。國亨者，曩亦被訐，懼罪不出界，故應龍引之。士琦爲請於玠，許之。應龍乃縛獻黄元、阿羔、阿苗等按驗，抵應龍斬，以其族得論贖，輸四萬金，助采木。仍革職，以子朝棟代受職，次子可棟羈府追贖。黄元等斬重慶市。總督以聞。時倭氛未靖，本兵欲緩應龍，事東方；朝廷亦以應龍向有積勞，可其奏，於松坎設同知治焉，而以士琦爲川東兵備副使彈治之。應龍獲寬，益怙終不悛。尋可棟死於重慶，益痛恨。促喪歸不得，復檄完贖。大言曰：“吾子活，銀即至矣。”擁兵驅千僧招魂去。分遣土目，置關據險，厚撫諸苗，名其健者爲“硬手”，州人稍殷厚者，没入其資以養苗。苗人遂願爲出死力。《明史稿》。

二十四年，應龍殘餘慶，掠大阡、都壩，焚草塘、餘慶二司，遍及興隆、都匀各衛。又遣兆龍圍黄平，戮重安長官家，勢復大熾。

二十五年，應龍流劫江津及南川，臨合江，索其仇袁子昇縋城下，磔之。應龍益統苗兵，大掠貴州洪頭、高坪、新村諸屯。詗原奏仇民宋世臣、羅承恩等挈家匿偏橋衛，襲破之。大索城中，戮其父母，淫其妻女，備極慘酷。并同上。

按：高坪即今平越高坪司地。徐《志》：“萬曆中，楊應龍叛，平越衛指揮賈安國率兵百餘人與賊戰於龍坡囤，陣歿。”當即此時也。

秋七月，播州宣慰使楊應龍叛。《通鑑輯覽》。

——（光緒）《平越直隸州志》卷七《紀事》，載《中國地方志集成·貴州府縣志輯》，第26册，102～116頁

萬曆二十七年春三月，以李化龍總督川、湖、貴州軍務，討楊應龍。

先是，貴州巡撫江東之令都司楊國柱、指揮李建棟率兵三千剿應龍。應龍遣子朝棟、弟兆龍等迎敵於飛練堡。我師奪三百落。按：三百落即今甕安猴場三百落地，落讀去聲，在飛練東。賊佯敗走天邦囤，誘我師，伏發，國柱、廷棟皆死之。東之罷，以郭子章代，而起李化龍節制川、湖、貴州三省軍事，調東征諸將劉綎、麻貴、陳璘等南征。

六月，應龍乘大師未集，大勒兵犯綦江。時城中新募兵不滿三千，而應龍以兵八萬奄至，參將房嘉、游擊張良貴〈賢〉戰死，綦江陷。應龍盡殺城中人，投尸蔽江，水爲赤。以綦江之三溪、五渡，南川之東鄉壩，立石爲播界，號宣慰官莊，聲言合江、江津皆播故土。初，賊

本無意竟反，徒以安忍猖狂，既覆我師飛練，則騎虎勢不得下。於是，益結九股生苗及黑脚苗等爲助。十月，化龍移駐重慶。十一月，應龍屯兵官壩，聲言窺蜀。已而，焚東坡爛橋，楚、黔路梗，黄平、龍泉所在告急。

二十八年夏六月，總督李化龍率師討播州宣慰司楊應龍，平之。

是年正月，應龍五道出兵，破龍泉司，守備楊維忠以兵少不敵，避去。土官安民志，率步卒五百拒守，死之。二月癸未，賊執宣慰宋承恩去。承恩，應龍婿也。時李化龍徵兵大集，遂以十二月丙戌誓師，分八路，路三萬人，官兵三之，土司七之。川師四路：總兵劉綎從綦江入，以參將麻鎮等隸，參政張文耀監之；總兵馬孔英從南川入，以參將周國柱、宣撫冉馭龍等隸，僉事徐仲佳監之；總兵吴廣從合江入，以參將徐世威等隸，參議劉一相監之；副將曹希彬受廣節制，從永寧入，以參將吴文杰、永寧女土官奢世續等隸，參議史旌賢監之。黔師分三路：總兵童元鎮統鎮雄土知府隴澄、泗城土知府岑紹勛等由烏江；參將朱鶴齡受元鎮節制，統宣慰安疆臣等由沙溪；總兵李應祥統宣慰彭元瑶等由興隆，參議張存意、按察司楊寅秋監之。湖廣一路由偏橋，分兩翼：總兵陳璘統宣慰彭養正等由白泥；副總兵陳良玭受璘節制，統宣慰覃宜等由龍泉，副使胡桂芳、參議魏養蒙監之。巡撫郭子章駐貴陽，湖廣巡撫支可大移沅州。總督李化龍自將中軍策應，諭諸將，以抵婁山等關爲期，且曰："關外，且戰且招降，多不可勝誅也；關内，疾戰勿受降，師不可久老，賊詐不可信也。"綦江道最要，綎當之。應龍熟綎才，頗懼，益兵守要害。十五日，諸將克丁山銅鼓嚴村，遂直搗楠木山、羊簡臺、三洞，洞絶險，賊將穆照〈炤〉等衆數萬連營，諸將憚之。綎分兵攻其三面，大戰於李漢壩，生擒其魁。餘賊奔入洞，乘勢直搗洞前，焚之。賊多死，盡克三洞，擒穆照及賊魁吴尚華。是日，綎督戰，左持金，右挺劍，大呼曰："用命者賞，不用命者齒劍！"鬥死者四十人，遂大捷。三月，應龍乃遣子朝棟、惟棟及其黨楊珠統鋭卒數萬，由松坎、漁渡、羅古池三道并進。綎伏萬人羅古，待松坎賊；以萬人伏營外，待漁渡賊；而别以一軍策應。賊果至，伏盡起。綎率部下轉戰，斬首數百，追奔五十里，朝棟潰圍走，幾爲我師獲。應龍憚綎威名，意首挫其鋒，屬朝棟悉勁兵，間道相角，曰："爾破綦江，馳南川，盡焚積聚，餘無能爲也。"及朝棟敗，益膽落，聚守石虎關。綎亦掘塹守。

初，綎聞徵播命，逗留，多設難要朝廷。言官交劾綎，議調南京右府僉書。綎至是聞之，即辭任。李化龍以平播非綎不可，固留之，力薦於朝，綎乃復受事。遂克石虎關，拔賊滴淚、三坡、瓦窑坪諸隘，直抵婁山關。婁山萬峰插天，叢箐中一徑才數尺，賊設木關十三座，排栅置深坑，百險俱備。綎分奇兵爲左右路，間道趨關後，而自督大軍仰攻，奪其關，追至永安莊，兩路軍亦會。時三月二十九日也。

綎老將持重，慮賊衝突，聯諸營：一據婁山關爲老營，一據白石口爲腰營，一據永安莊爲前營。都指揮王芬者，勇而寡謀，每戰輒請爲前鋒，連勝，有輕敵心，獨營松門埡之衝，距大營數里。賊方有烏江之勝，謀再奪婁山。適穆照遣人洩芬孤軍狀。四月朔，賊乃襲殺芬，守備陳天綱、天全招討楊愈亦死，失亡士卒二千人。綎聞，急往救，部將周以德、周敦吉夾攻，賊始大奔，追至養馬城而還。是日，應龍幾被獲，乃不敢窺婁山。綎懲前失，劄近關，堅壁，且請濟師。逾十餘日，克後水囤，營於冠子山，尋會馬孔英，壁海龍囤下。孔英道南川獨險遠，去應龍海龍囤六七百里。未至重慶時，推官高折枝監紀軍事，請獨當一面。乃與參將周國柱，先以石柱宣撫馬千乘兵破賊金筑，復督酉陽宣撫冉馭龍敗賊於官壩。時賊既破龍泉，方移師攻婺川，聞敗乃遁。及孔英至，軍平茶，邑梅兵亦集，軍容甚壯。先師期一日入真州，用土官鄭葵、駱麟爲嚮導，别遣邊兵千扼明月關。諸軍鼓行前進，破四寨，攻赤崖，抵清水坪、封寧關，悉破賊營十數。逼桑木關，關内民降者日千計。折枝結三大寨處之，禁殺掠，降者日衆，賊益孤。關爲賊要害，山險箐深，賊憑高據守。三月初八日，乃令千乘、馭龍出關左右，國柱搗其中。賊用標搶藥矢，鋭甚。官軍殊死戰，奪其關。逐北至風坎關，賊復大敗，連破九杵、黑水諸關，苦竹、羊崖、銅鼓諸寨。國柱攻金子壩，無一人，疑有伏，焚空寨十九，嚴兵以待，賊果突出，擊敗之。孔英乃留王之翰兵守白玉臺，衛餉道，平茶、邑梅兵守桑木關，而親提大軍進營金子壩。應龍聞桑木關破，大懼，遣弟世龍及楊珠以鋭卒劫之翰營，之翰走，殺餉兵無算。平茶兵來援，賊始退。孔英還擊世龍，復不勝，步卒發火箭，裨將劉勝復奮擊，賊乃奔。官軍進朗山口，由朗山進蒙子橋，深箐蓊翳，賊處處設伏，悉剿平之。應龍遣其黨詐降，謀爲内應，折枝盡斬之，伏以待。賊果夜劫營，伏發，賊驚潰，追奔至高坪。已，奪賊養馬城，直抵海龍第二關下，賊守兵益多。孔英軍已深入，而諸道未有至者。酉陽、延綏兵皆退，賊躡殺官兵六十人。居數日，劉綎兵至，乃合兵，連克龍爪、海雲諸囤，壓海龍囤而壘。

初，總督李化龍刻師期，諸將莫利先入。孔英所將邊卒及諸土兵皆獷悍，監紀折枝勇而有謀，故師獨先入道至屯前。吴廣出合江，屯二郎壩，大行招徠，賊驍將郭通緒者迎戰，將士襲走之。陶洪、安村、羅村三寨土官各出降，他部來歸者數萬，廣擇其壯者從軍。通緒扼穿岩囤，廣督土、漢軍擊破之。劉綎、馬孔英已入播，廣猶頓二郎，總督李化龍趣之，乃議分四哨進攻岩門，别遣奢世續等督夷兵二千，扼桑木埡諸要害，以防餉道。諸將連破數屯，進營母猪塘。應龍令通緒盡發關外兵拒敵，廣伏炮手五百於磨槍埡外南岡下，而遣裨將趙應科挑戰。埡兩山相夾，中甚隘。通緒橫槊衝應科，科陽〈佯〉北，通緒追出埡，遇伏，急旋馬，中炮墜，方躍上他馬，伏兵攢刺之，殪。餘賊大奔，官軍逐北，賊盡降。遂薄崖門，徑小，止容一騎，賊衆萬餘出關拒戰。曹希彬懸賞千金，士攀崖競進，追至第四關，關上男女盡哭，於是賊黨自殺，其魁羅進恩率萬餘人出降。其第一關猶拒不下，廣乘夜疾進，奪其關，關内民争獻牛酒。時李應祥、陳璘猶在關外，廣合希彬軍連戰一碗水、土岩、分水關，皆捷，遂進營水牛塘。應龍知廣軍孤深入，謀欲襲之，乃遣人詐降，廣測其詐，堅壁以待。應龍擁衆三萬直衝大營，諸將殊死戰，會他將來援，師乃退。廣遂進壁海龍囤。童元鎮督永順、泗城、鎮雄諸土軍，由烏江。初，元鎮先駐銅仁，憚應龍，久不進，屢趣乃行。時劉綎、吴廣諸軍已進，群賊議分兵守，其參謀孫時泰曰："分兵則力薄，乘官軍未集，先破其弱者，餘自退矣。"應龍善之。

聞元鎮將抵烏江,應龍曰:“此易與耳,縱之渡江,密以計取。”監軍楊寅秋言:“烏江去播不遠,宜俟諸道深入,恊力齊驅。”元鎮不從,於是永順兵先奪烏江。賊遣千餘人沿江叫罵以誘之,諸軍既濟,復奪老君關,前哨參將謝崇爵乘勢督泗城及水西兵,再拔河渡關。三月望,賊以步騎數千,先衝水西軍,軍中驅象出戰,賊多傷。俄駕象者斃,象反走,擲火器者又誤擊己營,陣亂,泗城兵先走,崇爵亦走;争浮橋,橋斷,殺、溺死者數千人。河渡既敗,烏江軍相去六十里,猶未知。明日,參將楊顯發永順兵三百出哨,道遇賊數萬,咸爲水西裝。永順兵不疑,與盟誓。賊掩殺三百人,亦襲其裝,直趨烏江。烏江軍信爲水西、永順兵,不設備,遂爲賊所破,争先渡江。賊先斷浮橋,數千人皆溺死,顯及二子與焉。元鎮所部三萬人不存什一,將校止崇爵等三人,江水爲不流。貴陽聞警,居民盡避入城,遠近震動。化龍用上方劍斬崇爵,益徵兵,檄鎮雄土官隴澄邀賊歸路。隴澄者,即安堯臣,水西安疆臣弟也。軍不與元鎮合,獨全,當事頗疑其通賊。寅秋以鎮雄去播止二日,令搗巢立效,澄許之。河渡未敗時,澄已遣步將劉岳、王嘉猷攻拔苦竹關及半壩嶺。既敗,二將移新站。賊伏兵大水田,別以五千人來襲,敗還。嘉猷乃揚聲搗大水田,而潛以一軍拔大夫關,直抵馬坎,斷賊歸路,與疆臣合,賊遂遁。會都指揮徐成將兵至,合岑紹勛兵,再克河渡關。賊將張守欽、袁五受據長箐萬丈林,永順兵擊破之,生擒守欽;攻清潭洞,復擒五受。會朝議責元鎮敗狀,逮下獄,令李應祥并將其軍。應祥由興隆入,受事於二月下旬。副將陳寅等已連克數囤,拒賊四牌高囤下,别遣兵從間道直搗龍水囤。他將蔡兆吉又自乾坪抵箐岡,過四牌。賊首謝朝俸營其地,四面峭壁深箐,賊從高鼓譟,官軍殊死戰,俘朝俸妻子,乘勢抵河畔。會烏江敗書聞,斂兵不進者旬日。應祥已受任,趣諸將急渡,寅等乃取他道渡河,而潛爲浮橋以濟師。諸軍既渡,賊失險,乞降者相繼,應祥悉受之。賊所恃黄灘一關壁立,衆死守。會賊徒石勝俸等率萬餘人降,告曰:“去黄灘三十里有三關,入播門户也,先襲破之,則黄灘孤難守。”應祥然其計,令偕陳寅率精卒四千,夜抵關下。勝俸以數十騎誘開前門,盡殲其戍卒。黄灘賊懼,益增兵固守。寅督諸將渡河,攻關前;勝俸由墳林暗渡,襲關後。賊乃大敗,應祥遂直抵海龍囤。

陳璘由偏橋進,軍次白泥。應龍子朝棟率賊二萬渡烏江迎戰,璘前禦之,而分兩翼躡其後,賊少挫,追奔至龍溪山,賊合四牌賊共拒璘。四牌在江外,與江内七牌皆五司遺種、九股惡苗,素助賊。璘廣招撫,乃進軍龍溪。諜報有伏,令游擊陳策以火器擊之,賊據險,矢石雨下。璘先登,斬小校退者以徇。把總吴應龍等陷陣,賊大潰,退拒四牌保兒囤。璘遣二裨將逼之,中伏,璘募死士從應龍等奮擊,賊復潰,奔據囤巔,夜由後遁,黎明追及於袁家渡,賊復敗。悉渡江遁,四牌之賊遂盡。

三月望,諸軍爲浮橋渡江,知賊將張佑、謝朝俸等營七牌野猪山。璘即夜發,抵苦練坪,前鋒與戰,後軍至,夾擊之,賊敗逃深箐,官軍遂入苦菜關。會童元鎮烏江師敗,璘大懼,請退師,李化龍不可。璘乃進營楠木橋,次湄潭。賊悉聚青蛇、長坎、馬腦、保子四囤,地皆險絶，而青蛇尤甚。璘議："同日攻則兵力弱，止攻一囤則三囤相助。"乃先攻三囤，次及青蛇。良玭師亦來會，令伏囤後，別以一軍守板角關，防賊逸。璘督諸將力攻三日，賊死傷無算，三關遂下。青蛇四面陡絶，璘圍其三面，購死士從馬腦附葛至山背舉炮，賊惶駭，諸軍進攻，焚其茅屋。賊退入囤内，木石交下。將士冒死上，毁大栅二重，前後擊之，賊大敗，七牌之賊亦盡。時四月十三日也。乃分兵六道，攻克大小三渡關，乘勝抵海龍囤。海龍囤者，賊所倚天險，飛鳥騰猿不能逾者。及諸路兵俱集囤下，賊見勢急，父子相抱哭，上囤死守，每路投降文，緩我師。化龍檄："賊詭降，即斬使焚書，無爲所紿虞。"綎與應龍舊，檄無通賊，綎械其人自明。賊詭令婦人於囤上拜表痛哭，云："田氏且降。"詐爲應龍仰藥死，報吴廣。廣輕信，按兵不動。已，覘知田氏詐降緩攻，而所云應龍死，乃川兵攻囤，以火炮擊死所謂楊珠也。珠驍勇善戰，既死，賊痛如失左右手。廣覺詐，益列兵協攻，燒二關，奪三山，絶賊樵汲。五月十八日，始築長圍，化龍令諸將分日迭攻。安疆臣攻囤後，受賊重賄，多與通，且潛以火藥貽賊，故賊不備其後。陳璘知之，與監軍者謀，令安疆臣退一舍。璘移其處，置鐵牌百餘，距囤丈許，賊强弩無所施。又爲簐板於栅前，賊每夜出劫，爲釘傷，不敢復出。會化龍聞父喪，詔以墨縗視事。化龍跣而草檄，益治軍。時天苦雨，將士馳淖中苦戰。六月四日，天忽開朗。五日，劉綎身先士卒，進克土、月二城。應龍益迫，夜散數千金募死士拒戰，諸苗皆駭散無應者。起，提刀自巡壘，見四面火光燭天，旁皇長嘆，泣與妻子曰："吾不能復顧若矣！"六日，陳璘與吴廣當進兵，璘夜四鼓銜枚上，賊鼾睡，斬其守關者，樹白幟、鳴炮，賊大驚潰散。廣兵亦至。應龍倉皇同愛妾二，闔室縊，且自焚。廣獲其子朝棟及妾田雌鳳，急覓尸出焰中。廣中火毒失聲，幾絶，頃而蘇。自出師至滅賊，百十有四日，總督李化龍露布以聞。十二月庚辰，李化龍、郭子章、江鐸按：鐸，沅撫。俘楊朝棟等獻於闕下。丙寅，上御樓受之，群臣稱賀，命磔楊朝棟等於西市，釋宋承恩。

二十九年正月壬子朔，頒《平播詔》於天下。既平播州，就平越衛設平越軍民府，以黄平安撫司置黄平州，以草塘、雍水二司置甕安縣，以餘慶、白泥二司置餘慶縣，以苦竹壩、三裹、柒牌置湄潭縣，皆宣慰司地也。又於平越司置貴定縣，俱隸府。府領州一，縣四，兼領黄平所、楊義長官司。以上并《通志》。

萬曆二十七年己亥，播平。二十八年庚子，就平越衛設平越府，領州一，黄平；縣三，甕安、湄潭、餘慶；衛三，平越、興隆，新添；所一，黄平；長官司四，楊義、新添、丹平、丹行。舊徐《志》。

按："徐《志》平播及設府縣，俱視《通志》差一年，且《通志》領縣四，而徐《志》縣三，無貴定，俱甚殊舛，蓋貴定入。國朝後改屬貴陽府，非萬曆平播後置縣事實也。説詳沿革。"

城平越，府、州、縣、衛、所清丈田畝，始定平越田賦，復置湄潭、白泥諸驛。

按："播州舊設有松坎、桐梓、播州、永安、湘川、烏江、昌田、沙溪、仁水、湄潭、鰲溪、岑黄、白泥十三驛。應龍叛，驛廢，至是復設。"

——(光緒)《平越直隸州志》卷八《紀事》,載《中國地方志集成·貴州府縣志輯》,第26册,116～122頁

甕安縣城,原爲平越衛幹平堡地,舊隸貴州都司;而草塘、甕水二司隸播州。明萬曆二十八年,播州平,巡撫郭子章奏以幹平堡及二土司地置甕安縣,隸平越軍民府,署知府事。副使劉冠南建石城,周六百九十丈零計三里八分,高二丈,厚一丈。東西南北凡四門,門有樓,明季毁於兵。

——(光緒)《平越直隸州志》卷九《建置》,載《中國地方志集成·貴州府縣志輯》,第26册,第139頁

湄潭縣城,舊爲播州關外四牌地。元名苦竹壩,明萬曆庚子平播,又二年,巡撫郭子章署府事劉冠南建磚城。周圍三百八十八丈,高一丈五尺,廣一丈。門二,南曰久安,北曰長治。城樓二。

——(光緒)《平越直隸州志》卷九《建置》,載《中國地方志集成·貴州府縣志輯》,第26册,第142頁

儒學在州城内西南隅,舊爲衛學。明宣德癸丑,參議李睿創建。成化二年,遷建察院左。萬曆二十九年,平播後設府,改衛學爲府學。三十一年,改建於府之南。四十五[年],上遷於府之東。

——(光緒)《平越直隸州志》卷十一《典禮》,載《中國地方志集成·貴州府縣志輯》,第26册,第156頁

(元)李嗣宗,《明統志》:"至元末,播州千户守禦勇敢善撫兵,衆人咸德之。"

——(光緒)《平越直隸州志》卷二十四《秩官》,載《中國地方志集成·貴州府縣志輯》,第26册,第344頁

詹貞吉,四川巴縣人,戊辰進士。萬曆十年分守新鎮道。播龍稱逆,公知人心洶洶,特携家眷來越,示以與民堅守,方有固志。素性澹泊簡易,民最相安。越初設府,凡經制籌畫,靡不殫心於民社,徒步習勞。莅黔十餘年,竹篋書笥,蕭然如老衲。升雲南左方伯。

——(光緒)《平越直隸州志》卷二十四《秩官》,載《中國地方志集成·貴州府縣志輯》,第26册,第344頁

石邦憲,《明史》本傳:"字希尹,貴州清平衛人。嘉靖七年嗣世職,爲指揮使,纍功進署

都指揮僉事,充銅仁參將,進總兵官,鎮貴州。播州宣慰楊烈殺長官王黼,黼黨李保等治兵相攻且十年。總督馮岳與邦憲討平之。播州苗盧阿項爲亂,邦憲以兵七千編筏渡江,直抵磨子崖。策賊必夜襲,先設備。賊至,擊敗之。賊求援於播州吴鯤,諸將懼,邦憲曰:'水西宣慰安萬銓,播州所畏也。吾調水西兵攻烏江,聲楊烈縱鯤助逆罪,烈奚暇救人乎?'已,水西兵至。邦憲進逼其巢,乘風縱火,斬關而登,賊大奔潰,擒賊首父子,斬獲四百七十餘人。進署都督同知。"

——(光緒)《平越直隸州志》卷二十四《秩官》,載《中國地方志集成·貴州府縣志輯》,第26册,第345頁

楊國柱、李廷棟,萬曆二十七年二月,楊應龍敗官兵於飛練堡,二人死之。詳後《李化龍傳》。

——(光緒)《平越直隸州志》卷二十四《秩官》,載《中國地方志集成·貴州府縣志輯》,第26册,第345頁

李化龍,《明史》本傳:"字于田,長垣人,萬曆二年進士。二十七年,總督湖廣、川、貴軍務兼巡撫四川,討播州叛臣楊應龍。"

應龍之先曰楊鑑,明初内附,授宣慰使。應龍性猜狠,嗜殺,數從征調,恃功驕蹇。知川兵脆弱,陰有據蜀志,間出剽州縣。嬖小妻田雌鳳,讒殺妻張氏,屠其家。用誅罰立威,所屬五司七姓不堪其害,走貴州告變。巡撫葉夢熊疏請兵征。詔不聽,逮繫重慶獄。應龍詭將兵征倭自效,得脱歸。復逮,不出。四川巡撫王繼光發兵討,覆於白石,應龍委罪諸苗。朝廷命邢玠總督,值東西用兵,勢未能窮治,因招撫之。應龍益結生苗,奪五司七姓地,并湖、貴四十八屯以畀之,歲出侵掠。是年二月,敗官軍於飛練堡,都司楊國柱、指揮李廷棟等皆死。已,復破綦江,殺參將房嘉寵、游擊張良賢,投尸蔽江下。僞軍師孫時泰請直取重慶,搗成都,劫蜀王爲質,而應龍遷延,聲言争地界,冀曲赦如曩時。化龍至成都,徵兵未至,亦謬爲好語縻之。

帝聞綦江破,大怒,追褫前四川、貴州巡撫譚希思、江東之職,而賜化龍劍,假便宜討賊。賊焚東坡、爛橋,梗湖、貴路,又焚龍泉,走都司楊惟忠。化龍劾諸大帥不用命者,沈尚文逮治,童元鎮、劉綎皆革職充爲事官。諸軍大集,化龍先檄水西兵三萬守貴州,斷招苗路,乃移重慶,大誓文武。明年二月,分八道進兵。川師四路:總兵官劉綎由綦江;總兵官馬孔英由南川;總兵官吴廣由合江;副將曹希彬受廣節制,由永寧。黔師三路:總兵官童元鎮由烏江;參將朱鶴齡受元鎮節制,統宣慰使安疆臣由沙溪;總兵官李應祥由興隆。楚師一路,分兩翼:總兵官陳璘由偏橋,副總兵陳良玭受璘節制,由龍泉。每路兵三萬,官兵三之,土司七之。貴州巡撫郭子章駐貴陽,湖廣巡撫支可大移沅州,化龍自將[中]軍策應。

帝以楚地遼闊，又擢江鐸爲僉都御史，巡撫偏沅。湖廣設偏沅巡撫，自鐸始也。推官高折枝，先以南川兵進據桑木鎮。綎復自綦江入。應龍以勁兵二萬屬其子朝棟，曰："爾破綦江，馳南川，盡焚積聚，彼無能爲也。"比抗諸路兵皆大敗，應龍頓足歎曰："吾不用時泰計，今死矣！"或言水西佐賊，化龍詰之。疆臣斬賊使，二氏交遂絶。烏江兵敗績，逮下元鎮於理，諸將益奮。綎先入婁山關，直抵海龍囤。璘、疆臣兵亦至。賊勢急，上囤死守，遣使詐降。化龍檄諸將，斬使焚書。以綎與應龍有舊，諭無通賊，綎械其人以自明。八路兵皆會囤下，築長圍困之，更番迭攻。六月，綎破土、月二城。應龍窘，與二妾俱縊。明晨，官軍入城，七子皆被執。詔磔應龍尸并子朝棟於市。

自出師至滅賊，凡百有十四日。播自唐乾符中入楊氏，二十九世，八百餘年，至應龍而絶。以其地置遵義、平越二府，分屬川、貴。化龍初聞父喪，以金革起復，至是乞歸終制。起工部右侍郎，總理河道，再以憂去，未代。叙前平播功，晉兵部尚書，加少保，蔭一子世錦衣指揮使。三十五年，起戎政尚書。一品秩滿，加柱國、少傅兼太子太保。卒官，年七十，謚"襄毅"，贈少師，加贈太師。化龍具文武才，播州之役，以劉綎驕蹇，先摧挫之而薦其才，故綎爲盡力。

——（光緒）《平越直隸州志》卷二十四《秩官》，載《中國地方志集成·貴州府縣志輯》，第26册，345～346頁

劉綎，《明史》本傳：字省吾，……（萬曆）二十年，詔授五軍三營參將。會朝鮮用師，綎請率川兵五千赴援。詔以副總兵從征。還，屬播酋楊應龍作亂，擢綎四川總兵官。尋以應龍輸款，而青海寇擾，特設臨洮總兵官，移綎任之。二十四年，火落赤等掠番寇内地告捷。綎等進秩予蔭有差。明年，朝鮮再用師，破之。進綎都督同知，世陰千户，遂移征楊應龍。

會四川總兵官萬鏊罷，即以綎代之。時兵分八道，川居其四。川東又分爲二，以綦江道最要，令綎當之。應龍熟綎才，頗懼，益兵守要害。二十八年正月，諸將克丁山、銅鼓、嚴村，遂直搗楠木、山羊、簡臺三洞。洞絶險，賊將穆照等率衆數萬連營，諸將憚之。綎分兵攻其三面，大戰於李漢壩，生禽其魁，餘賊奔入洞。乘勢克三關，直搗洞前，焚之，賊多死。盡克三洞，擒穆照及賊魁吴尚華。是日，綎督戰，左持金，右挺劍，大呼曰："用命者賞，不用命者齒劍！"鬥死者四十人，遂大捷。應龍乃遣子朝棟、維棟及其黨楊珠統鋭卒數萬，由松坎、魚渡、羅古池三道并進。綎伏萬人羅古，待松坡賊；以萬人伏營外，待魚渡賊；而别以一軍策應。賊果至，伏盡起。綎率部下轉戰，斬首數百，追奔五十里。賊聚守石虎關，綎亦掘塹守。

初，綎聞征播命，逗遛，多設難以要朝廷。言官交劾，議調南京右府僉書。綎至是聞之，即辭任。總督李化龍以平播非綎不可，固留之，力薦於朝，乃復受事。逾夜郎舊城，攻克賊於滴淚、三坡、瓦窑坪、石虎諸隘，直抵婁山關。婁山萬峰插天，叢箐中一徑纔數尺。賊設木關十三座，排栅置深坑，百險俱備。綎分奇兵爲左右路，間道趨關後，而自督大軍仰攻，奪其

關,追至永安莊,兩路軍亦會。綎老將持重,慮賊衝突,聯諸營:一據婁山關爲老營,一據白石口爲腰營,一據永安莊爲前營。都指揮王芬者,勇而寡謀,每戰輒請爲前鋒,屢勝,有輕敵心。獨營松門埡之衝,距大營數里。賊方有烏江之勝,謀再奪婁山。適穆照遣使洩芬孤軍狀,賊乃襲殺芬,守備陳大剛、天全招討楊愈亦死,失亡士卒二千人。綎聞,親率騎卒往救,部將周以德、周敦吉分兩翼夾攻,賊始大奔,追至養馬城而還。是日,應龍幾被獲,乃不敢窺婁山。綎懲前失,剳近關堅壁,且請濟師。逾十日,克後水囤,營於冠子山。尋會馬孔英、吴廣諸軍,逼海龍囤下,與諸將共平賊,綎功爲多。初,李化龍薦綎,言官謂綎嘗納應龍賄,使使齎玉帶一、黄金百、白金千投化龍家,爲化龍父所叱。投巡按御史崔景榮家,亦如之。化龍、景榮并奏其事。詔革綎任,永不收録,没其物於官。已,録平播功,進左都督,世蔭指揮使。綎於諸將中最驍勇,所用冰鐵刀百二十斤,馬上輪轉如飛,天下稱"劉大刀"。天啓初,贈少保,世蔭指揮僉事,立祠曰"表忠"。

《劉氏武功氏録》:"綎,本宋侍御史龔杞後,父顯贅於劉,從其姓。後請復姓,神宗不許,謂復姓則掩乃父功,欽賜姓劉,卒年六十七。其平播時,賜功賞銀四千二百兩,只給二千兩,其餘二千二百兩以遵義、仁懷田土酬折作賞。後次子佐官貴州都司。崇禎中,歸居綎功田之在合江者。"

——(光緒)《平越直隸州志》卷二十四《秩官》,載《中國地方志集成·貴州府縣志輯》,第 26 册,346 ~ 348 頁

馬孔英、高折枝,《明史·馬孔英傳》:"宣府塞外降丁也,積戰功爲寧夏参將。萬曆二十四年,擢署都督僉事。會大征播州楊應龍,詔發陝西四鎮兵,令孔英將以往。兵分八道,孔英道南川,獨險遠,去應龍海龍囤六七百里。未至,重慶推官高折枝監紀軍事,請獨當一面。乃與参將周國柱先以石砫宣撫馬千乘兵破賊金筑,復督酉陽宣撫冉御龍敗賊於官壩。孔英至軍,平茶、邑梅兵亦集,軍容甚壯。先師期一日入真州,用土官鄭葵、路〈駱〉麟爲嚮導,别遣邊兵千扼明月關。諸軍鼓行前,連破四寨,次赤岩,抵清水坪、封寧關,破賊營十數,逼桑木關。關内民降者日千計。折枝結三大寨處之,禁殺掠,降者日衆,賊益孤。關爲賊要害,山險箐深,賊憑高拒。乃令千乘、御龍出關左右,國柱搗其中。賊用標槍、藥矢鋭甚。官軍殊死戰,奪其關,逐北至風坎關,賊復大敗。連破九杵、黑水諸關,苦竹、羊巖、銅鼓諸寨。國柱攻金子壩,無一人,疑有伏。焚空寨十九,嚴兵以待,賊果突出,擊敗之。孔英乃留王之翰兵守白玉臺,衛餉道;平茶、邑梅兵守桑木關;而親帥大軍進營金子壩。應龍聞桑木關破,大懼,遣弟世龍及楊珠以鋭卒劫之翰營。之翰走,殺餉卒無算。平茶兵來援,賊始退。孔英還擊,世龍復却。裨將劉勝奮擊,賊乃奔。官軍進朗山口,進蒙子橋。深箐蓊翳,賊處處設伏,悉剿平之。應龍益懼,遣其黨詐降,謀爲内應。折枝盡斬之,伏以待。珠果夜劫營,伏發,賊驚潰,追奔至高坪。已,奪賊養馬城,直抵海龍第二門下,賊守兵益多。孔英軍已深

入，而諸道未有至者。酉陽、延綏兵皆退，賊躡殺官軍六十人。居數日，劉綎兵至，乃合兵連克海岩、海門諸關。賊走保囤上，竟覆滅。初，總督李化龍克師期，諸將莫利先入。孔英所將邊卒及諸土兵皆獷悍，監紀折枝勇而有謀，故師獨先八道圍海龍。諸將以囤後易攻，争走其後，孔英獨壁關前。録功，進都督同知，世蔭千户。久之，以總兵官鎮貴州，平金筑、定番叛苗，生禽首惡阿包、阿牙等。已而欲襲黄柏山苗，苗知之，先發，敗官兵，匿不報。又誘執苗酋石阿四，稱陣禽冒功，爲巡撫胡桂芳所劾，罷歸。卒。”

《陳志》：“折枝，固始人，以重慶府推官監紀入播，身先行陣，策勵士馬。自播發難以迄蕩平，終始不渝。叙功第一。”

——(光緒)《平越直隸州志》卷二十四《秩官》，載《中國地方志集成·貴州府縣志輯》，第26册，348～349頁

吴廣，《明史》本傳：“廣東人。以武生從軍，纍著戰功。萬曆二十五年，以副總兵從劉綎禦倭朝鮮，領水軍與陳璘相犄角，俘斬甚衆。甫班師，大征播州，擢廣總兵官，以一軍出合江。副將曹希彬以一軍出永寧，受廣節制。廣屯二郎壩，大行招徠。賊驍將郭通緒迎戰，將士襲走之。陶洪、安村、羅村三寨土官各出降，他部來歸數萬，廣擇其壯者從軍。通緒扼穿岩囤，廣督土、漢軍擊破之。劉綎、馬孔英已入播，廣猶頓二郎，總督李化龍趣之。乃議分四哨進攻岩門，别遣永寧女土官奢世續等督夷兵二千扼桑木關諸要害，以防餉道。諸將連破數囤，進營母猪塘。楊應龍懼，令通緒盡發關外兵拒敵。廣伏炮手五百於磨搶埡外南岡下，而遣裨將趙應科挑戰。埡夾兩山中，甚隘。通緒横槊衝應科，應科佯北，通緒追出埡，遇伏，急旋馬，中炮墜，方躍上他馬，伏兵攢刺之，殪。餘賊大奔，官軍逐北，賊盡降，遂薄岩門。徑小，止容一騎，賊衆萬餘，出關拒戰。希彬懸賞千金，士攀崖競進，追至第四關。關上男婦盡哭。賊黨自殺其魁羅進恩，率萬餘人出降。其第一關猶拒不下，廣乘夜疾進，奪其關，關内民争獻牛酒。劉綎、馬孔英已入關，李應祥、陳璘猶在關外。廣合希彬軍連戰紅碗、水土崖、分水關，皆捷，遂進營水牛塘。應龍大懼，知廣軍孤深入，謀欲襲之，乃遣人詐降。廣測其詐，堅壁以待。應龍擁衆三萬直衝大營，諸將殊死戰，會他將來援，賊乃退。廣遂與諸道軍逼海龍囤。賊詐令婦人乞降，哭囤上，又詐報應龍仰藥死，廣信之。已，知其詐，急燒第二關，奪三山，絶賊樵汲，賊益窘。旋與陳璘從囤後登，應龍急，自焚死。獲其子朝棟，出應龍尸烈焰中。廣中毒矢，失聲，絶而復蘇。遂以本官鎮四川，逾年卒。初，廣之頓二郎也，有言其受賄寇者，詔謫充爲事官。後論功，贈都督同知，世蔭千户。”

——(光緒)《平越直隸州志》卷二十四《秩官》，載《中國地方志集成·貴州府縣志輯》，第26册，第349頁

陳璘，《明史》本傳：字朝爵，廣東翁源人。萬曆初，屢進屬都指揮僉事。二十年，朝鮮

用兵，擢充副總兵官，改協守漳、潮。坐賄石星，罷歸。二十五年，起故官，援朝鮮。明年，擢禦倭總兵官，尋令提督水軍。論功爲首，進璘都督同知，世廕指揮僉事。

會有征播役，命璘爲湖廣總兵官，由偏橋進；副將陳良玭由龍泉，受璘節制。二十八年二月，軍次白泥。楊應龍子朝棟率衆二萬渡烏江迎戰，璘前禦之，而分兩翼躡其後。賊少挫，追奔至龍溪山，賊合四牌賊共拒。四牌在江外，與江内七牌皆五司遺種、九股惡苗，素助賊。璘廣招撫，乃進軍龍溪，偵知賊有伏，令游擊陳策用火器擊之，賊據險，矢石雨下。璘先登，斬小校退者以徇。把總吳應龍等陷陣，賊大潰，退四牌保兒囤。璘二裨將逼之，中伏。璘募死士從應龍等奮擊，賊復潰，奔據囤巔，夜由山後遁。黎明，追及於袁家渡，復敗之，四牌之賊遂盡。三月望，諸軍爲浮橋渡江。知賊將張佑、謝朝俸、石勝俸等營七牌野猪山，璘即夜發，抵苦練坪。前鋒與戰，後軍至，夾擊之，賊敗逃深箐，官軍遂入苦菜關。會童元鎮烏江師敗，璘懼，請退師，總督李化龍不可。璘乃進營楠木橋，次湄潭。賊悉聚青蛇、長坎、瑪瑙、保子四囤，地皆絶險，而青蛇尤甚。璘議，同日攻則兵力弱，止攻一囤，則三囤必相助。乃先攻三囤，次及青蛇。良玭師亦來會，令伏囤後，别以一軍守板角關，防賊逸。璘督諸將力攻三日，賊死傷無算，三囤遂下。青蛇四面陡絶，璘圍其三面，購死士從瑪瑙後附葛至山背舉炮，賊惶駭。諸軍進攻，焚其茅屋。賊退入囤内，木石交下。將士冒死上，毁大栅二重，前後擊之，賊大敗，斬首一千九百有奇，七牌之賊亦盡。乃分兵六道，攻克大、小三渡關，乘勝抵海龍囤下。諸將俱攻囤前，獨水西安疆臣攻其後，相持四十餘日。其下受賊重賄，多與通，且潛以火藥遺賊，故賊不備其後。璘知之，與監軍者謀，令疆臣退一舍。璘移其處，置鐵牌百餘，距囤丈許，賊强弩無所施。又爲笓板於栅前，賊每夜出劫，爲釘傷，不敢復出。應龍勢窮，相聚哭。

化龍初有令，諸將分日攻。六月六日，璘與吳廣當進兵。璘夜四更銜枚上，賊鼾睡，斬其守關者，樹白幟、鳴炮。賊大驚潰散，應龍自焚。廣軍亦至，賊盡平。遂移師討皮林。皮林在湖、貴交，與九股苗相接。有吳國佐者，洪州司特峒寨苗也，桀黠無賴。其從父大榮以叛誅，國佐收其妾。黎平府招之急，遂反。自稱"天皇上將"，其黨石纂太稱"太保"。合攻上黄堡，誘敗參將黄冲霄，追至永從縣，殺守備張世忠，炙而噉之，掠屯堡七十餘，焚五開南城，陷永從，圍中潮所。時方征播州，未暇討。既平播，偏沅巡撫江鐸命璘與良玭合兵討之。良玭失利。明年，鐸移駐靖州，命璘率副將李遇文等七道進。璘禽苗酋銀貢等。游擊宋大斌攻破特峒，焚之。國佐逃天浦四十八寨，復入古州毛洞，追獲之。石纂太逃廣西上岩山，指揮徐時達誘縛之。賊黨楊永禄率衆萬餘屯白冲，游擊沈弘猷等夾攻，生禽永禄。諸苗悉平。

……征播時，璘投賄李化龍家，會劉綎使爲化龍父所麾，璘使走。化龍疏於朝，綎獲罪，璘獨免。後兵部尚書田樂推璘鎮貴州，給事中洪瞻祖遂劾璘營求。帝以璘東西積戰功，卒如樂議。貴東西二路苗：曰仲家苗，盤踞貴龍、平新間，爲諸苗巨魁；在水硍山介銅仁、思石者曰山苗，紅苗之羽翼也。自平播後，貴州物力大屈，苗益生心，剽掠無虚日。三十三年冬，巡撫郭子章請於朝。明年四月，令璘軍萬人攻水硍，游擊劉岳督宣慰安疆臣兵萬人攻西路，并克之。乃令璘移新添，獨攻東路，復克之。生獲酋十二人，斬首三千餘級，招降者萬三千餘人，部内遂靖。改鎮廣東，卒官。先叙平播功，加左都督，世蔭指揮使。既卒，以平苗功贈太子太保，再蔭百户。

——(光緒)《平越直隸州志》卷二十四《秩官》，載《中國地方志集成·貴州府縣志輯》，第26册，349～351頁

李應祥，《明史》本傳：湖廣九溪衛人。以武生從軍，積功。萬曆十三年，爲四川總兵官，屢加都督同知。二十八年，大征播州。貴州總兵官童元鎮逗遛，總督李化龍劾之，薦應祥代。時分兵八道，貴州分烏江、興隆二道。詔元鎮充爲事官由烏江入，應祥由興隆入。諸道克，二月望進兵。應祥未受事，副將陳寅等已連克數囤，拒賊四牌高囤下，别遣兵從間道直搗龍水囤。他將蔡兆吉又自乾坪抵箐岡，過四牌。賊首謝朝俸營其地，四面峭壁深箐，前二關賊從高鼓譟。官軍殊死戰，俘朝俸妻子，乘勢抵河畔。會烏江敗書聞，斂兵不進者旬日。及應祥受任，益趣諸將急渡。寅等乃取他道渡河，而潜爲浮橋以濟師。諸軍渡，賊失險，乞降者相繼，應祥悉受之。賊所恃止黄灘一關，壁立，衆死守。會賊徒石勝俸等率萬餘人降，告曰："去黄灘三十里有三關，入播門户也，先襲破之，則黄灘孤難守。"應祥然其計，令偕陳寅率精卒四千夜抵關下。勝俸以數十騎誘開門，殲其戍卒，黄灘賊懼。寅督諸將渡河攻關前，勝俸由墳林暗渡襲關後，賊乃大敗。應祥直抵海龍囤，合諸道兵共滅楊應龍。播既平，還鎮銅仁。明年，改鎮四川。播遺賊吴洪、盧文秀等惡有司法嚴，而遵義知縣蕭鳴世失衆心，洪等遂稱應龍有子，聚衆爲亂。應祥偕副使傅光宅捕之，盡獲。應祥尋卒於官。以平播功，贈左都督，世蔭千户。應祥爲將，謀勇兼資，所至奏績。平蜀三大寇，功最多。

——(光緒)《平越直隸州志》卷二十四《秩官》，載《中國地方志集成·貴州府縣志輯》，第26册，351～352頁

江鐸，《明史·李化龍傳》："鐸，字士振，仁和人。登第在萬曆二年，授刑部主事，纍官山西按察使，擢撫偏沅，夾攻楊應龍有功，與郭子章皆蔭一子世錦衣指揮。"

楊寅秋，《通志》："字義叔，泰和人。宰相士奇玄孫，由進士歷遷按察使。萬曆中，討播之役，寅秋監黔、蜀兵，與中丞郭子章計用安氏，以剪其羽翼。乃檄安疆臣以率所部從沙溪入，戰於大水田，敗之。四方兵始合破其賊巢。事平論功，寅秋爲最。以勞卒於官。子章請恤，立忠勛祠以祀之。"

郭子章，《通志》："字相奎，號青螺，泰和人。隆慶辛未進士。萬曆二十七年，巡撫貴州，歷十年，習知民隱，凡所設施，永垂利澤。尤擅奬拔士類，經其品題，率成名宿。著《黔

記》六十卷，經濟卓然。先是，播酋楊應龍作亂，王師屢征不克，天子拊髀，廷臣交薦。子章匹馬入黔，增兵糧，扼要害，立賞格，士氣百倍。興師才百餘日，擒應，龍誅之。播州平，經理播州爲平越等郡縣。"

王象乾，《陳志》："山東新城人。文武家傳，最嫻方略。以總督撫蜀，善後播事。凡播中分設郡縣，更置牧守，則壤田賦，一切選賢任能，使之辦理。駐節渝中以監臨之。至於殫心以期復播故疆，不啻任家事，尋以外艱去。播人祠祀之。"

——(光緒)《平越直隸州志》卷二十四《秩官》，載《中國地方志集成·貴州府縣志輯》，第26册，第352頁

崔景榮，《明史》本傳："字自强，長垣人。萬曆十一年進士。巡按甘肅、湖廣、河南，最後按四川，積臺資十八年。播州亂，監大帥劉綎、吴廣輩軍。綎馳金帛至景榮家，爲其父壽，景榮上疏劾之。播州平，或請以播北畀安氏，景榮持不可。會總督李化龍憂去，景榮爲請蠲蜀一歲租，恤上東五路，罷礦使。化龍叙監軍功，不及景榮。已，晉太僕少卿。"

——(光緒)《平越直隸州志》卷二十四《秩官》，載《中國地方志集成·貴州府縣志輯》，第26册，352～353頁

播州宣撫、安撫、宣慰司**楊氏**

楊端者，其先太原人，仕越之會稽，遂爲其郡望族，後寓家京兆。唐末，南詔叛，陷播州，久弗能平。僖宗乾符三年，下詔募驍勇士，將兵討之。端夢神人告曰："爾亟往，此功名機也。"端與舅謝將軍詣長安，上疏請行，上慰而遣之。行次蜀，蠻諜知之，斂退者半。乃詣瀘州、合江，徑入白錦，軍高遥山，據險立寨，結土豪庾、蔣、黄三氏，爲久駐計。蠻出寇，端出奇兵擊之，大敗，尋納款盟而退。唐祚移於後梁，端感憤發疾，卒，子孫遂家於播。宋贈太師。

太師生牧南，既嗣世，痛父業未成，九溪十八洞猶未服，日夜憂憤。其子部射，逆其志，選練將卒伐羅閩。時閩附南射，部射深入，閩匿將士絶其後，部射力戰死。子三公抱父尸不去，閩執以歸。

牧南卒，三公幽于閩半載，會阿永蠻酋長黑長〈定〉與閩有連，語之曰："殺其父而囚其子，人弗爲也，盍歸諸？"閩不答。黑定怒，夜以一牝馬竊載俱歸，且發兵納三公界上。三公遣衛兵檄召謝巡檢，謝帥僰僚逆之，會濟江，僚忽懷异志，引舟岸北，呼謝曰："爲我語若主，當免我科賦，否則吾不以舟濟。"三公怒，瞋目視舟，嘘者三，舟奔而前，三公遂涉。彝僚争持牛釃酒爲謝。三公剪帛系僚頸，吸水噀之，帛成蛇形。僚伏地哀祈，誓輸賦，不敢反。三公復噀之，帛如初。三公生二子：寶、實。寶當立，自以才不逮，讓與實。

實，字真卿，聞宋太祖受命，即欲遣使者入貢，會小火楊及新添族作亂，實同謝巡檢討之，夜薄賊營，盡殲其衆。實傷流矢，病創，卒。

實生昭，字子明，既嗣世，二弟先、蟻各擁强兵，先據白錦東遵義軍，號下州；蟻據白錦南近邑，號楊州。昭不能制。未幾，蟻稱南衙將軍，舉兵攻先，且外結閩兵爲助。謝巡檢子都統謂昭子貴遷曰："蟻召仇讎而賊同氣，罪不容於死，盍討之？"遂大發兵，設二伏於高遥山，要其歸而擊之，閩大潰，赴水死者數千，蟻亡入閩。

貴遷，太原人，與端爲同族。其父充廣，按《宋史·楊業傳》："文廣爲廣西鈐轄"，此云"充廣"，似誤。宋贈太師中書令業之孫，莫州刺史充本州防禦史延朗之子。嘗持節廣西，與昭通譜，昭無子，充廣輟貴遷爲之後。自是守播者，皆業之子孫也。

貴遷，字升叔。慶曆、皇佑間，儂智高亂邕，貴遷曰："通夜郎，浮牂牁，出不意擊之，漢制南粤之奇策也，吾當報國以自效。"即如瀘，次於南川，得暴疾，將還，其季父先使南川鉅族趙隆要殺之。官至武功大夫、德州刺史。三子：光震、光榮、光明。

光震，字長卿。瀘南夷羅乞弟叛，瀘遣使乞師，光震督兵行。時閩黨宋大郎與乞弟通，遏其歸道。光震與戰，連七日不决，遣帳卒王龍間道走播，趣謝都統濟師。謝至五婆山，見二酋縱騎横槊馳騁，若指麾其衆。謝以勁弩射其一，應弦而斃；其一大憤，拔刀冲陣，謝砍傷其首，殺之。即宋兄弟也。二彝懼而退，因不能爲瀘患。光震官至從義郎、沿邊都巡檢使。五子：文廣、文真、文錫、文貴、文宣。

文廣，字敬德。少孤，仲父光榮潛謀篡立，衆弗與。光榮奔高州，欲藉蠻兵以危宗國。文廣與部將謝石近、謝成忠謀，奉書幣逆光榮以歸，事之如初，光榮復欲陰鴆文廣。文廣詭爲不知，愛敬日篤。黄標儀盗發光震墓，文廣捕斬之。事連其弟理郭，理郭奔高州蠻，謀作亂。會老鷹寨僚穆族亦叛，文廣命謝都統討彝之，斬理郭，戮穆僚，釋其黨七人。初，西平傜視諸苗尤桀黠難制，文廣偕成忠夜入其栅，擒獲之，尋數其罪貸焉。當文廣之時，楊氏先世所不能縻結者，至是叛討服懷，無復携貳，封疆闢而户口增矣。年僅三十六而没，君子惜之。官至武節大夫。三子：惟聰、惟吉、惟信。

惟聰，字晦之。七歲而孤，育於母舅謝石近家。石近以主少衆貳，因奉光榮攝堡事。光榮立日久，益固位。惟聰既長，光榮深忌之，置毒魚中，欲加害。覺之，弗食。光榮復爲送婦高州，給與俱，將殺於中途。謀洩，弗果行。光榮恚，籍播州二縣地千七百里往獻於朝，詔即其地建白錦堡，加光榮禮賓使。光榮還，惟聰率部佐出迎。光榮預置毒於茗以俟，隸人誤進，光榮啜之，即斃，惟聰始親政。光榮弟光明懟惟聰，暮夜以兵劫之。惟聰出禦，光明敗，奔蜀，訴於部使者李獻，誣惟聰謀不軌。獻入其辭，矯發南平諸寨兵入播。惟聰憤懣不自勝，大集兵拒戰，敗其師。事聞，詔奪獻官，進惟聰修武郎、左班殿直，賜金帶錦袍慰諭之。光明因亡入閩而死。居無何，惟吉復作亂，殺惟聰二子。衆怒，共誅之。惟聰深懲家難，禱於上下神祇，誓曰："世世子孫，不可以權假人。違此言者，天實殛之！"惟聰復生二子：選、邃。

選，字簡夫。始立，值徽、欽二帝播遷，高宗南渡。選慷慨負翼戴志，務農練兵，以待徵調,士大夫韙之。性嗜讀書,擇名師授子《經》;聞四方士有賢者,厚幣羅致之,歲以十百計。益士房禹卿來市馬,爲夷人所劫,轉鬻者至再,選購出之,遷於客館,給食與衣者數載。屬歲大比,選厚饋,遣徒衛送還益,竟登進士科。迨貳於選,謀入閩作亂。選邑邑喪明而終,官至武經郎。生十有三子,唯軫、軾最良。

軫,字德輿。美髯長身,狀貌瓌偉,剛果勇决,人服其能。嘗病舊堡隘陋,樂堡北二十里穆家川山水之佳,徙治之,是爲湘江。軫初無嗣,鞠軾子粲爲後,晚生三子:君、臣、鼎。以粲賢,遂不易初議。尤愛軾,尋授軾堡政,獨築室萬泉以終。軫畜一虎,馴服左右,常駕以出游,人异之。官至秉義郎。

軾,字德載,沉静寬厚,孝友無間言,遇軫諸子不啻若己出。初,先據下州,世治兵相攻,凡七傳至焕。軾之幕官猶泳從容白曰:"骨肉相殘,夷狄之俗也。上、下楊,其初由一人而分,干戈日夜相尋,孰若講信修睦,復兄弟之親乎?"軾欣然曰:"吾有志久矣,子爲我往説之。"泳至下州,焕頓顙受命,遂盟而還。軾留意藝文,蜀士來依者愈衆。結廬割田,使安食之。由是,蠻荒子弟,多讀書攻文,土俗爲之大變。軾官至成忠郎,纍贈武節郎。

粲,字文卿,小字伯强。幼授《大學》,即掩卷歎曰:"此非一部行程歷乎? 必涉歷之至乃可爾!"長,好鼓琴、投壺。粲母弟煇,有寵於父,幾奪其位。粲亦欲以位讓之,因猶泳言得不廢。開僖二年,蜀帥吴曦叛,粲帥師赴援,會曦誅,不果,貢戰馬三百,黄、白金鉅萬,且請因曦誅大舉北伐,以雪先耻。上優詔答焉。嘉定十二年,復輸馬三百於蜀帥,蜀帥以聞,上益嘉之。南平夷穆永忠盗據公家田,粲曰:"穆不道,犯王略,吾爲藩臣,可緩其死焉耶?"帥衆討平之,斬永忠,歸其田南平。閩酋偉桂,弒父自立。粲聲罪致討,敗其衆於滇池,斬首數千級,辟地七百里,獲羊、牛、鎧仗各千計。焕違盟,抄掠界上。粲遣兵誅之,歸焕所掠地賦於珍州,下楊平,邊患遂熄。粲,性孝友,安儉素,治政寬簡,民便之。復大修先廟,建學養士。作《家訓》十條曰:"盡臣節,隆孝道,守箕裘,保疆土,從儉約,辨賢佞,務平恕,公好惡,去奢華,謹刑罰。"論者多之。楊氏居播,十三傳至粲始大,官終武翼大夫,累贈右武大夫、吉州刺史、左衛大將軍、忠州防禦使,賜廟"忠烈",封威毅侯。三子:价、佐、佑。

价,字善父。英偉沉毅,自少不群。父没,以郡政移其子文,專志養母。端平中,北兵犯蜀,圍青野原。价曰:"此主憂臣辱時也,其可後乎?"乃移檄蜀閫,請自效。制置使趙彦呐以聞,詔許之。馳馬渡劍,帥家世自膽之兵五千,戍蜀口。圍解,价功居多,詔授雄威都統制。未幾,復白錦堡爲播州,文領郡,价統兵如故。蜀警又急,詔价以雄威軍戍夔峽。价分署所部屯瀘、渝間,遣奇兵擊東,遂以捷多遷武功大夫,閤門宣贊舍人。嘉熙初,制置使彭大雅鎮渝,檄价赴援。价督萬兵征江南,通蜀聲勢,北兵不敢犯。孟珙宣撫荆、湘,余玠制置西蜀,皆倚价爲重。上屢下詔褒美之。价指天誓曰:"所不盡忠節以報上者,有如皦日!"一日,大飯群僧,价趺坐,誦佛書數語而終。价好學,善屬文。先是,設科取士未及播,价誦諸於朝,而歲貢士三人云。贈開府儀同三司、威武寧武忠正軍節度使,賜廟"忠顯",封威靈英烈侯。

文，字全斌。紹定中，北兵始入劍，文日閲士卒爲備，蜀中避地者多歸之。嘉熙中，北兵窺江，彭大雅復來徵師。价命裨將趙暹帥萬兵赴戰石洞峽，擊破之。以功轉武德郎、閤門祗侯。父卒，詔起文視事，進武功大夫、閤門宣贊舍人。文移書余玠曰："比年北師如蹈無人之境者，由不能禦敵於門户故也。曷移鎮利閬間，經理三關，爲久駐謀，此上計也。今縱未能大舉，擇諸路要險建城壕，以爲根柢，此中計也。下則保江自守，縱敵來去耳。況西番部落，已爲北所誘，勢必擾雪外以圖雲南，由雲南以并吞蠻部，闞邕、廣，窺沅、靖，則後門斡腹，深可憂也！"玠偉其論，競徇中計，後果如文言。淳祐八年，西帥俞興西征，發兵五千人與俱，大戰者三，皆捷，遷左衛大將軍。余玠北伐漢中，文命將趙寅會兵於上，三次戰又捷。十二年，北兵圍漢嘉，文使總管田萬帥兵五千，間道赴之，夜濟嘉江，屯萬山、必勝二堡。萬以勁弩射之，敵不能支，遂却，加右武大夫。寶祐三年，北兵由烏蒙渡馬湖入宣化，宣撫使李曾伯來徵師。文遣弟大聲統兵行，大小九戰，又捷，轉左武大夫。五年，北兵循雲南將入播，文持奏。詔節度使吕文德偕文入閩，諭群酋内屬，大酋勃先領衆降。六年，拜親衛大夫，以解漁城圍、剪烏江寇功，加中州團練使。景定間，劉雄飛、夏貴守蜀，復江安州餉。禮義山戰，懸壺平，而播兵爲多，進中亮大夫、和州防練使、播州沿邊安撫使，爵播川伯，食邑七百户。詔雄威將軍加"御前"二字以寵异之，歲賜鹽、帛給邊用，著爲令。文留心文治，建孔子廟以勵國民，民從其化。卒於咸淳元年，贈金州觀察使。元贈榮禄大夫、同知樞密院事、柱國，追封播國公，謚"崇德"。

生一子邦憲，字仲武，倜儻有大節，好書史，善騎射。始冠，授成忠郎、雄威軍副都統，通管州事。二年，閩大舉入寇，破立邊諸戍。邦憲出師拒之，閩敗却。尋潛渡烏江，步騎猝至，民大駭。邦憲部署諸將，令曰："必剪此寇而後朝食。"蠻聞，急引退，甫涉江，邦憲追之擊，大敗閩衆於中流，斬首千級，擒其酋羅汝歸。進武節大夫、沿邊安撫使。閩又悉兵寇下邑，邦憲復敗之，獲酋長阿鮓，歷舉其罪狀而釋之，閩自是懼，不復出。拜利州觀察使，遷金吾衛上將軍、安遠軍承宣使、牙牌節度使。至元十二年，宋平。元世祖遣使者詔邦憲内附。邦憲捧詔，三日哭，奉表以播州、珍州、南平軍三州之地降。十五年，入朝，詔襲守如故，拜龍虎衛上將軍，侍衛親軍，都指揮使，紹慶、珍州、南平等處沿邊宣撫使，播州管内安撫使。播下邑黄平壤近於荆地，荆之戍將欲奪而南，邦憲發其奸，請復歸黄平。十八年，升宣慰使。十九年，閩叛，詔發諸道兵進討，師道播而人，邦憲給饋餉，命將卒與之俱，乃夷之。纍贈推忠效順功臣、銀青榮禄大夫、平章政事、柱國，追封播國公，謚"嘉敏"。

一子漢英，字熙載，五齡而孤。二十三年，其母貞順夫人田氏挈之朝京師。世祖摩其頂，熟視良久，諭宰臣曰："是兒真國器也，宜以父爵錫之。"賜名賽因不花，授金虎符，龍虎衛上將軍，紹慶、珍州、南平等處沿邊宣慰使，播州軍民安撫使，賜金繒、弓矢、鞍勒遣歸。二十四年，族黨構亂，殺貞順夫人。漢英衰絰入奏，上詔捕賊至益州，戮以徇。二十七年，詔郡縣上計,播之鄰境拒命。漢英即括户口、租税籍進。世祖大悦,加播州等處管軍萬户。二十八年,漢英入朝,奏罷順元宣慰司,升播州安撫司爲宣慰司。授漢英軍民宣撫使。會羅甸宣慰使斡羅思誘播下邑、黄平諸寨酋,詐爲新辟地境土以獻,漢英奏復之。斡羅思恚不勝,誣言舊有雄威、忠勝二軍,思、播匿弗奏,請籍征交州。漢英抗言:"納土時,已隸别籍矣!"御史臺審核上之,詔寢其事。俄拜漢英侍衛親軍都指揮使。成宗即位,漢英入朝三。大德三年,詔賜漢英世守其土。漢英奏改南詔驛道,分定雲以東地隸播,西隸新部,减郡縣冗員,去屯丁糧三之一,民大便之。四年,蠻部桑柘亂,湖廣行省議用兵,漢英言:"賊勢力方盛,宜詔諭之。"不聽,兵出久無功,竟以漢英議,始相繼降。五年,右丞劉深討南詔,道出播,漢英輦運軍食無乏。六年,閟婦蛇節、宋隆濟叛,詔合湖廣、四川二省兵征之,命漢英以民兵從。甫出師,卒遇賊,漢英力戰,大軍繼之,降阿苴,拔乍籠。賊復合拒,竟大敗,縛蛇節,斬隆濟、阿女而平之。以功進資德大夫,賜玉帶、金鞍、弧矢。仁宗立,顧禮益厚,進勛上護軍,贈賜金帛。延祐四年,黄平南蠻薦犇叛,新部黎魯亦嘯劫聚亂,詔漢英宣撫之。二賊降,置戍而還。漢英爲政,急教化,大治泮宫,南北士來歸者衆,皆量才用之。喜讀濂、洛書,爲詩文尚體要,著《明哲要覽》九十卷,《桃溪内外集》六十四卷。賜推誠秉義功臣、銀青榮禄大夫、平章政事、上柱國,追封播國公,謚"忠宣"。其妻田氏亦善讀書,人以爲難能。無子,以弟播州招討安撫使如祖之子嘉貞嗣。

嘉貞,至治二年來朝,英宗賜名延禮不花。纍官資德大夫、湖廣行省左丞、沿邊宣慰、宣撫使。

嘉貞卒,子資德大夫,播州軍民宣撫、宣慰、都指揮使忠彦嗣。

忠彦卒,子資德大夫,紹慶、珍州、南平等處沿邊宣慰使,播州軍民安撫使,侍衛親軍都指揮使元鼎嗣。

元鼎卒,無子。田氏以如祖季子,嘉儀大夫、湖廣行省參知政事、播州沿邊溪洞招討使城之子鏗嗣。

洪武四年,明太祖平蜀,遣使諭之。五年,播州宣慰使楊鏗、同知羅琛、總管何嬰、蠻夷總管鄭瑚等相率來歸,貢方物,納元所授金牌、銀印、銅章。詔賜鏗衣幣,仍置播州宣慰使司。鏗、琛皆仍舊職,領安撫司二:曰草塘、曰黄平,長官司六:曰真州、曰播州、曰餘慶、曰白泥、曰容山、曰重安,以嬰等爲長官。七年,中書省奏:"播州土地既入版圖,當收其貢賦,歲納糧二千五百石爲軍儲。"帝以其率先來歸,田税隨所入,不必以額。已,復置播州、黄平宣撫司。播州江渡蠻黄安作亂,貴州衛指揮張岱討平之。八年,鏗遣其弟錡來貢,賜衣幣。自是每三歲一入貢。十四年,遣使齎敕諭鏗:"比聞爾聽浮言,生疑貳,今大軍南征,多用戰騎,宜率兵二萬、馬三千爲先鋒,庶表爾誠。"十五年,城播州沙溪,以官兵一千人、土兵二千人戍之。改播州宣慰司隸貴州,改黄平衛爲千户所。十七年,鏗子震卒於京,命有司歸其喪。二十年,徵鏗入朝,貢馬十匹。帝諭以守土保身之道,賜鈔五百錠。二十一年,播州宣慰使司并所屬宣撫司官，各遣其子來朝，請人太學。帝敕國子監官善訓導之。

永樂四年，免播州荒田租，設重安長官司，隸播州宣慰司，以佛保爲長官。以佛保嘗招輯重安蠻民向化故也。七年，宣慰使楊升招諭草塘、黄平、重安所轄當科、葛雍等十二寨蠻人來歸。

宣德三年，升賀萬壽節，後期，禮部議予半賞。帝以道遠，勿奪其賜。七年，草塘所屬穀撒等四十一寨蠻作亂，總兵陳懷勦撫之，旋定。

正統十四年，宣慰使楊綱老疾，以其子輝代。景泰三年，輝奏湖、貴所轄臻部、五坌等苗賊，糾合草塘、江渡諸苗黄龍、韋保等殺掠人民，屢撫復叛，乞調兵征勦，以靖民患。帝命總督王來、總兵梁瑶等會同四川巡撫勦之。《明史·平越土司傳》："正統末，鎮遠蠻苗金臺僞稱順天王，與播州苗相煽亂，遂圍新添等衛。半年，城中糧盡，官兵逃者九千餘人，貴州東路閉。時王驥征麓川，班師過其地，不之顧。景泰元年，命保定伯梁瑶佩平蠻將軍印，督師進勦，大破之。平八十餘寨，擒賊首王阿同等，平越諸衛圍乃解。"七年，調輝兵征銅鼓、五開叛苗，賜敕頒賞。

成化十年，以播州賊齋果等屢歲爲患，敕責川、貴鎮巡官。正統末，苗蠻聚衆寇邊。土官同知羅宏奏："輝有疾，乞以其子愛代。"帝命愛襲職，仍敕愛即率兵從總兵官勦賊。先是，輝奏所屬夭壩干地五十三寨及重安所轄灣溪等寨屢被苗蠻占據，乞命湖、貴會兵征之。命如輝言。部議以愛年幼，請仍起輝暫理軍事；又以輝難獨任，宜敕都御史張瓚親自播州督理，勵輝等振揚威武，以備徵調，其機宜悉聽瓚裁處。十二年，瓚督諸軍及輝攻敗灣溪、夭壩干地諸苗，凡破山寨十六，斬首四百九十六級，撫男婦九千八百餘口。事下，兵部以苗就撫者多，宜量爲處分。瓚議設安寧宣撫司，并懷遠、宣化二長官司，建靖南、龍場二堡，命輝董其役。輝調兵民五千餘，立治所，委所屬黄平諸長官，分甃城垣。將竣，輝因奏："各寨苗蠻，近頗知懼，但大軍還，後難保無虞。播州向設操守土兵一千五百人，今拔守懷遠、靖南、夭漂、龍場各二百人，宣化百人，安寧六百人，其家屬宜徙之同居，爲固守計。其工之未畢者，宜命臣子愛董之，而聽臣致政如故。"詔從之。時灣溪既立安寧宣撫，爛土諸苗惡其逼，遂引齋果攻陷夭漂、靖南城堡，圍安寧。愛新襲，力弗能支，求援於川、貴二鎮。兵部奏，起輝再統兵勦之，又敕川、貴兵爲助。十五年，貴州巡撫陳儼奏："苗賊齋果專横，乞調川、湖等官軍五萬五千，克期會貴州，聽儼節制。"兵部言："賊作於四川，而貴州守臣自欲節制諸軍，恐有邀功之人主之。且興師五萬，以半年計，須軍儲十三萬五千石，山路險峻，輸運之夫須二十七萬衆，况天將暑，瘴癘可虞。"帝然其奏。二十二年，愛兄宣撫楊友訐奏愛，帝命刑部侍郎何喬新往勘。二十三年，喬新奏，輝在日，溺其庶子友，欲令承襲，長官張淵阿順之。安撫宋韜謂："楊氏家法，立嗣以嫡，愛宜立。"輝不得已，立愛。又欲割地以授友，謀於淵，因以夭壩干乃本州懷遠故地，爲生苗所據，請兵取之。容山長官韓瑄以土民安輯日久，不宜征。淵與輝計，執瑄杖殺之。前巡撫張瓚受輝賂，以其地設安寧宣撫司，冒以友任宣撫。輝立券，以所有金玉、服用、莊田召諸子均分之。輝没，淵乃與友潛謀刺愛，淵弟深亦與謀，不果。友遂奏愛居處器用,僭擬朝廷;又通唐府,密書往來,私習兵法、天文,謀不軌。事皆誣,帝命斬淵、深,以愛信讒薄兄,友因公擅殺,且謀嫡,盗官錢,皆有罪。愛贖,復任。友遷保寧羈管。仍敕喬新從宜處治。弘治元年,增設重安守禦千户所,命播州歲調土兵一千助戍守。七年,以平苗功賜敕勞愛。十四年,調播州兵五千征貴州賊婦米魯等。

正德二年,升播州宣慰使楊斌爲四川按察使,仍理宣慰事。舊制,土官有功,賜衣帶或旌賞部衆,無列銜方面者。斌狡横,不受兩司節制,諷安撫羅忠等上其平普安等戰功,重賂劉瑾,得之。逾年,巡按御史余緇言不宜授,乃裁之,仍原職。初,友既編置保寧,愛益恣,厚斂以賄中貴,徵取友向所居凱里地者獨苛。同知楊才居安寧,乘之,朘剥尤甚,諸苗憤怨。凱里民爲友奏復官,弗得。乃潛入保寧,以友還,糾衆作亂,攻播州,焚愛居第及公私廨宇略盡,遂殺才,多所殺戮。愛屢奏於朝,帝命鎮巡官調兵征之,會友死,遂緩師。已而鎮巡官言,友子宏能悔過自新,且善撫馭,蠻衆聽其約束。其前爲友所焚殺者,俱已隨土俗折償,且還所侵奪於官,乞授宏冠帶,爲土舍,協同播州經历司撫輯諸蠻。其家衆置保寧者,仍歸之,隸播州管轄。并諭斌與宏協和,不得再造衅端。報可。未幾,播州安撫宋淮奏:"貴州凱口〈里〉爛土苗,婚於凱離、草塘諸寨,陰相搆結,誘山苗爲亂。乞賜斌敕,令每年巡視邊境,會湖廣鎮巡官撫處。"部議:"土官向無領敕出巡者,諭斌宜撫綏土衆,輯睦親族,以副朝廷優待之意。"因授致仁宣慰愛爲昭毅將軍,給誥命,賜麒麟服。時斌又爲其父請進階及服色,禮科駁之,以服色等威所系,不可假。兵部以愛舊有剿賊功,皆許之。斌復爲其子相請入學,并得賜冠帶。十二年,播州安撫羅忠、宋淮等奏斌有父喪,欲授文臣例守制,但邊防爲重,乞仍令掌印理事。

初,楊宏既歸凱里,與重安土舍馮綸等有怨。宏卒,綸等誘苗蠻攻之,更相仇殺,侵軼貴州境。巡撫鄒文盛言狀,且請移文四川,會官撫處,逾歲不報。文盛乃遣參議蔡潮入播州,督致仁楊斌撫平之。因言:"宜復安寧宣撫,俾宏子弟襲之。斌未衰,宜仍起任事,以制諸蠻寨,有撫蠻勞,宜量擢。"兵部議:"安寧已革,不可復。斌子既代,亦不可起。土官應襲與否,屬四川,非黔所得專。盛所請難行,而功不可誣。"十六年,賜斌蟒衣玉帶。嘉靖元年,賜播州儒學《四書集注》,從宣慰楊相奏也。宏既死,其弟張求襲職不得。時盗邊劫白泥司印信,復與相搆兵。守臣乞改凱里屬貴州,以張爲土知州解釋之。兵部議:"張習父兄之惡,幸免於辜,敢肆然執印信以要挾,當命川、貴守臣按其前後争産、殺人諸罪,置於理,若張悔過輸情,還所獲印,尚可量授一官,聽調殺賊以自效;倘或怙終,必誅,以爲玩法戒。"既,遂許張襲宣撫,而改安寧爲凱里,隸貴州。初,楊相之祖、父皆以嫡庶相争,梯禍數世。至是,相復寵庶子煦。嫡子烈母張悍甚,與烈盗兵逐相走,客死水西。烈求父尸,宣慰安萬銓因要挾水烟、天旺故地,而後予尸。烈陽許之。及相喪還,烈靳地不予,遂與水西搆難;又殺其長官王黻。時嘉靖二十三年也。

烈既代襲,遂與黻黨李保治兵相攻垂十年,總督馮岳調總兵石邦憲討平之。真州蠻盧阿項者，亦久稱亂，邦憲以兵七千擊敗之。有言賊求援於播者，邦憲曰："吾方調水西兵，聲楊烈助逆罪，烈暇救人乎?"已，擒阿項父子，斬獲四百餘人。

初，嘉靖初，議分凱里屬貴州。既又以播地多在貴州境，并改屬思、石兵備。及真州盗平，地方安靖，播人以爲非便，川、貴守臣异議不决，命總督會勘。總督奏："仍以播歸四川，而貴州思、石兵備仍兼制播酉、平邑諸土司事。"報可。隆慶五年，烈死，子應龍請襲。命予職。

萬曆元年，給應龍宣慰使敕書。八年，賜故宣慰楊烈祭葬，從應龍請也。至十四年，應龍獻大木七十，材美，賜飛魚服。又復引其祖斌賜蟒例，部議以斌有軍功，且出特恩，未可爲比。帝命以都指揮使銜授應龍。十八年，貴州巡撫葉夢熊疏論應龍凶惡諸事，巡按陳效歷數應龍二十四大罪。時方防禦松潘，調播州土兵協守。四川巡撫李化龍疏請暫免勘問，俾應龍戴罪圖功。由是，川、貴撫按疏辨，在蜀者謂應龍無可勘之罪，在黔者謂蜀有私暱應龍之心。於是給事中張希皋等以事屬重大，兩省利害，豈漫不相關者？乞從公會勘，無執成心。十九年，夢熊主議，播州所轄五司改土爲流，悉屬重慶，與化龍意復相左，化龍遂引嫌求斥。蓋應龍本雄猜，阻兵嗜殺，所轄五司七姓悉叛離。嬖妾田，屠妻張氏并及其母。妻叔張時照與所部何恩、宋世臣等上變，告應龍反，夢熊請發兵剿之。蜀中士大夫悉請〈謂〉蜀三面鄰播，屬裔以什佰數，皆其彈壓，且兵驍勇，數征調有功，剪除未爲長策。以故蜀撫按并主撫，朝議命勘，應龍願赴蜀，不赴黔。二十年，應龍詣重慶對簿，坐法當斬，請以二萬金贖。御史張鶴鳴方駁問，會倭大入朝鮮，徵天下兵。應龍因奏辨，且願將五千兵征倭自贖。詔釋之。兵已啓行，尋報罷。巡撫王繼光至，嚴提勘結，應龍抗不出。張時照等復詣奏闕下，繼光用兵之議遂决。二十一年，繼光至重慶，與總兵劉承嗣等分兵三道進婁山關，屯白石口。應龍佯約降，而統苗兵據關衝擊。承嗣兵敗，殺傷大半。會繼光論罷，即撤兵，委弃輜重略盡。黔師協剿亦無功。時四川新撫譚希忠與貴州鎮撫再議剿，御史薛繼茂主撫。應龍上書自白，遣其黨携金入京行間，執原奏何恩詣綦江縣。二十二年，以兵部侍郎邢玠總督貴州。二十三年，玠至蜀，察永寧、酉陽皆應龍姻媾，而黄平、白泥久爲仇讎，宜剪其枝黨。乃檄應龍，謂當待以不死。會水西宣慰安疆臣請父國亨恤典，兵部尚書石星手札示疆臣，趣應龍就吏得貰。疆臣奉札至播，招應龍。時七姓恐應龍出，得除罪，而四方亡命竄匿其間，又幸應龍反，因爲利，驛傳文移，輒從中阻。玠檄重慶知府王士琦詣綦江，趣應龍安穩聽勘。應龍使弟兆龍至安穩，治郵舍，儲糧，叩頭郊迎。致餼牽如禮，言應龍縛渠魁待罪松坎，所不敢至安穩者，恐墮安穩仇民不測禍也。幸請至松坎受事。士琦曰："松坎亦曩奏勘地。"即單騎往。應龍果縛道旁，泣請死罪，願執罪人，并獻罰金，得自比安國亨。國亨者，曩亦被訐，懼罪不出界，故應龍引之。士琦爲請於玠，許之。應龍乃縛獻黄元等十二人案驗，抵應龍斬，論贖，輸四萬金助采木。仍革職，以子朝棟代，次子可棟羈府追贖。黄元等斬重慶市。總督以聞，時倭氛未靖，兵部欲緩應龍事東方。朝廷亦以應龍向有積勞，可其奏，於松坎設同知治焉，以士琦爲川東兵備副使彈治之。

應龍獲寬，益怙終不悛。尋可棟死於重慶，益痛恨。促喪歸，不得，復檄完贖，大言曰："吾子活，銀即至矣。"擁兵驅千餘僧招魂去。分遣土目，置關據險，厚撫諸苗，名其健者爲"硬手"。州人稍殷厚者，没入其資以養苗，苗人咸願爲出死力。二十四年，應龍殘餘慶，掠石阡、都垻，焚劫草塘、餘慶二司及興隆、都勻各衛。又遣其黨圍黄平，戮重安長官家，勢復大熾。二十五年，流劫江津及南川，臨合江，索其仇袁子升，縋城下磔之。時兵備王世〈士〉琦調征倭，應龍益統苗兵，大掠貴州洪頭、高坪新村諸屯。已，又侵湖廣四十八屯，阻塞驛站，詗原奏仇民宋世臣、羅承恩等挈家匿偏橋衛，襲破之。大索城中，戮其父母，淫其妻女，備極慘酷。二十七年，貴州巡撫江東之令都司楊國柱部卒三千剿應龍，奪三百落。賊佯北，誘師殲焉，國柱等盡死。東之罷，以郭子章代，而起李化龍節制川、湖、貴州諸軍事，調東征諸將劉綎、麻貴、陳璘、董一元南征。

時應龍乘大兵未集，勒兵犯綦江。城中新募兵不滿三千，賊兵八萬奄至，游擊張良賢巷戰死，綦江陷。應龍盡殺城中人，投尸蔽江，水爲赤。益結九股生苗及黑脚苗等爲助，屯官壩，聲窺蜀。已，遂焚東坡爛橋，楚、黔路梗。二十八年，應龍五道并出，破龍泉司。時總督李化龍已移駐重慶，徵兵大集，遂以二月十二日誓師，分八路進，每路約三萬人，官兵三之，土司七之，旗鼓甲仗森列，苗大驚。總兵劉綎破其前鋒，楊朝棟僅以身免，賊膽落。遂連克桑木、烏江、［河］渡三關，奪天都、三百落諸囤。賊連敗，乃乘隙突犯烏江，詐稱水西隴澄會哨，誘永順兵，斷橋，淹死將卒無算。尋綎破九盤，入婁山關。關爲賊前門，萬峰插天，中通一綫。綎從間道攀藤毁柵入，陷焉。四月朔，師屯白石。應龍率諸苗决死戰。綎親勒騎冲中堅，分两翼夾擊，破之，追奔至養馬城。連破龍爪、海雲險囤，壓海龍囤。賊所倚天險，謂飛鳥、騰猿不能逾者。時偏師已破青蛇囤，安疆臣亦奪落濛關，至大水田，焚桃溪庄。賊見勢急，父子相抱哭，上囤死守，每路投文緩師。總兵吴廣入嚴門頭，營水牛塘，與賊力戰三日，却之。賊詭令婦人於囤上拜表痛哭，云："田氏且降。"復詐爲應龍仰藥死，報廣，廣輕信，按兵。已，覘賊詐，益厲兵攻，燒二關，奪賊樵汲路。八路師大集海龍囤，遂築長圍，更番迭攻。賊知必死。會化龍聞父喪，詔以縗經視師。化龍念賊前囤險，不能越，令馬孔英率勁兵并力攻其後。天苦雨，將士馳泥淖中苦戰。六月四日，天忽霽，綎先士卒，克土城。應龍益迫，散金募死士拒戰，無應者。起，提刀巡壘，見四面火光燭天，大兵已登囤，破土城入。應龍倉皇同愛妾二闔室縊，且自焚。吴廣獲其子朝棟，急覓應龍尸出焰中。賊平，計出師至滅賊，百十有四日。八路共斬級二萬餘，生獲朝棟等百餘人。化龍露布以聞，獻俘闕下，剉應龍尸，磔朝棟、兆龍等於市。播州自唐入楊氏，傳二十九世，八百餘年，至應龍而亡。三十一年，播州餘逆吴洪、盧文秀等叛，總兵李應祥等討平之。分播地爲二，屬蜀者曰遵義府，屬黔爲平越府。

——（光緒）《平越直隸州志》卷二十五《秩官》，載《中國地方志集成·貴州府縣志輯》，第26册，363～373頁

高坪碑、中坪碑

平越府自平播後，止存楊義司。其高坪、中坪不過委吏收糧耳！其人本系逐年更换。自明末多故，因循久不换人，恐其覬覦承襲，遂混稱土官，不可不防其漸也。徐《志》。

……按：徐《志》録土司于《高坪牌、中坪牌》下云："平播後，只存楊義司。其高坪、中坪不過委吏收糧，其人本系逐年更换。自明末多故，因循久不换人，恐其覬覦承襲，混移土官，不可不防其漸。"如其説，高坪本無李氏世襲之一土職矣。然今據《李書年履歷》，叙其先世，高坪土職自其始祖李整至李書年，歷十九世，傳襲明白，斷非鑿空僞造。

高坪土司李氏，管高坪諸寨。其先有李整者，河南偃師人。明洪武四十三年，播州宣慰司楊氏札授長官。順治時歸附，康熙三十五年降爲外委土舍。其胄書年見襲職，屬平越州。

中坪土舍孫氏，管中坪諸寨。其先有孫福海者，江南上元人。明洪武時，宣慰司楊氏札授長官。順治十六年歸附，降爲外土舍。福海裔昂見襲，職屬平越州。并《職方紀略》。

……

草塘安撫司，在宣慰使司東一百一十里。元爲舊州草塘等處安撫司，隸播州宣撫司。明洪武十七年改爲草塘安撫司。《明統志》。宋邦佐，唐節度使、都匀總管景陽之後，元新添葛蠻安撫司、都匀土知府兼平越都指揮使朝美子。明洪武十七年，從征黄平、偏橋、興隆、重安、乾坪等處有功，授草塘安撫司。江、蔡、羅、陸四姓酋長，以土千總職充當游兵。邦佐傳思義、顯威、忠成、景春四世。景春子韜并襲安撫使，次子堅襲安撫司副使。韜生淮，淮生廷文，廷文生鸑，襲安撫使，次鷟、次鸞襲副使。堅生洗，洗生廷瀕，廷瀕生鷘，纍官副使。萬曆十七年，鸞子世臣與何承恩、張時照詣川湖，告楊應龍罪惡。二十六年冬，應龍同弟兆龍統苗兵大劫偏橋、黄平、重安、草塘、紅頭、飛練、乾溪等處。鸞及何承恩殉節偏橋衛，後贈都司左参军，蔭其子世臣，移葬草塘之新土。鷟戰死紅頭堡，鷘戰死乾溪堡，各有墓在其處。後蔭鷘子世榮。鸑衛草塘地方，僅以身免。平播設甕安縣，改襲草塘司土縣丞。見《心齋隨筆》引《宋氏譜》。

——（光緒）《平越直隸州志》卷二十五《秩官》，載《中國地方志集成·貴州府縣志輯》，第26册，374～375頁

甕水長官司土縣丞猶氏。唐乾符七年，猶朝覲，以征苗功授四川播州宣慰使甕水長官司。歷宋、元至明洪武十七年，改授安撫司。萬曆二十八年，改授甕安縣土县丞，纍傳至登第。……宗漢生仕源，明洪武十五年，奉調征雲貴蠻夷，護衛鎮遠、偏橋、黄平、興隆，功最著。十七年七月，陛見賜敕印，授承直郎、播州宣慰使司甕水蠻夷長官。按：《李疏》云無印，此云賜印，恐誤。仕源生恭，正統十三年，苗叛，圍平溪、鎮遠。奉調應援，多所殺獲，尋中流矢死。恭生秉政，秉政生爵，爵生紹廉，廉生鶴。万历二十八年平播，以其地及草塘

安撫并設甕安一縣,屬平越府。猶氏與宋氏并改土縣丞,世襲至今。

——(光緒)《平越直隸州志》卷二十五《秩官》,載《中國地方志集成·貴州府縣志輯》,第26册,第376頁

白泥長官司土主簿楊氏。元時,楊正寶以功授白泥司副長官。明洪武十二年,准襲前職。萬曆二十八年平播後,設白泥司,授本縣土主簿,纍傳至璟。

——(光緒)《平越直隸州志》卷二十五《秩官》,載《中國地方志集成·貴州府縣志輯》,第26册,第377頁

容山長官司韓氏。容山長官司在宣慰使司東二百二十里。元爲容山長官司,明因之。《明統志》。《貴州通志》云:"播人韓志聰,洪武間征普定有功。授長官司,世襲播州,傳有容山長官韓瑄。"

重安司土吏目張氏。明洪武年間,張佛寶以隨征有功,授重安司土吏目,纍傳至威鎮……《貴州通志》。按《貴州通志》云:"佛寶授重安司土吏目。"誤也。當云授長官,萬曆間平播,改襲土吏目。載《貴州通志》。

附:黄平安撫司羅氏。黄平安撫司,宋黄平府,元因之,在宣慰司東南四百里。《方輿紀要》。《播州傳》:"嘉靖間有安撫羅忠。"《明史》。

——(光緒)《平越直隸州志》卷二十五《秩官》,載《中國地方志集成·貴州府縣志輯》,第26册,第377頁

人才不擇地而生,黔中風氣之開,視十七行省獨後,而平越之爲郡尤晚。楊氏擅地八百餘年,與蠻僚同處。雖其間亦有賢者,如選,如軾、粲,諸人興崇禮教,化及播東。而邦憲、漢英後輒不數傳,以統轄益闊,子孫漸恣。鏗、升而還,習於驕妄,隳廢禮儀,用夷俗爲治,以愚其民,而烏江以南諸苗,率其故常,本甘化外,於是頑獷成風,而天常民彝之理,遂不复識。楊氏以亡而苗衰慾盡。自萬曆平播改流,版圖益拓。

——(光緒)《平越直隸州志》卷二十七《人物》,載《中國地方志集成·貴州府縣志輯》,第26册,第399頁

猶士原,其先長安人,世爲播州土司,遂爲甕安人。至士原,猶善撫民彝,宣慰楊鏗亦敬信之。洪武定鼎,贊鏗奉朝命。十七年二月二日,帝賜之敕,曰:"自古帝王之治天下,遠人慕義則賞爵以榮之,其頑慢不率則兵刑以殄之,所以勸善懲惡,遐邇咸安也。爾猶士原世守夷甸,當朕統一之初,克贊宣慰楊鏗,遵我聲教,撫安民人已有年矣。今特授承直郎播州宣尉使司蠻夷長官。嗚呼!惟誠可以事上,惟信可以守土,惟敬可以宣化,惟仁可

以撫衆。往慎乃職,以稱朕意。欽哉!"旋以征蠻功進秩安撫。

宋韜,世爲草塘安撫司,骨鯁有節概。成化中,播州宣慰楊輝驕縱,諸長官率維諾,張淵尤阿順之。輝溺庶子友,欲廢嫡子愛,使友承襲。韜獨持大義不可事,遂寢。

宋淮,草塘安撫,有才略。以孝宗朝奏凱口爛土苗婚於凱離、草塘諸寨,陰相勾結,誘山苗爲亂。乞敕宣慰楊斌歲巡邊境。會湖廣鎮巡官撫處,議雖格,然其諸土司屢相仇殺,人以淮爲先見。以上見《明史》。

——(光緒)《平越直隸州志》卷二十八《人物》,載《中國地方志集成·貴州府縣志輯》,第26册,第419頁

盧得選,官播州府經歷。

——(光緒)《平越直隸州志》卷二十八《人物》,載《中國地方志集成·貴州府縣志輯》,第26册,第426頁

賈安國,平越衛指揮。萬曆年間,播州楊應龍叛,安國率領軍士百餘人,大戰於龍坡囤,陣歿。巡撫郭子章題祀忠勛祠。

——(光緒)《平越直隸州志》卷二十九《人物》,載《中國地方志集成·貴州府縣志輯》,第26册,第431頁

宋世臣,甕安草塘安撫世孝從弟,慷慨好義,嘗傾資佐人急。時播酋楊應龍方横,所屬諸民苗咸被其毒。世臣與黄平何恩、羅承恩謀,發其僭逆狀。會應龍妻張氏爲妾讒殺,其叔時照欲爲鳴冤,世臣遂資之入都上變事。雖命勘,而黔、蜀异議,撫剿迄無定局。應龍遂反,詗執世臣等於偏橋,囚之。播平,乃得釋。然始發逆謀者,世臣力也。事見《明史》。

——(光緒)《平越直隸州志》卷三十《人物》,載《中國地方志集成·貴州府縣志輯》,第26册,453~454頁

楊舟亨,余慶人。六歲失怙,事母至孝。十四歲,播逆作亂,舟亨負母避山箐中,采黎蕨以供。凡遇母有疾,必吁天求代,至刲股嘗。事聞,建坊旌表。《通志》。

——(光緒)《平越直隸州志》卷三十《人物》,載《中國地方志集成·貴州府縣志輯》,第26册,第456頁

太祖賜羅琛敕

朕君天下,凡四方慕義之士,皆待之以禮,授之以官,使之宣其力焉。爾羅琛系播州

宣慰使司同知也,比者聞我聲教,即稱臣入貢,朕用嘉之,特加爾奉議大夫職銜,兹仍立播州宣慰使司職。命爾同知司事,尔尚恪盡乃心,謹守法度,庶副朕委任之意。

——(光緒)《平越直隸州志》卷三十三《藝文》,載《中國地方志集成·貴州府縣志輯》,第26册,第501頁

平播疏 李化龍

楊酋匪茹,與國爲仇,萬姓荼毒,三省震驚,孰不以爲不可以歲月克者?乃自出師以來,甫三月有奇,而元凶授首,黨羽悉擒。千年狼虎盤據之窟,一旦掃蕩無遺,上足以伸中國之威,下足以洩生靈之憤,其他狡黠土司、獷悍惡苗,無不落魄亡魂。西南半壁天下,可永無虞矣!皇上德威遠被,指授方略所致,斷非文武將吏敢貪天功爲己力者。惟是各官兵暴露行間,勞苦萬狀,不可不查叙也。

先是,臣奉命入川,賊知罪在不赦,已統兵深入,有擒王剿叛之説。遂破綦江,且逼重慶,地方洶洶,皆謂有長驅之志。於時,目前兵力略無可恃,臣乃以計緩之:一面調兵,一面移文詰責,若未嘗絶之者。賊果信之,即具文求撫,且不西向。臣因得以徵調漢、土諸兵,急爲之備。其時,賊氣張甚,川人畏之如虎。臣發成都兵,甫出門,欲投錦江,不復肯東。及聞綦江守城兵見賊來,競譟而走,多投水者,只餘二將與其家丁,遂及於難。臣念漢兵心膽已碎,土兵狐兔有情,自非招客兵不可,因請調陝、浙諸省之兵。又念外兵之費甚侈,往來途次,且生擾害,不可過多,乃於每省鎮止調一二千,多者三千,共數省,實僅僅二萬,其餘仍三省及滇、粤土兵也。然西南人見外兵來,莫測多少,以爲天下之兵皆至矣。自是漢兵之氣壯,而土兵之心亦折,無不樂爲我用者。時賊雖知調兵,然以爲虚聲嚇之如往日,非實事也。臣亦止在成都,積糧治器,若無事者,然不復東,賊亦不疑。北兵俱集,臣移駐重慶,賊始知必剿,頗肆衝突。然我兵漸益,未易得志也。臣又念,兵以一路進,既道狹不能容,一有前却,不可復振,因分爲八路。又念路分而兵少,賊厚其陣以衝之,敗矣。因命每路皆三萬以上,每一路皆可以當其全師。又念關外賊黨多,不可勝誅,會兵部頒賞格至,首重招降,臣亦推廣之,但投戈者,皆赦不誅。臣又念,無賞,士不勇往。會兵部賞格,首言"得賊者,即以其家資與之",臣亦推廣之,克關破囤,各懸賞,賞各以千萬計。既川兵入關,臣又恐其人自爲心,若九節度之師然,因復委按察使張悌入總監之。殺牲莅盟,務必得賊。臣又恐賊事急詐降,得以遷延至暑雨漸深,我兵不能久困,令但急攻之,有稱降者,斬使焚書,無爲所紿。時湖廣之兵亦至囤下,臣欲入營親監之,會聞先臣之訃,臣恐營中遂懈惰不可用,因不待成服,跣而草檄,亦以例應候代,照常督兵。有慢令者,尚方俱在,令代中軍余德榮等再往監之。臣又念賊囤後易攻,囤前難攻。時諸將壁囤下者各有分地,因令以勁兵一枝壁其前,其餘并力於後。臣又恐諸軍士争趨賊財物,或至亂行,至有他虞,移文再四申禁。臣又聞營中流言"水西目把,尚不絶賊",恐漏軍情,因

移文令其退劄。水西土官懼，撤其兵，退而引嫌曰：“吾不欲爲亡播之續也。”時久雨，軍士日在泥淖中。至六月之初四，而天忽晴。初五日，遂破其二城。初六日，遂登其囤，賊以滅亡。總計八路兵，生擒賊首、賊從一千一百二十四名，斬級二萬二千六百八十七顆，俘獲賊屬五千五百三十九名口，招降播民一十二萬六千二百一十一名口，全活被擄男婦一千六十四名口，奪獲馬、牛七百六十七匹，獲器械四千四百四十四件。

是役也，自賊破綦江至剿滅，可一年。自進兵至滅賊，百十有四日。當八路對壘時，土、漢兵既參差不齊，諸將領亦彼此觀望。播人劫於賊之積威，人自爲戰，未易即克。我各路人糧運艱難，時有脱巾之呼。臣日夜催督，走使持檄至數百千，即兩省撫臣、各路鎮道，亦靡不忘寢忘食，或至頭鬚爲白。總之，諸文武知廟堂之意，必欲滅賊，故鼓之即應，勞之不怨，誅罰之亦無敢囁嚅者。倘更一月而賊不滅，署雨久，瘴疫深，我將自潰，無問賊矣。該臣會同巡撫貴州郭子章、巡撫湖廣支可大、巡撫偏沅江鐸議，照得國家方制萬里，日所出入之邦，悉爲郡縣，獨西南諸省不廢土司，蓋亦曰“因俗而治，與之相安”云耳。二百年來，此輩犬羊之性，不堪馴擾，亦時有之，然未有如播酋楊應龍之公然叛逆者，則何也？蓋其地險，其兵强，其才力足以使鬼通神，其聲勢足以呼群嘯黨。加以年來方宇多事，九伐之旌未遑南指，彼遂時時狂逞，亦遂時時得志。井蛙之見，謂縣官其無奈我何。諸群不逞，如楊珠、楊明、何漢良、孫時泰輩，瞷其雄心，或時有以公孫躍馬、尉陀自王之説進者。賊亦自念騎虎勢不能下，將曰：“等死耳，無且舉大名乎”。於是恣其狂圖，淫怒以逞，而破城殺將，鵲起西南之勢成矣。夫天下非小弱也，九州四海兵非脆，糧非乏也。向賊逆未著，皇上不忍遽觀之兵，曰：“吾且舞干”“吾且解網”“姑俟其悔過，而與之相安無事”，乃不謂凶人之性不移也。始天怒赫然，斷在必剿，夫斷而敢行，鬼神避之，况此么麼者乎？蓋自進剿之旨下，上方之劍頒，然後海内熊虎之師如雲而集，陳紅之粟蔽江而上，智士陳謀，勇夫效力。火燎毛，山壓卵，賊即欲不灰飛烟滅，亦曷可得已！

臣等嘗即諸路之功而評叙之：在四川，則楠木、三峒，賊黨以爲三窟，謂天險不可升者也；婁山關，賊前門，我所必由，賊所必争者也；海龍囤，賊以爲天造地設，人迹所不能到，兵力所不能加者也。三戰而克之，賊力竭矣，不亡何待？夫賊黨自戰其地，猶易與也，惟賊父子親在行間，諸賊人人致死，難與争鋒。該路到處，與賊父子對壘，最快者，九盤子之戰，悉其精鋭以付朝棟，令之從綦江進，從南川回，此其目中尚復有官兵乎？劉綎一戰而走之，自是播人爲之破膽。尤快者，諸軍壁海龍囤下，連月不拔，綎至，一日而克其二城，賊遂滅亡。至今群口囂囂然，竟無敢没其先登之烈者。兵法無選鋒曰北”，綎於諸路，其選鋒乎。則綦江路之功也。

臣嘗言：“破賊，關外宜招降，謂多不可勝誅也；關内宜疾戰，謂師不可老也。”安村、羅村、陶洪三寨生口以數萬計，勝兵以數千計，令貪功者以大兵初入，必且多殺以報捷。勝之，則傷仁；不勝，則損威矣。而該路坐受其降，兵不血刃。自是一戰而斬郭通緒，再戰而入岩門關，三戰而屢捷於水牛塘。賊計無復之，遂父子相哭而上囤矣。當其入水牛塘時，川兵入關，去囤尚遠；湖、貴兵在關外，絶不相聞。吴廣以孤軍去囤數十里而結營，犯兵法之所忌，而卒以得志，自非其令嚴而戰力當不及此。後雖有講降誤事，然有激而奮，竟以成功，逆賊父子盡獲其首，終不失爲全捷。則永合路之功也。

南川路最險、最遠，去囤可六七百里，賊以爲官兵必不能從此進。當馬孔英之未至也，高折枝以一書生，請自將漢、土兵以往，此固已雄偉不常矣。乃師期一月，之前先搗官壩營，以寒賊膽；而撤回龍泉之兵，且以解息石之危。其事甚奇，其功甚大。比進兵從真州入，真人則簞食壺漿以迎，播人則弃甲曳兵而走，居然有三代之氣象。時諸將欲候各路消息，方入關，折枝毅然曰："若是，則誰爲當先入者？"策馬而前，衆隨其後，竟以三月初八日奪桑木關而據之。臣用是以催各路，尚有四月入者。令諸將皆折枝，諸路皆南川，滅賊當更速。抵關，而馬孔英至，則文武相得，如樂之和。自是，日日約各路攻圍，有應，有不應，甚或以相誹詈，而折枝不顧也。分攻令下，諸將争走後門，該路獨壁前門。夫後門，我易攻賊；前門，賊易衝我。亦曰："誰爲當賊衝者"，蓋"亦先入關之意乎？"破囤之役，後門以二路更攻，前門以一路搏戰，日夜揮戈，人百其勇，坐使賊自盡，而逆黨無一逸者。總之，倡諸路之先，作三軍之氣，令黔師不得以賊强我弱借口，而竟以奏功。臣於該路文武蓋心折焉。則南川路之功也。

在湖廣，則偏橋一路。江外爲四牌，江内爲七牌，皆五司遺種、九股惡苗，盤據糾結乎其間。四牌不掃，即武騎千群，未易窺三渡也。陳璘獨以一旅之師，先掃四牌，開我進兵之路，用是，烏江内賊黨寒心。長坎、瑪瑙、青蛇三囤，自昔以爲險絶，官兵所從未易得志者。臣亦慮其難下，令降之。璘以爲除惡務盡，竟以一鼓而升其巔，殺戮數千，臭聞十里。時龍泉哨、施南兵，亦已先克板角關。至今湄潭、白泥之間，四牌、七牌之苗，遂無遺種，非璘之力不及。该該路漢兵少，土兵多，糧運少，遲便成噪呼。璘令嚴而法肅，卒能使之用命而不爲害。迨至克關逼囤，議設木栅、製鐵牌，以防賊逸，其機智有足多者。卒以入虎穴，得虎子。閹人、綉女纍纍在俘，則偏橋路之功也。

貴州各路與川、湖不同，其地近，其兵少，其餉乏，其夷性反覆而靡常，其民心摇惑而不定。玆之用兵，又非以一淬厲、一鼓舞之爲競者。烏江失律，已見法矣。然能借是以激厲水西，俾之絶狐兔之情，踐虎狼之窟。母氏囤一戰，大足褫逆酋之魄，而奪之氣。此則失之武人，得之文吏，蓋運籌者之苦心乎！李應祥以孤危之兵，當䠊𨇤之時，能自審於緩急進止之間，以守爲戰，以招撫爲進攻，卒之轉弱爲强，揚旌直指，斬首數百，招降數萬。因破諸囤，斬三渡，抵白田，何其壯也！竟以連合川兵，同心戮力，破重城、俘群醜，振積弱之邦、舒華夏之氣，始如處女，繼如脱兔，玆其審於機而神於用，豈易得哉！則平越、烏江、沙溪諸路之功也。

夫我國家，從來用兵未有大得志於西南夷者。國初，傅友德統二十四將軍，止言防守，未聞戡定；正統間，麓川之役，用兵五十萬，轉餉半天下，升叙萬人，三返而罪人竟逸；嘉靖初，思田之役，以剿始，以撫終，至今爲諸夷借口，兹其大致可睹已。諸帥固庸衆人，臣等三五書生耳，其智略才力不及古人遠甚，乃兵纔逾二十萬，進兵纔逾百日，費纔二百萬，而幸以成功。此非臣等之力，皆由我皇上神武獨斷，委任不疑，用使文武同心，將士效死，爰有成績。臣每誦詔旨，即十行之札，萬里之外，往往瞭於指掌，而析於毫毛，輒沾沾自得，以爲賊平矣。已戰勝於堂上矣。夫淮、蔡之平，直須一斷，何况聖朝廟謨，洋洋若此哉！

——（光緒）《平越直隸州志》卷三十三《藝文》，載《中國地方志集成·貴州府縣志輯》，第26册，501～505頁

播地善後事宜疏　李化龍

查該州地隣三省，然楚只偏橋，路通一線，蜀與黔蓋無所不接壤。夫蜀無藉於播，黔，瘠壤也，若乘此時而割播以附黔，則於蜀無損，於黔有裨。且臣等別疏，又請以楚之四衛并割附之。從此黔省幅員，得與十二省比長絜大，甚爲長便。但盡屬之黔，則地方千里，諸凡締造，勞費尚多，亦黔所不能堪。因議設爲二府，分隸黔、蜀，庶建邦啓土，各自經營，成聚成都，指顧可就。皇上廓清之績，既盡被於三藩，而帡幪之仁，則又復再造於黔土矣。除寬脅從，撤兵馬、招流移、厚賑恤、抑兼并、靖横恣等項，凡明旨所叮嚀，而兵部所條議者，俱已陸續舉行。尚有後開款目，謹集衆思，列爲十二事呈覽。

一復郡縣。播州，南極牂牁，西連僰道。漢唐收爲郡縣，在川貴之間，亦一都會也。至唐乾符間陷於南詔，楊端取而據之。今逆酋既平，相應改土復流，以變夷俗。及照播州白田壩，沃壤數百里，即播州遵義縣故地，當復府治，設縣附焉。桐梓當綦南之衝，走川貴道也，舊爲夜郎縣故地，當復一縣；望草南接婺、思，北達真、涪，爲綏陽縣故地，當復一縣；仁懷，濱播枕永，襟合帶瀘，爲懷陽縣故地，當復一縣；真州即古珍州，川原平衍，商販周游，應復一州。以上俱隸川省統轄。黄平爲川貴要區，舊設撫苗通判一員，列銜重慶，駐鎮彼中，其與播勢相控馭，并爲重地，應設一府；湄潭、龍泉地里廣邈，各應建設一縣；甕水、重安合設一縣；餘慶、白泥合設一縣；并草堂、容山二司，應割隸各縣。以上地方去黔甚邇，相應改隸貴州統轄。總計增府二、州一、縣八。蓋亂流初殄，地闊人稀，姑建數城以爲繫屬，以後地闢民聚，無妨增設。其二府治與附郭縣分正、佐首領，各應照例全設，外州、縣正佐首領，俱應量減。

一設屯衛。播州地方千里，山川險惡，夷漢雜居，又逼鄰二大土司，時有啓疆之志，必須設官軍，建屯衛，以明居重馭輕之勢。因設一衛於白田壩，與府同城，指揮使一員、同知二員、僉事二員、鎮撫一員、經歷一員、知事一員，所屬前、後、中、左、右五所，每所正千户一員、副千户一員、百户四員，所軍各一千，共五千。衛所官於從征有功者酌量升授，不足

者於鄰近願入者調取移實之。其邊隅逼鄰土司地方，各設屯田，每軍照祖制二十四畝，再加六畝爲冬衣、布花之費，〈共〉三十畝，自種自食，不必納糧於官，又復領出，紛紛滋弊。各開屯處，除養屯軍之外，餘田仍照民地起科，上納本折於各州縣，爲衛官俸廩及不時軍興之用。每年孟冬、仲冬、孟春、仲春農隙，各屯官時加操練。又以十月、二月望日，齊赴兵備道大操三日，驗其武藝，較其强弱，而明賞罰焉。老弱者汰之，一屯老弱多者，并革其官，軍田即另募壯丁補伍，庶軍得實用，異時即募兵散盡，此五千軍與主兵三千，自有八千可用之兵矣。

一設兵備。播地三面環夷，干戈甫戢，當此經綸草昧之始，設立有司，可以招撫流亡；或未能長駕遠馭而圖久安。布置將領，可以備禦倉卒；或易於生事徼功而開邊釁。欲以内修戎備，外懾夷心，整肅群僚，畏服衆志。爲地方長久之計，必設分巡兼兵備官一員，於播州白田壩新建府城駐劄，專一整飭新復郡縣并重慶衛忠、黔二所，永寧、酉陽、石砫、平邑等土司兵務，兼理有司錢糧、獄訟。其重慶府巴縣、綦江、南川、涪州、武隆、彭水切隣地方，悉聽管轄，以便行事。黄平新設一府四縣，雖割屬貴州，但人心初附，田上界連，與貴州水西宣慰司聽兼制。

一設將領。播淪於夷閲八百餘年，風俗獷悍，法令扞格已久。今地雖蕩平，而逋孽潛藏，漢夷錯雜，招苗樹黨，越界侵田，時所必有。今議播州留兵一萬，黄平留兵三千，粗足防守，然必得一大將鎮之，始可無事。查得先年克平九絲，議留總兵一員鎮守其地。今建武視播稍緩，即一參游足領之。合無將軍門標下添設練兵游擊一員，改駐建武防守，原設總兵移鎮播地，應留各兵，挑揀家丁三千、買馬三百，内標下標兵家丁二千七百、馬二百七十，以坐營千把總領之，兵道員下家丁三百、馬三十以中軍領之，有事，俱聽總兵提調，名爲正兵。此外兵七千，酌量分布於白田壩、真安、桐梓等縣，播川等邑防守；内以一游擊領三千，以二守備各領二千，各用千把總分領之。有事争〈征〉戰，無事即爲築城鑿池、建郡縣、修郵驛之用，糧銀照依舊例支發。徐俟建置竣工日，除家丁三千、馬三百外，餘軍以次議撤，有願附籍當軍及民當差者，聽千把總俱於附近衛所官内選用。其黄平留兵三千，仍設一參將領之，總聽防播總兵節制。

一丈田糧。環播幅圓〈員〉千里，田地無慮數千萬畝。舊時，額糧止歲以五千八百石輸貴州。蓋蠻方賦稅原輕，至應龍巧立新法，名曰“等賓”，每田一畝徵銀數錢。初，猶斂其財以招苗，後并奪其地以養苗，而賦法蕩然盡矣。今既改流，自當責成道府，親率州、縣官定疆界，沿丘履畝，逐一丈量，分爲等則，造册呈報，以定賦法。額糧輕重，蜀無定規。查克平九絲，丈量田地，分别上中下三等，每畝上田四升，中田三升，下田二升。播地山水間雜，不止三等，尚有上上、下下者，宜逐項分析，最上者，一畝可當上田幾畝，最下者，幾畝可當下田一畝，則待臨時酌定，難以預計。丈完總計田地若干、糧若干，徵本色若干、折色若干，俟二年之外起科。除足一年夏秋二税、銀力二差、一切雜費外，餘解布政司，充邊餉支用。

一限田制。播土舊民自逆酋倡亂，大兵征討之，餘僅存十之一二，遺弃田地，多無主人。册籍不存，疆界莫考，復業之民，往往冒認影占，原少報多，原瘠報肥，甚至一人占田一二千畝，尚有异省流徒，假播籍而希冒占者。今應將播之舊民號"楊保子"者，查果真的，無論原業肥瘠，俱人給田三十畝，上中下攙配均給。若一處皆上田、皆下田者，臨時酌給。大率純下田多不得過一百畝，純上田不得少過二十畝。其原非播民，凡不能爲楊保語者，無問曾否寄住，皆不得妄認。遺下無主民田，另行招人承種，納糧當差。應龍官庄并楊兆龍、田一鵬、何漢良等諸擒斬過有名頭人庄田，盡數没官，聽三省之民願占籍播州者承種。其領田之人，查照時值，量行上納，以充目下建立城池、衙門、驛傳諸費。亦定爲限制：平人不得過五十畝，指揮、千百户不得過百畝，俱於丈量時定糧定價，令不得挪移。州縣官收過絶産，價值給付印契，登入循環，聽兵備道稽查，轉報撫按查考。官吏干没，從重治罪。

一設學校。播故有學，宋元之世，俊茂朋興，如冉從周、猶道明、白鎮之流，俱登進士，蜚聲上國。自逆龍禁錮文字，寇仇儒生，坑儒燔書，禍同秦始。今干戈既戢，文教宜先。白田、黄平舊有學宫，補葺亦易，應當於二府原學各補教授一員、訓導二員，至博士弟子員，無論附郭、外縣，但入學使之選者：蜀新四縣隸白田學，黔新四縣隸黄平學。待各縣人文漸盛，物力稍紓，嗣各立學未晚。真安既改爲流，其地方殷富，人物頗華，亦須建一學宫、設一學正，以示維新之化。

一復驛站。播州各驛，自逆酋閉關負固，驛官不敢赴任，客過不敢經行，站户逃徙，舘舍丘墟，十數年矣。兹者地方底定，道路大通，驛站之設，勢不容已。查播州舊轄松坎、桐梓、播州、永安、湘川、烏江、昌田、砂溪、仁水、湄潭、鰲溪、岑黄、白泥一十三驛，俱當川貴孔道，所有各該驛舘，應趁時興工，合同匠役亦於兵夫内查有慣造者徑撥，不足者於附近州縣取用，工、食、銀、米，計算於該邊支剩軍餉内動支。仍責成新設府佐一員，往來稽督，不許虚冒錢糧，曠廢時日，事完册報。又查各驛夫馬支應及官吏俸薪舊額，土司供辦，今既改土設流，似應與腹里驛站一體僉派。但流民授田方始，難便買馬行差，目前一切站銀暫令官爲出辦，俟里甲稍定，即行編派。至夫馬額數，應照衝僻爲準：湘川驛附郭爲四路最衝，應設馬四十匹、夫八十名；松坎、桐梓、播州、永安四驛，地衝路險，應各設馬三十匹、夫五十名；烏江、仁水、湄潭、岑黄、鰲溪、白泥各驛，俱次衝，應設馬各二十匹、夫各三十名；昌田、沙溪、止通水西，次僻，應設馬各十匹、夫各二十名。各驛官見在者，行令赴驛任事，驛吏因屬土司，舊未撥發，今應行川貴兩省布政司，照缺查撥。

一建城垣。播州一府、一州、四縣，與黄平一府、四縣并改築石城，石少者，以磚代之。其兵備道、總兵府并府衛、州縣衙門公署、倉廒、庫獄、城隍廟、演武場，與二府一州儒學、文廟、殿廡、齋舍等項，俱當以次修舉。而各官一抵地方，棲身爲急。衙舍之建，尤宜首圖。各府州縣正官選委勤敏佐貳,於堪動銀内行支。克期興工,多方稽督。大約城垣以歲辛丑二月内起工,限年終落成,餘各以次修舉。就中員役有怠惰、冒破、工力草率者,俱聽該道詳參挐究。事竣之日,造册報撫按衙門奏繳。庶險要可資,防禦有賴。

一順夷情。播州皆夷也,大兵之後,爲賊用力者,芟夷蕴崇,已無遺種。今見在者,曰各司土官,曰七姓奏氏,曰投降夷目,皆宜安插得所,顧就中情事不同,亦宜分别,如八司,曰播州、真州、白泥、餘慶、草堂、黄平、重安、容山,内安撫二、長官六。又一司甕水,原無印信,亦稱長官。又有宣慰司同知羅氏,此皆世有官號,與播并建者。播州長官王積仁以附播被擒獻俘,與楊氏俱滅。真州附播多年,綦江之破,助兵三百,著在耳目。同知羅氏與江外五司具疏改流,挑怨速禍,至有今日之事,海内震動,流血千里,則諸司者,罪之魁也。故説者謂真州宜正其附播之罪,江外諸司宜以起釁絶之。第王道如天,罰宜從輕,賞宜從重。真州當進兵之初,率先歸附,正、副長官各以千人從軍,江外諸司各招兵聚義,充黔楚嚮導。合將真州長官即爲該州土同知,副長官即爲土判官;江外諸司安撫與正長官即爲該縣土縣丞,副長官即爲土主簿;同知羅氏爲新府土知事。此外尚有投降夷目,原非長官,本無冠帶,但賞格曾坐名開諭,輒爾先事歸誠,亦宜少示眷疇,以明恩信。如上赤水里頭目袁年父遭酷禍,投降最早,宜授以所鎮撫職銜;下赤水里頭目袁鍪仁,懷里頭目王繼先,安、羅二村頭目羅國明、羅國顯、安鑾,以上五名,念其返邪歸正,量授冠帶,總旗。諸人田産,止將本身者照册撥給,應納税糧通附州縣官處上納。其餘里人,俱令附籍納糧當差,不許仍以家人爲名,恣行霸占,違者治其前罪。至於七姓奏氏始助楊氏之惡,繼傾楊氏之族,尤爲禍首。今蒙王仁寬宥外,如仍蹈故習,豪横害民,該道徑行拿問發落。地方人民指稱前事告害者,亦如之。

一正疆域。播地東北接連三省,縣衛各有疆界,無容混淆;西南左接水西,右逼永寧,雖犬牙相攙,未能齊一,然畫野分疆,亦自有相沿界址。惟是夷性互爲雄長,强則侵凌,弱則减削,甚至有一地而甲乙互臨,一人而齊楚兼事,如儒溪、沙溪、水烟、天旺皆播州五十四里之數,現有黄册可考。緝麻山、李博埡、仁懷石寳、甕平等處亦皆播州世業。祇緣先年楊氏中衰時,曾爲永寧、水西侵占,後應龍當事,治兵相攻,恢復故業。各邊目又已任其糧馬,兩下支持,此在土司可略,今既改土設流,自宜各復其故。乃水西只求清查,永寧輒行瀆擾,且動以瓜分爲言,罔上行私,垂涎占業,應行該道會同隣近道〈府〉,及早清查一切相隣地方,原係播者歸播,原係永寧、水西者歸奢、安。刻石立碑,永爲遵守。其隣邊目把如不安分義,妄肆争侵,重行究治。干礙土官,一并參處。

——(光緒)《平越直隸州志》卷三十三《藝文》,載《中國地方志集成·貴州府縣志輯》,第26册,505~510頁

開平越新疆疏 郭子章

題爲播地蕩平,經制宜定,敬陳善後切要事宜,伏乞聖明采擇,以永奠遐方事。

萬曆三十一年，據貴州布政使司經理分守新鎮道等呈前事。該臣看得，播未平之先，急在征討，播既平之後，急在經理。征討者，矢在弦上，不可不發；經理者，鹿在圍中，不可不緩。仰誦明旨，一則曰："牽累的都免窮治，流移的招他復業，還與優加賑恤，以安新安地方。"一則曰："招撫流移復業，勿令豪强冒奪。"大哉皇言！明見萬里，恩加八番。所以安集鴻雁於澤，休息鴛鴦于梁者，靡不周且詳矣。臣等奉行綸音，宣導德意，與經理諸臣上至府道，下至丞尉，亦至於再、至於四矣。顧經理之節目甚瑣甚冗，而其體統在官與民。土官曰："先人歷代遺土。"新官曰："朝廷業已改流。"枘鑿不相入而互相持。舊民曰："此吾世業而偶失之也，何知新民。"新民曰："汝罪人幸而脱刃者也，何得復戀。"熊虎各相噬而勢相戕。甚至新官與新民依倚，土官與舊民連結，各恃衆怙力，將人人棋峙以觀成敗，此體統之難正也。築城垣於虎狼之穴，而獷悍不可使；度田土於荆棘之中，而尋丈不可核；建學校以化夷，而口舌紛紜；徵糧馬以給公，而支吾推諉；開道路以通商，而戎賊莽伏。物力詘，而無以應多役；糧餉殫，而無以張兵威。捉襟見肘，見調宫則商亂甚。至謂改土徒勞，不如還舊，此節目之難理也。

臣與督臣、按臣會議，諭諸經理司、道、府官，凡教在初而禮爲始，暫給土官冠帶劄付，引於繩之内。次定與縣令迎送接見儀節，委以職事，稽其勤惰，毋令逸於繩之外，而官制始定。查舊田有憑者，還舊主；查逆田入官者，給新民。俱不令入價，而責其納租。土著子弟稍通者，令之入學，青其衿，毋左其衽；新民子弟即平通者，只令寄學，不許觀場，二十年後始令赴試，而民志始定，體統既正。

漸議築城垣。省砌龍泉，次砌甕安，又次砌餘慶、湄潭，又次砌平越、水城、黄平州城、銅仁縣城，又次修銅仁、平越府城，新添、龍里衛城，又次築平越行府、銅仁營堡，而城垣舉矣。即不敢謂金湯足恃，而三板安堵，千里聯絡，實空虚之地，爲扞蔽之資。脱有不虞，民亦可倚而守也。乃漸議度土田，起糧馬。丈出田地一十九萬四千有奇，歲徵銀一萬五千六百有奇，本色米四百有奇。雖比之遵義不及十之一，而在黔中稍稍成聚。即一郡、一州、四縣官員之俸薪，道路之夫馬，皂快之工食，踐更之戍糧，僅僅取給焉。

又漸議設學校。則改平越衛學爲府學，以黄平州學附于平越府，而土著、新附之子弟肄業有地，變椎結爲絃歌，柔靡莫而詩書，或省其藉此乎？

又漸議開道路。則團聚哨兵，建立鋪户，修飾候館。滇、楚賓旅亦稍出途。回視豺狼當道，荆棘塞路之時，則有間矣。

蓋自播平至今，已歷四年，各官經理，亦逾一載。城市鮮犬吠之驚，叢祠罷狐鳴之盜，是皆皇上威遠暢，惠廣被。故今夜郎、牂柯驚鳥獲安，平江、湄水窮魚復樂，豈臣等區區智力所能辦哉。第二三營造拮據之臣，其勞亦有不可泯者，謹將各府州縣築完城垣公署，丈完田地糧則并户口册籍上呈御覽。

——（光緒）《平越直隸州志》卷三十三《藝文》，載《中國地方志集成·貴州府縣志輯》，第26册，510～511頁

題設府州縣疏略　郭子章

播州之地，東西相距二千餘里，南北相距四百餘里，雖云憝國，亦系樂土。今議改流，東西可設二府，每府各設二三縣。播境原屬四川，與貴州鄰，二省界限，原自分明。至論建置大概，臣意：自沙溪以至白泥，當以烏江爲界，設一府於白泥壩；而真州、婁山、松坎等處可爲三縣；黄平在元已爲府矣，當設一府於黄平或平越；而餘慶、白泥二司可爲一縣；甕水、重安二司可爲一縣。此沙溪至白泥一帶建置之大概也。自白泥渡江至務川縣，以三渡、板角、苦竹三關爲界，其中漢苗田土雜錯，惟湄潭可縣，龍泉可縣。龍江土官安民志陣亡，其子尚幼，其印已失，土地已爲楊賊踐蹦，合無將龍泉改建一縣，增置城郭，而以安民志之子世爲土縣丞，以爲死義者之勸；其祖職長官，世爲土主簿。此則思、石一帶建置之大較也。第播州之名，其來已久，"播"之爲字，番之有才者也，以故應龍阻兵，崛强獷戾，竭四方之力，僅乃克之。夫越南破而"聞喜"建，吕嘉得而獲"嘉"名，龍州平改爲"龍安"，九絲夷更名"建武"，即播州納土于宋亦改名"遵義"。計廟堂當有定謨，而播之名似當更易。

——(光緒)《平越直隸州志》卷三十四《藝文》，載《中國地方志集成·貴州府縣志輯》，第 26 册，第 512 頁

題設新貴黄平等學疏　郭子章

臣看得建學育賢，化民成俗首務。今據司道會議，改平越、普定二衛學爲平越、安順二府學，增設黄平州、新貴縣二學；裁平越衛學訓導，改黄平州學學正；裁宣慰司學訓導，改新貴縣學教諭。此一轉移間，不煩官帑，允宜建設。黄平州學，除土司、土著子弟照舊取考外，其新民子弟須照禮部題准近例，三十年後方准收考。今據司道府會議，黄平等州縣乃新造之邦，土著鮮少，禮義不知，新民子弟，目前准其收考，文理平通者，只許入學，不許觀場，待三十年方許入試，既不失化誨苗方之意，又不礙冒籍中式之例，似應俯從。其平越、安順二府學，廩額貢期，俱照都勾府學例，各廩二十名，一年一貢。黄平州學准廩十名，二年一貢，須在十年之後，方准起貢。二衛學印記當改爲二府學印記。至於增解額一節，邇來黔中文教漸昌，庠序日增，且會試中式不下於粤、滇，而鄉試解額獨少於二省，似應于原額量加，以廣聖化。伏候睿鑒施行。

——(光緒)《平越直隸州志》卷三十四《藝文》，載《中國地方志集成·貴州府縣志輯》，第 26 册，第 512 頁

討播誓師文　明李化龍

蓋聞春秋之義，人臣無將。漢法所誅，大逆不道。逆賊楊應龍者，本以夷種，世厠漢官，被我冠裳，守彼爵土。輒敢忘天朝豢養之恩，恣鬼國凶殘之性。初但殃及骨肉，繼乃

禍遍蒸黎。嬰兒孕婦，概被誅夷。殺將屠城，以爲常事。虐焰燔乎五司七姓，淫毒漸於九溪三巴。天地不容，神人共憤。皇上痛兆人之失所，杜列辟之效尤，遂伐暴以安民，乃興師而問罪。化龍等共以職守，咸在戎行。義當戡亂成平，勢須分猷共濟。蓋必三省之内，文武將吏，以及四海之中，漢土官兵，堅除殘雪耻之圖，奮戮力同心之誼。庶幾共奬王室，乃可必得罪人。兹將鞠義旅以徂征，敢用對明神而作誓。且夫惟忠可以報主，惟公可以服人。惟至死不貳，可以徇國家之急；惟精白無欺，可以樹掀揭之勛。凡在行間，請事斯語。如其無貳乃心，克勤王事，神亦陰爲庇相，俾享成功。若督、撫、鎮、道及副、參、游、守、府、縣、衛、所大小文武等官，有懷奸飾詐，罔上行私，乾没軍資，枉殘民命。妒人則以功爲罪，逃刑則以罪爲功。或假公事以報私仇，或因小嫌而妨大事；或以是爲非，以非爲是，任一己之見，而失三軍之心；或當進不進，當援不援，偷一時之生，而戕萬民之命；或懷忠不盡，退有後言；或臨事避難，轉生枝節；或賞罰功罪之不明，或南北漢土之异視；或持兩端而窺利；或枉三尺以徇情；或造疑似影響之説以傾人；或挾機械變詐之術以利己。有一於斯，即爲負國。負國之人，其名爲賊。明神殛之，死不旋踵，逮及闔門，永絶其嗣。夫神聰明正直，不偏而平一者也。有人負國而不知，"聰明"謂何？有人負國而不誅，"正直"謂何？有人負國而不知誅之，"不偏"與"平"之謂何？夫神護國佑民，以食其報者也。神不明則士不奮，士不奮則賊不滅，賊不滅則民不安，民不安則凶年殺禮，於神亦有不利焉。敢盡布之明神，惟明神其圖利之！

——（光緒）《平越直隸州志》卷三十七《藝文》，載《中國地方志集成·貴州府縣志輯》，第26册，第553頁

平播露布　李化龍

伏以辰象麗天，七緯判井參之紀；方輿略地，八紘嚴夷夏之防。故陰慘陽舒，天綧所以陶庶匯；而文經武緯，喆後所以殿萬邦。道如此乎相成，世賴兹而常治。垂衣而理，爰開弧矢之威；舞干以來，不廢徂征之舉。黄公無女，策贊玉門；赤熛素靈，符昭金匱。洎乎皇風既降，猶然遠略時聞。漢馘吕喜，聲教訖于嶺表；唐俘蒙儉，威稜憺乎天南。是雖晚近世之所爲，實乃大聖人之家法。匪云得已，允有成功。恭維皇帝陛下，道契書繩，祥徵載玉。憲紫微而立極，雪踐四神；登翠嬀以握圖，星飛五老。升平三紀，雲火静其横氛；受胙九宗，風雨漂其濊澤。委任心膂，妙選爪牙。兵以不殺爲威，德用無爲而治。朔方叛黨，嬰城旋就誅夷；海外渠魁，越國甘從紲束。宸居端拱，天步泰寧。日浴月蹢之鄉，莫不奉琛而納款；紫舌黄支之侶，咸皆解辮而稱臣。昆明通太液之波，大宛貢天閑之駟。春秋之義無外，詩書所稱何加。

惟此播州，介於川貴。貞元以往，猶遷客之是居；會昌而還，爲楊端之竊據。本以招討，擅此方州。跨重岡復嶺以疏疆，介絶澗茂箐以設險。丹岩紫澗，常截地而瀠回；翠壁

蒼巒，每橫天而巀嶭。羊腸小道，一夫可以當關；虎嘯猿啼，萬騎總爲却步。加以腥烟羃覆，毒露縱橫。上漏下蒸，坐見飛鳶之墮；前溪後窗，常多有蜮之灾。别是封疆，自爲聲教。冠紳承襲，已歷四朝；子姓蒙安，洊及千載。强弱之形互見，離合之勢靡常。飢則依人，飽則颺去，終非馴擾之儔；失則其鹿，德則其人，薄示羈縻之術。然猶奉琛奉幣，職歲之貢獻無虛；不叛不侵，非時之征調惟謹。迨至逆賊應龍者，夷運將終，淫凶遂熾。天奪其監，既安忍而無親；鬼瞰其家，輒恣行而播虐。殺人如不舉，害衆若弗勝。徇孽妾之言，妻甘屠膾；剪同官之黨，人盡誅夷。敵怨五司，魚肉不留乎遺枿；快心七姓，烹醢冤徹於三泉。懸碓碓湯鑊之刑，置火麻鐵刷之獄。是尚恣睢乎部曲，已而轃轢乎縣官。數肆嫚書，屢馳密諜。謂九重爲遠，聲不憚於吠堯；以千里自封，財無難於使鬼。重慶城計脱犴狴，已逭靈誅；白石口謀動干戈，寧辭越志。從此恣其玩弄，因而極彼譸張。宰割一方，睥睨諸省。收藏亡命，逋逃遍四海之奸；糾結生苗，聲勢致兩川之震。盛氣豈忘躍馬，雄心不憚稱孤。犯乃無將，志不在小。

皇上俯憐愚謬，屢沛鴻慈。征誅尚緩於後夫，撫戢屢申乎邊吏。網開三面，聿弘卵育之恩；擒縱九頭，倍肆鴟張之志。虔劉飛練，鬼哭千家；縻爛綦江，尸横百里。捐嬰兒以填巖谷，刳孕婦以决雌雄。萬靈號地稱冤，四境籲天匄命。樵蘇何計，閭閻動鼙鼓之哀；羽檄交馳，城郭盛妖氛之氣。一時惡少，盡欲效尤；幾種夷酋，半懷觀望。業已驛騷乎西南半壁之天下，行且震驚乎東北一帶之人心。亂影已成，逆圖漸逞。全蜀星河摇曳，重瞳宵旰焦勞。佇望廓清，宜資卓犖。而臣以章縫末品，樸遬短才，偶詔起於田間，遂謬膺乎軍事。控四蜀而兼綜湖、貴，柄在專征；奉三錫而濫秉鉞旄，義當滅賊。臣感兹恩遇，願效馳驅。情同泣鈕，甘裹革以從戎；心切枕戈，計除凶而報國。但期平定，敢愛髮膚。顧民力凋瘵而未蘇，又武備廢弛而不振。賊强臣弱，尠希擒縱之風；一日數驚，易斷平安之火。於是殫攄朽鈍，獎率權奇。謹會同巡撫貴州兼督理湖北、川東等處地方軍務，都察院右副都御史臣子章，巡撫湖廣等處地方兼提督軍務、都察院右僉都御史臣可大，巡撫偏沅等處地方、提督軍務兼理糧餉、都察院右僉都御史臣鐸，共懷許國之心，咸篤勤王之誼。謂夫事關三省，必須動協萬全。以固圉安人心，以死綏作士氣。内葺理而外持鎮静，計頗效于謝安；陰不足而陽示有餘，灶頻增于虞詡。徵兵之使四出，環秦庭而乞賦《無衣》；寄閫之理三推，憶鉅鹿而重厪拊髀。柄分黄鉞，下天上之將軍；案有丹書，合地中之義旅。命五丁於蜀郡，召三户于楚人。集滇廣樓船下瀨之豪，連韓魏奮擊蒼頭之衆。秦稱孔武，羅孟賁夏育之朋；浙號多才，搜霸越平吴之士。鷹揚侈譚于齊客，喜建功勛；駿聲偏重于燕台，爲憐慷慨。有嚴有翼，共武服而旂旐央央；如漢如江，啓戎行而威靈濯濯。咸來奏技，莫不從軍。又以古制師以糧從，兵貴馬騰士飽。爰開庾廪，共極舟車。籌策遍於槖囊，轉輸酌乎鍾釜。舳艫銜尾，粟盡海陵之倉；組練生光，山積漁陽之甲。兵同白雪，衆悦蒼雷。

臣乃於正月十五日攝衣登壇，歃血矢誓。宣忠義以作士氣，思齒劍者投袂并興；懸賞罰以一人心，懷淬刃者超距競起。衆憤嘘而梁益之天成霧，軍聲動而岷峨之水波飛。克日長驅，嚴兵待發。臣又於二月十二日五鼓戒衆，八路徂征。在四川以綦江、南川、合江、永寧爲四路，總兵官吴廣、劉綎、馬孔英將之，而監軍以參政張棟、謝詔，督餉紀功以參政張文耀、副使史旌賢、參議熊宇奇、僉事徐仲佳；在貴州以烏江、沙溪、平越爲三路，總兵官李應祥將之，而監軍以按察使楊寅秋、參議張存意，督餉紀功以參政郭廷良、副使洪澄源、尤錫類，參議梅國樓；在湖廣以偏橋爲一路，總兵官陳璘將之，而監軍以按察使胡桂芳、參議魏養蒙，督餉紀功以參議詹啓東，副使王應霖、路雲龍、陳與相。集群策于一時，宣天威於九伐。妮隊飭元戎之令，以律而臧；練士雜夷漢之師，在和而克。風鶴咸知助順，草木都化爲兵。賊勢已危，狂氛未戢。力伸螳臂，尚三覆而設奇；若燎鴻毛，輒一鼓而制勝。諸路并斬關而入，一時多解甲而降。婁山岩門，萬夫不守；湄潭河渡，一葦可航。兵遂環于白田，衆已焚其赤社。曲房别館，一炬堪憐；班馬鋒車，四門咸竄。於是巢穴漸定，羽翼半摧。獸既窮而搏人，鹿方急而走險。賊乃重招逆黨，共保岩隈。百仞臨高，築鉅堙而不及；一偏延敵，攀蘿葛而難躋。自謂天險可乘，兼有積儲足恃。蝟云得計，只自速亡。爰命六師，圍之三匝。蝥弧屢奮於列校，鼉鼓加募乎千金。攻極力殲，莫禦疾雷之勢；計究詐得，頻貽小月之書。臣乃詗其深謀，特申儆備。復令按察使張悌入營督戰，重戒總兵吴廣毋與賊通。衆志彌堅，賊困猶鬥。連旬集雨，共洗蠻蜓之妖；迭次霪雲，實壯王師之氣。勢將剪天，事已垂成而臣適遘閔凶，遥傳音耗。寸心塗炭，乍懷進退之虞；簡命眷留，更切始終之慮。望雲渺渺，向日炎炎。事難適夫兩全，身惟拚乎一死。勉修軍令，益整兵威。旬月迭攻，晝宵不息。小岩結聚，知蠻滅已非遥；异鳥翱翔，信賊平其有兆。卒徒競奮，雉堞平頹。彼力盡於枝梧，此骨騰而距躍。楚歌四起，騅不逝以驚心；越甲重來，犬長號而入夢。徒揮金而召死士，競掩袂而别妖妻。縱飛走以無門，悲蟣虱之相吊。天亡已定，矢劍烏江"人力難施，投繯荒谷。快大兵之畢集，遂舉族以就擒。剖腹不减然臍，駢首同看系頸。涓人彩女，解玉佩而成俘；劍客謀臣，抱兵符而就縶。雷擊星馳，三十萬巢穴倏爾成空；摧枯拉朽，指揮間根椓肖然盡拔。定軍之山頓赭，牂柯之水已丹。飛虎、飛龍，堅城如掃；養雞、養馬，故壘空留。只餘草木之腥，無復萌芽之肄。訊報已成聚落，首功不啻邱陵。築京觀可示來兹，勒銅標談誇已事。紅旗十里，依依六月班師；翠幰千重，蕩蕩三分底定。前歌後舞，鐃吹半雜于巴渝；繡帽錦衣，勝氣全高乎玉壘。戎翟因而奪氣，流汗走僵；將軍從此開顔，告成飲至。櫜弓卧鼓，息壯士之呻吟；解劍賣刀，恣農夫之耕耨。百蠻稽顙，萬姓謳吟。重念開創之難，更竭圖維之力。

因地形以爲疆理，招土著而慰氓黎。削减叢祠，别營茅社。爰分土宇，指西母而開圖；載布冠裳，順東風而受吏。易瘴鄉爲樂國，矜人起鴻雁之歌；黜夷法于漢官，拭目快盛儀之睹。化瑟張而勿擾，熙熙乎坐赤子於春臺；太牢享而有餘，栩栩然囿僰人於蝶夢。本因亂而制治，實用夏以變夷。何敢言勞，期不辱命。此蓋神武有赫，厚德用威。遠克鬼方，奉役不淹於三載；同符帝德，成功僅逾於七旬。民未大勞，師無再役。還千秋之疆土，重勒鼎銘；戢四海之窺覦，坐銷金甲。獻俘清廟，靈承玄縡之心；上壽明堂，旅受禄圖之福。

——（光緒）《平越直隸州志》卷三十七《藝文》，載《中國地方志集成·貴州府縣志輯》，第 26 册，554～557 頁

播平過慈姥石　郭子章

六月王師克播城，千年逋寇一朝清。且蘭浮竹船猶系，白日烏江犬不驚。買犢漸消戎士戰，放牛即散野人耕。路旁慈姥如相勞，爲祝全黔永太平。

——（光緒）《平越直隸州志》卷三十九《藝文》，載《中國地方志集成·貴州府縣志輯》，第 26 册，第 575 頁

楊應龍小妾田雌鳳，乃白泥司人。其婿田騆，即雌鳳之族。騆母單氏既寡，石柱宣撫馬徽聚爲妾。單嫁兩月即生騆。後雌鳳欲以騆改名千騆，占徽子千乘石柱地方，不遂其志，騆旋即被僞軍師孫時泰誤射死。千乘即秦良玉夫也。征播之役，良玉夫妻功極多。萬曆二十八年正月初二日，賊乘官軍宴飲，夜襲之。良玉以所佩劍屢鳴，速報大營。千乘自宴席馳歸，同良玉邀賊鄧坎，擒應龍。征東將軍吴尚華乘勝盡破九股生苗，奪金築七寨，逼桑木關，取之，應列戰功第一。彼時若無良玉，大軍被襲，失利大矣。李于田《平播疏》中毫不叙及二人，何歟？《遵義府志》。

——（光緒）《平越直隸州志》卷四十《摭佚》，載《中國地方志集成·貴州府縣志輯》，第 26 册，第 590 頁

叙録

叙曰："平越之自衛而府而州也，蓋歷五百三十餘年矣。然自明萬曆二十八年以前，上距洪武之初，其二百餘年間，雖名爲衛，實楊氏播州東南地，有司固不得而理也。逮酋應龍既滅，播始郡縣，至今僅三百年耳，當其版圖未隸明社，旋屋入於聖朝。"

——（光緒）《平越直隸州志》卷四十《叙録》，載《中國地方志集成·貴州府縣志輯》，第 26 册，第 591 頁

（光緒）黎平府志*

楊英惠侯祠，即飛山祠，在城東北玉皇閣右，年久圮。光緒七年，官紳捐資重修。又王寨洪州所均有飛山廟，中右城北有二王廟，神像二，相傳一爲吴姓，失名。其一即英惠侯。鄧子龍有碑記："郡人以六月初六日爲侯生辰，十月二十六日爲忌辰，祀之。"鄧鍾《二王廟碑記》。《郡志》："飛山神楊公，諱再思，宋誠州刺史，楊宗保之祖。嘗有功於郡，紹興年封威遠侯，祀之飛山，有禱輒應。其二王無所考，詢之故老，吴其姓，有戰功，與楊公結爲關張云。中古城北，舊有飛山廟，祀二神焉。萬曆庚子春，值郡苗猖獗，戕我官軍，奪我屯所，毁我廟宇，蓋神人共憤久矣！余自惠州奉三檄征播，事竣，復有征苗之役。"

——（光緒）《黎平府志》卷二下《地理志》，載《中國地方志集成·貴州府縣志輯》，第17冊，第129頁

名宦祠，在戟門外東偏，祀楊再思、向通扆、徐知府、蔣信、吴良、楊文、朱爕元、江東之、郭子章、王三善、朱芹蕭、象烈、盧龍雲、張汝霖……

——（光緒）《黎平府志》卷四上《典禮志》，載《中國地方志集成·貴州府縣志輯》，第17冊，第319頁

《黔書·平亂紀》：

平播之功，曰李化龍；死水西之變，曰王三善。其人同，其事合，其心一。而要之用兵各殊，故成敗亦异也。

方化龍之督黔以平播也，與黔、楚撫臣，同心并力，一出於剿。既授命，則移鎮於重慶，而黔撫郭子章駐貴陽，楚撫支可大駐沅州，相犄角也。必俟延寧四鎮，河南、山東、天津、滇、浙、粤西徵調之兵大集，然後啟行，最慎重也。分兵八路，川師四路：總兵劉綎從綦江入，以參將麻鎮隸，參政張文耀監之；總兵馬孔英從南川入，以參將周國柱、宣撫冉御龍等隸，僉事徐仲佳監之；總兵吴廣從合江入，以游擊徐世盛等隸，參議劉一相監之；副將曹希彬受吴廣節制，從永寧入，以參將吴文杰、宣撫奢世續等隸，參議史旌賢監之，而中軍率標

* （清）俞渭修，陳瑜纂：（光緒）《黎平府志》，載《中國地方志集成》編委會編：《中國地方志集成·貴州府縣志輯》，巴蜀書社，2006年。

下游兵策應。黔師分三路：總兵童元鎮統土知府瀧澄、知州岑紹勛等由烏江；參將朱鶴齡受元鎮節制，統宣慰安疆臣等由沙溪；總兵李應祥統宣慰彭元瑞等由興隆，參議張存意、按察司楊寅秋監之。湖廣偏橋一路，分兩翼：總兵陳璘統宣慰彭養正等由白泥，副總兵陳良玭受璘節制；統宣撫單宜等由龍泉，副使胡桂芳、參議魏養蒙監之。以偏橋江外爲四牌，江内爲七牌，五司遺種及九股惡苗盤據故也，而紀律嚴，黨與散矣。部署已定，大會文武於重慶，登壇誓師，諸道并進，以抵婁山關爲期，諭之曰："關外且戰且招，多不勝誅也；關内疾戰，勿受降，師不可久，賊詐，不可信也。"又以劉綎素有威名，薦綎於朝，委以專制。人或疑其夙與應龍昵，則延入卧内，輸心腹，且以危言激之，引其父顯九絲功爲比，致令綎大慟，願誓死報。又以水西爲應龍婚婭也，恐陰佐賊，則走檄以詰之，以故瀧澄僇其修好之使，安疆臣執賊二十餘人，以明不背。志氣既一，非同築舍之謀。駐兵既得，治兵又有次第，任用又得其人。先翦其翼，次伐其謀，復伐其交。是以海龍圍合，應龍勢蹙，投降之書立焚，拜表之欺不售，而倉皇自盡，妻子并俘。自出師至滅賊，凡百十有四日而事平也。

若王三善則不然。初則奉命撫黔，聞變募兵，率皆烏合之衆，非久練也。平越一戰而敗，既慆縮而不前。視重圍之困，不啻秦人之於越，必待舊撫李櫄大聲疾呼，而後勉强以應，中情怯也。乘西賊之敝，一鼓而潰，遂以賊爲易與，而欲解散赴調之兵，驕必敗也。率師輕進，未幾而還，再抵大方，又欲反轡，舉動擾也。雖三路分兵而卒皆遠調，帥俱不和，主客不敵，形勢弗習也。其所在則恇懦之魯欽、馬烱，所信則詐降之陳其愚，用非人也。懸師虎穴，弭節逾年，中隔渭水之河，聲援已絶，儲〈糧〉六廣之岸，轉輓多艱，失所據也。督主撫而撫主剿，心膂未齊；前跋胡而後疐尾，進退維谷，事權分也。師老而財匱，事拙而勢屈，况爲陳其愚所賣，烏有不敗者哉！嗟乎！黔地山川，險阻异常；狼子野心，不知漢大。未有提十萬之師，而不爲餱糧計；深全軍之入，而不爲孤注虞者。《兵法》云："圮地勿戰，圍地勿攻。"又曰："兵貴有謀，以多算勝。"自宜先定其規模，非可漫嘗於一擊也。况水西之地，十倍於播。播猶八面圍，而水西止以一面攻。播無遠近之援，水西則有烏、藺之助。化龍乃以全力制之，而勿敢輕；三善則以獨力任之，而不爲意。何其謬哉！然而身没戎馬，心同皎日，視死如歸，英烈猶存。王中丞之忠，固史册書之，黔人祀之，歷千百世而不可泯者矣！丁煒曰："用兵之道，先定規模，而後從事。"李、王二公成敗异效亦定與不定之分而已，故追遡往事，以示法戒，將二公先後勝敗情形兩兩比照，政如充國談兵動中窾會。"

——（光緒）《黎平府志》卷五上《武備志》，載《中國地方志集成·貴州府縣志輯》，第17册，第502頁

（明洪武）三十年三月，古州蠻林寬即林小厮。以妖術猖亂，攻龍里守禦所。千户吴得、鎮撫井孚率麾下馳賊營，格殺賊蠻數十，得中毒弩死，井孚亦遇害。賊遂屠所城。事聞贈恤。《明太祖諭廷臣贈吴得、井孚敕》曰："忠孝大節，古人所難全者。吴得、井孚臨難捐軀，因忠顯孝，非烈丈夫不能也。贈吴得指揮僉事，贈井孚正千户，令其子各襲職，着優恤其家，即遵諭行。"以指揮齊亮充總兵官，率指揮吴勉、宋福等征之。賊圍黎平所，亮遣大校往援，遇賊於潮門橋鏖戰，不利引還，賊乘機躡至鐵爐苗坡，據險以守。散騎舍人馳奏亮逗遛畏敵，征還弃市。乃命楚王楨帥師，湘王栢爲副，以左都督楊文充總兵官，都督同知韓觀充副總兵，簡從三十萬進討，復命都督顧成率貴州兵策應。

——（光緒）《黎平府志》卷五下《武備志》，載《中國地方志集成·貴州府縣志輯》，第17册，第520頁

（萬曆）二十八年，參將鄧子龍平播還，復有皮林之役。時值中右告急，子龍乃以偏師分三道迅發，一日遂破草坪、平黄、菖蒲、上下洪州諸寨。事平，相傳有神助，子龍作記述之。

（萬曆）二十九年三月，指揮使李楷討皮林苗，平之。皮林苗吴國佐者，少入學爲永從諸生，狡黠有異志，居恒往來洪州、草坪等寨，相度形勢，以爲皮林與九股接壤，山川險奥，可因之成大事。於是帥皮林諸苗反，自稱天皇上將。有石纂太者，亦自稱太保。播州楊應龍發難時，皮林嘗助逆。自是播滅，乃結聯他寨，攻破永從縣，毁城郭、廬舍，殺守備陳世忠等，劫獄囚而去。

七月，詔偏沅巡撫江鐸墨縗進討皮林。貴州巡撫郭子章平播還，至鎮遠會楚師、黔師，協剿。鐸知指揮李楷智勇，請授楷征剿事。會楷征播還，自謂："當便道掃除不煩。"

——（光緒）《黎平府志》卷五下《武備志》，載《中國地方志集成·貴州府縣志輯》，第 17 册，524 ~ 525 頁

楊再思，鄧顯鶴《書〈楊果勇侯芳年譜〉後》：按《譜》，楊氏出漢太尉伯起公，後至唐懿宗時，再思公生。由淮南丞遷辰州長史，結營飛山，與李克用同受昭宗衣帶詔，徵兵衆，奉爲誠州刺史，稱令公。今考"令公"爲楊業之稱。《宋史·楊業本傳》："業，并州太原人。在邊防二十年，契丹憚之。六子皆貴顯，官供奉殿直，延昭尤驍勇善戰。昭子文廣爲廣西鈐轄，知宜、邕二州。英宗曰：'文廣名將後，且有功，擢誠州團練使。'世稱楊氏世將。"又《宋史·南蠻傳》："誠、徽、唐溪峒州，宋初楊氏居之，號十峒首領，以其族姓散掌州峒。太平興國四年，首領楊藴始來内附。八年，楊通寶始入貢，命爲誠州刺史。淳化二年，其刺史楊正岩復來貢。是歲，正岩卒，以其子通塩繼知州事。熙寧八年，有楊光寶者，率其族姓二十二州峒歸附，詔以光寶爲右班殿直。繼有楊昌銜者，亦願罷進奉，出租賦爲漢民，詔補爲右班殿直，子姓十八人，補授有差。獨光僭不從，未幾亦降，乃與其子曰儼請於其側建學舍，求名士教子孫。詔潭州長史朴成爲徽、誠等州教授，光僭皇城使、誠州刺史致仕，官爲建宅；置飛山一帶道路巡檢，未及拜而卒，遂以贈之，録其子六人。"又："乾道十四年，成忠郎充武岡軍都巡檢，溪洞首領楊進京備方物求貢。十五年，楊進禺復求入貢。"皆誠徽州諸楊也。時稱楊氏世勛與太原之楊判然兩族，後人因其姓同，其時同，其官同，其所官之地又略同，稗官野乘混而一之，流俗僞傳又以令公威名甚著，誠州刺史爲楊氏世職，因以加之再思耳，非再思必刺誠州號令公也。至於五代時，民遭塗炭，獨公奉唐正朔，保障滇黔，民賴以安，此則據《家譜》可以破《宋史》楊承磊族人以地附楚之謬，何以言之梁之稔惡極矣！天下惡之，唐祚雖絶，當時列鎮猶有用天祐紀年，以號召其國者。獨馬殷父子甘心臣附，曾謂："楊氏之强，再思之賢，而肯以其地附，不耻臣梁之馬氏乎？"况楊氏入宋後，承平已久。江南諸國相繼入版圖，始率其族人獻土地。則當日據有二十

二州之地力,能固守,不汲汲於附楚也明甚,是則家譜之可信者也。

——(光緒)《黎平府志》卷六下《秩官志》,載《中國地方志集成·貴州府縣志輯》,第18册,28~29頁

李忽蘭吉,《貴州通志》:"隴西人。至元二十一年,以四川南道宣慰使,與參政曲理吉思、僉省巴入〈八〉、左丞汪惟政分兵進取五溪洞蠻。時思播以南蠻僚叛服不常,往往劫掠邊民,詔并討之。一軍出黔中,一軍出思播,一軍出澧州,忽蘭吉一軍出夔門。會合伐山通道,破其險隘,敗其前鋒,諸蠻長乃降。"

——(光緒)《黎平府志》卷六下《秩官志》,載《中國地方志集成·貴州府縣志輯》,第18册,第30頁

黄如龍,《貴州通志》:"鎮遠縣人。萬曆間平播州、靖黎、九股、匀哈、甕壩諸苗,纍功參將。天啓二年,從征水西内莊,戰殁。事聞,贈都督僉事,祀忠烈祠。"

——(光緒)《黎平府志》卷六下《秩官志》,載《中國地方志集成·貴州府縣志輯》,第18册,第34頁

陳璘,《明史》本傳:字朝爵,廣東翁源人。萬曆初,屢進署都指揮僉事。二十年,朝鮮用兵,擢充副總兵官,改協守漳、潮。坐賄石星,罷歸。二十五年,起故官,援朝鮮。明年,擢禦倭總兵官,尋令提督水軍,論功爲首,進都督同知,世蔭指揮僉事。

會有征播役,命璘爲湖廣總兵官,由偏橋進。副將陳良玭由龍泉受璘節制。二十八年二月,軍次白泥,楊應龍子朝棟率衆二萬渡烏江迎戰,璘前禦之,而分兩翼躡其後,賊少挫,追奔至龍溪山,賊合四牌賊共拒。四牌在江外,與江内七牌皆五司遺種、九股惡苗,素助賊。璘廣招撫,乃進軍龍溪,偵知賊有伏,令游擊陳策用火器擊之,賊據險,矢石雨下。璘先登,斬小校退者以徇,把總吴應龍等陷陣。賊大潰,退四牌保兒囤。璘二裨將逼之,中伏。璘募死士從。應龍等奮擊,賊復潰,奔據囤巔,夜由山後遁。黎明,追及於袁家渡,復敗之,四牌之賊遂盡。

三月望,諸軍爲浮橋渡江,知賊將張佑、謝朝俸、石勝俸等營七牌野猪山,璘即夜發,抵苦練坪。前鋒與戰,後軍至,夾擊之。賊敗逃深箐,官軍遂入苦菜關。會童元鎮烏江師敗,璘懼,請退師。總督李化龍不可。璘乃進營楠木橋,次湄潭。賊悉聚青蛇、長坎、瑪瑙、保子四囤,地皆絶險,而青蛇尤甚。璘議:同日攻則兵力弱;止攻一囤,則三囤必相助。乃先攻三囤,次及青蛇。良玭師亦來會,令伏囤後,别以一軍守板角關,防賊逸。璘督諸將力攻三日,賊死傷無算,三囤遂下。青蛇四面陡絶,璘圍其三面,購死士從瑪瑙後附葛至山背舉炮,賊惶駭。諸軍進攻,焚其茅屋。賊退入囤内,木石交下,將士冒死上,毁大栅

二重，前後擊之，賊大敗，斬首一千九百有奇。七牌之賊亦盡。乃分兵六道，攻克大小三渡關，乘勝抵海龍囤下。諸將俱攻囤前，獨水西安疆臣攻其後。相持四十餘日，其下受賊重賄，多與通，且潛以火藥遺賊，故賊不備其後。璘知之，與監軍者謀，令疆臣退一舍。璘移其處，置鐵牌百餘，距囤丈許，賊强弩無所施。又爲簸板於栅前，賊每夜出劫，爲釘傷，不敢復出。應龍勢窮，相聚哭。

化龍初有令，諸將分日攻。六月六日，璘與吴廣當進兵，璘夜四更銜枚上，賊鼾睡，斬其守關者，樹白幟、鳴炮，賊大驚潰散，應龍自焚。廣軍亦至，賊盡平。遂移師討皮林。皮林在湖貴交，與九股苗相接，有吴國佐者，洪州司特峒寨苗也。桀黠無賴，其從父大榮以叛誅，國佐收其妾，黎平府持之急，遂反，自稱天皇上將。其黨石纂太，稱太保，合攻上黄堡，誘敗。參將黄冲霄追至永從縣，殺守備張世忠，炙而噉之，掠屯堡七十餘。焚五開南城，陷永從，圍中潮所。時方征播州未暇討，既平播，偏沅巡撫江鐸命璘與良玭合兵討之，良玭失利。明年，鐸移駐靖州，命璘率副將李遇文等七道進。璘禽苗酋銀貢等，游擊宋大斌攻破特峒，焚之。國佐逃天浦四十八寨，復入古州毛洞追獲之，石纂太逃廣西上岩山，指揮徐時達誘縛之。賊黨楊永禄率衆萬餘屯白冲，游擊沈宏猷等夾攻，生禽永禄，諸苗悉平。

征播時，璘投賄李化龍家，會劉綎使爲化龍父所麾，璘使走。化龍疏於朝，綎獲罪，璘獨免。後兵部尚書田樂推璘鎮貴州，給事中洪瞻祖遂劾璘營求。帝以璘東西積戰功，卒如樂議。貴東西二路苗：曰仲家苗，盤踞貴龍、平新間，爲諸苗巨魁；在水硍山界銅仁、思石者曰山苗，紅苗之羽翼也。自平播後貴州物力大屈，苗益生心，剽掠無虚日。三十三年冬，巡撫郭子章請於朝。明年四月，令璘軍萬人，攻水硍，游擊劉岳督宣慰安疆臣兵萬人攻西路，并克之。乃令璘移新添，獨攻東路，復克之。生獲酋十二人，斬首三千餘級，招降者萬三千餘人，部内遂靖。改鎮廣東，卒官。先叙平播功，加左都督，世蔭指揮使。既卒，以平苗功贈太子太保，再蔭百户。

——（光緒）《黎平府志》卷六下《秩官志》，載《中國地方志集成·貴州府縣志輯》，第18册，34～36頁

郭子章，《貴州通志》："字相奎，號青螺，泰和人。隆慶辛未進士。萬曆二十七年，巡撫貴州，歷十年，習知民隱，凡所設施，永垂利澤。尤善獎拔士類，經其品題，率成名宿。著《黔記》六十卷，經濟卓然。先是，播州酋楊應龍作亂，王師屢征不克，天子拊髀，廷臣交薦。子章匹馬入黔，增兵餉、扼要害、立賞格，士氣百倍。興師纔百餘日，擒應龍誅之。播州平，始經理播州爲平越等郡縣。未幾，復有皮林之役，功與播等。黔人戴恩，建生祠七所，更有建懷德祠，以子章與諸葛忠武、關壯繆鼎足者。三十五年，陳情《終養疏》九上，始得請，晉兵部尚書。"

——(光緒)《黎平府志》卷六下《秩官志》,載《中國地方志集成·貴州府縣志輯》,第18册,第36頁

江鐸,《明史·李化龍傳》:"鐸,字士振,仁和人。登第在萬曆二年,授刑部主事,纍官山西按察使,擢撫偏沅,夾攻楊應龍有功,與郭子章皆蔭一子,世錦衣指揮。"

——(光緒)《黎平府志》卷六下《秩官志》,載《中國地方志集成·貴州府縣志輯》,第18册,第36頁

李楷,毛奇齡《蠻司合志·貴州志》:"始播發難時,皮林苗嘗助逆,播滅,乃結連他寨,講營陣,攻破永從縣,毀城郭廬舍,殺官吏,劫獄囚去。萬曆二十八年,沅撫江鐸廉指揮李楷智勇,請授楷剿事。會楷征播還,自謂:'當便道掃除,不煩專兵。'其明年破之,諸洞悉平。"

——(光緒)《黎平府志》卷六下《秩官志》,載《中國地方志集成·貴州府縣志輯》,第18册,第36頁

(元世祖)三十年三月丁未,以新附洞蠻吴助爲錦溪等處軍民官,佩虎符。四月己亥,省八番,重設州、縣官。押〈甲〉寅,斡羅思請以八番見户合思、播之民;總管徙宣慰司;治辰、沅、靖州;常賦外,歲輸鈔三十緡。不允。

——(光緒)《黎平府志》卷六下《秩官志》,載《中國地方志集成·貴州府縣志輯》,第18册,第77頁

……永從縣皮林蠻當播逆發難時,糾諸苗反佐逆,攻陷縣城,焚五開衛。播滅,沅撫江公鐸會師,命總兵陳公璘等七道進,討平之。時萬曆辛丑三月也。方皮賊初起,新化守禦所千户閔公宗騫,字繩武者,奉檄以屯兵三百進討,孤軍深入,直擣賊巢,殺傷過當。賊悉衆圍之,糧盡援絶,力戰死。賊四裂其尸,三百人惟郝姓一人走免。先是,公整隊出門時,所乘馬仰首長鳴,反走不前者三,公厲策之曰:"爾知此行凶耶? 丈夫得死疆場,幸矣!"既遇害,馬縱横蹄齧,賊莫敢近,破圍,疾奔至家。公妻薛見而號曰:"馬獨歸,夫子死矣。"夜,馬亦悲鳴不食,死。璘等尋奏功,亦公先剉其鋭,故易爲力,而公死事狀猶未上聞也。播酋數十世,其地千餘里。一朝萌逆節,誅滅因之始。蠢爾皮林蠻,怒蛙居井底。爾之所據險,與衆復有幾? 持而與播較,未及身一指。助逆已無功,而尚不自揣。居然破城邑,浪欲謀不軌。懸知一旅來,定作刀下鬼。銅關鐵爲寨,一笑豈能恃。獨傷千户公,全軍没於此。鬼馬獨歸來,悲鳴亦同死。旌忠猶有待,誰聒當路耳。考《明史·土官志》載:"賊起時,殺百户黄鐘等百餘人。"《五開志》載:"是役,死事尚有五開衛指揮僉事劉繼光所。"

——(光緒)《黎平府志》卷七上《人物志》,載《中國地方志集成·貴州府縣志輯》,第18册,第129頁

柳州、播州皆非善地,而播州非人所居,尤瘴癘荒徼之甚者。若夫黔接壤於柳播之版圖,則半隸於黔。

——(光緒)《黎平府志》卷八《藝文志》,載《中國地方志集成·貴州府縣志輯》,第18册,第297頁

貴陽府鄉土地理志*

明萬曆二十七年,以播州之亂,命宣慰使安疆臣以兵三萬守貴陽。二十八年二月,播州賊襲執宣慰同知宋承恩。於是,安疆臣從童元鎮、朱鶴齡征之,六月始平。

——《貴陽府鄉土地理志》,載《中國人民大學圖書館藏稀見方志叢刊》,第 38 冊,711 ~712 頁

* (清)佚名纂:《貴陽府鄉土地理志》,載中國人民大學圖書館編:《中國人民大學圖書館藏稀見方志叢刊》,國家圖書館出版社,2011 年。

（民國）續遵義府志[*]

水牛城寨，在永安五甲，距城七十里。孤聳雲表，四望數十里瞭如指掌。明萬曆時，劉綎入播曾駐軍於此，故有大營門、九營盤等名。

——（民國）《續遵義府志》卷二《城池》，載《中國地方志集成·貴州府縣志輯》，第34册，第41頁

正安州

古城寨，在州東南，距城八十餘里。相傳隋唐時有土司築城於此，至宋末，武略將軍鄭昌孫就此以拒元兵，駐軍屯田，苗民懾服。明萬曆平播後改土歸流，以此爲州治，繼因形勢不完，移徙他所。

——（民國）《續遵義府志》卷二《城池》，載《中國地方志集成·貴州府縣志輯》，第34册，第44頁

鼎山寨，距城東南十二里，即鼎山縣舊治。周五百丈，廣五十六丈，袤二百二十丈，崇二三十丈，石壁巉嶪。面北二十餘丈，斜石砌成，迤邐一律。有元以來，悉歸播州，後遂無流官，大抵長官等所處也。

——（民國）《續遵義府志》卷二《城池》，載《中國地方志集成·貴州府縣志輯》，第34册，第47頁

附：邑人蔣銘炳《賀劉崧生總戎攻拔鏵尖寨》三首

盛朝削亂擬鷹揚，小醜胡爲肆跳梁。恃險縱能持鷸蚌，當轅無乃效螳螂。空將金帛通歧路，終致身家喪夜郎。從此根株應并剪，川黔兩省静邊疆。

---

* 周恭壽修，趙愷、楊恩元纂：（民國）《續遵義府志》，載《中國地方志集成》編委會編：《中國地方志集成·貴州府縣志輯》，巴蜀書社，2006年。

辰沅有將是干城，誓把妖氛悉蕩平。冒險直疑天外降，出奇不礙地中行。攻以地雷。威先百戰才無敵，勇冠三軍氣自横。我亦部民應感激，擬磨崖石勒勛名。

省吾破囤應龍傾，千載惟公繼盛名。伏養已寧巴子郡，隳垣剛比夜郎城。當將囤寨平毁。昌黎入幕群材聚，充國談兵勝算成。故人趙思永參軍。天欲吾黔除禍亂，望教旌旆往南行。《桐梓耆舊集》。

——(民國)《續遵義府志》卷二《城池》，載《中國地方志集成・貴州府縣志輯》，第34册，第49頁

六郎囤寨，在金紫壩。絶壁千仞，峻險异常，相傳爲楊應龍屯糧之所。

——(民國)《續遵義府志》卷二《城池》，載《中國地方志集成・貴州府縣志輯》，第34册，第52頁

營坪寨，在梯子岩下，上有田數百畝。相傳平播之役，馬孔英、高折枝曾營於此。高數十仞，岩足有水。陳姓因以築寨。

——(民國)《續遵義府志》卷二《城池》，載《中國地方志集成・貴州府縣志輯》，第34册，第56頁

大囤寨，縣南七十里。周砌石墻，徑約五里，炮台一，長四丈、寬一丈、高丈有奇。東南西三面無徑可通，周皆懸岩壁立，環以深溪。寨西北下有天生橋，生成大道，寬可四丈、長二丈、餘高約五丈，其下水聲鞫鞫。相傳以爲楊應龍遺迹也。

——(民國)《續遵義府志》卷二《城池》，載《中國地方志集成・貴州府縣志輯》，第34册，第58頁

玉皇觀，在城内，宋建。前《志》。廟爲宋楊价所建，歷元、明皆有培修。廟内有元張亞爲、楊嘉貞撰碑，明楊愛鑄普濟菴銅鐘，其文皆載前《志》金石。光緒二十九年，知府袁玉錫詳請以協署改建中學堂，觀址鄰校地，以湘川書院易之，移神像置院中。爲建層樓以居，廊廡整備，重門深肅，規模較前宏邃。

——(民國)《續遵義府志》卷四《壇廟》，載《中國地方志集成・貴州府縣志輯》，第34册，第76頁

劉將軍祠，在桃源洞左，祠明將軍綎像。前《志》。洞前原有五公祠，祀李化龍、劉綎、崔應麒、王象乾、郭子章。後移綎像置五木位前，易其門額曰劉將軍祠。

附：宦懋庸《桃源山劉大將軍祠碑記》

我國家崇德報功，苟有勞於兹土，雖異代勛伐，罔弗廟食。昭烈懋賞，紀在典章，崇厚

教忠，於是乎在。遵義於唐爲播州，楊氏平蠻，遂以世及。十數傳暨於朱明，逆系應龍，恃險阻固，虐用民力，蠹害川南，以嫿孌寵。朝命委疆，寄於李公化龍，八路誓師，川黔交奮，而劉大將軍，以家世武勇，授鉞專征，獨當勁鋒。三戰而下海龍之囤，逆藩自毀。遂設流官，辟地千里，以通黔、蜀，出民水火。登之祏席，載績旂裳。

——(民國)《續遵義府志》卷四《壇廟》，載《中國地方志集成·貴州府縣志輯》，第34冊，第80頁

茅衙寺，在治北十五里，原名仙岩莊。初爲楊應龍妻田惜玉所居，稱曰"茅衙"，平播後，李氏得之，改建爲寺。前《志》。俗訛爲"磨牙寺"，因傳爲楊應龍妾田氏之居。寺側以石筧數百丈引水入池，曰"田氏澡塘"也。後面怪石高下峥嶸，有亭臺遺址，下瞰平田，舊實大池，地殊幽勝。前《志》載程雲生有《茅衙寺吊田惜玉》詩。然惜玉無考，當非田雌鳳。羅孝廉倚衡云："茅衙者，乃應龍妻張氏，非田氏。"未審所據。按：《名勝志》謂應龍先娶張，失寵，後娶田。《蒓齋雜記》：雌鳳、惜玉疑是一人。

——(民國)《續遵義府志》卷四《壇廟》，載《中國地方志集成·貴州府縣志輯》，第34冊，第113頁

普陀寺，在城北八十里，距板橋場五里，俗名土臺寺。初不知建自何時。光緒間改修，請示於神乩，云此前明楊應龍小妻田氏雌鳳所建，樑間字迹可考驗。因洗濯察視，果然。寺内佛像四尊，金身丈六，足顯莊嚴，乃大加修飾。

大乘山廟，距板橋四里，爲楊應龍所建，廟鐘乃當時遺鑄。又里許有小乘山廟，亦楊應龍建。

——(民國)《續遵義府志》卷四《壇廟》，載《中國地方志集成·貴州府縣志輯》，第34冊，第113頁

中台寺，在縣北七十里，明嘉靖時建。前《志》。内有石香烟寺，左有捲洞橋、沙石塔，均楊應龍建。

——(民國)《續遵義府志》卷四《壇廟》，載《中國地方志集成·貴州府縣志輯》，第34冊，第122頁

皋遥山，在縣治西三十二里。唐末南詔陷播州，朝命楊端討之，自瀘州合江逕入白錦，軍高遥山，即此。前《志》亦作"高遥"，郘亭詩曰"皋遥"。

——(民國)《續遵義府志》卷五《山川》，載《中國地方志集成·貴州府縣志輯》，第34冊，第145頁

海龍囤，在治北四十里。前《志》。頑岩詭石，負險兀傲窮壑中，探奇偶攀，遂屏絶再陟念。亦楊氏乖龍，乃圖潛鱗歛爪，負嵎抓噴，殆爲趨中原者所不屑顧盼也。然險怪秘幽，惟與談山者增一叱咤奇境，又爲犍礬萬山中所傲睨西南也。

附《播雅》："金頂之左三十里，是爲海龍囤。一蒂孤懸，群山夾拱，湘江源環其左右，高矗雲際，四面斗絶，北壁再成切隒，城之。仰望如黑練帶空，不見其上。後有仄徑如葫蘆頸，僅容人行。前略出一阪，稍可道，所謂鳳凰嘴是也。上城圍之，《明史》所謂月城也。其門左曰銅柱關，右曰鐵柱關。越月城，始至如黑練者，有三關，左曰飛龍，右曰飛虎，中曰朝天，皆面北。道由飛龍進，迤上四五里至巔，周廣可十里，宅址瓦礫成丘，階礎縱横。明兵備道傅光宅即上建海潮寺。寺後三關，爲城三重，至如葫蘆頸處可十里。首曰萬安關，前後關門石榜，并款驃騎將軍楊應龍書'萬安'。後西關，榜亡，名無知者。飛龍毁左角，乃劉綎自對山飛炮所摧，餘悉完在。顧景范言'應龍於囤前築九關，以拒官軍'，非此諸關。今囤前溪中，每每東西崖石上有鑿孔一道，即其九關置栅柱遺迹。或因此遂謂應龍當日内閘溪流，外堰海龍壩之水，由宣慰司城可以舟達囤下。余嘗周覽地勢，其説未必然也。"

《一瞚録》："離播州城七十里，楊應龍孽地也。楊氏自有唐稱臣納貢，儼有疆土，自比夜郎。至應龍跋扈不恭，私具甲兵。有田雌鳳者，美而善媚，遂嬖之。時酷刑治部下，俾雌鳳觀之以爲樂。聲聞朝廷，興問罪之師至。先，應龍入京，與劉綎最善。劉知其有异志，固勸之，且曰：'若不悔，他日捦汝者，非我而誰?'後果如所言。聞其地甚險，與諸生談次及之，乃裹餱糧、躡芒屩，奮袂直走三十里，入山坳。兩山來路，委委蛇蛇，逆溪流而上者二十餘里，遥見峻嶺横霄，黑雲壓頂，矗不知其幾千萬仞。撩衣而上，歷石磴，效猿猱，汗流喘促，不跋其巔不止也。俄而石闕當頭，危乎欲墜，迫而觀之，飛龍關也。由關内側上百餘級，則玩月臺在焉。臺之東，石榻長二丈許，寬丈餘，雕龍剥落，苔蘚依稀，相傳以爲應龍寶座。後一廟，尚可棲止，老僧炊魚子、飯菜、青蔬以佐之，甘美异常，群宿廟中。明晨再涉一峰，已臻絶頂，天可捫，星可摘，俯而視之，白雲環匝，皆在足下。紀兩律而去。"

附《宦廷臣游海龍囤》一首：

楊家祚土近千年，徼外屏藩不貳天。纍葉忠勤勛自著，末孫驕悖罪難湔。高盤岩谷逢雲險，盗弄潢池觸浪翻。八道一朝無噍類，空留愚迹滿山巔。

鄭徵君《過海龍囤》一首：

囤上風雲繞夜郎，异時龍鳳此荒唐。王師八道從天下，鎮服千年掃地亡。蒙業若教思棨价，世州何遽後岑黄。匆匆立馬空留望，斷澗荒崖盡夕陽。

——(民國)《續遵義府志》卷五《山川》，載《中國地方志集成·貴州府縣志輯》，第34册，148～149頁

《明史·土司》載，平播時，安疆臣焚桃溪莊。

——(民國)《續遵義府志》卷五《山川》，載《中國地方志集成·貴州府縣志輯》，第34册，第161頁

穆家川，即治城東門外河也。清流駛駛，劃判兩城，萬家炊汲，盪穢滌垢，枕藉兹流。惟穆家之名久逸不稱，亦談古者之缺，故不嫌贅綴焉。宋濂《楊氏家譜》云："軫嘗病舊堡隘陋，樂堡北二十里穆家川山水之佳，徙治之。"是爲今治。自明始有湘稱，此後湘名而穆隱矣。舊呼碧雲峰爲芙蓉峰，故亦呼此爲芙蓉江。

附《黔詩紀略》："即明播州宣慰治，今爲遵義府治。《宋史》：端平三年，以白綿堡置播州。亦即此。明萬曆中，平播改流，因宣慰治爲府衛治，而李化龍疏言置府衛，并云於白田壩，今治東近亦猶此稱。治南二十里有半邊街，'半''白'雙聲，'邊''田''綿'疊韻，然則'白田''半邊'，即楊軫時白綿新、舊堡矣。"

——(民國)《續遵義府志》卷五《山川》，載《中國地方志集成·貴州府縣志輯》，第34册，第162頁

洪江，源出大婁山，流經四面山，過清乘橋、猪槽塘，會湘江。前《志》考爲漢之黚水，亦曰仁江，又曰帶水。《播雅》：《元和志》，播州帶水縣，因縣北有帶水爲名。考唐播州治，在今綏陽治，左右帶水、八到，東至州七十里，知縣在綏陽之西，以當今洪江上流，四面山上下。

烏江，遵義界西南界之大水也。江經黔西流來，鼓樓隘水從注處入遵義，自此始曰烏江。遵義之境近西而南，皆劃江爲界。凡遵義之西，沙溪河滙諸水來入。若樂閩水、馬渡河、新站水等，各由西而東入。湘江、洪江、樂安江、湄潭河共合一水，由東折而南入。浸灌宏納，滇㴔淼漫，遂成黔北之巨流。既半遵義西南界，而東西南北之水，亦遠近相從而滙歸也。

附《播雅》：烏江即《水經》之延江也。《元和郡縣志》"黔州"下云：西有延江水，自牂柯北歷播、費、思、黔等州，北注岷江。其言確不可易。此江源自威寧東北山，經畢節曰七星水，大定曰六歸河，黔西曰鴨池河，修文曰陸廣河，入遵義始稱烏江。在唐或謂之邪水，邪州以之名。又或謂之琊川，琊川縣以之名。或謂之湖江，湖江縣以之名。邪、琊、湖、延，皆雙聲，稱名隨語輕重耳。烏江之名始見《元史·文宗紀》，而《李德輝傳》言常夢主烏江。在至元十七年始稱烏江。在元以前，烏與延亦雙聲也。流經石阡、思南，入四川，經酉陽、彭水，至涪州，會大江。《元和志》之内江、涪陵江，《元豐九域志》《太平寰宇記》之巴江，《輿地紀勝》之涪江、黔江，《明史》之水德江，今《水經》之牂柯江，皆其异名。烏江渡爲自郡趨養龍司路入行省所經，北岸老君關，群岩壁立，口通一罅。征播時，童元鎮

兵大衄於此，溺尸至江水不流。南岸曰霸王坡，蓋俗附會項王死烏江而名。說者謂明王節愍公祥與白文選大戰烏江，敗死葬此，節愍時有小霸王之稱，山因以名。余按：《節愍家譜》：烏江敗後，白兵追至正安城南五十里之羅桿臺，兵大潰，乃走州之鳳凰山南岳寺，自刎，葬於高坪。非死烏江，葬江岸也。俗傳譌不足信。

——（民國）《續遵義府志》卷五《山川》，載《中國地方志集成·貴州府縣志輯》，第34册，162~163頁

樂安水，源自綏陽縣城，合鄭場之水，經斤竹里，至繖水，入遵義樂安，穿雲門墱，入湘江。《元和郡縣志》曰："夷牢水或曰夷平、牢落也。或曰夷語以樂爲牢，是故因水名也。"鄭徵君曰："播州遵義縣本恭水縣，夷牢水經縣北一里。所謂恭水、夷牢水皆是今樂安江。"貞觀中置恭水縣，又徙智州治義泉，更曰牢州，州縣皆以此水名。樂安本唐初置縣，屬邘州，後屬牢州。今遵義樂安里當是唐縣地，故尚存舊名。

——（民國）《續遵義府志》卷五《山川》，載《中國地方志集成·貴州府縣志輯》，第34册，第164頁

魁岩山，在城東二里。前《志》。形勢高張若魁斗，戴土秀外。山腹有洞，曰仙女洞。建寺蹲岩弦，登眺縱目，納盡城郭山麓。爲元代播川驛，市廛甚盛。

——（民國）《續遵義府志》卷五《山川》，載《中國地方志集成·貴州府縣志輯》，第34册，第171頁。

附趙旭《鼎山紀游》一首：

鼎山何高高，獨立俯群岫。元氣森熊熊，嵐光亞星宿。播州出其前，夜郎繞其後。俗客不喜至，至亦罔尋究。形勝坐寂寞，傳聞每易謬。向讀唐公詩，夢魂已飛就。初晴值重九，良友挾芳酹。聯吟樂攀躋，壯往忘顛仆。沿途好山多，新越巧引逗。已斷忽連終，將平更急驟。金銀坎由左，馬鹿岩經右。小村綴山腰，暫憩賈勇又。迴游幸逢巔，峨峨一鼎覆。四圍立壁峻，三足插空瘦。是豈補天時，鴻鈞偶洩漏。跌落蠻荒中，青紅雜皴皺。匪惟地險阻，林木亦暢茂。南宋此設縣，戊午值寶祐。不久即廢弛，故闕若圭竇。踵事來妖僧，實爲紅巾副。蚩尤銅頭額，横絶誰敢鬥。亂定建招題，莊嚴盛結搆。鐘魚鎮上方，朝暮聞梵咒。緬維我先子，勤學自厥幼。愛此境幽偏，數年長宿留。負笥歸遺母，父老曾口授。我今重流覽，低徊心孔疚。山門鶴巢墮，佛面珠網瞀。曲徑莽榛蕪，空庭竄鼪鼬。山僧皆新進，無一勘訪舊。身世倏彈指，百成競相湊。茫茫今古事，盛衰各有候。四時變寒温，一日判昏晝。人非金石堅，焉能長老壽。振衣向天嘯，飄飄雲兩袖。《播州〈川〉詩鈔》。

——（民國）《續遵義府志》卷五《山川》，載《中國地方志集成·貴州府縣志輯》，第34册，第173頁

三坡，在治北六十里。道極險峻，前《志》。三山相繼，往來行旅皆次第升降，三起三落，然後脱險。其高峻處名上天梯。楊應龍拒劉綖，吴三桂拒李固山及咸豐甲寅楊逆之拒皂升，皆於此設險。

——（民國）《續遵義府志》卷五《山川》，載《中國地方志集成·貴州府縣志輯》，第34册，第176頁

九盤子，在治北二百里，通蜀大道，山勢巍峨，路徑盤曲。《巢經詩》自注：度九盤，東出安穩壩，至松坎，爲平播舊路。今由界牌東南出爬抓溪，至松坎，新闢徑路，較舊猶險。

附鄭徵君《九盤》一首：

八道平楊日，何人絶九盤？至今徒手過，猶作縋天看。壁縫行聲突，岩陰午照寒。前途仍匪舊，懸度想艱難。《巢經巢詩鈔》。

又猶以框《九盤子》一首：

曲徑穿雲上，江山一望齊。流開巴蜀迥，勢壓夜郎低。絶徼鴻稀到，深林鳥亂啼。崎嶇逾嶺過，回首日將西。《黔風演》。

又趙旭《九盤子》一首：

山北路如槽，山南路如磨。郵亭塞其坳，古佛苔蝕座。雄風生半空，靈曳山光破。仰攻犯矢石，一守應萬挫。隘官久已裁，行旅坦然過。緬懷劉大刀，奮險偉征播。後來王節愍，藉此集將佐。形勝人必争，豈宜防衛墮。一盤一躊躇，忘却早行餓。《黔詩紀略後編》。

——（民國）《續遵義府志》卷五《山川》，載《中國地方志集成·貴州府縣志輯》，第34册，第176頁

歡山，在城北二百三十里，扶歡縣以此名。前《志》。《綦江縣志》："多叢箐。楊應龍破縣，留苗兵結寨於此。"

——（民國）《續遵義府志》卷五《山川》，載《中國地方志集成·貴州府縣志輯》，第34册，第177頁

附趙旭《半箐洞》詩：

巍巍大樓山，横亘數百里。昔年播州楊，嘗以門户恃。本爲用武地，白骨掩荆杞。豈意有洞天，深藏雲霧里。事在庚戌冬，姜姓賓來此。自言居修文，三世祇一子。倏逢老貧媪，救其三日死。臨别告主人，家住此山嵴。來訪不可得，向人訴端委。隔山有盲僧，年老久不起。亦逢此貧媪，引而示之水。磨石成丸藥，奇香透精髓。兩目遂復明，尋蹤往供祀。靈异一以彰，奔走遍遠邇。予聞越三月，謂是妄言耳。但既聞其事，相去况尺咫。何妨往觀乎，景物或可喜。惟時二月初，晴光動桃李。南溪路復南，一峰直如矢。磴道適新

修，一盤陟彼屺。洞口不甚寬，洞身頗邐迤。清流滴淙淙，圓石粲齒齒。龍魚及鐘鼓，大都涉形似。就中蓮花幢，奇巧乃莫比。諸佛諸菩薩，由人信手指。里民惟禱神，并弗求諸己。然猶知道神，亦爲從善始。笑予疎散人，乞靈早自耻。有心非常病，神固難料理。大恩負君親，隱念慎行止。此心神應知，不煩尊酒釃。小試腰脚健，題詩拂苔紫。

——（民國）《續遵義府志》卷五《山川》，載《中國地方志集成·貴州府縣志輯》，第34册，第178頁

九龍囤，在縣東北二百里，在土城里。山高千丈，由天鵝池、銅鼓溪而來，壁立陡峻，必捫蘿附籐始能上下，係前人避兵之所。但岩穴間石工鑿治雕鏤皆在半岩，不知從何置足而施乎。《仁懷廳志》。《播雅》："今屬仁懷廳。九龍囤在城東土城，俗呼甆城，蓋滋城聲誤。宋大觀三年於此建滋州，領承流、仁懷兩縣。宣和三年，廢州爲武都城，以仁懷縣爲堡，承流縣并入之。理宗時，豫章袁世明奉詔來平唐朝壩諸蠻，留鎮其地，遂居土城。明李化龍《平播善後疏》所稱上赤水里頭目袁鍫，皆其裔也。"

附國朝傅同形《游土城九龍囤》一首："極天關塞入雲中，不數秦關百二雄。野樹多臨溪水綠，山花猶似戟枝紅。仰探石壁烟霄近，俯瞰人家繡陌通。回首當年平播事，可憐今日止蒿蓬。"

——（民國）《續遵義府志》卷五《山川》，載《中國地方志集成·貴州府縣志輯》，第34册，第197頁

附鄭徵君《厓塹口》一首：

群厓力弄險，擠天作曲尺。樹從開闢青，石積混沌白。一溪中蕩豁，聞聲俯來黑。孤雲帶去鳥，飛避不留迹。白日落其内，炎天起寒色。陰沉疑鬼宫，宛轉入暗壁。來者自天降，當頂踏我幘。兩心各成驚，熟視始定魄。盤盤透地縫，忽出井口窄。覓路者誰子，此眼真有力。是邦平播前，恍惚難盡識。一朝會平蕩，茶鹽得通易。山川終古來，恐究淪异域。

——（民國）《續遵義府志》卷五《山川》，載《中國地方志集成·貴州府縣志輯》，第34册，第200頁

婁山關，在城北百里。前《志》。黎庶昌《入都紀程》："婁山關即《漢志》之不狼山。山極高大，群峰崱屴，連延不斷，横亘數十百里，皆婁山也，實不能指屬何峰。自黑神廟上至關門，非甚陡峻。惟立關門下瞰，則深壑中綫路如蛇，陰森可畏。楊應龍倚爲郡北第一險要，不虚也。"

附鄭徵君《二月十七度婁山關》一首：時在庚申。

山勢西來萬馬奔，大樓一勒九旗屯。天隨路入藤蘿峽，人共雲争虎豹門。舊日劉兵

此飛過，六年黔國任傾翻。黄心無復將軍樹，空逐流移泫石根。關有黄心樹一株，十年物也。道光癸卯五月仆《黔詩紀略》。

又莫徵君《婁山關》一首：

大婁高壓萬峰顛，鳥道本容一線穿。豈料養癰成内潰，翻令天險等虚傳。翦除勁旅勞三省，通塞殘籌等五年。始信大刀功第一，當時斡腹竟争先。

楊文熙《婁山關》一首：

天險分黔蜀，曾經築將壇。殺機成敗定，武備古今難。劫火倉皇起，丸泥破粹看。亂山愁立馬，陰雨夕漫漫。《黔南六家詩選》。

趙旭《婁山關》一首：

白石口敗王繼光，綦江城死張與房。蜀人畏播如畏虎，關開關閉誰能當。内以四緘求稟擬，外齎金帶役崔李。計深争界索仇民，怨極招魂迎孝子。石筍磷硐殺氣昏，木蓮花紫射朝暾。囤高隊隊妖姬舞，隘險層層硬手屯。制軍移節臨重慶，入關有約嚴申令。左右奇兵間道來，積尸高與關門并。霸業沉銷八百年，後人經此吊蠻烟。十三排柵知何處，只有群峰高插天。《播川詩鈔》。

——（民國）《續遵義府志》卷六《關梁》，載《中國地方志集成·貴州府縣志輯》，第34冊，233～234頁

老君關，在治南八十里，爲自郡往省治要隘。萬曆中征播時，賊斷浮橋，官軍大衄，即此。

——（民國）《續遵義府志》卷六《關梁》，載《中國地方志集成·貴州府縣志輯》，第34冊，第235頁

三度關二關隘，在縣治東一百一十里，有上度、中度、下度三關。《方輿紀要》："萬曆中，征楊應龍，湖帥陳璘自湄潭直抵上度關以扼播州，即此。"左右皆連岫巘巇，中忽斷缺，設關扼要，雄阻一方。下臨斗坂，湄水紆徐繞越，爲入遵要道。經過此關，則坦夷入樂安矣。

——（民國）《續遵義府志》卷六《關梁》，載《中國地方志集成·貴州府縣志輯》，第34冊，第235頁

茶山關，前《志》曰："河渡關在郡治南一百里，下臨烏江，爲自郡出開州要隘。明萬曆中，謝崇爵拔河渡關，旋敗徐成、岑紹勛，再克河渡關，即此。明末平播後防奢安之亂，設九隘，此其一也。"

附鄭徵君《九隘考》："遵義地西極沙溪，南極烏江，皆與水東、西地接。沙溪，即《漢

書・地理志》'出漢陽山嶓谷,東至鱉入延'之漢水。烏江,即《水經》'出犍爲南廣縣,至鱉縣東屈北流'之延江水。平播後沿兩岸設九隘,置重兵,以防奢安。沿沙溪者首曰沙崖隘,在治西百六十里,崖門關爲出仁懷、永寧道。"

——(民國)《續遵義府志》卷六《關梁》,載《中國地方志集成・貴州府縣志輯》,第34册,236~237頁

黄灘隘,在縣南一百二十里,阻湘流。前《志》:"征播時,李應祥由此入。"《明史・應祥傳》:"賊所恃,止黄灘一關壁立,衆死守。即此。"

——(民國)《續遵義府志》卷六《關梁》,載《中國地方志集成・貴州府縣志輯》,第34册,第238頁

附《播雅》:"吴公橋,因吴僧照徹募而名也,在郡治東門外湘江上。平播後,止平梁,名塌水橋。見明孫《志》:'故郡南桃溪上,建自元大德中之巨濟橋,俗名下塌水橋,以此橋在上也,後圮。'"

——(民國)《續遵義府志》卷六《關梁》,載《中國地方志集成・貴州府縣志輯》,第34册,第242頁

危濟橋,在城北三十里,明播州宣慰使司宣慰使楊愛建。《記》見《古迹》。

——(民國)《續遵義府志》卷六《關梁》,載《中國地方志集成・貴州府縣志輯》,第34册,第252頁

遵義故城,在府城西,唐置,爲播州治,宋末廢。《元和志》:"播州,遵義縣,本恭水。貞觀十四年改爲羅蒙,十六年改今名。"《宋史・地理志》:"大觀二年,播州建遵義軍及遵義縣。宣和三年廢,以遵義寨爲名,隸珍州。開禧三年升軍。嘉定十一年復爲寨。"

琊川故城,在府城北。唐初置縣,隸邗州,尋改隸播州。宋改縣,曰琊川,宣和中廢。《唐書・地理志・義州》:"貞觀五年,以廢邗州之琊川隸之。十六年,州廢,以琊川隸播州。又開元二十六年,省琊川入芙蓉。"《宋史・地理志》:"播州樂源郡領琊川縣。宣和三年,廢爲城,隸南平軍。"

——(民國)《續遵義府志》卷七《古迹》,載《中國地方志集成・貴州府縣志輯》,第34册,第268頁

樂源故城,在正安州西七十里。唐置,屬溱州。宋末屬播州,後廢。《唐書・地理志・溱州》注:"貞觀十六年,開山洞,置珍州,并置夜郎、麗皋、樂源三縣。元和二年州

廢,皆移來屬。"《宋史・地理志》:"嘉熙三年復設播州,充安撫使。咸淳末,以珍州來屬。縣一,樂源。"

養馬城,在府城北五十里。楊氏據播時所築。

湖江廢縣,在府城東南。唐置,屬播州,尋廢。《唐書・地理志》:"貞觀九年置貢山縣,十四年更貢山曰湖江,顯慶五年省。"《寰宇記》:"在芙蓉縣東南四十里,以界内江水爲名。"

舍月廢縣,在府城東南。唐置,屬播州,尋廢。《唐書・地理志》:"貞觀九年置高山縣,十四年更高山縣曰舍月。顯慶五年省。"《寰宇記》:"在芙蓉縣東南九十里,以界内舍月山爲名。"

胡刀廢縣,在府城西南。唐置,屬播州,尋廢。《唐書・地理志》:"貞觀九年置釋燕縣,十四年更釋燕曰胡刀。開元二十六年省入芙蓉。"《寰宇記》:"在芙蓉縣西南五十里,以胡刀水爲名。"

羅爲廢縣,在府城南。唐置,屬播州,尋廢。《唐書・地理志》:"貞觀九年,置邪施縣,十四年,更邪施曰羅爲,顯慶五年省。"《寰宇記》:"在芙蓉縣西南二百里,以羅爲水爲名。"

芙蓉廢縣,在府城西。唐置,屬播州,尋廢。《唐書・地理志》:"播州芙蓉,貞觀五年置,隸邦州。十一年并瑯川,隸牢州。開元二十六年,省瑯川、胡刀入焉。"《元和志》"芙蓉縣":"貞觀五年置,在芙蓉山上,因名。後移山東三里,即今理是。"

帶水廢縣,在府城西。唐置,屬播州,尋廢。宋復置,宣和中廢。《元和志》"帶水縣":"貞觀九年,置柯盈縣,屬朗州,十三年屬播州,十四年改爲帶水縣。因縣北有帶水爲名。"《寰宇記》:"帶水故縣在今縣西北八十里,天寶中移於今理,唐末廢。"馬端臨《文獻通考》:"宋大觀二年,南平夷人楊文貴等獻其地,建爲州,領播川、瑯川、帶水三縣。宣和三年廢爲城,隸南平軍。"

廢珍州,在桐梓縣東,正安州西。唐置,後入於蠻,宋復置。元設珍州長官司,至正末爲明玉珍所據,因避其名,曰真州,明洪武中改爲真州長官司。《宋史・地理志》:"真州,唐貞觀中開山洞,至唐末没於夷。大觀二年,大駱解上下族帥獻其地,復建爲珍州。"《四夷考》:"明玉珍時,其將江中立築舊州城以守,州將鄭昌孫據石城扼之。明兵至,昌孫執中立以獻,因得有其地。其判官有駱姓者,即宋時上下駱族之裔也。"《明統志》:"元爲珍州、思寧等處長官司,隸播州宣撫司,至正末改珍州曰真州,洪武十七年改爲真州長官司。"

——(民國)《續遵義府志》卷七《古迹》,載《中國地方志集成・貴州府縣志輯》,第34册,268～270頁

播川廢縣,在桐梓縣西,宋置,尋廢。《宋史・地理志》:"播州樂源部〈郡〉,大觀二

年，建爲州，領播川縣。宣和三年，廢爲城，屬南平軍。”王象之《輿地紀勝》：“播川城在南平軍正南三百八十里，以播州夷楊光榮納土置。”

附：趙旭考播川廢縣在桐梓治南四里，《播雅》以爲即鼎山廢縣，誤也。考唐僖宗乾符三年，太原楊端入白錦，復播州，遂治白錦堡，即今郡南三十里之懶板凳也。七傳至文貴，與其叔光榮分據州地。光榮得唐所給州銅牌，居播州；文貴得州銅印，居遵義。謂宋置遵義縣，在今綏陽縣界内。以江水爲界，所謂江，今洪江也，江以西光榮所據。宋大觀二年内屬，詔以地建播州，領播川、琊川、帶水三縣，時州治白錦，播川附郭。宣和三年，廢播州爲城，并廢播川三縣，時播州城蓋置在桐梓。六年，以播州城爲播川縣。端平三年，復以白錦堡爲播川縣。嘉熙三年，復設播州，即播川縣爲州治。寶祐六年，復以宣和中所置播川縣地爲鼎山縣。元至元十六年，改鼎山爲播川，元末縣廢。《宋史》及諸地志俱舛略不瞭，爲參互詳之。至唐貞觀十七年，置播川鎮，後以鎮爲珍州，則在今夜郎壩。因播川有三處，《宋史》及諸地志又殊舛略，《播雅》亦未别白，故詳訂焉。

——（民國）《續遵義府志》卷七《古迹》，載《中國地方志集成·貴州府縣志輯》，第34册，270～271頁

草塘廢司，在府城東。《明統志》：“在宣慰司東一百二十里。”元爲舊州草塘等處長官司，隸播州宣武司。洪武十七年，改爲草塘安撫司。

播州廢司，在府城東。宋大觀中置播州縣，在今桐梓縣界。端平中復置播州，治白錦堡，在今南川縣界。《宋史·地理志》：“大觀二年，南平夷人楊文貴獻其地，建爲州。宣和三年，廢爲城，端平三年復以白錦堡爲播州。”《明統志》：“元年，爲播州軍民都鎮撫司，隸播州宣撫司。洪武九年，改爲長官司。”《府志》：“明初置長官司於郭内，授土酋王慈子孫世守。萬曆中改於白田壩，復置遵義縣，即今治。蓋即唐芙容縣之地。”以上《大清一統志》。

附李宗昉學使《播州道中》一首：

綠楊辭别水西城，繞出羊腸路轉平。萬箇竹中遲馬影，千章樹杪落泉聲。雲來巫峽情多戀，人到山陰夢懶成。可惜劉郎移節去，至今岩壑不知名。劉夢得未至播州。

——（民國）《續遵義府志》卷七《古迹》，載《中國地方志集成·貴州府縣志輯》，第34册，271～272頁

《過遵義》一首：

鎖鑰西南古播州，捧符曾遇戰場秋。三貂有寵慚虚器，五馬行春感舊游。繞洞桃花猶近市，抱城湘水不通舟。多情父老應相憶，認得當年太守否？

《過遵義北郭》一首：

經年不到北邙行，野火燒殘草又生。青塚苔封翁仲迹，白楊風斷子規聲。一場大夢魂勾結，萬古荒山骨壘成。我亦人間同過客，忍看墟墓更縱横。

樂閩廢縣，在府城西四十里。

按：宋濂《楊氏家傳》："楊先、楊蟻舉兵相攻，先外結閩兵爲助，楊貴遷要其歸而擊之。閩大潰，赴水死者數千人。蟻亡入閩。是閩爲當時土酋，力頗强盛，城必爲閩酋所居。前臨河，即樂閩河也。明時盧世安復就遺址建城，同治亂時，團民建築寨堡，頗資守禦。"

——（民國）《續遵義府志》卷七《古迹》，載《中國地方志集成·貴州府縣志輯》，第34册，第272頁

金獅營遺壘，在府城東四十里。咸豐間，里人張師敬在此練團兵禦賊，屢立戰功。于時金獅營之名遠邇皆震，以其憑高四顧，足蔽遵城。楊應龍之青蛇其以此夫！

水牛城遺壘，在府城北七十里。高峰特立，上出雲表。明劉綎入播曾駐兵於此，故有大營門、九營盤等名目。咸豐間武生楊國華等又於此築塞禦賊，詳見"塞堡"。

——（民國）《續遵義府志》卷七《古迹》，載《中國地方志集成·貴州府縣志輯》，第34册，第274頁

陣亭

按：陣亭當自平播時建，其所在已不可詳考。或云在城東教場壩，或云在東南桃源山。今按：陣亭決勝，爲遵義郡八景之一，必爲操演戎兵之地，須地勢寬平宏敞，始能盤馬彎弓。則陣亭在教場壩之説，較爲可據，未必在桃源山也。因其地距城數里，故此後試場較射，皆借城中協署地作演武場。而城東之大教場既不常用。所謂陣亭者，鞠爲茂草而無從問矣。

——（民國）《續遵義府志》卷七《古迹》，載《中國地方志集成·貴州府縣志輯》，第34册，第287頁

尹公講堂，在綏陽縣東北三十里，今廢。《黔詩紀略》：明綏陽知縣詹淑尹公《講堂銘序》云："萬曆甲辰，余修旺草公署，掘地得碑，題曰《漢尹珍講堂》，'唐廣明元年七月六日，播州司户崔礿立。'西南人向學自道真始，唐人標其遺迹，必有所據。廣明距今六百年，講堂不知圮於何代。爰即公所爲講堂，仍立唐人故石而爲之銘。"鄭珍《播雅》謂："綏陽縣治，自明迄今，并無遷徙。淑修公署得碑，後即署爲講堂，當不出今縣署内。而稱旺草公署者，蓋旺草是大名。"《明史》於"桐梓"猶云"以綏陽旺草地置"。可見後人不識地理，謂唐之講堂在今旺草，大誤。猶昔共珍纂《府志》，據定唐播州治在今綏陽之舊説。

友芝近聞綏陽諸生宋人鳳言，崔礽一石，實在今旺草場卧民田角，則旺草公署當是行署。昔定播治在今綏陽治，猶未允也。

——(民國)《續遵義府志》卷七《古迹》，載《中國地方志集成·貴州府縣志輯》，第34册，第287頁

永安莊，見前《志》。黎庶昌《入都紀程·至永安莊觀楊應龍别業舊址》："址在山勢將盡處，後負巨嶺，俗名大槓。雄而不秀，相傳殿宇七重，大門石階數級猶存。"

——(民國)《續遵義府志》卷七《古迹》，載《中國地方志集成·貴州府縣志輯》，第34册，第308頁

石香爐，在綏陽城東北旺四甲中台寺内。座下香爐石質堅硬，刻鏤精工，爲昔楊應龍由四川取沙石所製。

——(民國)《續遵義府志》卷七《古迹》，載《中國地方志集成·貴州府縣志輯》，第34册，第312頁

附《黔詩紀略》："桐梓爲宋南平溱州故地，近接巴渝，文化易及。自宋已有趙高峰，官至長沙太守，元祐八年告歸，敕賜所居名青蓮院，所著詩集惜已亡。近夜郎壩趙氏塋出一詩碑，署撰人曰'門下人劉森尚'。其詩稱趙氏爲天族，又云從龍賜姓，則亦宋時人。又云納土是其先。《宋史》載有木攀首領趙泰與珍州田景遷、播州楊光榮同以地内附。則塋當爲泰裔，劉森尚不知何人。"

——(民國)《續遵義府志》卷七《古迹》，載《中國地方志集成·貴州府縣志輯》，第34册，第320頁

唐三撫墓，《大清一統志》："在綏陽縣趙家里。"《名勝志·古迹考》云："趙家里之望魚樓旁有三撫墓。"

按：楊酉《家廟碑》："三撫姓趙氏，鄱陽人。乾符初播有白龍太子之亂，其父當寨團練使，偕楊祖平之，遂入籍而生三撫。既長，讀書於赶水鎮，嘗騎馬歸。今趙廟前有上馬埒，刻壬戌年等字，墓在廟後二十丈許。"

按：據此墓，則三撫爲趙氏，而遵郡如遵義、正安等處皆有三撫。考舊《志》，於正安三撫老穆相公廟則以爲楊氏。或趙或楊，皆無確證。今姑記於此。

唐鄭氏祖墓，在正安州南三十里河麻溪。舊名牡猪墳，猶存乾隆中碑碣。

按：《鄭氏族譜》以爲鄭畋墓。謂"畋與楊端等征播共有七軍，而所征者，係江中立之亂"等語。

今考《播雅·鄭宜小傳》敘其先世，謂鄭畋"四子開龍官淮南節度使，娶朱温女，始入播。其裔昌孫在宋時率民兵禦元兵，授本州總制。至元世爲珍州蠻夷總管。明初，有名瑚者内附，詔改爲珍州長官司，從傅友德破僞夏，按：即明玉珍據重慶之事。擒其將江中立"云云。又考《唐書·鄭畋傳》，畋爲唐宰相，决無與楊端平播之事。《鄭氏族譜》所載鄭畋入播，既毫無根據，而所指江中立作亂，以明初之事誤爲唐末，更覺乖謬已甚。故據《播雅》畋子開龍始入播之文，則此墓是否開龍之墓，雖未可知，要必爲鄭氏最古之墓無疑。因紀爲唐鄭氏祖墓，不曰畋，不曰開龍，以存疑可也。至《鄭氏族譜》所載鄭畋等七軍入播戰事，附會神怪，語多不經，且以明人誤爲唐人，實無可采，故不列焉。

唐劉志遠墓，《綏陽縣志》："在城西十五里螺水寺側，有墓碑上刻'由唐入播'等字。"

宋趙氏土酋墓，《桐梓草志》："在桐梓夜郎壩後鳳凰閣下。舊傳爲太白墓，人多疑之。道光時墓外碑破裂，墓内石門洞開，有人入其中，見石壁刻詩數首，知爲趙氏土酋墓也。"

按：《宋史·諸蠻傳》："大觀二年，木攀首領趙泰、播州夷族楊光榮，各以地内屬，詔建溱、播二洲。今之夜郎壩正宋溱州地。詩云'納土是其先'知爲二酋之後，而賜姓天族於趙爲宜。又有傳爲楊氏祖塋，猶不足憑信，以應龍於其父母墓皆書男某，此不著孫曾，似校明白。"

——（民國）《續遵義府志》卷七《古迹》，載《中國地方志集成·貴州府縣志輯》，第34册，333～334頁

宋楊价墓，在桐梓。説見前《志》。

附鄭徵君《訪楊价墓記》："宋威靈英烈侯楊公价善甫之墓，舊無識其處者。道光庚子趙石知旭與余言，曾見《楊氏譜》，稱价墓在桐梓治西葫蘆壩。嘗迹之，壩無他古冢，惟山下有石槨，上六下三，在民田中，甚宏緻，其外磚猶存。即楊氏後人亦有以爲先世當是也。余時輯《府志》，據載入'邱墓'中，歷二十年矣。今日獨戴笠游盤龍洞，歸溯溱溪南岸，行約去洞三里，地名宅頭，果得如石知所云者。秧鍼繞槨頂，外無餘土，不可蹊田，逼視徘徊陌上者久之。因思、石知未一見碑碣，獨據譜。譜爲其家世傳，故不虚。吾郡凡今存大石冢，率爲前代有勢力人，其規制精壯逾此者頗衆，而侯之藏但似此，以别求壩中，又不復有踪迹，則其譜所傳者信謂是矣。然上下兩列槨大小同，何者爲侯墓，亦不可定。余觀其兆，當未墾前高平之原，體勢宏稱，葬宜不止一世。若上而侯也，下蓋其子播國公文乎？如下也，上蓋其父威毅侯粲乎？論三世之賢，其墓皆宜爲後人護惜，而掘垡令暴露若是。袁清容撰《楊忠宣神道碑銘》云：'宗社逾南，間道以前，是生忠顯，擐甲開先。三帥締歡，痛不有年，立廟錫封，歲時牲牷。''忠顯'，宋理宗賜侯廟號也。時勛褒豐偉如此，

豈意其墓似今日哉？嗟乎！以侯與父若子當宋末造，世篤忠貞，而侯尤極志化民厲俗。請於朝，歲得貢播州之士三人，播之人才科目駸駸比内州縣自是始。其所造於兹土者爲大，越六百年，曾不得周椁之土以蔭其朽骨，是誠可悲也已！不知者不足責，知者而亦聽之，將若之何？余昔在黎平，謁何忠誠公墓，悲其蕪圮侵踐也，賦一詩，以爲空言何補。後數年，今楚撫胡公林翼爲守，見余詩慨然，即莅封樹、制兆域、創祠亭，一如余意所料量處分，至今牧兒不敢近焉。以楊侯之忠於宋，視何公之忠於明，其時勢勞迹略相等，安知今不復有如胡公者乎？石知，邑人，又好古，慕忠孝。侯墓之於邑，與有其責，苟遇能如胡公者，余望其告之也。"

趙旭《楊价墓詩并序》："據《楊氏譜》，墓在葫盧壩，今他冢無足當，惟盤龍洞口田中有兩墓，共石椁九，上六下三，制極宏壯，殆即价與其子孫乎。"

以郡畀子專養母，帥兵五千戍蜀口。堂堂十世令公孫，楊昭無子，以楊業曾孫文廣子貴遷爲嗣，乃价之七世祖。忠孝傳家宣慰久。奏請掄才及播州，破荒乃有冉從周。孟珙余玠皆倚重，屢次親承丹詔優。一日飯僧忽坐化，靖州舊夢咸嗟訝。价未生時，將校有夢神自靖州來號"蜀將軍"者，价生，貌如之，極英偉。崇祠敕建虎頭峰，宋理宗賜廟忠顯，封威靈英烈侯，今虎峰寺即其舊地。高墳世指葫蘆壩。送葬當時舉國狂，青山亦覺有輝光。漆鐙影徹夔魈避，石馬威生虎豹藏。三百年來逢劫運，應龍背叛違先訓。河山千里改流官，清明麥飯無人問。功德及民民不知，一抔宛在水中坻。側身東望竹王墓，尚有官司與樹碑。漢竹七郎墓，俗呼竹王墓，在牛星山。舊爲民占，乙亥冬，邑令鹿公丕宗爲復其半，立碑焉。見《黔詩紀略後編》。

——（民國）《續遵義府志》卷七《古迹》，載《中國地方志集成·貴州府縣志輯》，第34册，335～336頁

元楊漢英墓，見前《志》，即楊忠宣墓。又據袁桷撰神道碑云，葬桃溪祖墓之東。

按：桃溪在府城北十二里，桃溪寺後爲楊氏舊莊，距寺十數武，相傳爲楊氏祖墓。年久，墓門石崩圮，有古樹一株跨墓上，大可三抱，其根緣墓石下竄土中，墓門爲所蔽。郡人搜討遺文，斬樹根入視，内無一物。墓以大石四片合成，前門石壁上刻"壽"字，頂石刻"山"字，左"福"右"海"，合爲"壽山福海"四字，大徑尺。據邑人云，昔黎蒓齋先生最注意於此。墓屢訪求弗獲，又函託遵人隨時留心，并言府志稱其在桃溪他處，無煩搜羅。間有函復者云在寺之後，或云寺之左，皆風影之談，不足據。久漫置之，又十有餘年。邑人某醉卧於崇德廟山後，忽見墳前有隙，可容人，拾級下墳，地大數丈，石椅桌俱備。撫其碑，乃忠宣公墓道也。出而識之，蓋一草墳，墳頂大樹一株，高不及尋，而粗已合抱，離樹數武即可入也，無意得之，天下事大抵如是。惜蒓齋先生早逝，已不及知矣。

按：忠宣墓雖據此，究未見有封識。令人常入見"壽山福海"者，祖墓耳，非忠宣墓也。

明楊氏祖墓，在遵義縣北高平廣福寺後，相傳爲楊氏押罪犯處，實楊氏祖墓也。其上

一層四函偏右，每函約丈餘寬，其頂蓬刻有日月星辰，其旁立石板，一丈餘寬，高約八九尺。其門額横石，四方起輪。門有樞，年久始仆。次一層亦四函偏左，右片上雕刻之工無异，初層牧豎均能出入。下一層有二三函，則差池不齊。是墳樹者外立一碑，刻“明誥封播郡夫人張氏墓”。又一碑，在廣福寺後牆外荒草中，刻有“驃騎將軍”字樣。

——(民國)《續遵義府志》卷七《古迹》，載《中國地方志集成·貴州府縣志輯》，第34册，336～337頁

明越公墓，在府城四十里洪江上，明時葬。碑上半列三行，左楊侯恩禮，中越公功德，右塋所碑記。下半共兩行，左奉政大夫、前判事□，右事六代孫越民範，年月日模糊不辨。

按：越氏世居貴陽，其祖墓皆在省垣，無由葬於遵義。惟前《志》“宦迹”載有越昇因播州宣慰司求明經師化夷，遂授昇爲播州司訓導。前《志》又謂：昇經明行修，召將授館職，或因此有奉政大夫之封，其稱判事者，或亦楊氏所加職銜。則此墓疑即昇墓，特附注，俟再考。然土人稱地之美，皆曰越家墳云。

——(民國)《續遵義府志》卷七《古迹》，載《中國地方志集成·貴州府縣志輯》，第34册，第338頁

附黎庶昌撰墓表：“先生諱珍，字子尹，晚號柴翁，姓鄭氏。其先吉水人，七世祖益顯，爲劉綎部將，以明萬曆庚子從平播。綎班師被論回衛，益顯領舊兵屯防水烟，遂爲遵義人。”

——(民國)《續遵義府志》卷七《古迹》，載《中國地方志集成·貴州府縣志輯》，第34册，第347頁

附：莫與儔《補葺遵義府學記》：“……遵義自宋楊忠烈公粲始建學立廟，見《普濟橋碑》。忠顯公价始請貢士，崇德公文復建廟。見《潛溪集》。元至正二十九年，設雲南諸路儒學。明洪武十年，建播州長官司學，永樂四年，升宣慰使司學，即今城東門外文昌宫地，其爲宋元舊址否，皆未可知。平播改流，乃移建城中縣治左三洞磶……”又，莫與儔《貴州置省以來建學記》：“學校之興，人才所繫。貴州自明永樂十一年二月始割隸四川之貴州宣慰司，置貴州布政司治之，廢湖廣布政司所隸思南、思州兩宣慰司，置思南、鎮遠、銅仁、烏羅、思州、石阡、黎平、新化八府，又以次割舊隸四川布政之普安、安順、鎮寧、永寧等州來隸，以一安撫、數十長官分隸焉。而洪武十五年，舊設之貴州都指揮使司，是後以次領貴州、貴州前、龍里、新添、平越、都匀、清平、興隆、威清、普安、平壩、安莊、安南、烏撒、赤水、畢節、永寧十七衛，并割自四川，普安一衛割自雲南，以千户所長官司分隸焉。而湖廣都司所隸在貴州境内者，又有偏橋、鎮遠、清浪、平溪、五開五衛及千户所，而貴州之永寧、

烏撒、赤水等衛，又寄四川永寧宣撫、烏撒軍民府境。貴州布政司與行都司地，贏縮相錯，不能整劃也。而隸四川布政之播州宣慰司，後亦來隸，旋黔旋蜀。其建學也，當置布政時，惟貴州、播州兩宣慰舊有學，思州因舊宣慰司學爲府學，餘皆未建。其年建黎平，明年建思南，明年建石阡、銅仁、鎮遠，《省志》謂思南十三年建，石阡十年建，鎮遠洪武間建。此依《明統志》。十四年建普安州。《省志》云十五年。洪熙元年建安莊。宣德七年建清平，八年建平越、都匀、安南、普定、威清、平壩，九年建興隆。正統三年建畢節，五年建赤水，八年建烏撒，九年建龍里、新添。《省志》云平壩、普定、威清并洪武間建。安莊、清平、龍里、新添并正統八年建。此依《明統志》。《統志》載：正統八年建烏撒衛學。又云舊有烏撒府學，永樂十四年，省今止存衛學，則府亦寄衛學也。其新化、烏羅二府，以宣德九年、正統三年先後省入。黎平、銅仁并未建學。安順、鎮寧、永寧三州附普定、安南、安莊三衛學。貴州、貴前二衛附貴州宣慰司學。永寧衛附永寧宣撫司學。普安衛附普安州學。而隸湖廣都司諸衛，至嘉靖四十年俱准寄學貴州。五開寄黎平，平溪、清浪寄思州，偏橋、鎮遠寄鎮遠。又尋設偏橋、五開、平溪三衛學。"

當布政初置時，尚未有貴陽、平越、都匀諸府而新置諸府皆無屬縣，惟思南尋置婺川縣，宏〈弘〉治六年，又置印江縣屬之，學并附府。嘉靖中，乃建婺川學。萬曆三十年，建印江學，又置安化縣倚府郭，學附府焉。貴州宣慰司至成化十二年七月，置程番府於其屬程番司，并置程番府學。《省志》云"十年"，依《明史》。隆慶二年六月，移治宣慰司，尋改府名爲貴陽，學爲貴陽府學。萬曆十四年，置定番、廣順、開三州，新貴一縣屬之。建定番學，廣順附定番，開附府。三十一年，建新貴學。天啓二年，革宣慰學，亦裁貴州、貴前二衛并附府。《省志》："自置貴陽府後，鄉榜題名即無宣慰司人。"康熙《省志》云："天啓二年，安氏叛，革司學，凡司學中式者，今皆係之貴陽。"而乾隆《志》未更正歟。都匀衛至宏〈弘〉治七年於其地置都匀府，别置獨山、麻哈二州，清平一縣屬之，改都匀衛學爲府學，州縣學并未置，二州附府學，縣附清平衛學。鎮遠府，正統九年置，施秉縣，宏〈弘〉治十一年置，鎮遠隸之，施秉學附偏橋，鎮遠附府。黎平府，正統六年置，永從縣隸之。銅仁府，萬曆二十六年置，銅仁縣隸之，學并附府。萬曆二十九年，播州平，增置平越、遵義二府，分隸貴州、四川，改平越衛、播州宣慰司兩學爲兩府學。置真安一州，遵義、桐梓、綏陽、仁懷四縣隸遵義府。置黄平一州，湄潭、甕安、餘慶三縣隸平越府。又置龍泉縣，隸石阡府。惟真安、黄平建學，甕安、湄潭、餘慶附黄平，龍泉及遵義四縣各附府。遵義地又置威遠衛，未建學。

——（民國）《續遵義府志》卷十四《學校》，載《中國地方志集成·貴州府縣志輯》，第34册，528～530頁

名宦祠，祀播州宣慰使司同知羅琛。

——（民國）《續遵義府志》卷十四《學校》，載《中國地方志集成·貴州府縣志輯》，第34册，第536頁

附郡守平翰《重修桐梓縣學記》:“今天下郡縣莫不有聖廟,所以爲人心根本地也。桐梓居貴州北徼,地隣於蜀,當播未平之前,其邑故無學。明萬曆辛丑,邑令王桂始於縣署左創建先聖廟。”

——(民國)《續遵義府志》卷十四《學校》,載《中國地方志集成·貴州府縣志輯》,第34册,第540頁

張存意,字覺自,湖南華容人。萬曆壬申進士,官山西僉事。會播亂,廷議推存意監軍。身親行陣,左臂中流矢。五月底定,口不言功,恩賞亦弗及。貴州建忠勛祠祀之。《湖南志》补前《志》。

——(民國)《續遵義府志》卷十八《宦績》,載《中國地方志集成·貴州府縣志輯》,第35册,第3頁

遵郡文化,由楊氏主播,招致四方賢士,漸摩土俗,歲貢三人,明代科舉之選,遂不絶書。舊《志》論之詳矣。自改流後,文風更盛。

——(民國)《續遵義府志》卷十九《選舉》,載《中國地方志集成·貴州府縣志輯》,第35册,第27頁

遞至李唐,有聞絶少。迨楊端入播,殊以疆域自封,錮蔽至八百餘年之久,衍澶迄於明末。其中燦、价雖賢,未足以闡山川珍秘,是忠信之尚未可必乎!改土籍圖,旋隸有清。

——(民國)《續遵義府志》卷二十《列傳》,載《中國地方志集成·貴州府縣志輯》,第35册,第47頁

鄭珍,子知同。字子尹,晚號柴翁,别號五尺道人,先世居江西吉水。明萬曆庚子,以劉綎部將從征平播,遂家焉。

——(民國)《續遵義府志》卷二十《列傳》,載《中國地方志集成·貴州府縣志輯》,第35册,第56頁

駱世華,宋珍州人。大觀間,與楊文貴等以其地内附,授奉訓大夫内殿崇班使,忠國愛民,久而弗替。《大清一統志》補前《志》。

——(民國)《續遵義府志》卷二十《列傳》,載《中國地方志集成·貴州府縣志輯》,第35册,第84頁

鄭廷英，邑人。播平，知黄平州，築城編里，捍苗匪，興學校，斷獄如神，祈雨輒應。州人稱爲神君，肖像禮之。按：《桐梓草志》以爲邑人，《通志》作南川人。

——（民國）《續遵義府志》卷二十《列傳》，載《中國地方志集成·貴州府縣志輯》，第35册，第84頁

播州楊氏女，事據《清容集》。袁桷題、黄宗道繪《播州楊氏女策馬奪昆侖關圖》云："長頭黑髮垂玄雲，矯矯馬首雙手分。雕弓寶刀左右挾，欲領鐵騎趨昆侖。前關濤湧如壞墻，後寨百溜奔溪篁。群蠻簇唇争叫囂，云是楊家女子功最高。旋如長蛇轉空洞，快若俊鶻凌風飄。還家膏沐帶簪珥，父母見之眼垂淚。君不聞木蘭女兒看金鎧，年少從軍顔不改。一朝服役歸故鄉，樂府相傳于今在。"女事不他見，即以袁詩作傳，猶木蘭之以辭也。

附方旭《題宋播州楊氏女昆侖策馬圖》"念奴嬌"一首："雄關如畫，稱佳人英武，玉手提韁。奪得一奩眉黛色，昆侖萬古青蒼。人若梅嬌，馬如桃艷，麗質播州楊。上元燈火夜，輝煌難比紅粧。惆悵青史遺珠，搜宣和舊迹，圖畫流芳。不似琵琶出塞，戰功長照蠻荒。良玉頒衣，木蘭買轡，漫道譜無雙。黄平同姓，嗣音還有宜娘。"

按：前志《土司傳》："慶曆、皇祐間，儂智高亂邕，楊貴遷曰：'通夜郎，出牂柯，出不意擊之，漢制南粤之奇策也。吾當報國以自效。'即如瀘，次于南川，得暴疾。將還，趙隆要殺之。"《宋史·狄青傳》："儂智高反。青自言：'願得蕃落騎數百，益以禁兵，羈賊首致闕下。'"《蠻夷傳》："青一晝夜絶昆侖關，陣少却。青起，麾蕃落騎兵，張左右翼，出其後交擊，左者右，右者左，已而左者復左，右者復右。其衆不知所爲，大敗走。"似此，楊貴遷之從征未果，楊氏女必在應調蕃落騎兵之列。惟策馬奪關事，史逸其文。至爲貴遷阿誰，亦未嘗他見。今黄宗道既圖其事，袁桷形之吟詠，鄭徵君且有未收《清容集》之恨，以播州當時已誕此賢姿，詎可聽其湮没乎？兹引以冠《列女》之首。廣西桂林有皇祐五年平儂智高將佐題記，未得參考。

——（民國）《續遵義府志》卷二十三《列傳》，載《中國地方志集成·貴州府縣志輯》，第35册，166～167頁

趙贊，《唐書》："德宗時，盧杞以户部侍郎趙贊判度支。"《舊唐書》："尋貶爲播州司馬。"《趙氏譜序》云："瓚，山西太原人。爲唐德宗判度支官，奉命税間架除陌錢法。與李懷光有隙，遂劾此法爲瓚所自行。帝迫於懷光勢，不得已，乃屈貶爲播州司馬。"補前《志》。

按新、舊《唐書》，"贊"皆不从"玉"。《譜》又云："瓚孫知必，爲唐指揮使。乾符三年，南詔陷播，楊端應募平播，知必奉調，理軍務。播平，以軍功官扶歡長官司，世其職。

後嗣至高峰。"前《書》有傳。

——(民國)《續遵義府志》卷二十五《列傳》,載《中國地方志集成·貴州府縣志輯》,第35册,第268頁

《明哲要覽》,元楊漢英撰。漢英,播州宣慰使,本末詳前《志》。書九十卷。

《桃溪内外集》:元楊漢英撰,書凡六十四卷。

按:元張起岩《華峰漫稿》有《題楊宣慰〈雲南頌〉》後詩一首,袁桷《清容集》題跋内有《書楊安撫訓子詩後》一篇,有《書姚牧菴贈楊安撫樂府》一篇。漢英所作之《雲南頌》《訓子詩》,想必在《桃溪集》内。其著作所以斐然可觀者,蓋宋亡時,蜀中文士逃居于播者頗多,漢英又篤尚文學,禮接賢士,朝夕居處,濡染甚深,故兩集能如此宏富。觀此諸篇,知當時諸名人皆推許漢英甚至。而漢英之文武兼資,與名流酬酢贈答,一洗邊徼固陋顓蒙之習。溯播中文化之進行,不得不推漢英爲嚆矢也。

附録張起岩《題楊宣慰〈雲南頌〉後》詩一首:

揮戈如筆筆如刀,帥閫文場有此豪。絶域建功追定遠,明時獻頌效王褒。風雲慶會扳鱗貴,竹帛光榮汗馬勞。更草新銘刻銅柱,不須辛苦學離騷。

按:張起岩,字夢臣,濟南人。元延祐乙卯進士,仕至江南行臺、御史中丞,拜翰林學士承旨,卒謚"文穆"。著有《華峰漫稿》。

附録袁桷《楊安撫訓子詩書後》:"魯周公傳三十四世,夫子紀二百四十二年之行事,所不忍言,是則伯禽以後爲無聞矣。家訓之岩,莫盛於顔、柳。若包孝肅、司馬文正庭誥儼在,至諸孫而靡傳。君子之澤,五世而斬,夫豈徒盲哉?播州楊忠宣公,其子錫爵,作詩訓示。韋玄成之詩有曰:'於戲後人,惟肅惟謹,無忝厥祖,以蕃漢室。'公之詩有焉,今宣撫君盛年執講問學,日績金玉,厥躬以承休譽,克昭乃顯祖,視魯公世家,實爲有光,尚勉之哉。則忠宣公不朽矣。"

又《書姚牧菴贈播州楊安撫漢英樂府》:"大德末年,桷以史屬預修《成宗實録》,於時承旨姚先生實領史事。見其塗抹詳定,若不經意,而一受潤色,即燦然與班馬并,此殆其天資學力相需以成者。思播楊侯朝覲本末,見於太史先生,執筆尤致意焉。惟昔楊侯以中原大族,世領夔州羈縻之州,當蜀破時,一時名士咸往依之,故其文獻承接,的有源委,聚書訓子,益振起光采。推姚公不妄許與之心,是所謂立賢無方,則凡司文衡取士類,於是有考侯之子頤正君來都,温慎儒雅,與之論前朝事,悉纚纚不絶。示姚公所贈樂府,因書以歸之。"

又按:牧菴所贈《漢英樂府》,今檢牧菴未載。考《四庫提要》,牧菴著作宏富,後亦散亡。今《四庫》所存之三十六卷,系由《永樂大典》搜集而得,故失載之詩文頗多。以牧菴負一代之重望,其集亦歸湮没,若非《永樂大典》多有收録,則所遺更屬寥寥,又何怪漢英所著之《明哲要覽》《桃溪内外集》今無一卷存在也。

《滄浪童子集》,明何敏樹撰。敏樹,播州長官司人,即遵義縣。前《志》有傳。當正德中,楊氏名欲興文,實忌州人有學。敏樹警敏能詩,恐觸其忌,浪迹山水以終。前《志》亦稱其"寄興詩歌,飄然有出塵之致"。

——(民國)《續遵義府志》卷三十二《藝文》,載《中國地方志集成·貴州府縣志輯》,第35册,395~397頁

遵義,牂牁初郡,文學崛起而注經矧近,薰沐毋斂之風,想其文事之誕孳,當未可僅以弊帚自重。殆其後淪爲酋部,昧昧至燦、价,始立教化,治文廟,全斌乃有《桃溪内外集》之作。後請越昇爲明經師,或乃詑爲破荒,而龍場驛丞衍良知之説,不得侵渡烏江一水,其風氣亦可謂閉塞之甚者矣。及至狂龍自焚,遺賢落影,何亭也、羅鹿游乃以詩教潤色,李北山闢閫規行,黎雪樓鼓篋立教,及莫教授、稑侍郎,乃予漢宋之門,大張標幟,而經巢、郘亭,或躋儒林,或入文苑,遂巋然爲西南巨子。至拙尊汗流湜籍,以文章趨曾、梅而轅轢方、姚,於是會運昌期,河山濯赫,家謀纂組,人媢含珠,雍容揄揚,多協雅頌,豈敢諱家雲之不曉事,畏機雲傖父親之譏哉!

敕制資德大夫,紹慶、珍州、南平治邊宣慰使,播州安撫使,侍衛親軍都指揮使,上護軍楊漢英,贈推忠效順功臣、銀青榮禄大夫、平章政事、柱國,封播國公,謚"忠宣"。袁桷 擬。

繼世立諸侯,審象賢之有托。推恩保四海,在追遠以彌加。有懷藎臣,庸厚恤典。具官某,著德遐域,效誠先朝。聰敏得於襁褓之初,發於天性,稚弱置於扈從之側,斷自宸衷。用能絶黨殊鄰,投戈納款,尺天寸地,負版奉圖,先國後己之慮深,尊主庇民之績著。闡學效文翁之化,好賢師鄭武之風。雅量鎮浮,方櫜弓而箙矢;澄懷味道,時緩帶以輕裘。出門興折軸之悲,行壘應流星之兆。何以勸善,必也正名。循故壤以加勛,衍圭田而封土。青綬崇副相之貴,衮衣嚴辨章之稱。噫!忠孝傳家,於以顯昭,事厥辟之實;殁存錫命,所宜推圖,任舊人之終。精爽有知,欽承無斁。可!《清容集》。

播國公妻田氏,遵義郡夫人加播國夫人 袁桷 擬

婦人中饋,歌采蘋則謹。其承先大夫遠行,誦殷雷則審。其勸義禮有準,則行無過逾。某官妻田氏,嬪高門之勛庸,受外氏之經籍。曹大家之女誡,奉上克謙;魏夫人之儛,教兒能學。念王事靡盬之際,知女子有行之宜。夙夜傳恭,寒暑循度。噫!從夫以貴,今已位於小君,勉子惟忠,益有光於先正。茂膺异渥,式戒長年。可!《清容集》。

播州楊邦憲贈謚制 王構 擬

朕惟牂牁重鎮,介巴渝之間。世其守者曰楊氏,自唐涉宋,代不乏人。向者邦憲,審於去就,挈版圖内附,世祖皇帝實寵嘉之。逮朕纂服,嗣子漢英率先群牧,述職來庭。以父殁未謚,乞褒贈。夫爵以馭其貴,謚以成其美,治古之道也。況先朝屏翰之臣,邈在一方而能綏輯其民,不失常業,餉兵增戍,屢效忠勤如邦憲者,不以易名可乎?於戲!據德

論功，惟彝章之具舉。有子承考，尚奕世之彌光。可贈某官謚敏惠。《元文類》。

——(民國)《續遵義府志》卷三十三《藝文》，載《中國地方志集成·貴州府縣志輯》，第35册，470～472頁

輓播州宣撫楊資德 元袁桷

掌式傳無敵，崇儀續上多。精忠書竹帛，英譽蓋山河。絶北驚遼海，投南鎮太和。襲封緺滿筐，錫誥錦成窠。皎皎明玕樹，亭亭碧玉柯。之無文裸認，宫羽短糯哦。魏帝奇何并，唐皇悦李過。幼成端有種，帝鑒的無頗。玉帳龍韜秘，青箱鳳篆摩。教民風偃草，撫俗水漩渦。斥境巖銅柱，征戎指錟戈。雅游春結佩，小隊曉鳴珂。士飽歌于蒍，軍歡釂叵羅。追亡窮古澗，濟勝極幽蘿。寸地歸王化，群蠻守詔科。細氈侔密纊，善馬敵名駝。客有依劉感，人傳嗣産歌。氣融汶嶺雪，量納蜀江波。葛相功猶在，韋王事若何。雲仍賢莫比，君長禮無苛。閉户時披葛，看山暫脱鞾。填詞鶯轉切，促軫雁聲搓。芝嶺圖空想，桃源境類訛。盛年真國器，妙質竟山阿。世德蟬聯備，家聲驥子峨。播州彌震耀，硯石詎沉磨。《清容集》。

紫霞山中歌 明楊斌 播州宣慰使，道號顛仙。

水泠泠兮山蒼蒼，雲隨鶴杖兮風吹我裳。浮生展轉兮春夢悠揚，千萬斯年兮溯流光。

平播行 明蔣杰 字若美，普安衛人。

蜺妖毁王度，恣凶若乳虎。播人亦何艱，蹂躪遺黎脯。逆旗指綦江，血肉膏草土。氛祲蚀東隅，千里聞桴鼓。妖凶竟不悛，天王赫斯怒。穆清軫靈略，慷慨奮神武。樹牙選車徒，文武今吉甫。分道引旌麾，聯營羅練組。六師矯猶龍，戈矛集如雨。前旗蔽白日，流飈捷飛羽。鼓行破危關，席捲平田滸。狼奔持險囤，兀若魚游釜。虎臣翕以奮，批吭搗其隖。賊徒倒前戈，狂羯伏鑕斧。頑梗如轉燭，蕩滅同摧腐。獻捷歸朝廷，揚威耀邊圉。天子書麒麟，功臣錫圭組。從今横吹聲，增入鐃歌譜。堪嗟螳臂微，安足汙强弩。珍重封疆臣，慎勿生跋扈。

——(民國)《續遵義府志》卷三十四《藝文》，載《中國地方志集成·貴州府縣志輯》，第35册，543～544頁

游海龍囤 宦廷臣 字簡堂，遵義人。

楊家祚土近千年，徼外屏藩不貳天。累葉忠勤勛自若，末孫驕悖罪難湔。高盤岩谷連雲險，盗弄潢池觸浪翻。八道一朝無噍類，空留愚迹滿山巔。

——(民國)《續遵義府志》卷三十四《藝文》，載《中國地方志集成·貴州府縣志輯》，第35册，第549頁

討賊何如佐賊真，士兵獷悍最難馴。伊誰平播兼平藺，只有桃花馬上人。王鴻緒《明史

稿》:“秦良玉嫁石柱宣慰使馬千乘,征播州,良玉夫婦爲川南路戰功第一。賊平,良玉不言功。奢崇明反,復重慶,授總兵。”

——(民國)《續遵義府志》卷三十四《藝文》,載《中國地方志集成·貴州府縣志輯》,第35册,568~569頁

三坡　李銘詩桐梓

傳道當年征播地,馳驅百戰鬬叢岑。連天峻嶺重重險,匝地長云日日陰。高樹時聞黄鳥唤,懸橋俯視碧流沉。荒村沽酒逢遺老,猶倚閒筇話古今。

——(民國)《續遵義府志》卷三十四《藝文》,載《中國地方志集成·貴州府縣志輯》,第35册,第574頁

游土城九龍囤　傅鶴亭桐梓

極天關塞入雲中,不數秦關百二雄。野樹多臨溪水緑,山花猶是戟枝紅。仰探石壁雲霄近,俯看人家繡陌通。回首當年平播事,可憐今日止蒿蓬。

——(民國)《續遵義府志》卷三十四《藝文》,載《中國地方志集成·貴州府縣志輯》,第35册,579~580頁

方孝孺《奉教送宣慰使楊鏗還播州詩序》

上帝以大明能慎德撫民,付畀萬方,禹益之所紀,漢唐之所治。彌天際海,罔不來臣。播州宣慰使楊鏗,當中夏甫定,既來附屬,春秋奉方物貢獻京師,訓教兵民,供徭輸税,俗淳盜息,比於内郡,使介行旅,交稱其能。洪武二十七年春,入覲蜀都,王嘉其忠於天朝也,燕勞寵錫,禮秩加等。厥既辭,有教曰:“鏗甚忠,知臣職,長吏宜令儒臣賦詩以送之。”且命臣序之。臣乃言曰:“地無遠邇,人無中外,惟克履道,斯爲賢能。永受福禄,惟忠惟孝,皆上帝所賦。福善禍淫,實命之常。環國之境,其地十百於播州,以雄長一方者,世不乏人。而播之楊氏,獨繇唐季,逮今六百年,祖孫相傳,靡有失墜,豈甲兵險阻果足以自全耶！蓋以能繼忠孝,奉臣順而受福於天人也。世有負固自驕以取顛隕者,視臣鏗之賢爲何？如是宜見寵嘉於賢王,以華楊氏之子孫,豈特傳一時而已哉！臣鏗之忠,可歌者兹大矣。然則諸君子之詩,殆且權輿乎！臣鏗,字廣成,别號庸齋。好學知義理。其先出於宋贈太師業,世以忠勇稱,其守臣節蓋有所自云。”《遜志齋文》。

——(民國)《續遵義府志》卷三十五《雜記》,載《中國地方志集成·貴州府縣志輯》,第35册,第591頁

《桐梓草志》:“楊應龍拒命,慮蜀阻其鹽。北門先農壇東里鹽井坡、今訛羊井坡。水壩

塘、鹽井河，仁懷、湄潭各處探覓泉引，未久即滅。今考各鄉鹹泉，實不止此。如婁里磺廠溝近山石縫出鹹泉如筯，四時不竭，煎即成鹽。土人偶煎之，果成。以當時在禁令之列，未以豆漿等點合也。又於窑匠溪相近，仁懷界羅姓山田，亦瀉鹽水，其大如指，煎之則成屑末。但未經講求地質者一深究之耳。"

——(民國)《續遵義府志》卷三十五《雜記》，載《中國地方志集成·貴州府縣志輯》，第35册，第594頁

楊氏土司事，今已消滅，然談掌故者恒及之。前《志》紀楊氏自貴遷之後，皆業之子孫。兹據族譜，貴遷乃端之後裔，足證其失，并得端逸事。《楊氏族譜》云："端復播時，屯壘渝州，先於夷王結好。三載置酒飲夷，相約彼此不持寸鐵。設大木爲案，每席厠勇士十二人。酒酣鳴金，推壓其夷，斬首三千，遂克平。置所屬内五司、外五司。歲貢馬四匹，時物十二種，納糧一頃二斗。生子曄，襲土。曄字牧南，生二子睿、壁。次第襲位。壁子寶既襲位，卒，賜廟虎頭峰。以睿次子實繼襲，卒，賜廟金瑞山。實子昭襲土。昭，字子明。無嗣，取同族中書令業第四子延朗承理播事。延朗仁厚愛民，征討有功，封太保。傳子克廣，以功封廣西防禦使。不五載歸播事於太師嫡派貴遷。克廣回籍之日，送者攔道悲啼。"前《志》"克廣"作"充廣"，《家譜》又云："子明乏嗣，取延朗理播事。同知羅公訪得端嫡派在民間，延而筑土城養之，因名其城爲養官城。及長，乃上其事於朝，因敕襲位，克廣乃歸播事。"其所養爲壁子即貴遷也，養官城即今遵義三岔河慶遠場。又云："應龍子五人，長朝棟，擒入順天磔死；次可棟，三以棟，四爲棟，五梁棟。朝棟子壽松，更名含赤，避居綏陽，猶有後裔云。"

曹學佺《名勝志》記楊應龍之事："初，黄平、草塘、白泥、餘慶、重安五司，凡承襲，表箋須宣慰司印文乃達，往往索賄無厭，此釁端所由起。又其地有七姓土民，楊應龍寄以腹心，七姓又藉龍爲奇貨，縻金錢纍巨萬。久之，龍覺其欺，乃稍稍收其權，遂交仇怨。七姓叩閽鳴冤，且反噬龍矣。應龍娶妻張氏，失寵。其族弟瑞龍聘田氏，應龍强委禽焉。萬曆十五年，田氏生子方彌月，與應龍在室共話，族弟繼龍偶入户，遁去，應龍見而立斬之。田氏曰：'妾非張，何例視我？'應龍曰：'我不殺此奴，令效尤耳！'乃立殺張首，并剮張之母等。張闔族奏應龍殺妻并妻母兄弟等，命下川貴勘處。"

《心齋隨筆》："楊輝墓在遵義府城南七十里雷水堰，乃輝與其妻田氏、俞氏合墓，田右俞左。據碑，輝字廷彰，成化十九年葬。又謝一夔詩跋謂輝字廷彰，號退齋云。"

——(民國)《續遵義府志》卷三十五《雜記》，載《中國地方志集成·貴州府縣志輯》，第35册，第602頁

明王士性《黔志》一則："播州東通思南，西接瀘州，北走綦江，南距貴竹，萬山一水，

抱繞縈回，天生巢穴，七日而達内地。然其地坐貴竹而官系川中，故楊酋應龍伺川中上司則恭，見貴竹則倨。川議賞，貴議剿，非一日矣。及王中丞繼光倉卒舉事，挫辱官兵，於是天討難留，而加以七姓五司素被傷殘，赴闕請剿。然彼酋畏懼天兵之至，情願囚首抹腰，聽勘處分。蓋彼酋因子死巴獄，而又防七姓之侵陵，故死不敢入重慶，而不憚囚服了事者，其情也，何敢輒萌他變。而此中以曾拒王師，故心疑之，不敢前。余弟圭守重慶，覘知顛末，單車入往諭之，彼遂出松坎來迎。松坎者，此入三日而彼出五日程也。其後乃於安穩搭蓋衙門，聽司道贊畫入勘，贖鍰而罷。是行也，實賢於數萬師矣。"

按：應龍贖罪後不出五年，遂爲大兵掃滅。斯地自唐時楊端入播以來，歷八百年，傳二十九世，裂土自安，不可謂不久矣。中間雖有粲、价、邦憲之奇，不足盡山川之靈蘊。至陽明，近在修文、黔西，安宣慰尚有疇酢之文，且爲作《象祠記》。靈博山在黔西，見《大清一統志》。而遵義亦隔一烏江，楊氏不知禮貌而乞之，可謂閉塞之甚。致使後之談古迹者，惟言楊氏所遺而止，亦陋矣。

——(民國)《續遵義府志》卷三十五《雜記》，載《中國地方志集成・貴州府縣志輯》，第35册，第614頁

明萬曆末年，楊應龍之亂，其時檄諸苗兵會擊。有南丹土知州莫伋從征有功，前《志》未及其勛。鄭徵君於咸豐乙卯年經其地，得之。兹録其遺詩云："南丹土州治，後有好岩壑。溪水流門前，琤向市廛落。盤中昔大池，今日田漠漠。莫氏多歷年，楨等固誠若。世妙豈偶然，宅勝見規矱。去年盡賊焚，荆棘蒙瓦礫。伋也與平播，石楔巋猶綽。舊曰南門外石坊，爲明萬曆末土知州莫伋從平楊應龍立，其扁書"勛著西南"四字。史志失記載，兹足補其略。我來兩日留，患餘歎新獲。"

——(民國)《續遵義府志》卷三十五《雜記》，載《中國地方志集成・貴州府縣志輯》，第35册，第615頁

（民國）遵義新志[*]

明季萬曆十七世紀初。平播亂方定之時，全遵六千方公里間，有定期交易之場市僅四，至清初康熙時代（十七世紀末葉），場市增至十四。

——（民國）《遵義新志》第十章《區域地理》，載《中國地方志集成·貴州府縣志輯》，第36册，第143頁

南宋孝宗時，播州土酋楊軫移其首府於此，遵義老城。或即受此種安全心理所驅使。

明末播州之亂，遵城蕩然盡毁，亂平重建，其城垣規模僅現代老城三分之二，城内多空地。市區之狹隘可知。

——（民國）《遵義新志》第十章《區域地理》，載《中國地方志集成·貴州府縣志輯》，第36册，第158頁

……（四）楊保前期。白錦堡期。唐之末葉，播州没於楊保，歷宋元以迄明季，割據一方，儼同異國。楊保爲倮倮之一族，始居於川、黔邊境之赤水河流域，北與叙、宜賓。瀘瀘縣。爲鄰。僖宗乾符三年，八七六。楊端自西北入居播州，奠首邑於白錦堡。楊保自稱系出太原，乃漢化以後攀附之辭。白錦堡一名白鎮，俗訛作懶板凳。在遵義城南四十里，位於渝筑大道所經之寬谷中，廢城殘壘，今尚可見，此即楊保故都之所在。唐代播州有羅、謝諸族，皆牂牁蠻之著姓，至是隸於楊保之下。譚其驤教授謂西南夷之大，蓋自漢之夜郎，唐宋之南詔大理以外，無有出其右者。元明之世有"思播田楊，兩廣岑黄"之語，謂土司之最巨者，實則田、岑、黄三姓，亦非楊氏之比云。

（五）楊保中期。穆家川期。南宋孝宗淳熙三年，一一七六。楊軫自白錦堡徙治於穆家川，即爲今遵義山城所在地。穆家川至明始稱湘江。此期與前期不同之處，在土酋多漸濡漢

---

* 張其昀編：（民國）《遵義新志》，載《中國地方志集成》編委會編：《中國地方志集成·貴州府縣志輯》，巴蜀書社，2006年。

化，民俗爲之一變。并以設科取士請於朝，許其每歲貢士三人於杭州。冉從周舉嘉熙二年一二三八。進士，號破荒冉家，冉家爲楊保境内之苗族，二冉故宅在今綏陽縣西南五里平木山。翌年，穆家川始建孔子廟。又有冉璡、冉璞兄弟，才兼文武。余玠守蜀，冉氏兄弟爲畫合川釣魚之策，淳祐四年一二四四。詔以冉璡權知合州，弟璞通判州事。值蒙古攻蜀，宋室每資倮族土兵以救蜀。元時土酋楊漢英於至元二十三年受封爲宣慰使，曾三次入朝北平，濡染漢化甚深，著作斐然可觀，著《桃溪内外集》六十四卷，極爲時賢如袁桷清容。輩所推許。其妻田氏亦善讀書。漢英留意文教，蜀中文士來歸者衆，皆量才用之。據此，可知南宋以來，漢人之徙播與楊保之漢化，實互有因果關係。

（六）楊保後期。海龍囤期。明代楊保日以强大，雖承襲播州宣慰使之封號，實爲半獨立之狀態。王陽明先生講學貴陽，當時烏江以北未被其救澤，在經濟上與川省關係較爲密切，蓋川鹽爲民食所必需。遵義出口特産有茶葉、産於金頂山。馬匹、楠木等。萬曆元年，一五七三。楊應龍襲封，知川兵脆弱，陰有竊蜀之志。二十五年七月起兵反，破綦江，逼重慶，神宗命李化龍爲總督，以重慶、貴陽及湘西沅州三處爲據點，動員二十四萬人，八路進攻，始得克復其地。蜀將劉綎由婁山關進，楊應龍自焚於海龍囤。二十九年一六〇一。正月頒《平播詔》於天下。海龍坉在遵義城北四十里，拔海〈海拔〉千五百公尺，相對高度三百公尺，四面陡絶，上有平地，循岩塹以築城，因深谷以爲池，即楊應龍巢穴所在。山下爲海龍壩，即湘江之流捺哪吧水之河谷，清溪中流，松杉競緑，風景清幽。平壩東西長三十里，南北寬僅四五里，引渠灌溉，田疇縱横，號爲遵義之穀倉。楊保既平，改土歸流，以播地設遵義、平越二府，分屬川、黔二省，遵義府設遵義、桐梓、綏陽、仁懷四縣及真安州，平越府設湄潭、餘慶、甕安三縣及黄平州，於此可見楊保領域之範圍。是役土人戰死者二萬餘，納降者尚有十三萬六千餘名。經二百餘年至清道光年間，遵義境内能操楊保語保語者，僅極僻之處尚有數家，今已完全漢化。

——（民國）《遵義新志》第十一章《歷史地理》，載《中國地方志集成·貴州府縣志輯》，第36册，166~167頁